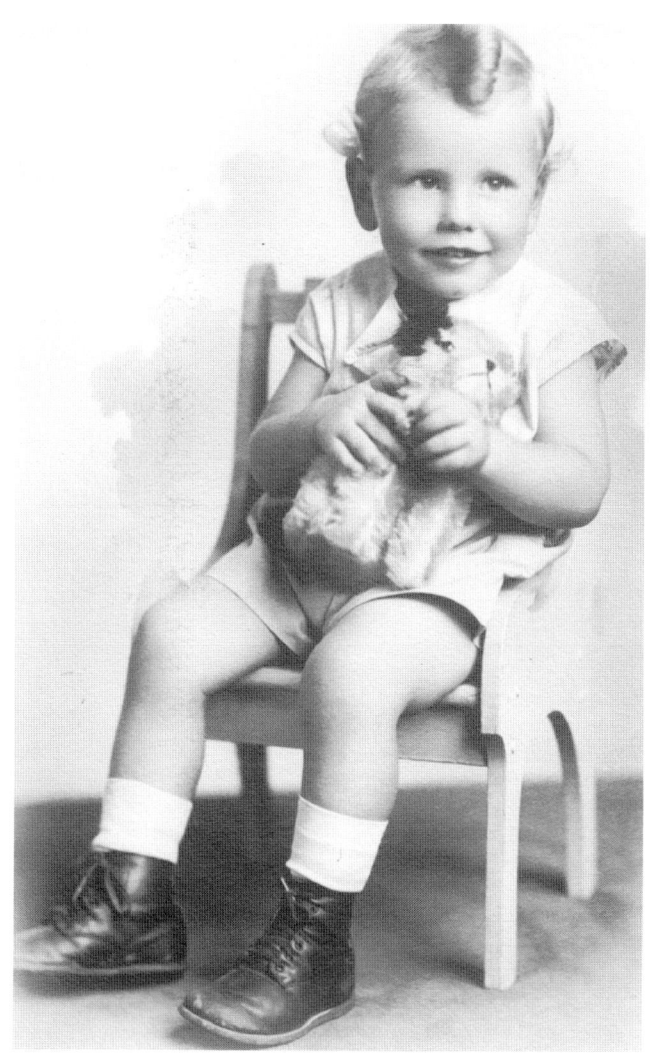
▲两岁时的沃伦·巴菲特

▲1933年,沃伦坐在家里一辆二手雪佛兰车的踏板上

▲沃伦的第一套西部牛仔装,是父亲去纽约出差的时候给他买的

▲欧内斯特·巴菲特的孙子孙女们:左边的是沃伦和多丽丝,伯蒂靠在欧内斯特的腿上

▶沃伦的父亲霍华德（右后）和两个哥哥乔治、克拉伦斯，还有妹妹艾丽斯在他们家带流苏装饰的敞篷马车上玩耍。霍华德的母亲亨丽埃塔（膝上抱着弟弟弗雷德）坐在后座上

▼西德尼·巴菲特和孙女艾丽斯·巴菲特，摄于1930年

▼霍德华·巴菲特和利拉·巴菲特，摄于1925年婚后不久

▲斯塔尔姐妹在内布拉斯加州西点镇，大概摄于1913年。右上是沃伦的母亲利拉。她旁边坐的是伊迪丝，前面是伯妮丝

▼巴菲特家的一张合影，摄于1937年左右

▲沃伦和伯蒂在家里的别克车前，摄于1938年左右

▶摄于1936年底到1937年初的那个冬天，6岁的沃伦和姐姐、妹妹在一起。他手里拿着自己最喜欢的玩具零钱罐。他和多丽丝后来还努力回想当时为什么一副不高兴的样子

▲1938年5月，巴菲特所在的罗斯希尔学校八年级集体照。第二排左起第二个是巴菲特

▼伯蒂、利拉和沃伦在华盛顿为多丽丝伴唱，时间大概是1945年

▲弗雷德和欧内斯特·巴菲特在巴菲特父子杂货店前

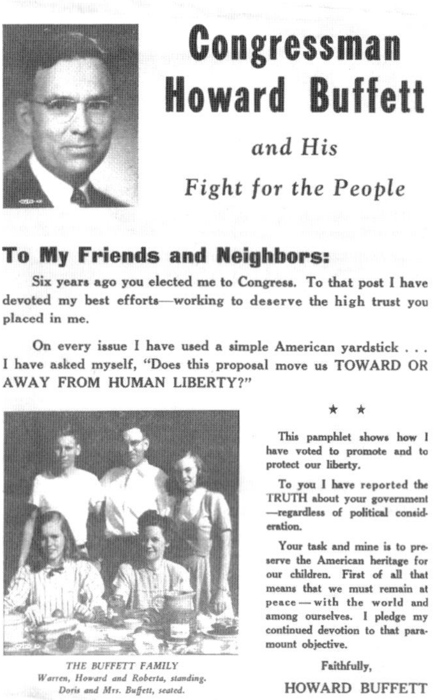

▲霍华德·巴菲特，时任国会议员

◀1948年的竞选传单，霍华德唯一落选的一次

▶1945年，沃伦（左二）和父亲（左四）一起参加内布拉斯加国会议员代表团组织的一次钓鱼活动。从巴菲特父子的表情看，他们似乎不愿参加这样的活动

◀作为一个十几岁的孩子,沃伦喜欢上的第一个人是戴茜·梅尔,漫画女主人公。而戴茜喜欢的则是莱尔·阿布纳,漫画的男主角,无论莱尔怎么对她

▶1946年1月,沃伦在一次有关国会问题的辩论活动中代表反方观点。这次活动通过华盛顿新闻广播电台的《美国校园之音》栏目广播

◀20世纪40年代末的巴菲特,穿着他标志性的平底网球鞋和宽松的长袜,在弹夏威夷四弦琴

▲1952年4月19日，苏珊·汤普森和沃伦·巴菲特在婚礼上的幸福微笑

▲苏珊·汤普森上学前的照片

▲1952年4月度蜜月的时候，沃伦装成囚犯的样子

◀格雷厄姆-纽曼合伙公司的杰里·纽曼和本杰明·格雷厄姆,照片拍摄日期不详

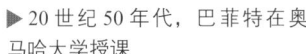

▶20世纪50年代,巴菲特在奥马哈大学授课

◀苏珊·巴菲特在纽约拜访本杰明·格雷厄姆和埃斯蒂·格雷厄姆夫妇,苏珊抱着女儿苏茜·巴菲特。埃斯蒂抱着巴菲特夫妇襁褓中的儿子豪伊

▲20世纪60年代中期,苏珊、(顺时针)彼得、豪伊和苏茜

▲还是个小婴儿的查理·芒格在他父亲的怀里,脸上一副他那标志性的怀疑表情

▲20世纪80年代,巴菲特和他的合伙人查理·芒格

▲1968年格雷厄姆集团在圣迭戈的科罗拉多酒店举行第一次聚会。从左到右依次是：巴菲特、罗伯特·布尔斯廷（格雷厄姆的一位朋友）、本杰明·格雷厄姆、桑迪·戈特斯曼、汤姆·纳普、查理·芒格、杰克·亚历山大、亨利·勃兰特、沃尔特·施洛斯、马歇尔·温伯格、巴迪·福克斯（侧面）和比尔·鲁安。罗伊·托尔斯拍下了这张照片，弗雷德·斯坦贝克没有参加这次聚会

▲20世纪70年代中期的巴菲特一家。从左到右依次是：豪伊（抱着狗儿汉密尔顿）、苏珊、彼得（苏珊后面）、沃伦和苏茜

◀苏珊·巴菲特穿着缀满小亮片的衣服，在奥马哈的法国咖啡屋举办演唱会，时间是在她动身到旧金山前不久

▲巴菲特庆祝《奥马哈太阳报》因曝光儿童城事件荣获普利策奖

▲1983年11月苏茜·巴菲特和艾伦·格林伯格的婚礼，艾伦·格林伯格后任巴菲特基金会的执行董事

▲巴菲特和《华盛顿邮报》出版人凯瑟林·格雷厄姆从1973年起建立了深厚的友谊

▲1974年28岁的阿斯特丽德·门克斯。4年后苏珊·巴菲特说服她去照顾沃伦,所以她搬到了沃伦家居住

▲B夫人罗斯·布鲁姆金历尽艰辛创建了北美最大的家具城。直到103岁,她才退休。罗斯是巴菲特经常提到的值得学习的榜样

◀巴菲特在自家厨房,穿着他最喜欢的一件旧毛衣

▶1991年,为了庆祝乔治·彭斯95岁生日,巴菲特与他切磋桥牌技艺,摄于洛杉矶的山顶乡村俱乐部

▲ 2003年4月11日，巴菲特为奥马哈皇家棒联赛投出第一球

THE SNOWBALL
Warren Buffett
and the Business of Life

滚雪球 上
巴菲特和他的财富人生

［美］艾丽斯·施罗德 ◎ 著
覃扬眉 等 ◎ 译

（畅销版）

中信出版集团 ｜ 北京

图书在版编目（CIP）数据

滚雪球：巴菲特和他的财富人生：畅销版．上／(美)艾丽斯·施罗德著；覃扬眉等译．--3版．--北京：中信出版社，2018.2（2025.6重印）
（长赢投资系列）
书名原文：The Snowball：Warren Buffett and the Business of Life
ISBN 978-7-5086-7878-8

I.①滚…　II.①艾…②覃…　III.①巴菲特（Buffett, Warren 1930- ）–生平事迹②巴菲特（Buffett, Warren 1930- ）–股票投资–经验　IV.①K837.125.34 ②F837.125

中国版本图书馆CIP数据核字（2017）第167453号

The Snowball：Warren Buffett and the Business of Life by Alice Schroeder.
Copyright © 2008 by Alice Schroeder.
Published by arrangement with Alice Schroeder c/o Black Inc., the David Black Literary Agency through Bardon-Chinese Media Agency.
Simplified Chinese translation copyright © 2018 by CITIC Press Corporation.
ALL RIGHTS RESERVED
本书仅限中国大陆地区发行销售

滚雪球：巴菲特和他的财富人生·畅销版（上）

著　　者：[美]艾丽斯·施罗德
译　　者：覃扬眉　丁颖颖　张万伟　张春明　张艳云
出版发行：中信出版集团股份有限公司
　　　　　（北京市朝阳区东三环北路27号嘉铭中心　邮编 100020）
承　印　者：北京通州皇家印刷厂

开　　本：880mm×1230mm　1/32　　插　　页：16
印　　张：17.5　　　　　　　　　　　字　　数：477千字
版　　次：2018年2月第3版　　　　　印　　次：2025年6月第34次印刷
京权图字：01-2007-2998
书　　号：ISBN 978-7-5086-7878-8
定　　价：68.00元

版权所有·侵权必究
如有印刷、装订问题，本公司负责调换。
服务热线：400-600-8099
投稿邮箱：author@citicpub.com

沃伦·巴菲特9岁那年的冬天,他和妹妹伯蒂在院子里玩儿雪。

沃伦用手接着雪花,一开始是一次一捧。接着,他把这少量的积雪铲到一块儿,捧起来揉成一个雪球。雪球变大之后,沃伦让它在地上慢慢地滚动。每推动一次雪球,雪球就会沾上更多的雪。他推着雪球滚过草坪,雪球越来越大。很快,沃伦把雪球滚到了院子边上。片刻犹豫之后,他继续向前滚动雪球,穿过了附近的街区。

从那里开始,沃伦一直朝前行进,目光投向白雪皑皑的整个世界。

目录
THE SNOWBALL

第一部分
大泡泡

1 不作逢迎／003

2 太阳谷／006

3 习惯性动物／027

4 沃伦，你怎么了／035

第二部分
"内部记分卡"

5 "传道"冲动／041

6 浴缸障碍赛／049

7　休战纪念日／059

8　1 000 招／066

9　沾油墨的指头／075

10　犯罪行为实录／098

11　"胖姬"不胖／102

12　地下卖场／110

13　赛马场规则／121

14　大　象／127

15　面　试／140

16　一记好球／146

17　珠穆朗玛峰／157

18　内布拉斯加小姐／170

19　怯　场／183

第三部分
赛马场

20　格雷厄姆—纽曼公司／199

21　真正的玩家／213

22　隐藏的光辉／224

23　奥马哈俱乐部／249

24　火车头／256

25　风车战争／270

26　黄金堆／276

27　愚蠢行为／294

28　干燥的火种／311

29　毛料是什么／321

30　"喷气机"杰克／329

31　绞刑架决定未来／339

32　简单、安全、有利润且令人愉悦／349

33　解　体／359

第四部分
苏珊在歌唱

34　"糖果哈里"／379

35　《奥马哈太阳报》／394

36　两只落汤鸡／412

37　新闻记者／421

38　意大利美国西部片／435

39　大力士／449

40　如何避免经营一家公共图书馆／469

41　然后呢／496

42　最高荣誉／517

第一部分
THE SNOWBALL
大泡泡

1
不作逢迎

奥马哈 2003年6月

  沃伦·巴菲特靠向椅背，跷起腿，坐在他父亲霍华德那张简陋的木桌后面。他那件价值不菲的杰尼亚上装肩膀处打着褶儿，像是批量生产出来的便宜货。每天，无论伯克希尔–哈撒韦总部的其他15名员工如何着装，巴菲特都是这身行头。他穿着一件普普通通的白衬衣，衬衣领子太小，将脖子勒得紧紧的，领结与领口不太贴合。看上去这衬衣是他年轻时买的，而且在过去40年中，他似乎都忘了量一量脖子的尺寸。

  他的双手穿过几缕花白头发，交叉握于脑后。粗浓的眉毛横卧在玳瑁眼镜上方。很多时候，这眉毛展示出他的怀疑、了然或迷惑不解。一眨眼工夫，他又会浮出一丝不易察觉的微笑，令随性的眉毛增添迷人的魅力。他那双淡蓝色的眼睛精光聚敛，似有所思。

  沃伦坐在那里，周围是50年来收到的各种纪念品。在办公室外面的走廊上，内布拉斯加玉米剥皮者橄榄球队的照片、他参演一部肥皂剧所得的薪水支票、他购买长期资本管理公司对冲基金的报价书（对方未接受）和可口可乐纪念品四处摆放。在办公室的咖啡台上，放着一个经典的可口可乐瓶。此外，屋里还有一只用人造荧光树脂做成的棒球手套。沙发的一边，挂着沃伦1952年1月读完戴尔·卡内基公共演讲课程的证书。一个富国银行的运钞马车模型放在书架顶上，车头朝西。书架上还有沃伦的投资合伙企业旗下的《奥马哈太阳报》在1973年获得的普利策奖杯。书和报纸散落在房间里。书柜上、靠墙的桌子上、桌子旁边的柜子上面都放着家人和朋友的照片。在桌子后面、沃伦头顶上方的墙上，挂着一幅他父亲的肖像，正对着每一个进入房间的人。

窗外，奥马哈晚春的清晨景色宜人，但是褐色的木制百叶窗紧闭着，遮蔽了满帘春色。面对他桌子的电视被调到CNBC（消费者新闻与商业频道）。虽然电视没有声音，但屏幕最下方滚动的文字全天都在满足巴菲特的新闻需求。有好几年，电视里播放的新闻经常与巴菲特有关，这让他很高兴。

然而实际上，只有寥寥几人非常了解巴菲特。我和他相识6年了，一开始，我的身份是研究伯克希尔–哈撒韦股票的金融分析师。没多久，我们建立了友谊。但如今，我依然需要更好地去认识他、了解他。我们坐在沃伦办公室里的原因是，他不打算自己动手写这本书。动来动去的眉毛配合着他说话的节奏，他反复说：“你会干得比我好，艾丽斯。我很高兴由你来写这本书，而不是我。”他这么说的原因我会在之后一一道出。言谈之间，我们开始从最接近他内心的东西聊起。

"沃伦，这念头到底是怎么形成的？你对赚钱为什么会如此用心？"

他的眼睛望向远处，似乎思绪万千，在搜寻着那些储存在大脑中的记忆。然后，沃伦开始讲他的故事："巴尔扎克说，每一笔财富的背后都隐藏着一桩罪恶，[1]但伯克希尔绝非如此。"

他从椅子上起身，收起思绪，几大步跨到另一端，坐进一把芥末色的锦面扶手椅子。他身子前倾，那神情不像一位72岁的金融家，更像是一个少年把他的初恋娓娓道来。如何诠释这个故事，要采访哪些人，写些什么，全部由我构思。巴菲特详尽地谈论了人类天性和记忆力的脆弱，然后说："当我的观点和他人不同的时候，艾丽斯，选择不太讨巧的那个。"

巴菲特给我上了很多课，最精彩的一些来自我对他的观察。第一堂课就是：以谦卑之态屈人之兵。

事后看，没有太多理由去选择那个不讨巧的观点，但是，当我这么做的时候，通常是因为人类的天性而非脆弱的记忆力。这类事情中有一件事发生在1999年的太阳谷。

2
太阳谷

爱达荷　1999年7月

沃伦·巴菲特走出轿车，从后备厢中拖出旅行箱。他穿过护栏的大门，走向机场的停机坪。那里停放着一架反射着阳光的白色湾流IV型喷气机——和区域性商业客机一般大小，是1999年最大型的私人飞机。它正等着巴菲特和他的家人。一名飞行员从巴菲特手里接过旅行箱，放进飞机的行李舱。看到巴菲特亲自驾车并从车里拿出自己的行李，几乎每个第一次和巴菲特一起旅行的飞行员都会吃惊。然后，巴菲特走上舷梯，向乘务人员打招呼并走向靠窗的座位，尽管整个飞行途中他都不会朝窗外看一眼。巴菲特的心情很轻松，几周之前，他就期待着这次旅行。

同行的有巴菲特的儿子彼得及其妻子珍妮弗、女儿苏茜及其男友，还有两个孙子辈的孩子。45英尺长的机舱里摆放着奶咖色的皮革太空椅，一行人坐在了椅子上。当乘务人员从机上厨房——里面堆满了家人喜爱的零食和饮料——拿出饮品时，他们转动椅子，避开流线型墙面板，好让自己的空间更宽敞。沙发上放着一堆杂志：《名利场》《纽约客》《财富》《游艇工业》《罗博报告》《大西洋月刊》《经济学人》《时尚》《瑜伽》。乘务员是个女孩，她没给巴菲特送来杂志，而是抱了一堆报纸给他，外加一小篮薯片和一瓶樱桃可乐——和他那件红色的内布拉斯加毛线衫很是相衬。巴菲特向她表示感谢,并和她聊了几分钟,缓解她第一次和老板飞行的紧张情绪,然后让她告诉她的同事,他们都已准备就绪,飞机可以起飞了。之后,飞机顺着跑道滑行,腾空,然后拉升到4万英尺高。之后的两个小时,巴菲特一直埋头读报。其余6人在巴菲特周围玩闹、看电视和打电话,乘务员则在枫木餐桌上铺好桌布,摆好插满兰花的花瓶,然后回厨房准备午饭。巴菲特专心致志地阅读着报纸,仿佛是一个人在家学习。

他们乘坐的飞机价值3 000万美元,为"分权所有型"[①]喷气机。这架飞机为1/8分权,即8个所有者共享,但是共享者拥有的是每月固定时数的飞行,搭乘的飞机不固定。因此,全部的所有者想用的时候飞机均可立即起飞。飞行员、飞机维护人员、准备午餐的乘务员都是奈特捷公司的职员,提前6小时安排好。奈特捷公司属于沃伦·巴菲特的伯克希尔–哈撒韦公司。

过了一会儿,湾流IV型飞机飞越了斯内克河平原,飞向索图斯山脉——白垩纪巨变后产生的黑色古老花岗岩质的山脉,炙烤于夏日艳阳之下。飞机在明媚、澄澈的天空中飞行,进入伍德河河谷,飞行高度下降到8 000英尺。在这个高度上,飞机开始遭遇下方褐色丘陵地形对上方天空发出的地形波冲击。当飞机摇摆、机上的人随之颠簸的时候,巴菲特却继续着他的阅读,稳若泰山。从窗口往下看,灌木丛点缀着山脊,成排的松树顺着风向、沿着峡谷之间的山脊一路延伸。看到预期的景致,巴菲特一家都露出笑颜。飞机继续下降,在穿过顶上山峰之间的狭窄缝隙时,正午的阳光将飞机拉长的阴影投到古老的矿业城市——爱达荷州的黑利市。

---

① 分权所有型(fractional ownership)是指有意购买商务喷气机的买主,无须购买整架飞机,而是购买1/4、1/8或其他比例的所有权,由商务喷气机公司来进行操作,包括飞行及维修。——译者注

片刻之后，飞机降落在弗里德曼纪念机场。巴菲特走下飞机，来到停机坪，在7月的阳光下眯眼望去，两辆SUV（运动型多功能车）早已停候在飞机旁边。这两辆车由赫兹公司[①]的工作人员驾驶，他们无论男女都穿着金色和黑色相配的公司T恤衫。不过，T恤衫上写的不是"赫兹"，而是"艾伦公司"（Allen & Co.）。

孩子们蹦跳着向前，飞行人员把行李、网球拍、巴菲特的红白两色高尔夫球包放进SUV。接着，巴菲特和家人与飞行员、乘务员握手道别，坐进SUV。经过太阳谷航空航运服务公司之后，他们随着摇晃的SUV穿过机场的大门，驶上那条通往山顶的路。

8分钟后，另一架喷气机抵达机场，驶向自己的停机位。

在整个洒满金色阳光的下午，一架接一架的飞机从东南边或西面进入爱达荷，降落在黑利市：重型的赛斯纳"奖状"型飞机、迷人的里尔喷气机、高速的红鹰、豪华的猎鹰，其余大部分都是外形很威风的湾流IV型飞机。时间慢慢过去，众多在阳光下闪光的白色巨型飞机成排停在跑道上，远远望去，像是商店橱窗里摆满的玩具。

巴菲特一家循着道路标记，出机场后向前行驶了数英里，开往凯彻姆小镇——位于索图斯国家森林公园边上，就在埃克霍恩水道的拐弯处附近。行驶几英里后，他们绕过多勒山，几处褐色的斜坡之间有一片绿色地带。就在松树和微微泛光的白杨林带，坐落着太阳谷，这个山脉中神话一般的疗养地。海明威在这里写成了小说《战地钟声》，奥运会滑雪和滑冰运动员将此地视为他们的第二故乡。

巴菲特一家在这个星期二下午所遇到的家庭出游潮全都和艾伦公司有关——这是一家精品投行，精于媒体和通信行业。艾伦公司促成了好莱坞最大的几桩合并交易，并且十多年来一直主办一系列年会，在太阳谷款待客户和合作伙伴，提供休闲娱乐。公司首席执行官赫伯特·艾伦只邀请他喜欢的人，或者是那些他至少认为可以与之共事的人。

[①] 赫兹公司是全球最大、最著名的汽车租赁公司。——编者注

因此，这个会议名人和富人云集，有好莱坞的制片商和明星，比如坎迪斯·伯根、汤姆·汉克斯、罗恩·霍华德、西德尼·波拉克，娱乐业巨头巴里·迪勒、鲁伯特·默多克、罗伯特·伊格尔以及迈克尔·艾斯纳，出身社交名门的新闻业人士汤姆·布罗考、黛安娜·索耶和查理·罗斯，IT（信息科技）业的比尔·盖茨、史蒂夫·乔布斯和安迪·格鲁夫。每年都会有一群记者守在太阳谷聚会地的外面。

记者会提前一天来到新泽西的纽瓦克，在机场或者是其他类似的登机点，搭乘商业航班来到盐湖城，然后跑到登机口的等候区，坐在拥挤的人群中，等着飞向诸如怀俄明州卡斯珀、艾奥瓦州苏城的航班。时间一到，他们会搭上一架螺旋桨飞机，颠簸一小时来到太阳谷。到目的地后，他们的飞机会驶向机场的另一端一个差不多网球场大小的出口。他们可以在那里看到一群皮肤晒成棕黑色的艾伦公司的年轻工作人员，这些年轻人身穿印有"SV99"①彩色字样的球衣和白色短裤，正在欢迎少数乘商务飞机到达的艾伦公司客人——这些客人可以立马被辨认出来：男士穿着西式靴子、Paul Stuart（保罗·斯图尔特）品牌的短袖、牛仔裤；女士穿着山羊绒上衣，戴着弹珠大小的绿松石珠子。艾伦公司的职员已经事先从照片上记下了那些新面孔。他们会拥抱过去几年已经认识的客人，仿佛他们是多年的老友，然后迅速接过客人的包，把东西放在不远处等候的SUV上。

记者会去租车处租辆车，开到聚会地，此时他们敏感地意识到自己身份地位的低微。之后数天，太阳谷的很多地方都会彰显"私人"特色——房门紧闭，保安设施无处不在，花篮高悬，并摆放大型盆栽植物，以阻挡那些窥探的眼光。记者会在室外潜伏着，嗅着灌木的气息。[1]自从迪士尼的迈克尔·艾斯纳和美国广播公司的汤姆·墨菲在1995年的太阳谷年会中构思出他们的公司合并案以来，聚集于此的新闻媒体规模一直在扩大，太阳谷呈现出戛纳电影节那种商业氛围。但是，太阳谷爆出的

---

① SV99，为"Sun Valley 1999"的缩写，意为"太阳谷1999"。——编者注

合并案只是冰山一角。太阳谷聚会远不是为了达成交易,虽然交易吸引了大多数的媒体。每一年,都有这家公司或那家公司正在爱达荷的某座山里召开秘密会议,对某笔生意进行谈判的传闻。因此,当SUV一辆接一辆地开过时,记者们都试图透过车的前窗看看里面坐着谁。当有新闻价值的人物到来时,记者们会追踪他们的"猎物"进入聚会地,手里摆弄着照相机和麦克风。

当沃伦·巴菲特走出他的SUV时,记者们很快就认出了他。艾伦公司的董事、巴菲特的朋友唐纳德·基奥这么说过:"会议的基因里已经植入了这个人。"[2] 大多数媒体人都喜欢巴菲特——为了不招人讨厌,他行事富有技巧,不怕麻烦,公众形象简单而率直,而且看起来很真诚。然而,巴菲特过着复杂的生活。他有5套房子,但只在其中两处居住。不知出于何种原因,巴菲特有过两任妻子。他说话爱引用家乡的俗语,眼中透着慈祥。他有一帮忠诚的朋友。但是,一路走来,他给人的却是强硬、冷酷的商人形象。巴菲特似乎想避开公众,但结果是,他所吸引的公众注意力几乎要多于地球上其他任何人。[3] 巴菲特乘坐湾流IV型飞机去全美各地,经常参加名人聚会,有众多名流友人,但是,他说他最喜欢奥马哈、汉堡和节俭的生活。他说他的成功是基于一些简单的投资理念和每天满怀热情的工作,不过,如果事情只是如此,为什么没有人能够复制呢?

在走过摄影师身边的时候,巴菲特总是会主动挥手打招呼,并露出祖父般慈祥的笑容。摄影师们用胶片捕捉下巴菲特的举止,然后开始盯着下一辆车。

巴菲特驾车兜上一圈之后,就前往具有法国乡村风格的共管式私有公寓,一处令人向往的世外桃源,游泳池和网球场边花团锦簇,这是赫伯特·艾伦安置其贵宾的地方。屋里通常准备了赠送的礼物:印有"SV99"字样的艾伦公司的上衣、棒球帽、拉链绒面衣和球衣——每年的颜色都不同,还有带拉链的笔记本。尽管巴菲特的财富超过300亿美元——足以购买1 000架湾流IV型飞机——但是,很少有比从朋友那里得到一件免费的高尔夫短袖衫更令巴菲特觉得高兴的事了。他花了好一会儿仔细察看今年的赠品。不过，更令他感兴趣的是赫伯特给每位客人的私人留言条，以及关于这次精心组织的聚会的日程表，上面说明了本年的太阳谷聚会为巴菲特都做了哪些准备。

时间精确的计划，详细周到的安排，如同赫伯特那一尘不染的法式回褶袖口，对巴菲特每一天、每个小时都做了安排。日程表清楚地列出了与会发言者及其演讲主题以及巴菲特将出席的午宴和晚宴——这些内容直到现在为止仍是严格保守的秘密。和其他客人不同的是，巴菲特对这些内容的大部分事先都有所了解，不过，他还是想看看日程表是怎么说的。

被称为"太阳谷之主"的赫伯特是年会的幕后导演，他让会议充满着随意自然的奢华。人们总是赞美他情操高尚、才华出众、见解不凡，而且慷慨大方。曾有客人脱口说道："你会为了得到赫伯特的关注和重视而甘愿将生命置于脑后。"因为担心不再被邀参加太阳谷年会，那些颇有微词的人也很少赤裸裸地说赫伯特"与众不同"：坐不住，没耐心，自高自大。站在身材高瘦结实的赫伯特身影里，你得全神贯注尽力跟上那些像机关枪一样噼里啪啦的话语。赫伯特吼出问题，然后打断答话者，唯恐他们浪费了他一秒钟的时间。他语无禁忌，言论大胆。"华尔街最终会被淘汰。"有一次，他这么告诉一位记者，他自己经营着一家华尔街投资银行，把对手称为"热狗贩子"。[4]

赫伯特保持公司规模的小而精，他手下的投资银行家把自有资金投入业务当中。这种非传统的方式令公司成为客户的合伙人，而不只是客户的服务者——客户是好莱坞和传媒业的精英人物。因此，当赫伯特做东设宴，他的客人会觉得这是个人殊荣，而不会觉得自己是被营销人员紧紧盯住的追猎对象。艾伦公司每年会做出详细的社交安排，而这些安排是根据每位嘉宾的私人社交网——艾伦公司所了解的嘉宾的人际关系网——以及艾伦公司认为他们应该认识哪些新朋友做出的。客人入住的度假公寓到酒店会议室的距离、受邀出席的餐会，以及他们旁边坐的人，都因身份而异。

巴菲特的朋友汤姆·墨菲把这类活动叫作"大象聚首"。巴菲特说:"你能请到一群要人前来,是因为如果他们参加了'大象聚首',那么就可以让他们确认自己也是头'大象'。"[5]

太阳谷在这方面无须置疑,因为和大多数"大象聚首"不同,这里的每个人都无法用钱来打动其他人,结果就形成了某种精英伪民主。随之而来让人好奇的一点是看谁没被邀请,而让人更加心跳的地方是,看谁被取消了邀请。不过,在这个阶层内部,人们真的是在发展真诚的人际关系。艾伦公司通过慷慨丰富的娱乐活动提供一场盛大的宴会。活动从头天晚上开始,客人们一副西部装扮,坐上古老的四轮马车,跟着牛仔们驶上一条蜿蜒小道,经过一块螺旋形的天然石头,来到特里尔·克里克·凯宾牧场。当日薄西山的时候,赫伯特·艾伦,或者是他两个儿子中的一个会在这里迎接来宾。一盆盆鲜红色的矮牵牛花和蓝色的鼠尾草装饰着白色的大帐篷,牛仔们在帐篷附近表演套绳技艺,给孩子们逗乐。与此同时,太阳谷的老朋友重聚在一起,比肩而立,手里拿着用来盛牛排和三文鱼的餐盘,欢迎新朋友的到来。巴菲特一家最后通常都会在西部的点点星空之下,和朋友们围坐在篝火旁边。

娱乐活动会在周三下午继续——坐在竹筏上,沿着萨蒙河,随性地在非常温柔的白色浪花中顺流而下。在出游中,人人喜笑颜开,因为艾伦公司为所有人的活动做了精心的策划。撑竹筏的人安安静静地引着竹筏穿过山谷,生怕自己打断了来宾间的谈话,打扰了合作联盟的萌芽。现场服务人员雇的是当地人,救护车排队候着,以防有人跌入冰冷的河水中。来宾们一离开竹筏,就会有热毛巾递上来,之后是一盘盘的野餐烤肉。

你会发现,那些不乘竹筏的客人在享受其他的乐趣——飞钓、射击和双向飞碟、山地自行车、桥牌、针织、自然摄影和随处可见的狗狗玩儿飞盘、在室外溜冰场溜冰、在完美的红土场打网球、在游泳池游泳,或者是在如茵的绿地上打高尔夫,他们乘坐的球车上满载着艾伦公司的防晒霜、零食和驱虫剂。[6]所有休闲活动和谐地进行着,所需要的一切看上去都无须开口,似乎取之不尽。工作人员供应了一切,艾伦公司的员工几乎是隐形的,但又永远适时地提供服务。

不过,百余名面貌姣好的儿童看护人员才是赫伯特的秘密武器。她们大多数一头金发,皮肤晒成深色,身着同款的T恤衫,配搭着艾伦公司的背包。当孩子的父母和祖父母在娱乐的时候,看护人员得不眨眼地看着每个孩子,这些孩子当然也和自己的同伴在一起游戏——在网球中心打球、玩儿橄榄球和K球①、乘马车、观看马术表演、溜冰、接力赛跑、划船、钓鱼、艺术活动,或享用比萨和冰激凌。所有的看护人员都是经过挑选的,为的是要保证每个孩子玩得尽兴,年年都恳求大人再来这里——同时,看护人员也要令孩子的父母放心、高兴,父母们偶尔会看一眼这些非常具有魅力的年轻看护人员,因为他们能使自己和其他的成人朋友多待上几天,而无须对孩子心怀歉意。

巴菲特一直是对艾伦公司如此款待最心存感激的人之一。他喜欢携全家到太阳谷,因为如果让他独自和孙子们待在山里的度假村,那他可能什么都干不成。除了高尔夫球之外,他对户外运动没什么兴趣。他从来不玩儿双向飞碟或山地自行车。他认为水犹如"牢狱",让他坐竹筏犹如给他戴上手铐。与参加这些活动相反的是,他如鱼得水地进入"象群"的中心。他玩儿了一会儿高尔夫和桥牌——和全美动画片协会主席杰克·瓦伦蒂比了一场高尔夫,赌注是1美元;和马里蒂兹·布罗考打了一场桥牌。然后,和其他人聊天,比如《花花公子》的首席执行官克里斯蒂·海夫纳、计算机行业的迈克尔·戴尔。

有时,巴菲特会离开高尔夫球场,在自己的公寓房间待上好长一段时间。他坐在石制壁炉旁收看商业新闻。[7]窗外,鲍尔迪山被松林覆盖,鲜花盛开的河岸如同波斯地毯:色彩缤纷的羽扇豆、蓝宝石色的飞燕草高高地立着,下面是罂粟花和印第安彩笔花,佛甲草和石莲花依偎在清

---

① K球,英式足球与棒球的结合。——译者注

新的蓝色鼠尾草和婆婆纳之间。不过，巴菲特几乎注意不到这些迷人的景色，他来这里为的是享受赫伯特·艾伦所营造的温馨气氛。[8]巴菲特喜欢和他最亲密的朋友待在一起：凯瑟琳·格雷厄姆和她的儿子唐、比尔·盖茨夫妇、米基·基奥和唐纳德·基奥、巴里、迪勒和黛安娜·冯·弗斯腾伯格、安迪·格鲁夫和他的妻子伊娃。

不过，对巴菲特来说，最重要的一点是，在大多数美国家庭的所有成员难得聚在一起时，他可以把自己的大家庭重聚到一起。他女儿苏茜·巴菲特说："他喜欢我们所有人住在一栋房子里。"苏茜住在奥马哈，弟弟豪伊和妻子德文住在伊利诺伊州的迪凯特，巴菲特的小儿子彼得和妻子珍妮弗住在密尔沃基。

与巴菲特结婚47年如今和他两地分居的妻子苏珊从旧金山的家里飞来和他们见面。巴菲特20多年的伴侣阿斯特丽德·门克斯，则一直住在奥马哈的家中。

周五晚上，沃伦·巴菲特穿上一件夏威夷短袖衫，陪妻子一起去参加在公寓旁的网球场上举行的传统泳池派对。大部分客人都认识苏珊，也很喜欢她。在灯火通明的奥林匹克泳池前，伴着火炬灯的光影，她会演唱怀旧歌曲，成为泳池派对的焦点。

今年的聚会中，鸡尾酒和朋友情谊流淌其间，人们谈论着刚刚了解到的新名词——B2B（商家对商家）、B2C（商家对客户）、网络旗帜广告、宽带——这些词儿成了阿尔·奥霍乐乐队的竞争者。整个周末，伴随着人们的握手、亲吻和拥抱，一种隐约的不安如烟雾一般在午餐、晚餐和鸡尾酒会中弥漫开来。一批新近出现的IT高管带着异乎寻常的狂傲，向一年前从未听说过他们的人介绍自己，某些人表现出的傲慢和太阳谷通常的氛围格格不入。[9]一般情况下，太阳谷会以一种决定性的非正式因素起主导作用，赫伯特·艾伦会用某种不成文的规则来对付狂妄自大的人，他们的下场就是以后再也不会被邀请参加年会。

当年会的重要嘉宾发表演说时，气氛变得凝重起来。公司的高管、政府的高官以及日程表上列示的其他演讲者，在太阳谷的发言和他们在其他地方的讲话大为迥异。但出了太阳谷会场的大门，几乎没有人私下谈论他们发言中的任何言论。记者们被禁止入内。一些著名的记者，以及拥有电台网络和报纸的传媒业大亨坐在听众席，但都尊重守口如瓶的原则。因此，演讲者们只对与他们同等身份的圈内人尽情发挥，讲述重大且往往真实的事，这些内容在媒体面前从不会被说得明明白白，因为它们太过直白、太易透出讽刺意味，或者说太有可能被误读。一般的记者会在外面设伏，希望能听到里面传出的只言片语。

今年，互联网的新晋大人物一直都趾高气扬，宣扬他们的宏伟目标，大肆夸耀自己新近出炉的公司并购案，并希望从在座的资金经理们那里筹得资金。那些管理着他们的养老金和储蓄的资本持有人控制着令人惊叹的巨额财富：超过 1 万亿美元。[10]1999 年的 1 万亿美元相当于整个美国的个人所得税收入，足够为 9 个州的每户家庭买一辆全新的宾利轿车。[11] 你可以在芝加哥、纽约、洛杉矶买下所有的房产。有些需要资金的企业会上台做企业演示，希望下面的听众能给他们提供资金支持。

这一周的早些时候，以汤姆·布罗考为首、名为"互联网和我们的生活"的团队举办了一连串的演示，主题是关于互联网将如何再造通信行业。在线旅游公司的杰伊·沃克带着听众去互联网那令人眩晕的美妙世界畅游了一番——信息高速公路被认为可与 1869 年铁路时代的来临相媲美。高管们一个接一个为自己的公司计划了炫目的未来，未来不再受仓储和地域的限制。会场里充满了关于未来的醉人气息。这一切如此诱人，有些人深信不疑，认为一个全新的世界正呼之欲出，还有人则想到了万金油推销员。开 IT 公司的家伙们将自己视为"将火种带给凡人的普罗米修斯"那样的天才。现在，那些在旧经济中开发、制造无趣乏味的生活必需品，比如汽车零件、草坪护理工具的公司则关心自己应该购买多少新技术。一些互联网公司的股票基于根本不存在的巨额盈利进行交易，而生产实物的实体企业的价值却在降低。当 IT 股票压倒旧经济，在之前 3 年半时间里才翻了一番的道琼斯工业平均指数，现在仅用了 4 个月就突破了一度遥不可想的 1 万点大关。

发言的间歇，很多新富阶层人士聚集在被隔离保护起来的露天餐厅。餐厅旁边是达克池塘，池塘里有一对天鹅在游水。在这里，任何客人——但不能是记者——都可以在身着卡其裤、开司米羊绒衫的一大群人里缓缓走动，去向比尔·盖茨或安迪·格鲁夫问上一个问题。与此同时，新闻记者们对互联网名人紧追不放，往返于其居住的公寓和会场，这种场景放大了他们已经膨胀的自大情绪，这种情绪已经渗透到1999年的太阳谷年会中。

整个周五的下午，一些互联网的新兴风云人物都在游说赫伯特·艾伦，希望自己能加入知名摄影师安妮·莱博维茨在次日下午为《名利场》杂志进行拍摄的"传媒全明星"阵容。他们认为自己被邀请到太阳谷的原因是自己是时下的名人，并难以相信莱博维茨已经自行选定了拍摄对象，比如，为什么莱博维茨会选择巴菲特——他对传媒业的影响是间接的，是通过董事会成员资格、广泛的人际关系影响，以及或多或少的传媒业投资。此外，巴菲特还是个老式传媒人士。这些新兴人物很难相信，刊有巴菲特照片的杂志能卖得出去。

这些属于未来全明星阵容的人觉得自己被轻视了，因为他们非常清楚传媒行业的天平已经移向了互联网。他们的确不受重视，即便是赫伯特·艾伦自己都认为对IT和传媒业股票进行估值的"新模式"不可靠。这种新估值模式的根据是点击率、眼球数和对遥远未来的预期，而不是公司的赢利能力。"新模式，"他对此嗤之以鼻地说，"就像是新的做爱姿势，根本就是胡扯。"[12]

次日早上，代表着"旧模式"的巴菲特很早就起床了，因为他是今年年会的闭幕演讲人。巴菲特总是拒绝在其他公司举办的会议上发言的邀请，但是，当赫伯特·艾伦请他在太阳谷年会上发言时，他总会同意。[13] 星期六早上的闭幕演说是年会的一大要事，因此，几乎所有人都不再去高尔夫球场，也不去钓鱼，他们都到太阳谷会场吃自助早餐，然后找个座位坐下。今天，巴菲特会对股票市场发表看法。

鼓吹者们所推动的市场令IT股票急速冲到了疯狂的高点,私下里,巴菲特对此持批评态度。IT股票的表现令伯克希尔-哈撒韦望尘莫及,而巴菲特不购买IT股票的严格纪律似乎也过时了。但外界的评论对巴菲特的投资方式丝毫没有影响,直至今天,巴菲特发表过的唯一公开声明就是他从来不做市场预测。因此,他决定站上太阳谷的发言台发表如此的演讲,这是前所未有的事情,也许是时机到了。巴菲特有着坚定的投资信念,而且有迫切的欲望想要讲出来。[14]

巴菲特花了两周时间准备这次发言。他明白,市场并不只是人们买卖股票的地方,股票似乎是赌场里的筹码,筹码则代表了公司业务。巴菲特思考的是筹码的总体价值。这些筹码值多少钱?然后,巴菲特会从源源不断的文件中评估公司以往的业绩。互联网的出现并不是新技术第一次震动股票市场。商业发展史上充满了新技术——铁路、电报、电话、汽车、飞机、电视……都是加快沟通的革命性的方式——但是,这些发明当中有多少已令投资者发财致富呢?巴菲特将要对此进行说明。

在自助早餐之后,克拉克·基奥走上演讲台。巴菲特和基奥一家相识多年,他们在奥马哈是街坊邻居。巴菲特是通过克拉克的父亲唐纳德才加入太阳谷活动当中的。唐纳德·基奥是可口可乐的前总裁,艾伦公司的现任董事长。在1982年可口可乐从艾伦公司购买哥伦比亚电影公司的时候,唐纳德认识了赫伯特·艾伦。赫伯特不着痕迹的营销方式给基奥和可口可乐的首席执行官罗伯托·戈伊苏埃塔留下了深刻的印象,于是他们说服艾伦加入了可口可乐的董事会。

唐纳德·基奥是艾奥瓦州苏城一位牧场主的儿子,做过侍应生。目前,他名义上已从可口可乐退休,但是,他的生活仍然和"真家伙"[①]紧密相连。而且他的影响力如此之强,以至于有时他被称为公司的"影子首席执行官"。[15]

当基奥一家在20世纪50年代成为巴菲特的邻居时,沃伦·巴菲特

---

① 真家伙(Real Thing)是1969年可口可乐的著名广告语。——译者注

曾问唐纳德如何支付孩子的大学费用，并建议他投资 1 万美元入股巴菲特的公司。但是唐纳德当时是奶油果仁咖啡的推销员，要供 6 个孩子上教区学校，一周要开销 200 美元。"我们没钱，"克拉克告诉听众，"这就是我们家的一些往事，我们永远也不会忘记。"

巴菲特走上讲台，穿着他最喜欢的内布拉斯加红色毛线衫，里面是一件格子衬衣。他接着克拉克的话，讲完了这个故事。[16]

基奥一家是非常好的邻居。虽然唐纳德有时的确会说，他有份工作，而我没有。但是，我们的关系非常好。有一次，我妻子苏珊去他们家，以中西部人那众所周知的方式想借一勺糖。唐纳德的妻子米基给了苏珊一整袋。我知道之后，当天晚上亲自过去拜访他们。我对唐纳德说："你为什么不拿 25 000 美元入股投资呢？"基奥一家当时都愣了，我的建议被拒绝了。

我之后又找他们，提出克拉克刚才提到的 1 万美元投资，结果还是一样，但我并不觉得被伤了自尊。因此，我后来又去找他们，提出 5 000 美元的投资额，但再一次被拒绝。

后来，1962 年的一个晚上，我又去基奥家。我还没想好自己要不要把投资额降低到 2 500 美元，但是，我到他们家的时候，整栋房子里没有光亮，一片寂静，屋里什么都看不见，但我知道这是怎么回事。我知道，唐纳德和米基躲在楼上，所以，我没有离开。

我按门铃、敲门，都没人应我。但是，唐纳德和米基就在楼上，而屋子漆黑一片。

光线太暗，无法看书；时间太早，还不到睡觉时间。我记得那一天，当时的情景历历在目。那是 1962 年 6 月 21 日。

克拉克，你什么时候出生的？

"1963 年 3 月 21 日。"（克拉克回答）

历史就取决于这类小事。因此，你应该很高兴，你父母没有给我那 1 万美元。

通过这个小小的互动,巴菲特的演讲抓住了听众的注意力,然后他将话题转到手边准备的内容上。

朋友们,我今天想谈论一下股票市场。我会讨论一下股票的定价,但是我不会对它们下个月或下一年的波动进行预测。估值不是预测。

短期内,市场是投票器;而在长期,市场是称重器。

重量最终才是有价值的,但是短期内,数量很重要。这是一种非民主的投票,也不会进行文化测试决定投票资格,这些你们都了解。

巴菲特按下一个键,在大屏幕上播放幻灯片。[17]众所周知,巴菲特不精通电脑,此时,听众席上的比尔·盖茨屏住了呼吸,直到巴菲特展示出第一张幻灯片,他才松了一口气。[18]

道琼斯工业平均指数
1964 年 12 月 31 日   874.12
1981 年 12 月 31 日   875.00

巴菲特走到屏幕前,开始进行解说。

在这 17 年的时间里,经济规模增长了 5 倍,《财富》世界 500 强企业销售额的增长超过 5 倍。然而,在这 17 年里,股票市场完完全全落在了后面。

(他后退了一两步)当你们投资的时候,你们所做的事情是延迟消费,现在把钱投出去,在一段时间之后会获得更多的钱。关于投资,只存在两个真正的问题:一是你想得到多少回报,二是你想什么时间得到回报。

伊索称不上是一位金融家,但是他说过"一鸟在手胜过双鸟在林"。不过,他并没有提到时间。

巴菲特解释说,利率——借贷成本——是对"时间"的定价。金融领域的利率就如同物理学当中的重力。利率变化,所有金融资产,包括房子、股票、债券的价值都会发生变化,就如同鸟的价值会波动一样。

"这就是为什么有时手里的鸟比林子里的鸟值钱,有时林子里的鸟比手里的鸟值钱。"

巴菲特说话音调平稳,带着鼻音,吐字快得如连珠炮,他将伊索和20世纪90年代的大牛市联系到了一起,而他认为这个牛市纯属瞎闹。利润的增长远远低于前期,但林子里的鸟却变得昂贵,因为利率处于低水平。利率水平如此低,想持有现金的人数在减少。因此,投资者正在向林中鸟支付闻所未闻的价格。有时,巴菲特会将其称为"贪婪作祟"。

听众席里坐满了IT业的领军人物,在从大牛市中获得大笔财富的同时,他们也改变着世界。此刻,他们坐在那里,一言不发。投资组合里充斥着各种估值过高的股票,而他们的公司股票处于资产组合的第一线。他们认为这是很了不起的事。这是新模式,互联网时代的黎明。他们的态度是,巴菲特没有资格说他们贪婪。巴菲特,这个聚敛钱财数年、几乎不往外拿的人,这个从车牌就能看出其"节约"的吝啬鬼,这个将大部分时间用于思考如何赚钱的人,这个打破IT泡沫、没搭乘IT列车的人,正在往他们的香槟里吐口水。

巴菲特继续他的发言。只有三种方式,股票可以保持一年10%或10%以上的增长。一是利率下降,保持在历史低位。二是投资者,而不是雇员、政府或其他主体,在经济中所占份额高于历史已有水平。[19]他说,还有就是经济的增速开始快于正常情况。[20]诸如此类的乐观假设被巴菲特斥为"痴心妄想"。

巴菲特说,有些人并不认为整个市场会繁荣,他们只是认为自己能够从中挑选出胜利者。巴菲特解释说,虽然创新可能让世界摆脱贫困,但是历史上创新的投资者后期都没有以高兴收场。他一边说,一边像乐队指挥那样挥舞着手臂,成功地换上了另一张幻灯片。

这张幻灯片上的内容来自一份长达70页的清单,里面包括了美国所有的汽车公司。

这清单上面有2 000家汽车公司:汽车是20世纪上半叶最重大的发明。

它对人们的生活产生了巨大的影响。如果你在第一批汽车诞生的时代目睹了国家是如何因为汽车而发展起来的,那么你可能会说:"这是我必须要投资的领域。"但是,在几十年前的2 000多家汽车企业中,只有三家企业活了下来。[21]而且,曾几何时,这三家公司的出售价格都低于其账面价值,即低于当初投入公司并留存下来的资金数额。因此,虽然汽车对美国产生了巨大的正面影响,但却对投资者产生了相反的冲击。

巴菲特放下清单,把手放进口袋。"有的时候,找出失败者要容易得多。我想,在此之后,大家能得出显而易见的结论。你应该做的事就是卖空经营不好的公司。"①巴菲特点击了一下,一张相关的幻灯片跳了出来:

美国经营不善的企业数量
1900年——1 700万
1998年——500万

坦白说,我很失望,因为巴菲特一家在这期间都没有进行卖空。其实,一直都有经营失败的公司。

听众中有一些人轻笑起来,虽然声音不大。他们的公司可能正在亏钱,但是他们心里都确信自己是胜利者。超新星在遥远的天空闪耀着星光。毫无疑问,某一天,他们将在史册上留下美名。

巴菲特再点击一下,又出现一张幻灯片。

现在我们再来看看21世纪另一项伟大的发明:飞机。从1919年到1939年,美国约有200多家航空公司。想象一下,当你处在小鹰号②时代,你是否能预见航空业的未来发展。你可能会看到一个你做梦都想不

---

① 卖空交易者认为股票价格会下跌,因此借来股票并卖出去。如果这么做,那么"卖空"的利润来自把股票以更便宜的价格买回来。如果股票价格上涨,那么卖空交易者会亏损。卖空通常都很风险,因为你的预期和市场长期趋势相反。——译者注

② 小鹰号是莱特兄弟发明的飞机名字。——译者注

到的世界。不过,假设你有此远见,预见所有这些人要么希望坐着飞机走亲访友,要么希望离家远走高飞,或者你预见任何可以在飞机里做的事。然后,你决定这就是你要投资的领域。

历史上,对航空企业的所有股票投资都赚不到钱,和几年前的情形如出一辙。

因此,我想告诉你们:我真的宁愿这么想——当我回到小鹰号时代,我会有足够的远见和"见义勇为"的精神,把奥维尔·莱特[①]给打下来。但我没做到,我有愧于未来的资本投资人。[22]

下面又是一阵轻笑。有些人开始对这种毫无新意、过时的例子感到厌烦,但是出于尊敬,他们继续听巴菲特讲下去。

这时,巴菲特正在谈论他们的公司业务。"推广、宣传新行业是好事,因为新行业很容易推销出去。而要推销现存的产品则非常艰难。相比之下,推销没什么人懂的产品要容易得多,即使是亏损的产品,因为不存在量化的要求。"这番话直接针对席上听众,很有杀伤力。

但是,你知道,人们还是会不停地投资。这让我想起一个关于石油勘探商的故事。这人死后到了天堂。"我核对过你的情况,你符合所有条件,不过有一个问题。"上帝说,"我们这里有严格的居住区法律规定,我们让所有石油勘探商待在一个区域。你也看到了,这里已经完全满了,没地方给你了。"

这位石油勘探商说:"你不介意我说句话吧?"

上帝说:"不介意。"

于是石油勘探商把手拢在嘴边,大声喊道:"地狱里有石油。"

结果可想而知,地狱之门开了,所有的石油勘探商开始往下冲。

上帝说:"这真是一个妙计,那么,你进去吧,就跟在家一样,随意些。这片地方都归你了。"

[①] 奥维尔·莱特,莱特兄弟中的弟弟。——译者注

这位石油勘探商停了一会儿,然后说:"不,我想我还是跟他们一起吧,毕竟,空穴不来风啊。"[23]

这就是人们认识、感受股票的方式。人们很容易相信"空穴不来风"这个道理。

这番话引起一阵不大不小的笑声,然后笑声戛然而止,因为听众一下明白了巴菲特的话中之意——他们就跟石油勘探商一样没脑子,听信传言,跑到地狱去找石油。

巴菲特的话锋一转,回到林中鸟。他说,根本就不存在新模式。股票市场的最终价格只反映经济的产出。

巴菲特换上一张新幻灯片,显示出过去几年的市场价值已经大大超过了经济增长。巴菲特说,这意味着之后17年时间的市场状况不会比1964—1981年的情况好多少,在这段时间,道琼斯指数完全没有增长。"如果我必须给出这段时间最有可能的收益率,那可能是6%。"[24] 不过,最近盖洛普公司的调查显示,投资者们预期的股票收益率为13%~22%。[25]

巴菲特走到投影幕前,浓密的眉头动来动去,他指着一张有一对赤身男女的漫画——摘自一个关于股票市场的传奇故事《客户的游艇在哪里》。[26] 漫画上男人对女人说:"有些事儿没法对一名处女说清楚,无论是说给她听还是拿图片给她看。"听众听明白了,意思就是买互联网股票的人被忽悠了。但大家都僵硬地坐在那儿,一声不吭。没人笑得出来,连轻笑、窃笑都没有。

巴菲特回到讲台,告诉听众们他从伯克希尔-哈撒韦给他们带来了"糖果包"。

我刚刚买了一家叫奈特捷的公司,它出售可分权所有的喷气机。我本想送你们一人一架湾流IV型飞机的1/4股。不过,当我到了机场,我就意识到对你们大部分人来说,这实在是委屈你们了。

这个时候,大家笑了起来。巴菲特继续说,作为替代,他准备一人送一个珠宝商用的小型放大镜,他们应该用来看看彼此太太手上戴的戒指——尤其要注意看第三任太太的。

此话颇有点睛之效,听众席上的人大笑起来,鼓掌欢呼。然后,人们又不作声了。一股怨气在整个房间暗暗涌动。在 1999 年太阳谷年会上,关于股票市场过度膨胀的演讲就像是对一屋子名声不好的人宣扬贞洁。巴菲特的发言也许对听众产生了吸引力,让他们坐在椅子上不离去,但是,这并不意味着他们会示弱。

不过,有些人认为他们听到了很重要的事情。"很了不起,这是关于股票市场的基础教程,一节课就涵盖了一切。"这是盖茨的想法。[27] 手握资金的投资经理则发现这次演讲令人感到安慰、身心通畅。

巴菲特举着一本书向大家示意:

这本书对 1929 年狂躁的股市进行了细致深入的分析,充满了智慧。埃德加·史密斯的《用普通股进行长期投资》一书证明了股票收益总是高于债券。史密斯发现了 5 个原因,其中最新颖的一个原因是,公司可以保留一部分盈利,然后以同样的回报率进行再投资。这就是收益再投资——1924 年的创新理念。但是,正如我的导师本杰明·格雷厄姆以前一直说的,"好主意带给你的麻烦多于坏主意",因为你会忘记好主意是有限制条件的。凯恩斯在他的书的序言中写道:"用历史的眼光对未来进行预测,是非常危险的事。"[28]

巴菲特赞同这一观点:人们不能因为前几年股票价格的加速上涨就以此类推。

"现在,还有没有什么人没被我挖苦到?"[29] 他反问了一句,没人举手。

"谢谢各位!"巴菲特以此结束了发言。

巴菲特的信条是"表扬单个人,批评一类人"。他并不是故意要让演讲这么具有挑衅性和令人倒胃口,因为他也非常在意别人怎么看他。他并没有对始作俑者指名道姓,他认为这些人不会把他的笑话当回事。巴菲特的观点陈述强大有力,几乎无懈可击,他认为,即使是有人不喜欢他的观点传递的信息，他们也必须要承认其威力。听众们感受到的所有不适均未被明确地表达出来。之后，巴菲特一直回答提问，直到会议结束。人们起立，对他的演讲报以掌声。无论他们对巴菲特的演讲持何种态度，无论以什么标准衡量，这次演讲都堪称体现功力之作。

在投资行业，5年的杰出业绩足够表现出不凡的眼光，巴菲特在这个行业浸淫了44年，一直处在一流的位置。但是，随着纪录的保持，问题也在逼近：巴菲特什么时候会停止脚步？他会宣告结束其主导地位吗？或是会发生某项重大变动颠覆其位吗？有些人认为，现在是时候了，也许可以用个人电脑这样的发明，再加上互联网这样具有说服力的技术，来说服或反驳巴菲特。但是，巴菲特显然对可以免费获取的信息置之不理，而且无视新世纪正到来的现实。当人们礼貌客套地说"沃伦，演讲非常精彩"的时候，这些年轻的名流其实心不在焉，对巴菲特的观点不以为然。[30]

重点不在于巴菲特错了，而在于他最后被证明是对的，而他对未来投资的严肃预期和他传奇的过去形成了鲜明对比。在巴菲特投资早期辉煌的日子里，股票价格很便宜，巴菲特把股票一把一把地积攒到一起，几乎就他一个人注意到了地上无人问津的金苹果。而随着时间的推移，障碍越来越多，进行投资、保持优势、发现人所未见的价值，这些事情的难度都在增大。既然现在是新生力量登场的时间，何必在意那个对他们进行说教的巴菲特是何许人？何必理会那个声称他们会断送牛市、赚不到钱的人呢？

在下午剩余的慵懒时光里，赫伯特·艾伦的客人要么享受最后一场网球或高尔夫，要么去达克池塘边的草坪闲聊一会儿。巴菲特整个下午都和他的老朋友待在一起，他的朋友们都祝贺他进行了一次成功的演讲。巴菲特认为他以令人信服的方式动摇了听众的想法。他并不是发表了一次充斥着权威腔调的演讲，只不过是坚持了自己一贯的观点。

巴菲特希望得到人们的喜爱。他通常很受人们欢迎，而不是被人暗地里嘀咕。但是，他怎么没能说服那么多人呢？这些人认为，巴菲特在为他错过 IT 繁荣找理由。看到他做出了如此明确的预期判断，他们感到非常吃惊，在他们看来，那些预言肯定会被证明是错的。巴菲特背地里被称为"新好男人沃伦"。"沃伦错过了这班车。他怎么可能错过这班车呢？他可是比尔·盖茨的朋友。"[31]

那天晚上的晚些时候，在离滨河度假酒店（River Run Lodge）几英里远的地方，结束晚宴的客人聚在这里商讨计划。赫伯特·艾伦做了最后的发言，他感谢了不同的与会人员，回顾了活动情况。之后，苏珊·巴菲特坐到窗户旁边的演唱台上——从这里可以俯瞰布满卵石的比格伍德河——再一次唱起了经典老歌。然后，客人们回到太阳谷住所的露天平台，那儿正举行周六晚间冰上秀，奥运会滑冰选手正在表演花样滑冰，以及舞姿动人的冰上芭蕾。

午夜，烟花绚烂地划过天际，太阳谷 1999 年年会成为又一件令人愉悦的豪华盛事。然而，大多数人记住的不是划水或滑冰表演，而是巴菲特关于股票的演讲——确切地说，这是 30 年时间里他发出的首次预言。

3
习惯性动物

帕萨迪纳　1999年7月

　　在太阳谷，人们并未见到巴菲特的搭档查理·芒格的踪影。艾伦公司的组织者从未邀请过他。这对芒格来说是件好事，因为太阳谷年会是那种几乎求他他也不愿参加的活动。太阳谷的礼仪需要你去取悦太多的人。[1]巴菲特就很喜欢做令他人愉快的事。即便是他对听众们大肆嘲讽，他也要确信自己保持着让人喜欢的个人魅力。但是，芒格只需要得到尊重，他可不在乎别人对他的好恶。

　　不过，在很多人眼里，这两个人几乎是可以互换的。巴菲特自己就称他和芒格"简直就是连体婴"。他们走路时都斜向同一个方向，步态同样笨拙，同一款灰西装僵硬地挂在同样呆板的身上——因为他们把好几十年的时间都用来看书、读报，而不是运动或在户外活动，连他们那灰白色头发的梳理方式都一模一样；他们戴款式相似的克拉克·肯特式的眼镜，透射出一样慑人的目光。

　　他们以相同的方式思考，对投资着迷，将之视为愿意倾其一生去解答的谜。这两人都把理性和诚实看作最高的美德。冲动和自以为是，在他们看来是造成错误的主因。他们喜欢探究失败的原因，以其作为发现成功定律的途径。芒格说："我一直在以伟大代数学家卡尔·雅各比所建议的热情，寻找逆向洞察力。逆向，一直逆向。"他用了一个聪明农夫的故事来说明这一点，这个农夫说："告诉我，我将死于何处，这样我就不去那儿。"[2] 芒格用比喻，而巴菲特则采用平实的方式来解读。巴菲特没有芒格那样微妙的宿命论感，尤其是在谈及自己的生死时。

不过，两个人都有布道的冲动。芒格诲人不倦，他曾经发表过几次关于"成功生活之艺术"的演讲，因为见解深刻而深深打动了听众，他的演讲录像被竞相传看，直到互联网让所有人都能获取。芒格逐渐对发表这些演讲热情澎湃，有时候他甚至变得"自我陶醉"（这是巴菲特的形容），不得不被人从讲台上给拖下来。私下里，芒格往往对着自己或朋友演讲，和他说话就像坐在一辆由脱缰的野马拉的马车上。

虽然芒格自视为业余的科学家、建筑师，会毫不含糊地解释爱因斯坦、达尔文的理论，谈论理性思考的习惯，分析圣巴巴拉地区房子之间的完美间距，但是，当冒险涉及那些离自己所学甚远的领域时，他总是非常谨慎。他害怕自己成为"鞋扣情结"的受害者——这是他在哈佛法学院的同学的说法。

"我同学的父亲每天都和同一群人共事。"芒格说，"他们中有一个人计划在鞋扣市场囤积居奇——这个市场真的很小，但是这人最终占据了整个市场。然后，他对所有东西都高谈阔论，所有能想象的东西——垄断鞋扣市场令他成为各个方面的全能专家。沃伦和我一直认为，这种行为方式大错特错。"[3]

巴菲特不存在受"鞋扣情结"折磨的危险。他担心自己看起来面目可憎，或者更糟糕的是，显得伪善。他相信自己所谓的"能力范围"，在自己周围画个圈，待在里面，做好三件事：钱、投资和自己的生活——他可以因此被视为一名绝对意义上的专家。

不过，和芒格一样，巴菲特有自己的自我陶醉方式。芒格会有选择地演讲，但是却停不下来；巴菲特则通常是结束一个演讲之后，发现很难不开始另一个演讲。

3 习惯性动物

巴菲特做演讲，写文章，写评论；搞聚会，给别人上小课；为诉讼案做证；上电视纪录片，接受电视采访，让新闻记者跟着他旅行；去大学开课，邀请大学生来看望他；当家具店开张、保险电话营销中心落成的时候，或者在和奈特捷公司潜在客户的晚餐会上给人们上一课；在更衣室对着橄榄球运动员演讲；和议员们吃午餐时也说上一番；在编辑委员会上教育新闻界的人们；给自己的董事会成员上课；最重要的是，在写给股东的信以及召开股东会时，他也会穿上"教师制服"。伯克希尔-哈撒韦就是巴菲特的"西斯廷教堂"——不只是一件艺术品，而且还是展示其信仰和理念的"讲义"，这就是为什么芒格会把公司称为巴菲特的"传教公司"。

自从1959年通过朋友在午餐时认识后，这两人一直是彼此最忠实的听众。在把午餐东道主说得晕头转向之后，他们撇下这位共同的朋友，开始叽叽喳喳说起来。从那以后，他们之间的交谈持续了几十年，从未中断。到了最后，他俩能读懂对方脑子里的东西，无须说话，靠心灵感应就可以。但是，那个时候，他们的其他听众已经扩大到了他们的朋友、商业伙伴、股东——实际上是全世界。人们离开巴菲特的办公室或者芒格的演讲会之后，都会夸张地用手拍额头，嘴里叫着"我的天哪"。这两人讲完那些似乎难以解决的问题后令人豁然开朗，无论他们讲过多少次，对他们演讲的需求只增不减。就像他们生活中的大部分事一样，他们发现演讲人这个角色很好扮演，而且令他们感到自在舒适，早已通过长期的习惯铭刻在他们的禀性之中。

不过，当巴菲特被说成是一个"习惯性动物"的时候，他带着一种受伤的表情回应说："我不是，查理才是一个习惯性动物。"

芒格早上起床，然后把0.25英寸厚白内障术后用的老式眼镜架上鼻梁。他每天在同一时刻准点坐进汽车，小心翼翼地把他父亲的公文包——他正使用的公文包——放到旁边的座位上，然后开车从帕萨迪纳去洛杉矶中心区。[4] 他会数在反光镜里看到的车辆，看着车辆从前方开过，当感觉有空间的时候，切进左边的行车道[5]（有好几年，芒格开车时会在后备厢放上一罐汽油，以防自己忘记停车加油。不过，最终他被劝说放弃了这一特别的习惯）。一到市区，芒格经常会和某个人在沙砖建筑装饰风格的加州俱乐部一起吃早餐，这是该市古老的建筑之一。到了俱乐部，芒格会先从三楼电梯旁的桌案上拿一捆报纸，然后大步走到餐厅的第一张桌子那里。芒格就像拆圣诞节礼物包一样打开报纸，最后，报纸会成堆地摆放在他周围。

"早上好，芒格先生。"洛杉矶商业机构的人员经过芒格身边，走向其他桌子（位置不那么好）的时候会很尊敬地向他问好。如果芒格能认出他们，并和他们聊上一会儿，他们会非常高兴。

芒格用他的右眼注视这些人——因为一次白内障手术失败，他失去了左眼。[6]现在，他说话的时候，左眼皮会半耷下来。他左右转动脑袋，用右眼扫视室内，将周围情况尽收眼底。只有一侧眼球转动，让他永远都是一副警惕和骄傲的样子。

吃完蓝莓之后，芒格走向那间不大不小、乱糟糟的办公室。他从芒格–托尔斯–奥尔森律师事务所租了这间办公室，这家律师事务所是他与友人合伙在1962年成立的，三年前他刚刚从事务所退休。芒格的办公室隐藏在富国银行中心上面的楼层里，这间办公室由他多年的秘书图托尼克·多萝茜·奥伯特照看着。办公室里到处都是科学和历史方面的书籍，还有本杰明·富兰克林的自传、塞缪尔·约翰逊的一幅巨幅画像、芒格最新的房地产业务计划和模型，窗户旁边放着富兰克林的半身像，芒格在这里就像在家一样。因为信奉新教徒的中产阶级价值观，而且非常喜欢其生活方式，所以芒格很崇拜富兰克林。他经常引用富兰克林的话，而且还研究富兰克林以及被富兰克林称为"杰出先辈们"的著作，比如西塞罗和迈蒙尼德的书。芒格还同时管理着伯克希尔旗下的韦斯科金融公司，以及这家金融公司所有的一家法律出版公司——《每日新闻》公司。另外，他还四处忙于房地产业务。想和芒格说话的人——家人、挚友和商业伙伴除外——都被多萝茜不动声色地巧妙拦下。

芒格把大把时间用于4项慈善事业。当他做出选择，他就会全力投入。不过，对被他称为"朽木"的人，他没有什么"好心"，他的慈善都是达尔文式的，以激励最优秀的人。古德·撒马利亚医院、哈佛西湖学校、亨廷顿图书馆、斯坦福法学院都是受益机构。这些机构明白，芒格的资金和付出将伴随着大量的讲座，以及按"查理风格"办事的原则要求。芒格很高兴资助斯坦福法学院的学生宿舍，只要斯坦福精确设计宿舍的大小——当然要有窗——规定卧室到厨房的距离，同时把停车场建在他认定的地方。他带有老式贵族的责任感，从接受者的利益出发，在资金的使用上附加了各种各样让人恼火的限制，而原因就在于他懂的最多。

即使要关注他人的工作行为，芒格每天还是有时间和他的老朋友们在洛杉矶乡村俱乐部玩儿一小会儿高尔夫。有时他会在亲自设计的帕萨迪纳的房子里和妻子南希共进晚餐；而更常见的是，和一帮亲密老友在加州俱乐部或洛杉矶乡村俱乐部度过。一天即将结束时，他会埋头看书。他一般和他的8个晚辈一起度假（他的子女、继子、孙子、孙女和外孙、外孙女），度假地通常是他在明尼苏达州星岛的别墅。在这个地方，和他父亲一样，芒格是个贪婪的渔夫。芒格在他的大船 Channel Cat 上做东招待很多朋友（他的一个朋友把这艘船称为"漂浮餐厅"，主要供娱乐之用）。总之，尽管芒格有些怪癖，但他是一位率直的爱家好男人，他也爱他的朋友、俱乐部和他的慈善事业。

巴菲特也喜欢他的朋友和俱乐部，但很少做和慈善有关的事。他的生活比芒格还要单一，虽然他的性格比芒格复杂。他绝大多数时间都在奥马哈度过，但是他的日程安排会围绕着一连串的董事会会议和拜访朋友的旅行，这些安排不疾不徐，非常有规律，就像月相的变化一样。如果待在奥马哈，他会从住了40年的房子出发，行车1.5英里，在早上8点半达到基威特广场的办公室——他在这里工作也快40年了。到了之后，他会打开电视机，调到CNBC频道，把声音关掉，然后一边瞄屏幕，一边阅读桌上的一堆出版物:《美国银行家》《编辑和出版人》《广播》《饮料文摘》《今日家私》,A. M. Best公司①的《产险评论》《纽约客》《哥伦比亚新闻评论》《纽约观察家》,以及他喜欢的作者写的股票和债券市场的最新分析。

看完这些东西之后,他又开始消化通过传真、邮递和电子邮件传给他的每日、每周以及月度报告,都是伯克希尔下属的公司给他的资料。业绩清单一年比一年长,巴菲特从清单上知道——上周GEICO(政府雇员保险公司)又卖出了多少份汽车保险,又偿付了多少索赔;昨天卖出了几磅喜诗糖果;范奇海默公司又拿到了多少件监狱看守制服的订单;奈特捷在欧洲和美国卖出了多少架分权喷气机。除此之外,还有帆布篷、充电器、发电数(千瓦/时)、空气压缩机、订婚戒指、租赁卡车、百科全书、飞行员训练、家具装饰、心肺医疗仪器、猪圈、房地产经纪、圣代冰激凌、绞车和起锚机、天然气、污水深井泵、吸尘器、报纸广告、计卵器、刀具、家具租金、护士鞋、机电零件……所有关于成本、销售额的数据都涌进巴菲特的办公室,他记住了当中非常多的数字。[7]

在闲余时间,巴菲特会琢磨他还没卖的数百家公司的报告,一部分是缘于兴趣,一部分是为了以防万一。

如果有重要人物来奥马哈拜访巴菲特,那他会驾驶他那辆蓝色的林肯城市轿车跑上1.5英里,穿过市区,到机场亲自接机。人们对巴菲特这种真诚的姿态感到惊喜,虽然巴菲特很快就会刺激他们的原始神经,因为他开车几乎注意不到交通指示牌、红绿灯或其他车辆,他会一边兴致勃勃地说话,一边在路上迂回穿行。巴菲特说,他开车的速度很慢,就算发生车祸,也只是轻伤,这是他给自己一心二用找的理由。[8]

巴菲特总是带客人去办公室逛上一圈,显摆一下他的标志性物件——代表了他职业生涯中的里程碑事件。之后,巴菲特会坐在椅子上,

---

① A. M. Best公司是美国历史最悠久的保险公司评估机构,从1906年便开始对寿险公司以及医疗保险公司的经济状况进行评估。——译者注

身子前倾,双手相握,眉头扬起,倾听来客的问题和要求。对每一位访客,巴菲特都会即席提出睿智想法,对商业困惑做出当机立断的决定,并提供中肯的建议。当客人离开的时候,巴菲特会在送他们回机场之前,顺道带他们去麦当劳吃午餐,这可能又会令这些知名政客或大公司的首席执行官大吃一惊。

在阅读、研究和时不时的会面中间,电话铃整天都会响起。第一次给巴菲特打电话的人会很震惊地听到一声亲切的"喂",当他们发现巴菲特是自己接电话的时候,经常会难以置信。巴菲特和蔼可亲的秘书戴比·博赞科疾步进出于巴菲特的办公室,把那些让他应接不暇的来电内容告诉他。在他的书柜上,另一部电话不停地响起。巴菲特会立即接听这些电话,因为这是他的交易员打来的。他会说,"喂……嗯,嗯……是……多少……嗯,嗯……就这么做",然后挂掉电话。接着,他要么转去听另一部电话,要么看资料或CNBC。一到下午5点半,他就离开办公室回家。

等候在那里的女士并不是他的妻子。他对阿斯特丽德·门克斯完全不会藏着掖着,从1978年到现在,巴菲特和阿斯特丽德一直生活在一段三角关系之中。苏珊·巴菲特同意了这段关系,而且,事实上是她安排了这段关系。不过,巴菲特和苏珊声称,他们两人的关系非常紧密,夫妻的常规循例之事都安排得井井有条,非常和谐,正如巴菲特生活中的其他事情一样。一直以来,巴菲特对外的解释是:"如果你非常了解我们三个人,那你就能理解这件事。"[9]虽然这件事情本身确实如其所言,但对那些好奇之人来说这无法满足他们的好奇心。因为几乎没有人了解苏珊和阿斯特丽德,或者是身处这种关系之中的巴菲特本人。巴菲特把这两段关系分开处理,正如他处理很多人际关系一样。不过,所有迹象显示,阿斯特丽德和苏珊是朋友。

大多数时间,巴菲特会和阿斯特丽德在家吃晚餐,晚餐是汉堡包或猪排。几小时之后,他就会把精力用到互联网的晚间桥牌游戏上,他每周会花12个小时玩儿这个游戏。巴菲特紧盯着显示屏,听着电视机的背景杂音。这时，阿斯特丽德大多数时间都不会打扰他，除非他说："阿斯特丽德，给我一杯可乐！"玩儿了桥牌之后，巴菲特通常会和他的桥牌搭档兼红颜知己沙伦·奥斯伯格通一会儿电话。在阿斯特丽德于房子周围遛弯儿到 10 点的这段时间，巴菲特会和阿吉特·贾殷进行晚间电话会议——阿吉特负责巴菲特的再保险业务。与此同时，阿斯特丽德去商店买次日报纸的提早版。当巴菲特阅读这些报纸的时候，阿斯特丽德上床睡觉。看起来，这就是身家数百亿美元的巴菲特简单、普通的生活。

4
沃伦，你怎么了

奥马哈，亚特兰大　1999年8月—1999年12月

　　巴菲特的300亿美元财产几乎全部（99%）投资于伯克希尔-哈撒韦的股票。他在太阳谷曾谈到过，市场称重器比投票器更重要。但正是投票器决定了他演讲之后的股票价格。人们之所以关注他，是因为他富有。因此，当他预期市场可能令投资者失望上17年的时候，[1] 他是站在悬崖边上，他很清楚这点。如果他错了，不仅会成为太阳谷的笑柄，而且在全球富豪榜上，排名也会下降。巴菲特可是很关注这个排名的。

　　整个20世纪90年代末期，BRK（伯克希尔-哈撒韦的股票代码）令他名声大噪，因为BRK的表现远远超过市场，到1998年6月，每股已达80 900美元。伯克希尔-哈撒韦的一只股票就可以买一套产权独立的小型公寓，这在美国公司中是绝无仅有的。对巴菲特而言，公司股价是衡量其成功的简易标志。从巴菲特以7.5美元每股的价格买下BRK的那天起，BRK就一路上升。即使股票市场在20世纪90年代末震荡不已，但是购买BRK并坚持持有的投资人获利不菲，一直到1999年。

股票年度涨幅

	1993 年	1994 年	1995 年	1996 年	1997 年	1998 年
BRK	39%	25%	57%	6%	35%	52%
S&P[2]	10%	1%	38%	23%	33%	29%

但是现在,巴菲特发现自己站在一类不受欢迎的股票的下沉平台上,看着T&T类(信息技术和电信行业)股票上涨。1999年8月,BRK跌到65 000美元一股。对一家成熟、每年为投资者赚4亿美元的大型企业而言,应该支付多少钱呢?对一家新生、亏钱的小型企业,又应该支付什么价格呢?

- 玩具反斗城公司(Toys "R" Us)每年赚4亿美元,年销售额110亿美元。
- eToys公司每年亏1.23亿美元,销售额只有1亿美元。

市场投票器显示eToys公司价值49亿美元,而玩具反斗城价值10亿美元,低于前者。这其中的假设是eToys公司将通过互联网冲击玩具反斗城。[3]

悬于市场上空的疑云是个时间问题。专家们都预期灾难可能在1999年12月31日午夜发生,因为全球的计算机程序不能解决"2"开头的日期问题。害怕市场产生恐慌,美联储开始迅速增加货币供应量以解决现金短缺问题,以防全美的ATM机(自动柜员机)被冻结。因此,经过美联储的增压推动,太阳谷年会之后不久,市场急速上升,就像7月4日美国国庆节的烟花。如果你1月在纳斯达克市场投资了1美元,那你下的赌注现在就是1.25美元,而投在BRK上的只值0.8美元。到12月,道琼斯工业平均指数年底收盘时上涨了25%,而纳斯达克则突破了4 000点大关,不可思议地上涨了86%,BRK下跌到56 100美元每股。仅仅几个月时间,BRK过去几年的领先地位就被大大动摇了。

在一年多的时间里,金融评论嘲笑巴菲特已经是明日黄花,是过去时。如今，在新千年即将来临之时，巴菲特成为《巴伦周刊》的封面人物，配的大标题是"沃伦，你怎么了"，封面文章写道，巴菲特狠狠地摔了一个跟头。他面临着从未曾遭遇过的负面新闻报道。他反复重述："我知道市场会变化，只是不知道变化的时间。"[4]巴菲特大受刺激的神经让他迫切地想要反击，不过最终，他只字未提，未做任何回应。

1999年底，众多追随巴菲特风格的长期价值投资者要么结束了自己的公司或业务，要么放弃了"价值投资"，买了IT类股票。但是，巴菲特没有这么做。被他称为"内部记分卡"的东西——在进行金融投资决策时，他骨子里具有的坚韧——让他避免了摇摆不定。

> 我觉得处境不妙。西斯廷教堂就在那里，我在远处画画。我喜欢人们说："哇，那幅画真是好看极了！"不过，这是我的画，如果有人问我："为什么你不多用点儿红色代替蓝色？"那么再见，这是我的画。我不在乎画的卖价。画本身不会受卖价影响，这是它最了不起的一点。[5]

人们行事的一大问题在于，他们是拥有"内部记分卡"还是"外部记分卡"。如果"内部记分卡"能令你感到满意，它将非常有用。我经常这么做。我想说："听着，你想做世间最伟大的情人，却令大家认为你是世上最差劲的情人。或者，你想做世上最差劲的情人，但却让人们认为你是世间最伟大的情人。这两者之间，你做何选择？"这是个有趣的问题。

还有另外一个有趣的事。如果全世界的人无视你的成果，那么你是想被当作世间最伟大，但实际上却是全世界最糟糕的投资者，还是愿意被认为是全世界最无能，而实际上却是最优秀的投资者？

我认为，这取决于人们年幼的时候父母的关注重点。如果父母忽视、抹杀你真实的行为，重视的是全世界怎么看待你，那么你最终将使用"外部记分卡"。而我的父亲——他是个百分之百的"内部记分卡"使用者。

他是一位真正不随大溜的独行者，但他并不是刻意为之，只是不在乎他人的评价。父亲教会我应该怎样生活，我从未见过任何人能像他一样。

第二部分 THE SNOWBALL
"内部记分卡"

5
"传道"冲动

内布拉斯加　1869—1928 年

约翰·巴菲特是一名纺织工,这位新大陆上巴菲特家族中第一个为人们所知的人,据说是法国胡格诺教徒的后裔。他在 17 世纪为了躲避宗教迫害而逃到美国亨廷顿,在长岛以种植业为生。

除了知道巴菲特家族最早的先辈是农场主之外,[1]其他的我们几乎一无所知。不过显然,沃伦·巴菲特的说教冲动部分缘于家族遗传。对此早期的一个例证是,约翰·巴菲特的一个儿子[2]记得他们向北横跨长岛海峡,落脚在康涅狄格海岸边,他在那里翻山越岭,去向不信教的人传道。不过,这一说法——流浪者、罪犯以及格林尼治的异教徒在听到他的布道后进行忏悔——很受质疑,因为历史的记载是,闪电把他给击死了。

几代人之后,泽布隆·巴菲特在家谱上留下了一笔,因为他留下了对巴菲特家族的另一特性——对自己的亲人极其吝啬的首笔记录。当时,泽布隆的孙子西德尼·巴菲特因为厌恶那侮辱性的低工资而离开农场。

身材瘦高的少年西德尼·巴菲特向西来到内布拉斯加的奥马哈,和外公乔治·霍曼一起经营车马出租所。[3]那是 1867 年,奥马哈还是一个遍地小木屋的居住地。自从在"淘金热"时期成为西行淘金者行程中的配给供应中心之后,奥马哈一直向开拓者们提供销路稳定的商品和服务——赌博、妓女和酒。[4]但是随着内战的结束,奥马哈彻底改头换面。州际铁路首次将这些刚刚重组的州县连接起来。亚伯拉罕·林肯亲自颁布法令,宣布奥马哈将成为铁路枢纽。联合太平洋公司的到来让这个小镇充满了高效快速的商业精神和忧患意识。虽然如此,但奥马哈仍然保留着作为"所多玛伪善之城"[5]以及众所周知的"无赖扎堆地"的名声。

离开车马出租所之后,西德尼在这个没有铺路的地方开了镇上第一家百货商店。在这个受人尊敬的普通行业里,他出售水果、蔬菜和体育用品,比如25美分的松鸡、10美分的长耳大野兔,晚上11点才结束营业。[6]他的祖父泽布隆·巴菲特担心他的前景,于是写满建议和教诲的信件纷至沓来,信里说的所有生意经——除了一个重大例外——一直被其后世子孙铭记于心。

做生意的时候,力求守时。你会发现某些人很难相处,那就尽可能少和这种人做生意……维护好你的信用,这胜过攒钱……如果你想继续做生意,就要懂得见好就收,有一定的利润就要知足。不要轻率行事,不要急躁仓促,这样无法大富大贵……我希望你在生活中能以良好的心态看待生存与死亡。[7]

在一个飞速发展的地方,通过这样的经营赚取适中的利润,西德尼逐渐将这个商店做得非常成功。[8]他娶了伊夫琳·凯彻姆,生了6个孩子,其中有几个夭折了。两个儿子欧内斯特和弗兰克活了下来。[9]

据说,"没有哪个名字比欧内斯特·巴菲特更好"。[10]欧内斯特·巴菲特生于1877年,一直读到八年级,在1893年大恐慌时期,他到父亲的店里站柜台。相比他那个商人模样的弟弟,欧内斯特要古怪得多,个子高大,小腹突出,是这个清教徒家庭的异教徒,喜欢偶尔喝上两杯。

一天,一位漂亮的年轻女子到商店来找工作。她的名字叫亨丽埃塔·杜瓦尔,为了逃避难以相处的继母而来到奥马哈。[11]弗兰克和欧内斯特都对她动了心。长相更英俊的欧内斯特赢得了亨丽埃塔的芳心，两人于 1898 年结婚，婚后第一年生了第一个孩子克拉伦斯，之后又生了三个儿子和一个女儿。两兄弟不欢而散后不久，欧内斯特和父亲西德尼合伙经营，最终还是离开，另开了一家店。弗兰克只身一人度过了人生的大部分时光，在之后的 25 年时间里，在亨丽埃塔活着的时候，他和欧内斯特两人之间从不说话。

欧内斯特开始成为奥马哈的强势人物。在他的新商店里，雇员"工作时间长，工资低，要服从命令，脑子得灵光"。[12] 欧内斯特总是穿着整洁的西装，在他那张摆在夹层的桌子上办公。他总是表情严肃地监督员工别偷懒，写信给供应商，要求他们"爽快地把芹菜运过来"。[13] 他对女性顾客很有吸引力，对顾客有清晰的判断，并用随身的黑色小笔记本记下那些惹火了他的人——民主党人和不支付账单的人。[14] 欧内斯特确信世界需要他的看法，他前往全美各地参加会议，与那些和他有同样想法的商人一起哀叹美国可怜的现状。[15] "自我怀疑可不是他的做法，他总是说出一些令人惊叹的观点，而且认为你会承认他是最了解情况的人。"沃伦·巴菲特说。

在一封给儿子和儿媳的信中，欧内斯特建议他们总得在手里备点儿现金，他将巴菲特家族描述成了中产阶级的化身：

我可能提到过，巴菲特家从没人留下过一大笔资产，但也没人什么都不留下。他们从未花光他们赚到的所有钱，总是留下一部分。如今，这让所有的一切发展得相当顺利。[16]

"花的比赚的少"实际上可能是巴菲特家的座右铭，再加上这句话的必然结论，"不借债"。

同样作为法国胡格诺后裔的亨丽埃塔和丈夫一样，生活节俭、意志坚定，还是禁酒主义者。作为虔诚的基督门徒会教徒，她同样也响应传道的号召。当欧内斯特守着商店的时候，她会套好家里的那辆带流苏的马车，把孩子们叫到一块儿，驾车到乡村，去给农户分发宣传小册子。

她的热情并没有点燃巴菲特家族的传道倾向，事实上，某些描述认为，在巴菲特家族所有"传道"成员中，亨丽埃塔是最热诚的一个。

巴菲特家的人都是零售店店主，但不是那种商人或者职业人士，他们只是很早就定居在奥马哈，且非常在意自己的地盘。亨丽埃塔希望她的4个子女能成为家里的第一批大学生。为了支付学费，她削减家庭预算。据说，即使按照沃伦·巴菲特的标准，亨丽埃塔制定的预算也只能满足家庭生活必需品的开销。所有男孩子都得在家里的商店里干活儿。克拉伦斯从地质学专业毕业之后，在油品贸易行业开始了自己的工作。[17] 二儿子乔治是个化学博士，后来落脚在美国东海岸。老三到老五，霍华德、弗雷德和艾丽斯都毕业于内布拉斯加大学。弗雷德挑起了家里百货店的担子，艾丽斯则成了一名家政老师。

老三霍华德就是沃伦·巴菲特的父亲，生于1903年。在20世纪20年代初读高中的时候，他因为受到排斥而对这几年存有很不愉快的回忆。奥马哈由少数几个家族掌握着，他们拥有牲畜饲养场、银行、百货商店，继承祖辈从酿酒厂赚得的财富——这些酒厂因《禁酒法》现在已被关闭。"我的衣服很多都是两个哥哥穿过的，"霍华德说，"我当报童，还是杂货店老板的儿子，因此，高中的兄弟会看我不顺眼。"他很敏锐地感受到，其他人因为与生俱来的地位和特权而对他很冷落。[18]

在内布拉斯加大学，霍华德主修新闻学，并参与校报《内布拉斯加日报》的工作。有权有势的家庭都对政治着迷，霍华德通过校报把这些家庭的一言一行和他们对政治的爱好结合起来。之后不久，他就遇到了利拉·斯塔尔，这个姑娘对报纸和政治阶层的自我意识也同样有兴趣。

利拉的父亲约翰·斯塔尔是德裔美国人的后代，矮矮胖胖、说话得体。他是好几家学校的学生管理员，曾身着野牛皮大氅，坐在马车里行走于内布拉斯加州的库名县。[19] 斯塔尔的家族史上说，他非常爱妻子斯特拉，斯特拉给他生了三个女儿（伊迪丝、利拉和伯妮丝）和一个儿子马里昂。斯特拉是英国人的后裔，她不喜欢生活在内布拉斯加州的西点镇，镇上都是德裔的美国主妇，在这里，她从未感到轻松自在。据说，她弹管风琴来聊以自慰。1909年，斯特拉精神崩溃。这被认为很有可能是家族病史再现的不祥征兆，因为斯特拉的妈妈苏珊·巴伯据称"神经不正常"，进过内布拉斯加精神病医院，而且于1899年死在那里。根据家族的记载，斯特拉曾拿着壁炉拨火棍追打伊迪丝。这件事之后，约翰·斯塔尔就不再外出游历，而是留在家照顾孩子。斯特拉待在黑屋子里的时间越来越长，她坐在里面，缠绕、卷曲着头发，情绪显得非常低落和抑郁。这种封闭偶尔会间断，随之而来的是对她丈夫和女儿们的粗暴言行。[20]斯塔尔意识到他不能把孩子们留给他们的母亲照看，然后他买了一家叫《库名县民主报》的公司，这样他就可以在家做事挣钱了。实际上，利拉从5岁起，就和姊妹们帮着养家，帮父亲送报。她通过排版学会了拼写。"我读四年级的时候，"她说，"我们不得不从学校回家并排好版，之后才出去玩。"到11岁的时候，她就能使用排字印刷机了。她在周四晚上得把报纸印出来，因此还患上了头痛病，每个周五，她都无法去学校。一家人以此为生，住在老鼠乱窜的房子里，全家把所有的希望都寄托于马里昂的未来，这个聪明的男孩子想通过读书成为一名律师。

在第一次世界大战期间，斯塔尔的家境每况愈下，越发艰难。在这个德裔美国人居住的镇上，《库名县民主报》倾向反德，因此，有一半的订阅者都放弃了这份报纸，转而阅读《西点共和党报》——对斯塔尔而言，这是经济灾难。斯塔尔本人是民主党政坛天才威廉·詹宁斯·布赖恩的狂热支持者。在世纪之交，布赖恩已经成为他那个时代最重要的政客之一，差一点儿就成了美国总统。在全盛时代，布赖恩代表着一种"民粹主义"，他在最著名的演讲中阐述了这一点：

> 有两种政治立场。有一些人认为，如果你通过立法令富裕阶层崛起，那他们的繁荣会向他们之下的阶层渗透。而民主党的思想是，如果你通过立法令大众阶层兴旺，那他们的繁荣会向上开枝散叶，渗透到他们之上的阶层。[21]

斯塔尔一家将自己视为大众阶层的一员，这是其他阶层所依仗的一个阶层。但他们的生活处境始终不见改善。到1918年,利拉16岁的妹妹伯妮丝——被认为是姊妹中最不聪明的一个,智商测试只有139——明显开始放弃生活。她确信自己会患上精神病,就跟她的外祖母和母亲一样,最终会死在精神病院里面。[22] 在这段时间,利拉的学校教育受到混乱的家庭生活的影响。为了帮助父亲,她把上大学的时间延缓了两年。在内布拉斯加大学林肯分校上了一个学期之后,她又回家待了一年,再次帮助家里摆脱困境。[23] 利拉精力充沛,被认为是家中最聪明的女孩,后来她从完全不同的角度描述了这段时光,她认为自己的家庭非常完美,说她离校的三年时间是在挣学费。

在1923年去林肯分校时,她带着一颗众所周知的"勃勃雄心",发誓要觅到自己的如意郎君。她径直到校报处,想找一份工作。[24] 利拉身材娇小,一头柔软的短发,说话节奏很快,像春天里的知更鸟;她的迷人笑容柔和了锐利的眼神。霍华德·巴菲特进入《内布拉斯加日报》的时候是一名体育新闻记者,之后成了编辑,他立马就招收了利拉。

霍华德一头黑发,长相英俊,一副教授派头。他是所有学生中被圣洁会"挑中"的13人之一——圣洁会是校园名人们组成的社团,仿效哈佛和耶鲁的名誉社团而设立。圣洁会以罗马的13位教皇英诺森一世到十三世的名字命名,宣称自己是反对邪恶的斗士。他们同样也发起舞会和同学会。[25] 面对着这样一位校园名人,利拉一下子就被吸引住了。

"嗯,我并不知道她在《内布拉斯加日报》的工作是否努力,"霍华德后来说,"但是她肯定对我很上心。这事我从未后悔过——也没有在这件事上犯任何错——这是我做得最漂亮的事。"[26] 不过,利拉是个很有数学头脑的好学生,据说,当她宣布退学结婚的计划时,她的微积分教授很沮丧,啪的一声撂下了书本。[27]

毕业在即的霍华德找父亲商量职业的选择。他对钱并不真正感兴趣,但是在欧内斯特的坚持下,放弃了高脑力、低收入的新闻行业以及读法学院的想法,而去销售保险。[28]

新婚夫妇移居到奥马哈,住进了有4个房间的白色小平房,欧内斯特在房子里放满了各种乱七八糟的结婚礼物。利拉花了366美元，把房子重新装修一番。她说，所购买的物品"都是批发价"。[29] 从那天开始，她运用她的精力、雄心和数学天赋——在所有这些方面，她都超过她的丈夫——用于振兴霍华德的事业。[30]

1928年初，他们的第一个孩子多丽丝·埃莉诺出生了。[31] 那一年的晚些时候，利拉的妹妹伯妮丝精神崩溃，无法继续从事教师工作。但利拉似乎远离了这些压迫她母亲和妹妹的精神方面的问题。她拥有旋风一般的能量，能滔滔不绝地说上好几个小时（虽然她是在反复讲述同一个冗长乏味的故事）。霍华德把她叫作"飓风"。

随着霍华德·巴菲特一家进入年轻夫妻的生活状态，利拉让霍华德加入她自己的"第一基督教会"，并在他成为执事的时候，骄傲地在她的日记簿里记下了这件事。[32] 霍华德依然热衷于政治，并开始显露出家族所具有的布道冲动。但是，当他和欧内斯特把晚餐变成了对政治无休止的讨论会时，霍华德的弟弟感到非常无聊，宁愿躺在地板上睡大觉。

不过，利拉已经转向了丈夫的政治立场，如今已是一名热情的共和党人。巴菲特一家都支持卡尔文·柯立芝——他宣称"美国人民的第一行业是商业"，[33] 并和柯立芝一样赞成进行最低限度管理的"小"政府。柯立芝降低了税率，并承认了美国的印第安人具有和白人同等的身份。但是，对大部分的事，他闭口不言。1928年，他的副总统赫伯特·胡佛被选举为他的继任者，立誓会继续商业繁荣的政策。股票市场在柯立芝时代已经繁荣，而巴菲特家族认为，胡佛能让繁荣持续。

还是个孩子的时候，我各方面的条件就很优越。我的家庭环境很好，因为家里人谈论的都是趣事；我的父母很有才智，我在好学校上学。我认为，我的父母是世界上最好的。这非常重要。我没有从父母那里继承财产，我真的不想要。但是我在恰当的时间出生在一个好地方，我抽中了"卵巢彩票"。

沃伦后来如是说。

沃伦·巴菲特总是将他的成功归因于好运。不过,当回忆他的家庭时,他还是谈到了属于自我的部分现实生活。没有多少人会同意他的看法,即他的父母是世界上最好的。当他谈论关于在养育孩子过程中父母拥有"内部记分卡"的重要性时,他总是会以父亲的"内部记分卡"作为例证,但他从未提及他的母亲。

6
浴缸障碍赛

奥马哈　20世纪30年代

20世纪20年代，已经充满泡沫的股票市场吸引了普通民众首次进入投资领域。[1]1927年，霍华德·巴菲特决定进入这个行业，并在联合州立银行谋得一份股票经纪人的工作。

股市的繁荣在两年后结束。1929年10月29日，"黑色星期二"，股市单日市值下跌了140亿美元，[2]4倍于美国政府年度预算的财富在几个小时内蒸发。[3]1929年的市场损失达到了300亿美元，接近美国在第一次世界大战中的开支。[4]

银行破产和自杀事件接踵而至，人们开始持有现金，没人想要股票。

时隔4个月，我父亲才做成一笔交易。他的第一笔佣金是5美元。我母亲常常在晚上陪我父亲坐着电车出门，当父亲拜访某人的时候，母亲则在外等候，为的只是当我父亲回家的时候不会过于灰心。

股票市场崩溃10个月后，即1930年8月30日，霍华德·巴菲特家的第二个孩子沃伦·巴菲特出生了，比预产期早了5周。

焦虑不安的霍华德去见他的父亲，希望能在家庭杂货店里找个活儿干。巴菲特家的所有成员每周都会在杂货店干活儿，即使是那些有工作的人。但只有霍华德的弟弟弗雷德在店里全职工作，并领取微薄的薪水。所以，欧内斯特告诉霍华德，他已经没钱再雇一个儿子了。[5]

从某种意义上讲，霍华德得到了解脱。他从杂货店中"逃离"，再也不用回去。[6] 但他又担心他的家人会挨饿。"别担心食物，霍华德，"父亲告诉他，"我来支付你的账单。"

"这就是我的祖父，"沃伦说，"我来支付你的账单。"欧内斯特不是不爱他的家人，"你只是希望他能更经常表达出他的爱"。

"我想你最好还是回西点镇的家去，"霍华德告诉他的妻子，"至少你能吃上一日三餐。"但是利拉没有回去。她步行到罗伯特家的奶制品商店支付账单，这样能节省电车费。她开始脱离她的教会圈子，因为轮到她提供咖啡的时候，她无力支付相应的 29 美分。[7] 为了确保霍华德有吃的，她有时宁愿不吃饭。[8]

沃伦周岁生日前两周的一个周六，人们排着长队，在酷暑中汗流浃背，等候着拿回他们存在当地银行的钱。他们从清晨等到晚上 10 点，缓慢地向柜台移动脚步，把排在队列前的人数了又数，默默地不断祈祷："求你了，上帝，轮到我的时候，让银行里剩点儿钱吧。"[9]

不是所有人的祷告都被上帝听到了。那个月有 4 家州立银行倒闭，储户分文未得。霍华德·巴菲特的雇主联合州立银行就是倒闭的银行之一。[10] 沃伦不止一次说起这段故事："1931 年 8 月 15 日，我父亲去银行，两天前是他的生日。银行已经倒闭。他失业了，钱还在银行里，还有两个嗷嗷待哺的孩子。"[11] 他不知道怎么办，也找不到其他工作。"

不过，两周时间内，霍华德和两个合伙人卡尔·福克和乔治·斯克莱尼卡签下协议，开了一家股票经纪行——巴菲特–斯克莱尼卡公司。[12] 这是一个特立独行的决定——在没人想买股票的时候开一家股票经纪行。

三周之后，英国脱离了金本位制①。这意味着，为了防止银行倒闭，深陷债务危机的国家只会发行更多的钱来偿还债务。这是一个只有政府能实施的巧妙诡计。在那个年代，美元拥有最广泛的认可度和被接受度，而现在的情况似乎是美国在对外宣布："我们将要开出空头支票，你们要么接受，要么自己看着办。"这个"声明"立即毁掉了那些正规、信誉良好的机构，全世界的金融市场大跳水。

已经"伤风"的美国经济开始"咳嗽"，然后增长停滞，接着开始进行"自由落体运动"。一批银行被快速地吸入经济增长的真空地带，纷纷宣告破产。一个城市接一个城市，储户们拼命地挤到银行出纳窗口，却又被打发走。[13] 但是，在这场大灾难中，霍华德的公司成功了。他最初的客户大多是亲朋好友。他向他们出售安全的证券，比如公共事业股票和市政债券。在经纪行第一个月的营业中，金融恐慌弥漫于全美，他却赚了 400 美元，经纪行赢利了。[14] 在之后的几个月，即使人们的储蓄蒸发，也不再相信银行，霍华德还是坚持进行同一类保守的投资，这使他的客户开始增多，生意也开始做大。[15]

霍华德家的收入和财富开始出现好转。在沃伦·巴菲特满两岁后不久，20 个月大的小查尔斯·林德伯格被绑架，并于 1932 年 3 月被杀害。根据评论家孟肯的说法，"孤鹰"②之子被绑架是"经济复苏以后最轰动的一件事"。全美突然患上了"绑架恐惧症"，所有父母都流露出对孩子会遭受绑架的恐惧，巴菲特家也不例外。[16] 就在这个时候，霍华德患上了某种非常严重的疾病，利拉不得不叫来救护车，梅奥诊所最后诊断他的心脏出了问题。[17] 从那个时候起，他的生活起居就受到限制：不能举重物，不能跑步，不能游泳。利拉的生活更是围着霍华德转——这位迷

---

① 金本位制下，政府财政部所持有的黄金数量决定了流通中的美元数量。金本位制可以防止政府大量印刷钞票触发通货膨胀的行为。——译者注

② "孤鹰"是指查尔斯·林德伯格，于 1927 年第一次成功地不间断飞行跨越大西洋。——译者注

人的"王子"曾解救她脱离排印报纸的悲惨命运,一想到霍华德可能出什么事,利拉就会被吓坏。

沃伦已经长成一个谨慎早熟的孩子。他学走路的时候总是弯曲着膝盖,靠近地面。母亲带他去教堂参加定期聚会时,他很乐意静静待在母亲的旁边。母亲随手给他一个玩具——一把牙刷——就能让他高兴。沃伦很安静地盯着牙刷,一盯就是两个小时。[18]当沃伦盯着一行一列的牙刷毛时,他都在想什么呢?

那年(1932年)11月,美国还处于危机之中,富兰克林·罗斯福被选为美国总统。霍华德认定,这个属于上层特权阶级的人对普通民众的生活一无所知,他会弄脏国家的货币,并把美元引向灾难。[19]霍华德在阁楼上放了一大袋糖,以防备出现最糟糕的情况。直到这个时候,霍华德看起来还像穿着西装、孩子气的超人,带着真挚的微笑,态度亲切。但是,当霍华德谈到政治的时候——在晚饭时评论当天最热点的新闻——他会变得暴跳如雷。霍华德情绪激昂地说,可怕之事将降临到这个由民主党主导白宫的国家头上。这时,多丽丝和沃伦可能并不懂霍华德在说些什么。但是,"社会主义"之类的字眼开始嵌入孩子们的大脑。吃过晚饭后,他们会看着令人敬畏的父亲坐在客厅的红色皮椅上休息,椅子旁边放着收音机,霍华德会一连好几小时都埋头看他的晚报和杂志,完全不理会其他事情。

在巴菲特家里,政治、金钱和哲学是晚餐时经常讨论的话题,但是家庭感情却不是。[20]即使在那个父母对子女感情非常含蓄的年代,霍华德和利拉也以缺乏温情而出名。巴菲特家没人会说"我爱你",也没有人会抱孩子到床上入睡,并亲吻他们。

不过,对外人来说,利拉的表现堪称一位完美的母亲和妻子。人们记得她的活力、乐观、母性和甜美,甚至"滔滔不绝的说话方式"。[21]利拉喜欢不停地讲她过去的事,她会把不太光彩的地方遮掩过去,将自己说成是了不起的基督徒父母养大的幸运儿。她最喜欢说的事是她和霍华德曾做出的"牺牲"——她因为大学学费而错过的三年,霍华德经纪行刚起步时颗粒无收的四个月,以及在此期间她为了省车费而步行到奶制品店。利拉经常会谈到持续很长时间的"神经痛"(有时被误以为偏头痛),她认为病痛是小时候待在发出巨响的报纸印刷机旁边的结果。[22] 虽然如此,她的一举一动仿佛表示她必须做所有的事,而且她会让自己非常辛苦和忙碌——桥牌茶会、煎牛排、生日会和周年纪念日、拜访邻居,以及准备教堂晚餐。相比其他人,利拉更多地拜访邻居、烘烤饼干,记更多的笔记。在怀孕期间,她还曾自己动手给家人做饭,并试着通过闻肥皂的气味来压制清晨的呕吐。[23] 她的第一原则是:一切为了霍华德。"她把自己钉在了十字架上。"她的妯娌凯蒂·巴菲特说。[24]

然而,利拉的责任感和牺牲精神对应着另一种含义:责备和羞愧。当霍华德早上乘车上班之后,多丽丝和沃伦会玩耍或者穿衣打扮,而利拉突然间可能冲着他们发脾气。利拉的音调可能事先透露出会发火的迹象,但大多数情况下,一切的发生毫无征兆。

我们可能做了什么或者说了什么,然后有那么一瞬间她的脾气就爆发了,没有消停和减弱的迹象。你过去犯的全部错误都会被翻出来。事情就这么无休无止。我母亲有时会把这归因于神经痛,但是她在外从未发作过。

盛怒之下的利拉会不停地责骂孩子,内容千篇一律:他们的生活显然来自她做出的牺牲;他们一无是处、不知感激、自私自利,他们应该觉得羞愧;她会挑剔每个真正或想象出来的错误;她几乎总是冲着多丽丝长篇大论,而且会把同样的话说上至少一个小时,有时还长达两个小时。沃伦说,直到两个孩子"认错"、流下无助的眼泪,她才结束。多丽丝说:"她不把你说哭就不满意。"沃伦无奈地看着利拉大发脾气,没有能力保护多丽丝,并且得竭尽全力地避免自己成为目标。很显然,利拉的攻击是故意的,她在一定程度上能够控制他们,但是,作为母亲,她如何看待自己的行为外人不得而知。不过,到沃伦3岁、妹妹罗伯塔(昵称伯蒂)出生的时候,对沃伦和多丽丝而言,"一切都已经回不去了"。

他们在心理上已经受到了伤害。

孩子们从未向父亲求助,即使他们知道父亲也了解母亲的坏脾气。霍华德可能会对他们说:"妈妈要大发雷霆了。"这是在提醒利拉要发火了,但他不会干预。不过,利拉经常会在霍华德的听力范围之外发作,而且不会冲着霍华德。因此,在某种意义上,霍华德是孩子们的保护者。虽然他没法使他们免于母亲的盛怒,但他依然意味着安全,因为他在旁边的时候,孩子们就很安全。

巴克大街的白色小平房之外,内布拉斯加已经滑向了违法乱纪的深渊,奥马哈猖獗的私酒贩卖一直持续到沃伦3岁时。[25] 在乡下,农田分文不值,以农田为抵押品的农民面临着抵押品赎回权的取消,他们开始不服管制,发起反抗。[26] 5 000名农民在林肯市的州议会大厦外游行,直到惊慌失措的立法者们急急忙忙地通过了抵押贷款延期偿还的法案。[27]

1933年11月,寒风刮过美国西部炎热的沙丘,以雷霆万钧之势掀起表土层,形成巨大的旋风,向美国东部推进,以每小时60英里的速度,一直抵达纽约。这场暴风所到之处,玻璃窗户被撞碎,路上的车辆被吹翻。《纽约时报》将之比作喀拉喀托火山的爆发,将要持续好几年的沙尘天气开始了。[28]

在20世纪最严重的干旱期间,沙砾吹打着房屋的墙面漆,在汽车玻璃上留下划痕,中西部人都把家当作避难所。利拉每天早上都要打扫门廊的沙尘。沃伦4岁生日那天,一场肆虐的沙尘暴在巴菲特家的前门门廊上留下一层沙尘,吹走了餐桌上的纸盘子和餐巾纸。[29]

沙尘天气出现后,随之而来的就是酷热。1934年夏,奥马哈的温度达到了118华氏度(约47.7摄氏度)。内布拉斯加的一位农民在找了好几天之后,在一处收割后的偏远农田的裂缝里找到了他家的奶牛,土地被烤得裂开,牛被夹在里面了。[30] 平原上的居民们讲述着夸张的故事,有个人被一滴水击中脸部,然后昏死过去,得用三桶沙才能救醒。人们睡在后院,在中心高中的地上以及奥马哈乔斯林艺术博物馆的草地上搭帐篷，以免被自家的"火炉"给烤熟了。沃伦想盖着被水浸过的床单睡觉，但也只是徒劳，任何东西都无法给升到他二楼房间的炽热空气降温。

因为1934年的干旱和高温创了纪录，[31] 铺天盖地的蝗虫来袭，把烤干的玉米和小麦一顿狂吃，就剩下一地的短茬儿。[32] 利拉的父亲斯塔尔那年中风卧床不起，沃伦到西点镇看望外祖父的时候，还能听到蝗虫吞噬庄稼的嗡嗡声。最可怕的时候，蝗虫吃栅栏桩和晾在晾衣绳上的衣物，还一团团地沾在拖拉机发动机上；厚厚的一层蝗虫，遮天蔽日，足以遮挡汽车司机的视线。[33]

事实上，20世纪30年代初，除了恐惧本身外，还发生了更多可怕的事情，那就是经济状况恶化。[34] 很多人仿效当时最臭名昭著的强盗——阿尔·卡彭、约翰·迪林杰和长了一张娃娃脸的尼尔森——在中西部四处出没，掠夺勉力支撑的银行。[35] 父母亲们都很担心那些经过城镇、裹沙带尘的流浪者和吉卜赛人。偶尔出现的狂犬病也令恐惧的家长把孩子们关在家里。出于对小儿麻痹症的担心，公共游泳池在夏季炎热的日子都被关闭。父母不时警告他们的孩子，如果他们的嘴唇碰到了公共喷泉，那他们可能就会被装上人工呼吸器。[36]

不过，内布拉斯加人从出生起就受到训练，以坚定的乐观态度来应对灾难。这些年的沙尘和干旱构成了中西部生活的背景。在这个龙卷风肆虐而且风力足以把火车吹离铁轨的地方，孩子们在成长过程中习惯了恶劣古怪的天气。[37]

巴菲特家的三个孩子照常上学，和朋友一起玩耍；在附近野餐聚会的时候，和很多孩子一起在100华氏度（约37.8摄氏度）的高温下到处跑。而他们的父亲穿着西装，母亲还穿着外套和袜子。

很多邻居的日子可能不太好过，他们的生活水准在降低；但是这位杂货店老板的儿子霍华德，让他的家人过上了比大部分中产阶级都要舒适的日子。"即使是在艰难的日子里，我们的生活水平也在稳步地提高，"霍华德回忆说，"以一种非常适度的方式。"他对此很谦虚。当50个男人排队竞争一份周薪17美元的工作时——为巴菲特父子杂货店开橙色卡车运送货物——霍华德坚持每家每户上门推销,他的股票经纪公司——如今被叫作巴菲特公司——发展得很成功。[38] 奥马哈在1935年电车罢工和骚乱期间曾实行过短期的戒严,不过,霍华德已经购买了一辆崭新的别克。他成为当地共和党政治活动的积极分子。多丽丝一直以来很崇拜父亲,她7岁就开始构思父亲未来的传记,她的一本笔记本封面上写着"政治家霍华德·巴菲特"。[39] 一年后,美国还处于大萧条的阴影之中,而霍华德为家人在奥马哈的郊区邓迪建了一栋更大的房子——红砖砌成,两层高,都铎式风格。[40]

当全家准备搬迁的时候,利拉得知37岁的弟弟马里昂——已经是纽约一名成功的律师——患上了癌症。"我的舅舅马里昂是我母亲家的骄傲和快乐之源。"沃伦·巴菲特说。马里昂没有精神错乱的遗传,是斯塔尔家传宗接代的主要希望。[41] 马里昂于11月去世,没有子女,终止了斯塔尔家族的希望。另一条坏消息是,那一年利拉的父亲约翰·斯塔尔又一次中风,身体非常虚弱。在家照顾父亲的伯妮丝似乎在沮丧消沉中越陷越深。当教师的姐姐伊迪丝——家里最漂亮、最敢作敢为的女孩——发誓要一直单身到30多岁,或是等到伯妮丝结婚。不过,精明、有心机的利拉不愿被家里的悲戚之事捆住手脚,不管发生什么事,她都要实现自己的目标——她想要一个正常家庭,过正常生活。[42] 利拉计划着迁居并购置新家具,她雇用了一位兼职管家艾塞尔·克伦普,这可是生活的一大进步。

如今,利拉成了一个更富裕家庭里更有经验的母亲。随着她发怒频率的降低,她和小女儿伯蒂的关系更加健康。伯蒂知道母亲的坏脾气,却总说自己感受到了母亲对她的爱。沃伦和多丽丝从不这样认为,利拉对伯蒂明显的母爱无助于减轻他们的不受重视感。[43]

1936年11月,罗斯福成功连任美国总统。霍华德唯一的安慰就是罗斯福在下一个4年就没戏了。每晚,霍华德看着自己的保守派杂志,孩子们听着收音机、玩游戏或是唱赞美诗,利拉会用家里添置的最大物件为他们伴奏———台管风琴，就像利拉母亲曾弹过的那台一样。

巴菲特家有了新房子，也有一两件诸如管风琴之类的奢侈品。虽然这表明他们的日子越过越好，但是利拉总是给孩子们买一些无趣和不起眼的礼物，大减价时出售的不能退的衣服和生活必需品——丝毫不符合孩子们的愿望。沃伦有一列小小的单轨火车，他非常想要另一套更加精致的火车——他在市区的布兰戴斯百货公司里看到的那款——转动着车轮，经过信号灯，翻越雪山，潜入隧道，飞奔过小小的村落，消失在松林。不过，买一本画有这列火车的商品目录就让沃伦很满足了。

如果你是一个小孩子，只有一列小小的椭圆轨道的火车。盯着这列令人着迷的火车，你会非常高兴用1毛钱买一本有火车模型的目录，然后就坐在那里幻想。

沃伦是个内向的小孩，他能数小时沉迷在画有火车模型的目录中。不过，作为一个快上小学的孩子，他有时不会表露出自己的情感。而他在朋友杰克·弗斯特家则会流露出对杰克善良的母亲海兹尔的依恋。日子一长，他逐渐养成习惯，在邻居和亲戚家里待上很长的时间。[44] 沃伦最喜欢姑妈艾丽斯，她是一位高个子女士，一直未婚，和沃伦的祖父住在家里，教授家政课。她让沃伦感到很温暖，她对他做的一切事情都很有兴趣，想方设法鼓励他和启发他。

沃伦上学前班的时候，[45] 他的爱好和兴趣都围绕着数字打转。6岁左右，他着迷于用秒来精确记录时间，非常想要得到一只秒表。艾丽斯并不是简单地无条件送给沃伦这份重要的礼物，她想得更周到。"她很爱我，"沃伦说，"但是她仍然会附加一两个条件，比如我得吃龙须菜之类的东西，礼物能激发我吃这些东西的动机。我最终得到了一只秒表。"

沃伦拿着他的秒表，叫他的姐姐妹妹和他一起到浴室，观看他发明的新游戏。[46] 他在浴缸里装满水，掏出他的弹珠。每个弹珠都有自己的名字。他把它们放在浴缸一头的水平边缘上，排成一排。然后，他把弹珠扫进浴缸，同时按下秒表。它们沿着瓷制浴缸的斜面向下滚，发出碰撞声，然后击中水面，落进水中。这些弹珠相互追赶，向浴缸塞子奔去。当第一个弹珠到达目的地时，沃伦就按下秒表，宣布它是胜利者。他的姐姐妹妹看着他一遍又一遍地让弹珠赛跑，想要提高它们的成绩。弹珠不会疲倦，秒表也不会出错，还有沃伦，似乎从不会对这种重复的游戏感到厌倦——不过，他的观众可不像他。

沃伦随时随地都在思考数字，即使在教堂也这样。他喜欢听布道，但其他活动让他感到无聊。他会收集赞美诗的作曲者的出生、死亡日期来计算他们的寿命，以此消磨时间。他认为，宗教人士应该因为他们的信仰和忠诚而得到回报。他假设赞美诗作者的寿命长于平均寿命，活得比平均年龄长对他来说是个很重要的目标。但是他发现，虔诚对长寿无所裨益。因为体会不到宗教对个人的仁慈和恩惠，沃伦开始对宗教有所怀疑。

不过，浴缸障碍赛和他所收集的赞美诗作者的信息教会了他一些其他的事情，一些有价值的事。他学会了计算概率。他环视周围，到处都存在可以计算概率的事物，关键就在于收集信息，你能够找到多少是多少，尽你所能。

7
休战纪念日

奥马哈　1936—1939年

当沃伦于1936年开始在罗斯希尔学校读一年级的时候,他立刻就喜欢上了上学。[1]至少,上学可以使他有一部分时间不用和母亲一起待在家里。学校为沃伦打开了一个全新的世界,而且他还很快交了两个朋友:鲍勃·拉塞尔和斯图·埃里克森。沃伦和鲍勃——沃伦叫他鲁斯——开始一起步行去学校。有时候,沃伦放学后会去鲁斯家;还有些时候,斯图——他家住在一栋普通的木房子里——会去沃伦的新家,那是一座砖房子,在欢乐谷乡村俱乐部社区。沃伦每天放学后基本上都有事做,一直做到父亲下班回家。沃伦总是和其他孩子待在一起,他们让他觉得很安全。

沃伦和鲁斯会在鲁斯家的门廊前坐好几个小时,看着军事大街的来往车辆。他们在笔记本上一栏一栏地记下穿梭车辆的车牌号。家里人觉得这个癖好很奇怪,但认为这只是男孩子对数字的喜爱。他们知道沃伦喜欢计算车牌号上的数字和字母出现的频率。沃伦和鲁斯从未解释过他们这么做的真正原因。鲁斯家房前的街道是唯一一条进出社区的道路,道格拉斯县级银行就在这里。沃伦让鲁斯确信,如果某天银行被抢了,警察可以利用车牌号抓住抢匪，而只有他和鲁斯握有警察用以捉拿罪犯的证据。

沃伦喜欢收集、计算和记忆与数字有关的所有事情。他非常热衷于集邮和收藏钱币。他会计算字母在报纸和《圣经》里出现的频率。他喜欢看书，大把的时间都用来阅读从本森图书馆借来的书。

不过，车牌号游戏的反犯罪和戏剧潜力——这是他家里人和鲁斯从不曾了解的——折射出了沃伦的其他性情。沃伦喜欢扮演警察，喜欢能让他受到关注的几乎所有事情，包括扮演不同的角色。沃伦上幼儿园时，霍华德从纽约出差回家，会给沃伦和多丽丝带回戏服。沃伦会化身为印第安酋长、牛仔或是警察。他一踏入校门，就开始提出自己在戏剧方面的构想。

不过，沃伦最喜欢的是竞争性游戏，即使他只和自己竞争。从弹珠浴缸障碍赛到悠悠球，再到波洛球游戏——用橡皮筋将球从木板上发射出去，如此反复多次。每逢周六晚上，在本森剧院，在播放不同电影之间的空隙，沃伦会和其他孩子站在台上比赛，看谁能让球滚得更远。最后，其他人都走下台，筋疲力尽，只有沃伦一个人在台上，继续玩着波洛球。

沃伦和伯蒂关系特别亲密，他喜欢逗她。沃伦喜欢叫伯蒂"胖乎乎"，因为这会令伯蒂气急败坏；沃伦还会捉弄伯蒂，让她在晚餐桌上唱歌，这可是有违家规的。沃伦和伯蒂一起玩游戏，[2] 但通常不让她赢，即使伯蒂比他小3岁。不过，沃伦也有温柔的一面。当伯蒂对母亲感到恼火的时候，她会把自己很喜欢的迪迪娃娃扔到废纸篓里。一到这个时候，巴菲特便会把娃娃"救"出来，拿回伯蒂的房间。"我在废纸篓里发现了这个，"他说，"你不想让它待在废纸篓里，是吧？"即使伯蒂只是一个孩子，她也知道哥哥行事如何老练、如何有技巧。

从另一方面来说，伯蒂非常自信，无所畏惧，多丽丝和沃伦认为，这可能是利拉很少对伯蒂发火的原因。伯蒂对此有自己的看法，她认为是因为自己能一直保持被利拉重视和喜欢的样子。

对利拉来说，最重要的是他人的尊重，这是沃伦后来慢慢称为"外部记分卡"的东西。利拉总是担心邻居们的想法，然后唠叨着女儿们要穿着合适、言行得体。"为了做事得体，我总是小心翼翼，我不喜欢这样。"对利拉的长篇絮叨，伯蒂如是说。

多丽丝性格叛逆。从小时候开始，她就表现出优雅细腻的品位，且容易进入兴奋状态。这使她不同于沃伦的稳重路线和吝啬作风。奇异、时髦和新颖的东西会吸引她，而她的母亲则显得谦虚、朴素，不重打扮。因此，多丽丝看上去被认为大大冒犯了母亲，两人经常不和。利拉偶尔发作的脾气似乎不逊于从前。多丽丝出落成了一个漂亮的姑娘，而"她越漂亮，"沃伦说，"情况就越糟糕"。

沃伦很早就懂得与人相处的诀窍，但同时，他也是一个好强和早熟的孩子，智力很不错，但体育方面欠佳。8岁的时候，他的父母送了他一套拳击手套，他上了一堂拳击课之后就再也没有戴过它们。[3]他学过溜冰，但是他的脚踝发抖。[4]他没有加入其他男孩的街头游戏，即使他喜欢运动，协调性也不错。他唯一不厌恶的运动是打乒乓球。巴菲特家买回一张乒乓球台后，沃伦会没日没夜地在球台上打球，对手是任何和他玩球的人——父母的朋友、学校的同学——最后练到他的球极有杀伤力。如果有人看不起他，沃伦很容易大哭；他一直很努力地想要得到他人的喜爱，并和他人融洽相处。尽管沃伦总是很快乐，但他的朋友还是感到他身上有一种孤独。

1937年，巴菲特家给三个孩子拍了一张合影。伯蒂看起来很高兴，多丽丝则一副可怜兮兮的苦恼样。沃伦的样子——手里紧紧抓着他的最爱，一个外面镀镍的零钱罐，他的姑姑艾丽斯送他的礼物——看起来远远没有圣诞节应有的快乐。

沃伦8岁的时候，斯塔尔家又发生了不幸的事，这使得利拉更下定决心，要让巴菲特全家看起来就像是典型的完美家庭。利拉的母亲斯特拉的状况恶化，家里把她送到诺福克州立医院，即内布拉斯加精神病院，利拉的外祖母就是在这家医院过世的。[5]利拉的姐姐在医院里也住了三个月，阑尾穿孔之后，她差点儿死于腹膜炎。之后，伊迪丝决心结婚，继续过日子。她嫁给了一个让她开心但背景可疑的男人。这并没有改变利拉对姐姐的不良印象，对利拉而言，她姐姐似乎对冒险的兴趣总是大于对责任的兴趣。

与此同时，霍华德被选入校董事会，一个令家里人感到自豪的新角色。[6] 巴菲特家在进步，而斯塔尔家在后退，在这种交叉混杂中，沃伦大部分时间都待在外面。他四处拜访邻里，和其他人的父母交朋友，在他们家里听政治演讲。[7] 散步的时候，沃伦开始收集瓶盖。他到镇上所有的加油站，从冰柜下面收集瓶盖，因为顾客们砰的一声打开汽水后，瓶盖都会落到冰柜下面。在巴菲特家的地下室，瓶盖堆得越来越多：百事、草根啤露①、可口可乐和姜啤汽水等的瓶盖应有尽有。沃伦着迷地收集着瓶盖。免费的信息到处都是，无人问津——没有人想要这些东西！沃伦觉得这是一件让人吃惊的事。晚饭过后，他在客厅地板上铺满报纸，然后把收集的瓶盖摊放在上面，开始分类、计数、分类、计数……[8] 数字告诉他哪种软饮料更畅销。不过，沃伦同时也很享受分类、计数的过程，他把这当作放松的方式。当他不摆弄瓶盖的时候，他喜欢整理收集的钱币和邮票。

学校是最让他感到无聊的地方。沃伦和鲍勃·拉塞尔、斯图·埃里克森同在西克斯顿小姐的四年级班，为了打发时间，他玩数学游戏，在脑子里数数。不过，他喜欢地理，并发现拼字是件让人兴奋的事，尤其是"拼字比赛"——6个一年级学生和6个二年级学生进行比赛。获胜的一方可以和三年级学生再进行比赛，以此类推。理论上来说，一年级学生可以连胜5场，最终击败六年级学生。

我想在拼字比赛中超过多丽丝，而伯蒂想超过我。

---

① 美国人常喝的一种用植物根部酿造的无醇饮料，有点儿像可乐。——译者注

唉，巴菲特家的三个小孩都非常聪明，他们想的超越从未发生过。

还没有什么事能像这件事一样吸引我们。

沃伦喜欢拼字游戏，但是除了在黑板上演算算术题之外，没有其他东西能刺激他的学习欲望。从二年级开始，学生们都会跑到黑板前比赛，一次两人。一开始，他们在规定的时间里比赛加法，然后是减法，最后是乘法和除法，把自己计算所得的数字在黑板上写下来。沃伦、斯图和鲁斯是班里最聪明的学生。一开始，他们得分相同，但一段时间之后，沃伦略有领先；又过了一段时间，沃伦又领先了一些。[9]

终于有一天，西克斯顿小姐请沃伦和斯图放学后留下。沃伦的心怦怦直跳。"我们在想，我们到底做错了什么。"斯图说。西克斯顿小姐没有责骂他们，相反，她请他们从教室一边的4A区换到了另一边的4B区[10]——他们跳了半级。鲍勃·拉塞尔被甩到了后面，拉塞尔太太对此很生气，满嘴抱怨。

沃伦仍和斯图、鲍勃保持朋友关系，但和他们分开交往：和以前一样，虽然他们都是他的朋友，但斯图和鲍勃之间并不是真正的朋友。

沃伦准确掌握细节的爱好继续在发展。他的父母和朋友（都叫他"沃伦尼"）在他的聚会游戏上都会被踢出局——游戏是说出州首府的名字。读五年级的时候，沃伦已经完全沉浸于1939年《世界年鉴》中，这本书很快就成了他最爱的一本书。沃伦记得每个城市的人口数。他开始和斯图比赛，看谁说出的人口超过100万的城市数量多。[11]

不过，在某一天晚上，可怕的肚子痛令沃伦无法看《世界年鉴》和玩瓶盖。医生上门进行了诊治，然后就回家了。但是，医生对这次上门诊断不放心，又回头把沃伦送到了医院。就在那晚，沃伦因阑尾穿孔接受了手术。

医生差一点儿就耽误了沃伦的病。沃伦在教会医院躺了几周，病情不轻。不过在修女的照顾下，他很快就发现医院是一个舒服的避难所。当身体开始恢复的时候，其他的乐趣也随之而来。《世界年鉴》被带过来供他学习。老师让班里所有的女孩给他写慰问信。[12] 非常了解自己外甥的伊迪丝姨妈给他买了一套指纹识别玩具。他很懂得怎么玩。他哄诱每个顺路来到他房间的修女，让她们的手指蘸上墨水，提取指纹。回家后，沃伦把收集到的指纹仔细地整理好。家里人觉得他的这个行为非常有趣。有谁会想要修女的指纹？但是，沃伦的理论是，修女中终有人会犯罪。而如果这事发生，只有他有线索识别罪犯的身份。[13]

出院后不久，1939 年 5 月的一天，天气异常寒冷，刮着风，父母亲让沃伦穿戴整齐。然后，他的祖父出现了。身着威严的单排扣西服，欧内斯特·巴菲特就如画中那备受尊重的人物，非常符合其奥马哈扶轮社主席的身份。

欧内斯特和孩子相处很有一套。尽管他很严厉，但是喜欢哄孙子孙女们。伯蒂很崇拜他。"我们今天要去芝加哥，沃伦。"欧内斯特宣布。他们登上火车，去看芝加哥小熊队和布鲁克林道奇队的比赛。这是一场持久、难分高下的棒球赛，双方打成 9∶9，最后因为天色太黑而停止比赛。整场比赛持续了 4 小时 41 分钟。[14] 在沃伦首次观看了美国职业棒球联赛后，欧内斯特给沃伦买了一本价值 25 美分的介绍 1938 年棒球赛季的书。沃伦激动不已，至今还记得这本书。

对我来说，那是我最珍贵的一本书。我知道了每个队的每个球员的经历，可以清楚地告诉你书中的每一个字，在梦里都想着这本书。

沃伦的姑姑艾丽斯给了他一本关于桥牌的书——这本书可能是卡伯特森的《桥牌全攻略》。[15] 桥牌是一种社交性的心理游戏，玩游戏的时候，发现问题和解决问题一样重要。在当时，桥牌风靡全美，沃伦发现，这个游戏比国际象棋更适合他。[16]

沃伦的另一个兴趣是音乐。他学小号学了好几年，他的偶像包括小号手巴里·贝里根和哈里·詹姆斯。虽然玩音乐就意味着要和母亲待在家里——沃伦得努力取悦一个根本哄不高兴的人——不过，沃伦还是持之以恒。在经受利拉长时间、令人讨厌的尖刻评论之后，他获得了回报：

被选去参加学校的休战纪念日典礼。

每年 11 月 11 日，第一次世界大战达成停战协议的周年纪念日，罗斯希尔的全体学生都要到体育馆举行典礼，以纪念战争中牺牲的战斗英雄。在学校的这项传统中，小号手们会站在体育馆边上的门口，一个接一个地用小号吹出旋律。

沃伦的小号吹奏技术足以令他胜任吹奏其中的一部分。典礼当天早上起床后，一想到要在全校面前演奏，沃伦就很高兴。重要的时刻来了，他也准备就绪。

沃伦拿着小号站在门口，第一名小号手开始吹响音符，但是，在吹第二个音的时候，这位小号手吹错了。

我傻眼了，因为我不知道要怎么接着吹。他们没让我做这种准备。这可是我的重大时刻啊。

沃伦本应重复吹奏第一名小号手的段落，可是现在沃伦是应该重复第一位小号手的错误，还是吹得和他不同，令他难堪？沃伦觉得自己完了。这一幕永远烙在了他的记忆中，但他却记不得之后的行动。数年之后，他接下来的反应和行为——假设他还是吹响了号——已经变成了一片空白。

沃伦学到了一个教训：正如这次小号演奏一样，生活可能看起来很简单，但是当另一个家伙吹错的时候，情况就不是这样了。

8
1 000 招

奥马哈 1939—1942 年

沃伦·巴菲特首次挣得的几美分来自销售口香糖。从 6 岁第一次卖口香糖的那刻开始,他就表现出对顾客毫不让步的态度,这大大反映了他后期的风格。

我有一个小小的绿色盘子,里面被分成了 5 个部分。我很肯定是我的姨妈伊迪丝给了我这个东西。这个东西能分装 5 个牌子的口香糖,黄箭、荷兰薄荷、绿箭等。我从祖父那里买上几包,然后挨家挨户地向邻居推销这些东西。我过去经常在晚上做这件事。[1]

我记得有一位名叫弗吉尼娅·麦考布里的女士说:"我要买 1 片黄箭。"我说:"我们不拆着卖。"我的意思是我有自己的原则。直至今日,我依然记得麦考布里夫人说她想要 1 片。不行,只能一包 5 片一起卖。5 片 5 美分,而她想在我这里花 1 美分。

做成一笔买卖是很诱人的事,但是还不足以诱惑沃伦改变心意。如果他卖 1 片给麦考布里夫人,那他就得把剩下的 4 片卖给其他人,1 片口香糖不值得这么做或冒这个险。每卖一整包,他能赚 2 美分。他可以用手拿着这些钱，沉甸甸的，实实在在的。它们就是滚动的资金雪球的最初几片雪花。

沃伦愿意拆开可口可乐的红色包装箱，在夏天的晚上挨家挨户地叫卖。他跟家人度假时也一直卖，向那些在奥科博吉湖岸边晒日光浴的人兜售。汽水比口香糖赚钱多了：每6瓶汽水，他能挣5美分。沃伦把挣来的硬币自豪地塞进挂在腰带上的一个棒球场形状的镀镍零钱罐。当沃伦一家家售卖《星期六晚邮报》和《自由》杂志的时候，他也带着这个东西。

零钱罐让他觉得自己很职业，它代表着买卖过程中沃伦最喜欢的一个环节：收藏。虽然他主要收藏瓶盖、硬币和邮票，但他也收藏现金。他把硬币放在家中的一个抽屉里，有一次里面增加了20美元——父亲在他6岁时给他的钱——所有这些都被记录在一个小小的栗色银行存折上，这是他的第一个银行账户。

到沃伦快10岁的时候，他和斯图·埃里克森开始在爱姆伍德公园的高尔夫球场卖二手高尔夫球——直到警察接到举报把他们赶出球场。不过，当警察把这事儿告诉沃伦父母的时候，他们对此并不担心。他们认为自己的儿子只是有点儿野心勃勃。据他的姐妹说，作为巴菲特家的唯一男丁，早熟的沃伦带有某种"光环"，能够躲避掉很多讨厌的惩罚。[2]

10岁的时候，沃伦找到一份在奥马哈大学橄榄球比赛期间售卖花生和爆米花的工作。他穿行于看台，高声叫卖："花生——爆米花，5美分——5美分——5美分，买点儿花生、爆米花吧！"当时正在进行1940年总统大选，沃伦收集了很多不同的温德尔·威尔基和查尔斯·麦克纳里的胸章，他把这些东西别在短袖上，他最喜欢的一句话是："华盛顿不会，克利夫兰不可能，罗斯福不应该。"这影射的是富兰克林·罗斯福触犯众怒的第三次竞选决定——至少对巴菲特家的人来说是这样。虽然美国宪法当时对任期没有限制，但美国人民抗拒"帝国总统"思想，至今依然如此。[3] 霍华德认为富兰克林·罗斯福是一个通过哗众取宠而获取民意的暴君。富兰克林·罗斯福再连任4年的想法几乎让他作呕。

虽然霍华德发现就自己的偏好来说，温德尔·威尔基太过自由化，不过他仍然期盼有人把罗斯福给"干掉"。追随父亲政见的沃伦喜欢在体育馆炫耀自己的威尔基和麦克纳里胸章。之后，他的经理把他叫到办公室，告诉他："把胸章摘下来，否则，你会激怒罗斯福的支持者。"

沃伦把胸章收回围兜里，里面的1角和5分硬币卡在了胸章的后面。当他在比赛之后向经理汇报工作的时候，经理让他把袋里的东西都拿出来，胸章以及其他所有东西。之后，经理把这些东西一股脑儿地从柜台上拿走，全部没收。

这是我经商的第一课。我难过极了。

当罗斯福前所未有地第三次连任之后，巴菲特家更难过了。

虽然政治是霍华德的主要兴趣，赚钱次之，但对他的儿子来说，这两个兴趣的地位却是相反的。沃伦一有机会就去父亲的办公室转悠——办公室位于古老、宏伟的奥马哈国民银行大厦——读《巴伦周刊》上的《交易者》专栏文章，看父亲书架上的书。他经常待在哈里斯·厄汉公司的客户房间。这家地区性股票经纪公司所在楼层比霍华德的办公室低了两层。在这家公司，沃伦发现能够在"黑板上写东西"——在大萧条时期某个清闲的周六早晨，在黑板上写上股票价格——令他痴迷不已。市场在周末仍然会交易两个小时。客户房间里围成半圈的椅子上坐满了人，心情压抑的人们无事可做，无精打采地看着电子显示器上滚动的数字。[4]有的时候，有人会跳起来，从这部许久不动的纸带打点器里面撕扯出一些纸带。沃伦和叔公弗兰克·巴菲特以及舅公约翰·巴伯一起来这里。弗兰克不喜欢与人往来，在追求亨丽埃塔（已过世很久）时，输给了欧内斯特，为此伤透了心。[5]这两位长辈一直以来都只习惯于思考市场的单向趋势。

弗兰克叔公认为市场完全处于熊市，而约翰舅公则持彻头彻尾的牛市观点。他们争着吸引我的注意，想要证明自己是正确的。他们不喜欢对方，因此，彼此之间从不交谈。不过，我坐在他们中间，他们会和我交谈。我的弗兰克叔公认为世界上的一切都将崩溃。

每当有人走到椅子后面的柜台那里，说"23美元买进100股美国钢铁"，弗兰克总会用低沉的声音说："美国钢铁？它会跌到一文不值。"对经纪业务来说，这可不是一件好事。经纪公司不会把他赶出去，但是他们讨厌他待在这个地方，这个办公室可不喜欢卖空者。

夹在两位长辈中间的沃伦盯着那些模糊不清的数字。他看不清楚电子显示器上的报价，家里人因此发现他成了近视眼，并给他配了眼镜。沃伦注意到，数字似乎会根据自己的某种规律变化。虽然他的叔公和舅公都很热衷于把他拉到他们极端的立场，但沃伦注意到他们的看法和显示器上出现的数字没有任何联系。他决定找出其中的规律，但并不知道该怎么做。

弗兰克叔公和约翰舅公会争着带我去吃午饭，因为这意味着在某种程度上打败了另一个家伙。我和弗兰克叔公一起去古老的帕克斯顿酒店。在那里，我们可以花25美分买到当天的新鲜食物。

沃伦喜欢和大人待在一起，喜欢被他的长辈们争来争去。实际上，他喜欢被任何人这样争抢。他渴望吸引家里亲戚和父母朋友的注意力，尤其是他父亲的关注。

霍华德在每个孩子10岁的时候都会带他们去东海岸旅行一次，这是孩子们一生中的重大事件。沃伦很明白自己想要什么。

我告诉父亲，我想做三件事。我想去看看斯科特邮票和钱币公司，我想去看看莱昂纳尔火车模型公司，我想去看看纽约证券交易所。斯科特邮票和钱币公司在47街；去莱昂纳尔公司要走到27街附近；去纽约证券交易所，就一路走到市中心。

1940年，华尔街开始从崩溃中复苏，但气氛仍然很压抑。华尔街的人就像一群艰难求生的"雇佣兵",在大部分同行倒下后,继续战斗。他们谋生的方式似乎名声不那么好,因为人们脑子里对1929年崩溃的记忆依然鲜活。虽然他们并不会四处吹嘘,但其中有些人实际上非常优秀。霍华德·巴菲特把儿子带到曼哈顿下城,拜访了规模最大的经纪公司之一的负责人。小沃伦得以一窥这座碉堡的镀金大门里面的情形。

那次,我见到了西德尼·温伯格,华尔街最有声望的人。我父亲以前从未见过温伯格,他只是在奥马哈开着一家小小的经纪行。不过,温伯格让我们进去了,或许是因为跟着一个小孩子,我们大概交谈了半个小时。

在1929年的市场崩溃中,高盛将投资者误导入一场臭名昭著的"庞氏骗局",声名扫地。作为高盛的高级合伙人,西德尼·温伯格用了10年时间艰难地恢复公司的声誉。[6] 沃伦对这些事一点儿也不知道,他更不知道西德尼·温伯格是一个移民的后代,一开始是在高盛当小杂役,倒痰盂、清扫合伙人丝绸帽子上的灰尘。[7] 不过,沃伦一进入西德尼·温伯格的胡桃木墙板办公室——办公室墙上挂着亚伯拉罕·林肯写的信件、文件原件,还有林肯的画像——他就确信无疑,自己正面对着一位大人物。在拜访的最后,西德尼·温伯格做了一件事,给沃伦留下了终生难以磨灭的印象。

我走出去的时候,他拥抱了我,说:"你最喜欢哪只股票,沃伦?"到第二天,他也许会完全不记得这件事,但是,我会一辈子都记得。

巴菲特一直都记得,这位华尔街的大人物如此关注他,似乎很在意他的想法。[8]

离开高盛之后,霍华德带沃伦去了百老汇大街,然后穿过一片巨大的科林斯式的柱子,进入纽约证券交易所。在这个财富的殿堂,人们穿着颜色鲜艳的马甲,在钢铸的交易台周围大声叫喊着,潦草地写着。工作人员疾步前后奔走,纸片碎屑扔得满地都是。不过,交易所餐厅的一个情景激发了沃伦的想象力。

我们在交易所和一个叫安特·摩尔的荷兰人一起吃午饭,他是股票交易所的职员,长得非常英俊。午饭后,一个人拿着个盘子走了过来,盘子里放着各种不同的烟草叶。安特·摩尔选出自己喜欢的烟叶,那人给他卷了一支烟。然后我想,是的,没有什么比这更好了——定制香烟。

香烟唤起了沃伦数学头脑的想象力。他对吸烟真的是毫无兴趣。不过,做个反向的逻辑推理,沃伦明白了雇用一个人做这样一件小事所隐含的意义。如果说花钱雇用这个人是合理的行为,这势必意味着,即使全国的大多数人民依然深陷大萧条不能自拔,但这个卷烟工的老板正在大笔地赚着钱。沃伦马上就领悟到这一点。纽约证券交易所里的资金流源源不断,就好像河流、喷泉、小瀑布和洪流,所以这里的交易员能够雇用一个人就干卷烟卷这么一件事,只为满足个人喜好。

就在那天,就在他看到那个卷烟工的时候,对未来的预期图景就此植根于沃伦的脑中。

当沃伦回到奥马哈的时候,他一直保留着这个预期,而如今他已足够成熟,可以设想自己的目标,并以更加系统全面的方式实现目标。沃伦还是享受着普通男孩的娱乐休闲,打篮球、乒乓球,收集钱币和邮票。全家陷入对小个子、亲切的外祖父约翰·斯塔尔的哀悼——享年73岁,是沃伦生命中失去的第一位亲人。尽管如此,他还是满怀激情地工作,为了前方可预期的未来。他要挣钱!

钱可以让我独立。然后,我就可以用我的一生去做我想做的事情。而我最想做的事情就是为自己工作,我不想让别人主导我。每天做自己想做的事,这对我来说非常重要。

助他一臂之力的工具很快落入他的掌中。一天,在本森图书馆,一本书在书架上向他招手,银色的封皮闪烁着光泽,如同一堆钱币,暗示着其内容的价值所在。被书名吸引,沃伦打开这本书,立即就被迷上了。

书的名字是《赚1 000美元的1 000招》,换句话说,能赚100万美元!

封面上有一张照片,一个小个子男人凝视着一大堆钱币。

"机会在敲门。"书的正文第一页这么写着,"在美国历史上,对一个以小额资本开始创业的人来说,时机从未像现在这样有利。"

多有想法啊!"过去,我们都听到过大量关于时机的故事……和今天等待那些有胆识、有谋略的人的机会相比,昨天的机会根本不算什么。今天创造的财富会令亿万富翁奥斯塔和洛克菲勒的财富相形见绌。"这些文字描绘出一个天堂,浮现在沃伦·巴菲特的眼前,他更快地翻动书页。

"不过,"这本书警告说,"没有行动,就不可能成功。要赚钱就要开始行动……美国有成千上万想要发大财的人都无法如愿,因为他们都在等待。"行动!这本书如此劝诫,并说明了如何展开行动。《赚1 000美元的1 000招》里有大量实用的商业建议和赚钱的想法,以"金钱的故事"开篇,文字通俗易懂,文风亲切朴实,就像一个人坐在门廊上和朋友谈话。书的有些想法存在局限,如山羊奶酪业和玩具医院,但是很多都很实用。抓住沃伦的一个想法是本尼威特[①]秤。如果沃伦有一台称重器,他会一天称体重50次。他认定其他人也会付钱这么做。

称重器赚钱的道理很容易理解。我会买一台称重器,然后用利润买更多的称重器。无须太久,我会有20台称重器,每个人一天称50次。我想,钱就放在那儿呢。[9] 钱又生钱,还有什么比这更来钱呢?

"复利"的想法深深触动了沃伦,这很关键。这本书告诉他,他可以挣1 000美元。如果以1 000美元起家,每年增长10%:5年内,1 000美元会变成1 600多美元;10年内,会变成将近2 600美元;25年内,将超过10 800美元。

当固定增长率逐年变大的时候,数字会发生爆炸性增长,这就是一小笔钱如何变成一大笔财富的途径。沃伦可以清晰地构想这些钱的复利

[①] 本尼威特,pennyweight,英美金衡单位。——译者注

未来，正如他把雪球滚过草坪而让雪球变大的道理一样。沃伦开始从不同的角度思考时间。复利把现在嫁给了未来，如果若干年后，1美元成了10美元，那在他的脑子里，这两个数字之间没有任何区别。

坐在朋友斯图·埃里克森家的门阶上，沃伦宣布自己在35岁的时候将会是一名百万富翁。[10]一个孩子在大萧条的1941年说出这种话，真是大胆放肆，而且听上去近乎是在犯傻。不过他的计算——还有那本书——表明这件事是有可能的。沃伦有25年的时间，他想要更多的钱。而且，他相信自己能够做到。他一开始赚到的钱越多，资金复利增长的时间越长，他实现目标的可能性就越大。

一年之后，他创造出实现梦想的关键因素。让家里人感到好玩和吃惊的是，到1942年的春天，沃伦已经有120美元了。

姐姐多丽丝被招募为合伙人，沃伦为自己和多丽丝买了城市服务公司的3股优先股，一共花了114.75美元。[11]

我买的时候并不了解那只股票。

沃伦只知道那是父亲霍华德最喜欢的一只股票，很多年来他都在向客户推荐。[12]

那年6月，市场走势低迷，一路下行。城市服务公司的优先股股价从38.25美元跳水到27美元。沃伦说，在上学的路上，多丽丝每天都"提醒"他，他的股票正在下跌。沃伦觉得压力大得可怕。因此，当股票最后回升的时候，他以40美元卖出，为他和多丽丝赚了5美元。"那个时候，我才了解到，沃伦知道自己在做什么。"多丽丝回忆说。不过，城市服务公司的股价很快就涨到202美元。沃伦学到了三个教训，并把这段时期作为他一生中最重要的时期之一。第一个教训是，不要过分关注股票的买入成本。第二个教训是，不要不动脑筋地急于抓住蝇头小利。如果他能更耐心一点儿，就能赚到492美元，他对此一直耿耿于怀。从6岁开始，他干了5年活儿才积攒下120美元买了这只股票。沃伦意识到，以那会儿从出售高尔夫二手球、在棒球场贩卖爆米花和花生中赚到的钱为基准来计算，要把"丢失"的利润赚回来，得用好多年。他将永远、永远、永远地记住这个错误。

第三个教训是关于投资他人资金的——如果他出现投资失误，那可能会有人因他而烦恼和不安。因此，他不想对其他任何人的资金负责，除非他非常确信自己会成功。

9
沾油墨的指头

奥马哈，华盛顿哥伦比亚特区　1941—1944 年

沃伦已经 11 岁了。

1941 年 12 月，一个星期日下午，巴菲特一家做完礼拜之后去了西点镇。在回来的路上，他们听到车上收音机里的播音员插播新闻说，日本袭击了珍珠港。事情的具体经过以及准确的伤亡人数当时尚不可知，但仅从这一事件来看，沃伦立即意识到世界将要大变。

沃伦父亲本已反战的政治观点一下子变得更为极端。霍华德和他的朋友们都认为罗斯福是一个好战分子，试图通过引诱美国人民加入又一次欧洲战争来实现独裁。他们认为，欧洲无力解决自己内部的琐碎争吵，其发展会导致严重的争端，因此必须让其在自己的火药筒里自行闷燃。

直到此时，罗斯福的引诱政策仍然无效。"国际合作"——别有用心的欺骗性借贷—租赁计划是为英国赤裸裸的战争提供礼物，既没有贷款，也没有租赁，这一计划被霍华德称为"老鼠洞计划"[1]——以及和那个身材魁梧的英国人温斯顿·丘吉尔一起发表演讲，都未能阻止美国卷入战争。罗斯福曾告诉全美国人民——霍华德和他的朋友都认为他在说谎——"全国的父亲和母亲们，我向你们保证……你们的儿子不

会被送往任何国外的战场。"[2]沃伦说,如今,霍华德逐渐相信,在这场不顾一切、孤注一掷的战争冒险中,罗斯福和他的军事首脑乔治·马歇尔已经决定"让我们加入欧洲战争的唯一方式就是让日本人攻击我们,不要把日本人的袭击消息告诉珍珠港的人"。这一想法在当时的保守人士中甚是普遍,霍华德对此尤其深信不疑,正如他对大部分事情的态度一样。

随后的春天,内布拉斯加共和党委派霍华德去干一件吃力的工作:找一位候选人竞选国会议员,对手是民主党颇受欢迎的时任议员查尔斯·麦克劳克林。根据家里人的说法,霍华德找不到愿意和这位非常受欢迎的民主党人竞争而牺牲自己的"羔羊",因此,在最后一分钟,他在候选人名单上填了自己的名字。

霍华德发现自己被强行推到了竞选者的位置。巴菲特一家在电线杆上贴上简单的传单,上面写着"巴菲特竞选国会议员"。他们去乡村集市等地方分发传单。

他是最没戏的候选人,他憎恨发表公共演说。我母亲是一个很不错的竞选者,但我父亲是个很内向的人。

利拉是个很健谈的人,天生就知道如何调动一群人,也喜欢与人接近、与人打交道。巴菲特家的孩子们则四处宣传:"请投票给我爸爸好吗?"之后,他们就去玩大观览车。

接着我们做了一个简单的、15分钟的电台节目。我的母亲弹管风琴,我父亲则介绍我们:"多丽丝,14岁;沃伦,11岁。"我的台词是:"等一下,爸爸,我正在看体育版。"然后,我们三个合唱《美丽的亚美利加》,我母亲用她的小管风琴伴奏。

这并不是煽动人心的政治演讲,不过因为这个15分钟的电台节目,大家都开始争当竞选活动志愿者。

即使赢得了志愿者的帮助,霍华德还得克服自己对政治制度缺陷的悲观和死心眼儿的诚实。霍华德·巴菲特的政治纲领充满了可怕的警告，以及在那个时代中西部地区随处可见的对某些政要盲目服从的怒火中烧。霍华德要求投票人"给所有的怪人、妄自尊大者、眼线、密探、梦游症患者和社会势利眼买一张离开华盛顿的单程票"。

这种让人喷火的言辞掩盖了霍华德的亲切、睿智和某种天真的气质。多年以来，霍华德都会在口袋里放一张手写的纸片，一张柔软的旧亚麻纤维纸，纸片上写着："我是上帝的孩子，我在他的手中。我的身体从来就不是永生的，但我的灵魂是不朽的。那么，我还担心和惧怕什么呢？"[3]

不幸的是，去奥马哈的大街上竞选时，在他唯一的儿子看来，霍华德几乎是在一字一顿、笨拙地宣讲他的想法。

竞选时，霍华德在破晓前很早就把已经12岁的沃伦唤起床，带他去南奥马哈的牲畜围栏场。铁路沿线分布的是奥马哈的主要产业，雇用着近2 000人，其中大部分是移民。每年有超过800万头牲口[4]被火车运到肉制品生产大城市，并被生产成数十亿磅的包装商品。[5]南奥马哈曾经是一个城市，和市区的地理距离很近，但是文化上的距离却像是隔着一个大洲。数十年以来，那里一直是种族问题滋生的温床。

沃伦在街区的一边蹑手蹑脚地走着，手握得紧紧的，紧张不安地看着父亲。霍华德因为小时候的一场小儿麻痹症而走路有点儿跛，家里人同时还很担心他的心脏状况。霍华德沿着街道下行，走近那些大块头、脸如刀削、身穿工作服的男人，他们正走向屠宰工厂，去上5点半的早班。看着父亲做的这一切，沃伦的心都揪成一团了。

这些工人中的很多人在家都不说英文。最贫穷的人、黑人和新来的移民拥挤地住在寄宿房屋里和院子旁边的棚屋里。那些较有头脑和财力的人则设法进入附近的教区，住在屋顶斜度很大、分布在南奥马哈山上山下的干净小房子里：捷克人住在小波希米亚，塞尔维亚人和克罗地亚人住在古斯谷，波兰人住在G镇（之前的希腊镇）；希腊人很久之前就离开了，他们的房子在1909年的反移民暴乱中全被毁了。

霍华德要接触各个工种的工人。在屠宰场最高楼层负责屠宰的专业屠宰工级别最高，而级别较低的工人则在下面的低楼层工作，清理骨头、熬制猪油和给牲畜配种。有一些妇女在切砍猪肉、灌制香肠、贴标签、给鸡拔毛、挑选鸡蛋。管理人员特别喜欢黑人女性，因为可以靠她们完成清理牲畜的头、尾、内脏的工作，而且工资比白人低。[6] 她们清洗肠、膀胱、心、腺体和其他内脏器官，她们的手浸泡在水和内脏杂物里面，脚站在热得可怕、没过脚踝的血水里，分拣、盐腌并包装香肠。她们张着嘴，浅浅地喘气，以防排泄物微粒通过空气吸入肺里。[7] 即使是最近刚落脚和地位最卑微的外来移民，或是男性黑人也不会走进内脏处理室，这不折不扣地成了黑人女性的"专业"。

这些男人和女人、黑人和白人，他们身上的每根汗毛都站在民主党一边。内布拉斯加的其他人可能反对新政——总统针对大萧条的解决方案——但是对镇上的这些人来说，罗斯福仍然是一位英雄。不过，霍华德·巴菲特很有礼貌地把传单强塞进他们满是老茧的手里，传单尖锐地指责罗斯福是美国有史以来对民主党最大的危害。如果有时间能和工人们说上两句，霍华德会平静地解释为什么他总是投票赞成颁布那些屠宰工人都反对的法律。

霍华德是个政治狂热分子，但他既不傻也不疯。即使他把希望交到了上帝手里，也有后备计划。沃伦并不是来这里学习知识的，也不是来帮父亲打架的，他的任务是，如果屠宰场的工人要揍他的父亲，他得狂奔着去找警察。

在这种情况下，理性的人可能会很疑惑霍华德到底要干什么。他的努力可能无法赢得一张选票。但是，显然他感到自己有责任去见本区的每个潜在选民，无论这些人是否在意他的出现。

沃伦总是想着如何能全身而退，但他也从未跑去向警察求助。这可能只是因为运气或者是因为霍华德的风度体现了基本礼貌。不过，巴菲特一家没有理由相信，这将扭转霍华德的失败者角色，即使他们这么认为，也无济于事。在1942年11月3日的选举日，多丽丝认定父亲已经失败，她去市区给自己买了一枚胸针，准备第二天上学时戴，这样她还有个盼头。"父亲写好了败选声明，我们9点左右就都上床睡觉了，因为我们从来不熬夜。第二天一早醒来，父亲发现自己竟选获胜了。"

霍华德对外交上的冒险主义很是怀疑，这不仅表现为其本身如贵格教徒般的怪僻人格，还表现为他严重的保守孤立主义立场。这种保守孤立主义曾经对中西部地区有过深刻和广泛的影响，这种思潮虽然最终衰落，但是"珍珠港事件"又令它复活了一阵。尽管罗斯福具有压倒性的受欢迎程度，不过工人阶层对他外交政策的支持在奥马哈暂时出现了动摇，正好让霍华德战胜竞选对手，一位可能过分自信的对手。

1943年1月，巴菲特一家把邓迪的房子租了出去，坐上了去弗吉尼亚的火车。欧内斯特给了他们一篮包装精美的食物，同时告诉他们不要错上其他车厢，唯恐他们从同车的大兵身上传染上致命的疾病。

他们来到华盛顿的联合火车站，发现这个城市拥挤而且嘈杂。城里到处是拥挤的人群，其中大部分人都在新成立的大型战时政府机构里工作。军队征用了在可及范围内的一切建筑、办公室、椅子和铅笔，为搬进新落成的五角大楼做准备。五角大楼是世界上最大的政府办公大楼，在竣工的时候因为过大而显得有些与周围格格不入。那时候，不太结实的临时办公建筑排满了这个国家广场的每一寸土地。[8]

成群结队的新来者令当地人数增加了一倍。衣衫褴褛、头发蓬乱的黑人，穿过第14街大桥不断涌入。他们来自弗吉尼亚，逃离了南方贫困的烟草农场、棉花地和纺织厂，带着被诱惑的期待，希望在这个世界最繁忙的城市中找到工作。这群人中有的令人尊敬，有的一贫如洗，有的不谙世故。而随着这一龙蛇混杂的人群到来的，还有扒手、妓女、骗子和流浪者，他们把华盛顿变成了美国的罪犯首都。

19世纪笨拙的有轨电车摇摇晃晃地在水泄不通的街道上蠕蠕前行，车上挤满了政府工作人员。在电车的任何一处站台，都可能有当地的居民在抗议示威，反对华盛顿运输公司雇用黑人。[9]不过，种族隔离的僵局开始慢慢地被打破。在黑人居住区的一家名叫"小宫廷"的自助餐厅里，霍华德大学的学生正在举行一系列的"午餐静坐"活动，抗议该餐厅不对他们提供服务的行为。他们占满了所有能占的餐桌，拒绝离开，最后成功地让这家餐厅关了门。[10]

巴菲特家的朋友雷歇尔[11]——霍华德在股票经纪行结识的熟人告诉他们，别住在华盛顿，形势很糟。他们得知，在弗吉尼亚，海军部的一个人刚好腾出一栋大房子。房子坐落在山上，山下是拉帕汉诺克河，房子旁边是查塔姆大宅，是当年弗雷德里克斯堡战役时北方联邦军队的总指挥部。山上的这栋房子有10个壁炉、规划齐整的花园，以及一间花房。虽然相对巴菲特家的风格来说这栋房子过于庄严，而且到华盛顿要一个小时的路程，但他们还是暂时租下了它。霍华德在哥伦比亚特区租了一个小公寓，每逢周末才回大房子。内布拉斯加的国会代表团分派他到金融委员会工作，他很快就事务缠身，无暇他顾。他要开始适应，并学会当一名众议院议员的规则、流程和不成文的惯例。

利拉不久就开始坐车到华盛顿去找一处可长期安身的住所。自从他们搬到这里，她就经常急躁易怒，还时不时地提起奥马哈，非常怀念。离开奥马哈来到华盛顿的时机事后证明是不利的。利拉的妹妹伯妮丝开始有意无意地暗示她要自杀，而且还说如果家里人不把她送到诺福克州立医院——她妈妈斯特拉也住过这家医院——一切后果自负。伊迪丝现在负责照顾妹妹，她咨询了医生的意见。医生认为，伯妮丝想要和母亲住在一起，可能正在通过夸张的方式达成其目的。然而，他们显然又必须把自杀的威胁当一回事，因此，家里人把伯妮丝送进了诺福克州立医院。

斯塔尔家里麻烦事的细节很少当着孩子们的面讨论。每个孩子都在以自己的方式适应着华盛顿的生活。15岁的漂亮的多丽丝感觉自己像《绿野仙踪》里的多萝西，刚刚离开黑白两色的堪萨斯，来到了多彩的魔法国度。她的生活完全变了。她成了弗雷德里克斯堡一带的美女，爱上了这个城镇。[12]利拉开始认为她的女儿想要跻身于上流社会，而这种企图与其身份并不相称。同时，她仍然会发表长篇大论，批评多丽丝。不过，到了这个时候，多丽丝在精神上已经开始抵触母亲的管制，并为自己的想法和个性而抗争。

12岁的沃伦在八年级度过了6周时间,在学业上,这个地方远远落后于他在奥马哈的课程。自然而然,他第一个本能的反应是去找一份工作。他在一个面包店工作,在那儿,他"几乎什么都不做,不用烘烤,也不用售卖"。在家的时候,举家搬迁这事让他烦躁和难过,因此,他想回奥马哈,他说一种奇怪的"过敏症"严重影响了他的睡眠,他称自己得站着睡觉。"我给祖父写了一些让人感伤和难过的信。他的回信大意是说,你们得把沃伦送回来,你们知道吗?你们正在毁掉我的孙子。"折中的结果是,沃伦坐上火车,回内布拉斯加待了几个月。让沃伦高兴的是,他在火车上的邻座是内布拉斯加的参议员休·巴特勒。沃伦总能以他早熟的性格和年纪大的人融洽相处,他轻松地和巴特勒闲聊起来。在返回奥马哈的一路上,他的"过敏症"被抛诸脑后。

9岁的伯蒂很依赖祖父欧内斯特,她认为自己和祖父有一种特殊的关系。她很嫉妒沃伦,并带着对自己与祖父关系的自信,给欧内斯特写信:"不要告诉爸爸妈妈,但也请人来接我吧。"

对于伯蒂写的这些类似的信件,沃伦说:"别太在意,她装装样子罢了。"[13]

欧内斯特的回信说:"女孩子应该和母亲在一块儿。"伯蒂只得待在弗雷德里克斯堡,对哥哥总能"为所欲为"感到火冒三丈。[14]

沃伦回到罗斯希尔学校,又和朋友们聚到了一块儿。每天,他会在正午去父亲以前合伙人卡尔·福克的家里,享用卡尔的太太格拉迪丝为他准备的午饭——三明治和西红柿汤——以及对他和蔼可亲的招待。正如沃伦对朋友杰克·弗斯特的母亲和自己姨妈的态度一样,他很敬慕福克太太,[15]仿佛她是自己的母亲。

虽然沃伦和这些中年女性相处得不错,但他很害羞,害羞到了极点,同龄的女孩也让他感到紧张。即便如此,他很快就喜欢上了多萝西·休谟,八年级新班级里的一位女同学。他的朋友斯图·埃里克森喜欢玛吉·李·卡纳迪,另一个朋友拜伦·斯沃森则喜欢上了琼·福格特。经过几周的商量之后，他们鼓起勇气邀请姑娘们看电影。[16]但是，当沃伦走到多萝西家门口邀请她的时候，她父亲的应门声让他临阵退缩了。沃伦改变初衷，想争取多萝西的父亲成为一本杂志的订户。不过，最后，沃伦还是想方设法向多萝西发出了邀请，她同意了。

在约好的星期六，拜伦和沃伦共同赴约，因为他们都怕单独露面。这个下午就此拉开序幕：一行四人开始漫长的"跋涉"，经过一栋又一栋房子，在不太自在的沉默中，步行过数个街区，来到公车站。住在反方向的玛吉·李已经和斯图来到站台。大家一起上了车。在去市区的路上，男孩们红着脸盯着自己的鞋，女孩们则彼此轻松地交谈。到了电影院后，玛吉·李、多萝西和琼直接走到一排座位，三人坐到了一块儿。男孩们想在看两部恐怖片《木乃伊之墓》和《猫人》时和女孩亲近的计划落空了，只得坐在一起。在观看两部电影的整个过程中，女孩们或咯咯笑，或发出尖叫，男孩们只能看着女孩们浅黑色的脑袋挤作一团。看完电影，他们去沃尔格林超市吃东西，又是一段痛苦的过程。之后，大家坐上公车，男孩们手足无措，开始约会的返程。约会的最后是走一段长长的路，把女孩子送回家。整整一个下午，男孩们几乎一句话都没说。[17]三个人都感到很丢脸，以至于他们过了好几年才重新鼓起勇气，去约会其他的女孩。[18]

不过，沃伦是"没了贼胆，尚存贼心"。他之后又喜欢上了班里的另一个女孩克洛-安·考尔，一个迷人的金发姑娘。但是，这个女孩对他没兴趣。沃伦似乎根本无法使自己和女孩子的关系取得任何进展。沃伦又一次选择用赚钱来转移自己的失意。

祖父喜欢我总是想着怎么去赚钱。我过去常常在社区四处收集废报纸、杂志去卖。艾丽斯姑妈会带我去废品收购站，在那里，100磅废纸差不多能卖到35美分。

在祖父家里，沃伦看了满满一书架的过期杂志《新杂货商》，诸如"如何管理肉铺库存"这样的标题吸引住了他。到了周末，欧内斯特会让他在自己主宰的"帝国"巴菲特父子杂货店里干活儿。杂货店有两层车库那么大,在舒适的邓迪中上层社区,杂货店那具有西班牙风格的瓷砖屋顶非常显眼。巴菲特杂货店一直是赊账买卖,并负责送货。太太小姐们或是家里的厨子会拨打胡桃大街号码为0761的电话,把他们的采购清单念给店员听,店员会把他们的订单记下来。[19] 店员在店里四处飞奔,在货架之间来回搬动木梯,爬上爬下地拿箱子、包和瓶瓶罐罐,在成堆的蔬菜水果中翻寻,把篮子装满。为了砍下一串香蕉,他们得用一把非常锋利的刀。店员还要跑到地下室去取顾客需要的泡菜和腌制品,这些东西都被冷藏在桶里,旁边放着成箱的鸡蛋和其他不易储藏的食品。所有这些货物都被装进篮子——夹层的店员用滑轮把篮子升上去——称重计价并包装好,送到楼下。接着,巴菲特父子杂货店的橙色送货卡车会把这些东西送给奥马哈那些正在等待的家庭主妇。

欧内斯特坐在夹层的桌子边上,俯看着店员的一举一动。店员们背后都管他叫"老头欧尼"。"他什么也不做,只是发号施令。"沃伦说,"我的意思是,他是一位国王,对一切了如指掌。如果有客人进店,而没有受到应有的接待,他会捻动手指,店员就会遭殃。"欧内斯特只认"工作,工作,大量的工作"。他要保证自己所辖范围内的每个人都明确世上没有免费的午餐。他对此有很强的责任感,以至于有一次他给一个在店里打包、放置货物的男孩子2美分,让他去缴纳自己的社保金。给钱的过程还伴随了一场关于社会主义问题的半小时演说,欧内斯特说,这个男孩子应该充分认识到,邪恶的罗斯福及其政府所聘用的那帮教授——穿花呢衣服、吸烟斗,来自常春藤联盟大学——正在毁灭这个国家。[20]

欧内斯特离开夹层的唯一时刻就是当他看到一位体面的女士由司机开车送到店里的时候。他会疾步走下楼梯,抓过一张订货单,亲自接待她。欧内斯特会向这位女士介绍刚刚从夏威夷空运过来的新鲜鳄梨,还会分发薄荷棒棒糖给她的孩子们。[21] 店员习惯了这种区别对待,当看到霍华德的弟弟弗雷德不理会利拉,转去接待另一位顾客的时候,利拉愤怒地大步离开，再也不到店里购物。从此以后，买东西的事都是霍华德来做。[22]

沃伦如今感觉自己就像是店员中的一员，在老头欧内斯特的指挥下，在店里忙不迭地干活儿。在祖父的店里工作，他觉得自己很像一名奴隶。因此他下定决心，自己的一生绝不会如此。

祖父让我做很多琐碎的杂事，有时我在底层干活，有时他让我和他一起坐在夹层的桌边，计算战时的定量配额票——糖票、咖啡票。有时，我躲在他看不到的地方。

最糟糕的工作是他花钱请我和我的朋友约翰·巴斯卡铲雪。我们遇到了很大的暴风雪，地面积了足有1英尺厚、冻得非常硬的雪。我们必须铲掉几个地方的整整一层雪——顾客停车的路面、商店后巷、卸货点以及放着6辆卡车的车库周围。

我们干了大约5个小时——铲啊，铲啊，铲啊，铲啊。最后，我们甚至连指头都伸不直了。干完活儿，我们去找我祖父，他说："嗯，我该付你们多少钱，小伙子们？1角太少了，1元又太多了！"

我永远忘不了那一刻——我和约翰面面相觑。

这样算出来的结果是铲雪的最高工钱：20美分/小时。

噢，不！这还是我俩要平分的价钱，这就是我的祖父。

瞧，巴菲特家的人就是巴菲特家的人。不过，沃伦学会了一个值钱的教训：事先得搞清楚交易内容。[23]

欧内斯特具有巴菲特家族的另外两大特质：对女性的冲动性情以及对尽善尽美的迷恋。在亨丽埃塔过世后，他有过两段短暂的婚姻，其中一次是从加利福尼亚州度假回来，和他刚刚认识的一位女士结婚。而在工作的时候，他的完美主义体现得淋漓尽致。巴菲特父子杂货店是奥马哈最古老杂货店的传承，而欧内斯特的苛刻风格全都表现为追求完美的顾客服务理念。他非常确定，正在侵入社区的全国折扣连锁店只能是昙花一现，因为它们从未能提供可以与杂货店匹敌的服务水平。在这段时间的某个时候，欧内斯特自信满满地给他的一位亲戚写信："连锁店的日子完了。"[24]

假如巴菲特父子杂货店的面包卖完了，欧内斯特宁愿让沃伦一路小跑到附近的 Hinky Dinky 超市去买零售面包，也不愿让他的顾客失望而归。沃伦并不喜欢这个差事，因为他一进入超市就会被认出来。当他悄悄穿过超市的时候，超市的店员会拖长声音大声叫他："你好——巴菲特先生！"声音大到所有人都能听见。沃伦怀里都是面包，"尽量不太招眼"。欧内斯特很憎恨 Hinky Dinky，这家超市和欧内斯特在邓迪的主要竞争对手萨默斯都是由犹太人经营的。向竞争对手付这么多钱已经让他感到心痛，更何况是给犹太人。和 20 世纪中期以前美国的大部分地区一样，奥马哈实际上存在着宗教和种族歧视。犹太教徒和基督徒基本过着隔离的生活，有各自不同的社交俱乐部、市民社团，很多行业拒绝接受犹太人，或者不雇用他们。在公开场合，欧内斯特和霍华德用"爱斯基摩人"[①]这个词对犹太人进行攻击性评论。因为在当时的社会，反犹似乎是理所当然的，因此，沃伦对他们的反犹立场也未多想。

实际上，对沃伦而言，欧内斯特是一位权威，只有在上学，以及每周六祖父让他在送货卡车上工作几小时的时候，他才能逃离权威的监督。从卡车上往下卸货让人筋疲力尽，沃伦开始明白自己有多讨厌体力劳动。

有个司机叫埃迪，我以为他有 100 岁了。当巴菲特父子杂货店开始送货业务的时候，他就开着一辆小型卡车，不过他可能只有 65 岁。

他有一套最疯狂的运输路线——先去本森，然后开上 5 英里，回到邓迪，放下某位顾客购买的食品杂货，然后又回到本森。所有这一切都发生在战时实行汽油配额期间。我问他这么做的原因，他露出一副恶心的表情说："如果时间足够早，我们也许可以碰上她脱衣服。"

[①] 爱斯基摩人这一称呼是印第安人首先叫起来的，意为"吃生肉的人"，含贬义。——编者注

沃伦一开始搞不懂这个暗语指的是什么。"早上，他亲自把食品杂货送到房子里，而我则去搬那 24 个被退回商店的苏打水空瓶子。埃迪借送货之际，去那里色迷迷地偷看最漂亮的顾客考尔太太，想看她脱衣服。"考尔太太是克洛-安·考尔的母亲。当沃伦在那里搬空苏打水瓶子的时候，克洛-安没注意到他。"在百货店曾经工作过的人中，我可能是薪水最低的。除了知道自己不喜欢苦力活儿外，我什么都没学到。"

沃伦把他争取独立的家庭战斗带到了欧内斯特的周日晚餐桌上。自出生以来，他鄙视一切绿色的东西，除了钱。在意识观念之战中，花椰菜、抱子甘蓝、芦笋像步兵一样排列在他的餐盘里。沃伦在父母那里一般都能随心所欲，但是，欧内斯特可不会容忍沃伦的任性。艾丽斯试着哄劝她的侄子，欧内斯特却在餐桌的另一边怒瞪着沃伦，等啊，等啊，等沃伦把他盘子里的蔬菜吃完。"你坐在桌边用两个小时吃完芦笋，但最后总是他（祖父）胜出。"

不过，在其他大部分日子里，待在欧内斯特店里给了沃伦最大限度的自由。在仓库里，沃伦发现了多丽丝的 Schwinn 牌自行车，上面还有她的名字——这是欧内斯特送给多丽丝的礼物，当他们去华盛顿的时候，这辆自行车被留在了奥马哈。沃伦说："你知道，那个时候，一辆自行车可是一件相当珍贵的礼物。"他开始骑多丽丝的自行车。一段时间之后，沃伦把自行车卖了，用来支付男孩骑的自行车的首付款。[25] 没有人对此说什么，沃伦拥有这种"光环"。

欧内斯特以他的方式宠溺着沃伦。夜里，沃伦和欧内斯特带着"虔诚和崇敬之心"，一起收听欧内斯特最喜欢的电台主持人小福尔顿·刘易斯的节目，这位主持人经常详细阐述一个主题，即美国不应该卷入国外的战争。欧内斯特对此非常认同。

在小福尔顿·刘易斯为他的保守能量充电之后，欧内斯特会整理自己对正在撰写的畅销书的最新想法。他决定把书名叫作《如何经营杂货店和我从钓鱼中学到的知识》，因为他认为这两件事是"人类确实需要关心的两大主题"。[26]

夜里、下午晚些时候或者傍晚,我会坐在那里,我的祖父口述,由我书写。我把内容都记在旧账本的背面,因为我们从来不浪费店里的任何东西。祖父认为这是一本全国人民都在期盼的书。我的意思是,他认为写其他的书完全没有意义,比如《飘》或任何类别的书。对所有人而言,在读《如何经营杂货店和我从钓鱼中学到的知识》这本书的时候,他们为何会想去看《飘》呢?[27]

沃伦喜欢这本书的全部,或者说是几乎全部。他非常高兴能够回到奥马哈,和他的祖父、姨妈、姑姑、朋友们重聚,以至于有一段时间,他几乎完全把华盛顿抛到了脑后。

几个月后,沃伦家的其他成员开了三天车到内布拉斯加过夏天,住进了租的一栋房子。他们的手头有点儿变紧了。之前,屠宰场只是霍华德一部分选民的安家之所。不过,每当风从南部吹来,那股浓烈的臭味也穿过城镇。这时,所有的奥马哈人都知道——这是钱的味道。霍华德如今已经买下了南奥马哈饲料公司,以改善他众议员低工资的现状。沃伦去这家公司为他父亲工作。

南奥马哈饲料公司是一个巨大的仓库,看上去有几百英尺那么长,没有空调。我的工作是把50磅重的动物饲料包从货运汽车上搬进仓库。货运汽车里堆满了饲料包,你无法想象货运汽车有多大。真的是一个大家伙!有个叫弗兰基·齐克的家伙轻松地把这些东西搬来搬去,像个举重运动员。我穿着一件短袖衬衣,因为天气非常热。我吃力地用手抓住这些饲料包,拖着它们走。到中午的时候,我的胳膊都现出了血痕。这个活儿大概会持续三个小时,然后,我才步行到车站,坐车回家。体力活儿是笨蛋干的工作。

夏天结束之前,巴菲特一家去奥科博吉湖度了一次短假。当他们离开的时候,多丽丝发现沃伦卖掉了她的自行车。但是,因为家里处事不公,沃伦再一次不用承担任何后果。实际情况是,当夏天结束的时候,沃伦的父母强迫闷闷不乐、一脸严肃的沃伦坐火车回华盛顿，而他用"赃款"给自己买的那辆新车也一起带回去了。多丽丝对此怒不可遏。不过，偷卖多丽丝的自行车只是一个标志性开始，沃伦的所作所为迫使父母最终采取了强制措施。

回到华盛顿，巴菲特一家搬进了Fitchous，这是一栋很漂亮的殖民风格的两层白色建筑，位于华盛顿春谷郊区，院子里有一棵合欢树，从马萨诸塞大街右转即到。春谷是一个建于1930年的限制性社区①，供"社会名流和政界要人"居住。[28] 建筑风格包括石制都铎式建筑，以及和巴菲特家房子一样的两层殖民风格的房屋。利拉在房子上花了17 500美元，包括添置家具的费用。沃伦住的是前卧室。邻居家里有几个男孩，都比沃伦年纪大。街对面住着基威尼一家。13岁的沃伦喜欢上了基威尼夫人——在当时沃伦的眼中，她是最具母性的中年女性。他说："我对她非常着迷。"

整个社区很国际化的感觉，里面住满了外交家。战时海军的女性成员组织志愿紧急服役妇女队[29]的总部就在美国大学哥特式风格校园附近。巴菲特一家开始调整自己，以适应华盛顿的战时生活，这里和奥马哈天差地别。大萧条结束，这个国家最终变得繁荣昌盛，但是因为战时的配额制，钱越来越没用。每天的生活都用记分点和配给票来衡量：每月48蓝点购买罐装食品，每月64红点购买易腐食品，配给票用来买肉、鞋、黄油、糖和袜子。没有配给票，再多的钱也买不到肉，只有鸡肉无须配给。黄油实行配给供应，而且供应不足，因此，每个人都学会把黄色的食物色素塞到无味的白色代黄油食品中。所有人都买不到新车，因为制造汽车及零配件的所有工厂都改为生产国防用品了。要想开车出去旅行一趟，你得集中全家的汽油供给票。爆胎会是一个大麻烦，因为汽车轮胎是当时配给最紧张的商品之一。

每天早上，霍华德坐公车沿着威斯康星大道走到头儿，到达乔治敦

---

① 所谓限制，是指不允许犹太人购买这里的房子。——译者注

的M大街，然后转弯沿着宾夕法尼亚大道走，他在行政办公大楼附近下车，再步行到办公室。政府和外交机构膨胀，大街上到处是身着各色服装的人，包括大批的文职人员以及穿制服的军人。

黑人女性一身做礼拜时的穿戴，一次又一次在美国国会大厦前举行示威活动，抗议南方地区滥用私刑。负责空袭警报事务的民防队员在社区街道巡视，检查所有房子是否都装有不透明的遮光窗帘。每个月有一两次，巴菲特家会被要求到地下室，关闭所有的灯，进行强制性的停电演习。

利拉从来到华盛顿的那天开始就不喜欢这里。她很想念奥马哈，也感到很孤独。霍华德完全埋头于他的新工作，和妻儿的距离越来越远。整个白天，他都在办公室工作，到了晚上，又看美国国会会议记录和立法材料。他的星期六都耗在办公室，还经常在星期日下午做完礼拜后，又回到办公室。

多丽丝现在就读于伍德罗·威尔逊高中，在这里，她又一次成为受欢迎的热门人物。伯蒂也在街坊四邻里找到一群和自己合得来的女孩，很轻松地和她们交上了朋友。沃伦的经历和他的姐妹们完全不同。他在艾丽斯·迪尔初级中学上学，[30] 这所学校位于华盛顿的最高点，可以俯视春谷、校后山谷里的黑人学校以及城市的其他地方。

沃伦所在班级的同学很多都是外交官的子女，是一个不同于以往的集体，比沃伦和他如今失去联系的罗斯希尔的朋友都要优雅。一开始，沃伦很难交到朋友。他去参加篮球和橄榄球比赛，但是因为他戴着眼镜，在身体接触性体育活动中又缩手缩脚，结果都不成功。

我离开了我的朋友，又交不到新朋友。我对新班级毫不熟悉。我根本没有自信。我在运动方面并不差劲，但也不出色，因此就拿不到入场券。多丽丝和伯蒂都是漂亮女孩，引人注目，她们做得很棒。长相漂亮的女孩不存在麻烦，因为全世界都会来适应她。因此，她们适应得都比我好，而且好得多了。这也让我有点儿心烦。

他的成绩一开始是C和B，之后提高到A，除了英文。"我的大部分成绩和我对老师的态度有关。我讨厌我的英文老师奥尔文小姐。[31] 音乐课的成绩一直以来就是C。"音乐老师鲍姆小姐是学校里长得最好看的老师。绝大部分男孩都喜欢她，但沃伦和鲍姆小姐相处真的很难，因为她在成绩单上写道，沃伦在合作、礼貌和自立方面还需提高。

我是班里年纪最小的学生。我喜欢女孩，不会躲着她们，但是我没什么自信。女孩子们在社交方面都比我成熟。当我离开奥马哈的时候，我们班里还没有人跳舞。而当我搬到华盛顿的时候，班里的人都已经跳了一两年的舞。因此，实际上，我根本赶不上。

沃伦12岁时候的举家搬迁剥夺了他一段重要的经历：艾迪·福格的舞蹈课。在奥马哈，每逢周五晚上，在美国退伍军人协会的礼堂里，一位矮个儿、胖胖的中年女士艾迪·福格，让男孩女孩们按高矮次序排好队，然后让他们结对儿。男孩打着领结，女孩穿着束腰衬架裙。他们会练习狐步舞，跳华尔兹。在公众场合与年轻女士相处时，男孩子要学习如何当一名"绅士"，并努力用文雅的寒暄打破沉默的僵局。他要牵起女孩的手，学会揽着她的腰，感觉她那和自己贴近的脸蛋。当两人和谐地移动舞步的时候，男孩第一次感受到想领着舞伴跳舞的愿望，并体会到其中的乐趣。通过很多次无伤大雅而又共同分享的窘迫和成功，男孩女孩最终唤醒了彼此的亲密感。沃伦此时感到毫无把握，自己被甩到了后面，在一群成长中的小伙子中，他是一个孩子。

沃伦的同班同学注意到，他对人友好，但是似乎很害羞，尤其是在女孩旁边。[32] 沃伦在8月出生，而且在罗斯希尔学校还跳了半级，因此，他比大部分同学都要小一岁。"我的处境一片混乱，那个时候，我和女孩相处非常笨拙，在一般的社交方面也如此。不过，和大人们打交道，我就做得很好。"

巴菲特家搬到春谷后不久，霍华德的朋友埃德·米勒——大人们中的一员——从奥马哈打来电话，他想和沃伦说话。

"沃伦，"他说，"我这边的情况非常糟。董事会让我清理掉华盛顿哥伦比亚特区的仓库。这对我来说真是一件麻烦事。我们有好几百磅、成箱成箱的发霉玉米片和Barbecubes牌的狗粮。我现在的处境真是糟糕透了。我离华盛顿有1 200英里远，你是我在华盛顿商贸领域唯一的熟人。"

然后，他说："我知道我能依靠你。实际上，我已经让我们仓库的人把那些玉米片和狗粮送到你的住所。无论你卖什么价，给我一半，剩下的归你。"

就这么一下子，这些大卡车开了过来，把东西装满了我们的车库、地下室和所有可以放东西的地方，最后我父亲都没法把车停进来了，什么东西都放不下了。

现在，这些东西是我的了。

嗯，你知道，我只要试着找出谁会需要这些东西，就能把它们卖出去。显然，养狗者需要狗粮。玉米片已经不能供人食用，因此，我想有些动物也许可以吃。我把玉米片卖给了一些养家禽的人。卖这些东西，我大概赚了100美元。[33]当我把50美元寄给米勒先生时，他回信说："你保住了我的工作。"

在奥马哈有一些特别好的人。当我还是个小孩子的时候，我总是喜欢和大人们在一起，一贯如此。我会步行到教堂或者其他什么地方，之后，我就会去四处串门。

我父亲的一些朋友也特别好。他们在教区里讲《圣经》和不同的课，下课后也会来家里打桥牌。这些人对我非常好，很喜欢我，叫我"沃伦尼"。我从图书馆里借书，学习打乒乓球。他们知道我喜欢在地下室和他们一起玩，会带上我。

在奥马哈，我想做的事情都能实现。我在那里有一个很好的定位。

当我们搬到华盛顿后，乒乓球台没有了，小号不吹了，童子军的各项活动也没了，所有的一切都结束了。

然后，我就抓狂了。

不过，我并不明白该怎么引导我的生活方向。我只是明白，与父亲参选获胜以前我所享受到的生活乐趣相比，在这里我的乐趣少掉了一大部分。

父亲带沃伦参加了几场国会会议，之后，沃伦决定去国会当差[①]，不过，霍华德的职位还帮不上他。沃伦在切维-切斯俱乐部得到了一份球童的工作，不过，他再一次发现体力活儿不适合他。"母亲在我的衬衣里面缝上毛巾，因为我得背着很重的包到处走。有时候，打高尔夫球的人——主要是女士会心疼我，亲自背自己的东西。"他需要一份更适合他的技能和天赋的工作。

几乎从一出生开始，和巴菲特家的其他成员一样，新闻就是沃伦的生活中不可或缺的一部分，如同空气。他喜欢听新闻，而现在他进入了新闻发行行业，并发现自己很喜欢这一行。他自己找到了《华盛顿邮报》和《时代先驱报》的送报工作，其中一条路线送《华盛顿邮报》，两条路线送《时代先驱报》。《时代先驱报》的老板是茜茜·帕特森，是《芝加哥论坛报》出版商罗伯特·麦考密克的表亲。该报迎合右翼口味，憎恶罗斯福，几乎令总统夜不能寐，担心报纸第二天的内容。茜茜·帕特森和尤金·迈耶不和，尤金·迈耶是一位金融家，《华盛顿邮报》为他所有，报纸的每行字都支持罗斯福。

沃伦开始在春谷送报纸，范围在家的附近。"第一年，房子都隔得太远，我不是特别喜欢这样。你每天都得送，包括圣诞节。在圣诞节早上，全家都必须等到我送完报纸。我生病的时候，母亲就帮我送，但钱还是归我。我房间里有很多罐子，里面都是50美分和25美分的钱币。"[34] 之后，他又增加了一条下午的送报路线。

《明星晚报》属于华盛顿一个贵族家庭，是当时镇上的主流报纸。

每当下午，他就骑着自行车在大街上跑，从大大的车前兜里抓起报纸，然后扔出去。在快送完的地方，他得给自己壮胆。"塞奇威克家有一条凶狗。"

我喜欢一个人干活儿，这样我可以把时间用来想那些我想要思考的

[①] 1839年开始，美国国会在全国范围内雇用高中生传送公文，做行政方面的工作，竞争很激烈。——译者注

事情。华盛顿一开始让我觉得心烦意乱,但我一直待在自己的世界里。我可以坐在房间里想事,或者可以骑着车到处走,一边送报纸一边思考。

他脑子里琢磨的想法都是惹人发火的事。当他在艾丽斯·迪尔初级中学读书的时候,他的时间都用来把这些想法付诸实施。艾丽斯·迪尔初级中学的校长伯蒂·巴克斯叫得出每个学生的名字,对此她颇为自得。很快,她因为某个特别的原因而知道了沃伦·巴菲特。

到艾丽斯·迪尔初级中学的时候,我已经落后了。之后,我和别人的差距更大了。我对这个环境感到不满,心里窝火。我做无数的白日梦,总在画一些图表——我会把股票走势图带到学校,对课堂上的东西从不上心。之后,我和约翰·麦克雷、罗杰·贝尔交上了朋友。然后,我就成了一个搞破坏的捣乱分子。

沃伦孩童时讨人喜欢的个性几乎消失得无影无踪。在某次课堂上,沃伦说动约翰·麦克雷和他一起下象棋,而老师正在讲话,这就够让人讨厌了。在另一堂课上,沃伦切开一个高尔夫球,把某种液体倒入半个球中,然后喷到教室的天花板上。

男孩子们都开始打高尔夫球了。约翰·麦克雷的父亲在翠加隆俱乐部管理高尔夫球场,这个球场很有名,位于华盛顿市区,属于马乔里·梅里韦瑟·波斯特和她的丈夫约瑟夫·戴维斯,戴维斯当时是美国驻苏联大使。这一家有几十个用人,但主人们几乎从不在家,因此男孩子们都会跑过去,在9洞的高尔夫球场上打球。接着,沃伦说服罗杰和约翰跟他一起跑到宾夕法尼亚州的赫希,他们想去那里的一家著名高尔夫球场当球童。[35]

我们在路上搭便车。在成功地走了150英里左右之后,我们到了赫希,停在一家酒店前。而我们犯了一个错误,那就是跟侍者吹嘘自己。

第二天一早,当我们下楼的时候,有一个身材高大的高速公路巡逻警官在等着我们,他把我们带到了高速公路巡视中心。

我们只好开始撒谎,说已经得到了父母的同意。有一部电传打字机一直在发送各种警报。我坐在那里想,很快就会有来自华盛顿哥伦比亚特区的警报,这个家伙就会知道我们在撒谎。我只想离开那里。

不知为何,他们的谎话很具说服力,巡警放了他们。[36] "我们开始步行前往葛底斯堡之类的地方。我们运气不好,没有搭到便车。后来一辆卡车停下来,我们三个全塞到了驾驶室里。"他们当时吓坏了,只想回家。"卡车司机停在巴尔的摩吃饭,把我们分到了其他的卡车上。天色变暗,我们觉得我们没法活着离开了,但是他们把我们分别带回了华盛顿。罗杰·贝尔的母亲因为这事生病住院了。这让我感到非常内疚,因为是我怂恿罗杰干这事的。我正在变成一个不折不扣的问题少年。"

那个时候,他还交了另一个朋友卢·巴蒂斯顿。不过,正像在奥马哈一样,他跟卢与罗杰、约翰分开交往。与此同时,沃伦的成绩比以往更差了,跌落到C和D,甚至D——英文、历史、美术、音乐——甚至连数学都得了C。[37] "其中还包括一些预期我会得到好成绩的课程。"沃伦的老师发现他很固执、粗鲁和懒惰。[38] 有一些老师给了沃伦双黑叉,这表示特别差。这在当时真是有点儿不像话。那个年代,孩子们都会按照老师说的做。"我的情况很快变坏,我的父母绝望了。"

他只在一门课上表现优异,那就是打字。华盛顿正在打一场笔头战,打字被认为是一项很重要的技能。

在艾丽斯·迪尔初级中学的打字课上,字键上会有黑色的覆盖物,这样学生就不得不学着盲打。[39] 打字需要记忆力强、手眼协调性好。沃伦在两方面都很有天分。

我好像每个学期都在打字。我们每人都有手动打字机。你合上打字机,自然会听到"叮"的一声。

我是至今为止班里打字最好的一个,班里当时有20多个人。进行打字测试的时候,我总会第一个完成。这样当我合上打字机的时候,其他所有人都会停下来,因为当他们听到"叮"一声的时候,他们才刚刚开始。然后,他们就开始慌乱,想要更快些。就这样,我在打字课上能获得极大的乐趣。

沃伦把同样强烈的能量用到了他的三条送报线路上。他喜欢送报纸,仿佛他出生时手指就带着油墨。后来,卢说,"沃伦说服负责路线分派的经理——此人和沃伦性情相仿——把威彻斯特分给他",威彻斯特属于高档的邓雷镇[①]地区。沃伦成功了。威彻斯特属于成年送报人通常负责的区域。

这是一个绝好的机会。上流阶层的威彻斯特为荷兰的薇赫明娜女王所有。[40] 这条路线上有 6 位美国参议员,还有上校和高级法院的法官,都是大人物。这里还有奥维塔·卡尔普·霍比,以及物价管理局办公室的负责人里奥·汉德森。霍比太太来自得克萨斯州一个著名的出版世家,她到华盛顿来负责指挥陆军妇女军团。

"就这样,我一下就有了这笔大业务,当时可能也就是十三四岁的样子。我一开始只是在威彻斯特送《华盛顿邮报》。当我在威彻斯特送报的时候,就不得不放弃早上的其他送报路线,心里感到很难过。"沃伦和《时代先驱报》的经理关系发展得不错。"当我告诉他,我有机会在威彻斯特送《华盛顿邮报》的时候,这表示我得放弃春谷路线……他对我很好,不过,那时候真的是让人觉得有点儿伤心。"

到这个时候,沃伦认为自己已经是一个熟练的送报员了,不过他还要应对一个复杂的逻辑挑战。威彻斯特包括了 5 幢建筑,面积达 27.5 英亩。5 幢建筑中有 4 幢相邻,有 1 幢独立成户。送报区域包括了两栋以上公寓楼,要穿过教堂大街,还有马林大街和沃里克大街。同时,沃伦还要把报送到威斯康星大道那边的一小片独家住宅。

我周日开始在威彻斯特送报,他们给了我一个本子,上面写着人名和他们的门牌号。没有培训期,册子也没事先给我。

[①] 邓雷镇是华盛顿西北部的一个高档居住区域,是华盛顿海拔最高处。——译者注

他穿上网球鞋，掏出公车通票——每天花3美分，睡眼惺忪地坐上华盛顿运输公司的公车，连早饭也来不及吃。

我在凌晨4点半到了那里。成包成捆的报纸放在那儿，我不知道究竟该怎么做。我不懂那些数字序列，什么都不知道。我坐在那里好几个小时，分类、捆扎报纸。

整件事就是一个灾难。我想，我究竟干了些什么？直到上午11点钟，事情才做完。

但是，我很努力，情况开始好转，我的速度加快了，活儿变得很轻松。

每天清晨，沃伦跑出门，搭上首班N2路公车，前往教堂大街3900号的威彻斯特。他的公车通票号码经常是001号——每周第一个买通票的人。[41] 如果他晚了一点点，司机都会习惯性地等等他。他会跳下车，跑过几个街区到威彻斯特。

沃伦找到了最有效率的送报路线，把本属无聊的重复性工作——每天递送几百份报纸——变成自己和自己的竞赛。

你看，在那段时间，报纸会比以前薄一点点，因为新闻用纸实行配给供应。36页的报纸，版面、厚度正合适。我拿着一捆报纸站在门廊的一端，抽出一份，把它展平，然后卷成圆筒形。接着，我会在腿上拍打拍打报纸，用手腕把报纸旋个圈，让它沿着门廊滑行。我可以让报纸滑出50英尺，甚至是100英尺。这有点儿考验技术，因为公寓的门离门廊的距离不一样。我一开始会先滑距离最远的。不过，这个手法可以让报纸停在离门只有几英寸的地方。有时，门口还有牛奶瓶，这就让事情更有趣了。

他同时还向送报客户推销台历，并发展出另一项副业。他让所有的客户拿出旧杂志，[42] 然后，检查杂志上的标签，通过查询从摩尔–科特雷尔——雇用他做杂志销售代理的一家很有实力的出版社——拿到的代码书，找到杂志订阅的到期时间。沃伦把订户资料整理成卡片，在杂志订阅到期后，他会上门拜访，向他们推销新的杂志。[43]

在战时，因为威彻斯特的人口流动性特别大，所以，沃伦最害怕的事就是顾客走人了，却没有付钱，这样报纸的订阅成本就得由他承担。在一些人出现这种情况之后，沃伦开始给电梯小姐小费，好让他知道订户什么时候会搬走。后来，傲慢的奥维塔·卡尔普·霍比也拖欠订报费了。沃伦想，因为她自己也有一份报纸《休斯敦邮报》，所以她应该更理解送报员。但是，沃伦开始担心她也会"逃费"。

"我每个月都支付客户的订报费，一直都很准时，也一直坚持上门送报。我有责任心，还因为提供了完美的送报服务而被赠予了战时公债。我不想让顾客的应付款越积越多。我对奥维塔·卡尔普·霍比用尽了各种法子——包括给她留纸条——最后只能在早上6点去敲她家的门，以在她走掉之前找到她。"沃伦在其他方面很害羞，但涉及钱的时候，他从不羞怯。当霍比太太开门的时候，"我给了她一个信封，这样她就不得不付我钱了"。

放学后，沃伦坐公车回到春谷，然后跳上自行车去送《明星晚报》。到了冬天，雨天的下午，沃伦有时会暂停送报，去朋友家。他总是穿着磨损的帆布运动鞋，鞋上全是洞洞，水会因此浸到他的脚踝。身上穿的特大号格子衬衣被浸得湿透了，皮肤因为寒冷而满是鸡皮疙瘩。不知为什么，他好像从来不穿外套。泛着母性的任何女士都会微笑着摇摇头，一脸怜惜地让沃伦穿上暖和的衣服，为他擦干雨水，让沃伦沐浴在温暖之中。[44]

1944年底，沃伦填报了他的第一笔所得税——7美元。为了把税金降低到7美元，他把腕表和自行车作为业务支出费用加以扣除。他知道这么做是很有问题的，但是在当时，他没有其他省事的办法可以达到自己的目的。

14岁的时候，他已经完成了他最喜欢的书《赚1 000美元的1 000招》提出的第一步。他现在的储蓄总额大概是1 000美元。他对这个成绩感到非常自豪。到那时为止，在赚钱方面，他做得很出色。他知道，保持领先位置是通向目标的途径。

10
犯罪行为实录

华盛顿哥伦比亚特区　1943—1945年

成绩差、逃漏税金和离家出走，这是沃伦在初中最小的麻烦事。他的父母并不知道这些，不知道自己的儿子正迈向犯罪。

嗯，当我搬到华盛顿之后，上八九年级的时候，我很抵触社会，不喜欢社交。我遇到行为不良的人，和他们一起聊天，做了我不应该做的事。我只是一味地做叛逆之事。我很不开心。

一开始是搞学校男孩子都搞的小恶作剧。

我喜欢印刷车间。我过去在打字课上计算字母和数字出现的频率，这是我一个人能做的事。你知道，我可以装配好打字机之类的东西。我喜欢打各种各样的东西。

我虚构了一个头衔：全美戒酒联盟主席，牧师保罗。我以这个头衔给人们写信，信上说我多年来在全国到处演讲关于酒的危害。在去往各处的时候，我的年轻助手哈罗德总陪着我。从哈罗德的身上，大家可以看到酒对人的危害。他会站在讲台上，拿着一品脱酒，流着口水，无法理解喝酒对自己有什么影响，非常可怜。接着，我会说，不幸的是，年轻的哈罗德上周去世了，我们都认识的一位朋友建议说你也许可以代替他的位置。[1]

沃伦相处得最舒心的朋友支持和鼓励了他的叛逆、冲动行为。他和几个新朋友，唐·丹利和查理·特龙，喜欢在新开的西尔斯商店外转悠。这家商店在邓雷环岛附近——内布拉斯加大道和威斯康星大道交叉口——是一座令人大开眼界的现代建筑，位于邓雷镇中心，而邓雷镇是华盛顿第二大古老的生活区。在西尔斯商店起伏的金属房顶上，"西尔斯"的字母和成人一般高，它的房顶比人行道要高出好几层楼。[2] 在房顶上的西尔斯招牌后面，隐藏着一大新奇之物：一个开放的停车场。这个地方很快就成了高中生停车和约会的场所，同时也成了所有初中孩子逗留玩耍的地方。午饭时间，或者每个周六，沃伦和朋友们坐H2路公交车到这里。

大部分孩子都很喜欢西尔斯安装在商店底层的黑色小型午餐台，它的传送带全天都在向外传送着炸面包圈，非常吸引人。不过，沃伦、唐和查理喜欢街对面的伍尔沃斯零售店，即便警察局就在对面的拐角处。伍尔沃斯位于西尔斯的斜对角。他们可以在那里吃午饭，并透过玻璃观看外面的热闹场景。

吃完汉堡后，几个男孩沿着楼梯走到西尔斯的地下楼层，经过午餐台，径直走到体育用品区。

我们只在隐蔽的地方偷东西，偷的都是自己用不着的东西。我们偷高尔夫球包和高尔夫球棒。我走出体育用品所在的楼层，从楼梯走上街道，手里拿着一个高尔夫球包和几根高尔夫球杆。球杆是偷的，包也是偷的。我偷了好几百个高尔夫球。

他们把自己的偷窃行为称为"顺"（"顺手牵羊"之意）。

我不知道为什么我们没有被抓住。我们不可能毫无破绽。即便成年人在做坏事的时候看起来也不是一脸无辜样。[3]

我把高尔夫球拿回家，装满了抽屉里的橙色袋子。西尔斯一把球摆放出来，我就去"顺"。我并不需要这些球，真的。我当时不卖球了。很难想出在抽屉里放这么多高尔夫球的原因所在，橙色袋子变得越来越鼓。我应该已经把偷的东西分处放置了。但是，我在父母面前还是编造了一个疯狂的故事——不过，我知道他们不相信我——我告诉他们，我有个朋友，他父亲过世了，他一直想找到更多他父亲曾买过的高尔夫球。就这事来说，谁知道我父母晚上都交谈了些什么。[4]

巴菲特家的人吓坏了。沃伦是他们又聪明又有天赋的孩子，但在1944年底，他已经变成了学校的不良少年。

我的成绩让我不快。数学C，英文C、D、D，自立、勤奋、礼貌的评分都是X。我和老师的接触越少，成绩就越好。实际上，有一段时间，他们让我一个人待在一个房间里，在那里，他们有些强制性地给我上课，就像对待汉尼拔·莱克特一样。[5]

毕业典礼到来的时候，学生们都被告知要穿西装、打领带，但沃伦拒绝这么做，校长伯蒂·巴克斯对此觉得忍无可忍。

他们不让我从艾丽斯·迪尔毕业，因为我太捣蛋，而且不愿得体着装。这种行为问题很严重，也让人讨厌。我真的很叛逆。有些老师都认为我将成为一个一无是处的祸害。我为行为不良所写的检查刷新了学校的纪录，就是到了这种程度。

但是我的父亲没有放弃我，事实上，母亲也没有。有信任你的父母真的是很棒的一件事。

不过，到了1945年春，沃伦开始上高中的时候，家里也觉得受够了。到那个时候，要如何鼓励和激发沃伦已经不再是什么秘密。霍华德威胁要断绝他的收入来源。

一贯支持我的父亲说："我知道你的能力。我不是要求你做到百分之百,但是,你要么继续这么我行我素,要么就做一些和自己的潜能有关的事。不过,如果你依然我行我素,就必须放弃送报的活儿。"这对我造成很大的打击。父亲话音不高,只是想让我知道他对我感到失望。你知道,相比他告诉我不能做这个或那个,这可能更让我觉得难受。

11
"胖姬"不胖

华盛顿哥伦比亚特区　1944—1945年

沃伦给家庭生活造成的混乱无疑让他父亲本已艰难的新任众议员工作更加不轻松。在众议院议长萨姆·雷伯恩令人愉快的统领下,第78届国会成员彼此之间关系亲密。萨姆·雷伯恩是来自得克萨斯州的民主党人,他的办公室有5幅罗伯特·李①的画像,而且全都面朝着南方。对那些喜欢随声附和的典型众议员来说,雷伯恩管理的众议院就像一个家,这些人很会捞肥差,他们的生活就是去参加县城的集会,以及亲吻示好某些人,比如某人的老祖母、选美冠军,或是任何他能接触到的部长级人物。雷伯恩以狡猾的幕后选票操纵和强有力的辩才而为人所知。他还在下午办一个私人沙龙,用加冰威士忌来款待他最喜欢的人。

很自然,霍华德不属于这群人,除了因为他是一个共和党人之外,还因为他对愉快的理解就是每晚看国会会议档案。因此,他从来不靠近那种沙龙。不过,在其他很多方面,他倒是那个时代的典型众议员,来

---

① 罗伯特·李是美国南北战争中南方军队的将领,代表南方签署了投降条约。但他本人反对蓄奴制度,也反对美国分裂。——译者注

自小城市，毕业于州立大学，成绩中等，干社区政务出身，是中产阶级的中等家庭的扶轮社成员，不是乡村俱乐部的一分子，反对共产主义。

霍华德·巴菲特既没有加入其他同僚们的俱乐部活动，也没有顺着权力的梯子往上爬。很快，他就被认为是内布拉斯加州有史以来可能最不会吹捧人的众议员。他远离那些无聊、乏味的募捐和拉票活动，即使有那么多众议员一天到晚都在忙这些。而且，霍华德还公开声明，他那一票既不换钱，也不换物。他拒绝涨工资，因为选他出来的人就是因为他拿得少而投他的票。他四处走动，对作为一名众议员的额外好处惊讶不已——有补贴的餐厅，充斥着朋友、亲戚和情人名字的工资单，免费供应植物的花房，以批发价出售商品的"文具店"，"文具店"什么都卖，从领带到珠宝——霍华德对这一切感到震惊，把这一切都公之于众。

霍华德的一位朋友，共和党领袖罗伯特·塔夫脱，和他一样一直以来都秉持孤立主义。[1] 不过，孤立主义者不再进入众议院，他们或是离开或是退休。此外，因为战争尚未结束，政府财政处于赤字，霍华德痴迷于一个堂·吉诃德式的目标，那就是让美国重返金本位。美国在1933年放弃了金本位。从那时开始，财政部一直在随心所欲地印钞票，一开始为新政，之后为第二次世界大战提供资金。霍华德担心有一天美国会像20世纪30年代初的德国一样完蛋，当时，德国人都推着一手推车的钞票到街上去买一棵白菜——直接导致德国被迫倾其黄金储备支付第一次世界大战的战争赔款，[2] 由此产生的经济混乱局面是希特勒上台的主要原因之一。

霍华德确信政府会让整个国家破产，因此他在内布拉斯加买了一个农场。当其他人饿肚子的时候，家人可以把农场当作避难所。巴菲特家的人都非常不信任政府债券，甚至还开会讨论把储蓄债券作为生日礼物送人。9岁的小伯蒂觉得自己的父母想要以此来骗某个家伙，她问："但是，难道那个人不知道这些债券一钱不值吗？"[3]

霍华德的固执使他的立法无法开展。

他会在众议院的投票中失败，也许是412∶3，而我父亲就是那三个人中的一个。不过，结果影响不到霍华德，他不会因此生气，他的心态非常平和。但这会影响到我，而我失败的时候会发疯。我甚至都想不起曾看到过父亲消沉或者沮丧，他只是认为他尽全力了。他对国家未来发展的预期很悲观，但他不是一个悲观主义者。

霍华德一直高调坚守其原则的做法——而不是加入同盟，共同实现共和党的目标——阻碍了他与同事之间的关系发展，而且让家里人付出了代价。利拉很在乎自己是否合群，其他人的看法对她很重要。她同时也很要强。"为什么你行事就不能更灵活一点儿呢？"她说，"就像肯·维利那样？"肯·维利是刚刚入选参议院的内布拉斯加参议员，爬升得很快。霍华德什么也没捞到。"我们对他有信心，"多丽丝说，"但是看着他一直失败，让人很难受。"这还是有保留的说法。巴菲特家的所有人都很崇拜霍华德的坚韧和刚毅，是父亲教会他们正直。但是，每个孩子都以自己的方式理解父亲的教导，并产生了适应家族独立精神的想法，这种独立不知因为何故，在一定意义上已经被减弱或被抵消了。

霍华德在政党中的"孤狼"立场加重了利拉急躁、易怒的情绪。她仍然对华盛顿的生活感到很痛苦，她想要复制出奥马哈的生活，闲暇时间都和内布拉斯加议员的太太们待在一块儿。但是，空闲时间有限，因为她现在已经不雇用清洁女工了。她感到自己被欺骗了，说："我放弃所有，嫁给了霍华德。"[4]然后，还把自己这方面的悲痛添加进她的故事，讲述自己和霍华德如何为他们不知感恩的子女们做出牺牲。但是，利拉宁愿包揽一切家事，也不愿教会孩子们，好让孩子们能帮上手，原因是"自己做更容易"。这种牺牲自我的感觉让她在很多时候对孩子们很生气，尤其是对多丽丝——多丽丝也有自己的环境适应问题。

虽然别人都认为她非常漂亮、抢眼，但多丽丝说自己从未这么认为。她想成为华盛顿那个老练、复杂的群体中的一员，但她没有把握，不知道对这群人来说自己是否足够优秀。多丽丝受邀去法国大使馆，参加玛格丽特·杜鲁门的生日聚会,她的名字还被加入成人登记册。同时,多丽丝开始计划和毕业的同学一起回到奥马哈,首次以阿克萨本公主(Ak-Sar-Ben,倒着拼写就是Nebraska,内布拉斯加)的身份登台亮相。沃伦对多丽丝的虚荣和做作大加嘲笑。

利拉是个顽强的奋斗者,非常在意外在的东西。她熟读每种关于温莎公爵夫人一言一行的记载——公爵夫人是一位身无分文的平民,被一位王子拯救。[5] 不过,和公爵夫人(其余生积聚了全世界最叹为观止的珠宝收藏)不同的是,利拉的雄心和骄傲被伪装成了对出风头、讲排场不自然的鄙视。利拉把自己的家庭描绘为一个典型的中西部中产阶级家庭,可以上《星期六晚邮报》的封面,而且还痛斥多丽丝在社交方面野心勃勃。

沃伦14岁,在从艾丽斯·迪尔初级中学毕业后,在1945年2月成了伍德罗·威尔逊高中的二年级学生。[6] 他想同时又"特别"又"普通"。和同班同学相比,沃伦远没那么成熟,因此,他的父母对他很关注,他们已经决心让他结束之前的混乱,有所改变。沃伦的送报工作还是他自立的经济来源,就如他现在所享有的人身自由一样。他在送报的时候也一直在读报。

我看报纸上的连环漫画和体育新闻,在每天早上送报之前也看报纸的股票版。我每天早上看漫画《莱尔·阿布纳》。我必须得知道莱尔·阿布纳每天都在做些什么。他吸引人的地方在于他让你自我感觉良好。你会看那些内容,然后想,"如果换成我多好……这个家伙这么迟钝"。另外,因为上面还有戴茜·梅尔,这个不可思议的女人就是喜欢他,总是在追他。而他却一直拒绝她,注意不到她。那段日子,每个精力充沛的美国男孩都在等待,等着戴茜·梅尔来找自己。

漫画女主人公戴茜·梅尔,来自阿巴拉契亚山一个叫多格帕切的小村庄,是一位勇敢大胆的金发美女,穿着露肩的圆点花衬衫,胸脯丰满。头脑简单、四肢发达的莱尔·阿布纳将其毕生的大部分时间都用来躲避戴茜·梅尔对他的追求。不过，他跑得越快，对戴茜的注意和渴望越是充耳不闻，对戴茜越是轻蔑地加以拒绝，戴茜就追得他越紧。虽然不乏有钱和有权的人向戴茜求爱，但对戴茜·梅尔来说，世界上只有一个人，就是莱尔·阿布纳。[7]

除了让人觉得困惑和难以琢磨之外，莱尔·阿布纳唯一看得见的资产就是他的男性体格。迄今为止，沃伦过去和女孩交往的失败表明，如果他想要吸引像戴茜·梅尔这样的女孩，那他最好做些什么来增加自己的魅力。这下，沃伦产生了一个新的兴趣，这也顺便让他有了躲起来待在地下室的借口。在南奥马哈饲料公司的时候，弗兰奇·齐克能一次数小时不停地搬举50磅重的饲料包。沃伦设法让朋友卢·巴蒂斯顿也对此产生了兴趣，两人开始了一项举重训练计划。在当时，举重训练并不属于专业运动员的活动范畴，不过，这种训练有很多方面都让沃伦很喜欢：规律、测量、计数、重复，与自己竞争。在寻求训练技术的时候，沃伦发现了鲍勃·霍夫曼和他的杂志《力量与健康》。

霍夫曼想要通过《力量与健康》的积极宣传改变人们对举重的偏见。这本杂志的编辑、出版都由霍夫曼亲自完成，而且显而易见的是，大部分内容也是他自己撰写的。杂志的每一页几乎都有他的产品广告。"鲍勃叔叔"的专业知识、训练技巧，及其持续不断地营销自己的能力，非常引人注目。

他是大部分奥运选手的教练，是约克杠铃公司的头儿。而且他还出过两本书《强壮的臂膀》和《强壮的胸肌》。他一开始销售的器具是杠铃。如果你去当时的体育用品店，店里出售的都是约克杠铃。你可以买到各种不同重量级的杠铃。

沃伦买了一副哑铃、一副杠铃和一套杠铃片。杠铃片可以装在杠铃上，或从上面卸下来，沃伦用附带的小螺丝刀固定或拆卸杠铃片。他把这些东西都放在地下室，"总是在下面弄得叮叮当当的，我的父母对此感到很高兴"。

有时，沃伦会去基督教青年会，和其他年轻人一起举重。沃伦和卢对这一爱好很认真，他们非常关注"鲍勃叔叔"写的一切东西。霍夫曼懂得如何让训练与时俱进。每个人都知道凶残的日本士兵承受痛苦和折磨的能力，因此霍夫曼写明，举重训练的要点是与日本人作战。为了说明这点，他用了一张凶残的日本士兵的照片，照片上日本士兵从脚趾到头顶弯曲成弓状，在这个姿势下，胸部一挺举起水泥做的杠铃——他为了击败联军而训练。沃伦练习举重并不是为了打败日本人，或者想要战胜什么人。不过，"鲍勃叔叔"写的每句话和每个字都鼓励着他去挑战自己。

不过，当沃伦在地下室训练的时候，共和党人的日子可不好过。富兰克林·罗斯福已经打算参加第四任总统竞选，以保证民主党人在白宫再待上4年。在晚饭桌上，全家听着霍华德怒气冲冲地喋喋不休。之后，4月12日，罗斯福因脑溢血去世，他的副总统哈里·杜鲁门继任为总统。

罗斯福的去世令全国大多数人陷入深深的哀悼和悲痛中，而且还带着一丝担心和恐惧。美国加入第二次世界大战已经三年半了，如今失去了令国家感到安全的人。人们对杜鲁门的预期很低，他接手了罗斯福的内阁，但似乎没什么威望，以至于有些人认为他可能无法胜任总统的工作。不过，对巴菲特家的人来说，没有人比罗斯福更差、更糟。住在同街的一家人——男主人的父亲在加拿大大使馆工作——因为罗斯福过世而前来拜访他们的众议员邻居，以表示吊唁。不过，当他们来到巴菲特家的时候，多丽丝说："其实，我们正在庆祝呢。"[8]

对沃伦·巴菲特来说，罗斯福的逝世意味着又一条生财之道，报纸都出了特刊。当所有人都在悼念的时候，他在街角四处忙活，零售报纸。

一个月后，即1945年5月8日，在德国无条件投降之后，第二次世界大战欧战胜利日到来。各大报纸再一次出特刊，沃伦则照例回应、附和了父亲的政治信念。不过，这个时候，他只是顺便关注了一下大人们关心的事，因为他真正的兴趣是举重和鲍勃·霍夫曼。他大部分的空余时间都花在地下室。过了几周，学校放假了，他也坐不住了。他要去见他的偶像"鲍勃叔叔"。"我必须亲眼见见他。"

带着父母开心的祝福，沃伦和卢出发去宾夕法尼亚州的约克，中途搭了一段便车。[9]

鲍勃·霍夫曼在约克建起了这家制造杠铃的杠铃公司。这家公司不只是一个生产工厂，霍夫曼让整个奥运队伍都在那里训练。约翰·格里梅克是个大个儿的健美运动员。史蒂夫·斯坦科是当时世界挺举纪录保持者：381磅。不过，这是他进入超重量级别前的成绩。

从某种意义上讲，这次出行有些令人丧气。

在那段时间里，这些人的体格并没有以同样的方式变得强健。这里的人都是奥运冠军，但是他们很多人个头都很小，因为他们都是轻量级选手。如果是在工厂里穿着生产服，他们看起来就平淡无奇。看到这些，我的想法动摇了。

不过，从另一个角度看，这些外表普通的人激发了男孩们的志气，因为这表示自己也能获得健美的成功。男孩们想着自己成为男子汉，成为体格健壮的强人，就可以吸引女孩的目光。

当"鲍勃叔叔"说话的时候，就像是上帝在和我们对话。当你看着镜子中的自己，你可以看到三角肌、腹肌和背阔肌。你学习并了解到了所有的肌肉组织。

不过，《力量与健康》杂志上最具魅力的名人，除了"鲍勃叔叔"自己以外，不是约翰·格里梅克这位全世界最出色的健美运动员，而是一名女性。

《力量与健康》杂志里有很多女性。胖姬·斯托克顿（Pudgy Stockton）大概是唯一一个出名的人。我喜欢胖姬。她非常有魅力，我们在学校的时候谈论很多和她有关的话题。

这不只是轻描淡写的一说。沃伦和卢都被胖姬·斯托克顿迷住了。虽然她叫"胖姬"（Pudgy，有胖的意思），但她是一件人体艺术品。当她肌肉线条清晰的手臂将巨大的杠铃举过微风吹拂的头发，紧致的大腿肌肉毕现，身穿比基尼向圣莫尼卡海滩上的体格魁梧的男子和张口结舌的旁观者展现出纤细的腰部和坚挺的胸部。她身高只有 1.55 米，体重 115磅，但她可以把一个成年男子举到高过头顶，而完全无损其女性气质。作为世界上"第一流的女性体育专家"，她在洛杉矶管理着一个健身沙龙，并在《力量与健康》杂志的专栏上写道："在锻炼胸部、塑造身材曲线和减肥方面，杠铃运动有特别的效果。"[10]

"她的肌肉像蜜琪·嘉诺，胸部像索菲娅·罗兰。"卢·巴蒂斯顿说，"她非常出众。我必须承认，我们对她充满渴望和冲动。"

直到这个时候，戴茜·梅尔还是沃伦的梦中女孩。他总是在女性身上寻找戴茜·梅尔的特质。

不过，如果你有一个胖姬这样的女朋友，你并不十分清楚你要怎么办。[11] 两个男孩子看不懂"鲍勃关于成功、幸福婚姻指南"的内容，包括"婚前检查，如何对未婚妻进行婚前检查，以确定她是'处女之身'，还有如何求爱、人们结婚的理由以及做爱的非主流姿势等"。他们很好奇，什么是做爱的非主流姿势？对他们来说，即使是主流的姿势在很大程度上也是神秘未知的。《力量与健康》杂志背面的宣传是 20 世纪 40 年代最好的性教育了。"别担心，爸爸，我们会去地下室，再研究一下我们的体格训练。"

不过最后，沃伦对数字的兴趣还是占据了上风。

你看，你可以一直测量你的二头肌，看它们有没有从 13 英寸增大到 13.25 英寸。你总是在担心运动绷带有没有松之类的所有问题。不过，我从未像查尔斯·阿特拉斯锻炼前后的照片所显示的情形那样提高自己。我认为，经过几千次屈臂练习之后，我的二头肌会从 13 英寸变成 13.25 英寸。

《强壮的臂膀》这本书对我没太大的帮助。

12
地下卖场

华盛顿哥伦比亚特区　1945—1947 年

1945 年 8 月，在巴菲特一家回到奥马哈期间，美国在日本广岛和长崎投放了两颗原子弹。9 月 2 日，日本正式投降，战争结束了。美国人近乎疯狂地加以庆祝。不过，沃伦回忆，在投下原子弹之后，他迅速开始思考下几步棋怎么走。

我压根儿不懂物理。但是我知道，如果你在战争中率先使用原子弹，可以杀死几十万人。就像是我在漆黑的街道里撞到一个人，我有大炮，他握着手枪。如果他想扣动扳机，而我对使用大炮还存在道德上的内疚感，那么他会胜出。关于原子弹的爆炸，爱因斯坦说："这改变了全世界的一切，除了人类的思考方式。"原子弹如同安装了一根毁灭世界的引信。如今，它可能是一根很长的引信，也可能有很多种方式可以掐掉引信，但是，如果这个假设中的原子弹有很多条引信同时被点燃，与没有一条引信被点燃的情况相比，问题就变成了另外一回事。那时我只有 14 岁，不过，对我而言，将要发生和已经发生的事在很大程度上似乎完全是清清楚楚的。

几周之后，全家又回到了华盛顿，沃伦回到伍德罗·威尔逊高中完成十年级课程，此时他15岁，依然是个孩子，但也成了一名商人。他通过送报赚了很多钱，累计超过2 000美元。霍华德让儿子投资建材供应公司，回到奥马哈之后，霍华德与卡尔·福克在饲料公司旁边开了这家五金商店。[1]与此同时，在内布拉斯加瑟斯顿县的沃尔特希尔附近，[2]沃伦自己花1 200美元买了一个40英亩的农场。一位农户租下了这个农场，利润则共享——这正好是沃伦喜欢的一种安排，由其他人来做那些会让人大汗淋漓的无聊工作。沃伦开始在高中向人介绍自己是来自内布拉斯加的沃伦·巴菲特，在中西部拥有一处租赁给他人的农场。[3]

沃伦的思考方式像个商人，但他的样子可不像。他和高中同学相处得很不好。他长年累月地穿着同一双破破烂烂的运动鞋，在松松垮垮的裤子下面可以看到往下缩的袜子，细细的脖子和窄窄的肩膀缩在衬衫里面。如果被迫要穿皮鞋，他就会穿着扎眼的黄色或白色袜子，在那双被磨损的皮鞋外面露出一截。他似乎一直就坐不住。有时，他看起来很害羞，几乎是一派天真的样子。有时，他又说话尖刻、咄咄逼人。

多丽丝和沃伦如果在学校里面碰到，也会彼此视而不见。

多丽丝非常受欢迎，她觉得我特别丢人，因为我的穿着打扮实在可怕。有时，我的姐姐会帮助我参加社交活动，但是我基本都拒绝了。这不是她的错。我很痛苦地意识到，我不能在社交上适应这里的环境。我只是感到非常绝望。

沃伦面无表情和自以为是的做派掩盖了自己无能为力的内在感受，自离开奥马哈之后，这种感觉就让他非常难过。他迫不及待地想要融入大家，但仍然强烈地觉得自己是个外来者。

他说话"吞吞吐吐，犹犹豫豫"，同班同学诺尔玛·瑟斯顿（沃伦朋友唐·丹利的女朋友）说，"他仔细谨慎地遣词造句，从来不许下任何承诺。如果他认为有一天他会食言，无论多小的事都不会给出承诺"。[4]

很多同学都满怀激情地投入青春期的生活，参加各种联谊会，与异性花前月下,参加彼此在家里地下室举行的聚会——他们享受汽水、热狗和冰激凌。然后,当所有人搂着脖子亲吻的时候,把灯光调暗。沃伦没和人搂着亲吻,相反,他伸长了脖子好奇地观看。他和卢·巴蒂斯顿在周六晚上有一个固定的保留节目,那就是去吉米·雷克的戏院,一个当地的滑稽戏院。他们在那里和一名叫凯蒂·莱恩的舞蹈演员说笑调情。每当一名滑稽演员臀部着地、摔了个四脚朝天,或者是台上另一个喜剧演员开始闹场起哄的时候,沃伦都会大笑不已。[5] 沃伦花25美元买了一件20世纪20年代风格的浣熊毛皮大衣。他穿着这件衣服去吉米·雷克的戏院,门口的保镖说:"你们两个,不准到处胡闹。要么把大衣脱下来,要么别进去。"[6] 沃伦就会把大衣脱下来。

沃伦到西尔斯"顺"东西的行为有所改变:程度减弱,但还没有停手不干。他和丹利偶尔仍会去西尔斯偷东西。此外,当沃伦的老师告诉他,他们大部分的退休储蓄都买了AT&T(美国电话电报公司)的股票时,沃伦就跑去抛空了这只股票,然后把交易单给他们看,让他们心急火燎。"我就是那么让人讨厌。"[7]

沃伦出色的推理能力和自作聪明的倾向形成一种倔强而乖张的立场。不知何故,可能因为他是一名国会议员的儿子,他后来还在1946年1月3日参加过一档电台节目。哥伦比亚广播公司的《美国校园之音》节目在华盛顿新闻广播电台播出——这是属于《华盛顿邮报》旗下的一家本地电台。在那个周六的晚上,沃伦来到这个电台,和其他4个孩子一起围坐在麦克风周围,开始如"国会会议"那样辩论。

节目主持人给沃伦分配了一个任务,那就是增加辩论的激烈度。沃伦会确凿无疑地支持一些荒唐的观点——取消所得税,或者是吞并日本。"当他们想要有人扮演疯子的时候,"沃伦说,"我会主动要求干这事儿。"不过,当他很喜欢某个观点的时候,他机智的反驳、快速的抗辩以及总体表现出的执拗,让他很难得到同龄人的喜爱。

到现在为止,沃伦与人相处的努力产生了不同的结果。除了老师之外,他很讨大人的喜欢。他和同龄人的相处不自在,但却总能设法交到几个知心朋友。他竭尽全力地想要人们喜欢他，尤其是尽力避免对他进行人身攻击。他想要获得一套系统的方法。实际上，他有一套方法，不过他没有把方法的效果最大化。由于没有其他办法，他开始更努力地运用这套方法。

沃伦是在祖父的家里发现这套系统方法的。在祖父家里，沃伦以惊人的速度阅读了所有手边的读物，就跟他在家一样。他浏览卧室后面的书架，消化了《新杂货商》里提到的每一个问题，看完了所有的《内布拉斯加日报》——经他父亲整理过的报纸——而且还像一只棉铃象鼻虫一样看完了祖父欧内斯特15年来积累下来的《读者文摘》。书架上还有一系列的小型传记，其中很多都是关于商界领袖的。从小时候开始，沃伦就学习、了解到很多人的生活，譬如杰伊·库克、丹尼尔·德鲁、吉姆·菲斯克、康内留斯·范德比尔特、杰伊·古尔德、约翰·洛克菲勒和安德鲁·卡内基。有一些书他读了又读。在这当中，有本很特别的书——不是传记，是一个以前做过销售的人——戴尔·卡内基写的一本平装书。[8]这本书有个非常诱人的名字:《人性的弱点》。沃伦在八九岁的时候就发现这本书了。

沃伦明白自己需要赢得朋友，而且他也想影响他人。他打开书，第一页就勾住了他。卷首语是:"如果你想得到并增加你的财富，那就不要去捅马蜂窝。"[9]

挑剔、批评和非难无济于事，卡内基说。

原则第一条:不要批评、谴责或是抱怨。

这个观念吸引住了沃伦。对于批评这件事，他理解和体会得太清楚了。

卡内基说，批评让人们处于一种防御状态，会使他们竭力想要证明自己是对的。批评很危险，因为这会伤害到人们宝贵的自尊，以及他们觉得自己重要的情感，而且还会引起怨怼。卡内基提倡避免正面冲突。"人们不喜欢被批评。他们希望得到诚实和真诚的赞扬。"卡内基说，"我并不是在提倡阿谀奉承。奉承是不真诚的，而且带有自私心理。赞扬是真诚的，是发自内心的。人性最渴望的事就是'拥有重要性'。"[10]

卡内基一共提了 30 条原则。

每个人都想受到关注和被人欣赏，没人想要被批评。
英语中最甜美的声音就是说出一个人名字的声音。
说服人最好的方法就是避免争论。
发问，而不要直接发号施令。
让他人获得符合其预期的赞扬。
间接让他人注意到他们的错误，为他人保留脸面。
……

"我谈论的是一种全新的生活方式，"卡内基说，"我谈论的是一种全新的生活方式。"

沃伦的心被触动了，他想他找到了真理。这是一套系统方法。他在社交方面觉得自己缺陷很大，需要一套系统的规则向人们推销自己。这套方法一经学会，他就可以随意运用，而无须针对每一种变化的情形做出新的调整。

不过，他需要用数字来证明这套方法确实可行。如果他遵照戴尔·卡内基的规则，结果会发生什么，如果他不按照规则行事，又会出现什么结果？他决定对此进行统计分析。他试着关注他人，并给予赞扬，不再做招人反感的事或者发表反对意见。周围的人并不知道他正在脑子里默默地对他们进行实验。沃伦会观察人们的反应，并跟踪记录结果。结果是，他充满了喜悦，而且越来越高兴，他得到的数据证明：原则有效。

现在，他获得了一个体系，他拥有了一套原则。

卡内基还说，"不过，对你来说，仅仅看到这些原则是毫无裨益的。你得去实践它们。我谈论的是一种全新的生活方式"。

沃伦开始身体力行，从非常基本的事情做起。他发现，有一些原则他实践得很自然，但整套方法无法自动生效，而且做起来可不容易。"不要批评"听起来很简单，但是有很多方式是在批评人，你甚至都意识不到。你也很难不去炫耀，很难不表现出心烦意乱和不耐烦。承认自己有错有时很容易，但有时候非常困难。关注他人，并给予真诚的表扬也是难度最大的事情之一。有些人很多时间都沉浸在难过和痛苦当中，就像沃伦一样，发现很难把注意力放在别人身上，而不去在意自己。

不过，沃伦逐渐想明白，不听戴尔·卡内基的话行不通，初中的黑暗时光就是活生生的证据。当他开始在高中找到自己的立足之地时，继续在和他人的往来中实践这些规则。

大部分人看了戴尔·卡内基的书后，会惊叹卡内基说得真是有道理啊，然后，他们就把书搁置到一边，全然忘记。和这些人不同，沃伦非同一般地集中精神学习和运用这套东西。他时不时地复习这些想法，并不断加以应用。即使他遭遇失败，忘掉这事，或者长时间没有动用这套方法，他最后也会回过头重新开始练习。到了读高中的时候，他的朋友增加了几个，他还加入了伍德罗·威尔逊高尔夫球队。同时，如果不能做到受人欢迎，他就努力地让自己不要那么让人讨厌。戴尔·卡内基打磨了他天生的睿智头脑，而且最重要的是，强化了他的说服能力、他的推销天赋。

沃伦看起来热情认真，但也有顽皮的一面。他性情平和，可以让人感到愉快，但又有种无法言说的孤单感。毫无疑问，他赚钱的热情占据了他大部分的空闲时间，使他成为伍德罗·威尔逊高中一个独特的人。

高中里的其他同学都不是商人。仅仅是每天几小时投递报纸，沃伦每个月就能赚175美元，比他的老师赚得还多。在1946年，一名全职工作的成年人如果年薪能拿到3 000美元，那他就会觉得很棒了。[11]沃伦把他的钱放在家里的衣柜里，除了他谁都不能碰。"有一天，我在家，"卢·巴蒂斯顿说，"他打开抽屉，对我说'这是我一直以来存下的钱'。他有700美元，都是小额纸币。我告诉你，那可是一大摞啊。"[12]

沃伦开始做几项新买卖。巴菲特高尔夫球店零售二手高尔夫球，6美元12个。[13]他从芝加哥一个叫维特克的人那里进货。"这些球质量上乘，真的是很好的高尔夫球，Titleist、Spalding Dots和Maxflis牌的都有。我的进价是12个3.5美元。它们看起来像是全新的。维特克可能和我们一开始的做法一样,是从水障碍里捞出来的球,只不过,他处理得更好。"学校里没人知道维特克,即便是沃伦的家里人也没意识到,沃伦和唐·丹利卖的球是买来的二手球。伍德罗·威尔逊高尔夫球队的成员认为是沃伦从水障碍里捞的球。[14]

"巴菲特邮票公司"向内布拉斯加州以外的地区出售值得收藏的成套邮票。"巴菲特光亮公司"则从事汽车护理上光业务,沃伦和卢·巴蒂斯顿在卢的父亲的二手车停放地经营这项业务。后来,他们放弃了这项生意,因为这事都是体力劳动,而且工作量大得吓人。[15]

沃伦满17岁了,并升到了高年级。有一天,他跑去告诉唐·丹利一个新想法。这个主意和称重器——《赚1 000美元的1 000招》里的主意一样具有指数成长特点,买一台称重器可以赚钱,多买就多赚。"我用25美元买了一台旧的投币弹子机,"沃伦说,"我们可以合伙,你负责修理机器。[16]听着,我们去告诉理发师弗兰克·埃里克,'我们是威尔逊投币弹子机公司的代表,威尔逊先生让我们向你提个建议。你不会冒任何风险,埃里克先生,我们把这台投币弹子机放在理发店的后面,当你的顾客在等待的时候他们可以玩儿这个,利润我们平分'。"[17]

丹利对这一想法跃跃欲试。虽然在此之前,没有人在理发店放过弹子机,但他们还是把这个建议告诉了埃里克先生,而埃里克先生被说动了。两个男孩把弹子机拆卸下来,放进丹利父亲的车里,运到埃里克先生的理发店,再把它装好。他俩对这事有足够的信心。当弹子机放置好的第一个晚上,沃伦和丹利来到理发店后面查看情况,"哗!"沃伦说——总共有4美元的镍币被投进了机器。埃里克先生也很高兴,弹子机被留下来了。[18]

一周之后,沃伦把弹子机里的钱全都取出来,分成两堆。"埃里克先生,"他说,"我们就不要那么麻烦地你一个、我一个地分了,你拿走你想要的那堆吧。"[19]在埃里克先生拿走桌子上靠近自己的那堆钱后,沃伦数了数另一堆,一共有25美元。这足够再买一台弹子机了。很快,有七八台来自"威尔逊先生"的弹子机被摆放到了镇上的理发店里。沃伦发现了资本产生的奇迹：钱为自己的主人效力，仿佛这是它的一项工作。

你必须和理发师们处好关系，这一点非常关键。我想说的是，这些人可以自己花25美元去买台弹子机。因此，我们一直让他们相信，一个季度得花400美元雇一个人修理弹子机。

那时，在弹子机这个行业，有一些投机取巧的人。他们成天都在一个叫作"地下卖场"的地方游荡。这是我们购买弹子机的地方。地下卖场在D大街900号，市区里面比较乱的地方有个滑稽戏院，地下卖场就在这个戏院附近。地下卖场的人觉得我俩有些逗。因为我和丹利会去那里看弹子机，只要是25美元的弹子机我们都会买下。新的弹子机大概要300美元。我当时订阅了《告示牌》杂志，以跟踪弹子机的发展情况。

地下卖场的这些人教会了我们一些事。到处都有非法的老虎机。他们教我们怎样把啤酒倒进老虎机，以便让一枚50美分的硬币卡在机械装置里，然后你就可以不停地拉动把手，直到老虎机把钱吐出来。他们还教我们怎么破坏汽水自动售卖机的电源断流器——把一枚镍币塞到自动售卖机里，然后立马把插头拔了，你就可以把售货机里的东西洗劫一空。

这些家伙把所有这一切都解释给我们听，我们只管听着。

我父亲对我们和什么人混在一起可能有所起疑。不过，他总认为我不会干坏事。

只凭借在理发店放弹子机，沃伦和丹利就已经赚了不少钱，不过后来，他们发现了一处"金矿"。"我们一直以来最赚钱的地方在格里菲思体育馆附近，那里有一个旧的棒球场。"在华盛顿最贫穷地区的中心，他们发现有一家能同时招待7个人的黑人理发店，很多纨绔子弟都去那里。

我们放了一台弹子机在那里，之后，我们就会去那里收钱。这些家伙在弹子机底盘上打洞，让弹子机往后倾。这真是一场智力较量。但这是我们主要的收入来源，是迄今为止我们最好的位置。这些在理发店玩弹子机的人经常恳请我们去调整倾斜度，这样就可以更用力地撞击弹子机，而不会把它给撞斜了。

听着，我们并不是容不得顾客的这些行为。

如果有可能，沃伦和丹利也试图发现更多的创新想法，就像地下卖场的人教他们的那些小把戏一样。他们想自己创造一些东西。

有一次，我们去丹利家的地下室玩我收集的硬币。我在送报的时候会收集硬币，为了让这事更有趣，我过去收集了不同类型的硬币。因此，我有惠特曼钱板，硬币就放在上面的小槽里。我对丹利说："我觉得，我们好像可以用这些钱板做模子，用来浇铸自动售货机的代用币。"

丹利的动手能力很强。有足够的准备之后，他就学习怎么浇铸这些模子做代用币，而我则提供钱板。我们想把这些做出来的代用币用于汽水自动售卖机之类的东西。我们的基本想法是花代用币，省下钱。

有一次，丹利的父亲来到地下室，问我们："小伙子，你们在干什么？"

我们当时正把金属水倒进钱板。于是，我们回答说，"我们正在做学校要求的实验，"学校一直都有实验要我们完成。

不过，在学校里，沃伦大多数时候喜欢说的是他的业务，而不是玩的诡计。到了春季，高中的学业临近尾声，沃伦的健谈让他和唐成为伍德罗·威尔逊高中附近小有名气的传奇人物。

每个人都知道我们在做一项弹子机生意，而我们靠弹子机赚了钱。对这事，所有人都知道一点儿。我们在跟他们说的时候可能夸张了一点儿，结果，人人都想入伙，就像是股票。

在想加入的人中，有一个男孩叫鲍勃·科林——一个做事热情认真的孩子，和沃伦一起都在高尔夫球队打球。[20] 沃伦和唐没有打算让人加入他们的弹子机生意，不过，他们确实有计划起用科林参与他们最新的冒险计划。

我们不再从西尔斯偷高尔夫球，不过，我们有了一个主意，想从华盛顿周围的高尔夫球场的湖里找到掉在里面的高尔夫球。这时，我们看到了科林的作用，因为我和唐都不想去水里找回高尔夫球。

沃伦和唐精心设计了一个方案，以便让科林完成这一切。这个方案近似于一个恶劣的恶作剧，好在学校还有几个月就要放假了，所以，管他呢。

我们去一家军用品商店，就在地下卖场附近，在那里买了一个防毒面具。接着，我们去弄了一根浇花园用的软管，把这两个东西连到一起。再接着，我们把脸浸到水下3英寸，在浴缸里试验了一下这个玩意儿。

沃伦把方案称为"汤姆·索亚[①]路线"，在实施行动的时候，他告诉科林：

"这是你的机会，我们想让你分一杯羹。"我们告诉他，我们会在凌晨4点出发，去弗吉尼亚的某个高尔夫球场。他得戴着面罩潜入湖里，把球弄出来。钱由我们三个平分。

科林说："我怎么下到湖底？"我说："哦，我全都想好了。我们要做的是，你脱掉衣服，光着身子。不过，你会带着我装《华盛顿邮报》的包。我们在包里放了杠铃片，这样，你就能沉到湖底了。"

然后，我们出发去高尔夫球场，一路上，科林都在发表他的疑问。我和丹利说："我们失败过吗？我的意思是，如果你现在想退出，没问题。不过，你知道，以后你就别想参与任何事了。"

我们在天色破晓的时候到了那里。科林脱掉衣服，我们则穿得暖暖和和的。科林什么都没穿，就带着一个《华盛顿邮报》报纸包和杠铃片。他开始进入湖里。当然，他不知道自己是否会踩到蛇、高尔夫球，或者任何

[①] 汤姆·索亚是著名小说家马克·吐温的代表作《汤姆·索亚历险记》中的主人公。他天真活泼，富于幻想和冒险，不堪忍受个性被束缚，幻想干一番英雄事业。——译者注

东西。当他整个人都进入水里后，拉动绳子的时候，我们就把他往回拉。他说："我什么都看不见。"我俩说："不用担心看不见，到处摸摸就好了。"然后他又一次回到水里。

不过，在湖水没过他的头顶之前，有辆车开了过来，有个家伙早上过来整理沙坑障碍。他看到我们，就开车过来："你们这帮孩子在做什么？"丹利和我脑子飞转。"我们在做高中物理课布置的物理实验，先生。"科林一直在拉绳子。结果，我们不得不把他弄出来。整个事就这么吹了。21

可怜的科林发生了什么事？他实际上脱光到什么程度？这个下水的故事到处都传开了。这会是沃伦在高中生涯中最后一次伟大的"汤姆·索亚历险"。

到现在为止，沃伦已经发了一笔小财：5 000美元，闪闪发光的一堆钱，投递了50多万份报纸挣到的钱。报纸形成的雪片占了雪球的一半以上。虽然有钱了，但沃伦打算继续让雪球向前滚动。①

---

① 考虑到通货膨胀，在17岁的时候，沃伦的财富相当于2007年的53 000美元。——编者注

13
赛马场规则

奥马哈，华盛顿哥伦比亚特区　20世纪40年代

沃伦的卡内基行为测试是在进行预期和预测——对人类的天性进行数学实验，他收集的数据说明了卡内基正确的概率。

这种思考方式扩展了沃伦孩童时计算赞美诗歌作者的寿命概率的兴趣爱好。不过，他对寿命的兴趣并不只是抽象的概念。沃伦极为喜爱的欧内斯特·巴菲特在1946年9月过世，终年69岁，当时霍华德一家正在奥马哈进行霍华德的第三次竞选，沃伦16岁。在沃伦的4个隔代长辈中，只有73岁的斯特拉尚在人世，不过是在诺福克州立医院里。早在欧内斯特过世前的很长一段时间里，沃伦就对自己的生命年限忧心忡忡，家里最新发生的这些事根本无法缓解他脑子里对寿命或精神病的苦思冥想。不过，沃伦对预测的热情早就以一种萌芽状态出现，并扩展到了很多其他方面。这种热情甚至产生于他懂得这个词的意思之前，可以追溯到当他还是一个小孩子的时候，玩弹珠、记车牌号、收集瓶盖以及用指纹器采集修女的指纹。

预测艺术要以信息为基础，关键在于比其他人拥有更多的信息，然后正确地分析，理性地使用。还是个孩子的时候，沃伦就在阿克萨本赛

马场中首次进行了预测。鲍勃·拉塞尔的母亲将他们带入了赛马的天地。

沃伦和鲁斯年纪太小,不能下注。不过,他们很快就找到了赚钱的方法。赛马场脏兮兮的地板上到处是烟屁股、啤酒沫、旧赛程单和热狗残屑,在这些东西当中还有几千张被丢掉的投注票,像森林里地上的蘑菇一样露出头。两个男孩把自己变成了寻菇犬。

他们把赛马叫作"弯腰屈身运动"。每个赛季开始时,你会看到那些只在电影里看过的赛马人。他们认为,如果买中的马只跑了第二名或第三名,那就赢不了钱,所以他们会扔掉第二名、第三名的下注票。然而一场有争议的赛马可能会让你有所斩获。有一盏小灯会亮,这表示"有争议"或是"抗议"。这个时候,有些人也会丢掉下注票,而我们则开始大捡特捡地上的票。我们捡票的时候甚至都不会去看其他人一眼。晚上,我们会整理捡到的票。可真恶心,因为人们在地上吐痰。不过,我们觉得特别好玩。如果我找到一张赢钱的票,我的艾丽斯姑妈——她对赛马可是一点儿兴趣都没有——会帮我们兑成现金,因为小孩子不能去换钱。

沃伦总想去赛马场,拉塞尔太太不能一直带他去。"我父亲从来不去那里,"沃伦说,"他从不相信赛马这回事。"不过,父母会请沃伦的叔公、家里的怪老头弗兰克带他去。弗兰克很久之前就和欧内斯特和好了,最后娶了一个被家里人称为"淘金女"①的女人。[1] 弗兰克对赛马不是特别感兴趣,不过因为他的侄孙子沃伦想去,所以他就带他去了赛马场。

在赛马场,沃伦学会了一点儿看马经,这为他开启了一个全新的世界。预测赛马结果综合了沃伦非常擅长的两件事:收集信息和数学计算。除了赢的马有 4 条腿、在跑道上奔跑之外,赛马和玩 21 点时候的计数没什么不同。很快,沃伦和鲁斯就有了足够的了解并写出了自己的马经,他们灵机一动,将其称为《稳健之选》。

我们侥幸成功了一阵。我们出的马经并非最畅销的,我的意思是,

---

① 巴菲特家里人都认为这女人是想从弗兰克身上捞点儿好处。——译者注

这是两个小孩子卖的东西，而且这东西还是我们在我家地下室里用一台老式打字机弄出来的。当时的局限是复写纸不够多，我可能只弄得到5张左右的复写纸。不过，我还有打字机，鲍勃·拉塞尔和我把赛马的名次预测出来，然后打印成稿。

我们去赛马场叫卖，"快来买《稳健之选》吧"。不过，《蓝色马经》的销量最好，而且价格比较贵，赛马场会从中抽佣金。而我们的卖25美分，属于打折商品。他们很快就不让我们卖《稳健之选》了，因为除了我们之外，他们对赛马场卖的所有东西都可以宰上一笔。

当巴菲特家搬到华盛顿哥伦比亚特区后，对沃伦来说，唯一的好处就是他有机会提高他的预测技巧了。

我了解到，国会议员有权使用国会图书馆——里面有所有曾经被记录成文字的东西。因此，当我们来到华盛顿，我说："爸爸，我就想要一样东西。我想让你去国会图书馆把里面所有和赛马预测有关的书都借出来。"我父亲说："一个新来的国会议员做的第一件事就是想要所有和赛马预测相关的书，他们会觉得这很奇怪。难道你不这么认为吗？"我说："爸爸，是谁去乡村集市为你的竞选奔走？是谁待在屠宰加工厂，随时候命去报警，以防不测？今后两年，你还需要再参加竞选，你还会需要我。那么，现在是两清的时候了。"于是，父亲就给我找了几百本关于赛马预测的书。[2]

我要做的就是看这些书。我去了芝加哥的克拉克北大街的一个地方，在那里你可以买到过去的赛马记录，很便宜。它们都是过去的东西，谁还会需要呢？我会查看这些记录，第一天用我的预测方法进行预测，第二天看是否有效。我每天都测试自己的预测能力，测试脑子里所有不同的系统方法。

在预测赛马结果方面，存在两种类型的方法：一类是从赛马的速度出发，即速度型；一类是以赛马赛跑的级别分析，即级别型。速度型专业赌马人会找出过去获胜次数最多的赛马。通常，速度最快的赛马会成为冠军。而在级别型专业赌马人看来，如果一匹马和一匹价值10 000美元的马赛跑过，而且表现不错，那么当它和一匹价值5 000美元的马赛跑，它一定能胜出。

在赛马比赛中，搞明白这两种类型的赌马人是很有优势的。不过，在那个时候，我基本上属于第一种类型。我一开始就是从数字分析入手的。

通过测试、思考和观察，沃伦发现了赛马的规律：第一轮赛跑结束后，没人会就此罢手；不要以为输到底还能把钱赢回来。

赛马场靠的就是人们不停地下注，直到他们输钱为止。难道一个出色的专业赌马人不能对这些规律善加利用，并赢到钱吗？

预测赛马的输赢也如同赛马本身。不过，那时我还没有形成精准和详细的理念，我还只是一个小孩。

赌马在华盛顿随处可见。

我去父亲办公室的次数相当多。实际上，那里有一幢老式国会办公楼，里面有一个赌注登记处。你可以走到电梯通道处，大叫一声"萨米"之类的名字，然后会有个男孩走过来，记下你的赌注。

我以前会整理笔记，给那些想要在普利尼斯站之类的比赛上赌马的人。这是我最喜欢的赛马游戏的一部分，我可以得到15%的利润而没有任何风险。你知道，我父亲想方设法想要控制这一切。这事他也有点儿感兴趣，不过他也明白这事会怎样转向一个错误的方向。

在暑假里，沃伦回到奥马哈，去阿克萨本赛马场赌马，这次是和他朋友斯图·埃里克森一起。[3] 再次回到华盛顿的时候，他找到一位朋友和他一起去赛马场，而这位朋友可以提高他的赌马技术。鲍勃·德韦尔是沃伦的高中高尔夫球教练，一位有点儿啤酒肚、很有胆魄的年轻人。他在学校放假时销售人寿保险、冰柜和其他东西所挣的钱比他当老师拿的薪水还多。[4] 高尔夫球队的其他成员都认为德韦尔对人粗暴、脾气暴躁，但是他对沃伦很好，因为沃伦的行事作风和他相似，而且打高尔夫球的时候非常有激情，尽管他的眼镜总是会蒙上一层雾气。

一天，沃伦请德韦尔带他去赛马场。德韦尔说沃伦需要得到父母的同意。"第二天早上，"德韦尔说，"他一大早就来了，很高兴的样子，兴冲冲地过来找我，手里拿着他母亲写的一张纸条，上面说他去赛马场完全没问题。"然后，德韦尔给沃伦写了一张假的请假条，这样沃伦就不用去上课了。5 接着，他们搭乘切萨皮克—俄亥俄铁路的火车，从马里兰州的银泉出发，前往西弗吉尼亚的查尔斯顿，去赛马场磨炼沃伦的赌马技术。德韦尔教会沃伦如何高明地阅读最重要的马经——《每日赛讯》。

我会提前拿到《每日赛讯》，找出每匹马跑赢比赛的可能性。然后，我把表示概率的百分比和独赢赔率相比较。不过，我先不看独赢赔率，以免自己先入为主产生偏见。有时，你会发现一匹马胜出的独赢赔率出现偏差，偏离实际的可能性。比如你认为一匹马有10%的胜利机会，但其实它成功的机会只有1/15。①

投注方法越简单越好。你可以让人们根据骑师的肤色、生日投下赌注，还可以根据赛马的名字投注。当然，关键在于没有人进行实际分析，而你掌握着大量的数据。因此，当我还是个小孩的时候，就疯狂地研究《每日赛讯》。

比尔·格雷和沃伦一起在伍德罗·威尔逊高中念书，他比沃伦低一个年级，不过年纪要大一点儿，两人一起去过几次赛马场。"沃伦对数字非常敏感，非常健谈，6 人也非常开朗，对人友好。我们一起聊棒球、击球率等体育内容。"7

---

① 这就是说，这匹马的赢钱概率只有 6.7%。因此，如果它胜出了，那么所得到的钱会比这匹马的赛跑记录所显示的概率高出 50%。一个专业的赌马人甚至会对赛场里最差的一匹马下这样的赌注，因为相较于独赢赔率，预期的赢钱金额非常大。这就是"赔率大于概率"。——编者注

"沃伦一下火车,就知道自己要挑哪些马。到了赛马场,他会说,这匹马太重了,或者说,这匹马在上几次比赛中表现不够好,跑赢的次数不够多。沃伦知道如何去判断一匹马。"沃伦投的赌金在6—10美元,有时候买得很准。沃伦只在独赢赔率很好的时候才下大赌注,但是,他会冒风险把送报赚的辛苦钱投到看中的赛马身上。"在比赛进行中,他可能会改变主意,"格雷说,"不过,你知道吗?对于一个16岁的男孩来说,这并不是一件平常的事。"

有一次,沃伦自己一个人去查尔斯顿。他在第一轮比赛中输了,但他没有就此回家。他不停地下注,又不停地输,直到他输的钱超过了175美元——差不多输了个精光。

我回到家,去了 Hot Shoppe 便利店,给自己点了他们提供的最大份的东西——一份巨大的奶油巧克力圣代冰激凌,这花掉了我剩下的所有钱。我一边吃,一边算我得送多少份报纸才能把输掉的钱挣回来。我不得不工作一周多才能赚回这些钱,而损失掉这些钱是因为一些愚蠢的原因。

我不应该每场比赛都下注。我犯了最严重的错误,输钱了,而认为自己那天能把输的钱赢回来。之前说过的第一条规则是第一轮比赛后,没有人就此罢手。第二条规则是不要以为输到底还能把钱赢回来。你知道,这是非常基本的道理。

沃伦意识到他做出了一个情绪化的决定吗?

噢,是的。噢,我觉得很恼火。那是我最后一次做这样的事。

14

大　象

费城　1947—1949年

沃伦·巴菲特以350名学生中的第16名从高中毕业，在他的毕业年鉴中，他描述了"未来的证券经纪人"这一角色。[1]得闲后，他和唐·丹利做的第一件事就是买了一辆二手灵车。沃伦将灵车停到房前，用来和女孩外出约会。[2]霍华德回家后，问："是谁把这车停在这里的？"利拉说有一个邻居病得非常严重，还没有准备好灵车。这就是那辆灵车最后的结局。

当他和丹利卖掉灵车后，沃伦找了一份为《时代先驱报》送报纸的活儿。他早上4点钟起床，开一辆从戴维·布朗（一个来自弗雷德里克斯堡的年轻人，他喜欢多丽丝，后来参加了美国海军）那里借来的小型福特汽车。[3]沃伦踩着汽车的油门，车门敞开，以15英里的时速行驶，一手握着方向盘，一手拿着报纸，并把它们扔到订户的草坪上。他对此的解释是，在这么早的时间，这种驾车方式不太可能发生太可怕的事情。[4]

在4点45分，沃伦完成工作后，会到特德快餐店买双份的辣薯饼作为早餐犒赏自己。早餐后，他会做他的第二份工作——去乔治敦大学医院分发报纸。

我不得不给牧师和修女们半打免费报纸，这总是让我有点儿恼火。我不认为他们会对世俗的事感兴趣，但这是工作的一部分，只能每个房间、每个病房送。

当产房里的孕妇生下孩子后，她们一看见我就会叫："噢，沃伦，我将告诉你一些比1美分小费更有价值的东西。我将告诉你我的孩子是什么时候出生的，他有多重。早上8点31分，6磅11盎司。"婴儿的出生时间和体重也可以用来当作博彩游戏，这是华盛顿的一种数字游戏。[5]

只要沃伦得到的是这些无用的信息而不是小费，他就会气得牙痒痒。作为一个概率预测者，他不参与这种博彩游戏，因为赔率太糟糕了。"博彩游戏的规则是1赔600，你的投注对象抽取其中的10%。这意味着你基本上是在对概率为1000∶1的事情以540∶1的比率投注。人们总是用分或角来投注。如果你在这个游戏中投入1美分，你就可能赢得5.4美元。城里所有人都玩儿这个游戏，我的一些报纸订户经常问我：'你玩这个游戏吗？'我从来不玩，我想我父亲不会同意我玩。"

虽然沃伦已经有足够的能力去拉斯维加斯做一个赔率制定者，但是他没有将这事进行下去。1947年，霍华德·巴菲特和其他330名国会议员击败了总统杜鲁门的否决，通过了《塔夫脱–哈特莱法案》。作为美国曾颁布过的最具争议性的立法之一，《塔夫脱–哈特莱法案》严格规定了工会的行为。该法案规定，如果工会通过一场罢工来声援另一场罢工，此行为非法；而且总统有权宣布国家进入紧急状态，强制罢工工人复工。该法案被认为是"奴隶劳工法"。[6]虽然奥马哈是一座工会城市，但是，霍华德绝不会按照选民的偏好投票，他总是为自己的原则投票。

因此，当巴菲特一家在夏天回到奥马哈，沃伦和父亲去看家乡的棒球比赛时，他看到那些蓝领工人选民对父亲极其不满。

当在比赛间隙介绍到场的名人时，父亲起身，所有在场的人都嘘声一片。而父亲就站在那里，一言不发。他能够坦然面对这一切，但是，你们不能想象这对一个孩子产生的影响。

即使是温和的对抗都让沃伦感到害怕,然而他不久就能独立面对这一切了。虽然快17岁了,但沃伦仍然只是一个孩子,如果他早出生几年,可能会参军上战场。

沃伦没有参军,而是在秋天的时候开始上大学。巴菲特一家一直都认为沃伦会进入宾夕法尼亚大学的沃顿商学院。[7]沃顿商学院是全美范围内供本科生就读的最有地位的商学院。本杰明·富兰克林创建了宾夕法尼亚大学,也留下了很多名言,如"借钱味难尝,使人心悲伤""时间就是金钱""省一分钱即挣一分钱"等。实际上,宾夕法尼亚大学和沃伦非常合拍,当其他孩子玩耍的时候,精力过人的沃伦总是四处忙碌挣钱。

在沃伦看来,他并没有把这事看得太过重要。"我知道我想要干什么。我已经挣了足够的钱生活,大学只会拖我的后腿。"但是他从来不会拒绝他父亲认为重要的事,因此,他勉强同意了进入学院学习。

考虑到儿子尚不够成熟,父母安排在奥马哈的朋友的儿子查克·彼得森当他的室友。彼得森比沃伦大5岁,刚刚在军队服役了18个月。彼得森相貌英俊,是个纨绔子弟,每晚和不同的女孩约会、喝酒。彼得森一家天真地认为沃伦也许能让他定性,而沃伦的父母则觉得年长的查克也许有助于沃伦适应大学生活。

1947年秋,巴菲特全家送沃伦去费城。他们把沃伦和他的浣熊毛皮大衣都放进一个小小的宿舍套间。查克已经搬了进去,不过,当时他不在宿舍,而是在外面约会。

巴菲特一家驾车回到华盛顿,将沃伦留在了校园,这个地方到处都是查克这样的年轻人。第二次世界大战的老兵成群结队地走过学校的绿地,宾夕法尼亚大学校园的中心生活区全是这帮老兵。他们多年形成的世故和老到扩大了沃伦与同学之间的差异——在搬到华盛顿时,沃伦也曾有这种感受。校园生活忙碌又很社会化,在这样的校园里,在一群性格坚毅、穿着运动外套和锃亮皮鞋的人中,穿着松垮T恤和破旧网球鞋的沃伦很显眼。宾夕法尼亚大学的橄榄球运动非常盛行,秋季的校园社交生活都是兄弟会组织的橄榄球比赛。沃伦虽然也喜欢运动，但是在这里运动的社交需求超过了他对运动的需求。他习惯了把大量时间用来琢磨事情、计算资金、整理他的收藏，以及在自己房间里演奏音乐。在宾夕法尼亚大学，这一年的1 600名学生四处交友调情、玩摇滚乐、喝酒、玩橄榄球，而沃伦的独居寡处则显得格格不入。[8]他就像蜂巢里的一只蝴蝶。

对于飞入蜂群的蝴蝶，蜜蜂出现强烈反应是预料中的事。查克保持着士兵式的整洁，当他第一次见到他的新室友时，沃伦的邋遢令他感到震惊。他很快发现，沃伦完全不知道怎么独立生活。

在他们合住后的第一个晚上，查克因参加社交活动照例回来很晚。第二天早上，他醒来发现整个浴室一团糟，而他的室友显然已经急匆匆地去上早课了。晚上看到沃伦时，查克说："洗漱完以后请把浴室打扫干净，好吗？""好的。"沃伦说。查克接着数落："我早上进来的时候发现你把剃刀丢在水槽里，把肥皂沫弄得到处都是，毛巾扔在地上，简直比地狱还糟糕。我喜欢干净。"沃伦只好不停地道歉。

第二天早上查克起床的时候，沃伦的毛巾还是在浴室的地上，水槽里都是细小的胡须，此外居然还有一把湿漉漉的电动剃须刀。晚上，查克看见沃伦时对他说："沃伦，你自己看看。用完剃刀要拔掉插头，否则别人可能会因此而触电。我不想每天早上帮你收拾，你的不拘小节会把我逼疯。""好的，好的，没问题。"沃伦答道。

可是，一切还是维持原样。剃刀还是放在水槽里。查克意识到，他说的话沃伦根本就没有听进去。他很生气，决定采取行动。他把剃刀的插头拔了，然后扔进已经放满水的水槽里。

第二天，沃伦买了一个新的剃刀，插上插头，浴室照旧一片凌乱。

查克没辙了，他想他是跟一个处在青春期的叛逆的孩子住在一起。沃伦当时沉迷于阿尔·乔森的音乐，每天没日没夜地练习他的曲子，[9]唱着"妈咪，我愿意为了你的一个微笑而跋涉千里"。[10]

查克需要学习，可是沃伦的音乐让他无法安静。沃伦有充足的时间唱歌，因为他只买了少量的课本，而且在开学前就已经读完了，就跟别人看《生活》杂志一样。之后，沃伦把书本扔到一边，再也不翻。这让他能够把整晚的时间都用来唱"妈咪"——只要他喜欢的话。查克觉得自己快要疯了，而沃伦知道自己很幼稚，但就是没有办法控制自己。

> 我那时候可能无法很好地适应一切，而且我和整个环境不同步。除了我的年纪也比其他人都小以外，在很多方面，我的表现比自己的年龄还幼稚。我真的无法适应社会。

查克的业余生活自然丰富多彩，他宣誓加入了Alpha Tau Omega兄弟会。沃伦对希腊人的生活不感兴趣，但是，他宣誓参加了父亲的Alpha Sigma Phi兄弟会。这个组织并不是特别令人讨厌，但是，其宣誓仪式却让沃伦闹了个大红脸。这个兄弟会的格言是具备热情、谦虚和勇气。沃伦有足够的热情和谦逊，但缺乏勇气却是他的致命弱点。[11]宣誓仪式是去沃纳梅克百货商店买特大号的女士内裤和内衣，沃伦在内衣柜台前徘徊了很久很久，然后才看见窃笑的售货员小姐。[12]

1947年秋，利拉和多丽丝在华盛顿一个叫Coffee with Congress的电台节目中谈到沃伦那时理了平头、有点儿天真的外表。

主持人：沃伦长得英俊吗？

利拉：他小时候长得不错。他就是孩子气——我们不说他英俊，但他也不难看。

主持人：那他很帅。

利拉：不，不帅，只是对人友好。

主持人：那让我们从一个女孩的角度来看，他是不是很可爱？

多丽丝（外交辞令）：我觉得他给人一种粗犷而率直的感觉。[13]

尽管沃伦的鼓声和歌声很烦人，查克还是慢慢开始喜欢沃伦，把他当成自己的弟弟看。但查克始终不能理解，他的这个室友整个冬天一直穿着一双破旧的凯德软底帆布鞋。即使要打扮，也可能一只脚穿黑色的皮鞋，另一只脚穿棕色的，而沃伦本人却毫无察觉。

就像和沃伦在一起的很多人一样，查克感到自己必须好好照顾他。他们一同在学生食堂一起吃儿次饭，沃伦每次都点同样的东西：一块牛排、一份土豆配菜和一罐百事可乐。后来沃伦又发现了一种浇着炼乳的巧克力圣代，每天都吃。有一天吃完午饭，查克把沃伦带到新安装的乒乓球台前，查克很吃惊，沃伦来华盛顿4年了，居然从来没有打过乒乓球。在最开始的几盘，沃伦只能勉强接住查克的球，查克显然赢得很轻松。

后来的一两天里，沃伦简直打乒乓球打疯了。他每天早上第一件事就是跑到学生活动中心，找一个走过的人，然后在乒乓球台上将他"屠杀"。他每天下午要打三四个小时的球，查克简直不能相信沃伦的变化，但至少乒乓能让沃伦在查克学习的时候离开房间，不再制造噪声。[14]

然而乒乓球还不能完全满足宾夕法尼亚的体育锻炼要求，在斯库尔基尔河上赛艇和双桨式划水是宾夕法尼亚最流行的运动。学校有许多类似的俱乐部，沃伦参加了一个150磅重量级别的新生划船俱乐部，并加入了其中一支8个人的队伍。沃伦喜欢划船，就像喜欢举重、篮球、高尔夫球、乒乓球和他自己的波洛球游戏一样，因为这些运动是重复性的，有规律、有节奏。但划船是集体运动，沃伦喜欢投篮是因为他可以自己一个人练习。他从来没有成功地参加过集体运动，甚至是和别人搭档跳舞。在他从事的工作和业务领域，他都能成为一个成功的领导者，但他没有办法和别人一起搭档工作。

"这太痛苦了。做一个船员，你不能就只是跟着或者滥竽充数。你必须和其他人同步把浆放在水里。你会累得难以置信，但是必须跟上速度，而且必须要很和谐一致。这真是一项令人难以忍受的运动。"沃伦每天下午回到寝室，都是浑身湿透，手上起泡流血，然后以最快的速度入睡。

他开始寻找另一种团队活动。他希望查克和他一起卖二手高尔夫球，但查克忙于学习和社交活动，拒绝了他。沃伦还建议查克和他一起搞弹子球生意，他不需要查克出钱出力，但查克根本搞不清自己能做什么。其实沃伦只是需要有个人听他谈他的生意。如果查克成为他的伙伴，那查克也将成为沃伦世界的一员。

他总是很擅长这种"汤姆·索亚历险",但是有一次,他输给了查克。他仍然希望查克不仅是他的朋友,还是他的生意伙伴。沃伦曾邀请查克到华盛顿来,查克吃掉了利拉招待他的所有东西,甚至是燕麦片,利拉对此很是吃惊。"沃伦什么都不会吃,"她说,"他不吃这个,不吃那个,总是让我弄一些很特别的东西给他吃。"查克觉得很有趣,沃伦的妈妈居然被儿子搞得服服帖帖。

对查克来说,沃伦虽是不懂事的孩子,却是一个神童。上课时,沃伦总能记住教授说的话,根本不需要看课本。[15] 他记性好到能记住页码、倒背段落,还在老师引用课文的时候纠正老师的错误。[16] 他曾对一个老师说过:"你忘了逗号。"[17]

在会计课上,老师还没有把 200 个学生的考卷发完,沃伦就已经站起来交卷了。查克就坐在教室的另一边,感到分外挫败。沃顿是一个竞争激烈、学业负担很重的地方,但沃伦不需要付出很多就可以学得很好。他把大量的时间都花在了打鼓和唱歌上。

查克非常喜欢沃伦,但最后还是受不了了。

他搬出去了。有天早上,我醒来,查克离开了。[18]

在那个暑假,沃伦虽然不情愿,但还是回到了华盛顿,回到了家。利拉在外帮助军队做招募工作,所以巴菲特家的孩子们享受了一个难得的自由的暑假。伯蒂是一个露营顾问,而多丽丝则在 Garfinkel 商店找了份工作。让多丽丝吃惊的是,在申请工作的时候,商店职员问了她的宗教信仰。还有,他们规定黑人只能在一楼买东西,而一楼不卖衣服。[19]

华盛顿是当时美国种族隔离最严重的城市。黑人不能做有轨电车的司机,不能做任何体面的职业,他们不能加入基督教青年会,不能在大多数餐馆吃饭,不能住酒店,也不能买歌剧院的票。全世界没有其他地方像华盛顿一样让深色人种感到紧张。一个外国游人说过:"我宁愿做一个印度贱民,也不愿意在华盛顿做一个黑人。"[20] 当时被一些右翼人士认为是"商业共产主义报纸"的《华盛顿邮报》已经开展了一段时间的种族主义运动。[21] 虽然杜鲁门总统已经在军队中废止了种族歧视，同时推动公民权利改革，但进展很缓慢。

沃伦并不阅读风格自由的《华盛顿邮报》，几乎不关注华盛顿的种族问题。他还不成熟，尚完全沉浸在自己的小生意里。他又回去为《时代先驱报》送报纸，继续开着借来的福特小车。他又和丹利在一起，打算买一辆消防车，但最后还是花350美元买了一辆1928年的劳斯莱斯小轿车。它是灰色的，比一辆林肯轿车还要重。引擎一开始有点儿问题，沃伦和丹利维修了一下，然终于开出华盛顿50英里后返回。车冒着烟，漏着油，开在路上歪歪斜斜。但当他们被警察拦下的时候，沃伦不停地说啊说，总算没有被罚。[22]

他们把车停在巴菲特家的车库里，但很快弄得家里都是烟，只好把车拖出来，停到街上。他们用了整整一个星期来维修车子。多丽丝说："基本上都是丹利在干活儿，沃伦只是负责在旁边看着，并不断鼓励他。"

当他们开始给车子刷漆时，丹利和他的女朋友诺尔玛·瑟斯顿买了一种带海绵的工具，把车刷成了深蓝色，看上去真的很棒。[23] 消息自然而然地传开，于是他们把车出租，35美元一天。

沃伦又有了一个主意，他想让大家注意到他的车。丹利穿得像一个司机，而沃伦穿上他的浣熊毛皮大衣，发动汽车，带着头发染成鲜艳颜色的诺尔玛·瑟斯顿一起去市区。丹利假装在修引擎，沃伦拿着一根手杖给予指导，而诺尔玛·瑟斯顿则像个电影明星一样站在一旁。"这些都是沃伦的主意，"诺尔玛·瑟斯顿说，"他是比较有表演天赋的，我们想看看有多少人会在街上看我们。"

诺尔玛·瑟斯顿知道沃伦从来没有和女孩真正约会过，在和女孩子交往方面需要帮助。于是，她把她的表亲鲍比·沃利介绍给沃伦。他们在那个夏天纯情地约会，一起看电影、玩桥牌，沃伦接二连三地给她出各种动脑筋的谜题。[24]

秋天来了，沃伦离开鲍比回到宾夕法尼亚大学，他已经18岁，是大二学生。他现在有了两个新的室友，一个是兄弟会的克莱德·赖格哈德，另一个是分配到他们宿舍的新生乔治·奥斯曼。刚进学校时，沃伦让克莱德在一次商业计划中当挂名负责人，虽然那次的生意最终没什么进展，但是经过短暂的合作，两人成了朋友。

相比当新生的第一年，沃伦并没有改变太多，但他和克莱德的共同点显然要多于和查克的共同点。当时，克莱德觉得沃伦的网球鞋、T恤和脏兮兮的卡其布裤子很好笑，而当沃伦嘲笑克莱德的考试分数时，克莱德也不往心里去。"虽然他没有让我变得更聪明，但他确实让我更有效地利用已经掌握的东西。"克莱德说。事实上，沃伦是一个有效利用自己的资源的行家，尤其是利用自己的时间。他每天早早起床，在寝室吃完鸡肉沙拉，然后去学校上课。[25] 在第一学年的混沌之后，他终于找到了一门他喜欢的课——霍肯贝瑞教授的"101个行业"。这门课讨论了不同的行业，以及运营一家公司的具体细节。"纺织、钢铁、石油……我到现在还记得那本书，我从中学到很多东西。我能想起书中提到的石油开采的法律，钢铁的贝塞麦炼钢法。我对那本书非常着迷，对我来说，真的是很有意思。"不过，与沃伦住同一栋宿舍楼的哈里·贝沙是一位苦读生，和沃伦一起上霍肯贝瑞的课，学得很吃力，他很不喜欢沃伦轻松前进的学习风格。[26]

卡塔尔多教授所讲授的商务法也让沃伦很受用。"教授有非常强的记忆力，他会引用很详细的案例。我仍记得哈德利起诉巴克森格尔，以及肯伯起诉法伦的案例。所以，我在考试的时候会尽量引用他讲授的知识来回答问题，不管是不是适用。教授则全盘接收。"

在优秀的记忆能力的帮助下，沃伦很轻松地学习，能充分享受其他时间。午饭时间，他会去 Alpha Sigma 大厦。这是一栋三层楼的建筑，有旋转楼梯，工作人员是黑人克尔森。他穿着白色的外衣烹饪、打扫，让这个地方具有一种庄重之感。餐室的拐角处全天都有人玩桥牌游戏，沃伦会坐下来，玩儿上几把。[27] 沃伦一直保持着对恶作剧的爱好，有时，他会让兄弟会的莱尼·法里纳在大街上摆个引人注目的姿势照相，而他自己假装在扒莱尼的口袋，或者是擦皮鞋。[28]

沃伦曾让年纪比自己大的科林光着身子、戴着面罩潜到水里去，和这种鬼主意一样，在这段时间里，沃伦和克莱德一起告诉他们的另一个室友乔治，说他看上去"精神不振，太瘦弱，如果不锻炼肌肉，就无法吸引女孩子"。他们最后策动乔治给自己买了几个杠铃。"然后，当哈里·贝沙在楼下学习的时候，我们常常'砰砰'上下举动杠铃。我们把这些杠铃'砰'地放在地板上，以此作弄贝沙，觉得特别有趣。"[29]

不过，在大学里，沃伦开始放弃让自己变得很强壮的想法。"一段时间之后，我觉得自己的骨头有问题。我的锁骨不够长，锁骨决定了你的肩膀宽度，而你无法改变你的锁骨。这就是我为什么觉得厌烦并最终放弃的原因。我想明白了，我无论如何都无法拥有女孩子所青睐的肌肉。"

自从进入宾夕法尼亚大学，沃伦还没有过任何约会。周六是兄弟会举行大型聚会的日子，有橄榄球比赛的赛前午餐会、赛后鸡尾酒会、晚餐和夜晚舞会。沃伦写信给鲍比，让她来过周末，并说他实际已经爱上了她。鲍比喜欢他，也被他的信打动，却没有回应他的感情。[30]

沃伦和安·贝克有过一次约会，她在布林茅尔学院读书。当沃伦搬到华盛顿后不久，他曾在安爸爸的面包店打过工。那时沃伦读八年级，而安还是一个有着长长金发的小女孩。安·贝克曾经被评为高中最害羞的女孩。他们约会的那天就像是一场害羞比赛：他们一起在费城漫步，彼此都异常缄默。[31] "我们可能是全美最害羞的人。"沃伦回忆说。沃伦不知道要怎么挑起话头，一紧张，他就小声嘟囔。[32]

有时候，沃伦和克莱德开着借来的福特小轿车去郊区找关于木乃伊、吸血鬼和科学怪人之类的恐怖电影。[33] 那个时候很少有人有车，所以，他在兄弟会的兄弟们对此印象颇深。[34] 这颇为讽刺：沃伦是唯一一个有车可以和女孩子有亲密关系的人，却找不到女孩子。他不参加常春藤联盟大学的舞会和兄弟会之间的联谊舞会。而且他也总是会跳过Alpha Sigma Phi兄弟会周日的下午茶舞会，也从不参加兄弟会聚会。[35] 当有人讨论关于性的问题时，他会紧张得脸红，并盯着自己的鞋子看。[36] 在这样一所谈情说爱风行的学校，沃伦完全不在状态。

我试着喝酒是因为我参加了兄弟会，我交的会费的一半都用来为这些聚会买酒精饮品。我觉得我快喝醉了，但是，我就是不喜欢这个味道。我不喜欢啤酒。即使不喝酒的时候，我也会有愚蠢的举动。我的意思是，我就坐在那里，和其他人一块儿——他们不让我喝酒，我也会犯傻。

不过，即使没有女伴，也不喝酒，沃伦有时候也会出现在周六的联谊晚会上。他能够吸引一小群人坐在角落里，听他发表股评。沃伦了解股票市场，也知道怎么讲得动人。在投资和商业领域方面，沃伦在Alpha Sigma Phi兄弟会的同伴们都会听从他的建议，他们很崇拜沃伦在政治方面渊博的知识，认定沃伦具有某种"政治家的天赋"，送了他一副球拍，上面写着给他起的绰号"参议员"。[37]

沃伦以新生身份加入了青年共和党，因为他爱上了其中的一个女孩。但是，沃伦没成为那个女孩的男朋友，反倒在二年级的时候成了这个组织的主席。沃伦的上任时间是一个令人激动的时刻——总统选举年的秋季。1948年，共和党支持托马斯·杜威，让他和弱势的时任总统哈里·杜鲁门竞选。

巴菲特一家越来越痛恨杜鲁门。虽然霍华德提出了所谓的"杜鲁门主义"——目的是抑制共产主义的扩张，但是，和很多保守主义者一样，霍华德认为，杜鲁门和他的国务卿乔治·马歇尔正在假装和苏联的斯大林套近乎。[38]此外，杜鲁门执行了马歇尔计划，在第二次世界大战后运送了1 800万吨食物到欧洲。霍华德则是74名投反对票的议员之一，他非常肯定马歇尔计划会是另一个版本的"老鼠洞计划"，也确信民主党正在破坏经济，于是，他开始买金项链给他的女儿们，以防美元变得一文不值的时候，她们无法养活自己。

那年霍华德正在为他的第四次竞选忙碌，他在投票通过《塔夫脱-哈特莱法案》之后被嘘，当时沃伦也在现场，不过，和家庭的其他成员一样，沃伦认为霍华德的议员位置还是比较稳的。尽管如此，霍华德第一次将竞选托付给了竞选活动负责人手里——巴菲特家的朋友威廉·汤普森博士。在奥马哈，汤普森非常有名并很受尊重，他了解这个城市的命脉。此外，他还是一位心理学家。日子一天天过去，选举不断向前推进，奥马哈的人们都赶来祝贺霍华德。"恭喜，你又当选了。"看上去选举似乎已经结束了。

另一边，杜威似乎也是稳操胜券。投票显示杜鲁门被远远地甩在了后面，不过，杜鲁门毫不理会这些情况，一直在外面巡回演讲，每到一处，只短暂停留，在火车车厢里发表演说，宣传他的"公平施政"政策：全民医疗保险，广泛的公民权利立法，废除《塔夫脱-哈特莱法案》。杜鲁门在奥马哈停留，参加了一个游行，为一个公园举行了落成仪式。他看上去很高兴的样子，似乎根本没读到报纸对他的失败的预测。[39]

随着选举日的临近，沃伦很高兴地预期着父亲和杜威的胜利，并和费城动物园计划好，要在11月3日那天，骑着一头大象沿着伍德兰大街而行。沃伦想象着这将是一种凯旋的游行，就像迦太基名将汉尼拔进入撒丁尼亚岛一样。

但是，在选举日的第二天早上，沃伦不得不取消了准备好的表演。杜鲁门赢得了1948年的总统竞选。霍华德输了，选民们把霍华德·巴菲特赶出了国会。"我之前从来没有骑过大象。当杜鲁门击败杜威，大象也没戏了。我父亲在他的4次竞选中，第一次遭遇失败。这真是糟糕的一天。"

两个月以后，霍华德任期结束，巴菲特一家要离开华盛顿前几天，沃伦的叔公弗兰克去世了。当沃伦还小的时候，在哈里斯·厄汉公司，弗兰克对着所有股票大喊："价格会跌到零。"宣读他的遗嘱时，家里人发现他只投资了政府债券。[40]弗兰克叔公比他的"淘金女"太太活的时间长，按照他的遗嘱，所投资的政府债券被放到一家受限信托公司，并要求到期后，进行政府债券的再投资。仿佛是要说服他的侄子和信托人霍华德，弗兰克为家庭成员们都订阅了《巴克斯特书信》，告诉他们政府债券是唯一安全的投资。弗兰克希望来世获得平静，而他是当时唯一一位巴菲特家族中对身后事有交代的人。

但是毫无疑问，霍华德害怕通货膨胀，并认为政府债券最后会变成废纸。他的担心战胜了对遗嘱的顾忌，设法修改了弗兰克的遗嘱，并在法律上获准了一些技术上的调整，这样一部分钱最后可以用于股票投资。[41]

这一切的发生适逢利拉所说的"多年来最寒冷的冬天"。暴风雪侵袭了中西部地区，有好几周，人们不得不在天寒地冻的天气里，从内布拉斯加周边的州县空运干草给被冰雪封锁的牲畜，不让它们在自己的眼皮底下死去。[42] 这个严冬的干草堆成为杜鲁门胜利的标志。从来没富裕过的霍华德现在有两个孩子在读大学，另一个则快要进大学了。他重新回到以前的公司，现在叫巴菲特–福克公司。但在霍华德离开期间，他的合作伙伴卡尔·福克已经完全控制了公司客户，现在也没有兴趣和霍华德一起分享。霍华德在奥马哈市区漫无目的地走着，雪花扫过他的脸，他想寻找新的客户。但是，由于他长期不在奥马哈，大多数人都只能通过他写的文章了解他，而诸如《人类自由取决于可兑换黄金的货币》之类的文章则让他获得了极端主义者的称号。[43] 在1949年春天，霍华德去乡间，为了寻找新主顾，敲开每家农户的大门。[44]

对沃伦来说，父亲的失败让他感到很难过，但也让他找到理由离开东海岸。他觉得学校很枯燥，非常痛恨费城，还因此给费城取了一个绰号叫"肮脏的德尔菲"（Filthy-delphia）①。[45]

春季的学期一旦结束，沃伦回来后就可以永远待在家里了。他的心情如此轻松，连信上都签的是"前沃顿的巴菲特"。他的理由是，内布拉斯加大学林肯分校的学费比宾夕法尼亚大学便宜，他要在内布拉斯加大学读完最后的课程。[46] 他把轮胎破旧的福特小车还给了戴维·布朗，由于轮胎实行配额供应，[47] 因此如何更换轮胎就是布朗的事了。沃伦只想要一个宾夕法尼亚大学的纪念品。离开的时候，沃伦和克莱德用掷硬币的方式来决定谁将拥有西蒙写的《桥牌失利原因解析》。结果沃伦赢了。

---

① 费城英文名为Philadelphia，与沃伦新起的绰号发音相近。——编者注

15
面　试

林肯，芝加哥　1949—1950年夏

沃伦在1949年夏季回到内布拉斯加，回去后做的第一件事就是在《林肯日报》找了一份工作，负责管理这份报纸在非城市地区的投递工作。他和他的朋友杜鲁门·伍德（多丽丝的男朋友）一人出一半的钱买了一辆车。沃伦在林肯市待得很舒服，早上去大学上课，然后下午开着车四处走，管理他的送报业务。在空暇时间，他会拜访当地报纸的编辑，和他们聊商业、政治和新闻行业的话题。监督管理报童是一件严肃认真的工作，因为沃伦现在是负责人了。来自6个农村县级地区的50个男孩向"巴菲特先生"报告工作情况。当沃伦雇用了比阿特利斯镇一名牧师的女儿后——他认为她会很负责地递送报纸，管理方面的挑战就来了。有三个比阿特利斯镇的男孩立马就不干了，因为沃伦把送报变成了一份女性化的工作。

在奥马哈的那个夏天，沃伦有部分时间在杰西潘尼（J. C. Penney）服装店销售男士服饰。他重燃对女孩子的兴趣，买了一把夏威夷四弦琴，和一个女孩的男朋友展开竞争。不过，最后的结局是，沃伦手里只拿着夏威夷四弦琴，却没有俘获那个女孩。

不过，杰西潘尼服装店倒是一个很好的工作场所。员工们每天早上在地下室以一种非正式的方式上演一次"赛前动员会"。沃伦穿着廉价的西装，弹奏着他的新四弦琴，所有人一起唱歌，然后沃伦出发去男装区做他那份75美分每小时的工作。这家店会在圣诞期间请沃伦回来做事，仍然是让他销售男士服饰。看着成堆的服饰商品，沃伦问他的经理，怎么跟顾客介绍这些衣服。"就告诉他们这是一种精纺毛料制成的服饰，"兰福德先生说，"没有人知道精纺毛料是什么东西。"沃伦压根儿就不知道精纺毛料是什么，不过，在杰西潘尼服装店，他只卖过这玩意儿。

到了秋天，沃伦和杜鲁门·伍德一起租下了佩珀大街上一栋装修不错的房子，然后开始了在内布拉斯加大学的学习生活。与宾夕法尼亚大学相比他更喜欢这里的老师，他选了很多课程，跟从他迄今为止遇到过的最出色的老师雷·戴恩学习会计课程。

那一年，沃伦的高尔夫球买卖重新开张，这次的搭档是宾夕法尼亚大学的朋友杰里·奥兰斯。沃伦会开车到奥马哈火车站，从他以前的供货商Half-Witek那里挑选高尔夫球。[1] 奥兰斯是沃伦在东海岸的销售人，不过实际上，沃伦确实需要一个合伙人。他同时也投资股票，并打算卖出汽车制造商西泽–弗雷泽公司的股票。这家企业在1947年生产出第一辆汽车，不过之后却眼睁睁地看着自己的汽车市场份额从大约5%减少为不到1%。"亲爱的爸爸，"沃伦在信纸上写道，"如果说这些市场份额的变化不存在显而易见的趋势，那我的统计学就白学了。"西泽–弗雷泽公司上半年损失了800万美元，"因此，再考虑到做假账的因素，亏损可能更大"。[2] 他和霍华德一起卖空了这只股票。

回校上学期间，沃伦去经纪商Cruttenden-Podesta公司的办公室，问一个叫鲍勃·索纳的股票经纪人在哪里交易股票。索纳看着黑板说："5美元。"沃伦解释说，他卖空了股票——借了股票卖出去。如果价格如预期那样下跌了，那他可以把股票买回来，归还股票，获得差价。因为沃伦认为西泽–弗雷泽公司会破产，如果他以5美元/股卖出了这些股票，那他就可以花几分钱把股票买回来，每股可以赚将近5美元。

"我会让你这个傲慢的小后生好看！"索纳说，"你的年纪还不够卖空股票。""哦，是的，"沃伦说，"我是以我姐姐多丽丝的户头做的。"沃伦说明了这只股票价格会跌到零的原因，并摆出了证据。[3]"他完全把我给驳倒了，"索纳说，"我毫无还嘴之力。"

沃伦等着西泽－弗雷泽公司的卖空之计生效，一直等着。在等待期间，他开始到Cruttenden-Podesta公司附近转悠。他对这个策略很有信心，西泽－弗雷泽公司最终会一钱不值，这太明显了。与此同时，沃伦和索纳还成了好朋友。

1950年春，经过三年的学习，沃伦只需要再上几节暑期班的课就可以毕业了。就在这时，沃伦做出了一个完全改变他到目前为止的生活轨迹的决定。高中毕业之后，他就认为，自己完全有资格和能力在35岁的时候实现成为百万富翁的目标，而无须接受进一步的教育。然而现在他却立志要去哈佛商学院，在受教育的过程中，他对正规的课程学业几乎没有什么兴趣，但对学习知识则很有兴趣，并认为自己大部分是在自学。不过，哈佛给了他两大重要收获：声望威信和未来的人际关系网。他刚刚目睹自己的父亲被赶出国会，而且股票经纪职业也遭遇失败。部分原因就在于他父亲往往为了自己坚定的最终理想而孤立自己，不惜牺牲人际关系。所以，沃伦选择哈佛并不意外。

沃伦非常有信心哈佛会录取他，以至于他已经迫不及待地邀请杰里·奥兰斯和他一起去读哈佛。[4]此外，他也认为自己可以申请到奖学金。

有一天，我在学生报纸《内布拉斯加日报》上读到一条小新闻，上面说："今天将颁出约翰·米勒奖学金。[5]申请者请到商学院所在大楼的300房间。"如果你得到所选择的学校的鉴定认可，那么该奖学金将会为你提供500美元。①

我去300房间，是唯一一个到场的人。那里的三名教授一直想再等等看。我告诉他们："不，别等了，已经3点钟了。"因此，我没动一个指头就

---

① 500美元可不是一个小数，这相当于2007年的4 300美元。

得到了这笔奖学金。

这笔从大学报纸上获得的钱让沃伦变得富裕，他在半夜起身搭乘前往芝加哥的火车，去参加哈佛的入学面试。沃伦19岁，比毕业生的平均年龄小了两岁，同时也比商学院学生的平均年龄小。他的成绩不错，但并非特别拔尖。尽管是国会议员的儿子，但他没有动用任何关系以进入哈佛。既然霍华德·巴菲特不会讨好人，也不愿受人吹捧，那么他的儿子也不会这样。

沃伦打算凭借自己对股票的了解在面试时有不俗的表现。到现在为止，无论什么时候他开口谈到股票，人们都会不由自主地听他说话。他的亲戚、老师、父母的朋友，以及同学们和所有想听他关于股票的观点的人，都是如此。

不过，他误解了哈佛的宗旨——其目标是培养领导者。他来到芝加哥，进入面试。沃伦因为自己在股票方面具有天赋而拥有自信，面试的男士通过这种对单一领域的自信一下就看到了沃伦的自我意识和他不太自信的内在。"我的样子看起来在16岁左右，而情绪的表现大概是9岁。我和进行面试的哈佛校友待了10分钟，他评估了我的能力，把我拒之门外。"

沃伦根本没有得到机会展示他的股票知识。哈佛的这位先生很有礼貌地告诉他，在几年后，他会有更好的机会。沃伦很天真，这番话并未令他十分消沉和低落。当哈佛来信拒绝他的申请时，他惊呆了。他说，他的第一个想法是："我要怎么跟我父亲交代呢？"

虽然霍华德很吃惊，表情也不太好看，不过他对他的孩子并不苛刻。哈佛是沃伦的梦想，并不是他父亲的梦想。真正的问题可能在于，沃伦要怎么跟他妈妈交代。

虽然他们进行过交谈，但是记忆都已经模糊。不过，后来沃伦认为哈佛遭拒是他一生中关键的一幕。

沃伦几乎立刻动手研究其他学校。一天，快速翻阅哥伦比亚大学概况手册的时候,他见到两个非常熟悉的名字:本杰明·格雷厄姆和戴维·多德。

对我来说,这可是两个响当当的名字。我刚好读过格雷厄姆的书,不过,我不知道他在哥伦比亚大学教书。

"格雷厄姆的书"指的是《聪明的投资者》这本书,1949年出版。[6]这本书向各类投资者,不管是谨慎型还是投机型,提供实战建议,摧毁了华尔街的投资惯例和陈规,颠覆了以前股票投资在大范围内存在的一致性思维。这本书首次用老百姓都能明白的方式阐释说明,股票市场并不是通过黑魔法在运行。通过真实示例,比如北太平洋铁路、美国夏威夷轮船公司,格雷厄姆展示了如何运用一种理性和数学的方式对股票进行估值。他说,投资应该是系统化行为。

这本书迷住了沃伦。很多年来,他去市区的图书馆,查看每一本可能与股票和投资有关的书。很多书都提出了基于模型挑选股票的系统,沃伦想要一个能够可靠运行的系统。他曾经着迷于数字化分析方式——技术分析。

"我把这方面的所有书读了又读。对我影响最大的一本可能是加菲尔德·德鲁写的关于散股交易的书,[7]这本书非常重要,我把它读了3遍。我还看过爱德华兹和麦基的书,[8]那可是技术分析的圣经。我会去图书馆,把它们一口气读完。"不过,当他发现《聪明的投资者》这本书后,他反复咀嚼。和他一起租房的杜鲁门·伍德说:"他就好像找到了上帝。"[9]在仔细研究和思考后,沃伦有所创新和拓展,进行了自己的"价值投资"。通过他父亲的关系,他知道了一家叫Parkersburg Rig & Reel的公司。他根据格雷厄姆的规则进行了研究,然后买了200股。[10]

根据沃伦手里所拿的哥伦比亚大学概况手册,那位他最喜欢的作者本杰明·格雷厄姆在哥伦比亚大学讲授金融学。戴维·多德也在那儿当老师,是商学院的教学副院长、金融系系主任。1934年,格雷厄姆和多德合著了关于投资的基础教程《证券分析》。《聪明的投资者》是给外行人看的《证券分析》版本。正如哥伦比亚大学概况手册所说：这个世界上，没有其他城市能够提供如此多的机会，可以直接了解、熟悉实际的商业行为。在这里，学生可以和著名的美国商界领袖人物进行面对面的接触，他们中很多人会慷慨地把时间用于研究生课程、讲座和研讨会。这个城市的商业团体很欢迎学生来访。[11] 即使是哈佛都不能提供这些。

沃伦如今决定要去哥伦比亚。但是，时间已经太晚了。

我在8月写的申请信，离开学只剩一个月，而其实我早应该这么做了。天知道我写了些什么。我可能写的是，我刚刚在奥马哈大学发现了这本册子。手册上面说你和本杰明·格雷厄姆在贵校任教，我认为，你们是站在奥林匹斯山山顶的某个地方，正笑着俯视我们其余的人。如果我能被录取，我会很高兴。我当然知道这不是一次常规的入学申请，这可能是一次非常私人的申请。

不过，以这种书面申请的方式，沃伦给人留下的印象比面试成功多了。这份申请最后到了戴维·多德的桌上，他当时是商学院副院长，主管招生。到1950年为止，多德已经在哥伦比亚大学当了27年的老师，而且，他实际上已经是著名的本杰明·格雷厄姆的初级合伙人。

多德身材瘦小、虚弱，还秃顶，一直照顾着待在家里、身有残疾的妻子。多德是基督教长老会牧师的儿子，比沃伦的父亲年长8岁。也许多德被这封申请信透露的个人天性触动了。在哥伦比亚大学，他和格雷厄姆更感兴趣的是学生对商业和投资的偏好，而不是他们的情感成熟度。格雷厄姆和多德并不想打造领导者，他们是在教授一种特别的专业技能。

不管是什么原因，在截止日期之后，没有经过面试，沃伦就被哥伦比亚大学录取了。

16
一记好球

纽约　1950年秋

　　沃伦只身一人来到纽约。在这里他唯一认识的人就是他的舅妈多萝西·斯塔尔——受人尊敬的马里昂·斯塔尔的遗孀,除了舅妈之外,他再也不认识任何自己喜欢的慈祥女性了,他在商学院的老师和同学几乎是清一色的男性。在宾夕法尼亚大学,他和家人也就离了几小时的路程,但在这里,就他自己。沃伦的父亲再一次醉心于政治,正奔忙于重新获得国会议员的席位——这一次他是一个人操持竞选活动了。不过,即便他胜出,纽约到华盛顿也有很长一段距离。

　　沃伦申请哥伦比亚大学的时间太晚了,无法住进学校的学生宿舍。因此,他找了最便宜的住宿地:加入基督教青年会,一天一角钱。住在青年会位于西34街——离宾州火车站很近的斯隆楼,则是每个房间一天一美元。[1] 沃伦可不是个穷光蛋,他身上带着米勒奖学金提供的500美元,以及父亲给他的2 000美元——既是毕业礼物,也是不许吸烟的部分协议。[2] 此外,沃伦另攒了9 803.7美元,其中一些投资了股票。[3] 沃伦的净资产包括44美元现金、买汽车的一半出资,以及投在Half-Witek高尔夫球业务上的334美元。不过,因为沃伦把每1美元都看成将来某一天的10美元，因此，除了必需的花费外，他是不会多拿出1美元的。每一分钱都是雪球的一片小雪花。

第一天，沃伦去上戴维·多德的课——"金融学第111—112章：投资管理和证券分析"。他记得多德一改平日的谨慎，对他的到来当面致以温馨的欢迎。沃伦已经多多少少记得一些教材《证券分析》的内容——格雷厄姆和多德写的关于投资的基础读物。[4]作为《证券分析》这本书主要的起草和构思组织者，多德对书的内容当然非常熟悉。不过，要说到教材本身，沃伦·巴菲特说："事实就是，我比多德更了解教材。我可以引述书里的任何一段内容。当时，这本书差不多有七八百页，我知道里面的每一个例子，我已经把内容全都吸收了。有人如此喜爱他的书，你可以想象一下这对多德有怎样的影响。"

《证券分析》出版于1934年，这本巨著详细阐述了很多新颖的理念，而之后这些理念被深入浅出地总结为《聪明的投资者》。多德对本杰明·格雷厄姆4年以来的讲座、讨论会一丝不苟地做了笔记，并用自己的公司财务和会计学的知识对其内容进行了组织与丰富。多德在缅因州卡斯考湾的切比克岛有一栋房子供夏日避暑。在参加高尔夫球比赛和钓鲑鱼锦标赛的间隙，他在这所房子里构思了书的结构、校对了书的排版。[5]多德很谦虚地定义自己的角色："格雷厄姆很有才华，而且长期以来其卓越不凡的经历增补了他的天资，他还是一名了不起的文学天才。而我最大的用处就是在很多问题上充当'魔鬼代言人'的角色——当我认为他在这些问题的争论中显得孤立无援的时候。"[6]

多德的课程教授对违约的铁路债券进行估值。从孩提时代开始，沃伦就有点儿喜欢铁路。当然，因为联合太平洋那漫长、曲折和丰富多彩的发展历史，当铁路破产来临时，奥马哈实际上是问题的中心。[7]沃伦在7岁的时候就开始读汤森德写的《债券推销术》，这是他最喜欢的书之一，他当时曾向圣诞老人许下了一个特别的愿望，希望得到这本大部头书。[8]现下，他喜欢破产的铁路债券的程度就如同期盼温暖春雨的鸭子。多德注意到了沃伦，请他到家里，带他去吃晚餐。沃伦得到了多德如父亲一般的关注，同时也很同情妻子有精神疾病的多德。

在课堂上，多德会提问，而沃伦会先于他人举手。每一次，他都知道问题的答案，都想回答，生怕失去了关注，毫不介意自己看起来会显得很傻。不过，有同学回想说，他看上去也不是在卖弄，他只是年纪很小、富有热情和不太成熟。[9]

和沃伦不同，他的大部分同班同学对股票和债券几乎没什么兴趣，可能都觉得这门必修课很沉闷无趣。他们是非常同质的一群人，在毕业拿到学位之后，他们中的大多数人都去了通用汽车、IBM 或美国钢铁。[10]

同学中有一个人叫鲍勃·邓恩，是班里的学术明星。沃伦很羡慕他堂堂的仪表以及他的聪明才智，经常去他的宿舍拜访他。

一个下午，邓恩的同屋弗雷德·斯坦贝克正在睡午觉，突然被很大的说话声吵醒了。半睡半醒之间，他开始意识到，有人正在谈论一些有趣的事情，以至于他都无法再打盹儿了。从床上起身后，他走进了另一个房间。在那里，他发现了一个平头、衣衫不整的小伙子在滔滔不绝地说话。这个小伙子坐在椅子上，身体向前倾，好像有人在他的脑后正端着一支发令枪。斯坦贝克坐在一张椅子上，开始听沃伦说话，沃伦正权威地大谈他发现的一些被低估的股票。

明眼人都看到，沃伦已经完全沉浸于股票市场。他谈论一系列的小公司，包括轮胎橡胶公司和制锁企业萨金特公司，以及规模更大、做五金批发的马歇尔·韦尔斯公司。[11] 听着听着，斯坦贝克就成了跟随者，他立刻出门，有生以来第一次买了股票。

斯坦贝克是一位活跃的销售员的儿子，他父亲靠着坐在福特T型车后座上售卖一包包止头痛药粉和"迅速复原兴奋药粉"——里面全是可卡因——而发财致富。[12] 在卡罗来纳州的索尔兹伯里的小村子里，有一条同盟大街，他就是在这里长大的。弗雷德·斯坦贝克很有分析头脑，为人缄默含蓄，他天生就是沃伦的倾听者，两个人开始待在一块儿，他们一个是说话快速、看起来身材瘦弱的小伙子，一个是有着沙金色头发、长相英俊并且声音好听的年轻人。有一天，沃伦有了一个主意。他向多德教授请假去参加马歇尔·韦尔斯公司的年会。开始在哥伦比亚大学上学前的几个月，他和霍华德一起买了25股该公司的股票。

马歇尔·韦尔斯公司是明尼苏达州德卢斯的五金批发商。这是我参加的第一个年会。他们在新泽西州的泽西市举行这届年会，因此，可能没什么人参加。

沃伦对股东大会的看法产生于他对商业本质的理解。他最近刚刚卖掉他的农场，价钱比5年前翻了一倍。在他拥有农场期间，他和租用农场的农户一起分享作物产生的利润。不过，他的租户得不到出售农场的利润。作为一名出资人，沃伦提供资金并承担风险，如果有利润，再获得利润。

沃伦以这种方式来思考所有的生意。雇员管理业务，分享由他们的劳动所产生的盈利。不过，他们对自己的雇主负有责任。当公司业务增长，获得成长收益的是雇主。当然了，如果雇员也购买了股票，那他们也会成为公司的所有者和其他出资人的合伙人。但是，无论雇员买了多少股票，作为雇员，他们仍然需要向企业所有者报告工作成绩。因此，沃伦把股东大会看作管理者管理工作的会计清算时间。

不过，公司的管理层可不这么想。

沃伦和他的新朋友斯坦贝克坐火车去泽西市。他们来到法人信托公司楼上的一间土褐色的会议室，看到有6个人在等着开会，公司打算以例行公事的方式敷衍地走完法律要求的股东会议程序。让人感到荒谬的是，公司管理层的冷淡和股东的漫不经心都对沃伦非常有利，因为越少人参加股东会，他从公司获得的信息就越有价值，无论是哪些信息。[13]

来的人中，有一个人叫沃尔特·施洛斯，34岁，很瘦，脾气温和，一头黑发，来自纽约犹太移民家庭，是本杰明·格雷厄姆创办的格雷厄姆–纽曼公司的4个员工之一，每周的工资只有微薄的50美元。[14] 会议开始后，施洛斯开始发问并指出管理层存在问题。尽管如此，按照德卢斯的标准，他也可能被视为无礼之人，冒犯了马歇尔·韦尔斯公司的这群人。"对这些外来者在他们的股东大会上插话，"斯坦贝克说，"他们有一点儿不高兴。之前从未有任何人来参加他们的会议，他们不喜欢这样。"15

沃伦立刻就被施洛斯的分析吸引了，当施洛斯表明自己是在格雷厄姆–纽曼工作的时候，沃伦的反应就像是家人重聚。会议刚一结束，沃伦就找到施洛斯，两人开始聊天。沃伦发现施洛斯和自己意见相投，都相信财富很难积累，但是容易失去。施洛斯的祖父在纽约的哈莫尼俱乐部里流连忘返，浪费光阴，而把自己的服装公司丢给会计员看管——会计员就是保管资金和往来记录的人，结果会计员监守自盗，挪用公司资金。之后，施洛斯的父亲与人合伙开了一家收音机制造厂，但是在他们售出收音机之前，仓库在可疑的情形下被烧得精光。再之后，在施洛斯13岁的时候，他母亲在1929年的大萧条中失去了财产继承权。

施洛斯一家靠汗水和决心度日。施洛斯的父亲找了一份工厂经理的工作，之后还推销邮票。施洛斯一从高中毕业就在华尔街当跑腿的——经纪公司里的"小马快递"①中的一员，在街上跑来跑去传递信息。后来，施洛斯还在公司处理股票方面的杂事。他曾问他的上司，他可否分析股票，回答是"不行"。不过，他被告知"有个叫本杰明·格雷厄姆的人刚刚写了一本《证券分析》，看了这本书，你就能了解你所需要的一切了"。16

施洛斯一页页地读完格雷厄姆的书后，希望学到更多。每周两个晚上，从5点到7点，他开始去纽约金融学院听格雷厄姆的投资讲座。格雷厄姆于1927年开办这些讲座，作为他想在哥伦比亚大学讲授的大学课程的尝试。当时，公众并不了解股票，课堂上挤满了人。格雷厄姆有所保留地说："虽然我告诫我的学生，课上所提到的股票都只是为了示例说明，无论如何不能作为推荐去购买，但是，我所讨论的几只被低估的股票中有一些之后出现了大幅上涨，这样的事确实发生了。"17

---

① "小马快递"即Pony Express，19世纪初美国西部邮递驿站系统。——译者注

当格雷厄姆提到他正在购买的股票时,像高盛首席交易员古斯塔夫·莱维这样的人会飞快地跑回去实施这些想法,让自己和公司赚钱。施洛斯完全被格雷厄姆的理念征服了,他后来成了自己偶像的雇员之一,为格雷厄姆和他的合伙人杰里·纽曼工作。沃伦发现自己本能地被施洛斯吸引住了,不只是因为他那令人羡慕的工作,也因为他坚忍不拔和毫无优势的奋斗背景。在马歇尔·韦尔斯公司的股东大会上,沃伦同时结识了另一位股东,虎背熊腰、叼着雪茄的路易斯·格林,一位著名的投资人,也是一家规模虽小,但很受人尊重的证券公司史赛克·布朗的合伙人。他也是本杰明·格雷厄姆圈子里的一员。[18]格林、格雷厄姆和纽曼一起寻猎廉价的公司,他们想要购买足够多的股票,以进入董事会,进而可以对管理层施加影响。

沃伦被路易斯·格林吸引住了,想要给对方留下好印象,因此找机会和格林聊了起来。沃伦、斯坦贝克和格林一起从新泽西坐火车返回。格林请这两个年轻人吃了顿午餐。

有这样的经历真不错。沃伦发现格林很吝啬,这一点很符合他的脾气。"这个家伙非常富有,而我们去的是咖啡馆一类的地方吃饭。"

吃午饭的时候,格林开始聊起被女人追求的感受,而这些女人都是为了他的钱。格林已经人过中年了,因此,他的处理技巧就是直接面对这些女人:"你喜欢这些假牙?还是我的秃头?或者是我的大肚子?"沃伦很享受和格林的聊天,直到格林突然话锋一转,问了一个让他坐立不安的问题。

他问我:"为什么你买马歇尔·韦尔斯公司的股票?"

然后我说:"因为本杰明·格雷厄姆买了。"

千真万确,格雷厄姆已经成了沃伦的英雄,即便两人从未谋面。因为购买马歇尔·韦尔斯公司股票的灵感来自《证券分析》,所以,沃伦可能认为,他必须要仔细认真地把获得的东西了解清楚。[19]不过,实际上,沃伦有很好的理由去买马歇尔·韦尔斯公司,而不只是因为《证券分析》

一书提到过这只股票。

马歇尔·韦尔斯公司是北美最大的五金批发企业。公司非常赚钱，如果它把收益分给股东作为股息，股东可以每股得到62美元。而当时股票的成交价格是200美元/股。持有一股马歇尔·韦尔斯公司的股票就如同持有一只利率高达31%的债券（200美元/股的股票每股收益为62美元）。以这个利率，在3年时间内，沃伦每在马歇尔·韦尔斯公司投1美元就可以获得差不多两美元。即使公司不把收益分给股东，股票价格最终也会上涨。

如果你拒绝这样一只股票，那你一定是个疯子。

不过，沃伦没有向路易斯·格林说明上述任何理由。相反，他说因为本杰明·格雷厄姆买了马歇尔·韦尔斯公司。

格林看着沃伦，说"好球"。沃伦说："我永远忘不了他说这话时的表情。"

沃伦慢慢明白了他的意思："沃伦，独立思考。"他觉得自己愚蠢极了。

沃伦不想再犯任何类似的错误，而且他的确想找到更多像马歇尔·韦尔斯公司这样的股票，因此当格雷厄姆的讲座临近，沃伦记熟了他能找到的关于格雷厄姆的一切——格雷厄姆的投资方法、他写的书、他投资的具体股票以及他自身的情况。沃伦了解到格雷厄姆是一家叫GEICO公司的董事长。[20]《证券分析》里面没有提到这只股票。当沃伦查看《穆迪手册》的时候，他发现格雷厄姆-纽曼公司拥有GEICO 55%的股份，但是最近把股票分给了股东。[21]

这个GEICO公司是做什么的？沃伦很好奇。因此，几周后，在一个寒冷的周六清晨，沃伦跳上了去华盛顿哥伦比亚特区的第一班火车，来到了GEICO公司的大门外。周围没有其他人，不过一个警卫给他开了门。这名警卫后来回忆，沃伦以最谦卑的态度问他是否有人可以向他解释一下GEICO的业务，他确实提到自己是本杰明·格雷厄姆的一名学生。

警卫快步走到楼上GEICO财务副总裁洛里默·戴维森的办公室，他正坐在那里办公。面对沃伦的请求，戴维森心想："既然是本杰明的学生,那我给他5分钟,并对他的到来表示感谢,然后礼貌地把他打发走。"[22] 于是,他告诉警卫把沃伦带过来。

沃伦向戴维森做了自我介绍,带着清晰、恰到好处但又有些讨巧的真诚:

我叫沃伦·巴菲特,是哥伦比亚大学的一名学生。本杰明·格雷厄姆可能会成为我的教授。我读过他的书,认为他非常了不起。我注意到他是GEICO的董事长。我一点儿也不了解GEICO,所以,我来这里希望了解这家公司。

戴维森开始向沃伦谈起鲜为人知的汽车保险业务,心里想着,出于好心对待格雷厄姆学生的考虑,他可以浪费自己宝贵的几分钟时间。不过,戴维森说:"在他提问有大概10—12分钟之后,我意识到,我正在和一个非同一般的年轻人谈话。他问我的问题是经验老到的保险股票分析师才会问的问题,非常专业。他年纪不大,长相很年轻。他称自己是学生,但是他的言语却像一个阅历颇深的人。他的知识很渊博。当我对沃伦的看法改变后,我开始向他提问。然后我发现,他在16岁的时候就已经是一名成功的商人,在14岁的时候就开始上报自己的所得税,而且从此以后每年都会填报,他做着很多小生意。"

洛里默·戴维森自己已经取得很多成就,因此很难被什么打动。他的学业并不拔尖,不过,他说:"几乎从10岁或11岁开始,我就知道自己想要干什么,就是想成为我父亲那样的人。我从未想过其他的职业(除了当一名债券推销员之外)。"他将华尔街视为圣地麦加,"最后的终点"。

1924年,戴维森推销了一周债券,就赚了1 800美元的佣金。过了一段时间,他开始用借来的钱投资股票市场,交易美国无线电公司(RCA)的股票。1929年7月,他认为股票价格会下跌,卖空了交易价格不合理的无线电公司的股票。然而,不合理的价格变得更加不合理。当股价上涨了150个点的时候,戴维森赔了个精光。接着,当市场在10月29日崩盘的时候,为了控制和处理他的客户正面临的惊恐,他不得不把怀孕的妻子和自己挣来却又赔掉的每一分钱都先抛到一边。他和他的同事熬到凌晨5点,追缴客户的账户保证金。客户们也几乎无一例外,都是用借来的钱进行股票投资的。

一开始,客户带着现金来偿还他们的贷款。市场观察家和政府官员一直不停地表示股票市场会很快反弹。他们的反应速度不错,但是方向错了。随后每追缴一次保证金,戴维森余下的客户就有一半清仓,无法支付他们的债务,还被取消账户。在大萧条之前,戴维森的兜里每年能装进10万美元佣金,[23] 但是,很快他销售债券每周只能挣100美元——即使这样,他还是富有的人。"真的是满目凄凉,"他回忆起大萧条的时候,"我去看望一位老朋友,已结婚生子,之前非常成功,但现在他不得不去卖5分钱一个的苹果。"

就是通过销售债券的工作,戴维森碰巧拜访了GEICO。当他弄明白GEICO的经营方式后,立马被吸引住了。

GEICO致力于汽车保险业务,通过邮购营销,而不通过经纪人,因此,其保险相对便宜。[24] 这在当时是很具有革命性的理念。要想赚钱,GEICO需要建立一套规则,来回避某些家伙,比如那些在凌晨3点喝了半瓶龙舌兰酒,然后超速行驶30英里的人。[25] 借鉴了USAA保险公司(其销售对象只限于军队官员)的做法后,GEICO的创建人里奥·古德温和克里夫斯·里尔决定只向政府雇员销售他们的汽车保险。因为和军队官员一样,政府雇员都是很负责任的人,习惯于遵纪守法。还有更重要的一点是,政府雇员的人数很多。GEICO就此诞生。

后来,里尔家族雇用了戴维森销售他们的股票,因为他们的根基在得克萨斯,不想再两边来回跑。在组织联合购买者的时候,戴维森接触了纽约的格雷厄姆—纽曼公司。本杰明·格雷厄姆很感兴趣,但是他听从了他那位脾气暴躁的合伙人杰里·纽曼的意见。戴维森说:"杰里认为以发行价购买股票是非法的,他说,'我之前从来没有以发行价购买过任何股票,现在我也不打算开这个头'。"

他们讨价还价,通过适度的让步,戴维森说服杰里投资100万美元购买了 GEICO 公司 55% 的股份。格雷厄姆成了 GEICO 的董事长，纽曼加入了董事会。六七个月以后，洛里默·戴维森告诉 GEICO 的首席执行官里奥·古德温，自己愿意降低工资为 GEICO 工作，去管理公司的投资。古德温咨询了本杰明·格雷厄姆的意见，格雷厄姆同意了。

戴维森的故事让沃伦听得入了迷。"我只是不停地问关于 GEICO 的问题，他那天都没有去吃午饭，就坐在那里，和我谈了 4 个小时，仿佛我是世界上最重要的人。当他打开那扇见我的大门时，他也为我打开了通往保险世界的大门。"

当时，保险领域的大门对大部分人来说都是被关死的，不过，商学院教授保险课程。沃伦在宾夕法尼亚大学就研究过保险，而这个领域的某些方面和赌博有些类似，这激发了沃伦计算赔率的兴趣。他开始对一种叫作联合养老保险的保险方案产生了兴趣——人们把钱放到一块儿，形成资金池，活到最后的人得到全部的基金。不过，当时这种做法是非法的。[26]

沃伦甚至考虑把保险精算作为职业，如果是这样，他可能会数十年埋首桌面，辛苦处理统计数据，计算人的预期寿命。除了这些明显适合他个性的方式之外，计算寿命的保险精算工作可以让沃伦把时间都用来思考他最为关注的两件事之一：寿命预期。

不过，他另一件最喜欢做的事——赚钱，占了上风。

沃伦正在抓住商业的基本理念：公司如何赚钱？一家企业更像一个人，它必须找到一个可以为雇员和股东赚钱的方式。

他领会到，因为 GEICO 以最便宜的价格出售保险，那它能够挣钱的唯一法门就是拥有尽可能低的成本。他同时明白，保险公司收取客户的保险费，要早在赔偿金支付之前，用保险费进行投资。对他而言，这听起来像是拿别人的钱免费使用，正是他喜欢的那种方法。

对沃伦而言，GEICO 是一个永不赔钱的企业。

周一，离沃伦回到纽约还不到 48 小时，他抛售了正在增长的资产组合中价值 75% 的股票，用现金买了 350 股 GEICO。对一个平常做事谨慎的年轻人来说，这可是一大反常之举。

这么说毫不夸张，因为按照GEICO当时的价格，这是一笔本杰明·格雷厄姆不会同意的投资，即便格雷厄姆-纽曼就在最近成了GEICO的最大股东。格雷厄姆的想法是购买价格低于资产价值的股票，他并不信奉只专注于几只股票。不过，从洛里默·戴维森那里学到的东西让沃伦吃了一惊。GEICO正在快速成长，他自信能够正确预期该公司今后几年的价值。就这一点而言，公司的股票现在很便宜。沃伦为父亲的经纪公司写了一份关于GEICO的报告，报告上说GEICO的交易价格是42美元/股，是其最近每股收益的8倍。他提醒到，其他保险公司的交易价格相对其收益的倍数要比这高得多。虽然GEICO是保险这个大领域的一家小公司，但它的竞争对手都是那些"增长可能性在很大程度上已经枯竭"的公司。沃伦接着对GEICO 5年后的价格做了一个保守的预期，他认为股票的价格到时会涨到80—90美元/股。[27]

很难想象沃伦能做出如此"不具有格雷厄姆风格"的分析。格雷厄姆所经历的20世纪20年代的经济泡沫和大萧条让他对收益预期持怀疑态度，虽然他在上课的时候会讲述估值方式，但是他自己从来不用估值方法来选择股票。不过，沃伦把他耐心积攒的资金的75%押注于他所计算的预期数字。

到4月，他给盖尔公司和布莱斯公司写信——最有名的经纪公司，擅长投资保险类股票——希望得到它们的研究分析。之后，他拜访了一些专家，和他们谈论GEICO。在他听到这些人的意见之后，他解释了自己的理论。

他们告诉沃伦他疯了。

他们说，GEICO不能胜过那些规模更大、更有建树的公司，那些公司通过经纪代理人销售保险。GEICO只是一家小公司，市场份额不超过1%。拥有几千名保险经纪人的大型保险公司主导着整个行业，因此，GEICO永远是一家小公司。不过，GEICO就在眼前，它的成长像6月的蒲公英，赚钱的速度像丹佛造币厂。

沃伦不明白，为什么这些人看不到他们眼前正在发生的事。

17
珠穆朗玛峰

纽约　1951年春

随着哥伦比亚大学第二学期的开始，沃伦兴奋地忙碌起来。他父亲在第四次竞选中刚刚再次获胜进入国会，而且沃伦终于能见到他心目中的英雄了。

在回忆录中，本杰明·格雷厄姆将自己描述为一个离群索居者，一个在高中之后就再没有亲密朋友的人："我适合成为所有人的朋友，却无法成为他们的密友或老朋友。"[1] "没人能打开他的壳，人们都很敬佩他，也都很喜欢他，全都想成为他的朋友，甚于他希望旁人成为自己朋友的意愿。你接触他以后会觉得他非常了不起，但你无法成为他的知心朋友。"巴菲特后来将这种"壳"称为格雷厄姆的"保护衣"。即使是他的合伙人戴维·多德，和他的关系也从未非常亲密。格雷厄姆在理解并与他人有所共鸣方面存在非常大的困难。人们发现和他谈话是件很难受的事——他思维太理智、知识太渊博、头脑太聪明。在人前的时候，格雷厄姆很难令人感到轻松，在他的公司里，人们必须一直保持清醒的头脑。虽然他为人总是很和蔼，但他很快就厌倦和他的朋友同事进行交谈。他一生的"真正朋友和亲密友人"是他最喜爱的作者——吉本、维吉尔、弥尔顿、莱辛,以及他们专注的领域。格雷厄姆说,对他自己而言,这些人和他们倾注的研究,比生活在他周围的人更重要,让他的记忆更深刻。

格雷厄姆出生时叫本杰明·格劳斯鲍姆。[2] 从他出生到 25 岁这段时期,美国经历了 4 次金融恐慌和 3 次经济衰退。[3] 格雷厄姆 9 岁的时候,他父亲过世,此后,家里的财产逐渐减少。在 1907 年的金融恐慌中,格雷厄姆那一心追逐名利、野心勃勃的母亲失去了自己大部分的微薄家产,最后不得不当掉首饰珠宝维持生活。格雷厄姆最早的记忆是,自己站在银行出纳窗口那里,想把母亲的支票兑现,而出纳员用清晰的声音问他的同事,格劳斯鲍姆太太是否能够兑现 5 美元。格雷厄姆回忆,在这段时期,亲戚的好心"虽然无法令家里免于羞辱,但把他们救离了悲惨的生活"。[4]

不过,格雷厄姆在纽约公立学校读书期间,表现非常优异。在学校里,他用法语读维克多·雨果,用德语读歌德,用希腊语看荷马,用拉丁文读维吉尔。毕业后,他想去读哥伦比亚大学,但需要经济资助。当奖学金核查人拜访格劳斯鲍姆家后,拒绝向本杰明提供奖学金。本杰明的母亲坚信,核查人这么做的原因是家里仍然留有几张路易十六时期的椅子,还有其他几件精美的家具。不过,本杰明却肯定是因为核查人发现了自己精神上存在的"秘密缺陷":"很多年以来,我一直和被法国人称为'难以改正的坏习惯'(这是对手淫的委婉说法)的这个毛病进行斗争。我天生就具有的清教徒思想以及当时令人毛骨悚然的身体疾病加在一起,将我的这个坏习惯升级成为精神和生理上的大问题。"[5]

格雷厄姆和他的坏习惯最终一起来到了免学费的纽约城市大学,无人理会他,他也身无分文,认定这所大学的文凭无法让他在自己渴望的这个势利而又有教养的世界里飞黄腾达。两本借来的书被人从格雷厄姆的柜子里偷走了,他必须出钱把书补回去,这成了压倒格雷厄姆的最后一根稻草,因为他根本没有零用钱。他退学了,找了一份装配门铃的工作。他一边工作,一边在心里吟诵《埃涅伊德》(*Aeneid*)和《鲁拜集》

(*Rubaiyat*），甚至在检查运货单的时候，他都能在脑子里自娱自乐地创作十四行诗。最后，他又申请了一次哥伦比亚大学，而这次他得到了之前被拒绝的奖学金——事后发现上次是因为一位职员搞错了。在哥伦比亚大学，格雷厄姆成了学生明星。毕业的时候，他拒绝了法学院的奖学金，也没有接受去哲学、数学或者英语院系当老师的工作，而是听从院长的建议，进入了广告业。[6]

格雷厄姆的幽默感总有一种讽刺挖苦的倾向。他第一次写韵律诗是给卡博纳公司的洗衣液写的，不过，结果是被弃而不用。因为对客户来说，这首诗太过骇人：

威诺娜有一位年轻的姑娘，
她从未听闻过卡博纳，
她用一罐苯洗衣，
她可怜的双亲现在真为她遗憾。

过了这段时期之后，哥伦比亚大学校长推荐格雷厄姆去纽伯格·汉德森·洛比经纪公司工作。关于华尔街，格雷厄姆说："我只是道听途说，以及从小说里知道华尔街的，我觉得它是一个令人激动的戏剧舞台。我非常急切地想参加它那些神秘的仪式和重大的事件。"

1914年，格雷厄姆从华尔街的最底层做起，周薪12美元，跑腿送消息。之后，他当上了助理信息员，在客户室里急速来回走动，改写黑板上的股票报价。通过传统的华尔街职业路线，格雷厄姆把这些工作提升为一项事业：他在一旁进行研究，然后某一天，一个场内经纪人把格雷厄姆写的一份报告——调低密苏里太平洋铁路债券的估值，给了巴切公司的一位合伙人，这人之后聘用格雷厄姆当了统计分析员。[7] 多年后，格雷厄姆以合伙人的身份回到纽伯格·汉德森·洛比公司，一直待到1923年。接着，一群出资人，其中包括罗森瓦德家族的成员（西尔斯的早期合伙人），用25万美元的创业资本吸引他离开公司自己干，这笔钱能让格雷厄姆开创自己的事业。

格雷厄姆在 1925 年关闭了这家企业，因为他和出资人在他的薪金问题上无法达成一致。1926 年 1 月 1 日，他以 45 万美元的资金创立了"本杰明·格雷厄姆联合账户"，资金来自客户和自有资产。不久之后，其中一个客户的兄弟杰里·纽曼愿意投资公司，并成为格雷厄姆的合伙人。他不拿分文工资，一直到他学会公司业务，并给公司带来了利润。不过，格雷厄姆坚持付给纽曼工资。纽曼为合伙公司带来了广博的商业常识以及管理技巧。

1932 年，格雷厄姆在《福布斯》上写了一系列文章，其中有一篇是《难道美国企业更应关闭而非生存》。在这篇文章中，他批评公司管理层只知道坐拥现金、坐等投资机会，而投资者却无视这些股价无法反映的价值。格雷厄姆知道如何发现和提炼出公司的价值，但是他有资金方面的麻烦。因为股票市场的损失，联合账户的资金从 250 万美元下跌到了 37.5 万美元（已考虑了分红、赎回和亏损），格雷厄姆认为自己有责任弥补合伙人的损失，但这意味着不得不让现有资金增长两倍多。要让联合账户继续存活下去，就需要有人投入一些资金。杰里·纽曼的岳父投资了 5 万美元，拯救了他们。1935 年 12 月，格雷厄姆果真令资金增长了两倍，把亏损都赚了回来。

因为税务原因，1936 年，格雷厄姆和纽曼将公司重组为两家公司——格雷厄姆-纽曼公司和纽曼-格雷厄姆公司。[8]格雷厄姆-纽曼公司收取固定费用，向公众发行在交易所交易的股票。纽曼-格雷厄姆公司则是一家对冲基金，一家私有的有限合伙公司，其合伙人个个经验老到，按照管理人业绩向格雷厄姆和纽曼支付酬劳。

虽然格雷厄姆在他的回忆录里指名道姓地说杰里·纽曼缺乏"亲和力"、要求苛刻、没有耐性、吹毛求疵，在谈判时总是过于强势，但是，这两人还是一直合作了 30 年。而纽曼认为格雷厄姆"非常不受人欢迎，即使是在他那数量众多的朋友圈里"，"经常和合作同伴发生争吵"，而自己最后总能修复关系。他和格雷厄姆的长期相处相容得益于格雷厄姆的保护性外衣，其他人的行为似乎从来不能干扰格雷厄姆的镇定。

一次例外是格雷厄姆和一家知名公司的管理层发生争执。在对州际贸易委员会公开发布的报告进行认真而勤勉的研究之后，他发现北方石油管道公司除了管道运输资产外，还拥有价值95美元/股的铁路债券，而这家石油运输公司的股票价格是65美元/股。不过，控制该股票的洛克菲勒基金并没有向股东透露有关该铁路债券价值的消息。股票的价格低迷，并没有反映出债券的价值，因此格雷厄姆开始悄悄买入股票，直到他的公司成为仅次于洛克菲勒基金的第二大股东。然后，他积极推动公司管理层向股东发售这些债券。北方石油管道公司是1911年破产后由标准石油公司接管的，其管理层均来自标准石油。他们和格雷厄姆兜圈子，表示公司需要留着这些债券，以便日后有能力更新老旧的石油管道。但是格雷厄姆对这些情况了解得比他们更透彻。最后，管理层干脆就这么回复：经营石油管道是一项既复杂又专业的事，你知之甚少，而我们已干了一辈子。如果你不同意我们的公司经营策略，那何不卖掉你的股份？

不过，格雷厄姆认为自己服务于公司的全体投资者，而不是他自己。所以，他没有卖掉自己的股份，而是去宾夕法尼亚州的石油城参加股东大会，在会上，他是唯一一名公司职员以外的人。他提出了对铁路债券的建议，但是管理层拒绝认可，因为没有第二个人支持他的建议。在和格雷厄姆的交锋中，管理层的做法也让他感觉到有些反犹太气息，这令他很难放弃这场战斗。在此后的一年时间里，格雷厄姆和其他投资者一起又额外购买了一些股份，准备以法律手段和管理层作战——投票表决权之战。到下一次股东大会召开的时候，格雷厄姆已经购买、积攒了足够的投票权，让另外两人进入董事会，从而倾斜了董事会天平。公司同意了格雷厄姆的提案，最后向股东派发了相当于每股价值110美元的现金和股票。

此战闻名华尔街，而格雷厄姆则继续将他的格雷厄姆–纽曼公司打造成为虽非业内最大，但却最知名的投资公司。

他令公司声名鹊起，即使这对公司的业绩产生了负面影响。他的教学直接取材于格雷厄姆-纽曼公司的案例。每次他在课堂上提到某只股票,学生都会跑去购买这只股票,从而推高股价,令格雷厄姆-纽曼公司的购买成本更高。这让杰里·纽曼有点儿抓狂。为什么要让其他人参与到公司正在做的买卖当中,从而增加公司业务的难度?要在华尔街上挣钱就意味着你得严守你的理念和想法。不过,正如巴菲特所说,"本杰明并不真的在意他所拥有的财富数量。他的确想要足够多的钱,因为他经历过1929—1933年这段艰苦的时期。不过,如果他认为他的钱已经满足需要了,那么,对他来说,其他任何事情就完全失去了物质意义"。

在格雷厄姆-纽曼公司20年的经营期里,它的年收益率比股市的业绩表现高出2.5%——在华尔街的历史上,只有少数人能打破这个纪录。2.5%这个数字听起来也许微不足道,但是经过20年的复利,这就意味着,格雷厄姆-纽曼公司的投资者,最后能比那些获得市场平均收益的人多赚65%。更重要的是,格雷厄姆获得这些超高收益的同时所面临的风险还比那些只投资股票市场的人低。

格雷厄姆主要通过他的数字分析技巧来获得高收益率。在他之前,评估证券的价值很大程度上都是在猜测。格雷厄姆首创了一套精密的系统方法来分析股票的价值,他喜欢只分析公开信息——通常是一家公司的财务报表,而即便是公司管理层的公开会议,他也很少参加。[9]虽然他的助手沃尔特·施洛斯参加过马歇尔·韦尔斯公司的股东大会,但这是施洛斯自己的想法,并不是格雷厄姆的授意。

每个周四下午收市之后,格雷厄姆的第三任太太埃斯蒂开车带他离开华尔街55号格雷厄姆-纽曼公司的办公室去哥伦比亚大学,给"普通股估值班"上课。这门课程是哥伦比亚大学的一门顶级金融课,因此,只有声誉很高且正在从事资金管理工作的人才能教授此课。

当然,沃伦带着崇拜和敬畏仰望着格雷厄姆。他在10岁的时候——早在他了解本杰明·格雷厄姆在投资界是何许人之前——就读过北方石油管道公司的故事。如今,他希望能和他的老师互有往来。不过,在课堂之外,沃伦和格雷厄姆鲜有共同兴趣。格雷厄姆涉猎人文、社会和自然科学等领域。他写诗，是个众所周知的失败的百老汇剧作家。他还在好几本笔记本上写满了笨拙的发明想法。他还全身心地去舞厅跳舞，在亚瑟·默里的工作室里，他脚步笨重地舞动了数年，跳起舞来仍像肢体僵硬的士兵，还高声数出舞步。在晚餐宴会上，他经常中途消失，跑去演算他的数学公式、读普鲁斯特（法文），或者独自一人去听歌剧。他宁愿做这些事也不愿和无趣的公司同事待在一块儿受罪。[10]"我记得我学过的东西，"他在回忆录里写道，"却记不住我生活里的事。"一个例外是，他把约会看得比学习要重。

一个人如果要与一流作者竞争以吸引格雷厄姆的注意，那么，唯一的途径是这人是一名女性，而且主题是性。格雷厄姆个子矮小，也没有堂堂仪表，不过人们告诉他，他那性感丰满的嘴唇和具有穿透力的蓝眼睛会让他们想起爱德华·罗宾逊。[11]他的五官有些部分使他像一只小精灵，但他长相并不英俊。不过，对喜欢挑战的女性来说，格雷厄姆似乎是珠穆朗玛峰：她们遇到他，就想登顶。

就格雷厄姆的三任太太而言，他的偏好变化极大：从充满热情、意志坚定的教师海兹尔·马左，到百老汇的歌舞女郎卡罗尔·维德——比他小18岁——再到第三任妻子，他的前任秘书，聪明智慧、无忧无虑的埃斯特尔·埃斯蒂·梅辛。复杂的三段婚姻源于他对一夫一妻制的完全漠视。格雷厄姆后来在他的回忆录[12]里这样开头："让我以最认真、最严肃、最清醒的方式来描述我的第一段出轨。"6句话之后，他开始用尖刻的语言说明这段关系，"一点儿也不漂亮的"珍妮只有"20%的吸引力，80%的机会"。如果她的吸引力大一点儿，他在同他喜欢的女性发展性关系的时候，有失体面、恼羞成怒的机会就会少一点儿。结合格雷厄姆的两大嗜好看，他也许还为在地铁上遇到的心仪女性匆忙写过引诱性的小诗。不过，他太理性了，就算是他的爱慕者，要赢得他的目光也肯定是一大挑战。回忆录里的随后一段文字快速从婚外情转向商业，这才是真正的格雷厄姆。[13]

她有一艘汽船，在这艘船的船舱里，我们度过了最后一小时，记忆令人感伤（我当时几乎没有想到过，我的公司之后会控股这家老式的汽船运输公司）。

对格雷厄姆的太太们而言，他的花心简直令人发狂。不过，沃伦当时对格雷厄姆的私生活一无所知，他一心一意地想着能从才华横溢的老师那里学到东西。1951年1月，在格雷厄姆课程的第一天，沃伦走进了一间摆放了一张长方桌的狭小教室。格雷厄姆坐在中间，周围坐着十八九个人。大部分学生的年纪都比较大，还有一些是退伍老兵。有一半人不是哥伦比亚大学的学生，而是旁听这门课的生意人。沃伦又一次成了最小的一个，不过也是知识最丰富的一个。沃伦的同学杰克·亚历山大回忆说，[14]当格雷厄姆发问的时候，沃伦必然是"第一个举手，并立马开口发言的人"。班级的其他人都变成了本杰明和沃伦的"二重奏"的听众。

1951年，很多美国企业仍然处于极不景气的状态。格雷厄姆鼓励学生用股票市场的现实案例来解释这类低迷、无人问津的公司，比如格瑞夫兄弟桶业公司，这是一家制桶公司，沃伦有它的股票。这家公司的主营业务正缓慢衰退，不过，如果卖掉其资产和库存，并偿付负债，相对于由此而得的现金而言，其股票的价格还是存在很大的折扣。最后，格雷厄姆得出结论，公司的内在价值会得到体现，正如随河水漂流的木桶在冬天会被冰层覆盖，而在春天解冻时，会突然露出水面一样。你只能通过解读资产负债表，解密这些证明冰层下藏着一桶财富的数字。

格雷厄姆说，企业和人没有什么不同，一个人会认为自己的净资产是7 000美元——价值50 000美元的房子，减去45 000美元的抵押贷款，加上其他储蓄2 000美元。和人一样，企业有属于自己的资产，比如它生产并销售的产品，也有要支付的债务，即负债。卖掉所有资产并支付债务，剩下的就是公司的股东权益，或者叫净资产。如果有人以某个价格购买了股票，这个价格所反映的公司价值比它的净资产还要便宜，那么格雷厄姆认为，最终——"最终"是个很狡猾的用词——股票价格会上涨以反映企业的内在价值。[15]

这听起来简单，但是证券分析的艺术在于细节，要扮演侦探，侦测出资产的真正价值，发掘被隐藏的资产和负债，思考公司能挣到什么或者不能挣到什么，要拆解细则条款，发现股东的权利。格雷厄姆的学生都知道，股票并不是抽象的几页股票凭证，它们的价值可以被分析出来——先计算整个业务的价值，然后再分成几小部分。

不过，最复杂的问题在于"最终"这个问题。股票交易价格通常在很长一段时间里都与其内在价值不一致。一名分析师可以对所有问题做出正确的计算，但从市场的角度，终其一生的投资生涯，他仍会出错。这也就是为什么要在扮演侦探的同时，你还得拥有格雷厄姆和多德所称的安全边际——也就是可供出错的足够空间。

格雷厄姆的方法或许能打动研究这种方法的人。有的人能立刻领会，将之作为一种非常巧妙的寻宝之法，而有的人则将其视为沉闷的作业而畏缩退避。沃伦的反应就如一个在山洞里度过了一生的人，从山洞中出来第一次感知到现实时，在阳光下眨着眼睛。[16]沃伦之前的"股票"概念来自股票凭证交易价格的波动。如今，他将这些股票凭证看作未必能反映公司真实状况的简单符号。他立即就明白，这些纸质凭证并不是一只"股票"的象征，就像小时候一堆堆的瓶盖并不代表那些冒着泡、有不同口味、人们很想喝的汽水一样。他以前的想法瞬间消失，他一下被格雷厄姆的理念征服，并从格雷厄姆的教学方法中获得了启示。

格雷厄姆在课堂上采用各种很巧妙、很有效果的"诡计"，他会"埋伏"两个问题，一次问一个。他的学生认为他们知道第一个问题的答案，但当第二个问题随后而来的时候，他们就意识到自己可能并不知道问题的答案。格雷厄姆会描述两家公司，一家公司状况很糟，差不多要破产了，而另一家状况良好。在请全班分析这两家公司之后，他会揭晓结果：其实是不同时期的同一家公司。所有人都对此惊讶不已。这些都是关于独立思考的教训，令人记忆深刻，尤其是格雷厄姆的思维方式。

除了"公司A、B"的教学方法之外,格雷厄姆还常常讨论两类事实真相问题。事实1是绝对和肯定存在的,事实2是经证实和确认的。如果有足够多的人认为一家公司的股票值X元,那么价格就会变成X元,除非有足够多的人认为其股票值另外的价钱。然而,这并未影响股票的内在价值——事实1。因此,格雷厄姆的投资方法并不是简单地购买便宜的股票。这一投资方法不折不扣地源于对心理学的了解,这种方式的使用者可以避免因情绪波动而影响决策。

在格雷厄姆的课堂上,沃伦学到了三大主要原则:

• 一只股票是拥有一家企业一小部分的权利,是你愿意为整个企业所支付价格的某一部分。

• 使用安全边际。投资是建立在估计和不确定性的基础之上的,大范围的安全边际保证了不会因为误差而导致失败。最重要的是,前进的方法首先是不要后退。

• "市场先生"是你的仆人,而不是你的主人。格雷厄姆假设了一个喜怒无常的角色叫"市场先生",他每天都会提供股票买卖的机会,而这些价格经常都是不合理的。"市场先生"的情绪不应该影响你对价格的看法。不过,他真的会一次又一次地提供低买高卖的机会。

在以上观点中,安全边际的观点最重要。一股股票可能是一家公司的一部分所有权,而你可以评估股票的内在价值,但是,有了安全边际,你就可以高枕无忧。格雷厄姆用不同的方法构成他的安全边际。在购买价格远远低于他所认为的价值的股票时,他也从来不会忘记债务风险。虽然20世纪50年代成为美国历史上最繁华的时代之一,但是格雷厄姆早期的经历让他心有余悸,并让他养成了假设最坏可能的习惯。从他在1932年发表于《福布斯》的文章可以看出,格雷厄姆看待企业时更多考虑的是倒闭价值而不是存活价值,并多以公司已经倒闭,即关门并被清算时的价值来思考一只股票的价值。格雷厄姆总是暗暗回顾20世纪30年代,当时有非常多的企业倒闭。他一直让公司保持小规模运作,部分原因就在于他非常厌恶风险。他很少过多地购买任何公司的股票，无论公司经营得多完美。[17]这表示格雷厄姆的投资公司持有大批公司的股票，需要精心管理。这无数股票的售出价的确低于企业的破产清盘价值，令巴菲特成了格雷厄姆的狂热追随者。但是，他并不赞成格雷厄姆购买如此多企业的股票。巴菲特把自己的所有资金都投到一只股票上："本杰明总是告诉我，GEICO的价格太高了。以他的标准，GEICO并不是应该购买的股票。不过，到1951年底，我还是把自己75%左右的资产都投资到了GEICO。"无论如何，沃伦还是很崇拜他的老师，即使他并不非常赞同格雷厄姆的某一个理念。

随着春季学期一天天过去，沃伦的同班同学逐渐接受了教室里的"二重奏"常规剧目。杰克·亚历山大说，沃伦"是个非常专心致志的人，他可以专注得像一只聚光灯，几乎是一天24小时、一周7天保持专注，我都不知道他什么时候睡觉"。[18]沃伦能够引述格雷厄姆的投资案例，也能提出自己的投资案例。他常去哥伦比亚大学图书馆，看以前的旧报纸，一读就是好几个小时。

我会查找1929年的报纸，不过，我找不到足够的报纸。我什么都看，不只是关于商业和股票市场的。历史很有趣，而报纸上就有关于历史的东西，只需读一些段落、新闻，甚至是广告。报纸把你带进一个完全不同的世界，曾目睹历史的人会告诉你一切，而你如同真的生活在那个年代。

沃伦收集信息资料，剔除掉其他人的思维方式形成的偏见。他花很多时间阅读穆迪和标准普尔的手册，寻找股票。不过，格雷厄姆每周的课程是沃伦最为期盼的，甚于他所做的其他一切事情。他甚至说服信服自己的弗雷德·斯坦贝克加入进来，旁听一两堂课。

对班级里的其他人来说，沃伦和他老师之间的"化学效应"是显而易见的，有一个人特别留意到了沃伦。比尔·鲁安是基德尔·皮博迪公司的一位股票经纪人，在读了两本重要而难忘的书——《消费者的游艇在哪儿》和《证券分析》之后，他通过自己的母校哈佛商学院找到了格雷厄姆。鲁安喜欢讲关于他股票经纪工作的事情，虽然他总信誓旦旦地说他的第一职业选择是在广场酒店当电梯服务员，不过，一成不变的漫长等待让这一未来预期偏了轨。[19] 他和沃伦一拍即合。但是，无论是鲁安，还是格雷厄姆其他任何一个学生，包括沃伦在内，都不曾想过去看看格雷厄姆在课堂之外的样子。不过，沃伦总是找理由去拜访他刚刚认识的在格雷厄姆-纽曼公司的新朋友沃尔特·施洛斯。[20] 沃伦对施洛斯有了更多了解，知道他的妻子在婚后的大部分时间里都患有抑郁症，而他一直照顾着妻子。[21] 和戴维·多德一样，施洛斯非常忠诚，而且意志坚定，这都是巴菲特正在他人身上寻找的品质。他也羡慕施洛斯的工作。后者通过打扫厕所，能免费换取一件灰色的实验室风格的细棉质夹克，格雷厄姆-纽曼公司的每个人都穿着这种衣服。在他们填写表格（格雷厄姆需要用这些表格来验证股票是否符合自己的投资标准）的时候，这件衣服可以防止自己的衬衣袖子被弄脏。[22] 最重要的一点是，沃伦想要为格雷厄姆工作。

随着学期末的临近，班里的其他同学都忙着安排他们的未来。鲍勃·邓恩前往美国钢铁公司，这可能是当时美国最有声望的公司。几乎所有的年轻人都将努力在大工业公司里面向上爬作为通向成功之路。在艾森豪威尔领导的战后及大萧条后期的美国，安稳的工作非常重要，而美国人都相信，从政府到大企业，这些机构在本质上都是乐善好施的。在机构的蜂房里面找到一间巢室，并学会如何适应，这是人们通常的预期。

我觉得，班里没有一个人在思考美国钢铁公司是不是一家好公司。我的意思是说，这是一家大公司，但是他们并没有考虑过，他们正在登上哪一类"列车"。

沃伦脑子里有一个目标。他知道，如果格雷厄姆雇用了他，他会胜过其他人。虽然沃伦在很多事情上都缺乏自信，但在股票这个专业领域，他总是很有底气。他向格雷厄姆毛遂自荐，到格雷厄姆-纽曼公司工作。

即使是梦想到格雷厄姆这位大人物的公司工作，也需要胆识和勇气，不过，沃伦就是这么闯劲十足，毕竟，他是本杰明·格雷厄姆的明星学生，班里唯一一个得"A+"的人。如果沃尔特·施洛斯可以在那里工作，为什么他不可以？为了抓住这个机会，他提出可以无薪工作。他前往格雷厄姆的公司，请求得到一份工作，心里的自信远远胜过他乘车去芝加哥，接受哈佛商学院面试的时候。

格雷厄姆拒绝了他。

他人很好，只是说："看，沃伦，在华尔街，'白鞋'公司，即大型投资银行，不雇用犹太人。我们这里只有能力聘用为数不多的员工。因此，我们只用犹太人。"办公室里的两位女性雇员的确是犹太人，公司所有人都是犹太人。这有点儿像是格雷厄姆版本的"反优先雇用行动"[1]。事实是，50年代真的存在对犹太人极大的歧视，对此，我很理解。

巴菲特发现，对格雷厄姆，自己无法说出任何表示不满的话，即便在数年之后也是如此。当然，失望是难免的。格雷厄姆难道不能为他的得意门生破一次例雇用一个不花他一分钱的人吗？

将老师奉为神明的沃伦不得不接受这样一个现实，即格雷厄姆不认为与他存在个人交情，格雷厄姆认定了这点，因此他不会破例，即使沃伦是他的学生中最优秀的一位。沃伦并不称格雷厄姆的心意，至少暂时还没有。沃伦很灰心失望，一直到毕业时才再一次振作精神，踏上了列车。

不过沃伦还有两件聊以自慰的事，他回到奥马哈，感觉自己属于那里。在奥马哈，他更容易追求他的爱情，因为他遇到了一位奥马哈女孩，并爱上了她。和往常一样，他所喜欢的这个女孩还没喜欢上他。不过，这一次，沃伦下定决心要扭转她的心意。

---

[1] 1964年，约翰逊总统首次促使"反优先雇用行动"成为联邦法律，极大地推动了美国社会男女平等和种族平等，尤其是作为弱势和贫困主体的美国黑人、西语裔、亚裔和妇女。——译者注

18
内布拉斯加小姐

纽约，奥马哈 1950—1952 年

在和女孩交往方面，沃伦一直是个失败者。他很渴望有一位女朋友，但他与众不同的特质阻碍了他在这方面的诉求。"和女孩子们待在一起的时候，我是最害羞的一个，"他说，"不过，我对此的应对可能就是让自己变成一台说话机器。"一旦他把股票或政治话题都说完了，他就只能开始咕咕哝哝。他很害怕邀请女孩出来约会，当有女孩偶尔做了一些事，让他觉得自己不会被拒绝的时候，他就能鼓起勇气，但是一般而言，他的态度是，"她们为什么不来约我"。因此，在高中和大学期间，他并没有太多约会。而当他有约会的时候，总有些事似乎不太对劲儿。

有一次约会是和一个叫杰基·吉莉安的女孩去看棒球比赛，而高潮是在回家的路上，车撞上了一头奶牛。他带另一个女孩去高尔夫球场打球，结果也不顺利。[1] 开着灵车去接芭芭拉·威根德，用沃伦的话说，"真的有点儿令人绝望"。和像安·贝克这样害羞的女孩出去约会，他就像变哑了一样，一声不吭。他心里很没有把握，不知道该怎么做。女孩子们也不想听什么本杰明·格雷厄姆和安全边际。如果他和鲍比·沃利的关系连一垒都到不了——她整个夏天都在和沃伦约会——那他还有什么希望呢？他想，几乎没有什么希望,也许姑娘们也这么想。

最后,1950年,在沃伦回哥伦比亚大学前的那个夏天,沃伦的妹妹伯蒂为他和她在西北大学的室友安排了一次约会。对方是一个脸形圆圆、像洋娃娃一样的女孩,一头浅黑色的头发,名字叫苏珊·汤普森。[2]她比伯蒂大18个月,通过短时间的接触,她就给伯蒂留下了深刻的印象,是一个很善解人意的、特别的女孩。[3]沃伦一见到苏珊,立刻就被吸引住了,不过,他怀疑她好得不真实:"一开始,我认为她是装出来的。我被她迷住了,并打算追求她,我决心找到一个突破口。我只是不相信有人真的像她这样。"不过,苏珊对沃伦并不感兴趣,她爱着别人。

在沃伦出发去哥伦比亚大学之后,在《纽约邮报》的伊尔·威尔森的随笔专栏上,[4]他看到1949年的内布拉斯加小姐范尼塔·梅·布朗正住在韦伯斯特女性住宅区,[5]并和年轻的偶像歌手埃迪·费希尔在电视上表演。

范尼塔和沃伦同期在内布拉斯加大学读书,虽然直到现在她才引起沃伦的注意和追求。内心的一些感受战胜了沃伦的内向,魅力四射的内布拉斯加小姐在纽约生活,于是沃伦给住在韦伯斯特的范尼塔打了一通电话。

范尼塔"上钩"了,不久之后,他们就开始约会。沃伦了解到她的成长背景和自己没有任何相似之处。范尼塔长在南奥马哈的牲畜饲养场,放学后就在奥马哈冷藏库清洗鸡肉。她那可以上封面的身材,以及邻家女孩风格的脸蛋,令她离开了生长地。她在奥马哈的派拉蒙电影院找到一份引座员的工作,之后,她成功地利用喜欢展现自己的特点,在当地的选美大赛上摘得桂冠。巴菲特说:"我觉得,她天生的特质和性情迷倒了评委。"在获得了"内布拉斯加小姐"的头衔之后,她以"内布拉斯加公主"的身份代表内布拉斯加州参加了华盛顿特区的樱花节。然后,她离开华盛顿来到了纽约,拼命想要在演艺事业上取得成功。

虽然沃伦并不是那种会带女孩子去斯托克俱乐部共进晚餐,或者去科帕卡巴纳看演出的人,不过,范尼塔还是很欢迎自己的老乡。很快,这两人就一起游逛纽约的大街。两人都期盼着彼此的关系升温，因此，还去了大理石教堂，去听诺尔玛·文森特·皮尔博士的演讲——在自我提升领域，此君是享有名气的作家和演说家。在哈得孙河畔，沃伦用夏威夷四弦琴为范尼塔弹奏《甜甜的乔吉亚·布朗》，并随身带着奶酪三明治作为郊游的食物。

即使范尼塔很讨厌奶酪三明治，但她似乎很愿意一直和沃伦见面。[6] 沃伦发现范尼塔是个很有趣的人，而且反应敏捷，和她交谈就像是在玩儿嘴上乒乓。[7] 范尼塔浑身散发的绚丽光环令她具有如磁石般的吸引力。不过，范尼塔对沃伦的兴趣并没有蒙蔽沃伦，没有令他忘记自己毫无社交技巧。时光一年年过去，他对社交能力的提高越发感到绝望。他看到一则戴尔·卡内基的公开演讲课程的广告——沃伦很认同戴尔·卡内基，因为他的方法曾经帮助他与人更好地相处。于是，沃伦揣上100美元，去纽约听卡内基的这门课。

我去听戴尔·卡内基的课，因为我的社交适应能力让我痛苦万分。我到那儿，付了钱，但后来没有继续下去，因为我失去了勇气。

就沃伦对苏珊·汤普森的追求而言，他的社交缺陷不是什么好兆头，他整个秋天都在给苏珊写信。苏珊的反应并不令沃伦感到乐观，不过她也没让沃伦别去骚扰她。沃伦很快就想到一条策略，通过成为苏珊父母的朋友来接近他们的女儿。感恩节的时候，沃伦和他们一起去埃文斯顿市，看西北大学的橄榄球比赛。之后，他们三人和苏珊一起吃晚餐，不过，苏珊很早就甩下他们，出门约会去了。[8]

沃伦在假期后回到纽约，很气馁，但心里仍然迷恋苏珊。他还是继续和范尼塔见面。沃伦说："在我遇到的人中，她是最具想象力的一个。"

实际上，沃伦和范尼塔的约会开始游走于意外和风险的边缘。很多次，当霍华德在众议院讲话的时候，范尼塔都威胁沃伦说要去华盛顿，跪在霍华德面前，尖声大叫："你儿子是我未出世的孩子的父亲！"沃伦觉得她可能真的会这么干。还有一次，他们离开电影院，因为无法再看下去了，这时，她想象出这样一出场景：沃伦把她举起来，折叠好，塞进街角的铁丝网垃圾筒。她悬挂在那里，高声呼叫，而沃伦则大步离去。[9]

范尼塔漂亮又聪明，也很有趣，但同时，她也很危险。沃伦心知，和她纠缠得越来越深是一件危险的事儿。但是，与她的交往也确实令人感到激动，就像是用链条牵着一只豹子，看它能否成为一只乖巧的宠物。"范尼塔能够让自己的表现非常得体，要做到这点，她没有任何难处。唯一的问题在于，她是否想这么做。如果她不想令你难堪，那么你就无须杞人忧天。"

有一次，沃伦邀请范尼塔去纽约运动员俱乐部参加为弗兰克·马修斯举行的宴会。弗兰克是一位知名律师，同时也是海军部部长。一位美丽的内布拉斯加小姐挽着自己是一件很加分的事。马修斯也是内布拉斯加人，参加宴会的人全都是值得结交的人，沃伦也希望自己被人结识。在鸡尾酒会的时候，范尼塔真的让沃伦成了人们的话题。当沃伦介绍范尼塔是他的女伴后，范尼塔纠正了他的说法，并坚持说自己是他的妻子。"我不知道他为何这么做，"范尼塔说，"我令他颜面无光吗？你们也以我为耻吗？每次我们外出，他都假装我只是他的女朋友，其实我们已经结婚了。"

最后，沃伦意识到，虽然范尼塔想控制自己的所作所为时能做得很得体，但"事实是，她总是想要令我尴尬，她就喜欢这么对我"。然而，范尼塔身上散发着迷人的魅力，如果沃伦没有其他的人选，之后会发生什么事，谁都说不准。[10]

每次沃伦回到内布拉斯加的家里，只要苏珊·汤普森同意，他就去见她，虽然这样的情况不是太多。在沃伦看来，苏珊非常成熟，甚至有权威感，而且博爱。"苏珊比我要成熟得多。"沃伦说。他开始深深为苏珊而倾倒，并离开范尼塔，即便对苏珊而言，他"明显不是头号选择"。[11] "我的意图和想法非常清楚，"沃伦说，"不过，我就是无法打动她。"

对巴菲特一家而言，苏珊·汤普森家并不陌生，实际上，正是苏珊的父亲汤普森博士，一手策划了霍华德唯一一次失败的再竞选活动。不过，在大部分方面，他们和沃伦要多不同就有多不同。苏珊的母亲多萝西·汤普森身材娇小，长相甜美，待人温和、真诚，洞彻这个世界，在家里是个贤妻良母。她在下午6点分秒不差地将晚餐摆上饭桌，照顾她的丈夫威廉·汤普森博士和一家老小。威廉·汤普森个头矮小，有着一头很炫的银发。他总打着领结，穿着三件套的纯毛西服，通常是淡紫色、糖果粉红色或黄绿色的。他风头正劲，总是带着一种自信：自己正被人崇拜。他说，他抵得上"一长队的教师和传道士"。[12]

威廉·汤普森是奥马哈大学文理学院的院长，他在管理学院的同时还教授心理学课程。而作为助理体育主任，他还负责大学里的体育课程，并以一位前橄榄球运动员和体育迷的所有热忱管理着这些课程。这一角色令他出名到"镇上每个警察都认识他，因为他的驾驶方式"，巴菲特说，"这是一件好事"。威廉·汤普森还设计智商和心理测试题，并监督市里所有上学的孩子进行这方面的测试。[13]他并不在意在休息日打扰人们，并测试他们的小孩。每逢周日，他还会穿上圣命牧师的圣衣，在小小的艾文顿的基督教堂里用低沉而浑厚的声音非常缓慢地布道，而他的两个女儿则组成唱诗班。[14]在其他时间，威廉会向周围的人宣讲他的政治信仰——他的政治立场和霍华德很相似。

虽然汤普森博士坚持认为他的要求应立刻得到服从，但他在表达的时候还是带着和气的笑容。当他希望女性服侍他的时候，他会谈论女性的重要性。他的工作都是围绕着内在的自我，但很显然他未能成功。他对自己所爱的人跟得很紧，当他们离开他的视线时，他就变得紧张。他是一名焦虑的慢性抑郁症患者，他经常预想着会有某种灾祸降临到他关心的人身上。他很宠溺那些满足他苛刻要求的人。

汤普森的大女儿多蒂并不讨他的欢心。根据家里人的说法，在多蒂很小的时候，他特别不喜欢她，把她锁在壁橱里。[15]厚道的解释是，汤普森承受着要完成博士学业的压力，而女儿在旁边蹒跚学步，这种压力令他的行为有所失常。

多蒂7岁的时候，他们的二女儿苏珊出生了。多萝西·汤普森在看到多蒂以恶劣态度回应她父亲残酷、粗暴的养育方式之后，大概向丈夫声明说，"你养了那个女儿，我来负责另一个"。

苏珊自打出生起就体弱多病，她有过敏症，还有慢性耳炎。从出生到18个月大的这段时间，苏珊忍受了很多次的耳朵手术。她还深受风湿热的长期折磨。病痛曾使她在家待了四五个月，她都没能去上幼儿园中班。苏珊后来回忆说，在这段时间里，她只能看着她的朋友在窗外玩耍，虽然她很想和他们一起玩。[16]

在苏珊多病期间，汤普森一家经常哄着她、抱着她，给她安慰。她的父亲很溺爱她。"他一辈子也没远离她的身边，"沃伦说，"苏珊不会犯错，而多蒂做什么都是错，他们对多蒂太挑剔了。"

在一段家庭录像带里，4岁左右的苏珊嘴里大叫着"不"，支使着11岁的多蒂干这干那，她们当时正在玩一套茶具。[17]

当最后苏珊身体好转，不用再在家里当"囚犯"的时候，她并没有去运动或玩户外游戏，而是一直渴望交朋友。[18] 在她漫长的患病期间，她所错过的是与人交往。

"当你承受着痛苦的时候，"苏珊后来回忆，"解除痛苦给人自由，这真的令人向往。能解除痛苦太棒了，我在很小的时候就明白了。明白了这点，你就能够以简单的思维对待生活。然后，你就能与人相处，心里想，人可真奇妙啊。"[19]

随着苏珊逐渐长大，她还是保持着少女时期的圆脸，以及带有迷惑性的、无邪的磁性声音。在少女时期，她就读于奥马哈中心高中，这是一所包容性很强的学校，里面的学生有着不同的信仰和肤色。在20世纪40年代，这是很不一般的学校。虽然她被认为有些自命不凡，但是，她的同班同学回忆说她拥有来自各个群体的朋友。[20] 她精力充沛，很热情，再加上轻柔的说话方式，让人觉得带着一点儿"伪装"，甚至"有点儿过"。[21] 但是她的朋友说她一点儿也不虚假。苏珊的兴趣是发表演说和艺术表演，而不是学术研究。在中心高中的辩论队里，苏珊激情陈词，辩驳有力。人们由此发现，在政治立场方面，她与父亲相去甚远。苏珊在校园剧里的表演魅力四射，同时还在学校小歌剧里唱悦耳柔和的女低音，此外，她还是学校合唱团的台柱子。苏珊在《我们的心年轻而又无忧无虑》中扮演长相甜美但粗心大意的女一号，她的表演光彩照人，她的老师在数年后对此仍记忆犹新。[22] 事实上，苏珊的个性魅力和个人能力使她成为"最受欢迎"的人，让这个"守在家中的女孩"变成了校园甜心、中心高中校花，而且还促使班级同学选举她为班长。

苏珊的第一任男友是约翰·吉尔摩，一个文静、温和的男孩子，她公开表示了对他的爱慕。当约翰在中心高中成为苏珊的固定男友时，他要比她几乎高出1英尺。不过，尽管她像"小猫一样"，但还是镇得住他。[23]

在那几年，苏珊还曾和一个友好、聪明的男孩约会，她在一次新生辩论会上认识了他。男孩子名叫米尔顿·布朗，在康瑟尔布拉夫斯地区的托马斯·杰斐逊高中上学。米尔顿·布朗是一个高个子、黑头发的小伙子，总带着孩子般灿烂的笑容，笑意暖人。他们在整个高中期间每周见几次面。[24] 虽然苏珊的好朋友知道米尔顿，但继续作为她的固定男友去参加聚会和学校活动的仍然是吉尔摩。

苏珊的父亲不喜欢布朗，他父亲是俄罗斯和犹太人的混血，没受过教育的移民，是太平洋联合铁路公司的一名工人。有那么三四次，苏珊壮着胆子把米尔顿带到家里，汤普森博士对着他讲了一通罗斯福和杜鲁门，让他感到自己并不受欢迎。苏珊的父亲毫不掩饰自己插手女儿与犹太人约会的决心。[25] 和巴菲特一家人一样，汤普森博士带有典型的奥马哈人所具有的一切偏见。在奥马哈，不同种族和宗教圈子之间不会相互往来，如果一对夫妻具有不同的宗教信仰，那他们的日子可有的受了。不过，苏珊敢于打破这些世俗的界限——虽然与此同时，她得努力继续另一种生活，一个传统且颇受欢迎的高中女生的生活。

苏珊一直在这些起伏的波涛中航行，直到她上大学为止。此时，在伊利诺伊州埃文斯顿市的西北大学，她和米尔顿奔向自由，携手共进。在这里，她和伯蒂·巴菲特成为室友，两人都宣誓参加了姐妹会。伯蒂轻轻松松完成学业，而且立即被冠以"睡衣皇后"的桂冠。[26] 主修新闻专业的苏珊已经安排好自己的日程，以便自己差不多能天天见到米尔顿。

苏珊和米尔顿两人一起加入了"野猫会"，并在米尔顿收工之后约在图书馆见面——米尔顿为了支付自己的学费找了几份工作。[27] 苏珊选择与一个犹太男孩公开约会，这影响了她作为一名普通大学生的生活。她所在的姐妹会禁止她带米尔顿参加舞会，因为米尔顿参加了一个犹太兄弟会。苏珊虽然觉得受到了伤害，但是并没有退出姐妹会。[28] 不过，苏珊和米尔顿开始学习禅宗，希望找到一种宗教信仰，能够反映他俩共同的精神信念。[29]

沃伦对这一切毫不知情，仍然去埃文斯顿市做白费力气的"感恩节之行"，还有就是每到寒假，在奥马哈的时候去见苏珊。这个时候，沃伦已经决定要正式追求苏珊，因为苏珊具备他一直找寻的女性特质。苏珊认为自己是"少有的幸运儿之一，成长过程中，一直觉得自己在无条件享受他人的关爱"。[30] 不过，她愿意奉献无条件之爱的对象是米尔顿·布朗。

1951年春，大学二年级的时候，米尔顿被选为班长，伯蒂是副班长。每次苏珊收到家里的来信，要求和米尔顿断绝关系，她都会哭。伯蒂知道事情的发展状况，但苏珊并没有什么都告诉她，即使她们已经成为朋友。[31] 她似乎有法子不让任何人进入她内心。临近期末的一天，苏珊和伯蒂待在宿舍里，然后电话响了，是汤普森博士，他命令苏珊："马上回家。"他想要苏珊离开米尔顿，他告诉苏珊，秋天她不会再回到西北大学。苏珊彻底崩溃了，呜咽哭泣，但是她父亲的决定没有任何回旋余地。

沃伦那个春天从哥伦比亚大学毕业，也回到了奥马哈。父母远在华盛顿，因此沃伦住在父母的房子里。不过，他回来之后，不得不把第一个夏天的部分时间用来完成国民警卫队的服役。虽然他并不是特别适合国民警卫队，但是，这要比其他选择好，比如去朝鲜参加战争。然而，国民警卫队要求他每年要有几周时间，去参加在威斯康星州拉克罗斯举行的训练营。然而训练营丝毫没有提高沃伦的成熟度。

在国民警卫队,一开始,那些家伙对我疑虑重重,因为我的父亲在国会。他们认为我会是那种"1号人物"之类的厉害角色,但是,这种想法没持续多久。

这是一个非常民主化的组织。我的意思是,你在外面做过什么并不重要。要待在这里,你只能做一件事,就是看连环画。到了那里差不多一个小时之后,我就开始看连环画。其他所有人都在看,为什么我不看?然后,我的词汇量缩减为4个词,你能想到它们是什么吧。

我学到一点,即与比你优秀的人待在一起是一件很有收获的事,因为你会得到提高。如果你周围都是不如你的人,很快,你就会顺着竿儿往下滑。事情就是这样。

沃伦一从国民警卫队训练营回来,上述经历就让他再一次发誓要提高自己的交际能力。"我很害怕发表公开演讲。如果我必须得这么做,你无法想象我的表现和样子。我非常恐惧,以至于我就是做不好,我想放弃。实际上,我安排自己的生活,好让自己无须被迫在任何人面前起身说话。毕业后回到奥马哈,我看到了另一则广告。我知道有时候总得在人前发言。我极其苦恼,结果又报名参加了一门课程,就是为了摆脱这种痛苦。"在公开场合说话并不是他唯一的目标,要赢得苏珊·汤普森的芳心,他总得能和苏珊交谈。虽然追求到苏珊很难,但是,沃伦愿意做任何事来实现目标,这个夏天也许是他最后的机会。

参加戴尔·卡内基课程的人在罗马饭店碰头,这里是牧场主的最爱。"我带了100美元的现金,把这笔钱交给讲师沃利·基能,对他说:'在我改变主意前,把钱拿走'。"

我们那里大概有25—30个人。我们全都带着这种恐惧,没有说自己的名字,全都站在那里,彼此之间也不交谈。这时,有一件事让我印象很深,在一次性见过我们所有人以后,沃利就能够记住并很快说出我们所有人的名字。他是一位好老师，他想教会我们记忆的技巧，但我从来没学会过。

他给了我们一本关于演讲的书——主题演讲、选举演讲、副州长演讲等，要我们每周都进行这些演说。这本书的作用是让你学会战胜自己。我是想说，为什么在5分钟前你能够单独和某人谈话，然后在一群人面前就僵硬无语呢？因此，他们会教你一些心理方法来战胜这一困难。其中有一些方法就是练习，我们真的是相互帮助、共同克服。方法生效了，这是我所获得的最重要的知识。

不过，沃伦还是无法把新学到的技巧用在苏珊身上——她是一个很少见的女孩。沃伦心知汤普森博士对他女儿的影响，因而每晚都带着夏威夷四弦琴去苏珊家，以打动苏珊的父亲，而不是直接取悦她。"她还是会和其他人出去，"沃伦说，"我去她家里，根本无事可做。因此，我和苏珊的父亲打交道，我们会聊一些事。"汤普森博士喜欢夏日，在炎热的7月的夜晚，他会穿着颜色鲜艳的毛料三件套西装，坐在遮阴的门廊上，而这个时候苏珊则悄悄出去和米尔顿约会。汤普森博士弹奏曼陀林，而沃伦边流汗边唱歌，用夏威夷四弦琴伴奏。

和汤普森博士相处，沃伦觉得很舒服，因为他的风格令沃伦想起来自己父亲的观点：世界是怎么因为民主党而毁灭的？惠特克·钱伯斯的自传《目击者》刚刚出版，这本书讲述了惠特克从一名共产党国家间谍转变为冷战时期一个反共人士的故事。沃伦带着极大的兴趣看了这本书，有部分原因就是这本书写到了阿尔杰·希斯。钱伯斯指控希斯充当共产党国家的间谍，然而巴菲特一家的政治敌人、杜鲁门的支持者对这一控告不以为然，只有理查德·尼克松这位众议院非美活动调查委员会（HUAC）的年轻参议员追着希斯不放，并在1950年1月让希斯被判伪证罪。这是汤普森博士永远咀嚼不尽的政治素材。不过，和霍华德不同的是，汤普森博士也谈论体育方面的事。他没有儿子，他认为沃伦是自泡泡糖出现以来最好的事物。[32]沃伦很聪明，是新教徒，是共和党人，最重要的一点是，不是米尔顿·布朗。

汤普森博士的支持的加分效应并不像看起来那么大。在捕获苏珊芳心这方面，沃伦又迎头碰壁。她不在意他下垂的袜子和廉价的西装，而是不喜欢他的其他方面。沃伦与她交往的身份是众议员的儿子，别人眼里的"特别之人"，一个各方面都很优秀的男孩——研究生学历和一笔不少的钱，一个显然正迈向成功的小伙子。沃伦一直谈论股票，而她根本不关心这个话题。还有，沃伦让约会变有趣的方法是讲一些事先准备好的笑话、谜语和思考题。而她父亲对沃伦的喜爱则令她认为沃伦是父亲控制干预的延伸。汤普森博士"实际上是在把苏珊推给沃伦"[33]。

作为一名犹太人，就要面对这种身份所产生的偏见和不公，米尔顿就承受着这份痛苦。米尔顿更有吸引力的另一个原因是，他是苏珊父亲不喜欢的人。

那个夏天，米尔顿正在康瑟尔布拉夫斯渔具店工作。然后，他收到一封来自西北大学的信，通知学费上调。米尔顿意识到自己无法再负担回西北大学读书的费用，于是，他来到巴菲特家，交给副班长伯蒂一封信，上面说自己会转到艾奥瓦大学。[34]而苏珊在秋天已经进入奥马哈大学。到了这个时候，她和米尔顿不得不承认，因为父亲的原因，他们的关系已经"断断续续"。整个夏天，苏珊都以泪洗面。

与此同时，虽然苏珊一开始对沃伦不感兴趣，但是如果她不想了解这个人的全部，她从来不会在他身上花一分钟时间。苏珊很快就意识到她的第一印象错了，沃伦并不是她所认为的享有特权、傲慢而自信的人。沃伦回忆说，"我过得很糟糕"。他战战兢兢地处于神经崩溃的边缘。"我觉得自己形单影只，是个社交低能儿。但实质上，我是把不准生活的脉搏。"苏珊的朋友也注意到了沃伦自信的外表下的弱点，苏珊逐渐认识到沃伦内心的自卑。[35]谈论股票时的自信、天才的光环，以及能弹奏夏威夷四弦琴，所有这一切都包藏着脆弱和需要他人的内在：一个男孩整日笼罩在忧伤之下，踌躇困惑，不知所措。"我一片混乱，"沃伦说，"苏珊看穿了我的部分内心，她如何做到这一点令人难以置信。"沃伦后来说，苏珊需要把他变成一个理由——对苏珊而言，他足够"犹太人"，但同时对她的父亲而言，又不会太"犹太人"。因此，她的想法开始有所转变。

沃伦对其他人的穿着几乎像瞎子一样视而不见——即使对女性也如此，但他如今非常爱苏珊，因而注意到了她的衣着。沃伦从不会忘记他们约会时苏珊穿的蓝色套装，或者是他称为"报纸装"的黑白印刷风格的衣服。[36] 在牡丹公园的亭子里，四周飞舞着萤火虫，两人随着格伦·米勒的曲子跌跌绊绊地跳舞，沃伦还没有学会跳舞，所以，只能尽自己最大的努力。"我做她要求的任何事，"沃伦说，"我还会同意她把蚯蚓放在我的背上。"

劳动节，沃伦带苏珊去游园会，此时他们已出双入对。苏珊在大学完成注册，成了新闻专业二年级学生，同时还报名参加了辩论队[37]，以及团队动力学研究协会，一个心理学团体。[38]

1951年10月，沃伦带着他最为自作聪明的风格，给他的多萝西·斯塔尔姨妈写信："和女孩的交往正处于火热的状态……当地一个女孩已经深深把我给迷住。只要我一从（叔叔）弗雷德和你那里得到鼓励和首肯，我也许可以进一步推进我们的关系。这个女孩就一点不好，她丝毫不懂股票。而在其他方面，她真是无与伦比。不过，我想我可以不在乎她的这个缺点。"[39]

谨慎的"有所推进"是正确的做法，沃伦为此打起了十二分精神。他没有提出结婚，而"只是假定，并不停地说起这事"。而对苏珊而言，她"意识到自己被选中了"，虽然"她并不确定这一切是如何发生的"。[40]

沃伦很是得意扬扬，定期去参加他的戴尔·卡内基课程班。"那一周我赢得了铅笔。如果你完成了很有难度的事，以及做了最多的训练，他们就用铅笔作为奖品。我得到铅笔奖励的那周向苏珊求婚了。"

之后，苏珊写了一封又长又伤心的信给米尔顿·布朗，告诉他自己将要结婚的消息。布朗惊呆了，他知道苏珊和沃伦出去约会过几次，但是他没把他们的约会真当成一回事。[41]

沃伦把婚讯告诉苏珊的父亲，希望得到他的同意和祝福。沃伦事先就知道，这不是什么难事。不过，汤普森博士花了一点儿时间才表示同意。他的开场白是说哈里·杜鲁门和民主党人正在葬送国家。战后，美国通过马歇尔计划和柏林空运计划[42]把钱倾入欧洲，这就是罗斯福的政策仍然阴魂不散的证据，同时也说明杜鲁门正让国家陷入破产境地。看看在杜鲁门解除部分军事武力之后，苏联是如何掌握原子弹的。参议员乔·麦卡锡所领导的众议院非美活动调查委员会就证明了汤普森博士一直以来都知道的事，政府被共产党蒙蔽了。众议院非美活动调查委员会发现共产党到处都是，在和共产党打交道方面，政府完全一败涂地，甚至更糟。在麦克阿瑟将军反复游说杜鲁门成功后，杜鲁门却解除了英勇的麦克阿瑟将军的职务。他的这一决定永远不能被饶恕，股票正在成为一文不值的纸片。因此，沃伦想要从事股票行业的计划正在泡汤。不过，当女儿挨饿的时候，汤普森博士不会怪罪沃伦，他是一个聪明的好小伙。如果不是民主党正在摧毁国家，沃伦可能会把一切都做得很好。等待着苏珊的悲惨未来不是沃伦的错。

  沃伦很早就适应了他父亲和苏珊父亲的这类谈话，他耐心地等待着那个关键的词——"同意"。三个小时后，汤普森博士结束谈话，得出了结论，表示同意。[43]

  感恩节的时候，苏珊和沃伦决定在第二年4月举行婚礼。

19
怯 场

奥马哈　1951年夏—1952年春

虽然沃伦对自己毫不怀疑，可他能理解汤普森博士对他如何养活一个家庭的担心。因为他不能在格雷厄姆-纽曼公司工作，所以他下决心要成为一个股票经纪人，而且是在奥马哈，这个远离华尔街的地方。按照一般的常识，如果你想在股票市场赚钱，纽约才是最合适的地方，所以沃伦的决定非同寻常。但是远离华尔街的条条框框会让他觉得自由，同时他也想和他的父亲一起工作，而且苏珊也在奥马哈——沃伦从不喜欢离家很远。

差不多在21岁时，沃伦已经对自己的投资能力超级自信。到1951年底，他已经将他的资产从9 804美元增值到19 738美元，也就是说，他在一年之内赚了75%的投资利润。[1]虽然他咨询过他的父亲和本杰明·格雷厄姆，可让他吃惊的是，两个人都表示，"也许你要等上几年"。格雷厄姆一如既往地认为这个市场上的股价太高了。而霍华德持悲观态度，他喜欢矿业类股、黄金类股或者其他可以抵御通胀的投资产品。他不认为其他任何一种投资将会是好的投资，所以他很担心儿子的将来。

这些对沃伦而言都没有意义，因为自1929年以来，商业价值得到了巨大增长。

当市场被高估时，这绝对是你在其他时间所见事实的反效果。我已经研究过这些公司，我就是不明白你们为什么不想去拥有它们。这是在微观的层面上，不是对经济增长或者类似的什么进行评估。我是在和微观的钱打交道。在我看来，不去拥有它们简直是疯了。可是在另外一端有格雷厄姆和我的父亲，格雷厄姆用他高达200的智商和所有经验告诉我要等待，而我的父亲，如果他叫我从窗户跳出去，我是一定会照做的。

然而，他仍然做出了挑战两位权威人士的决定，于他而言，这是很重要的一步，这要求他考虑自己的判断优于他们判断的可能性，以及他最深深尊敬的两个人的思考是否不够合理。他依然确信自己是正确的。如果他的父亲让他从窗户跳出去，他也许真的会做——不过如果这意味着丢弃满是便宜股票的《穆迪手册》，那他可不干。

事实上，他看到的机会太多了，因此他们第一次认为应该借钱投资。他愿意承担等于他资本净值1/4的债务。

我缺钱，如果我对一只股票很上心，那我就不得不卖掉一些其他的股票。我厌恶借钱，不过我还是从奥马哈国民银行贷了大约5 000美元。因为我还不满21岁，所以我父亲不得不为这笔贷款联合署名。银行家戴维斯先生把整个过程搞得像个成年仪式。他说了类似这样的话，"现在你是一个男人了"，然后又提到了5 000美元，"这是个神圣的责任，我们知道你已经具备了将它还回来的能力"。整个过程持续了半个小时，而我就一直坐在那张大桌子的旁边。

霍华德也许觉得为儿子的贷款联合署名既骄傲又有点儿愚蠢，因为沃伦成为一名生意人已经至少12年了。既然沃伦已经下定决心，霍华德愿意带他去自己的巴菲特-福克公司，同时建议他先去当地著名的柯克帕特里克·佩蒂斯公司面试，见识一下奥马哈最好的经纪公司。

我去见了斯图尔特·柯克帕特里克，面试中我说我想要聪明的客户，我将努力寻找那些有理解能力的人。而柯克帕特里克表示，事实上，不必担心客户够不够聪明，而要关心他们是不是有钱。这样很好，我不可能因此去顶撞他，而我除了父亲的公司，也不想去其他任何地方工作。

在巴菲特–福克公司，沃伦被安置在没有空调的4间私人办公室中的一间，紧挨着"笼子"——那是职员处理钱和证券的一块用玻璃围住的区域。他开始向他认识的最安全的人——姑妈和大学朋友们——推销他最喜欢的股票，包括他在沃顿的第一个室友查克·彼得森，他现在在奥马哈从事房地产行业，他们又重新取得了联系。

我打的第一个电话是给我的姑妈艾丽斯，我卖给她100股GEICO。她对我很感兴趣，这让我感觉良好。接着，我让弗雷德·斯坦贝克、查克·彼得森等我能找到的人都买了。但大多数是我自己买的，因为其他人不买，我就想办法自己再买5股。我有一个野心，我想拥有这家公司1‰的股份。现在它总共有175 000股，我计算过，如果这家公司有一天能值10亿美元而我又有1‰的股份，那我也有100万美元了。所以我需要175股。[2]

同时，沃伦的工作还包括受托卖股票。但在这个狭小的圈子之外，他碰到了几乎无法克服的困难。他开始遇到他的父亲当初创立这家经纪公司时面对的障碍，尝到那些奥马哈古老家族的人——银行、牧场、啤酒厂以及大百货商店的拥有者——对这个杂货商的孙子嗤之以鼻的滋味。现在他的父母已经回华盛顿，沃伦孤身一人留在奥马哈，感觉自己根本得不到尊重。

那时候所有的股票都靠提供全面服务的股票经纪人来卖，大多数人买个股而非基金。所有人统一支付一股6美分的固定佣金，交易都是当面成交或者是通过电话达成的。每一笔交易都是在和你的经纪人聊上几分钟后就完成的，你的经纪人既是商人，又是咨询顾问，还是朋友。他也许就住在你家附近,你能在聚会上看到他,和他在乡村俱乐部打高尔夫,或者他来参加你女儿的婚礼。

大客户们并不把沃伦当回事。内布拉斯加联合制造厂是他父亲的一个客户,曾经安排他在早上5点半就出来。[3] "我21岁了,我围着这些人卖股票。而当我把一切都安排好时,他们会问,'你父亲是怎么看的?'我总是碰到这样的人。"沃伦看起来像"傻瓜"一样,努力地去推销。[4] 他不知道如何解读别人,不会交谈,当然也不是一个好的听众。他谈话的方式是宣传而不是接收,一紧张,他就会像一个消防水管一样滔滔不绝地讲出那些他喜欢的股票的信息。一些潜在客户听了他的评论,利用他的思想,通过其他渠道验证,最后却从其他经纪人那儿买股票,于是沃伦拿不到佣金。沃伦震惊于这些和他面对面说话,而且还会一次又一次在城里碰面的人的背信弃义。他感觉自己被欺骗了。另外有些时候,他只是感到困惑。一次他去拜访一个70多岁的家伙,那家伙的桌上堆满了钞票,而女秘书就坐在他的膝盖上。她亲吻他一次,他就给她1美元。

我父亲没有教过我在这种场合下应该怎么做。总的来讲,我没有得到支持。当我第一次卖GEICO的股票时,巴菲特-福克在市中心有一间小办公室,股票凭证会送到那里,凭证上面有杰里·纽曼的名字。我是从他那儿买的股票。巴菲特-福克公司里的那些家伙会说:"天呀,如果你觉得你比杰里·纽曼还聪明……"

事实上,格雷厄姆-纽曼正在筹建新的合伙关系,一些投资人于是抛出GEICO的股票,以筹集资金加入,因此,事实上是他们在卖股票,而不是格雷厄姆-纽曼。沃伦并不了解这些,他也不关心是谁在卖GEICO。[5] 他从未想过去问公司里的人为什么他们要出售股票,他对自己的观点毫不动摇,也从不隐瞒这一点。

在那些没上过大学的人中间,有研究生学位的我是个聪明人。有一次,一个叫拉尔夫·坎普贝尔的保险代理人过来见福克先生,说:"为什么这个孩子到处推销这家公司？"GEICO不用保险代理人，于是我像个聪明人那样回答："坎普贝尔先生，你最好买点儿这只股票当作失业保险。"

戴尔·卡内基的第一条原则——不要批评人，这条原则的全部含义还没有被沃伦充分理解。沃伦在用他后来招牌式的"巴菲特的智慧"去显示他比其他人懂得多，但是人们为什么要相信一个21岁的年轻人的才智呢？然而他做到了。看到他不分昼夜地查阅手册、汲取知识，巴菲特–福克公司里的人肯定很意外。

我一页一页地查阅《穆迪手册》，内容涉及工业、运输、银行以及金融，总共10 000页，而我查阅了两遍。我确实每个行业都看，虽然有些看得不太仔细。

即使是如此沉浸于寻找股票的游戏里，沃伦也不愿意仅仅是个投资者，或者仅仅是个推销员。他还想效仿本杰明·格雷厄姆，做一名教师。于是他和奥马哈大学签约，教授夜校课程。

一开始他和他的股票经纪人朋友鲍勃·索纳搭档。鲍勃负责这个名为"有利可图的股票投资"课程前4周的课，给学生讲解一些基本知识，比如在他讲解怎样读《华尔街日报》的时候，沃伦就站在走廊里听取好的投资想法。沃伦则负责后面的6个星期[6]，最终教完了全部课程，并且给它起了一个更谨慎的名字"稳健的股票投资"。站在教室前面，沃伦容光焕发，他在地板上踱步，语速飞快，学生们努力避免被涌向他们的洪水般的信息淹死。但是，尽管沃伦具备扎实的知识，他从不向学生保证他们会变得富有，或者听他的课就能获得特别的业绩，他也没有自我吹嘘在投资方面的成功。

他的学生范围很广，从股票市场的专业人士到对此一无所知的家庭主妇、医生、退休人士等。这标志着一个轻微的转变：自20世纪20年代经济危机以来，那些长期缺席的投资者开始回归。这也是格雷厄姆认为市场估值过高的部分原因。沃伦的教学能适应学生们不同水平的知识技能。他还套用了格雷厄姆的一些教学方式，比如使用"公司A、B"方法或者另外一些格雷厄姆用的教学小技巧。他严格而公平地给出学习等级，艾丽斯姑妈坐在教室里用崇拜的眼神凝视着他，但他最后给了她一个C。[7]

人们总是抛出股票的名字，问他该买还是该卖。他可以根据记忆就他们给出的股票讲上5分钟甚至10分钟，关于它的财务数据、市盈率、股票的交易规模等。很显然，他可以为数百只股票做出这样的分析，好像他是在引用棒球数据一样。[8] 有时，前排的一位女士会问："我过世的母亲留给我一些ABC公司的股票，现在价格升了一点儿，我该怎么做？"他会回答："我想我会卖了它，也许会买进……"然后给出三四只类似GEICO的股票，或者他完全有信心的（而且已经持有的）几只股票中的一只。[9]

同时，沃伦就像4月里的啄木鸟一样忙着工作挣钱。他很快就要去照顾一个家庭了，这会将他的收入分流：一部分挣来的钱将会用于投资并且继续增长；另外一部分则用来供他和苏珊生活，这是他所处环境的重大改变。沃伦曾经为削减开支而住在哥伦比亚大学服务员的房间，吃奶酪三明治，他那时的活动就是去听讲座或为他们弹夏威夷四弦琴，而不是去时髦的俱乐部。现在他又回到了内布拉斯加，他可以住在父母的房子里进一步减少开支，即使这意味着在父母从华盛顿回来时，他会偶尔和母亲利拉碰面。

他从来都不需要什么动力去推动自己。他坐在巴菲特-福克公司的办公室里，双脚跷在办公桌上，在格雷厄姆和多德的书里仔细寻找，以得到新的启发。[10] 他找到了一只股票，费城里丁煤铁公司，一家开采无烟煤的公司，每股只卖19美元多一点儿，看起来很便宜，因为它还拥有相当于每股8美元的废渣堆。① 为了对这只股票做出理性的决策，沃

---

① 也称为骨头堆，是去除了原煤中如岩石、灰尘等杂质后的残留物。曾被认为有价值，现在已弃之不用，因为它一旦着火就很难熄灭。

伦会很高兴花上几个小时计算煤矿和废渣堆的价值。他自己买了,也让艾丽斯姑妈和查克·彼得森买了。当股票突然跌到9美元时,他买了更多。

他买过一家叫克利夫兰毛料厂的纺织公司的股票。它每股流动资产为146美元,而股票的售价低于这个数。他认为这个数字不能反映"一家装备良好的工厂"的价值。

沃伦为这只股票写了一个简短的报告。他很高兴这家公司正在将赚来的钱分发给股东们,这是实实在在的利益。他在报告中注明:"8美元分红为大约115美元的现价提供了有充分保证的7%的收益。"[11] 他使用"有充分保证的"这个词,是因为他认为克利夫兰毛料厂有足够的收入支付分红,而后来证明沃伦并没有先见之明。

在他们取消分红后,沃伦就叫它"克利夫兰最差的厂"。沃伦气疯了,决定自己花钱搞清楚问题出在哪儿。"我一路飞奔,前往克利夫兰参加这家'克利夫兰最差的厂'的年会。我晚了大概5分钟,已经休会了。可是我,一个从奥马哈赶来的21岁的小伙子,自己的钱在这只股票里。会议主席说:'对不起,已经太迟了。'后来他们的销售代理,董事会成员之一,同情我的遭遇,拉我到一边回答了几个问题。"但是,这些回答并不能改变什么。沃伦感觉糟透了,因为他也让其他人买了"克利夫兰最差的厂"。

再没有比卖给别人会让他们亏钱的投资产品更让沃伦痛恨的事情了,他无法忍受让别人失望。时光退回到沃伦上6年级时,那时已是如此,他让多丽丝投资城市服务公司的优先股,最后投资失败。她毫不犹豫地就这件事"提醒"他,而他也觉得自己有责任。为了避免再让别人失望,他愿意做任何事情。

沃伦寻找方法让自己对这个开始憎恨的工作少一些依靠,他一直都很喜欢做生意,于是和国民警卫队的朋友吉姆·谢弗合伙买了一个加油站。他们买的是一家辛克莱加油站,离一家德士古加油站很近,后者"生意总是比我们好,这简直让我们发疯"。沃伦和他的姐夫杜鲁门·伍德每个周末过来帮忙。他们"带着微笑"洗挡风玻璃（尽管沃伦厌恶体力劳动），做任何他们可以做的去吸引新顾客，然而司机们还是继续去街对面的德士古加油站。"它的主人很成功，很受人喜欢。每个月他都能击败我们。就是在那时，我知道了顾客忠诚度的威力。那个家伙可以永远经营下去，他有老主顾，而我们却无力改变那种状况。"

我买加油站是最愚蠢的一件事——我损失了2 000美元，那时对我而言，这是一大笔钱。我还从来没有遭受过真正的损失，这很令人痛苦。

对沃伦而言，他在奥马哈做的每一件事都增强了他认为自己幼稚和没有经验的感觉，他再也不是一个像男人一样做事的早熟男孩了，而是一个看起来像并且有时候做事也像个孩子的即将结婚的年轻男子。西泽－弗雷泽公司，他两年前在鲍勃·索纳的办公室卖空的股票，至今还顽固地在5美元附近晃悠，而不是如他之前期望的那样跌到零。卡尔·福克总是就此做出有趣的表情，并且质疑他的判断。沃伦对他的工作越来越觉得倒胃口，他开始认为自己是一个"开药方的人"。"我必须对那些懂得不够多的人解释他应该吃阿司匹林还是止痛片"，而人们会对"这些穿白大褂的家伙"——股票经纪人言听计从。经纪人的收入是以营业额而不是建议为基础，换言之，"他的收入是以他卖出去多少药为基础计算的。而他从有些药中得到的收入要多过其他药。你会去一个收入完全与开了多少药挂钩的医生那儿吗？"但是那时的股票经纪人就是这样工作的。

沃伦认为这个行业天生就有利益冲突。他给他的朋友和家人推荐GEICO的股票，并且告诉他们最好能持有20年。而这意味着他不能从他们那儿得到更多的佣金。"你不能以那种方式谋生，这使你的利益和客户的利益相悖。"

尽管如此，他已经通过大学校友网络开始发展一个自己的小小的老主顾群。1952年春天，沃伦到北卡罗来纳州索尔兹伯里市和弗雷德·斯坦贝克共度复活节。他迷住了弗雷德的父母，并且令他们感到愉悦。他谈论股票，引述本杰明·格雷厄姆的话，拿百事可乐和火腿三明治当早餐，这些都让他们觉得很有意思。[12] 返回奥马哈后不久，弗雷德的父亲就给沃伦下指令出售托尔公司，一家洗衣机公司的股票。沃伦了解到，有一个客户通过另一个叫哈里斯·厄汉的经纪人在买这只股票，接着他又接到斯坦贝克的银行关于该交易的电话，于是他就认为他现在有两个指令，他卖了两次这只股票，第二次是卖了他根本就没有的股票。于是他不得不去寻找其他的股份，而最终只好自己购买，以便完成第二次交易。

尽管发生了差错，斯坦贝克先生还是很仁慈地对待沃伦。这是沃伦的错，斯坦贝克先生却自己承担了所有损失。沃伦非常感激，一直没有忘记这件事情。其实他有太多的理由去关注一下第二个买家，一个被称作"疯狗"巴克斯特的人，他是奥马哈主要的赌博中心的常客，和这个城市中的一些非法赌场有关系。巴克斯特亲自来到巴菲特-福克公司，走到出纳那儿，拿出一沓100美元的钞票，炫耀地四周挥舞。巴菲特-福克公司现在被用来洗非法的赌博资金了吗？这样的情形又增加了沃伦对这份工作的不喜欢。即使在他卖股票的时候，也感到矛盾。他已经将巴菲特-福克公司变成了一个"做市商"，扮演中间人的角色，像交易商一样买卖股票。[13] 做市商以稍稍高出它买的价格将股票卖给客户，或者以稍低于它卖这只股票的价钱从客户那儿买回股票，来获取利润，这个差价就是它的利润。而客户看不到差价。"做市商"的做法将一家经纪人公司从一个单纯的指令接收者变成华尔街游戏的玩家。当沃伦因自己有将巴菲特-福克公司变成"做市商"的诀窍而感到自豪时，他也被其中的冲突困扰了。

我不想蒙蔽客户，我从来不会将我不信任或者没买的股票卖给客户。另外一方面，其中有未公开的利润。如果有人就这些问我，我会告诉他们。但是我不喜欢这样的事，我想和我的客户在同一边，所有人都知道进展情况。而一个推销员出于天性是不会那样做的。

不管沃伦如何看待他的这份经纪人工作，其中总会有潜在的利益冲突，使客户亏钱和失望。他更愿意管理他们的钱而不是卖股票给他们，这样他的利益就和客户的利益一致。问题是，在奥马哈没有这样的机会。1952年的春天，他写了一篇有关GEICO股票的文章，引起了一个很有影响力的人的注意。随后，他的运气看起来就要来了。这篇题为《我最喜欢的证券》的文章出现在《商业和金融编年史》杂志上，不仅为沃伦最喜欢的股票做了广告，而且解释了他的投资思想。这篇文章吸引了比尔·罗森瓦德，他在西尔斯公司长期任董事长，是慈善家朱利叶斯·罗森瓦德的儿子。小罗森瓦德掌管着美国证券公司，这是一家以家族拥有的西尔斯公司股份而创建的货币管理公司。[14] 该公司追求风险最小化和保存资产情况下的高回报。罗森瓦德和本杰明·格雷厄姆联系，后者给了沃伦很高的评价，于是罗森瓦德给了沃伦一份工作。沃伦太想接受这份工作了，即使这意味着他要搬回纽约。但是，他必须获得国民警卫队的批准才能离开奥马哈。

我问指挥官我是否有可能转到纽约去接受这份工作。他回答："你必须去总指挥那儿问问。"我去了林肯，坐在州政府大楼里等了一会儿，然后进去见亨宁格将军，我已经事先写信向他解释了整件事情，并且请求他批准。

他立刻就回答："请求不予批准。"

事情到此就结束了。那意味着只要他不想让我走，我就必须一直待在奥马哈。

因此沃伦被困在巴菲特–福克公司，为了生活不得不继续"开药方"。他回到奥马哈的第一年里，能让他感觉舒适的主要是他的未婚妻。他开始依赖苏珊，她也一直在努力理解他。她开始体会到利拉·巴菲特的易怒情绪对她儿子的自我价值感造成的伤害，并且开始去修复它。她知道他需要的主要是被爱的感觉，以及从不被批评，而且他还需要感觉到自己在社交方面也会成功。"当我和她在一起时，人们会更多地接受我。"他说。虽然她还在奥马哈大学读书而沃伦已经工作了，但就他和未来妻子的关系而言,他就像一个初学走路的孩子,凝望着父母。他们两人都还住在各自父母的家里,久而久之,沃伦找到了避免和母亲单独相处的方法,那就是利用她有责任感的天性,在她在场的时候,用各种需求和要求"围攻"她。上大学以后,他有很长一段时间没有和母亲相处,这削弱了他对与母亲相处的忍受能力。当她和霍华德从华盛顿回来参加沃伦和苏珊的婚礼时,苏珊注意到她的未婚夫尽可能地回避他的母亲。当不得不和她待在一起时,他总是将脸扭向另一边,牙齿咬得紧紧的。

沃伦该搬出去了。他打电话给查克·彼得森:"我还没找到我们住的地方。"于是查克·彼得森帮他们在离市中心几英里的地方租了间小小的公寓。沃伦给有强烈的自我表现欲的苏珊1 500美元限额,去装点他们的第一套公寓。于是她和沃伦的姐姐多丽丝起程前往芝加哥购买她喜欢的现代风格的家具。[15]

随着结婚日期1952年4月19日的临近,仪式究竟能不能如期举行突然变成了问题。婚礼的前一周,密苏里河发洪水淹没了奥马哈的上游。大水继续南行,官方预测到周末洪水将漫过河岸并且淹没整个城市,国民警卫队很有可能将要出动。

整个城市都是沙袋。我已经让所有的好朋友来参加婚礼,弗雷德·斯坦贝克当我的伴郎,还有各种各样的招待员和客人。因为我还是国民警卫队的成员,他们都开我的玩笑:"哦,不要担心,我们可以代替你去度蜜月。"类似这样的玩笑持续了一周。

婚礼前几天,霍华德开车带沃伦和弗雷德去了河边。成千上万的志愿者正在修建双层的沙袋墙,6英尺高,4英尺宽。运送沙土的巨大卡车的轮子陷在泥里,好像在橡胶上行驶一样。[16]沃伦屏住了呼吸,希望自己不会被召集来搬沙袋,这暂时的堤防能够守住城市。

星期六到了,我们将在下午3点结婚。大约正午时,电话铃响了。我母亲说:"那是你的。"我拿起电话,那一头的家伙问:"是下、下、下士巴菲特吗？"我有一个上级有很明显的口吃。"我是上、上、上尉墨菲。"他接着说。

如果他没有口吃，也许我已经说了一些会令我上军事法庭的话了，因为我认为是哪个家伙在开我玩笑。但是事实上，他说："我们已经出动了。你、你、你什么时候能出现在兵工厂？"听了这话，我几乎心脏病发作。[17]于是我说："哦，我将在3点结婚，5点之前我也许能到那儿。"他又说："要按、按、按时报到。我们将巡查东奥马哈沿河地区。"我回答："好的，长官。"

挂了电话后我整个人沮丧不已。一个小时后我又接到了一个电话，这次这个人有非常正常的语音。他问："是下士巴菲特吗？"我回答："是的，长官。"对方又说："我是伍德将军。"[18]他是34师的总指挥，住在西内布拉斯加。伍德将军又说："我撤回墨菲上尉的命令。祝你愉快。"

这时离他人生中最大的一件事只有两个小时。沃伦在3点前出现在邓迪长老会高耸的哥特式教堂里。在奥马哈，国会议员的儿子和汤普森博士的女儿结婚可是一件大事情，数百名宾客，包括奥马哈很多的上层人士，如期而至。[19]

"汤普森博士非常自豪，而我是如此紧张，只能靠数数放松心情，我故意没戴眼镜，所以我就可以不用去看清那些出席的人。"沃伦还让平时沉默的斯坦贝克用说话来分散他的注意力，这样他就不用集中注意力到正在发生的事情上了。[20]

伯蒂是苏珊的伴娘，而苏珊的姐姐多蒂担任首席女傧相。拍完照后，客人们去往铺了亚麻地毯的教堂地下室，那里有不含酒精的鸡尾酒和婚礼蛋糕。汤普森夫妇和巴菲特夫妇都不是俱乐部人士。苏珊笑得像一把象牙扇一样，而沃伦红光满面，胳膊缠绕在苏珊的腰间，似乎想要阻止他俩飞到空中去。又拍了一些照片后，他们换上了外出的衣服，然后跑过欢呼的人群，钻进了艾丽斯·巴菲特借给他们度蜜月的车。沃伦已经在后座上堆满了《穆迪手册》和账簿。[21]从奥马哈开始，这对新婚夫妇开始了他们的蜜月旅行,一个全国范围的汽车旅行。

"新婚之夜,我们在内布拉斯加瓦胡的一家威格威姆咖啡馆吃了炸春鸡。"巴菲特回忆。[22]威格威姆离奥马哈不到一个小时车程,地方很小,只有几个售货亭。沃伦和苏珊从那儿又开了 30 英里到林肯的康哈斯科酒店过夜。

第二天,我买了一份《奥马哈世界先驱报》,上面有一篇文章写道,"只有爱能够让警卫队员留步"。[23]1952 年的大洪水是奥马哈现代史上最糟糕的一次,人们为了防止它泛滥付出了巨大的努力。(警卫队的)其他人都在整日搬运沙袋,在洪水里巡查,和蛇鼠为伴,而我是唯一一个没有被召集的人。

新婚夫妇在美国西部和西北部旅行。沃伦从没去过那儿,而苏珊很熟悉西海岸。他们拜访了她的家族,去了大峡谷,过得很开心。"我们没有像报道中说的那样停下来去考察公司和投资项目。"巴菲特坚称。回来的路上他们在拉斯维加斯稍作停留。赌徒埃迪·巴里克和萨姆·兹格曼不久前搬去那儿,并且买了火烈鸟酒店。[24]另一个同伙杰基·高汉紧跟着也来了,他投资了包括火烈鸟酒店和巴贝里海岸在内的多家赌场。这些人都在巴菲特家的杂货店买过东西,虽然弗雷德·巴菲特不是一个赌徒,但和他们都相处得很好。对沃伦而言,在拉斯维加斯的感觉就跟在家一样,充满了赛马场的回声以及认识他们家族的人,因此他一点儿也不害怕。"苏珊玩老虎机中了个头奖。她才只有 19 岁,因为她不够年龄,所以他们不给她钱。我就说:'看,你们收了她的钢镚儿了'。于是他们就给了她钱。"

离开拉斯维加斯后,他们就回到了奥马哈。沃伦忍不住地笑话他那些国民警卫队里不幸运的同伴:"哦,蜜月太棒了,简直好极了,整整三个星期。而那时,这些国民警卫队的家伙正在泥泞中跋涉呢。"

第三部分
The Snowball

赛马场

20
格雷厄姆–纽曼公司

奥马哈，纽约　1952—1955 年

婚礼后几个月，苏珊和她的父母以及公婆去芝加哥参加 1952 年 7 月召开的共和党大会。汤普森一家和巴菲特一家去往芝加哥，不像是会议代表，倒像是一支部队的一部分。至少从政治意义上讲，现在他们是一个联合起来的家庭。在这个选举年里，他们将会为共和党夺回白宫而冲锋陷阵，此前他们已经历了长达 20 年的民主党执政的折磨。[1] 多丽丝将和她的父亲一起在幕后工作，而更年轻的伯蒂和苏珊对这些场面比较无知，她们更多的时候呆呆地看着那些为共和党露面的社会知名人士，如约翰·韦恩。[2]

当然，沃伦还是留在奥马哈埋头苦干。政治让他着迷，可还敌不过金钱的诱惑。他依然憎恨像"开药方"一样工作，一边苦干一边找出路。他年老的老师戴维·多德想帮他，推荐他到一家叫价值线投资调查的投资顾问公司兼研究报告发行商那儿工作，他们正在寻找新人。这份工作的报酬丰厚，"一年至少 7 000 美元"。[3] 可是，沃伦并不打算成为一个默默无闻的研究人员。于是他继续向那些不感兴趣的客户推销 GEICO 股票，同时阅读报纸上以 1 英寸高的字体印刷的有关总统候选人大会的新闻头条。历史上第一次，人们可以在电视上看到大会的相关内容。沃伦如饥似渴地看着，被这样一种可以放大以及影响事件的媒体力量震撼。

竞选总统候选人一路领先的是俄亥俄州的参议员罗伯特·塔夫脱[4]，以"正直先生"之名为人所知。塔夫脱是共和党中少数派的领袖，被中西部孤立主义者包围，主张政府不要干涉个人事务，最重要的是要比杜鲁门更加积极地追求共产主义。[5] 塔夫脱让他的朋友霍华德·巴菲特担任其内布拉斯加总统竞选班子的负责人，还负责他的演讲团。霍华德非常鄙视的一个叫东部自由机构[6]的组织为了反对塔夫脱，请来了已经退休的艾森豪威尔将军，他在第二次世界大战中担任欧洲盟军的最高指挥官以及北约的第一任最高指挥官，是个温和派。艾森豪威尔是个在政治上非常灵活敏捷的外交家，有着出色的领导技能，被许多人视为战争英雄，很受欢迎。随着共和党大会的临近，艾森豪威尔开始在民意调查中赶上来了。

芝加哥发生的一系列事件证实了这是历史上最有争议的共和党总统候选人提名大会。艾森豪威尔的支持者们努力促成了对选举大会规则的修订，而且通过了一次富有争议的投票，直接推动艾森豪威尔在第一轮投票中就赢得了候选人提名。出离愤怒的塔夫脱的支持者们感觉受到了掠夺，但是不久艾森豪威尔和他们讲和，承诺将和"缓慢前行的社会主义"战斗，同时塔夫脱坚持让他的支持者们克制愤怒，并且为了共和党能重回白宫而给艾森豪威尔投票。共和党人在艾森豪威尔和他的竞选搭档理查德·尼克松身后团结起来了，"我喜欢艾森豪威尔"的标语随处可见。[7] 当然，支持这一切的不包括霍华德·巴菲特，他因为拒绝支持艾森豪威尔而和共和党决裂。[8]

这是自毁政治前途的做法，共和党内对他的支持一夜之间完全蒸发了，他和他的原则被孤立了。沃伦认识到他的父亲已经深陷困境，[9] 从孩提时代起，沃伦就努力避免违反承诺、过河拆桥以及冲突。现在霍华德的斗争将这三个原则更加深刻地烙在他儿子的心里：联盟是必要的；承诺应该谨慎，因为它天生神圣；哗众取宠的表演几乎都以失败告终。

11 月的大选中，艾森豪威尔击败了阿德莱·史蒂文森。次年 1 月，沃伦的父母回到华盛顿，以完成剩下的任期。沃伦已经认识到霍华德和利拉强迫症的性格在很多方面使他们自己处于不利地位，他开始吸收他岳父家的某些风格。多萝西·汤普森很好相处，她的丈夫虽然独断专行，但和严苛的、理想主义的霍华德·巴菲特相比，他更加人性化，更善于处理人际关系。沃伦和苏珊以及她的家人共处的时间越久，他就越受他们影响。

"沃伦，"汤普森博士带着耶稣训众式的威严传达自己的意见，"要一直让女人围着你转，她们会更加忠诚而且会更努力地劳作。"[10] 其实他的女婿几乎不需要被告知这个道理。事实上，只要她们不企图总是驱使他，沃伦总是渴望被女人照顾。苏珊能够看出他非常需要她扮演一个母亲的角色，于是她总是围绕在丈夫周围，努力"修理"他，似乎他是一堆残骸、一团糟。"哦，天啊，"她说，"他确实是个问题。"[11] 她回忆，他们会面的时候，"我从没见过有人这么痛苦"。

沃伦也许没有意识到自己的痛苦如此之深，但是他这样描述苏珊在自己生活中扮演的充满力量的角色。

苏珊像我的父亲一样对我影响很大，甚至大过我父亲的影响，用不同的方式。我身上有很多自我保护的东西，她能解释，而我却不能。她也许看到了我身上别人看不到的一些东西。她知道需要时间和肥料，它们才能萌发出来。她让我感觉自己身边有一个拎着小喷水壶的人，而这个人将保证花儿的成长。

苏珊认识到沃伦的脆弱，认识到他多么需要有人安抚、慰藉，消除他的疑虑。她越来越多地看出他的母亲对子女们造成的影响。多丽丝受到的伤害更严重，利拉已经让沃伦和多丽丝都深深确信自己毫无价值。除了生意，苏珊发现她的丈夫在生活中的各个方面都对自己充满怀疑。他从未感觉被爱，她也看出来他觉得自己并不可爱。[12]

我疯狂地需要她,我工作起来很高兴,可是我对自己不高兴。她的确拯救了我的生活,她让我获得新生,[13] 这是和从父母那儿得到的一样的、无条件的爱。

沃伦想从他的妻子那儿得到通常从父母那儿获得的东西。此外,他是在一个为他安排好所有事情的母亲身边长大的,现在苏珊接管过来了。虽然他们婚后生活的基本模式是那个时代比较典型的——他赚钱,而她照顾他,并且负责所有内部事务,可他们的安排比较极端。巴菲特家的一切都围绕着沃伦和他的生意转,苏珊理解她的丈夫是一个特别的人,她愿意配合他那处于胚胎期的野心生活。他白天工作,晚上查阅《穆迪手册》。他也会为自己安排一些打高尔夫和乒乓球的休闲时间,甚至申请成为奥马哈乡村俱乐部的初级会员。

苏珊刚刚20岁,无论怎样也算不上会做饭,不过她就和其他20世纪50年代的妻子一样,开始做最基本的膳食和家务。那时,奥马哈的妇女都想在当地的KTMV电视台的节目《典型家庭主妇》中露脸。而她完全忙于满足丈夫的少数但很特别的需求:冰箱里的百事可乐,台灯里的灯泡,以奇怪的方法烹制的当作晚餐的肉和土豆,装满盐的盐瓶,碗橱里的爆米花,冷冻柜里的冰激凌。他有时也需要有人帮着穿衣服,协助和人打交道,温存一下,摸摸头以及拥抱。她甚至给他理发,因为他声称自己不敢去理发师那儿。[14]

沃伦为苏珊着迷,而苏珊能够感受到他心里所想的事情。他形容她是一个给予者,而自己是个接受者。"她吸收我的东西、体会我的感受要比我体会她的感受多得多。"人们总是看到他们在亲吻拥抱,苏珊经常坐在沃伦的腿上,她时常说这让她想起了自己的父亲。

婚后6个月,苏珊怀孕了,不得不从奥马哈大学退学,她的姐姐多蒂也怀上了第二胎,她和苏珊一直特别亲近。多蒂是个黑发美人,和她父亲一样聪明,根据家里人的说法,她上中心高中的时候,智商是全校最高的。但是从长相和家庭生活来看,她更像她的母亲。[15] 她嫁给了霍默·罗杰斯,他是一个飞行员和战斗英雄,有着男中音的大嗓门。虽然他对自己的战争功绩非常谦虚,可人们都叫他"吹牛罗杰斯"。霍默是一个快乐的精力旺盛的牧场主,他们家里经常高朋满座,多蒂弹钢琴,霍默唱歌。苏珊和沃伦没有参加罗杰斯夫妇活跃的社交生活,因为他们比较严肃而且不喝酒。但是两姐妹经常在一起,多蒂总是难以做决定,而且自从她有了第一个儿子比利以来,似乎对当母亲还比较茫然。自然地,苏珊就过来照顾和帮助她。

苏珊和她的大姑子多丽丝也开始亲近了。多丽丝在奥马哈当老师,她的丈夫杜鲁门·伍德长相英俊,性格很好,来自奥马哈一个显要的家族。但是多丽丝开始疑惑她是否像一匹奔跑的小雌马突然被拉停在一匹拖车马旁边。行动快捷的多丽丝告诉杜鲁门要加速,于是他真的跑得快了点儿,不过不是快很多。

苏珊对沃伦以及他姐姐的保护在1953年1月以后提高了一个等级。那时艾森豪威尔已经宣誓就职,而霍华德在国会的任期也结束了,他和利拉返回了内布拉斯加。多丽丝和沃伦感受到了利拉重回这个城市的紧张。沃伦几乎不能忍受和他的母亲同处一室,而他母亲仍然会不时攻击多丽丝。

霍华德回到奥马哈以后无事可做。于是沃伦成立了巴菲特-巴菲特公司,这样他们可以偶尔一起买卖股票。霍华德出了一些资金,而沃伦象征性地出了些钱,他主要是贡献思想和劳动。然而霍华德很沮丧地看待自己第三次重回股票经纪的老本行。虽然他在国会的这段时间,沃伦一直在帮他照看以前的账户,不过霍华德知道儿子很憎恨它,而且沃伦也一直没有停止努力让本杰明·格雷厄姆雇用自己,如果有机会去纽约,他会立刻离开这儿。而霍华德想念他的真爱——政治。他藏匿了想进入参议院的理想,尤其是现在还有一个共和党人在白宫,然而他的野心和极端的政治主张相互冲突。

1953年7月30日,苏珊和沃伦的第一个孩子——苏珊·艾丽斯·巴菲特出生了。他们叫她苏茜。苏珊变成了一个热情、顽皮又很投入的母亲。

苏茜是霍华德和利拉的第一个孙女。一周以后，苏珊的姐姐多蒂的第二个儿子汤米也出生了。没几个月，多丽丝也怀上了她的第一个孩子——女儿罗宾·伍德。1954年春天，苏珊又怀上了第二胎。现在，汤普森一家和巴菲特一家有了新的焦点——孙子辈们。

几个月以后，霍华德的机会似乎来了。1954年7月1日的早晨，华盛顿传来消息，内布拉斯加的资深参议员休·巴特勒因中风被紧急送往医院，生还的可能性不大。申请进入预选以填补参议员席位空缺的最后期限迫在眉睫，可是霍华德出于礼仪拒绝在巴特勒过世之前递交申请文件，巴菲特一家整日都焦急地等待巴特勒的消息。他们知道霍华德在道格拉斯县有很高的知名度，如果他能参加不需要通过党内提名程序的特别选举，即使党内的权贵不再对他感兴趣，他胜出的概率也还是很大的。

巴特勒的死讯在傍晚传来，而弗兰克·马什的办公室如往常一样在下午5点关门。霍华德将他的候选文件扔进车里，带着利拉驱车前往林肯。因为截止时间是午夜12点，所以他们认为还有足够的时间。他们本想去马什的家里递交申请文件，可即使霍华德已经在白天早些时候支付了申请费用，马什还是拒绝了他们。夫妇俩很愤怒地返回了奥马哈。

那时共和党的州候选人提名大会正在召开。巴特勒的死讯传来，就需要选出一个临时的继任者来完成他的任期[16]，而这个人很可能在11月被选上继续干巴特勒的工作。从共和党人在这个州的排名来看，霍华德是一个明显的选择。可是他已经被看作一个狂热者，是对无关紧要的道德上的小事也不屈服的人，而且不是一个忠于自己党派的人，因为他没有支持艾森豪威尔。于是大会选了罗曼·赫鲁斯卡，在霍华德任期结束时，罗曼接替了他在国会的位置。霍华德和利拉飞速返回林肯，迅速向州立最高法院提出诉讼，要求党内接受他的提名。可是24小时以后，他们放弃了这无济于事的战斗，撤回了诉讼。

沃伦听到有关提名的消息后也被激怒了，共和党怎么敢用这种方式来回报霍华德几十年来的忠诚呢？

51岁的霍华德已经看到他的未来正在消失。随着愤怒逐渐消退，他的沮丧与日俱增。像他这样引退的资深政客早就应该去扮演一个新的角色，他已经被曾经是他生活中心的舞台抛弃，那个舞台曾让他感觉在这个世界上自己还是一个有用的人。他曾经想在奥马哈大学争取一个教书的职位，家里人也觉得凭他的从商经历和国会议员的任期，这是很合理的。尽管自己的儿子也在那儿教书，而且汤普森博士又是文理学院的院长，但学校考虑到霍华德在当地的一些古怪行为，并没有聘用他。他只能回巴菲特-福克公司工作。最终，他在离奥马哈30英里的米兰德·路瑟兰学院找到了一份兼职的教书工作。[17]

利拉似乎要被这些悲惨的事情击倒了，因为曾经给她带来荣耀的霍华德的地位，对她似乎比对霍华德自己意味着更多。她的姐姐伊迪丝现在住在巴西，伯蒂住在芝加哥，而她和多丽丝以及沃伦的关系并不稳定，她只能依靠21岁的苏珊。可是，苏珊又是一个忙碌的、怀孕的年轻妈妈，还要不停歇地照顾沃伦。

不久，苏珊就要永远离开奥马哈了。两年间，沃伦一直和本杰明·格雷厄姆保持通信来往。他提出对股票的看法，比如他和他的父亲为两人的合伙公司购买的格瑞夫兄弟桶业的股票。他还定期去纽约走访格雷厄姆-纽曼公司。

"我总是设法去见格雷厄姆先生。"

当然，像他这样执着于格雷厄姆-纽曼公司的学生并不多见。

"是的，我很坚持。"

在当地的共和党当着他父亲的面将参议员提名的大门砰然关上的时候，沃伦已经走在返回纽约的路上。"本杰明写信给我说，'快点儿回来吧'。他的合伙人杰里·纽曼如此解释，'你知道，我们又考验了你一下'。我感觉自己撞大运了。"毫无疑问他愿意接受这个工作，而这一次，国民警卫队同意了。

被格雷厄姆-纽曼公司聘用，沃伦激动万分。1954年8月1日，他抵达纽约,第二天就出现在新的工作岗位上,比正式的开始日期提前了一个月。在那儿,他发现一周以前,一个悲剧刚发生在本杰明·格雷厄姆身上。这时离沃伦24岁生日还差4个星期,他写信告诉父亲:"本杰明·格雷厄姆的儿子牛顿上周在法国他所在的部队里自杀了,他一直有点儿心理不平衡。格雷厄姆是在《纽约时报》上看到军队发布的消息才知道儿子已经死于自杀,这真是一件让人难以接受的事情。"[18] 格雷厄姆赶往法国收拾儿子的遗物,并且和牛顿的女朋友玛丽·路易丝·安明古斯会面。玛丽比牛顿大几岁。几个星期以后本杰明从法国回来,但是和以前已经不太一样了。他开始和玛丽通信,并且定期去法国。但是在那段日子里,沃伦对自己偶像的个人生活一无所知。

沃伦不得不开始照料自己的生活,首先要找到他们一家能够生活的地方。在纽约的第一个月,苏珊和女儿苏茜继续留在奥马哈。

我首先想方设法住在彼得库柏村,这是第二次世界大战结束后由大都会人寿公司建造的两个大型工程之一。我在哥伦比亚大学的朋友弗雷德·库尔肯住在彼得库柏村,沃尔特·施洛斯也住在那儿。每个人都想住进去,由于一些法律上的特别条款,那儿真的很理想,一个月七八十美元,条件非常好。我去之前申请了,可在两年之后才收到上面写有"你被接受了"的字样的明信片。如果能早一点儿被接受,我早就到这座城市生活了。

于是,沃伦到处寻找便宜的公寓,不考虑客观位置以及路途漫长。最后他定了一套有三间卧室的公寓。那一栋白色砖瓦建筑,坐落在中产阶级居住的怀特普莱恩斯郊区,属于离纽约大约30英里的威彻斯特县。几个星期以后苏珊和苏茜到达时,公寓还没有准备好。全家不得不先住进威彻斯特县一幢房子的其中一间,那儿非常狭小,他们不得不临时把梳妆台的抽屉为女儿当小床用。巴菲特一家在那儿只住了一两天。

但是这些日后被用来说明沃伦的节俭习惯的故事被添油加醋,变成沃伦太掉价了,竟然不愿意为苏茜买小床,而让她在怀特普莱恩斯度过的大部分婴儿期里睡抽屉。[19]

怀孕的苏珊卸下行李安排新家，同时照顾他们的孩子、熟悉邻居。而另一边，沃伦每天早上起来，搭火车去纽约中央车站。第一个月里，他一直待在格雷厄姆–纽曼公司的文件室里，迫切地想知道有关这家公司运作的所有事情，不放过每一张纸片。

只有8个人在那儿工作：本杰明·格雷厄姆、杰里·纽曼、杰里的儿子米基·纽曼、会计伯尼·华纳、沃尔特·施洛斯、两个女秘书以及刚来的沃伦。沃伦终于穿上了他一直垂涎的实验室风格的灰色薄外套。"他们给了我那件外套，那真是一个重要的时刻。在外套下，我们都是平等的。"

当然，这些人并不是完全平等的。沃伦和沃尔特坐在一间没有窗户的房间里，里面放着自动收报机、打给经纪人的直线电话，以及一些参考书和文件。沃尔特就坐在电话旁边，并且大多数时候都是他打电话给经纪人。本杰明、米基·纽曼，通常是杰里·纽曼，会定期从他们的私人办公室过来确认一下自动收报机上的报价。"我们会查找数据，并且阅读《标准普尔手册》以及《穆迪手册》，发现那些以低于营运资本的价格出售的公司，那时有很多这样的公司。"施洛斯回忆。

这些公司就是格雷厄姆所称的"烟蒂"：便宜又不受宠的股票，就像人行道上可以找到的那种细长雪茄烟被碾碎的烟蒂一样，被弃置一边。格雷厄姆擅长找到这些其他人会忽略的令人不屑的残留物，他能点燃它们，然后再满满地吸上最后一口。

格雷厄姆知道相当数量的"烟蒂"将会是肮脏的，并且认为花时间检验每一个"烟蒂"的质量是白费力气。平均率法则认为它们中的大多数还能吸上一口，而他总是根据公司清算时的价值考虑——如果被清算，那它们的资产能值多少，以怎样的折扣购买才符合"安全边际"。作为更进一步的安全措施，他会在大量股票中只买很少的头寸，这是出于分散投资的原则。格雷厄姆的分散投资理念非常极端，有时候他的头寸小到只有1 000美元。

对自己的判断非常有信心的沃伦却认为没有理由以这种方式下注，并且对分散投资不以为然。他和沃尔特从《穆迪手册》收集数据，并且填写成百上千张格雷厄姆-纽曼公司用于做决定的简单表格。沃伦想要知道每一家公司的所有基本信息，一旦看完这些信息，他就会缩小范围，更认真地研究少数股票，然后将钱集中投注在他认为最好的股票上。他愿意将他的大多数鸡蛋放进一个篮子里，和购买GEICO股票的做法一样，虽然那时他已经出售了GEICO股票，因为他总是没有足够的钱去投资。每一个决定都有机会成本——他必须将每一个投资机会和下一个更好的投资机会进行比较。虽然他非常喜欢GEICO股票，但当他找到了另一只更希望得到的股票时，不得不做出壮士断腕般的决定。这只股票是西部保险，每股收益29美元，可才卖3美元一股。

这就像找到了一台老虎机，每次你玩的时候都会有惊喜出来。如果你放进25美分，一拉手柄，"西部保险机器"会保证至少支付两美元[20]，任何头脑健全的人都会一直玩下去。这是沃伦迄今为止看到的安全边际最大且最便宜的股票，他尽其所能地买这只股票，而且让他的朋友们也买了。[21]

沃伦像一条可以找到任何免费或便宜东西的侦探犬。他有吸收数字且加以分析的惊人能力，很快就成为格雷厄姆-纽曼公司的得力干将。对他而言这是自然而然的事，格雷厄姆的"烟蒂"和沃伦在赛马场弯腰捡别人丢弃的赢钱的彩票的旧嗜好非常相似。

他密切关注合伙人（本杰明、杰里和米基）在干些什么，本杰明·格雷厄姆是费城里丁煤铁公司的董事会成员，而格雷厄姆-纽曼控制了这家公司。沃伦自己已经发现了这只股票，截至1954年底共投入了35 000美元。他的老板也许会有点儿胆战心惊，可沃伦自己很有信心。[22]这家公司销售无烟煤并且拥有被认为有价值的废渣堆，事实上是一项不太值钱的生意。随着时间流逝，它必然会衰退。但是，它可以用多余的现金购买别的公司。

我只是坐在外面办公室的苦力。一个叫杰克·戈德法布的家伙来到格雷厄姆-纽曼，他和他们谈判，而他们从杰克那儿为这家煤铁公司买下了联合内衣公司，这就缔造了后来的P&R公司。[23] 这是这家公司多样化转型的开端。我不属于内部圈子，不过非常感兴趣，知道一些事情正在发生。

沃伦竖着耳朵偷听的是资产配置的艺术——把钱放在能获得最高回报的地方。在这个案例中，格雷厄姆-纽曼使用从一项生意中得来的钱去购买利润更丰厚的另外一项生意。久而久之，这也意味着破产和成功之间可以转化。

这样的交易发生的时候，沃伦觉得自己好像正坐在窗台上，朝里看高明的筹资。不过，就像他不久后发现的，格雷厄姆和华尔街其他人的做法并不一样。他总是在心里朗读诗句或者引述维吉尔的话，所以很容易地在地铁里丢东西，和沃伦一样，他对自己的外表漠不关心。如果有人说"这真是一双有趣的鞋子"，格雷厄姆才会低下头看看一只脚上咖啡色的牛津鞋，另一只脚上却是黑色的，然后眼睛都不眨地回答，"是的，事实上，我家里还有一双跟它们一样的鞋"。[24] 但是，和沃伦不一样的是，他并不关注钱本身，也不是将交易看成比赛而感兴趣。对他而言，挑选股票就是一个智力测验。

一次，我们正在等电梯。我们准备到位于查宁大楼底层的自助餐厅吃饭。本杰明对我说："记住一件事，沃伦，钱并不会让我和你的生活有太多不同，我们现在都将去楼下的自助餐厅吃饭，每天在一起工作，而且很开心。因此不要过于操心钱了，因为它不会使你的生活变得多么不一样。"

沃伦很敬畏本杰明·格雷厄姆，尽管如此，他还是被钱牢牢抓住。他想积聚很多钱，并把这个过程看成一个竞赛。如果要他放弃一部分钱，沃伦会像狗保护骨头一样，甚至更甚，好像自己已经被攻击一样。他不愿损失一分钱，这让人觉得钱完全占有了他。

苏珊太了解这一点了。即使在他们的公寓大楼里，沃伦也很快得到了吝啬和古怪的名声。只有在他上班因衬衫而尴尬时——苏珊从来只熨衣领、前面口袋和袖口，他才允许她把衬衫送到干洗店去。[25] 他和当地的一个报摊做交易，以折扣价购买报摊准备扔掉的过期一周的杂志。他没有轿车，而如果他从邻居那儿借车，他从来不会加满油箱（当他最后有了车时，也只在下雨的时候洗车，雨水可以减少冲洗的体力活儿）。[26]

对沃伦而言，从他开始卖第一袋口香糖开始，用这种方式紧紧抓住每一分钱就是使他变得比同龄人相对富有的两个途径之一。另外一个途径就是积攒更多的现金。从哥伦比亚大学开始，他就开始以加速度赚钱。现在，他的大部分时间花在沉思上面，生意数据和股票价格在他的脑海里盘旋。如果不是在学习，那他就一定在教书。为了能使他的戴尔·卡内基的技能保持灵敏，不至于在观众面前僵住，他在史卡戴尔成人学校教投资课程，该学校设在附近郊区的一所高中里。同时，巴菲特夫妇的社交圈中都是那些对股票感兴趣的人。

有时，他和苏珊会被邀请去乡村俱乐部，或者和华尔街其他年轻夫妇一同参加晚宴。比尔·鲁安把他介绍给了一些熟人，如亨利·勃兰特和他的妻子洛克萨妮。亨利是个经纪人，看起来就像是蓬头垢面的杰里·刘易斯，他以班级最优成绩从哈佛商学院毕业。在华尔街的圈子里，就像他们其中一个人评价的，沃伦是"你见过的最格格不入的人"。但是当他开始滔滔不绝地讲股票的时候，其他人会定定地坐在他的脚边，就像"耶稣和教徒"，洛克萨妮·勃兰特说。[27]

妻子们坐在一边聊她们自己的事情，苏珊和她的丈夫一样引人注目。沃伦施展了他的金融法术，而苏珊用她的单纯迷住了那些妻子。她想知道一切关于她们孩子的事情，或者她们想要孩子的计划。她知道如何让人们对她敞开心扉，她会问一些生活中的大决定，然后，带着充满感情的表情说："有遗憾吗？"于是亲密的感情油然而生。苏珊半小时前刚遇到的人就会觉得自己有了一个最好的新朋友，尽管苏珊自己从未以倾诉作为回报。人们喜爱她是因为她对他们如此感兴趣。

但是在等待第二个孩子出生的大多数时间里，苏珊都是独自一人。她的日子里充斥着洗衣服、购物、清洁、做饭，另外还要喂饭、换尿片，陪苏茜玩儿。对他们两个而言，这些都很正确而且正常。就像3年前瑞奇·里卡多在电视剧《我爱露茜》第一季中说的那样："我想要一个只是妻子的妻子。"[28] 露茜的野心和她没有成果的努力让整个剧集显得很好笑。当苏珊给沃伦喂晚餐时，她支持他工作就好像这是日常的圣礼一样。她认识到他对格雷厄姆先生的敬畏，但是她也从远距离观察，沃伦并没有和她分享工作的细节，那当然无论如何也不会吸引她。她继续耐心振作他的信心，并且以情感感染他，教他一些关于人际关系的事理来"将他完整地拼起来"。在家里，她认定的一件事就是他和他们的女儿培养感情的重要性，沃伦不是那种会和孩子躲猫猫或给孩子换尿片的父亲，不过他每个晚上都会给苏茜唱歌。

我一直唱《飞越彩虹》，它起到了催眠效果。我不知道是不是太令人厌烦了还是别的，不过只要我一开始，她就会入睡。我会让她靠在我的肩膀上，当然基本上，她会软软地睡在我的臂弯里。

偶然找到一个可靠的系统，沃伦从不会搞砸它。唱歌的时候，他很容易摆脱在他的精神文件夹里到处翻寻的状态，于是夜复一夜，《飞越彩虹》的歌声继续着。

在纽约荒芜的郊区，独自一人做家务、带孩子、照顾沃伦，苏珊欢迎每一个在她家门口露面的人。1954年下半年的一天，《父母》杂志的一个销售员顺道拜访了这个公寓。无论这个人和苏珊说了什么，沃伦回到家后总结出，她签的那些文件使他们获得的条件要比她先前认为的不利。他因他的妻子被误导而盛怒，给杂志的代表打了好几次电话，不过当他要求退钱时，他们明确表示"不行"。

沃伦开始了自己的征战，他不仅想要回17美元，更想纠正一件不公平的事，让《父母》杂志屈膝。他跑遍了整个公寓大楼，找到了一些愿意加入的人。接着他在曼哈顿一家小额索偿法院起诉了这家杂志,并期待着自己能代表所有被《父母》杂志欺骗的订阅者做证。一想到这家杂志聘请的律师们正启动计时器,他就高兴地踮起了脚后跟。在这件事情上他的父亲有点儿作用,但因为关系到金钱,而且有比较大的胜算,他的母亲也同意了。

但让他懊恼的是,在讯问开始之前,他就收到了支票。《父母》杂志选择了和解,征战计划泡汤。

1954年12月15日,沃伦提前下班回家,因为苏珊分娩的阵痛开始了。就在这会儿,门铃作响,苏珊开了门,原来是一位走家串户的传教士过来拜访。她礼貌地邀请他到起居室,并且听他传道。

沃伦也在听,不过他在想也就是苏珊会让这个男人进来。沃伦开始期盼谈话结束,这么多年他都是一个不可知论者,没有兴趣被别人改变信仰,而他的妻子正要分娩。他们需要去医院。

可苏珊继续听着。"再告诉我一些。"她说。这个传教士讲个不停,她不时地轻轻呻吟。[29] 她不理沃伦的信号,显然认为礼貌对待来访者并且让他感觉自己被理解要比去医院重要得多。来访者看来没有注意到她正在阵痛。沃伦坐在那儿,无助,并且越来越焦虑不安,直到这个传教士自己也精疲力竭。"我真想杀了那家伙。"他说。但他们还是有充足的时间去医院。第二天凌晨,豪伊出生了。

21
真正的玩家

纽约 1954—1956 年

豪伊是个"很难缠"的宝宝，和苏茜的安静温和相反，豪伊就像个你根本关不上的闹钟。巴菲特夫妇一直等待这噪声能够变小，可它却越来越大了。突然之间，房子里整日充斥着嘈杂声。

他有吮吸方面的问题，我们试过了各种各样的奶瓶。我不知道他是否吸进了空气，他总是处于饥饿状态。和苏茜相比，豪伊是个考验。

总是苏珊去照顾吵个不停的豪伊，因为沃伦是在一个高谈阔论的父亲，在愤怒和喋喋不休的母亲身边长大的，所以他对周边的事情充耳不闻也就不足为奇。即使豪伊晚上哭啼不已，也不会太分散他的注意力，在这间公寓的第三个卧室——他的小办公室里，沃伦可以几个小时完全沉浸在思考中。

他正全神贯注于工作中一个复杂的新项目，那将成为他职业生涯的一个重要事件。沃伦加入格雷厄姆-纽曼不久，可可豆的价格突然从每磅5美分飙升至超过50美分。这个情况导致布鲁克林区的巧克力制造商洛克伍德公司因"获利有限"[1]而面临进退两难的困境。该公司的王牌产品是洛克伍德巧克力片,被用来做巧克力薄片曲奇饼干。由于公司不能在产品上提太多价,因此损失惨重。可可豆的价格很高,洛克伍德有机会将它拥有的可可豆转卖获得暴利。不幸的是,税单会吞掉大部分利润。[2]

洛克伍德公司把格雷厄姆-纽曼当作可能的买主进行接洽,不过格雷厄姆-纽曼不愿意接受洛克伍德的要价。于是洛克伍德转而投向投资人杰伊·普里茨克,后者找到了躲避巨额税单的办法。[3] 普里茨克认识到,1954年的美国税收法规定,如果公司缩减生意的范围,那么这部分库存的"部分清算"就不需要纳税。于是他买进了足够控制洛克伍德公司的股票,同时选择让公司继续保持巧克力制造商的身份,而甩掉了可可油生意。他把1 300万磅的可可豆归入可可油生意,这样,这部分可可豆就可以"被清算"了。

普里茨克并不是想用可可豆换现金,而是想用可可豆换其他股东手中的股票,他这么做是想增加自己在这家公司的权益。于是他提供了一个好价钱以刺激成交——用价值36美元的可可豆[4]换取成交价为34美元的股票。[5]

格雷厄姆从中找到了赚钱的办法,格雷厄姆-纽曼可以购买洛克伍德的股票用来换取普里茨克手中的可可豆,然后卖掉可可豆,这样每股就可以挣2美元。这是一种套利交易,两种几乎一样的商品以不同的价格交易,精明的交易人可以同时一边买进一种商品,而另一边卖出另外一种商品,几乎没有风险地获取差价收益。"华尔街古老的谚语被重述了,"就像巴菲特后来写的,"给一个人一条鱼,你可以让他一天不挨饿,教会一个人套利生意,你可以让他永远不挨饿。"[6] 普里茨克交给格雷厄姆-纽曼一张仓库凭单,就像听起来的那样:一张用来证明持有人拥有如此之多的可可豆的纸片。它可以用于交易,只要把仓库凭单卖出去,格雷厄姆-纽曼公司就赚钱了。

34美元(格雷厄姆-纽曼购买洛克伍德公司股票的成本——要交给普里茨克)

36 美元（普里茨克交给格雷厄姆-纽曼一张仓库凭单——以该价格出售）

2 美元（洛克伍德公司每股股票的收益）

但是，这其中仍然存在一些风险。如果可可豆的价格掉下来，或者凭单突然只值 30 美元，会怎么样？那就意味着格雷厄姆-纽曼每股会损失 4 美元。为了锁定利润、消除风险，格雷厄姆-纽曼卖出了可可豆期货。这也是一件好事，因为可可豆的价格快掉下来了。

在期货市场中，买卖双方可以协商约定，在未来的某一天以现在双方确定的价格交换如可可豆、黄金、香蕉等商品。格雷厄姆-纽曼缴纳了小额费用后，就可以安排在一个规定的时间以已知的价格出售可可豆，这样可以消除市场价格下跌的风险。而这笔交易的对手方承担了价格下跌的风险，这是在投机。[7]如果可可豆价格下跌，而投机者必须按合约中商定的价格从格雷厄姆-纽曼那儿购买现在并不值那么多钱的可可豆，这样格雷厄姆-纽曼的利益就得到了保护。[8]从格雷厄姆-纽曼的角度来说，投机者需要承担价格下跌的风险。当然，在那时，谁都还不知道可可豆的价格会往哪个方向发展。

因此，套利交易的目标就是在尽可能买入洛克伍德公司股票的同时，卖出同等数额的期货。

格雷厄姆-纽曼公司安排沃伦负责洛克伍德这笔交易。沃伦是最理想的人选：他从事股票套利已经好几年，会在购买同一家公司发行的可转换优先股的同时，卖空普通股。[9]他仔细研究了前 30 年的套利回报，发现这些"无风险"的交易一般会有 20 美分对 1 美元的回报，比股票平均七八美分的回报要高得多。有好几个星期，沃伦白天坐着地铁在布鲁克林和公司间来来回回，忙着到施罗德信托公司把股票换成仓库凭单；晚上则忙于分析形势，一边为苏茜唱着《飞越彩虹》，一边沉入思考，对苏珊努力给豪伊喂奶时豪伊发出的尖叫声充耳不闻。

表面上，洛克伍德这笔交易对格雷厄姆-纽曼公司而言是笔很简单的交易，唯一的成本就是地铁票、思考和时间。不过，沃伦意识到这笔交易有更多的"金融烟花"①潜力。[10]和本杰明·格雷厄姆不一样，他没有做套利交易，因此也不需要卖出可可豆期货。相反，他自己购买了222股洛克伍德的股票，并且只是简单地持有。

沃伦已经认真彻底地思考过普里茨克的报价。如果他按照洛克伍德股票数量来划分洛克伍德拥有的可可豆——而不是分配给可可油生意的那部分豆子，就比普里茨克报出的每股80磅可可豆的价格还要高。因此那些没有交出股票的人会发现自己手中的股票每一股可以值更多的可可豆，还不只这个，那些没有交出股票的人所导致的多余的可可豆，会将每股股票所值的可可豆数量推得更高。

此外，那些保留股票的人会因手中的股份，而从公司厂房、设备、客户应收款以及洛克伍德其他没有关闭的业务中按照股票数量分得一杯羹。

沃伦进行了换位思考，从普里茨克的观点来分析，他觉得疑惑，如果杰伊·普里茨克正在买入股票，那别人卖出这些股票有什么意义？用心盘算过以后，他认为那样做毫无意义。杰伊·普里茨克这一边才是真正的玩家，沃伦现在把这些股票看作整个生意的冰山一角。

随着发行在外的股票越来越少，他持有的头寸就越来越值钱。现在，他比仅仅做套利交易要冒更大的风险，但是他下的赌注是经过计算的，而且有对他非常有利的胜算概率。通过套利获得的2美元利润太容易赚取了，而且没有风险。如果可可豆价格下跌，期货合约还可以保护格雷厄姆-纽曼公司。他们以及很多其他股东，接受了普里茨克的要约收购，得到了一大堆可可豆。

然而，紧紧抓住股票被证实是一个聪明的选择。那些和格雷厄姆-纽曼一样做套利的人每股赚取了2美元。而洛克伍德股票从普里茨克收

---

① 金融烟花（financial firework），指金融产品（股票、债券等）的价格迅速爬升。——编者注

购之前的 15 美元交易价，一跃而至收购完成后的每股 85 美元。如果参加套利交易，沃伦的 222 股洛克伍德股票只能为他赚 444 美元，而现在，他经过计算的下注为他赢了一大笔钱——大约 13 000 美元。[11]

在这个过程中，他也非常重视去了解杰伊·普里茨克。他意识到任何一个聪明人都会估计到这笔交易的后面还有更多的"聪明事"发生。他参加了股东大会，问了些问题，对普里茨克而言，那就是沃伦给他的初次印象。[12] 那时，沃伦 25 岁，普里茨克 32 岁。

即使只能运作相对小数额的资产——少于 10 万美元——沃伦也认识到通过这种思考方式，他可以为自己开启有无限可能的世界。唯一束缚他的是可供他使用的资金、精力以及时间。这是个伐木工似的体力活儿，可是他喜欢这么干。这和大多数人投资的方式截然不同，大多数人坐在办公室里阅读别人的研究报告。沃伦是个侦探，很自然地要做自己的研究，就像他以前那样。

他使用穆迪工业、银行、金融，以及公共设施手册进行他的侦探工作，经常亲自去穆迪公司或者标准普尔公司。

我是唯一一个会在那儿出现的人，他们甚至从来不问我是不是客户。在那里，我可以找到四五十年前的文件，他们没有复印机，所以我得坐在那儿潦草地记下所有小的注释，这个数字，那个数字。他们有一个图书馆，可是你不能自己挑选，必须请里面的人帮忙。于是我就说那些公司的名字——泽西抵押公司、银行家商业公司，以前从来没有人这么要求过。他们把相关内容找出来，我就坐在那儿记笔记。如果想看看证券交易委员会里的文件，那你就应该像我经常做的那样，直接去证券交易委员会。这是可以得到那些文件的唯一办法。如果公司就在附近，也许我会顺便看看公司的管理。我不会事先预约，不过我能完成很多事情。

他最喜欢的线索之一是粉单：一周印一次，在一张粉红色的纸上。这张单子提供了那些小得不能在证券交易所交易的公司的信息。另外一个是《全美报价书》，每 6 个月出版一次，上面是一些小得都不能进粉单的公司的信息。但是再小的公司、再难懂的细节都难以逃脱他的筛子。"我会仔细筛选大量的企业，并且从中找出一两个我能投上1万美元或者1.5万美元的极其便宜的公司。"

沃伦并不骄傲，他为能从格雷厄姆、普里茨克或者其他有用的来源借用思想而感到荣幸。他称之为"搭顺风车"，而并不介意这个主意是吸引人的还是平凡的。一次，他跟从了格雷厄姆的投资，买了联合电车公司的股票[13]。这是一家位于马萨诸塞州新贝德福德的公共汽车公司，相对它的净资产，它的股票价格有很大的折扣。

它有116辆公共汽车和一个小型游乐场。我开始买这只股票的时候，是因为它有80万美元的国库券、数十万美元的现金以及价值9.6万美元的发行在外的公共汽车票。就算它值100万美元，每股应该值60美元。而我开始买的时候，股票交易价格在30—35美元。

整家公司正在以它银行现金的一半价值出售股票。买这只股票相当于在玩老虎机，你投进50美分，而它能保证最后吐出来1美元。在这种情况下，这家公司很自然也在设法买自己的股票，在当地的新贝德福德报纸上登广告邀请其他股东将股票卖给它。面临竞争的沃伦也刊登了自己的广告："如果你想出售自己的股票，请按照某某地址写信给沃伦·巴菲特。""因为这是受管制的公用事业，我从马萨诸塞州公用事业委员会弄到了最大股东的名单。我努力去找更多的股票，而且我想去见见掌管这家公司的马克·达夫。"

拜访管理层是沃伦做生意的一种方式，他利用这些会面尽可能地去了解公司。和管理层的私人接触中，他会用自己的知识和智慧迷住那些有影响力的人，给他们留下深刻的印象。而且他感觉通过和公司的管理层变得友好，他也许能够影响这家公司去做正确的事情。

相反，格雷厄姆不会拜访管理层，更不用说设法影响他们了。他把这种行为称为"自助"，并且认为这是用"欺骗"去获得内幕消息，即使那是合法的。他觉得投资者从定义上来看就意味着是一个外部人，他和管理层应该是公开询问，而不是和他们有往来。格雷厄姆希望和对手，即使是个小家伙，在平等的竞技场上比赛，使用任何人都能获得的少量信息。[14]

然而，沃伦凭着他的直觉，决定在一个周末去拜访联合电车公司。

我大约早上4点起床，然后开车去新贝德福德，马克·达夫很友善、礼貌。就在我准备离开的时候，他说："顺便提一下，我们一直在考虑给股东们一次资本回报分配。"那意味着他们将把多余的钱回馈股东，于是，我说："哦，那很好啊。"他又接着说："是的，不过你可能没有意识到马萨诸塞州关于公用事业的法令中有一条规定，如果你想这么干，必须得按照面值的倍数来支付。"这只股票的面值为25美元，那意味着公司至少要分配一股25美元。我回答："好啊，那是一个好的开端。"接着他又说："我们考虑用两倍。"那意味着他们将宣布一股50美元的分红，而它现价只有35—40美元。也就是说，如果你买了一股他们的股票，你立刻就能除了拿回付出的钱外，还有多的。另外，你仍然拥有手中的股票代表的这家企业的一小部分。

我一股得了50美元，而且我还拥有这些股票，这家公司还有价值。联合电车公司在所谓的特别储备、土地、建筑以及他们存放旧电车的仓库里还隐藏了资产。我永远也不会知道是不是我的拜访促成了这次分红。

到目前为止，对冲突很小心谨慎的巴菲特已经磨炼出不需要大声嚷嚷就能解决问题的技能。因此，虽然他认为也许他影响了达夫，但并不肯定是什么推动了达夫的决策。对他而言，重要的是他不需要冲突就能得到他想要的结果——他在这笔交易中赚了2万美元。谁会料到能从联合电车公司挣这么多钱呢？[15]

巴菲特家族的历史上还没有人能够一笔赚2万美元。1955年，这笔钱是一般人平均年收入的好几倍。几周的工作就能将你的钱翻一倍多是惊人的，但是，对沃伦来说更重要的是，这样做几乎没冒什么大风险。

苏珊和沃伦并没有讨论可可豆套利和电车公司股票的细节。她对钱不感兴趣，只把它看成是用来买东西的。而且她知道，即使钱像大浪一样冲进怀特普莱恩斯的小公寓里，沃伦给她的也就是那一点点家用。她不是以记录每一笔微小开支的方式长大的，所以和一个为了省钱而和报摊商量买过期一周的杂志的男人结婚，对她而言意味着全新的生活方式。她竭尽全力一个人打理家里，不过沃伦赚的钱和他给妻子的钱之间的差距已经大得让人目瞪口呆。一天，她很恐慌地打电话给邻居玛德琳·奥沙利文。

"玛德琳，发生了一件糟糕的事情，"她说，"你得过来一趟！"玛德琳冲到巴菲特家，苏珊正在那儿心烦意乱呢。原来她无意中将沃伦桌子上的一批红利支票扔进了公寓的炉子槽里，那直接连着这个公寓的炉子。[16]

"也许炉子没有烧火。"玛德琳说，于是她们打电话给大楼管理人，管理人让她们进了地下室。确实，炉子是冷的。她们在垃圾里翻找支票，苏珊一直绞着自己的手说："我无法面对沃伦。"当她们最终找到支票时，玛德琳的眼睛都睁圆了，并不是她认为的只有25美元或者10美元，这笔钱足足有数千美元之多。[17] 住在怀特普莱恩斯小小寓所里的巴菲特夫妇变得真正富有了。

伴随着豪伊的哭闹声，他们的钱越来越多。沃伦也对苏珊稍稍慷慨了一些，尽管他自己很节约，但由于他完全被苏珊迷住了，所以还是一一满足了她的要求。那一年6月，他们回奥马哈参加沃伦妹妹伯蒂和查理·斯诺福的婚礼。那时，沃伦已经答应苏珊找个人帮忙做家务。于是他们急忙开始在奥马哈寻找一个可以和他们一起回怀特普莱恩斯的家政工。

通过在报纸上登广告，他们雇用了小镇上的一个年轻妇女，她"看起来是合适的类型"，事实上不是。后来沃伦打发她坐公共汽车返回奥马哈，而苏珊重新寻找替代人选，因为她需要帮手——抚养豪伊两个人都忙不过来，而且她知道他们负担得起。

沃伦在格雷厄姆-纽曼的耀眼表现让他成了公司的明星员工,本杰明·格雷厄姆私下对沃伦以及他亲切外向、让人平静的妻子很感兴趣。格雷厄姆在豪伊出生时送给他们一个电影摄影机和放映机作为孩子的礼物,他甚至为了这个小男孩,带着泰迪熊出现在他们的公寓里。[18] 有一两次,他和他的妻子埃斯蒂邀请巴菲特夫妇吃晚饭,席间,他注意到沃伦经常凝视着他的妻子,而且两个人总是手牵着手。但是他也看出来沃伦并没有刻意对他的妻子献殷勤,而苏珊也许会喜欢偶尔的浪漫举动。[19] 当苏珊带着期望提到沃伦不会跳舞时,格雷厄姆就把亚瑟·默里舞蹈工作室的礼券随意放到沃伦的桌上。他本人也在那儿上课,虽然跳得很笨拙。不久格雷厄姆向工作室核实,才发现他的门徒从没使用过礼券。他和沃伦提起这件事情,并且鼓励他去,掉进陷阱的沃伦和苏珊步履蹒跚地上了三次课以后,就退出了。他从来没有学会跳舞。[20]

但是这些并没有妨碍沃伦在格雷厄姆-纽曼的地位上升,还不到18个月,本杰明·格雷厄姆和杰里·纽曼都开始把沃伦当作一个潜在的合伙人对待,那意味着会有一些家庭聚会。1955年年中,甚至坏脾气的杰里·纽曼也邀请了巴菲特夫妇到他位于纽约路易斯伯洛的豪宅参加夫妇俩认为的"野餐",苏珊穿着适合坐大篷车的轻便衣服出席,到了那里才发现其他女士都穿着裙子,戴着珍珠项链。尽管他们看着就像是一对乡巴佬,可穿着上的失礼并没有对沃伦的地位造成影响。

沃尔特·施洛斯没有被邀请参加这样的场合,他已经被归为熟练雇员一类,永远不可能升为合伙人。一向对人不那么友好的杰里·纽曼更加怠慢、轻视施洛斯,于是,已婚且育有两个年幼孩子的施洛斯决定自己干。他过了好长一段时间,才鼓足勇气告知格雷厄姆[21]。1955年底,他自己的投资合伙公司正式开张,10万美元的出资额由一群合伙人共同承担,就像巴菲特后来评论的,这些人名"就是直接从埃利斯岛的一长串名单中得来的"。[22]

巴菲特肯定,施洛斯能够成功地运用格雷厄姆的方法。他钦佩施洛斯能有这样的勇气去建立自己的公司。虽然他担心施洛斯用这么少的资本起步是否能养活自己的家庭[23]，但是他也没有对施洛斯的合伙公司投入过一毛钱，就和没有投资格雷厄姆–纽曼公司一样。对沃伦·巴菲特而言，让别人用他的钱投资是不可想象的事情。

他找到了接替施洛斯的人，巴菲特是在华尔街布莱斯公司的正式午宴上遇到汤姆·纳普的[24]，他比沃伦大10岁，高大英俊、黑发，具有坏坏的幽默感。纳普上过一堂戴维·多德的夜校课，并且被迷住了，于是他立刻把他的研究行业从化学换成了商业。格雷厄姆雇用了纳普，他是这家公司的第二个非犹太人。

等到纳普坐在巴菲特旁边原来施洛斯的那张旧桌子旁时，沃伦已经开始注意到格雷厄姆的私人生活。当格雷厄姆邀请纳普去听他在新学校发表的有关社会研究的演讲时，纳普觉得自己开始入门了。他说，在那儿他发现自己是和6位女士一起坐在桌子旁边。"本杰明说话的时候，"纳普说，"我意识到每一位女士都很爱他，而且她们看起来并不相互妒忌，她们似乎都非常非常了解他。"[25]

事实上，到1956年初，格雷厄姆已经对投资感到厌烦了，他的其他兴趣——女人、经典著作、艺术——如此强有力地拉着他，他的一只脚已经走到了门外。一天，纳普出去时，接待员将一个身材瘦高的年轻男子引入沃伦正在填表格的那间没有窗户的房间。他叫埃德·安德森，和纳普一样，是个化学家，不是专业的投资者。他在加利福尼亚原子能委员会的利弗莫尔实验室工作，业余时间看看股票。他读过《聪明的投资者》，里面丰富的便宜股票让他印象深刻。我的天啊！他想，这不可能是真的。你怎么能用比他们放在银行的现金还少的钱买这些公司呢？[26]

兴趣被激发后，他一直在搭格雷厄姆的顺风车。买了一股格雷厄姆–纽曼公司的股份后，他利用格雷厄姆–纽曼的季报弄清楚格雷厄姆在干什么，就跟着买那些股票。格雷厄姆从不阻止这种行为，他喜欢别人学习并且效法他。

安德森来公司是因为他在考虑再买一股格雷厄姆–纽曼的股份，不过他注意到了一个奇怪的地方，所以想问问清楚。格雷厄姆买了太多

AT&T的股票，这是可想象的最不像格雷厄姆风格的股票——拥有、研究，被众人追随，公平估价，潜力和风险一样小。发生什么事情了吗？他问沃伦。

沃伦思考了一秒钟，这个没有商业背景的男子令人印象深刻，一个化学家，却意识到AT&T股票不在格雷厄姆固有的投资模式之内。而太多人认为"生意"是类似经过专门培训的人才能做的工作。他对安德森说："也许现在不是再买一股的最佳时机。"[27] 他们又聊了一会儿，然后友好地告别，都表示以后要保持联系。沃伦很高兴他的朋友施洛斯已经自立门户了。通过观察公司的交易模式，他已经清楚格雷厄姆将关闭他的合伙公司。

本杰明·格雷厄姆的职业生涯即将走到终点。他62岁，而市场已经超越了1929年的高峰。[28] 现在的价格让他感到紧张，而他的回报率已经比市场高出2.5%。[29] 他想退休，搬到加利福尼亚去享受生活。杰里·纽曼也要退休，不过他的儿子米基将继续留任。1956年春，格雷厄姆给他的合伙人发了通知，不过他首先提供给沃伦成为公司普通合伙人的机会。他能够选择像沃伦这样年轻的人，显示了在这么短的时间里，沃伦已经让自己变得多么有价值。但是"如果我继续待在那儿，只能成为类似本杰明·格雷厄姆的人，并且米基也只能成为类似杰里·纽曼的人，但是米基早就已经是高级合伙人了。这家公司的名字将会是纽曼–巴菲特"。

即使沃伦受到了赞赏，他也已经去格雷厄姆–纽曼公司工作过了，然而对他而言，留下来，甚至被看成是本杰明·格雷厄姆智慧的继承人已经不值得了。而且，当他主导联合电车和可可豆一战时，他总在想，"我不喜欢住在纽约，因为我总是在火车上来来回回"。更重要的是，他不适合和合伙人共同工作，尤其是作为某个人的下一级合伙人。于是，他拒绝了邀请。

22

隐藏的光辉

奥马哈 1956—1958年

我大约有174 000美元，准备退休了。我在奥马哈安德伍德大街5202号租了一间房子，每个月付175美元。我们每年的生活费是12 000美元，而我的资产还在增长。

回想起来，沃伦在26岁的年纪就开始使用"退休"这个词，着实会让人觉得奇怪。也许这是降低预期的一种方式，也许他的意思是把资产看作可以使人变得富有的工具。资本的监督者不是一个受雇用者。

以数字而言，沃伦理论上可以凭借现在拥有的钱退休，而且到35岁就可以达到他成为百万富翁的目标（那时候的100万美元相当于2007年的800万美元）。自从怀揣9 800美元上哥伦比亚大学以来，每年他的资金增长率都超过31%。可他还是很急，为了达到目标，他需要非常大的复合增长率。[1]因此，他决定成立一家合伙公司，类似格雷厄姆–纽曼的姐妹对冲基金纽曼–格雷厄姆。[2]这样，也许他就不用把它看成一份工作。事实上，这是无须拥有一份"工作"的几近完美的解决方式。他不会有老板，可以在自己的家里投资，还可以让朋友和亲戚们买他自己也买的股票。如果他可以在为合伙人挣的每 1 美元中提取 1/4 的费用进行再投资，那么他成为百万富翁的速度就会快很多。拥有本杰明·格雷厄姆买股票的方法和格雷厄姆式的对冲基金，因而他有充足的理由把自己看成一个富人。

现在，他的想法只面临一个问题：他无法忍受合伙人因股票价格下跌而带来的批评。但是，沃伦已经找到了一个解决办法。他打算只邀请自己的家庭成员和朋友们——他确信会信任他的人——加入合伙公司。1956 年 5 月 1 日，以纽曼-格雷厄姆模式为基础[3]，共有 7 位合伙人的巴菲特联合公司正式成立了。

汤普森博士投了 25 000 美元。"汤普森博士基本上把他所有的钱都给我了，我就是他的孩子。"沃伦的姐姐多丽丝和她的丈夫杜鲁门·伍德投了 10 000 美元，他的姑姑艾丽斯·巴菲特投了 35 000 美元。"在那之前，我已经将股票卖给了其他人，现在我成为那些对我而言非常重要的人的受托人。他们都很信任我。如果我想过我会失去这些钱，无论如何我也不会要我的姑姑艾丽斯或者姐姐，还有岳父的钱。基于这一点，我认为我不会损失这笔钱。"

沃伦已经和他的父亲单独成立了一家合伙公司，而他的妹妹伯蒂及其丈夫没有钱参与。因此，他的沃顿室友查克·彼得森成为他的第四位合伙人，投了 5 000 美元。因为是室友，查克非常了解沃伦以及他在金融方面的成熟运作经验。在沃伦去纽约之前，查克就从沃伦那儿买过股票，成为第一批让沃伦"开方子"的人之一。"我真的很了解他有多聪明、多诚实，而且多么有能力，"他说，"我会一直信任他，除非有事实来反证。"[4] 沃伦的第五个合伙人是彼得森的母亲伊丽莎白，她投了 25 000 美元，是上一年去世的丈夫留给她的。

第六个合伙人丹·莫奈是一个安静、健壮、黑头发的年轻人，是沃伦儿时的玩伴，他们曾一起在欧内斯特·巴菲特家的后院挖蒲公英。他现在是沃伦的律师，没有多少钱，不过也尽其所能，投了 5 000 美元。

沃伦是第七个合伙人，只投了 100 美元。他的股份的其余部分将来自通过经营基金获得的利润中收取的费用。"实际上，我是从管理合伙公司中获得杠杆作用的。我有的是主意，而不是资本。"事实上，按照这个国家大多数人的标准，沃伦已经有的是资本了。不过，他把这个合伙公司看成一台混合机器——一旦钱投进去，就不能企图撤回。因为他需要从他剩余的资金上挣取一年 12 000 美元的家庭生活费用，这部分钱他将单独投资。

他设计了一个收费公式。

4% 以上的收益我拿一半，4% 以下的我收 1/4。因此，如果不赔不赚，我就会亏钱。而且我赔偿损失的责任并不局限于我的资本，它是无限责任的。[5]

那时，沃伦已经在为安妮·戈特沙尔特和凯瑟琳·埃伯菲尔德，哥伦比亚大学一个叫弗雷德·库尔肯的朋友的母亲和姨妈管理资金。去年弗雷德起程前往欧洲之前就请沃伦帮忙管理他的姨妈和母亲的一部分钱。[6] 从那时起，沃伦一直尽可能谨慎地将那部分钱投资于政府债券，费率不同且安排更为适度。

他本可以邀请戈特沙尔特和埃伯菲尔德加入合伙公司，不过他觉得要收取比她们目前水平更高的费用不太公平。当然，如果他对这家合伙公司很有把握，不让她们合伙也意味着他剥夺了她们的一次大好机会。然而，一旦投资出了差错，他的姑姑和姐姐，以及汤普森博士永远都不会责备他；而对其他人，他却没有这样的把握。

对沃伦而言，扮演一个"受托人"意味着他承担的责任是无限的。为了让他的合伙人知晓这些基本原则，他在公司成立的第一天就召开了第一次正式会议。查克在奥马哈俱乐部为大家预订了晚餐。在这个城市里，如果你想要一个私人空间，那里就是最好的去处了。沃伦想要认真地定义和限定他的责任，而一个他不愿意承担的责任就是为晚餐买单。他让查克传话给大家说各付各的。[7] 接着，他不仅将这顿晚餐变成了讲述有关合伙人关系的基本原则，而且是谈论股票市场的机会。他已经将这家合伙公司看成一个教学实验了。

合伙人迅速分为两个阵营：绝对禁酒者和好喝人士。在桌子的一端，汤普森博士以家长的方式提醒那一部分人快要进地狱了。然而，沃伦才是那个夜晚的传道者，他们都在那儿听他滔滔不绝。

我以与投资者们的协议开始，在我们已经展开的基础上不需要改变太多。要知道，所有的好事都由此而来。这是我能想到的最不复杂的一件事。

我就基本原则向他们做了一个简短概括的发言：这些是我能做的；这些是我不能做的；这些是我不知道能不能做的；这是我如何评价自己的。发言非常短。如果你不这么认为，可以不加入，因为我不希望将来我高兴的时候你不高兴，或者相反。[8]

沃伦发起合伙公司后，巴菲特夫妇返回纽约过了最后一个夏天。格雷厄姆–纽曼合伙公司结束时，沃伦一直在帮助本杰明和杰里。米基·纽曼现在是P&R公司的首席执行官，一份全职工作。因为他和沃伦都不可能做普通合伙人，格雷厄姆决定关闭公司。[9]沃伦从他的朋友汤姆·纳普那儿租了长岛的一间乡村海边小屋给全家居住，那座房子是很多年以前建造的，让人们能够躲避流感传染的一群建筑的一部分，坐落在西部草地海滩，接近位于长岛北部海岸的纽约州立大学石溪分校，与康涅狄格州隔长岛海峡相望。

工作日期间，沃伦在他的股票经纪人朋友亨利·勃兰特家蹭床睡，他的妻子和孩子们也在长岛过夏天。周末沃伦就加入海边的家庭，在房子中一间小小的卧室里工作。邻居们告诉纳普夫妇，他们从来没有见过他。[10]在沃伦工作的时候，怕水而且从不游泳的苏珊和两个孩子就沿着接近水边的岩石旁玩耍。因为屋子里的抽水设备不足，夫妇俩就从路对面的泉水边提取饮用水，苏珊给接近3岁的苏茜洗澡，而她自己和18个月大的豪伊就在户外用冷水淋浴。

这个夏天带给他们两个震惊的消息。沃伦儿时的伙伴鲍勃·拉塞尔的父亲自杀了。安妮·戈特沙尔特和凯瑟琳·埃伯菲尔德，哥伦比亚大学的朋友弗雷德·库尔肯的母亲和姨妈打电话来说，弗雷德在葡萄牙的车祸中丧生，当时他的汽车滑了80英尺远，撞上了一棵栓皮栎树。[11]

夏天结束了，巴菲特夫妇计划返回奥马哈。沃伦设法不让任何人因失望而表现出的极度谨慎，与他要在纽约之外的城市单独从事投资生涯这一具有风险的决定，形成强烈对比。市场是由那些在交易所吃午饭或者每周打一次扑克的人形成的关系组成的。小道消息和流言因在投资者自助餐、酒吧、壁球场或者大学俱乐部的偶然一次碰面而四处游走。虽然每个小的地区城市都会有一两家小型的经纪公司——如巴菲特-福克——但那些都不是什么重要的角色。内地充斥着股票经纪人——靠曼哈顿的"钱医生"开的处方或幸存或成功。在那个年代，美国的金融家除了在纽约，不可能在其他地方工作。离开纽约的一切而单独行动，认为在其他地方也能致富，无疑是一个大胆、冒险的举动。

事实上，在20世纪50年代，一个大学研究生独自创业，在家里一个人单独工作是非同寻常的事情。这个穿着灰色法兰绒西服的男人，就是个勇往直前的家伙。[12] 商人们加入大的机构——越大越好——然后为了能沿着成功的阶梯稳步攀升，不费太大力气得到报酬最丰厚的工作或者是高尔夫俱乐部，在粉饰的表象下你争我斗。他们相互竞争的不仅是财富，还有权力，或者至少在一个好的郊区买一栋像样的房子，每年能换一款新车，为一生的保障铺平道路。

因此，沃伦对职业的选择就像巴菲特家族的人给民主党投票一样稀有。于是，相当了解丈夫的不寻常品质——除非他正在描绘的事业有明显的风险——的苏珊就安排搬运工人过来，和邻居们道别，寄通知地址改变的卡片，切断电话服务，打包行李。她带着苏茜和豪伊飞回奥马哈，住进沃伦从查克·彼得森那儿租的位于安德伍德大街的房子。查克选择了一座吸引人的灰色都铎式两层楼建筑，有漂亮的半横梁、一个大的石头烟囱和一个教堂式的屋顶。甚至租房子的决定也是非传统的，拥有一所房子是20世纪50年代中期大多数美国年轻人的愿望。大萧条时期的无望，生活将就、沉闷的战争岁月，已经在人们的记忆中开始褪色。美国人在他们的新房子里装满了突然之间冒出来的令人激动的新玩意儿和设施：带甩干的洗衣机、电冰箱、洗碗机、电动搅拌机。巴菲特夫妇有足够的钱买这些。不过，沃伦对他的资产有另外的打算，于是他们采用租房的方式。因为房子是租来的，所以尽管房子很吸引人，也只不过是勉强够他们住而已。要不然，快两岁的豪伊就应该睡在大一点儿的房间里了。

苏珊在奥马哈安家的时候，沃伦在纽约处理了自己最后的事务。他把自己的桌子和文件打包，给自己持有股票的公司发通知以确保红利支票能跟着他回到奥马哈。接着，他就坐进自己的小汽车开回内布拉斯加，一路上拜访了一些公司。

"我走的路线弯弯曲曲。我只是认为现在是去那些公司的大好机会。我开车穿过宾夕法尼亚州的黑泽尔顿市，拜访了杰多-高地煤炭公司。我穿过卡拉马祖，见到了卡拉马祖熔炉公司。这个小奥德赛之旅穿过特拉华州、俄亥俄州，我拜访了格瑞夫兄弟桶业公司，那家公司的股票价格便宜得简直不可思议。"1951年他在翻阅《穆迪手册》时第一次发现了这只股票。他和他的父亲分别买了200股，并且放入了他俩的合伙公司里。

夏天快结束时，沃伦回到了奥马哈，他发现家里需要他。苏茜安静胆怯地坐在那儿，看着弟弟无休止地要求吸干妈妈的精力。[13]但是到了晚上，她就需要爸爸：现在她害怕上床睡觉。他们搬进这栋房子的时候，搬运公司一个戴眼镜的人和苏茜说过话，虽然她不记得当时他说了什么不好的话，但她很恐惧，直到现在还认为那个戴眼镜的男人仍然潜伏在她的卧室外面，而卧室紧挨着可以环顾整个起居室的用锻铁修饰的阳台。每个晚上，沃伦不得不检查一下阳台，向她再次确保睡觉是安全的。

处理好"戴眼镜的男人"后，沃伦走下楼到他和苏珊卧室外面的小小日光浴室，开始着手业务上的事，要么是合伙公司的工作，要么是准备他的课程——除了建立合伙公司,他回到奥马哈所做的第一件事是在奥马哈大学为秋季学期上两门课:只为男人准备的投资分析,以及智慧投资。不久,他又加上了第三门课程:女人如何投资。那个在戴尔·卡内基班上不敢搭话的害羞男孩消失了,取而代之的是一个虽然还不太熟练,但仍然让人印象深刻的年轻人。他在教室里不停地走来走去,教导着学生,并且嘴巴里会跑出一连串的事实和数字。穿着那套看起来大了两码的廉价西服,他看起来更像是某个教派的年轻传教士,而不是大学的讲师。

尽管沃伦光芒四射,但他仍然不是很成熟,对苏珊而言,他在家里的无用,意味着他就像第三个需要照顾的孩子。他的个性和爱好定型了他们的社交生活。在奥马哈这样一个中等规模的中西部城市,重要的文化机构相对比较少,周末都是婚礼、聚会、茶会以及与慈善相关的事。巴菲特夫妇与他们同阶层和同时代的大部分年轻已婚夫妇相比,生活更为平静。虽然苏珊开始在初级联盟中往上攀升,并且他们也加入了一个美食团体——沃伦礼貌地要求每月的主办者为他做一个汉堡包——他们和朋友的联谊不是成群结队,而是一两个。他们绝大多数的社交生活是和其他夫妇小规模地吃晚饭,或者偶尔参加晚宴,在晚宴上沃伦可以谈论股票。总会出现相同的情况:沃伦的娱乐方式要么是对着某个观众滔滔不绝地大谈股票,要么就是弹奏夏威夷四弦琴。在苏珊的指导下,虽然他可以比以前更容易地对别的主题发表评论,但他的思维还是集中在赚钱上,在家里举办餐会或者聚会时,他经常会在中途就离席上楼逃避交谈。但是和本杰明·格雷厄姆不同,他不是待在楼上读普鲁斯特的作品,而是在工作。至于苏珊,她对沃伦干什么知之甚少,也很少关心。"我过去常常说他是证券①分析师[14],而人们会以为他是检查防盗报警器的。"

---

① "证券"的英文 security 也有"安全保卫"的意思。——译者注

沃伦所有的休闲活动都是重复的、充满竞争的,最好是两者兼备。他发现无法忍受和苏珊打桥牌,因为她总是希望对手能赢,于是他很快就去寻找别的搭档了。[15] 他的思维就像是一只不安分的猴子,为了放松,他需要一种能集中注意力的活动让这只猴子闲下来。乒乓、桥牌、扑克、高尔夫都会吸引他的注意力,而使他能短暂地不用去想钱的事。但是,他从来不在院子里举办烧烤聚会,他会在游泳池边懒散地闲逛,眺望星辰,或者就在林子里走走。看星星的沃伦应该看到过北斗七星,而且看到过像美元的符号吧!

所有这些,加上不合常规的倾向,意味着沃伦不是一个"参与者",只是在委员会或董事会议上干坐而已。可是,当他的叔叔弗雷德·巴菲特请他加入扶轮社时,家庭的忠诚让他一口答应。他喜欢巴菲特杂货店的经营者弗雷德,他和弗雷德一起到扶轮社打保龄球(重复的、有竞争的)。另外,他的祖父以前是扶轮社的主席。

另一方面,当被邀请加入"阿克萨本骑士团"时——这是一个更为重要的公民领袖团体,融合了慈善、商业、社会活动等——沃伦却拒绝了。对一个还需要筹集资金的发展中的基金管理人而言,这无异于无视那些掌管奥马哈的人——过于骄傲的自信,甚至是傲慢的行为,这使他和同一阶层的很多人相隔离。他的姐姐多丽丝已经像"阿克萨本公主"一样首次登场了,而他以前的室友、现在的姐夫杜鲁门·伍德的姐姐也已经是"阿克萨本王后"了。而像查克·彼得森这样的朋友们,也是这个社交圈的常客。作为一个国会议员,霍华德因为有义务而已经加入。但是沃伦发现社会等级制度令他厌恶,而且鄙视香烟缭绕的密室中的社交,以及这个圈子中的人们的跟随者,就是那些看不起他那作为"杂货商儿子"的父亲的人。沃伦很高兴自己能有机会轻蔑地拒绝这个团体,并且可以不屑一顾地贬损它。

苏珊有她自己不遵从传统的更为优雅的处理方式。她开始带领沃伦进入她的不寻常、多样化的朋友圈子。从高中开始,她就为自己的开放和包容而骄傲,那时大多数人还只会选择在宗教、文化、种族,以及经济上和自己相同的人交朋友。与她自己的家庭不同，苏珊并不这么想。她的很多朋友——那时沃伦的很多朋友都是犹太人。在种族隔离的奥马哈——更不用说巴菲特家族和汤普森家族了——超越社会边界选择朋友是一个大胆甚至挑衅的行为。苏珊明白这些，就像她在高中和大学就知道和一个犹太人约会是一件多么令人震惊的事情。虽然她来自一个显赫的家庭，但是对她而言，社会地位的价值只是增加了她的朋友们被包容的感觉。沃伦这个反精英分子，发现苏珊在这方面有高度的吸引力。在哥伦比亚大学以及格雷厄姆-纽曼工作期间，他结交的犹太人朋友们已经让他对反犹太主义有了新认识。

和苏珊形成对比的是，沃伦的母亲一直热衷于融入主流。利拉研究了她的祖先，先后加入了"美国独立战争的女儿们"团体以及胡格诺学会，也许她是在过去的时光中寻找在现实中、在她的直系家族中找不到的平衡。最近，她接到了诺福克州立医院的通知，她的妹妹伯妮丝跳进了河里，有很明显的自杀企图。现在利拉对伯妮丝以及她们的母亲负有责任，在和家族问题保持距离的同时，利拉努力想做一个有责任感的女儿，帮她们处理类似生意这样的时髦事情。她和姐姐伊迪丝定期探访伯妮丝和母亲，但她没有伊迪丝热情。斯塔尔家族精神疾病的历史在巴菲特家族是一个危险且令人羞耻的话题，当时的社会情况整体来说也是如此。巴菲特夫妇对家庭历史的认知被斯特拉和伯妮丝不明确的诊断进一步搞乱了。医生只会对明显的严重问题给出含混不清的说明，但是，很显然精神问题有遗传性，而且在成人时期会变得明显。和伊迪丝姨妈亲近的沃伦和多丽丝知道他们的母亲正在远离她，而伊迪丝也变得越来越冲动和喜怒无常。他们有点儿怀疑利拉的行为和个性也许和家族血统多少有点儿关系。闹钟一直在他们头顶滴答作响，所以他们会检查自己身上任何反常的迹象。

沃伦一直非常希望自己是正常的，也从来没有感觉异常，他用统计学推断出这种神秘的紊乱状况似乎只会影响家族里的女性，以此来缓解自己的焦虑情绪。他从来不在不愉快的事情上想个没完没了。后来他偶然想到他的记忆功能有点儿像浴缸,"浴缸"里装满了他感兴趣的想法、经历和事情。一旦他不再需要这些信息,塞子一拔,记忆就消失了。如果一条关于某个主题的新信息出现了,它也许就会代替旧的版本。如果他一点儿都不想考虑某件事情,就会直接让它进下水道,某些特定的事件、事实、记忆,甚至人都好像消失了一样。痛苦的记忆是首先需要被冲洗掉的,水会流到某个地方,随之而去的还有背景、细节以及远景,但重要的是它已经消失了。浴缸式记忆的高效率为新的、产出更高的信息留出巨大的空间。但是,当他表达对某人的关心时,扰乱的思维会不时从某处冒出来。举个例子,几位照顾有精神疾病的妻子的朋友。巴菲特认为,浴缸式记忆有助于他"朝前看",而不是和他母亲一样总是"朝后看"。这也让他仅仅26岁,就能一头扎在生意里沉思,而将几乎其他任何事情都排除在外,一心追求成为百万富翁的目标。

  实现那个目标最快的办法是筹集更多的钱来管理。8月,他返回纽约参加格雷厄姆-纽曼公司最后一次的股东大会。华尔街的重要人物似乎都到场了。投资人路易斯·格林以他6英尺4英寸的身高鹤立鸡群,脑袋被从他巨大的笨重长靴里发出的臭气环绕。[16] 路易斯责备格雷厄姆犯了大错。"为什么格雷厄姆-纽曼公司没有发掘出人才?"他问。"他们在那儿为这个生意工作了30年,"他对站在周围的人宣布,"他们能继续经营下去所需要的就是那个叫沃伦·巴菲特的孩子,他是他们所能遇到的最好的人选。谁想和他一起并驾齐驱?"[17]

  沃伦很久以前犯过一个错误,他告诉路易斯·格林,他买马歇尔·韦尔斯公司的股票,是"因为本杰明·格雷厄姆买了",这件事情削弱了格雷厄姆在一个重要观众面前对沃伦的支持,其后果不得而知。但是,格雷厄姆的认可已经是给他的一个大红包了。哈佛培养出来的物理学教授霍默·道奇是格雷厄姆-纽曼公司长期的投资者,直到1951年他担任佛蒙特州诺斯菲尔德城诺威奇大学的校长。他曾经前去拜访格雷厄姆并问他,既然格雷厄姆-纽曼公司就要关闭了,他该如何处理自己的钱?本杰明回答:"嗯,我有个过去和我们一起工作的家伙,也许他有办法。"

于是在中西部那个 7 月里炎热的一天,道奇在往西走的度假旅程中,在奥马哈短暂停留,一条蓝色的独木舟绑在他的福特乡村轿车车顶上。"他和我谈了一会儿就问我能否帮他管钱,于是,我为他单独设立了合伙公司。"

1956 年 9 月 1 日,道奇给了沃伦 12 万美元,放在巴菲特基金有限公司里管理。[18] 这笔钱比巴菲特联合公司的初始资金还要多,而且是使沃伦成为一个专业资金管理者的重要一步(假设沃伦为巴菲特联合公司赚了 15% 的收益,每个合伙人拿走设定的 4% 的利息后,他可以收取 5 781 美元的费用。而霍默·道奇的钱可以让他总共收取 9 081 美元的管理费用。他可以将这笔钱重新投入合伙公司。第二年,他就可以得到 9 081 美元的 100% 的收益,再加上又一轮的资金管理费用,如此循环)。从此,他不再是以前掌管自己家族和朋友的少量资金的股票经纪人了。道奇夫妇选择的交易方式有点儿不同,沃伦提取的利润只占总利润的 25%,而他损失的数量以其在该合伙公司的资产为限,开始只有 100 美元。现在,他在为本杰明·格雷厄姆介绍的这个人投资了。[19]

"这一年的晚些时候,我的一个朋友约翰·克利里,过去是我父亲在国会的秘书,看到了证明我成立合伙关系的法律文书,并问我是怎么回事。我跟他说了说情况,然后他说,'好啊,和我也这么做怎么样'。于是我们成立了 B–C 有限公司。那是我的第三家合伙公司。他投入了 5.5 万美元。"[20] 4% 以上的收益两人分摊,而巴菲特的责任也延伸至任何的拖欠款项。1961 年,B–C 有限公司被并入安德伍德有限合伙公司。

随着 1956 年 10 月 1 日 B–C 有限公司的成立,沃伦管理的资金超过了 50 万美元,其中包括他自己的钱,而这部分钱不在任何一家合伙公司里。他在家里一个很小的房间里工作,而且这个房间穿过卧室才能进入。他工作没有固定的时间,和苏珊一样是个夜猫子。他会穿着睡衣阅读年度报告,一边喝着百事可乐,吃着 Kitty Clover 牌的薯片,享受着自由和独处的乐趣。他仔细研读《穆迪手册》,寻找好的主意,一家公司接着一家公司地吸收数据。白天,他会到图书馆看报纸和工商业杂志。和他小时候送报纸一样，他亲自认真处理有价值的事情，自得其乐。他在 IBM 打字机上亲自打信，小心地将专用信笺在托架上摆放整齐。需要复写的时候，他会在第一页纸的后面放上蓝色的复写纸和薄的像纸巾一样的半透明纸。他自己整理文件归档、记账以及报税。这些数字可以精确地衡量工作成果、记录工作，这个特点让沃伦乐在其中。

每一张股票凭证都直接投递到他这儿，凭证以合伙公司的名义开出，而不是按照通常的做法放在经纪人的户头下。一旦这些凭证到达，沃伦会亲手带着它们——光滑的奶油色的投资凭证，上面印着铁路、秃头鹰、海兽以及穿着宽大袍子的妇女，图案精美——径直来到奥马哈国民银行，把它们放进储蓄保险箱内。如果他要卖出哪只股票，就又会来银行，在一堆凭证中快速翻阅，然后将要卖的股票从 38 街的邮局寄出去。如果红利支票过来后要存起来，银行会打电话通知他，于是他会到那儿，检查支票后亲自签字认可。

沃伦用家里唯一的一根电话线给他的一系列经纪人打日常电话。他将他的开支尽可能缩减到零。他亲自在一张有条纹格的黄色纸上列出开支情况：邮费 31 美分；《穆迪手册》15.32 美元，《石油和天然气杂志》4 美元，电话费 3.08 美元。[21] 除了一些更为精确的会计核算，以及需要考虑更多的事情外，他运营这些生意就和任何通过经纪人为自己的账户交易股票的人一样。

1956 年底，沃伦给合伙人写了一封概括描述合伙公司到年底经营状况的信。他汇报说，今年的总收入超过 4 500 美元，比市场高出 4 个百分点。[22] 那时，他的律师丹·莫奈已经从第一家合伙公司中撤资，汤普森博士买下了他的股份。而莫奈加入了沃伦已经操作了一段时间的私人项目：购买一家总部在奥马哈的保险商——美洲国家火灾保险公司的股票。1919 年，一些无耻的推销员将这家公司毫无价值的股票兜售给全内布拉斯加州的农民，用来交换第一次世界大战中发行的自由债券。[23] 而从那时起，这些凭证就躺在抽屉里，它们的主人也逐渐失去了再次看到他们的钱的希望。

还是在巴菲特-福克公司工作期间，沃伦翻阅《穆迪手册》时发现了这家公司。[24] 这家公司的总部离他父亲的办公室只有一个街区的距离。奥马哈当地一位很著名的保险代理人——威廉·哈曼森一开始是在不知道的情况下被吸引进这家公司的，担任了当地的挂名负责人，后来才发现这是一个骗局。但是哈曼森家族又逐渐将这家公司变成了一家正当的公司。现在，威廉的儿子，霍华德·哈曼森正通过他在加利福尼亚州建立的美国家庭储蓄公司，把最高级的保险业务输送给美洲国家火灾保险公司，前者已经是美国最大、最成功的储蓄贷款公司之一。[25]

那些被欺骗的农民根本没有想到那些陈旧的纸张现在已经值钱了。霍华德·哈曼森通过掌管美洲国家火灾保险公司的弟弟海登，暗地里从那些农民手中以便宜的价格回购股票已经好几年了。到目前为止，哈曼森家族已经拥有这家公司70%的股份。

沃伦很钦佩霍华德·哈曼森：

没有人能像霍华德·哈曼森那样大胆地管理资本。他在很多方面都很精明。以前，很多人都是亲自到家庭储蓄公司偿付抵押贷款。而霍华德·哈曼森把抵押贷款业务放到离你住的地方最远的分支机构，因此你得用寄邮件的方式支付，这就不需要他的手下花费半个钟头的时间听有关你孩子的情况。其他人应该都看过《精彩生活》这部电影，并且觉得就应该按照吉米·斯图尔特的方式做事。可是霍华德不愿意见到他的顾客，所以他的运营成本永远比别人低。

美洲国家火灾保险公司每股收益29美元，而霍华德·哈曼森的弟弟海登以每股30美元左右的价格买进了这些股票。和沃伦追寻的最珍贵、最有吸引力的便宜股票一样，哈曼森家族的人用每股的收益就能完全支付买一股股票的所有成本。这是沃伦见过的最便宜的股票——除了西部保险公司，而且它也是一家不错的小公司，不是湿乎乎的"烟蒂"。

很长一段时间，我都在努力买进这只股票。不过我一股也没得到，因为海登将股东名单交给了一个股票交易商。这个人——他把我看成朋克，可是他有名单而我没有。因此，是他以30美元左右的价格为海登买了这些股票。

对一些农民来说，海登·哈曼森的现金要比他们那些不值钱的凭证好得多。尽管很多年以前他们每股付出了100美元，而现在只能得到30美元。他们中的很多人已经逐渐说服自己，没有这些股票，他们的情况会更好。

沃伦很坚决。

我在一些保险书或其他书上查找。如果你回溯到20世纪20年代，你就会明白谁是指使者。他们让那些最难销售的地区的大股东做董事。内布拉斯加有一个叫埃维的镇子，那儿人烟稀少，可是有人在那里卖出了很多股票。而这也是35年以前，他们将当地的金融家弄进董事会的手段。

于是，沃伦的合伙人兼代理人丹·莫奈，带着沃伦的一卷钞票以及他自己的一部分钱前往乡下。他开着红白相间的雪佛兰在全国穿梭，在农村的县政府大楼或者银行露面，随意地问谁可能持有美洲国家火灾保险公司的股票。[26] 他坐在前廊，和农民们一起喝冰茶，吃馅饼，然后用现金换取他们的股票凭证。[27]

我不希望霍华德知道是因为我出的价格比他高。他出价是30美元，我就必须提高一点儿。股票持有人注意到，大约10年来价格都是停留在30美元，这是价格第一次发生变动。

第一年沃伦出价每股35美元，买了5股股票。农民们的耳朵就竖起来了。现在他们意识到，有买家在为这只股票竞争。他们开始想也许没有这些股票，他们的日子也不会变得更好，价格一定还会上涨。

最后阶段，我给出了100美元的价格。这是个有魔力的数字，因为那是他们开始付出去的钱。我知道，100美元会把所有的股票都带过来。

果然，当丹·莫奈这么干的时候，一个来卖股票的家伙就说："我们像羊群一样买了这些股票，现在又像羊群一样卖了它。"[28]

他们就是那样。很多人以低于每股收益29美元的3倍的价格出售了股票。莫奈最终收集了2 000股，占公司股份的10%。沃伦没有将股票凭证上的名字改成自己的，而是还保留在原持有人的名下，只是附加了律师的说明，以证明他对这些股票有控制权。

因为如果改了名字会让霍华德警觉到我在和他竞争，而这样做他就根本不知道。或者即使他知道，也没有充足的信息。我一直在收购股票。到走进海登办公室的那一天，我出其不意地把它们全放下，然后说我要把它们全改成我的名字。他说，"我的哥哥会杀了我的"。但最后，他还是帮我办了转让手续。[29]

沃伦在这只股票上出乎意料的行为的背后，所费的脑筋并不仅仅体现在股票价格上，他已经懂得了尽可能收集稀有事物的价值。从牌照到修女们的指纹，到硬币、邮票，到联合电车公司，再到美洲国家火灾保险公司，他一直以这种方式思考，他是一个天生的收集家。[30]

这种贪婪的直觉有时也会让他出点儿岔子。汤姆·纳普帮助杰里·纽曼处理完关闭格雷厄姆–纽曼的剩余事务后，去了一家小经纪商特雷迪–布朗–莱利公司，他过来拜访沃伦，并且要去威斯康星州的贝洛伊特听本杰明·格雷厄姆的演讲。开车穿越艾奥瓦州玉米地的路上，纳普提到美国政府准备从流通领域收回4美分的蓝鹰邮票。收银机在沃伦的脑子里开始叮当作响了！"我们停在邮局看看有没有4美分的邮票。"他在回来的路上说。纳普去了第一个邮局，回来说那儿有28张邮票。"去买下来。"巴菲特说。他们就此又讨论了一下，决定回家以后写信给邮局，要求买下它们的邮票存货。邮票开始一来就是好几千张。丹佛的邮局回复他们有20本，每本有100页，每页有100张邮票，那就意味着丹佛有20万张邮票。

"我们也许可以控制局势。"沃伦表示。他们花了 8 000 美元买了那 20 本。

"而那是我们的错误，"纳普说，"我们应该让丹佛的邮局把邮票寄回华盛顿以减少供应。"

花费了巨大努力，他们简直变成了真正的邮局——大部分工作是由纳普完成的，他们收集了 60 多万张蓝鹰邮票，总共花了大约 25 000 美元。鉴于他对钱的态度以及资本净值，对沃伦而言，这是很多钱了。他们把一堆邮票放到地下室里。那时，他们终于认识到他们干了些什么。他们辛辛苦苦地收集了一地下室的价值永远不会超过单价为 4 美分的邮票。"如果你有了这么多的邮票，"纳普解释，"就没有很多收集者了。"

于是，接下来的任务就是如何处置这些邮票。沃伦熟练地将处理价值 25 000 美元的 4 美分邮票一事委托给纳普，然后就将这件事抛到脑后，除了有时当作笑谈说一说。他重新转回到那些真正重要的事情上来：为合伙公司集资。

1957 年 6 月，又一个最初的合伙人，伊丽莎白·彼得森请沃伦成立了第四家合伙公司，命名为安德伍德，她另外投资了 85 000 美元。[31]

几个月以后，1957 年夏天的一天，"我接到了埃德温·戴维斯夫人的电话。他们夫妇俩以前是巴菲特杂货店的常客。她的丈夫戴维斯医生是城里有名的泌尿科医生。他们住的地方离这儿只有几个街区。她说她知道我在管理钱，请我过去解释一下"。

埃德温·戴维斯医生全美闻名。他的一个病人，纽约的阿瑟·威森伯格是那个时代最著名的资金管理人之一，他因前列腺的问题在某个时间来奥马哈治疗，于是戴维斯就变成了他的客户。

威森伯格从 1941 年起，每年发布《投资公司》，一本关于封闭式投资基金的"《圣经》"。封闭式投资基金除了不接受新的投资人以外，和公开交易的共同基金很相似。它们几乎总是以低于资产价值的折扣价出售，这使威森伯格成为买入封闭式投资基金的支持者。[32] 总之，它们就像共同基金的"烟蒂"。上大学前的那个夏天，沃伦就坐在巴菲特–福克公司办公室的椅子上阅读威森伯格的"圣经",而霍华德则在一旁工作。"去哥伦比亚上学之前,"他说,"我常常花几个小时阅读那本书,从头到尾,很虔诚。"他买了威森伯格的两个"烟蒂"——美国国际证券以及精选工业公司,它们在1950年占了超过他资产的2/3。[33] 在格雷厄姆–纽曼工作的时候,他设法和威森伯格会面,并且给后者留下了深刻的印象,"即使那时我还不怎么令人印象深刻"。

1957年,威森伯格突然打电话给戴维斯医生解释说,虽然从他的利益出发没有必要这样做,但他还是推荐一个年轻人给他。"过去我自己也试图聘用过他,"威森伯格说,"不过他正自己成立合伙公司,所以我没能如愿。"[34] 他力劝戴维斯考虑和巴菲特一起投资。

其后不久,沃伦安排了一个星期日的下午和戴维斯一家碰面。"我去他们家,坐在他家的起居室里,讲了大约一个小时。我说:'这就是我如何管钱的和我的一些安排。'那时我大概26岁,可看起来就像20岁左右。"事实上,按照埃德温·戴维斯的说法,他看起来更像是18岁。"他的领子是敞开的,外套肥大,说话很快。"那个时候,沃伦在奥马哈四处走动时,总是穿着一件破旧毛衣——人人看起来都觉得早该捐出去了——一条旧裤子和一双磨损的鞋子。"我表现得比我的年龄要幼稚,"沃伦回忆,"我谈的事情是你期望从更年轻的人那儿听到的。"事实上,他身上还有不少上宾夕法尼亚大学时打着手鼓、唱着《妈咪》这首歌的男孩的痕迹。"那时你必须忽略很多东西。"

但是,当他谈自己的合伙公司时可就不是那样了。沃伦不是在那儿向戴维斯夫妇推销,他是在展示自己的基本原则。他希望对资金有绝对的控制,而且不会告诉合伙人这些钱是如何投资的。那是个关键点,人们搭本杰明·格雷厄姆顺风车的不利因素对他而言不存在。他解决人们会失望的问题的办法是,打完每个球洞后,他先不给分数,而直到打完18个洞以后才给出一年一次的报告。他们会得到有关他的表现的一份年度报告,而且只能在12月31日这天可以决定投钱或者抽回资金。这一年的其余时间,钱被锁定在合伙公司。

埃德温一直没有注意我。多萝西·戴维斯听得很专心，问了一些不错的问题。而埃德温坐在角落里什么也没干。他看起来非常老，可他还不到70岁。当我们谈完后，多萝西转向埃德温问他怎么考虑。埃德温回答："我们给他10万美元。"接着我以更有礼貌的方式问："戴维斯医生，我很高兴得到这笔钱。不过我刚刚在谈的时候，你确实没有怎么注意我，为什么你现在又这么决定呢？"

他回答："嗯，你让我想起了查理·芒格。"[35]

我说："哦，我不知道谁是查理·芒格，不过我真的喜欢他。"

戴维斯夫妇如此愿意和沃伦投资的另外一个原因是，令他们惊奇的是，他"比他们还了解阿瑟·威森伯格"。[36] 他们也喜欢他陈述自己合同条款的方式——清晰而且透明，因此他们明白他是站在哪一边的，他和他们一起输赢。就像多萝西·戴维斯表述的，"他精明而聪明，但我可以说他是诚实的。我喜欢这个年轻人的一切"。1957年8月5日，戴维斯夫妇和他们的3个孩子用10万美元孕育了第五家合伙公司——戴西（Dacee）。它和巴菲特基金公司类似，4%的保证收益之上的25%归巴菲特所有。[37]

有了戴西，沃伦的生意又向前跃了一步，他可以在一些大的股票上放更多的头寸。在他个人的投资组合中，他还是在玩儿"便士"铀股票。几年前当政府在买铀股票的时候，那是一种时尚，而现在它们非常便宜。国会记录里提到，当时华盛顿地区的一家家具店在华盛顿诞辰纪念日的促销中分发铀股票，只要顾客购买东西就可以得到股票。[38] 沃伦买的公司股票有Hidden Splendor、Stanrock、Northspan。"这些很有吸引力——就像在一个桶里抓鱼。它们都不是大鱼，但是你可以在一个桶里抓它们。你知道自己将要挣很多钱。这是少数，我把大头放在合伙公司里面。"

有新的合伙人就意味着更多的钱，当然，这也意味着沃伦要掌管5家合伙公司以及巴菲特–巴菲特公司，因此股票凭证的数量以及文件工作量大幅增加。他不得不很忙碌，不过感觉很好。短缺的总是资金——他看起来总是没有足够的钱。他研究的这类公司市场价值动辄100万美元到1 000万美元,他希望自己能在这样的股票上投资10万美元,这样才能在公司有重要的地位。因而得到更多的钱就成为关键。

这时,丹·莫奈已经准备重新参加合伙公司了。他和他的妻子玛丽·埃伦成为巴菲特第六家合伙公司——莫奈–巴菲特公司的核心,该合伙公司于1958年5月5日成立。绝大部分要感谢美洲国家火灾保险公司,莫奈夫妇俩两年以前只有5 000美元可供投资,现在可以投入70 000美元了。[39]

那时,沃伦·巴菲特也许明白了资金管理产生更多钱的潜力比华尔街任何一个人都要强,增加到合伙公司的每一美元都会为他从他给合伙人挣的钱中分一杯羹。[40]而这些钱如果重新投资,又能产生它自己的收入。[41]如果把收入再进行投资,它就会产生更多的收入。他的业绩表现越好,赚的钱就越多,他在合伙公司的股份就会更多,而这又会促使他去赚更多的钱。他的投资天分将会充分发掘资金管理的潜力。因此,虽然沃伦看起来有些笨拙,但毋庸置疑,他的自我经营是成功的。即使他在投资世界里几乎是隐形的,但雪球开始滚起来了。

带着他后面的动力,他意识到,是时候离开那所勉强够四口之家居住的房子了——其中一个孩子三岁半,精力旺盛超乎寻常——第三个孩子也快要来了。于是,巴菲特夫妇买了他们的第一套房子,房子位于法纳姆大街,拐角处被一些常绿树木包围,紧挨着奥马哈最繁忙的要道之一。虽然它是这个街区最大的房子,但风格朴素迷人,屋顶采光窗设置在倾斜的单坡屋顶上,还有一扇眉窗。[42]沃伦支付了31 500美元给当地的一名商人和市议员萨姆·雷诺兹,并且立刻给房子命名为"巴菲特的蠢事"。[43]在他的思维里,31 500美元经过12年左右的复利增长可以达到100万美元,因为他有能力以如此惊人的回报率投资这笔钱,所以他觉得在这栋房子上,似乎是花了惊人的100万美元。

在搬家公司的货车驶离安德伍德大街之前,沃伦带着5岁的苏茜沿着楼梯返回锻铁修饰的阳台。"'戴眼镜的男人'就留在这儿了,"他说,

"你要和他说再见。"苏茜照办了，而事实上，"戴眼镜的男人"还在后面呢。[44]

苏珊怀着8个多月的身孕，负责监督搬家，在房子里安置好，管住豪伊。根据他们老朋友们的观察，豪伊是个"惹事鬼"。他似乎有永远用不完的精力，这使他获得了"龙卷风"的绰号，和沃伦儿时的绰号"霹雳"有一拼，但是含义大不一样。巴菲特说，豪伊一开始会走路，他就到处跑。他用玩具在花园里挖，苏珊把玩具拿走，为了找到它们，他会把房子搞得一团糟。一旦他成功了，就又开始挖起来。苏珊抢走他的装载机，同样的战争又会重复。[45]

搬到法纳姆大街一周后，就在莫奈-巴菲特合伙公司成立的前一天，巴菲特夫妇的第二个儿子彼得出生了。从一开始，他就是个安静好带的宝宝。不过他出生不久，苏珊就得了肾感染。[46]从她小时候得风湿热和慢性耳炎痊愈后，她总认为自己是健康的。肾感染还不足以达到影响沃伦的地步，他有关疾病的不自在却是一件大事，以至于她教育全家不管谁得病都要注意到他的反应，就好像他也生病了需要照顾一样。她真正的焦点在于，她最终想有一个自己的家。尽管生着病而且还需要照顾一个新生儿和两个年幼的孩子，但这些都不能抑制她想装修房子的急切心情。就像万物复苏一样，她用活泼的当代风格重新装修房子，摆上镀铬和真皮的家具，在白墙上挂起巨大、明亮的现代油画。15 000美元的装修账单几乎占了房子本身价格的一半，根据一个一起打高尔夫球的同伴鲍勃·比利格回忆，这"几乎要了沃伦的命"[47]（比利格已经过世）。他没有注意到色彩，对生动的美感也没有反应，对效果漠不关心，看到的只有那张惊人的账单。

"难道我真的想为理发花上30万美元吗？"这就是他的态度。如果苏珊想花上少许钱，他会说："我不确定我想用那种方式吹走50万美元。"[48]因为苏珊想花钱而他想保留钱，但他又想让苏珊高兴而苏珊又想取悦他，他们的个性就逐渐融合为讨价还价和交易的体系。

那张惊人的账单里包括一个令他们的朋友和邻居惊奇的设备费

用——奥马哈的第一批彩色电视机之一。[49]苏珊喜欢让她的房子成为邻居的中心,于是过了不久,星期六的早晨,这个街区的所有孩子都会在这间小电视室的黑色皮沙发上挤成一堆,一起观看卡通节目。[50]

一个大块头、能干的黑人管家威拉·约翰逊,开始为他们干家务活儿,她逐渐取代苏珊的家务工作。这让苏珊解放出来,可以去寻找发挥其创造力的地方。她和朋友泰玛·弗里德曼决定成立一个当代艺术画廊。由于每件事都牵涉钱,这个决定必须和沃伦说清楚。在支付苏珊那笔钱之前,他在会客室和她们"会谈",问"你们希望挣钱吗",弗里德曼回答,"不",然后巴菲特说,"好吧,苏珊可以作为一个'投资人'加入"。[51]根据弗里德曼的说法,他喜欢苏珊想做自己的事情的想法,并且希望她们后退一步,以类似生意的方式考虑画廊,这样爱好才会比较现实。沃伦总是根据投入的资本回报来考虑钱的问题。因为画廊不能获利,所以他希望她们能控制开支。弗里德曼说,苏珊每天都来打理画廊,她的参与真的是出于爱好。

在朋友和亲戚的眼里,苏珊是一个灵活、好相处而且体贴的母亲。既然现在巴菲特夫妇和他们的父母住得更近了,孩子们就有更多的时间和他们的祖辈相处。一个半街区外的汤普森博士家里的气氛轻松愉悦,他们不介意豪伊打碎窗户或者孩子们把家里搞得一团糟。多萝西·汤普森精通各种各样的事情,玩儿游戏,组织寻找复活节的蛋,制作精细的多层冰激凌甜筒。孩子们爱汤普森博士,除了他清醒的自大以及装模作样的说话方式。一次,他让豪伊坐在他的膝盖上。"不要喝酒,"他一遍又一遍地说,"它会杀死你的脑细胞,而且会让你一无所有。"[52]

星期日,汤普森博士有时会过来,穿着胶质软糖色的西服,在沃伦和苏珊的起居室里布道,有时豪伊和苏茜一起去爷爷、奶奶那儿,利拉会拖着他们一起去教堂。和汤普森夫妇相比,她和霍华德显得死板僵硬。霍华德还保留着维多利亚时代的风格,因此当他打电话给多丽丝和沃伦讲有关他们的妹妹伯蒂的事情时,他只会说:"情况一团糟!"可是后来他们发现,到另外一个刚刚失去孩子的人(指伯蒂)那儿,他就不会说出"流产"这样的字眼。

沃伦和苏珊开始在他们新的大房子里招待整个家族。在她的第一个感恩节家庭晚宴上,苏珊自己准备火鸡,她以为做火鸡很容易,用100华氏度(37.8摄氏度)的温度烤上一整晚就行。当火鸡散架时,她打电话给从利拉那儿学习厨艺的黑格曼夫人,请她过来帮忙。除了沃伦,每个人都得来切,因为沃伦连小刀都不会用。而且,家庭聚会上只要有他母亲在场,只要他能逃避,就会到楼上去工作。

沃伦新的小办公室位于主卧外面,苏珊给这个房间铺上了美钞图案的墙纸。被钱舒服地包围着,他开始着手尽可能以翻阅《穆迪手册》的速度,快速购买便宜的股票:那些出售可以轻易评估的基本用品或者大宗商品的企业,如达文波特针织品、草地河煤公司、碳氢化合物公司以及马拉开波石油勘探公司。为了合伙公司,为了他自己,为了苏珊,或者为了所有这些,只要他一有资金,就会以带它们进家门的速度让它们快速投入工作。

通常,他需要秘密实施他的想法,他会利用聪明、心甘情愿的,如丹·莫奈这样的人做他的代理人。这些代理人中还有一个是丹尼尔·科文,他为纽约一家名字为Hettleman的小经纪公司工作,是一个价值猎手。沃伦通过哥伦比亚大学的老朋友弗雷德·库尔肯认识了科文。[53] Hettleman专门投资资产规模为数百万美元的小股票,也就是沃伦喜欢的那种没名气的特价品。

弗雷德写信把丹尼尔描述成华尔街的一颗新星,并且说我们是天生的一对。我立刻判定弗雷德在这两点上百分之百正确。在接下来的几年里,只要我去纽约,我俩通常都会在一起。[54]

科文比沃伦年长9岁,有着一双眼窝深陷且敏锐的眼睛。他们两人在一起时,表面上看起来就像是一个成年人在和一个大学生亲切交谈,但他们有很多共同点。在科文的父亲损失了家里所有的钱以后,科文在大萧条的贫困中长大,而且在十几岁的时候,他就不得不养家,他还将

13岁生日时作为礼物收到的钱投入了股票。[55] 海军服役结束后,他被投资职业吸引,甚至在一家投资公司里,他也是独立工作,坚持自己的理念。可是,和沃伦不同的是,科文对前沿艺术有很强的欣赏能力,对房子的装饰也很有创造力,还收集摄影作品和古董。吸引沃伦的是,科文交易很棒,而且他按照自己的思路工作。[56] 早些时候,在沃伦为格雷厄姆-纽曼工作时,科文曾经借给他5万美元,为期一周,这样他就可以购买共同基金而省下1 000美元的税,这也让沃伦喜欢科文。[57] 久而久之,他俩合作了,科文担任高级合伙人,因为他经验更丰富、投的钱也更多。不过,他们一起分享信息和想法。

每周,只要列着小股票的粉单一出来,巴菲特和科文就相互打电话比较里面的内容。"你买了那只股票吗?""是的,我买了,那是我的!"如果挑了同样的股票,他们会感觉自己都是胜利者。"那种情形就像在选马一样。"科文的妻子乔伊斯说。[58] 他们考虑过收购全国盒子公司,给它起了个代号,叫集装箱公司。"科文是个挖掘者,"巴菲特说,"我猜这样才讲得通。"

巴菲特说,有一次,他们甚至试图买下马里兰州的一个小镇,当时联邦住宅管理局正在廉价拍卖该地块:由邮局、市政厅以及以低于市场价格出租的大量物业组成。这个小镇是大萧条时期建造的,是一个以低成本住房安置1 800户家庭的实验性小镇。第二次世界大战以后,大量的政府物业被拍卖。巴菲特回忆,当时这个小镇的广告让他们垂涎三尺,梦想着可以很快把出租价格提升到市场水平。可是即使廉价出售,这个小镇也太贵了,他们无法弄到足够的现金。[59]

沃伦总是没有足够的现金,他总是在努力筹集资金。格雷厄姆的关系又要开始起作用了。伯尼·撒纳特——整形和重塑手术方面的先锋——在某一天和他妻子的嫡亲堂兄——本杰明·格雷厄姆聊天。本杰明和埃斯蒂退休回到加利福尼亚后,搬到撒纳特夫妇家的街对面。撒纳特说,他问格雷厄姆,现在应该如何处置自己的钱,"他在他的合伙公司几乎没什么钱,"撒纳特回忆,"他说,'哦,买AT&T'。然后,他告诉我三只封闭式基金和一些股票。接着,他很随意地提到,'我以前的一个学生在做投资,沃伦·巴菲特'。就是那样,那么随意以至于我都没能记下来。"

几乎没什么人知道沃伦·巴菲特。他就像奥马哈一块大岩石下的一小片苔藓。撒纳特的妻子罗达每天和埃斯蒂一起散步。"不久之后的某一天,"她回忆,"埃斯蒂对我说,'听着,罗达,人们总是接近我们,让我们投资他们的合伙公司,因为他们可以告诉别人,本杰明·格雷厄姆也投资了,这样他们才能搞成。因而,我们拒绝了所有人。不过,沃伦·巴菲特——他有潜力。我们和他一起投资,你最好也这么做'。"

"我唯一的问题是,"罗达说,"'埃斯蒂,我知道你认为沃伦很聪明,不过我更感兴趣的是他是否诚实'。埃斯蒂回答,'绝对诚实,我百分之百信任他'。"撒纳特夫妇和埃斯蒂·格雷厄姆分别在莫奈-巴菲特合伙公司里投资了1万美元和1.5万美元。那时,莫奈夫妇的投资已经增长到10万美元了。

沃伦投资课上的一些学生也加入了合伙公司,他在戴尔·卡内基课程的指导老师沃利·基能也加入了。事实上,到1959年,沃伦在周边已经小有名气,部分可以归因于他的教学。他的品质——好和坏——不再是被隐藏的,在奥马哈已经开始为人所知。犹如青少年广播剧《美国广播学校》中的反面角色一样,他在奥马哈被认为是一个傲慢无礼、自以为无所不知的人。"我过去常常喜欢在讨论中站在相反的那一边,"他说,"不论什么,我能立刻转过来。"人们认为,沃伦让他们投钱却不说他将买什么,这是放肆的行为。"奥马哈有一些人认为,我做的事情类似庞氏骗局。"他回忆道。这引起了一些反响。当沃伦重新申请奥马哈乡村俱乐部的会员资格时,他被投票否决了。被乡村俱乐部拒之门外是一件严重的事情,说明那些不喜欢他的人可以用一种具体的让人尴尬的方式表现出来。他被认为是和他们毫无关系的旁观者,可他却想属于这个群体。另外,沃伦喜欢打高尔夫,俱乐部有一个好的球场。通过关系,他下了些功夫才从黑名单上下来。

但是，现在他的才华通过越来越多的人表现出来，也为他带来了更为重量级的合伙人。1959 年 2 月，卡斯珀·奥福特和他的儿子小凯珀，来自奥马哈最显赫家族之一的成员，就他们自己的合伙公司和沃伦接触。当沃伦解释他们不会知道他在买什么股票的时候，卡斯珀说："如果我不知道买了什么，就不会投一分钱，而如果你已经取得了完全的控制，我也不会有发言权。"[60] 但是，小凯珀和他的兄弟约翰以及威廉·格伦（后者是查克·彼得森为其管理房地产物业的生意人）还是投资了。他们投资了 5 万美元，成立了格伦诺夫（Glenoff）合伙公司，这是巴菲特的第七家合伙公司。

在这些合伙公司的早期投资阶段，沃伦没有偏离本杰明·格雷厄姆的原则。他买的都是些非常便宜的股票，完全是"烟蒂"，湿湿的还可以免费吸上一大口的"烟蒂"。不过，这些都是在遇到查理·芒格之前的事情。

23
奥马哈俱乐部

奥马哈　1959年

和银行钢制拱门一样,奥马哈俱乐部的拱形大门在银行家、保险商以及这个城市的铁路巨头的身后徐徐关上,黑人看门人乔治正在门后恭候。男人们在地下室打完壁球或者从城里的办公室赶来,在前厅的花砖壁炉旁闲逛聊天,等待着女士们从这座意大利文艺复兴风格的建筑正面的一个单独侧门进来加入他们。沿着弯曲的红木楼梯可以直到二楼,半路上有一幅真人尺寸大小的苏格兰人在小溪里抓鳟鱼的油画。奥马哈俱乐部是这里的城里人跳舞、募捐、结婚、庆祝纪念日的场所。更重要的是,这是他们谈生意的地方,因为在这儿的桌子边,你可以安静地交谈。

1959年夏天的一个星期五,巴菲特大步穿过俱乐部的入口,准备和两个合伙人共进午餐,尼尔·戴维斯以及他的妻兄李·西门,后者曾为沃伦安排和戴维斯自小最好的朋友见面。就是尼尔的父亲埃德温·戴维斯医生,在戴维斯家加入合伙公司时,对沃伦说过,"你让我想起了查理·芒格"。现在芒格正在城里处置他父亲的房地产。[1]

芒格对这个留着平头、比他小6岁的巴菲特知之甚少。不过和他对生活的总体期望一致的是，他对这次会面的期望值并不是很高。[2] 他已经养成了不对任何事物期望太高的习惯，这样永远都不会失望。而且，查理·芒格很少遇到能让他喜欢倾听对方说话的人。

芒格家开始也很贫困，不过到了 19 世纪后期，查理的祖父，身为联邦法官的 T. C. 芒格提高了家族地位。在奥马哈，他们都是在客厅受到款待，而不像巴菲特家族的人，总是在后门送货。芒格法官是一名刚强的严守纪律的人，他曾经强迫所有家人阅读《鲁滨孙漂流记》，吸取书中描绘的在磨炼中征服自然的精神。在中西部，他因为给陪审团的指示比其他法官的长而出名。[3] 他喜欢给他的亲戚们就节俭的美德以及赌博和酒吧的罪恶上课。查理的古板姨妈尤菲听了课之后，"直到 80 多岁还兼顾两个不同的事业——管理教堂和存钱，而且在责任的驱使下，理所当然地参加了她深爱着的丈夫的验尸"。[4] 当芒格法官去世时，据传也是这个姨妈奇怪地声称，他一定是被神的恩典带走的，因为最近他在算术上犯了一个错误。她说她知道，"自那以后他就不能再留在这儿了"。

芒格法官的儿子阿尔跟随父亲进入法律界，成为一个受人尊敬但并不富裕的律师，《奥马哈世界先驱报》和当地其他重要的机构都是他的客户。虽然和他的父亲不一样，但他是快乐的。人们经常看到他抽烟、打猎或者捕鱼。他的儿子后来这样说："他得到了他想得到的东西，不多也不少……比他的父亲和儿子都要少一点儿大惊小怪，后者在预见永远不会发生的麻烦事上花费了相当可观的时间。"[5]

阿尔的妻子，漂亮机智的弗罗伦丝·图迪·拉塞尔来自另一个以责任和诚实正直为家风的家族，那是一个具有进取精神的新英格兰地区的知识分子家庭，以查理提到的"生活朴素、情操高尚"而出名。当她宣布自己将要和阿尔·芒格结婚时，她年迈的祖母注意到他厚厚的眼镜以及 5.55 英尺的身高大吃一惊，"谁想到她会有这种感觉"。据称，她的祖母大叫了起来。

阿尔和图迪·芒格有三个孩子：查理、卡罗尔以及玛丽。查理婴儿时期的一张照片显示，他在那时就已经带有典型的任性表情了。在邓迪小学时，他最显著的外表是一双巨大的小精灵似的耳朵，如果他选择露出来，总会引起哄笑。他被公认为很聪明。根据他的妹妹卡罗尔的说法，他很"活泼"并且"思想独立到不屈服于某些老师的期望"。[6]"聪明，是个聪明人"，这是芒格家的邻居多萝西·戴维斯回忆查理童年时代给出的评价。[7]戴维斯夫人试图控制住查理对她儿子尼尔的影响，可是没有什么能让查理的嘴巴驯服，即使他看见她手上拿着细枝条追着那帮男孩子，鞭打他们裸露的小腿肚。

在学会隐藏自己的痛苦以及采用巧妙的应对策略之前，童年时代的沃伦一直承受着侮辱，而只能稍做反抗。太骄傲且不愿屈服的查理面对伤人的挖苦讽刺，只好运用他才华来承受年轻时的痛苦。可是在每周五艾迪·福格的舞蹈课上，作为班里唯一一个比查理矮的女孩的舞伴，查理对这个强调他是班级第二矮的小孩的例行课程毫不掩饰自己的愤怒。[8]在中心高中的时候，他得到了"大脑"的绰号和极度活跃以及疏远同学的名声。[9]

成长在一个珍视学习的家庭，芒格长大后很有抱负，17岁时被密歇根大学录取，主修数学。日军偷袭珍珠港后的一年，还在读大学二年级的芒格被征募入伍。服役期间，他修读了新墨西哥大学和加州理工学院的气象课程，但是从没有真正毕业。后来，他作为气象学者在阿拉斯加的诺母港工作。后来芒格说，他从没有见过现役军人能够驻扎在没有危险的地区，而这也强调了他的幸运。他的主要风险是财务上的：他通过打扑克牌增加了津贴。他发现他很擅长这个，这变成了他的赛马场。他说，他学会了胜算不大时下注很少，而胜算很大时狠狠下注。在以后的人生中，他也充分利用了这种优势。

第二次世界大战结束后，通过良好的家族关系，他在没有完成大学本科学业的情况下，直接进入了哈佛大学法学院。[10]那时他已经和南希·哈金斯结婚，这是一次冲动的婚姻，当时他21岁，而她才19岁。芒格已经变成了一个中等身高、穿着考究的年轻人，黑色的短发和机警的目光让他的面貌焕然一新。不过他最重要的特征——除了他的耳朵，现在只是稍稍有点儿招风——是他招牌的表示怀疑的方式。即使是在哈佛，他也经常这样——没有学到什么，他说。[11] 后来他告诉他的朋友们，那时，他站在地图前问自己，"哪个城市正在成长并且充满了机会，能让我挣到很多钱？而且这个城市不能太大，也不能发展得太好，否则要想进入这个城市的显要人物行列就会比较困难"。他选择了洛杉矶。[12] 帕萨迪纳市让他印象深刻——在这个雍容的旧时西班牙风格的洛杉矶郊区，他曾经上过加州理工学院。也是在那儿，他遇见了未来的妻子，当地一个显赫家族的女儿。"南希任性、被宠坏了。"她的女儿莫利说，考虑到她新婚丈夫的性情，她的性格并不理想。[13] 没过几年，他们的婚姻就出现了问题。尽管这样，从哈佛毕业后，他们带着儿子泰迪回到了她的家乡帕萨迪纳市定居，在那儿查理成了一个成功的律师。

1953年，有了3个孩子并经过8年的不相容、争斗和痛苦，芒格离婚了。在当时，离婚还是一件不光彩的事。尽管他们之间有问题，但考虑到他们的儿子和两个女儿，他和南希做出了文明的安排。芒格搬进了大学俱乐部的一个房间，买了一辆有凹痕的黄色庞蒂克车，车面上的油漆糟糕到"会让掘金者们气馁"，从此成为一个星期六陪孩子的父亲。[14] 接着，在分开的这一年里，8岁的泰迪被诊断得了白血病。芒格和他的前妻问遍了整个医学界，很快发现这个病是无法治愈的。他们和其他的父母以及祖父母，一起坐在白血病病房里，眼睁睁地看着孩子在不同的阶段日渐衰弱。[15]

泰迪经常在医院进进出出。查理过来看他，抱着他，然后在帕萨迪纳市的大街上一边走路，一边为他的儿子哭泣。他觉得失败的婚姻和儿子的绝症几乎无法承受。而且，在50年代，一个离婚的单身父亲的孤独也让他焦躁不安。他感受到了没有一个完整家庭的失败，希望孩子们能在身边。

当情况越来越糟时，芒格决定朝着新目标进发，而不是让自己沉迷在生活的不幸中。[16] 也许这样显得实际甚至无情，不过他把这看成让眼睛永远能看得见希望。"面对一些不幸时，不要因为你自己的挫败感，让一个不幸变成两个或三个。"他后来说。[17]

因此，即使芒格关心即将死去的儿子，他还是下定决心再婚。可是，他分析成功婚姻概率的方法让他十分悲观。

查理对于他能否再遇到某个人而感到绝望。"我怎样才能找到那个人呢？加利福尼亚2 000万人口中有一半是妇女。在这1 000万妇女中，只有200万人的年龄合适。200万人中，150万已经结婚，只剩下50万。50万人中的30万人太愚蠢，另外5万人又太聪明，剩下的15万人中，我想和她结婚的也就只能装满一个篮球场。我要从中找到一个，而且我还必须在她的那个篮球场里。"

查理设置低期望值的心理习惯已经根深蒂固。因为他觉得高期望值会导致吹毛求疵，所以在寻求幸福的路上也习惯性地没抱太大期望。低期望值会让人们失望的机会少一些。但是，自相矛盾的是，这也不一定会让他获得成功。

出于绝望，查理开始重新审视离婚和死亡通知书，并且开始寻找新的单身女性。这引起了他的朋友们的注意。考虑到他的悲惨经历，他们开始插手帮忙。他的一个律师合伙人带来了另外一个"南希"，一位有两个男孩的离婚妇女。南希·巴里·伯斯威克是个瘦小的、肤色浅黑、头发棕褐的女人，热衷于打网球、滑雪和高尔夫球。她也是斯坦福大学资优生荣誉学会的经济学毕业生。

第一次约会的时候，他就警告她："我是那种说教式的人。"可是这并没有吓倒南希，这预示着他们的关系发展还不错。他们开始带着孩子们一起外出。开始，泰迪和他们一起行动，可他的病情迅速加重。后来，在他儿子最后几周的时间里，31岁的查理总是坐在床边陪伴他。1955年泰迪去世，年仅9岁，在这期间查理瘦了10—15磅。"我无法想象人生中还有比一天天看着孩子离去更痛苦的事情。"后来他回忆说。[18]

1956年1月，查理·芒格和南希·伯斯威克结婚。他绝望地需要某个人为他安排生活。南希很有魄力，只要查理的气球里充斥了太多的热空气,她就会毫不犹豫地刺破它。她是一个优秀的管理者,观察敏锐、镇静、理性,而且务实。当查理偶尔冲动起来时,她会抑制住他的任性。在他的两个女儿和她的两个儿子的基础上,他们及时地添了三个儿子和一个女儿。除了做家务和照顾查理之外,她还要抚养8个孩子。[19]而对他的孩子们来说,他变成了"有腿的"书本,经常阅读科学和伟人成就方面的书。同时,他继续在缪吉克-皮乐-加勒特律师事务所追寻他的财富,不过他已经认识到,法律并不能让他致富。他开始搞一些赚钱的副业。"查理,作为一个非常年轻的律师,一小时应该可以得到20美元。他心中盘算着,'谁是我的最有价值的委托人呢'?他认为是他自己。因此,他决定每天出售自己一个小时。他每天清晨为那些建筑项目和房地产交易忙碌。每个人都应该可以这样,先是委托人,然后再为其他人工作,每天出售自己一个小时。"

"我对致富有相当大的热情,"查理说,"不是因为我想要法拉利——我想要的是独立。我拼命地想得到它。我认为给其他人寄收据是一件有损尊严的不体面的事情,我不知道我从哪儿得来的这个想法,不过我确实这样想。"[20]他自视为一个绅士,对他而言钱不是竞争。他想加入合适的俱乐部,而并不关心其余成员是否比他富有。在他傲慢的外表之下,对真正的成就怀有深深敬意的心,让他能够真正谦虚,这对他在和即将见面的这位男子之间建立联系非常关键。

在奥马哈俱乐部的包房里,坐在查理对面并开始讲话的这位男子穿得就像一个颇年轻的推销员,来向一位绅士推销保险。那时,会处世的查理已经在洛杉矶的商界和社交界颇有建树,而且看起来很入流。但是,当戴维斯夫妇和西门夫妇做完介绍,他们就完全开始了两人私下的交谈。查理承认他在巴菲特家族的杂货店"拼命工作"了一段时间,在那儿"你只能从早上的第一个钟头一直忙到晚上"。[21]但是,至少和其余那些忙得不可开交的雇员相比,欧内斯特会让自己喜欢的如图迪·芒格这样的顾客的儿子享片刻清闲。[22]开了些玩笑以后,当沃伦开始谈投资和本杰明·格雷厄姆时,谈话加速,而其他人都在全神贯注地听。查理立刻能理解这些概念。"那时，他已经花了很多时间思考有关投资和生意上的事情。"巴菲特说。

他告诉查理有关美洲国家火灾保险公司的故事。查理和霍华德以及海登·哈曼森是一起上的中心高中。他对身处加利福尼亚之外的巴菲特能如此了解哈曼森家族以及他们的存款和贷款而感到吃惊。不久，这两个人的交谈就合上了拍，看起来好像非常了解对方。[23] 过了一会儿，查理问："沃伦，你具体做些什么？"

他已经有了这些合伙公司，巴菲特解释说，而且他做这，还做那。他说，1957年，市场下跌超过8%，而他的合伙公司一年挣了超过10%，次年合伙公司的投资升值超过了40%。[24] 到目前为止，巴菲特从管理合伙公司中收取的费用通过再投资，已经达到83 085美元。这些管理费已经将他最初的700美元投资——7家合伙公司，每家投了100美元[25]——迅速增至占所有合伙公司股份的9.5%。而且，1959年，他的表现一如既往，将再次击败道琼斯指数，这将会让他变得更富有，而且提高其股份份额。最后，查理问："你认为我能在加利福尼亚做同样的事情吗？"沃伦停了一会儿，看着他。这是一名成功的洛杉矶律师提出的一个不合常规的问题。"是的，"他说，"我非常确定你可以。"[26] 午餐结束后，戴维斯夫妇和西门夫妇准备回去，当他们踏进电梯时，最后一眼看到的是，巴菲特和芒格还坐在桌子旁边全神贯注地交谈。[27]

过了几天，两人又带着各自的妻子来到约翰尼咖啡馆。席间，芒格自我陶醉于一个笑话，结果滑出了座位，在地板上笑着打滚儿。芒格夫妇返回洛杉矶后，巴菲特和芒格的讨论不断，两人打电话也越来越频繁，一次就是一两个小时。巴菲特曾经对乒乓球这样着迷过，现在终于找到更有趣的事情了。

"为什么你这么注意他？"南希问她的丈夫。

"你无法理解，"查理说，"他可不是一个普通人。"[28]

24
火车头

纽约，奥马哈　1958—1962年

沃伦和苏珊看起来和普通人一样，他们保持低调，他们的房子虽然大，但并不奢华，后院有一个供孩子们玩的小木屋，后门从不上锁，邻近的孩子们可以在这儿进进出出。现在，巴菲特夫妇在他们不同的轨道上逐渐开始加速。苏珊的当地计划表上增加了一站又一站，而沃伦朝着"美元山峰"进发，这是一个永不停止的旅程。

1958年之前，他会径直买一只股票，然后就等着这个"烟蒂"燃烧起来。接着，他通常会出售股票，去买另一只他更想得到的股票，有时不免会带有一丝遗憾，因为他的雄心受到合伙公司资本的限制。

但是，现在他管理着7家合伙公司，加上巴菲特–巴菲特公司以及他自己的钱，资金已经超过了100万美元。[1]这使他能在完全不同的范围内操作。他在生意上的伙伴除了斯坦贝克、纳普、勃兰特、科文、施洛斯以外，又增加了芒格。他们两个人每个月的电话账单的惊人——按照他们的消费标准。芒格又把他介绍给朋友罗伊·托尔斯，瘦瘦高高的前海军战斗机飞行员。托尔斯脸上总带着温和的笑容，喜欢自己一个人快速思考——除了偶尔会抛出一些讽刺的有力反驳，这使得人们"希望带些创可贴在身边",一个朋友这样评论。和芒格一样,巴菲特能够机敏应对。他将托尔斯当作自己的好友。这种为他的事业征集志愿者的诀窍,已经创造了一个很大的支持网络,虽然只是松散地组织在一起。沃伦会或多或少不自觉地和他的支持者们像汤姆·索亚那样探险、钻研,因为他的兴趣增长得太快,他一个人再也不能完全实施每一个细节了。

简单地坐在书房,在《证券分析》或《穆迪手册》中挑选股票的日子,已经一去不复返。相反,他开始在那些需要时间和计划去实施的有利可图的大型项目上下功夫——比在美洲国家火灾保险公司身上花的还要多。有时,这些项目会碰上复杂甚至戏剧性的情况,他的注意力将会持续几个月,有时一连几年都得放在那上面。有时几个投资项目同时操作。对他的家人而言,对绝大部分时间他都缺席的情况已经习以为常,而现在项目规模的扩张更加重了这一趋势,但是他和朋友们的关系却越发紧密了。

第一个复杂的事件涉及一家叫作桑伯恩地图的公司,该公司发行美国所有城市的精密地图,图上标示了电力线、自来水总管道、车道、建筑工程、房顶结构、应急楼梯等,这种地图主要会被保险公司购买。[2] 这门生意没有赢家,因为随着保险业的并购,顾客群正在慢慢萎缩。不过45美元一股的价格很便宜,因为单单桑伯恩公司的证券投资组合每股就值65美元。但是为了能掌握这些投资组合,沃伦需要的不仅仅是合伙公司的资金,还有其他人的帮助。

从1958年11月开始,他在桑伯恩公司上投入了合伙公司1/3的资产。他也为自己和苏珊买了这只股票,他让艾丽斯姑姑、父母、姐妹们都买了。他还将自己有关桑伯恩公司的想法告诉了科文、斯坦贝克、纳普、施洛斯。其中一些人把这看成他的好意而买了。他从中提取利润的一定比例,这是使他自己的资产产生杠杆作用的一个途径。为了控制更多的股票,他增加了从高中起就一起玩弹珠的同伴唐·丹利、他父亲最好的朋友维克·史皮特勒、多蒂的丈夫霍默·罗杰斯,以及霍华德·布朗,汤姆·纳普工作的特雷迪-布朗-莱利经纪公司的老板。同时沃伦还把他的朋友弗雷德·库尔肯的姨妈凯瑟琳·埃伯菲尔德和母亲安妮·戈特沙尔特也带了进来，因为以前他没有让她们加入合伙公司，这次强烈推荐这只股票，是因为他认为这次是一件很确定的事情。最终，他掌控了足够多的股份，进入了董事会。

1959年3月，沃伦例行去纽约出差，住在安妮·戈特沙尔特位于长岛的一栋小小的殖民时期的白色房子里。现在安妮·戈特沙尔特和她的姐姐已经把他看成死去很久的儿子弗雷德的替代者。沃伦在那里放了备用的内衣和睡衣。吃早餐时，戈特沙尔特会为沃伦准备汉堡包。在这种旅行中，他总会列出10—30件他想完成的事情。他会去标准普尔的图书馆查些信息，参观一些公司，拜访一些经纪人，通常会和纽约的勃兰特、科文、施洛斯、纳普待在一起。

这次特别的旅行长达10天。他要和合伙公司的潜在客户坐下来谈谈，而且还有一个重要的约会：作为董事会成员，第一次出席桑伯恩公司的会议。

桑伯恩公司几乎全部由保险公司的代表组成——它最大的客户——因此，除了开完会以后不会打一轮高尔夫球以外，董事会更像是个俱乐部。没有一个董事会成员拥有超过象征数量的股票。[3]会上，沃伦建议将公司的投资产品分给股东们。但是，自大萧条和第二次世界大战以来，美国企业对待钱就像是对待稀有商品一样要珍藏和保管。即使经济调整已经过去了很长一段时间，这种想法还会自动产生（关于该现象的前提人们尚未调查核实）。董事会对这个主意做出的回应是，将证券投资组合从地图主业中剥离是很荒谬的。会议快结束的时候，董事们打开雪茄盒开始分发雪茄，他们吞云吐雾，沃伦坐在一旁却气得快冒烟了。"那是用我的钱买的雪茄。"他想。在返回机场的路上，他从钱包里拿出孩子们的照片，看着他们，他的血压才降下去。

遭遇挫折的沃伦决定，他将代表其他股东，从这些不称职的董事手中夺下公司，因为他们要比那些人更应该拥有这家公司。因此，巴菲特集团，包括弗雷德·斯坦贝克、沃尔特·施洛斯、艾丽斯·巴菲特、丹尼尔·科文、亨利·勃兰特、凯瑟琳·埃伯菲尔德、安妮·戈特沙尔特和其他一些人继续购买。沃伦还动用了新注入合伙公司的资金，还让霍华德把他的一些经纪客户吸引进来。也许沃伦正在帮他父亲财务上的忙，即使在他逐渐掌握这家公司的时候。

不久，那些对沃伦比较友好的人，包括著名的基金管理人菲尔·卡罗特（他曾经在沃伦这儿听说然后买了格瑞夫兄弟桶业公司和克利夫兰毛料厂），一共拥有大约24 000股，掌握了有效的控制权，沃伦认为该行动了。股票市场正处于高位，他希望桑伯恩公司能在合适的时机出货。战略咨询公司博思－艾伦－汉密尔顿已经提交过计划，建议桑伯恩公司这么做[4]，但关键点是纳税。如果出售证券投资组合，公司需要支付大约200万美元的税款。沃伦提供了类似洛克伍德公司置换股票以避税的技巧，这是一个可以做到完全不用纳税的解决方案。

下一个董事会议召开时，除了又有一些投资人的钱随着雪茄的烟雾而消失之外，其他什么也没干成。在巴菲特返回机场的路上，他不得不再次看孩子们的照片，好让自己平静下来。三天以后，他威胁董事会，如果董事们在10月31日之前不采取行动，他将召集一个特别会议以控制公司。[5] 他已经失去耐心了！

现在董事会别无选择，只得同意分割两部分业务。可即使这样，如何处理纳税的问题依然存在。一个保险代表说："那就让我们吞下那笔税款吧。"

于是我说："等一下，'让我们'，谁是'我们'？如果在座的每一个人都希望按人头承担，那很好。可是如果你希望按各自拥有的股份比例承担，你只用承担10股股票的税额，而我要承担24 000股的税额，那就算了吧！"他说要自己吞下这200万美元的税额，只是因为他不想很麻烦地操作股票回购。[6] 我记得那时又分发雪茄了。我为每一根雪茄支付30%的钱，而我是唯一不抽雪茄的人。他们应该为我的泡泡糖支付1/3的钱。

董事会终于屈服了。于是，在精力、组织以及意愿的压力下，1960年初沃伦赢得了战斗。桑伯恩公司向股东们提出了洛克伍德式的要约，用一定比例的证券投资组合交换股票。[7]

这次桑伯恩公司的交易设置了一个"高水位标志"：巴菲特可以利用他的大脑和合伙公司的钱改变一家公司的方向，即使它顽固，即使它不情愿。

在这个故事里，巴菲特不断地往返于纽约和奥马哈之间，一直在为桑伯恩公司这个项目努力，他要搞清楚到哪儿去弄到他需要的股票、如何让董事会合拍，以及怎样才能不使自己吞下那笔税金，还同时在寻找其他的投资妙计，成千上万个主意整天在他的脑子里盘旋飞舞，嘀嗒作响。在家里，他总是到楼上去看书和思考。

苏珊把他的工作理解为一项神圣的使命。可是，她仍然努力将他带离他的研究而融入家庭生活：有计划的外出，度假，在餐馆吃晚饭。她有一句名言："任何人都可以做父亲，你也必须做父亲。"[8] 然而，她是在和一个从没拥有过她所说的那样的父亲的人说这番话。"我们去野马餐厅吧！"她会说，然后用车载着一帮周围的小孩狂吃一顿汉堡包。坐在桌旁，如果有什么有趣的事情发生，沃伦会大笑，也会表现得很投入，不过他很少说话。他的思维在别的地方。[9] 有一次在加利福尼亚度假，一天晚上他带着一群孩子去迪士尼乐园玩，他坐在长凳上看书，而那些孩子则到处乱跑，大家都自得其乐。[10]

这时彼得接近两岁，豪伊5岁，苏茜6岁半。苏茜有自己的粉红格子花布王国，那是一张带篷的床，要沿着单独的楼梯上去。豪伊用破坏行为来测试父母，看看到什么程度会引起他们的反应。他捉弄很晚才开始说话的彼得，好像彼得是一个科学实验品一样，去刺激他，看他什么反应。[11] 苏茜管理他们两个以控制事态发展，她开始找出办法报复豪伊，有一次她教唆他用叉子在牛奶袋的底部戳洞。当豪伊正自得其乐地看牛奶喷到厨房桌子上到处都是时，苏茜跑到楼上大叫："妈妈，豪伊又在干坏事！"[12] 沃伦只是简单地求助于苏珊，让她去应付儿子充满破坏力的精力。而豪伊记得他的母亲几乎"从不生气,她总是支持我们"。[13]

苏珊巧妙地处理这一切,扮演着1960年时标准的美国中上阶层妻子的角色。每天她以标志性的装扮示人,裁剪得体的裙子或者裤装,通常是灿烂的黄色,以及光亮蓬松的头发,完美地照顾着她的丈夫和家庭,成为社区团体的领导人,优雅地招待丈夫生意上的伙伴,似乎这比把一顿"斯沃森电视晚餐"①扔进烤炉要轻松得多。沃伦让她雇用帮手,很快一连串的互惠工人就住进了二楼带卫浴的空气流通、采光良好的房间。新来的女管家莱莎·克拉克承担了苏珊的一些工作。通常,苏珊的一天是从中午主持慈善午宴开始的,放学以后,接送苏茜去蓝色小鸟团。苏珊总是将自己描绘成一个简单的人,不过逐渐地,她给自己的生活增加了一层又一层复杂的元素。她正在筹建一个叫"志愿者局"的团体[14],专门在奥马哈大学做办公室工作以及教游泳。"你也可以成为保罗·李维尔"②是该团体的座右铭,借用了一个通过个人自我牺牲的勇敢行动拯救整个国家的个体形象。

和保罗·李维尔一样,苏珊也无意向上爬。[15]她在家庭责任和需要关注的越来越多的人之间来回碰撞,其中很多人生活穷困,或者在某些方面受到过创伤。

她最亲密的朋友贝拉·艾森伯格是奥斯威辛集中营的幸存者,在集中营被解放后,她来到奥马哈。她把苏珊看成可以在凌晨4点打电话求助的人。[16]另外一个朋友是尤妮斯·丹尼伯格,在她还是个孩子的时候,她发现了上吊自杀的父亲。在沃伦家这么一个富裕的白人家庭里,最难得的是他们还有黑人朋友,包括棒球界最有威胁性的投手鲍勃·杰布森和他的妻子沙琳。可在1960年,如果你是个黑人,即使是个明星运动员,也不代表什么。"那个时代的奥马哈,很少会看到白人和黑人在一

---

① 斯沃森电视晚餐,美国电视节目,专门教观众如何做美味佳肴。——译者注
② 保罗·李维尔,一位银匠,美国独立战争中的爱国者。——译者注

起。"巴菲特儿时的伙伴拜伦·斯沃森说。[17]

苏珊把手伸向每一个人。事实上,麻烦越多的人,她越愿意帮助。她对几乎不认识的人的个人生活充满浓厚的兴趣。沃伦回忆了一件事情,在一次橄榄球比赛期间,他去厕所,而她在小卖部排队。几分钟以后他回来时发现,站在苏珊后面的一位妇女正在和她说话,"我之前从没对任何人讲过这件事情……"苏珊听着,露出被吸引的表情。几乎她遇到的每一个人都会在这样的关注下散发光辉,并为之感动。但是,即使是最亲密的朋友,苏珊也总是小心而不愿分享她自己的问题。

在家里,她同样扮演施救天使的角色,尤其是对她的姐妹。和苏珊一样有音乐天分的多蒂创立了歌剧协会。不过,她似乎很空虚,就像有个人评价的那样,"虽然不快乐,但内心强大",她保持着愉快的表象,但她告诉苏珊,她从来不哭,因为她一旦哭,将永远不会停止。她的丈夫霍默因为不明白妻子而很受挫败,可是他俩仍保持着活跃的社交安排。晚上,在喝酒和狂欢中,他们两个年幼的儿子到处闲逛。有时,霍默会粗暴地惩罚他们,或者多蒂会残酷地取笑他们——于是,苏珊像母亲一样照顾她的外甥和自己的孩子们。

她还帮助老巴菲特夫妇,霍华德的健康问题和意识形态正在成为他们的负担。

不过,霍华德的焦虑和身上18个月的神秘症状更是问题。尽管去了明尼苏达州罗切斯特的梅奥诊所,可医生们还是不能诊断他的病因。[18]最后,1958年5月,霍华德被告知得了结肠癌,急需手术治疗。[19]沃伦为这个诊断而心烦意乱,而且为这个他认为不可原谅的延误诊断生气。从那时起,苏珊开始有选择地告诉他有关他父亲的病情。[20]她保持着家庭的正常安排。在霍华德手术和漫长的恢复期间,她还不遗余力地支持利拉。她很高兴地做所有这些事情。不只这些,在危急关头,她的镇静、安慰让每个人都可以依靠。她帮助大一点儿的孩子理解这种疾病,并且让包括小彼得在内的每个孩子都定期看望祖父。豪伊在下午和霍华德一起看大学橄榄球赛,霍华德坐在装有软垫的躺椅上,在比赛当中不断地倒戈，为那些就要输掉的球队加油。当豪伊问他为什么时，他说："他们现在是弱者。"[21]

在他父亲经受严峻考验期间，沃伦自始至终都是用生意来分散自己的注意力。他埋首于《美国银行家》或者《石油和天然气杂志》，只有在他走进厨房，从只有他才可以碰的木板箱里取一些爆米花和百事可乐时，才会有短暂的中断。

但是不知为什么，尽管为父亲生病而苦恼，在家人眼里安静内向的沃伦开始频频出现在公众场合，而不管家里正在发生什么事。他像一位权威，也像一个在向听众传输能量的电子充电器。"不管他去哪儿，总是透着这种气质。"查克·彼得森说。[22] 而让查理·芒格印象深刻的是，沃伦·巴菲特经常很有说服力地谈论投资以及合伙公司。他募集资金的速度和他说话的速度一样快，但是还不及他投资的速度。

在他们几乎每天都进行的通话中，芒格听沃伦讲投资和募集资金的经历，对巴菲特自然的推销术很好奇。由于亨利·勃兰特在为他探路，他去纽约出差就更为频繁。1960年是一个分水岭，现金潮水般涌进了合伙公司的金库。年初，沃伦的叔叔弗雷德和婶婶凯蒂向巴菲特联合公司投了将近8 000美元。通过查克·彼得森的关系，又有51 000美元进了安德伍德。那时，"查克对我说，'我想邀请你和苏珊来吃晚饭，和安琪夫妇见个面'。我不认识他们。查克说他们都是医生，是真正聪明的人"。

卡罗尔和比尔·安琪夫妇住在彼得森家的街对面，比尔·安琪是心脏病专家，也是个异想天开的古怪人。冬天他会整夜不睡，往他前院喷水，然后做一个光滑的、像玻璃一样毫无瑕疵的雪人，就像一个圆圆胖胖的他自己的复制品，站在结冰的"池塘"旁边。他的妻子专门从事儿科研究。

我们接上他们，这样车上就有6个人。我们朝奥马哈乡村俱乐部的方向进发。卡罗尔·安琪长得很美，打扮时尚。吃晚饭期间，她的眼睛就没有离开过我。我的意思是，她只是被迷住了。我疯狂地讲世界上的所有事情，拼命地想使她印象深刻，而她就在那儿听我讲的每一个字。

我们离开乡村俱乐部开车返回。在车里，一路上她的眼睛也一直盯着我。我们把安琪夫妇送回去，然后我对查克说："今天晚上我给人留下了很深的印象。"他回答："不，傻瓜，她是个聋子。她在读你的唇语。"因为我不停地说，所以她就不停地看着我。[23]

不过他肯定给人留下了深刻的印象，因为后来安琪夫妇在山顶房子饭店招待他们认识的十几个医生吃晚饭的时候，比尔·安琪建议他们成立一家合伙公司，每人投资1万美元。其中一个医生问："我们输掉所有的钱怎么办？"比尔·安琪给了他一个厌烦的表情，然后说："那我们就再成立一家。"

巴菲特的第八家合伙公司——埃姆迪（Emdee）成立于1960年8月15日，资金11万美元，那个医生因为担心自己的钱会全部亏掉而没有加入。

还有其他一些怀疑论者。在奥马哈，并不是每个人都喜欢有关沃伦·巴菲特的事情。有些人认为，这个年轻的高手一文不值，他的权威性实际是种不相称的傲慢。有些人不认同一个无名之辈能奋斗成功。奥马哈一个显赫家族的成员和五六个人在黑石酒店边吃边聊的时候，谈到了巴菲特的名字，说："一年之内他将一文不名，就给他一年，他就会消失。"[24] 柯克帕特里克·佩蒂斯公司的一个合伙人（霍华德的公司在1957年和该公司合并）一遍又一遍地说："陪审团还没盯上他。"[25]

那个秋天，充满泡沫的股票市场起飞。经济正在温和衰退，因为苏联看起来就要赢得军备竞赛而使整个美国心情沮丧。但是当约翰·肯尼迪赢得总统大选后，充满活力的年青一代在管理上的改变提振了整个国家的士气。在早期的演讲中，肯尼迪设定了一个目标：把人类送上月球。市场迅速飞涨，再一次需要和1929年做比较了。沃伦从没经历过一个投机市场，但他保持了平静。似乎这就是他一直在等待的时刻。他没有像格雷厄姆可能做的那样撤退，反而做了一些异常的事情。他加速为合伙公司筹集资金。

他把伯蒂和她的丈夫，他在阿尔伯克基的叔叔乔治，以及他的堂兄比利带入了最初的巴菲特联合公司。他的朋友约翰·克利里的合伙人韦恩·伊夫斯也加入了。最后，他终于让弗雷德·库尔肯的姨妈凯瑟琳·埃伯菲尔德和母亲安妮·戈特沙尔特也进入了合伙公司。她们的加入说明，他认为这个时机不仅非常合适，而且安全。

另有三个人加入了安德伍德。一次在纽约听完本杰明·格雷厄姆的讲座以后，沃伦在雨中等出租车，这时他遇到了小弗兰克·马修斯，前海军部长的儿子（就是在这位海军部长面前，范尼塔·梅·布朗宣布要和沃伦结婚），马修斯也成为一个合伙人。[26]沃伦成立了他的第九家合伙公司——安投资公司，这是为奥马哈另一个显赫家族的成员伊丽莎白·史托斯而成立的。他还让拥有城里最精美的服装店的玛蒂·托普和她的两个女儿及两个女婿，以25万美元加入了他的第十家合伙公司——巴菲特-TD。

作为投资顾问，他可以合法地拥有100个合伙人，而不需要在美国证券交易委员会登记。随着合伙公司的发展，他开始鼓励人们非正式地组成一个团队，然后再以单个投资者的身份加入进来。最终，他已经可以把人们的钱汇合起来。[27]后来他在描述这样的战略时是持质疑的态度的，不过这确实奏效。得到更多资金、挣更多钱的强迫性驱使着他不断向前。沃伦忙忙碌碌、风风火火，往返纽约的频率堪称疯狂。他开始遭受和紧张相关的背痛之苦，当他坐飞机的时候病情就会加重，他用了各种办法和东西来减轻疼痛，除了待在家里。

至此，他的名字已经像一个秘密一样传播。"和沃伦·巴菲特一起投资会让你变得富有。"可是现在规则已经改变了：到1960年，至少有8 000美元才能跨入门槛。而且，他再也不需要请求别人和他一起投资了，他们必须自己有这样的想法才行。人们不仅对他在干什么一无所知，而且他们还必须把自己放在那个位置上（尽管丹·莫奈或者其他一些有帮助的代理人因为需要通常会知道一些）。这将他们转化为巴菲特的追随者，并且减少了他们对他做的事情抱怨的机会。以前他是请别人帮忙，而现在是他给别人帮忙。如果人们要从合伙公司拿走钱会为此觉得亏欠，让别人开口请求使他在心理上觉得被赋予了重任。在很多情况下，在以后的人生中，他开始经常使用这个技巧。他一方面得到了自己想要的东西，另一方面这似乎也抚平了他一直以来因要对别人的命运负责而产生的恐惧。

虽然不安全感和以前一样肆虐，但他的成功以及苏珊的关心和调教已经让他有了改观。他开始显得有力量，不再脆弱。很多人乐意请求他为他们投资。巴菲特于1961年5月16日成立了他的第十一家，也是最后一家合伙公司：巴菲特-霍兰德。这家合伙公司是为迪克·霍兰德和玛丽·霍兰德而设的。他们是沃伦通过他的律师兼合伙人丹·莫奈认识的朋友。当迪克·霍兰德决定投资合伙公司时，他的家庭成员施压让他不要这么做。但他很清楚巴菲特的能力，霍兰德说，即使是在奥马哈，还是有人"偷偷地笑"沃伦的野心。[28]1959年，合伙公司的业绩表现高出市场6个百分点。1960年资产价值一跃而至将近190万美元，超过市场29个百分点。比单个年度的利润更让人印象深刻的是复合增长率。如果在第二家合伙公司，即巴菲特基金里最初投资1 000美元，4年以后，这1 000美元就会变成2 407美元。而如果投资于道琼斯工业平均指数，则只值1 426美元。[29]更重要的是，当他获得较市场更高的回报时，整体承担的风险也较小。

巴菲特收取的费用经过再投资，到1960年底已经为他挣了243 494美元。现在合伙公司中超过13%的财产都属于他。虽然他在合伙公司的份额增加了，但他为合伙人挣的钱也已经不单单是让他们感到高兴了，很多人对他怀着敬畏之心。

在他们中间，埃姆迪合伙公司的合伙人比尔·安琪排在最前面。比尔努力让自己成为沃伦的"搭档"，在巴菲特家房子的三楼建造了带有轨道的一整套巨大的火车模型，以前这里是个舞场，而现在它是巴菲特家的阁楼。巴菲特内心深处的童心被唤醒了，儿时，每个圣诞节他都在布兰迪斯商店徘徊，对那个自己不可能拥有的巨大、神奇的火车模型充满了渴望。现在，当安琪在为创造沃伦儿时的幻想而努力工作时，他就在一旁"监工"。

沃伦还试图说服查克·彼得森共同投资。"沃伦，你一定疯了，"彼得森说，"我为什么要为你自己拥有的火车而和你平摊开支？"但是沃伦并没有听进去，他被想拥有火车和装备的热情激励着。"你可以过来使用它。"他说。[30]

火车填满了以前舞场的大部分空间。整个模型立在桩上，而过道在下面，这样就可以从里面观察这个立体模型。三辆火车头带着长长一串车厢沿着巨大的螺旋形轨道赛跑。它们经过村庄，穿过森林，消失在隧道里，又爬上大山，穿过山谷，按照标记停靠和起步，可是当巴菲特发动引擎时，火车却经常出轨，足以让人心惊胆战。[31]

火车变成了沃伦的最爱，他的孩子们被禁止接近。到现在，他对钱的痴迷以及对家庭的一无所知，还是朋友间的笑谈。"沃伦，那是你的孩子们——你认出他们了，是吗？"人们会这样说。[32] 当他不出差的时候，人们会发现他在房子里漫步，鼻子几乎要埋到年报里去了。整个家庭围绕着他和他神圣的追求旋转——空闲、安静；穿着睡衣跷起腿休息；在早餐桌旁，眼睛紧盯着《华尔街日报》。

现在，他复杂的王国拥有接近400万美元的资金、11家合伙公司、超过100个投资者。这些所需要的簿记、财务、储蓄安全以及邮寄等工作，已经变得几乎无法抵挡。令人惊讶的是，巴菲特仍然自己处理钱和做所有职员的工作：报税，在打字机上打字，把分红或者资本支票存起来，偶尔会停下来在业余时间到咖啡馆吃一顿饭，把股票凭证塞进保险箱内。

1962年1月1日，巴菲特把所有的合伙公司放进了一个实体——巴菲特有限责任合伙公司（BPL）。1961年，合伙公司的投资回报率为46%，而同期道琼斯指数只有22%。1962年初，新的合伙公司的净资产为720万美元。仅仅6年，他的合伙公司的规模就超过了格雷厄姆-纽曼。可是当皮特·马威克·米切尔公司的审计师维恩·麦肯齐过来审计时，他不是在华尔街的会议室，而是在楼上巴菲特卧室外面的房间里翻阅巴菲特合伙公司的文件，他们两个在那儿肩并肩地工作。

可即使现在巴菲特已经认识到，不断增高的文件堆、电话账单以及股票，已经达到他在家庭办公室所能处理的极限，他也不喜欢另外承担日常开支，虽然他负担得起。

包括他在外面的投资在内——总量现在超过 50 万美元——沃伦在 30 岁时已经成为百万富翁。[33] 于是，他在基威特大厦租了一间办公室。这是一栋新的白色花岗岩建筑，沿着法纳姆大街一直走就能到达，离他家大约 20 个街区，离市中心不超过 2 英里。现在他和他的父亲共享一个办公室，这是他长久以来的目标，另外还雇了一个秘书。不过，霍华德显然病得很重，他像个战士一样，很努力地以僵硬的步伐顽强地走进办公室。当听到有关他父亲健康的任何不祥的消息时，沃伦的脸就会阴沉下来，于是大多数时间他都避免听到这些细节。

新秘书总是试图告诉沃伦，应该去做什么。"她认为她应该有点儿母亲式的做法，"他说，"总想着来操纵我。"

没有人能够操纵沃伦·巴菲特，他马上就把她炒了。

不过，他确实需要帮助。就在搬进基威特大厦之前，他雇用了比尔·斯科特（美国国民银行的信托管理人员）。斯科特曾经在《商业和金融编年史》上读过沃伦的一篇关于一家不是很著名的保险公司的文章。他还参加了巴菲特的投资课程。然后，他说："我要去巴结他，直到我能在那里得到一份工作。"巴菲特开始在星期日的早晨去斯科特的家里，半路上把孩子丢在教堂，而他们两个讨论股票，最终巴菲特给了他一份工作。[34]

斯科特开始帮助巴菲特把钱快速引入合伙公司。巴菲特第一次让他的母亲加入，还有斯科特、唐·丹利、玛吉·罗林——沃伦的桥牌搭档卢斯·罗林的遗孀，甚至还有弗雷德·斯坦贝克——他有家族生意，所以迄今为止只和沃伦在特别的项目上合作过。[35] 而且第一次，他把自己的钱投了进来——大约 45 万美元。[36] 经过 6 年的工作，他和苏珊在合伙公司的股份上升到超过了 100 万美元，他们总共拥有巴菲特合伙公司 14%的股份。

时间上的契合令人惊叹。1962 年 3 月中旬，市场最终崩溃，持续下滑到 6 月底，股票突然比很多年来的价格都便宜。巴菲特现在只有一家合伙公司，坐拥一大笔等待投资的现金，但他的投资组合在这个低迷时期并未受损。"和通常较为常规的股票投资方法相比，显示出我们的方法风险相对较低。"他在给合伙人的信中写道。[37]1962 年第二季度，道琼斯指数从 723.5 点下滑到 561.3 点，下跌了约 22.42%。那一年的上半年，合伙公司支付合伙人红利之前的损失为 7.5%，而同期道琼斯指数损失 21.7%——合伙公司的业绩表现高出 14.2 个百分点。他在股票上展开了竞赛，他经常这样解释格雷厄姆的思想，这是对格雷厄姆的原始说法聪明地进行了再加工，"当他人贪婪的时候，你要恐惧，而当他人恐惧的时候，你要贪婪"。现在到了贪婪的时候了。[38]

25

风车战争

奥马哈,比阿特利斯　1960—1963 年

20 世纪 50 年代末至 60 年代初,巴菲特完成了和桑伯恩公司的角力,巩固了合伙公司,并且和他的父亲一起搬进了新办公室。接着,他又开始着手另一个项目,这次又是在和奥马哈有点儿距离的地方。而这是他第一次真正掌控一家公司,远比桑伯恩地图公司消耗了他更多的时间和精力。

丹普斯特磨坊制造公司位于内布拉斯加州比阿特利斯,是由一个家族运营的公司,专门制造风车和灌溉系统。

巴菲特职业生涯中的这个故事,起初就像是又一台投入 25 美分可以吐出 1 美元的老虎机。股票售价为 18 美元一股,而公司稳步增长的账面价值为 72 美元一股。丹普斯特的资产就是风车、灌溉设备以及它自己的制造工厂。

1958 年,沃伦开车去过比阿特利斯。那是一个暴风肆虐的草原小镇,可以依靠的就是丹普斯特这个唯一的雇主。他带了一张写有 19 个问题的清单,比如"公司有多少经销商""在大萧条期间,坏账情况如何"。[1] 参观过后他的结论是,这家公司"有钱,不过不挣钱"。[2] 总裁克莱德·丹

普斯特正把公司弄得一团糟。[3]

因为丹普斯特就是另外一个"烟蒂",所以沃伦应用了他的"烟蒂"技巧,只要它以低于账面价值的价格出售,就不断买入。如果价格因某种原因上涨,他就能出售获利。如果价格不上涨,他会在拥有了足够控制这家公司的股票后停止购买,他可以通过变现,也就是清算资产而获利。[4]

和桑伯恩公司一样,巴菲特负担不起他想要的丹普斯特股票。于是,他打电话给沃尔特·施洛斯和汤姆·纳普:"我希望你们跟着我干这第三次。"[5] 经过几年,这个三人组控制了公司11%的股票,仅次于丹普斯特家族,而且沃伦还进入了董事会。1960年初,董事会聘用了李·戴蒙担任公司总经理,他是明尼阿波利斯模塑公司的前采购经理。[6] 巴菲特策略性地把克莱德·丹普斯特变成了一个有名无实的老板,并且继续购买股票。[7] 他想要他能得到的每一股股票。他打电话给纽约的沃尔特·施洛斯:"沃尔特,我想买你的股票。"

"哦,我不想卖给你。"施洛斯说,"你知道,它是家不错的小公司。"

"你看,我为这个主意做了所有的工作。我想要你的股票。"巴菲特说。

"沃伦,你是我的朋友。如果你真想要——拿走吧。"施洛斯回答。[8]

在这个骑着多丽丝的自行车逃跑的成人版里,巴菲特拿走了施洛斯的股票。他有一个弱点:如果他觉得自己需要什么东西,他就真的需要,而且这个需要必须得到满足。但是,他做这些的时候,没有明显的恶意或者傲慢。如果有什么,反而是相反的情况,他只是非常需要。像施洛斯这样的人一般都会向他屈服,因为他们喜欢他。另外,无论他想要什么,他看起来显然觉得自己比他们更需要。

在获取更多股票的同时,巴菲特也买下了丹普斯特家族的所有股份。通过那次交易,他取得了控制权,体面地打发了克莱德·丹普斯特,并且以30.25美元一股的相同条件对其他所有股东提出收购要约。[9]

巴菲特做得非常狡猾巧妙。他觉得,自己在买股票的时候,不能就这样催促其他投资者去卖。甚至他会卖力地警告他们,他认为丹普斯特的股票在未来的表现会很好。虽然这样,但是金钱和人的天性会起到应该起到的作用。人们让自己相信，与其拿着交易清淡、价值可疑的股票，不如直接换成现金。很快，"烟蒂"股票占到合伙公司资产的21%。

1961年7月，沃伦写信告诉他的合伙人，合伙公司已经投资了一家匿名公司，这家公司"会妨碍合伙公司短期的业绩表现，但能强力保证几年以后的最佳结果"。[10] 在1962年1月写给股东的信中，他点出了合伙公司已经控制的丹普斯特公司的名字，并且小小地说教了一番，解释了格雷厄姆的"烟蒂"哲学。[11] 信中写道："丹普斯特过去挣了不少钱，但目前只是盈亏平衡……我们小数额持续购买这只股票已经5年了，大部分时间我是一个董事。可在目前的管理下，对这家公司的赢利前景，我的感觉慢慢地不再像之前那么好了。然而，我也更加熟悉这儿的资产和运作，以量化因素为依据的评估结论维持良好。"这样的看法促使他继续购买股票。事实证明，以前所写的"会妨碍合伙公司短期的业绩表现"比他期望的更有先见之明。

1962年，巴菲特在一旁辅导李·戴蒙，并且努力向他解释该怎样管理存货。可是戴蒙好像认为，无论丹普斯特卖出多少风车，他都可以不停地购买风车的配件。当过采购经理，他知道如何去买，而且也这么做了。就在丹普斯特吞噬现金的同时，仓库里堆满了风车的配件。[12] 1962年初，这家公司的贷款银行准备拿这些存货作为贷款抵押品，这足以给丹普斯特敲响警钟。而且，各种要关闭丹普斯特的议论纷至沓来。

在公司完全陷落之前的几个月，巴菲特还在观察。因此，现在他不得不向合伙人汇报，他投入了100万美元的公司就要破产了。他试图招募他在哥伦比亚的老朋友鲍勃·邓恩辞去美国钢铁公司的工作，搬到比阿特利斯来管理丹普斯特。邓恩真的过来了一趟，但是最终并不感兴趣。巴菲特很少向别人请教，不过最后，在那年4月，和苏珊去洛杉矶时，他和芒格讨论了这个情况。

"我和苏珊将与格雷厄姆夫妇、芒格夫妇共进晚餐，地点是洛杉矶埃尔塞贡多的船长桌子餐厅。我告诉查理，'这家公司现在一团糟，我弄了个笨蛋来管理丹普斯特，公司的存货还在不断上升、上升'。"芒格平时也帮他的法律客户分析生意，他像一个经理人一样想了想，立刻说："我知道一个人，他经常处理这种棘手的情况，哈里·波特尔。"他是通过一个专门从事业务扭转的熟人认识波特尔的。

6天以后，受到5万美元签约奖金的诱惑，哈里·波特尔来到了比阿特利斯。这意味着第二次——算上那母亲般的秘书——巴菲特不得不炒掉某人。他已经从以前的经历中知道，自己憎恨解雇别人。不只这些，由于丹普斯特公司是这儿唯一一家大企业，他已经从董事会听说，戴蒙被任命为总经理后，他的妻子已经自诩为比阿特利斯的王后了。

巴菲特害怕冲突。他的第一本能是避免发生冲突，而且如果有人以他母亲那种方式威胁他，他会像一个被烫的小猫那样跑掉。不过面对可能爆发的冲突，他已经学会保持情绪不受影响了。他认为，这种做法"会在你周围制造出一个有关这个情况的壳，而不是创造出让你超越这种情况的壳"，会阻碍你成为一个有经验的人。

不管他解雇戴蒙时发生了什么，后来戴蒙的妻子写信给沃伦，信中责怪他"粗鲁且不道德"，而且由于他的冷漠，她丈夫的信心被摧毁了。32岁的巴菲特还没有学会富有同情心地解雇别人。

没过几天，他派他的新雇员比尔·斯科特去比阿特利斯协助哈里·波特尔，他们四处翻检配件部门，以决定哪些该丢掉、哪些要重新定价。[13] 他们像一窝棉玲象鼻虫一样横扫而过，削减库存，廉价出清设备，关闭了5个分支机构，提高维修零部件的价格，关闭不能产生利润的生产线。他们解雇了100个人。紧接着，外来的新管理层大规模收缩业务，这激起了比阿特利斯的人用不信任的眼光看待巴菲特，怀疑他是一个无情的清算人。

到1962年底，波特尔已经将丹普斯特公司拖了回来。在1963年1月写给合伙人的信中，巴菲特称丹普斯特公司为这一年的高潮，并且命名波特尔为年度人物。[14] 他估计公司价值现在为每股51美元，而上一年为每股35美元。银行非常高兴，由于出售资产、削减库存，丹普斯特公司积累了大约200万美元的现金，相当于每股15美元。同时，巴菲特还借了钱——每股20美元以筹集资金投资。这样,丹普斯特公司的证券投资组合规模就和巴菲特合伙公司一样了。

现在巴菲特面临一个类似桑伯恩公司的问题。更具讽刺意味的是,他也变成了那些喜欢贮藏现金的管理者之一。市场已经从1962年6月的低点开始反弹。为了利用丹普斯特公司额外的资金,他派波特尔和斯科特去纽约州北部地区看一家叫椭圆木碟公司的制造工厂,这个工厂生产冰棒杆、木头勺子等产品,但是最终并没有买下。[15] 巴菲特试图私下出售丹普斯特公司,却发现没有人愿意接受他的价格,于是8月他通知股东准备出售公司,并且在《华尔街日报》上刊登了广告。

出售利润丰厚的制造公司

……我公司是一家领先的农具、施肥设备以及灌溉系统制造商。作为一个赢利的企业,丹普斯特将在1963年9月30日公开出售,视截至1963年9月13日的协商交易情况而定……

联系人:哈里·波特尔先生(公司总裁)

在公开拍卖之前,他给了买家一个月的时间出价。而且,他和大多数明显的候选人都已经说了这个情况。

一想到新的拥有者可能会对这家最大,事实上也是唯一的一家企业实施裁员或者关闭分厂,比阿特利斯的人就气疯了。工厂开张于战后急速发展时期,大萧条时也没有关门。大萧条结束还不到25年,大规模失业的前景带来了一直萦绕于心的记忆:脸色苍白的男子、穿着补丁衣服的流浪汉、全国1/4的人失业、因饥饿而导致的营养不良、屈辱地干着政府提供的打发空闲的工作。

比阿特利斯的人们拔出了干草叉,[16] 巴菲特震惊了。他拯救了一家濒死的公司,难道他们不明白这一点吗?如果没有他,丹普斯特公司早就破产了。(就像巴菲特的继任者,丹普斯特公司董事长麦卡锡总结的:"我们理解你,但比阿特利斯的一些人并没有认识到,你和哈里为丹普斯特公司完成了一项好的、有必要的工作。")[17] 他从没预料到会有凶猛狂暴的行为，也没有想过人们会憎恨他。

全镇的人发起运动反对巴菲特，他们筹集了将近 300 万美元以保证公司所有权仍然留在比阿特利斯（整个 280 万美元的融资中，175 万美元将用来支付给卖方，剩余的用来扩张经营）。[18] 每一天，《比阿特利斯每日太阳报》屏住呼吸倒数截止日期，而整个镇子都在努力拯救这里唯一的工厂。截止日期这一天，当镇长走向麦克风宣布巴菲特被击败，公司创始人的孙子查尔斯·丹普斯特带领一个保证工厂继续开张的投资集团赢了时[19]，全镇火警笛和钟声齐鸣。现在现金到手，巴菲特给他的股东分配了超过 200 万美元。[20] 但是，这段经历把他吓坏了。面对憎恨，他没有变得坚韧，反而发誓再也不会让此类事件重演。他可受不了一个镇子的人都恨他。

不久后的一天，巴菲特给沃尔特·施洛斯打电话："你知道，沃尔特，我在 5 家不同的公司里有一些小额头寸，我想把它们全部卖给你。"这 5 家公司是杰多–高地煤炭公司、商业国民财产公司、佛蒙特州大理石公司、杰纳西–怀俄明铁路公司，还有一个名字已经因时间久远而失传了。"好，你想要什么价，沃伦？"施洛斯问。"我将以现价卖给你。"巴菲特说。"好的，我买了。"施洛斯立刻回答。

"我没有说，'嗯，你知道，你需要查一下每只股票究竟值多少钱'，"施洛斯说，"我信任沃伦，如果我说，'好，我以你现价的 90% 来买'，沃伦也许就会说，'忘了这回事吧'。我帮了他一个忙，现在他也想帮我一个忙。如果他还获了利，那么也不错。事实上，它们最后的结果都很不错。我认为这就是他说'谢谢你'的方式，因为'你'卖给我'你'的丹普斯特股票。我不会说那就是理由，不过那确实是我想要说的意思，要做一个诚实的人。"

26
黄金堆

奥马哈，加利福尼亚　1963—1964年

沃伦也许说过他想成为一个百万富翁，但他可从来没说过达到目标后会就此停止。后来他描述这段时期的自己是"在做我并不真正想做的事情"，他真正想做的是投资。现在，他的孩子们的年龄在5岁到10岁，一个朋友曾描述苏珊就像"一个单身母亲"。如果有要求，沃伦会在学校的重要场合露面或者在橄榄球场边徘徊，但他从不会主动提出跟孩子们做游戏。他看起来太忙了，没有注意到孩子们对关注的渴望。苏珊教导孩子们必须尊重他的特殊使命，她告诉他们："他只能做到这样了，不要再期望从他那儿得到更多。"这也适用于她。很明显，沃伦深深地爱着妻子，并且会在公开场合表现出来，深情地抚摸着她，并且重述着她温柔、有趣的种种往事，以及这样一个温文尔雅的天使是如何下嫁于他的，而他这个会弹夏威夷四弦琴的金融神童当时只是一个身心受到伤害的人。同时，他已经习惯于她的关注，可是依然不是那么擅长做家务。有一次，苏珊觉得恶心想吐，就让他帮忙拿一个盆进来，可他拿来了一个滤锅。她指出有洞，他又到厨房里转来转去，最后在滤锅上加了一块烤板后得意扬扬地拿了回来。从那以后，她知道要让沃伦学会干家务活儿是没有

任何希望的。

可是，沃伦习惯的可预测性，给一家人的生活提供了相当的稳定性。晚上，他重现了自己父亲以前那样有规律的生活，每天晚上在同样的时间回来，"砰"地关上车库的门，在去起居室看报纸之前会大喊一声："我回来了！"他并不是漠不关心，通常他都有空。不过在谈话的时候，他说的话总有点儿经过精心准备，甚至是预先演习过的意味。他总是超前一步。他的话语充分表达了他脑子里的想法，这些话语从沉默中爆发，是智慧的闪光，甚至是在某些特定主题的讨论中经过争论而得来的。他的感情隐藏在多重面纱的后面，以至于看起来他自己在大部分时间里也没有意识到。

这段时间苏珊也比较忙。和她父亲一样，她很忙，总是被人们包围着，她也避免一个人闲着。她是戏剧协会的副主席，并且参与了联合社区服务组织。她和一大群女性朋友一起购物、吃饭，与犹太人和黑人朋友在一起的时间远远超过了在白人社交圈的时间。

在一群热情支持人权的奥马哈妇女中，苏珊开始变得举足轻重。这时，结束就业以及公共设施领域的种族隔离、撤除在投票权上设置的障碍等斗争，在全美范围内正在加速进行。她帮助组织了美国人专题小组的奥马哈分部，这个团体派出一个犹太人、一个天主教徒、一个白人新教徒、一个黑人新教徒给人权组织、教堂以及其他组织讲他们自己的经历。专题小组是把人们团结起来的一种途径。苏珊的一个朋友讽刺地说，她在里面的角色是"为身为白种盎格鲁-撒克逊新教徒而道歉"。专题小组的成员回答人们类似这样的问题："为什么黑人会想搬到镇子的另一处？你们中间有人对其他人存有偏见吗？犹太人会相信耶稣的存在吗？你不认为静坐会引起麻烦吗？"那时，在美国南部大多数地区，黑人还不能使用"仅供白人使用"的公共厕所，看到一个黑人女性和一个白人女性平等地在同一个舞台上，会引起观众的轰动。[1]

下午，苏珊通常会带着苏茜，来回奔波于在城市北部举行的各种会议和委员会之间，试图去解决这个城市里最糟糕的问题：犹太人社区毁坏的住房以及糟糕的生活条件。[2] 警察制止了她好几次。"你来这儿干什么？"他们问。

"宝贝，"焦急不安的汤普森博士告诉苏茜，"你妈妈就要被杀了。"当苏茜和她妈妈一起去的时候，他让她带上一个警笛。"宝贝，你就要被绑架了。"他说。[3]

担当一个问题解决者以及情感清扫器的角色，意味着人们只要有麻烦，不管是什么样的麻烦，就会想着给苏珊打电话。她曾经说沃伦是她的"第一个病人"[4]，现在还有其他人。她要更多地管理她的姐姐多蒂的生活，因为后者处理问题的能力越来越弱而酒却越喝越多。她还要做多丽丝的咨询顾问，帮助多丽丝渡过和杜鲁门离婚的难关。她给了多丽丝一本维克多·弗兰克的《人类对意义的追寻》，多丽丝一遍又一遍地阅读，在痛苦中寻求希望。[5] 她还帮助她的朋友苏·布朗利，把她赞助的一个埃塞俄比亚学生带到家里住了几天，因为布朗利的父亲就要来了，如果他看见一个"黑人女性睡在她的床上"，一定会吓坏的。[6] 作为这个家庭的文化交流体验，苏珊曾经安排奥马哈大学的一个埃及交换生和他们一起住了一学期。[7] 除了沃伦的书房，巴菲特的家再也不是一个可以躲开外界的避难所了，享受清静独处的机会也越来越少。尽管家里的气氛轻松自在，但在孩子们的成长过程中，自由和纪律——由他们的父母灌输的强烈的道德基本原则和对丰富体验的强调——是平衡的。沃伦和苏珊曾经多次长谈过，在一个富有的家庭如何抚养孩子，才能让他们可以自给自足，而不是认为理所当然地有资格享用父母给予的一切。

孩子们缺少的是关注，而他们的父亲几乎总是把心思放在工作上，母亲就像一个种了太多西红柿的园丁，任何时候只要有需要，她就会提着水壶跑过去。孩子们对这种教育方式有不同的反应。大一点儿的苏茜，较少要求妈妈的注意，而且她在两个弟弟身上有更多的权威。她还会在家门外的繁忙道路上担任十字路口的卫士，也会和她的朋友待上一段时间。[8]

豪伊这个"龙卷风"，在后院里挖隧道，从扶栏上跳下去，吊在窗帘上，几乎要把房子拆了。每天都好像是愚人节，他曾经将一桶水从屋顶倒在了保姆菲丽丝的头上，每个人都知道喝他递过来的任何东西都是不安全的。但是他也很容易受伤，和他的母亲一样是个软心肠，他需要的关注让苏珊不堪重负。当苏珊达到极限时，有时会把豪伊锁在自己的房间里。[9]

天生安静的彼得觉得躲在后面很受用，而他的哥哥姐姐则在一旁争吵着统治权，专横的苏茜努力容忍着豪伊式的旋风。[10] 一旦周围的气氛过于紧张，生性平和的彼得就会撤回到自己思考的世界。他不高兴的时候，就在钢琴上用低调弹奏《扬基歌》，而不是用语言表达自己的感受。[11]

沃伦支持妻子的各种兴趣，为她的慷慨和在奥马哈的领导角色而自豪，他感激她对孩子们的关注，让他能够解放出来专注于自己的工作。他常常也会在单子上再加上一件事情，不过和她不一样，他从不会让自己承担过多的事务。当新的事务进来时，他会让其他的出去。但是，有两个例外：钱和朋友。

正是由于这两点，到1963年，一些职业投资人已经搞清楚，奥马哈的这个叫巴菲特的家伙在干些什么，甚至一些从没有听说过沃伦·巴菲特这个名字的人也开始搜寻他。他再也不用去吸引，更不用去寻找客户了。他只要简单地摆出他愿意收钱的条件就可以了。

奥马哈以外的人比他的邻居们知道更多关于他的情况。苏茜的一个朋友全家开车去参加1964年的纽约世界博览会，半路上她的父母停下来加油。他们和旁边一个油泵旁的女士攀谈，后者正好是孩子母亲以前的高中老师。这位女士从纽约的艾尔麦拉城开车，带着1万美元前往奥马哈，想和沃伦·巴菲特一起投资。"你认识他吗？"她问，"我可以和他一起投资吗？""他是我们的邻居。"这家人回答，"是的，你可以这么做。"他们回到汽车里继续朝世界博览会进发，再没有就此多想。有5个孩子和一栋新房子，他们没有想到为自己投资。[12]

另一个想要成为合伙人的是劳伦斯·蒂施，打造纽约酒店帝国的两兄弟之一，他开给查理·芒格3万美元的支票。巴菲特在电话中表示，他很高兴蒂施能加入合伙公司，可是下一次，他却说："把那张支票剔除出去。"

芒格也许已经动用了那笔钱。不过，不管劳伦斯·蒂施是怎么想的，1963年他和巴菲特不再是合伙人了。而这时，芒格在聚集了相当数量的资金——大约30万美元后，已经成立了自己的合伙公司，投资于房地产。但是按照巴菲特的标准，这实在太少了，只相当于沃伦和苏珊财富的一部分。

查理早些时候就有很多孩子，这在很大程度上妨碍了他的独立性。没有任何累赘地早起步是很大的优势。即使从格雷厄姆–纽曼公司回来，我还有17.4万美元。我觉得自己可以做任何想做的事情。我可以去听岳父的心理学课程，也可以去大学的图书馆，一整天待在那儿看书。

事实上，从他们第一次见面起，巴菲特就鼓励芒格认真考虑把投资当作职业。他对芒格说，当个律师同时兼做房地产不错，不过如果你想真正赚钱，你应该成立像我这样的合伙公司。[13] 1962年，芒格和他的扑克玩伴杰克·惠勒成立了合伙公司，惠勒是太平洋海岸交易所的交易员，这个地方是未开化的西部的缩微版本：一层楼满是尖叫的交易员和有野心的人，他们希望以最快的速度暴富。惠勒自己有一家投资合伙公司——惠勒–克鲁特顿公司，在交易所有两个"专家位置"，在那儿交易商可以从经纪人手里接受要约，而后现场交易股票。他们重新给合伙公司起名为惠勒–芒格公司，并且出售交易操作。

芒格继续着他的律师工作，不过他和几个律师一起离开以前的律师事务所，其中两个是罗伊·托尔斯和罗德·希尔斯。他们按照自己管理律师事务所的想法，成立了一家新律师事务所：芒格–托尔斯–希尔斯–伍德律师事务所。[14] 一直以来，芒格抵制按照别人而不是自己管理的律师事务所的规则行事。

他在同一年成立合伙公司和新的律师事务所并不是巧合。以前律师事务所的合伙人觉得，他们那儿的年轻律师竟然想成为太平洋海岸交易所这样的赌窝的一员的想法令人憎恶。当查理和罗伊离开的时候，他们坐下来对高级合伙人说，希望他们理解，终有一天，每个一流的律师事务所都会在太平洋海岸交易所拥有一个成员。也许这不足为信，不过你可以很容易地描绘出查理是如何向他们做这番告别演说的。

在新律师事务所里，芒格和希尔斯用淘汰制吸引最聪明、最有雄心的精英，所有合伙人就收入相互进行循环投票，以便每个人都能了解。然而，即使在发起成立律师事务所的时候，芒格已经在太平洋海岸交易所花费了大量的时间。不到三年，当他41岁的时候，他完全放弃法律，一心进行投资。不过，他仍然在那儿保留了一间办公室，对律师事务所而言，他很重要，几乎是灵魂所在。托尔斯也将大部分注意力转移到投资上。现在，三个人当中对法律最有雄心、最专注的希尔斯负责掌管运营这家律师事务所。

作为资金管理人的新角色，芒格必须筹集资金。巴菲特以不夸张的方式极力争取投资者，这通常使别人成为他的推广人，如比尔·安琪、亨利·勃兰特，他们发现并且准备了一些潜在客户。这样，他可以用令人愉悦的谦逊态度展示令人印象深刻的战绩。但是，不管他如何优雅地忙着这些事情，他还是做了。可是，芒格觉得这样做太丢脸。"我真的不喜欢募集资金，"他说，"我总是认为一个绅士应该拥有自己的钱。"但是现在，他通过自己在洛杉矶强大的生意网募集资金，努力将自己在法律业务上的积累转化为合伙投资公司的储备资源。虽然他的合伙公司规模比巴菲特的小，不过钱已经足够了。

杰克·惠勒向他解释，作为交易所的会员，规则允许他为已经投资的每一美元再借95美分。[15]因此，如果他投资了500美元，他可以再借475美元，这样投资总额就为975美元。如果总的投资收益为25%，那么芒格自己的500美元收益就接近25%的两倍。[16]虽然，这样的借贷行为有潜力将回报翻倍，但同样也可能将风险翻倍。如果损失了25%，他将失去几乎一半的投资。不过，芒格比巴菲特更加愿意承担债务，如果他觉得胜算比较大。

他和惠勒把自己安置在交易所里一间遍布散热管的"简陋、便宜"的办公室里，他们的秘书维维安挤在一间小小的私人后勤办公室里，从那儿可以俯视一条小巷。[17] 大手大脚、爱住大屋的惠勒刚刚接受了人工髋关节置换手术，但不久他为了工作，又开始在大多数早晨出现在高尔夫球场上。[18] 芒格的日常安排形成惯例，每天早上5点到达，在开市之前核对一下报价板。[19] 巴菲特已经将埃德·安德森介绍给芒格，他是格雷厄姆-纽曼公司的投资者，曾经在原子能委员会工作过，而且显得精明能干。芒格聘用他为自己的助手。

证券交易所的大多数交易人忽视了芒格的到来，但他们中的一个，里克·格林留意到了。当惠勒和芒格合伙干时，是格林购买了惠勒合伙公司不要的交易部分。他是一个生活杂乱无章，并且疯了似的希望自己更好的家伙，他和离异的父亲一起生活。芒格说："他的母亲是个酒鬼，因此他是在街上混大的。他智商很高，叛逆而且不适应环境。"[20] 在空军服完役后，格林曾经当过IBM公司的销售员，后来在几家兜售三流股票的小公司里当过股票经纪人，这种股票能为公司带来最高的利润或"差价"。这是巴菲特讨厌的股票经纪人的一部分工作内容，格林同样发现当这样的"开药方者"只是逃避生活的一种解脱。

到芒格遇见他的时候，瘦削英俊的格林已经学会把他的亚麻布衬衫的袖口沿着晒黑的前臂放下来以遮住上面的文身。他看起来有非常多的朋友，同时沾染上了好莱坞的习气。一天，他带着他的朋友，演员查尔顿·赫斯顿来交易所参观。[21] 他为惠勒和芒格进行交易，很快就意识到芒格有金钱头脑，于是开始和芒格结交。他得出结论，他立刻和惠勒达成交易是错误的。他开始效仿芒格和巴菲特，目标是成立自己的投资合伙公司。

对有些人来说，用40美分买1美元票据的想法可以奏效，但有些人却不行。这就像接种了疫苗，对我尤其如此。如果不能立刻抓住他们，我发现，你哪怕连续几年向他们介绍情况，让他们看以往的业绩——你可以做任何事情——结果也不会有什么变化。我从没有见过任何人在10年期间可以用这种方法转变。这通常是顿悟或者什么都不是。不管那是什么，我从未理解过。尽管像里克·格林这样的家伙——没有相关的商业学习背景，但是他明白了，理解了那是怎么一回事，并且5分钟以后就开始运用。而且里克足够聪明，他知道应该要有一个伟大的老师，我很幸运能够有本杰明·格雷厄姆这样的老师。

在太平洋海岸交易所的日子一天天过去，芒格常常坐在那儿读书，陷入沉思。"查理！查理！"埃德·安德森隔着桌子喊。芒格要么一言不发，要么是嘴里咕噜几声作为回答。[22] 最后，安德森倾身过来以便听清楚芒格的回答，简单的"哼哼哈哈"可不够。但是对大多数人来说，需要时间和经验才能搞清楚芒格的真实意思，因为他的想法和嘴巴通常碰不到一块儿，各走各的路。

格林还不知道这些。一天，他从交易所的席位来到办公室。"查理，"他说，"有人报盘，某某股票15美元一股，共有5万股。这看起来是笔好生意。"

"嗯，嗯。"芒格回答。

"查理，"格林继续说，"如果你感兴趣，我就买了。"

"是，是。"芒格回答。

过了一会儿，格林折返回来："查理，我们买到了。"

"买到了什么？"芒格问。

"我们以15美元的价格买了5万股某某股票。"（那是一大笔钱。）

"什么?!"芒格尖叫道，"你在说些什么？我不想买它们！卖掉！立刻卖掉它们！"

格林试图解释，他叫来安德森当后援："埃德，你听到早些时候我说过的话了吧？"

"查理，我坐在这儿听到了，正如里克所说。"安德森插话道。

"我不管！我不管！卖掉它们！卖掉它们！卖掉它们！"芒格大喊道。

格林跑出门外，立刻卖掉了股票。"那是一个很实际的教训。"安德森说。[23]

芒格买"烟蒂"做套利，甚至买一些小的企业——很多是巴菲特的方式——不过，他看起来和巴菲特的前进方向稍有差异。他会定期对埃德·安德森说："我就喜欢大生意。"他让安德森详细地把隐形眼镜护理药水制造商爱力根公司的情况写下来。安德森误解了，写了一份格雷厄姆式的报告，着重关注该公司的资产负债表。芒格为此狠狠地批评了他，他需要的是有关这家公司无形资产方面的内容：它的经营管理水平，品牌的持久性，如果有公司想和它竞争需要些什么等。

芒格还投资了卡特彼勒公司拖拉机的代理权，并且看着它是如何大肆吞噬资金的。销售缓慢的拖拉机囤积在院子里，为了发展，这个生意需要买进更多拖拉机，吞噬更多的钱。芒格想拥有一门不用持续投资的生意，并且能吐出比它吃下去的还要多的现金。不过，这样的生意需要什么样的特质呢？是什么给了这种生意持久的竞争优势呢？芒格经常这样问人们："你听说过的最好的生意是什么？"不过，他是一个没有耐心的人，倾向于认为人们能够理解他的想法。[24]

他的缺乏耐心比在他脑子里出现的任何理论都要突出。他想变得真正富有，真正快速富有。他和罗伊·托尔斯打赌，看谁的证券投资组合能在一年里赚的超过100%。他愿意借钱去赚钱，而巴菲特从没有借过大数目的钱。"我需要300万美元。"芒格会在去加利福尼亚联合银行进行常规拜访时，提出这样的要求。"请在这儿签名。"银行会这样回复。[25] 利用这些巨额资金，芒格做成了不列颠哥伦比亚电力公司这样的巨额交易，当时股票售价在19美元左右，而加拿大政府正以稍高于22美元的价格收购。芒格不仅把整家合伙公司的钱，还把他自己所有的，以及他所能借到的钱，都押进了这一只股票的套利交易中[26]，因为这笔交易几乎不可能会失败。

整个交易完成后，回报相当丰厚。

尽管他们的方法不同，芒格还是把巴菲特看成投资之王，而自己只是一个友好的觊觎王位者。[27]"维维安，帮我接通沃伦！"他一天内会这样喊上几次，而对方其实已经是受聘于公司，使用维维安桌子的另一个秘书了。[28]结交沃伦的方式就好像后者是他在照顾的一个花园。巴菲特解释了他的投资哲学："你已经搭便车了（巴菲特的朋友之间经常使用这个词，在他1963年1月18日写给合伙人的信中，指的是coattail riding）。"[29]不过，巴菲特不想让他的朋友们搭他的便车，如果他们真搭了，他会觉得这是不道德的。因此，尽管芒格在和巴菲特交往的过程中，有关自己的交易都是公开的——比如，他将巴菲特带入了不列颠哥伦比亚电力公司的交易中——而巴菲特总是对自己的交易保密，除非对方是他的合伙人。

到20世纪60年代早期，巴菲特一家已经开始到加利福尼亚度假，这样沃伦就有更多的时间和格雷厄姆、芒格待在一起。沃伦和苏珊会带孩子们去海边长途旅行，不过他们通常住在圣莫尼卡林荫大道上的汽车旅馆里，他和芒格会就股票谈上好几个钟头。他们在投资哲学上的差异造就了长时间的会谈。因为沃伦已经做过许多同样的投资，为了避免太大的风险，他也许会放过获利的机会，并且几乎把保存资产当成一个神圣的使命。而芒格的态度却是，除非你已经富有了，否则你可以承担一些风险——如果胜算不错——以使自己变得富有，他的大胆使他成为巴菲特结交的朋友中的异类。因为他的自负，所以他对巴菲特的顺从很有限。"查理有时会因为说话太激动而喘不上气来。"迪克·霍兰德表示。他是巴菲特的朋友及合伙人，在加利福尼亚这样的聚会中有时他也在场。[30]

芒格探索寻找着大生意，他并不理解巴菲特对本杰明·格雷厄姆的迷恋。"因为他擅长解释本杰明·格雷厄姆的理论"，芒格后来写道，"巴菲特有时表现得就像一个内战中的老兵，几分钟普通交谈后，他总是插一句，'砰砰，这让我想起了葛底斯堡战役'。"[31]

芒格觉得格雷厄姆的缺点在于，他认为未来"更多的是危险，而不是充满机会"。他说:"格雷厄姆最喜欢克洛伊索斯的故事,在和波斯打仗失败后,克洛伊索斯看着自己被摧毁的帝国,回忆起梭伦说的话,'除非结束,否则没有人的生活是幸福的'。"[32] 芒格开始努力让巴菲特撇掉格雷厄姆沉闷的悲观主义,这种悲观主义是干弯腰捡"烟蒂"而只能吸上最后一口的苦差事的精神支撑。

对美国长期的经济发展,巴菲特持积极的乐观态度,这使他能够违背他父亲和格雷厄姆的投资建议。不过,他的投资风格仍然反映了格雷厄姆的习惯,以生意终结时而不是可以继续生存的价值作为判断基础。但芒格希望巴菲特以别的而不是纯粹的数据条件定义安全边际。为了做到这些,在解决一些理论上的问题时,芒格反对巴菲特有时不经意间冒上来的灾变理论。巴菲特的父亲霍华德一直在为货币一文不值的那一天的到来做准备,似乎这一天已经近在咫尺。沃伦远比他要现实。尽管这样,他还是倾向于不时地推测数学概率,而后得出不可避免的结论(通常是正确的):如果一件事情可能出错,它就真的会出错。这种思维方式就像谚语中说的"双刃剑",这让巴菲特成为一个有才华的悲观、宿命的梦想家。他通常会用这把剑解决一些纠结的难题,有时会用非常公开的方式。

几年以前,巴菲特的另一个朋友,场外交易行纽约汉萨商人公会的赫布·沃尔夫帮助巴菲特克服了阻碍他金融追求的另外一种个性品质。沃尔夫是美国自来水厂的投资者,他在20世纪50年代早期,阅读了沃伦发表在《商业和金融编年史》上的有关IDS公司的文章后,找到了他。[33]

赫布·沃尔夫是我见过的最聪明的人之一。如果有人在新泽西州的哈肯萨克洗个澡,他能告诉你这对美国自来水厂的收入有什么影响。他让人难以置信。一天,赫布对我说:"沃伦,如果你在一个黄金堆里找一根黄金做的针,那么找这根针就不是最好的选择。"但我有这样的习惯,隐藏得越深的东西,我就越喜欢。我把这看成一个寻宝游戏,赫布帮我走出了这种思维方式。我喜欢那个家伙。

到1962年，巴菲特已经摆脱了这种寻宝的思维方式。但是，他还有点儿像沃尔夫说的那样热衷于细节。他的经营已经扩张到除了比尔·斯科特，还需要再雇一个人的规模。巴菲特设法不让这个人列在他的工资单里，他总是无所不用其极地控制日常开支，能省则省，或者好一点儿——如下面这种情况——以让他们两个都以自由的方式处理。

巴菲特的经纪人朋友亨利·勃兰特在伍德–史特瑟斯–温思罗普公司工作。他是一个天生的侦探，一直在为巴菲特有限责任合伙公司做兼职研究工作。巴菲特一直是以在他们公司交易、支付交易佣金的方式，支付勃兰特的工资。而由于他总是要支付佣金给某个人，所以勃兰特实际上是在免费为他工作。[34] 如果巴菲特决定他不再需要勃兰特的研究，他也要通过其他经纪公司执行交易。

现在，勃兰特几乎是全天候为巴菲特工作，而巴菲特则以免除他加入合伙公司的费用和不再收取其场外交易佣金的方式支付报酬。这两个人分享着知道一家公司最细微细节的乐趣。勃兰特害怕问问题，和巴菲特不同，如果思考两遍会让自己觉得厌烦，他绝对不会去做。他喜欢做大量涉及细节的、会让人苦恼的、一丝不苟的研究工作。但是，在找到黄金针之前，他是不会停止的。因此，巴菲特设定了日程表，并且掌控进程以避免陷入寻宝游戏中去。勃兰特准备了好几堆1英尺高的笔记和报告。[35]

勃兰特为巴菲特所做的工作中，还有一部分是找到引水器①，这个术语是投资作家菲利普·费希尔使用的（比尔·鲁安把费希尔的思想介绍给了巴菲特），他是增长学说的传道者，认为许多定性的因素，如保持销售增长率的能力、好的经营管理以及研发能力是优秀投资项目的重要特征。[36] 这就是当芒格谈到大生意时，他所需要寻找的品质。费希尔认为，这些因素可以用来衡量股票的长期潜力，这慢慢渗透进巴菲特的思想，并且

---

① 引水器（scuttlebutt）是一个航海术语，指装在一个有洞的桶上用来控制水手喝水量的东西。——译者注

最终影响到他做生意的方式。

现在巴菲特有勃兰特帮助潜心分析那些好主意,那些主意肯定会让芒格高兴,如果他知道。接下来的故事,将成为巴菲特投资生涯中最光辉的时刻之一。这个机会和当时一流的商品交易商安东尼·德·安吉里斯的阴谋有很大的关系。20世纪50年代末,他确信自己找到了通过豆油挣钱的捷径。德·安吉里斯有一段阴暗的过去,他曾经将被污染的肉卖给政府的学生午餐计划。那时,可以说他已经是世界上最重要的合法的豆油交易商了。

有一天,德·安吉里斯突然想到,没有人能精确地知道他的仓库里有多少豆油。他用这些豆油作为从银行借钱的担保物。[37] 既然没有人知道油罐里究竟有多少豆油,为什么不把数字吹大一点儿?那样他就可以借到更多的钱。

油罐放在新泽西州贝昂的一个仓库里,由美国运通公司下属的一家很小的子公司管理,这家子公司在美国运通公司这样巨大的帝国里渺小得几乎看不见。该公司负责签发仓库收据——证明油罐里还有多少豆油,并且可以用来买卖的文件,与格雷厄姆-纽曼从杰伊·普里茨克那里购买用来交换洛克伍德股票的可可豆仓单类似。

美国运通公司确认了油罐里的豆油以后,德·安吉里斯就和他的联合植物油精炼公司出售这些收据,或者以它们为抵押物,从银行借钱——51家银行。美国运通公司的这家子公司就变成了这些收据的担保人。

至于这些油罐,它们由管子和阀门组成的系统相互连接,德·安吉里斯发现豆油可以从一个油罐分流引到另一个油罐里去。这样,一加仑豆油的抵押功能就能被翻成两倍、三倍甚至四倍。很快,以仓库单据为担保的贷款,实际上是以越来越少的豆油作为保障的。

最后,德·安吉里斯想到实际上只需要很少的一点儿豆油,只要有能够糊弄那些检查员的量就足够了。于是油罐里装满了海水,而只在一个检查员用量尺测量的小管子里注满豆油。那些检查员没有注意到差异,也没有想过从管子外再取样检测。[38]

而到那时，仅仅在豆油上做文章已经产生不了足够的令德·安吉里斯满意的钱了，于是他到期货市场上做交易。期货合同给予一个人在稍后的某个日期购买豆油的权利，这是赌未来的豆油价格相对于今天的价格要高。这就像格雷厄姆–纽曼卖出可可豆的期货合同以锁定价格。一吨只需要一两美元，德·安吉里斯就可以买进成吨在 9 个月后的某一天交割的豆油，同时在那一天按照某一确定的价格付款。在到期之前，合同还可以出售，这就使投机比直接用 20 美元买进豆油而后再卖掉要便宜得多。如此操作，借来的钱可以走得更远，德·安吉里斯通过期货市场可以控制大量的豆油。

美国运通公司的人并没有完全睡着。1960 年有匿名消息说，新泽西有些事情不对头，他们询问了德·安吉里斯及其员工。德·安吉里斯直直地坐在调查员的面前，圆桶状的身材就和那些装满了海水的油罐一样，他设法给了显然令他们满意的答案。

1963 年 9 月，德·安吉里斯看见了又一个挣大钱的机会。苏联的向日葵这一年歉收，有谣言散布说苏联人将会改用大豆油，德·安吉里斯决定垄断大豆市场，迫使苏联从他那儿购买涨价的大豆。对他可以买多少大豆期货，当时并没有特别的限制。事实上，他可以，也确实做到了，他控制了比这个星球上实际有的还要多的豆油[39]，他从他的经纪人艾勒·豪普特公司大笔融资，并且在期货市场上买进了 12 亿磅的大豆油。这么大的赌注意味着，他只能承担得起大豆油的价格往一个方向上走——上涨。

局势突然发生了变化，美国政府似乎不准备批准苏联的这笔生意。豆油价格崩溃了，市场一泻千里，一下蒸发了 1.2 亿美元。豪普特开始敦促安吉里斯履行义务，但是安吉里斯用借口挡了回去。当豪普特的资金也开始出现短缺时，纽约证券交易所关闭了这家公司，而豪普特被迫破产。[40] 现在，德·安吉里斯的借款人手中拿着没有价值的仓库收据，他们雇用了调查员，并且转向收据的发行人——美国运通公司子公司，要求后者赔偿他们 1.5 亿—1.75 亿美元的损失。而美国运通公司子公司也终于发现，油罐里装得满满的是毫无价值的海水，公司股价因此暴跌。这个故事一时成为报纸上的猛料。

两天以后的星期五，1963年11月22日，总统约翰·肯尼迪在达拉斯遭到暗杀。

当一个人进来说肯尼迪遇刺时，巴菲特正在办公楼下的自助餐厅和熟人阿尔·索伦森吃午饭。巴菲特返回楼上办公室发现，纽约证券交易所处于一种恐慌的状态：股票跳水，交易量很大；道琼斯指数半个小时下跌了21点，市场损失了110亿美元。[41] 接着，交易所休市，这是自大萧条以来第一次在交易时间紧急休市。[42] 不久，美联储发表信心声明，大意是，各国央行将合作打击针对美元的投机。[43]

暗杀事件举国震惊，人们悲痛、愤怒，感到耻辱。学校放假，企业也关门停业。那个周末，巴菲特回家坐着，和这个国家的所有人一起，收看一直不停播放的电视报道。他并没有显露出多少情感上的冲动，然而也是超常的严肃。历史上第一次，美国总统暗杀事件通过电视在全球播出。第一次，通过电视这个媒体，震惊和悲痛将全世界联系在一起。在这一刻，美国人除了这次暗杀，其他什么也不想。

理所当然，美国运通公司的丑闻也被放进了报纸内页，而头条新闻则是这起骇人听闻的暗杀事件。[44] 不过，巴菲特继续关注该公司，公司股价没有从周五休市时的重创中恢复，反而继续下滑。对这个美国最有声望的金融机构的股票，投资者们唯恐避之不及，股价被拦腰砍掉一半。[45] 事实上，美国运通公司能否幸存下来尚不清晰。

这家公司是一个刚刚崛起的金融发电所。由于现在一般人都能负担得起航空旅行，他们把这家公司价值5亿美元的旅行支票已经带到了全世界。5年前，它发行信用卡也取得了巨大的成功。这家公司的价值在于它的品牌，美国运通公司卖的是"信用"。它名誉上的污点是否会渗透到客户的意识里，以致他们以后再也不相信这个名字了？巴菲特开始走访奥马哈的饭馆，以及那些接受美国运通公司信用卡和旅行支票的地方。[46] 在了解这个案子时，他带上了亨利·勃兰特。

勃兰特探访旅行支票的使用者、银行柜台出纳、银行职员、饭馆、旅馆，以及持有信用卡的人，以衡量和竞争者相比，美国运通公司做得究竟怎样，以及它的旅行支票和信用卡的使用量是否会下降。[47]他带回来有1英尺高的材料。巴菲特分类看过后做出判断，客户们仍然很高兴和美国运通公司的名字联系在一起，华尔街的污点还没有传播到大街上去。[48]

在巴菲特调查美国运通公司的那几个月里，他父亲的健康状况急剧恶化。尽管已经接受了好几次手术，但霍华德的癌症已经扩散到全身。1964年初，沃伦开始成为这个家庭的实际领导者。在剩下的时间里，他让霍华德把他从遗嘱中去掉，在信托基金里增加了留给多丽丝和伯蒂的股份。18万美元，是留给沃伦和苏珊的那一部分。不过霍华德认为留给沃伦是没有任何意义的，因为沃伦可以很容易地挣到钱。霍华德为他的孩子们设立了另外一个信托基金，这样他就可以把农场留给他们，这个农场是巴菲特一家计划在美元一文不值时避难的地方。沃伦将是这些信托基金的受托人。霍华德之前的遗嘱中，曾具体规定了要用普通的木头棺材，以及举办一个节俭的葬礼，不过在家人的劝说下这一段被删掉了。[49]沃伦觉得最困难的事情之一是，他要对他的父亲说实话，在沃伦的内心里，他自己再也不是一个共和党人了。[50]他说，原因是人权问题。[51]但令人惊奇的是，只要霍华德还活着，巴菲特就不敢更改自己投票人登记表上的身份。[52]

> 我不能当着他的面这么做。事实上，只要他还活着，我就会约束自己的生活。我不会公开在政治上反对我的父亲。我能想象他的朋友们会觉得疑惑，为什么沃伦会那样干。我不能那样做。

尽管这家人在家里从来不会谈及霍华德即将到来的死亡[53]，但苏珊从利拉手中接过了照看他的工作，还留心安排让孩子们以自己的方式参与进来。她让他们站在医院的窗外做手势，告诉霍华德，"我们爱你，爷爷"。10岁的苏茜和9岁的豪伊已经明白正在发生的事情，而5岁的彼得对爷爷生病的概念还比较模糊。苏珊还确保沃伦——在任何情况下，他面对疾病都有困难——每天都能去医院看望他的父亲。

霍华德的情况越来越糟糕，但沃伦把他的注意力全部倾注在了美国运通公司上。那时，他拥有合伙公司成立至今最大规模的资金储备：1963 年 300 万美元的巨大股票收益，以及 1964 年 1 月 1 日新流入的 500 万美元。他自己的钱也已经膨胀了：他现在拥有 180 万美元。1964 年初，公司的资本就接近 1 750 万美元了。在霍华德生命的最后几个星期里，沃伦开始以亢奋的冲刺速度投资美国运通公司，他不知疲倦地工作，以保证在不推动股价的情况下，买到尽可能多的股票。仅仅在 5 年以前，他还不得不四处搜索，以买到几万股美洲国家火灾保险公司的股票。以前，他从来没有像这样投资过。在他的生命中，他还没有像现在这样，用这么多的钱，以这么快的速度去投资。

在霍华德的最后几天里，大部分时间是苏珊一个人陪着他，一次就是好几个小时。她害怕也理解痛苦，不过她不惧怕死亡，并且即使周围的人都崩溃了，她也有勇气和霍华德坐在一起。她抚慰那些无助以及身处悲惨环境中的人的天分充分发挥了出来，被击垮的利拉让她来照看霍华德。如此近距离地接近死亡，苏珊发现自己和他人之间的疆界被消解了。"很多人会逃走，可对我来说那是很自然的，"她说，"和你爱着的人有身体上或者情感上的接近是一个美妙的体验，因为我确切地知道他的需求。当他需要转动头的时候，你知道。或者当他需要一小片冰的时候，你也知道。你感觉得到。我非常爱他，是他让我能去体会、拥有这段经历，以及去认知我是如何感受的。"[54]

一天晚上，苏茜、豪伊和彼得坐在厨房里的桌子旁，他们的父亲走了进来，他的脸上是他们从未见过的沮丧。"我要去奶奶家。"他说。"为什么？"孩子们问，"你不去医院吗？""爷爷今天去世了。"沃伦回答，然后一言不发地走出了后门。

"我那时认为，我们不想谈这个。"苏茜回忆，"这件事太大了，谈论这件事情太痛苦了。"苏珊代表这个家安排葬礼，而沃伦则坐在家里，陷入沉默。利拉悲痛得几乎发狂，不过她期待着和丈夫在天堂团聚。苏珊努力想让沃伦发泄，表达出对他父亲过世的感情，可是他根本不考虑，而是用其他可能的事情挡开。他没有改变在财务上的保守，他和苏珊争吵，怪她在霍华德的棺材上花了太多的钱。

  葬礼这一天，有500多人来悼念霍华德，但沃伦一直沉默地坐着。无论在霍华德的一生中，他的观点多么有争议，人们最终还是表达了对他的尊敬。葬礼过后，沃伦在家待了几天。[55] 他看电视上国会就标志性的人权立法问题辩论，以分散注意力，回避令人不快的想法。回到办公室后，他继续以忙碌的节奏购买美国运通公司的股票。到1964年6月底，霍华德去世后两个月，他已经在这只股票上投了300万美元，是合伙公司的最大投资。虽然他从没有表现出任何可以看得见的悲痛的迹象[56]，可他在书桌对面的墙上挂了一张父亲的巨大肖像。葬礼过了几个星期后的某一天，他的头部两侧出现了秃秃的两块。由于这次打击，他的头发开始脱落了。

27
愚蠢行为

奥马哈，新贝德福德　1964—1966年

霍华德去世6个星期以后，沃伦做出了让人出乎意料的举动。这次绝非钱那么简单。他认为既然美国运通公司做错了，就应该承认并且赔偿损失，公司总裁霍华德·克拉克已经提议给银行6 000万美元以解决问题，并且表示公司在道义上负有责任。可是一部分股东提起诉讼，认为美国运通公司应该保护自己而不是赔偿。在这种情况下，巴菲特提出，他代表管理层的想法去做证，以解决目前的问题，不惜牺牲自己的利益。

我们觉得，三四年后这个问题也许会提升公司的形象。因为它建立了远超过一般商业企业的金融正直和责任标准。

但是，美国运通公司并不愿意为了成为榜样而出这笔钱，它仅仅想躲避败诉的风险，因为那会给公司的股票蒙上阴影。它的客户们也毫不在意，"豆油丑闻"并没有在他们心中留下足够的印象。

在给美国运通公司总裁霍华德·克拉克的信中，巴菲特指出了公司面临的两条路。他还在信中表示，美国运通公司应该负起责任并且赔偿银行6 000万美元，"比起否认其附属机构的行为，这样做要重要得多"。[1]

他将这6 000万美元描述成就像在邮寄中弄丢的红利支票,从长期看是无关紧要的。

苏珊曾经不小心将红利支票扔进了炉子,可她一直没有勇气将这个意外告诉丈夫。现在,如果她知道丈夫竟然如此绅士地处理邮寄中搞丢的6 000万美元红利支票,一定会感到非常震惊。[2] 那么,现在巴菲特为什么会对美国运通公司是否拥有"远超过一般商业企业的金融正直和责任标准"感兴趣呢?正直的名声对一个企业更重要的想法从何而来?为什么沃伦想去做证?他已经有和他父亲一样的诚实,现在看起来他还继承了霍华德对原则问题大发评论的喜好。

巴菲特一直都希望自己能够影响所投资的公司的管理。但是,在过去他并没有试图将他的投资公司转化成教堂,在募捐的时候还可以讲道。而现在,他没有事先通知就出现在霍华德·克拉克的门口,游说后者要保持坚定的立场,尽管已经有部分股东提起了诉讼。

> 我有个习惯,喜欢顺便走访别人,和不同的人谈话。有一次,霍华德对我说,如果我能再多留意一下组织结构,那就更好了……他说这些是很善意的。[3]

似乎是为了确认巴菲特的感觉——道德上的诚实、正直也有金融价值——美国运通公司在付清了和解费用,股价一度下滑到不足35美元后,又上升到超过49美元。到1964年11月,巴菲特的合伙公司拥有超过430万美元的美国运通公司股票。它还在另外两家公司押了大赌注:得克萨斯海湾制造公司460万美元,纯石油公司350万美元,这两家都是"烟蒂"。这三项投资已经占了整个投资组合的一半多。[4] 而到1965年,仅对美国运通公司的投资就占了1/3。

合伙公司1962年成立的时候,只有720万美元的资金。巴菲特一点儿也不害怕集中加仓,他一直不停地买进美国运通公司的股票,到1966年已经在该股票上花了1 300万美元。他觉得合伙人应该了解一个新的"基本准则"——"我们远远没有像大多数投资机构那样,进行多样化投资。也许我们会将高达40%的资产净值投资于单一股票，而这是建立在两个条件之上，即我们的事实和推理具有极大可能的正确性，并且任何大幅改变投资潜在价值的可能性很小"。[5]

以他的导师本杰明·格雷厄姆的世界观来看，巴菲特的冒险之旅走得更远。格雷厄姆支持的讲究实际的定量分析方法是速度裁判员的世界，是那些仅做纯数据工作、弯腰捡"烟蒂"的驼背者的世界。巴菲特每天早上过来工作，浏览《穆迪手册》或者标准普尔公司的周评，以满手的数字为基础寻找便宜的股票，然后打电话给特雷迪-布朗-纳普公司的汤姆·纳普下单买入，休市了就回家，晚上睡个好觉。正如巴菲特谈起这些他喜欢的方法时所说的，"更多的有把握的钱是由明显的定量决定赚来的"。但是，这种方法也有一些缺陷，数据统计出的低价股的数字会一下收缩至零，而且因为那些"烟蒂"一般都是些小公司，如果拿一大笔钱来投资，这种方法就不奏效了。

虽然还在用那种方法继续工作，但在美国运通公司一事上，巴菲特已经拥有了后来他称之为"高度可能性的洞察力"，这打乱了本杰明·格雷厄姆的核心思想。和其他公司不一样，美国运通公司的价值并不是来自现金、设备、房地产或者其他可以计算的资产，如果有必要清算，它所拥有的不过是对客户的信誉。巴菲特把合伙人的钱——艾丽斯的遗产，汤普森博士的积蓄，安妮·戈特沙尔特和凯瑟琳·埃伯菲尔德的钱，安琪夫妇一辈子的积蓄，以及埃斯蒂·格雷厄姆的钱——全部押在这个信誉赌注上。这是当查理·芒格说起这桩"伟大的生意"时，一直不停提到的竞争优势。而这正是菲利普·费希尔提到的更弱智的分类方法，它用的是定性分析，与定量分析相对。

巴菲特在后来给合伙人的信中写道，购买"正确的公司"（有合适的前景、天生的行业条件、管理等）意味着"价格会一路走好……这也是能让收银机真正唱歌的原因。但是，这并不经常发生，就和洞察力一样。当然，定量分析不需要洞察力——数字会如一根棒球棒一样狠狠地击中你的头。因此，大钱往往是那些能够做出正确的定性决策的投资人赚到的"。[6]

对定性分析方法的新的强调是在 1965 年底，巴菲特向合伙人宣布取得巨大成果时获得了回报。在年度报告中，他比较了这累累硕果和早先舆论发布的他会以一年 10% 的优势击败道琼斯指数的预期——谈到这炫目的业绩时，巴菲特表示，"很自然，没有作者喜欢被这样的错误公开羞辱，它不太可能会被重复。"[7] 尽管说了这些讽刺的话，但他已经开始了一个避免合伙人高预期的传统。随着杰出战绩的记录越来越长，巴菲特的信开始只着重关注衡量成功与失败。他频繁使用"有罪""难堪""失望"或者"过失"这样的字眼，包括用来形容他所谓的错误——他一直执着于不让任何人失望。[8] 当阅读者开始识别出这种模式时，一些人认为他在操纵他们，而另外一些人责怪他假装谦虚。几乎没有人能真正了解，在这种不安全的奔跑中他的感觉有多深。

在霍华德去世的第二年，沃伦开始考虑用某种方式来纪念他，比如捐助一所大学，但是他似乎一直没有找到那个完美的手段。之前，他和苏珊已经成立了巴菲特基金会，对教育事业进行了小规模的捐助。但这不是他心里面想为父亲做的。沃伦并不想成为一个慈善家，是苏珊喜欢分配资金，并且也是她在掌管基金会。相反，巴菲特毫不松懈地紧张工作。在美国运通公司这件事上打出了一个令人难以置信的全垒打后，1965 年 4 月，巴菲特从奥马哈国民银行的信贷部挖来了约翰·哈丁，让他专门负责公司的行政管理。哈丁接手工作时，巴菲特如此警告他："我不知道是否有必要永远做下去，但如果我不干了，你也将会失业。"[9]

事实上，他根本没有一点儿要不干的迹象。哈丁曾希望学会投资，不过这份野心很快就破灭了。"我曾有独立处理投资事宜的想法，但在看到沃伦是多么优秀时，这种想法就消失了。"他说。取而代之的是，哈丁直接将大部分钱投入了合伙公司。

除了将价值数百万美元的美国运通公司的股票像铲东西一样铲进合伙公司，沃伦正在寻找需要他加以协调的更大的交易。大的"烟蒂"和"定性的"分类裁判交易，与在家里通过浏览浴袍里的《穆迪手册》找到的完全不同。他的下一个目标，另一个"烟蒂"，远离奥马哈。

巴菲特网络里的每一个格雷厄姆信徒都在寻找新的主意，丹尼尔·科文带来了位于马萨诸塞州新贝德福德的一家纺织品制造公司，这家公司正以低于资产价值的折扣待售。[10]巴菲特的想法是买下这家公司，清算后分成一块一块出售，最后关闭。这家公司就是伯克希尔-哈撒韦。这时，沃伦已经从失去父亲的打击中恢复过来，他满脑子都是这个新念头。

巴菲特开始围着这家公司打转，并且观察它。而且，他开始从容地收集伯克希尔-哈撒韦的股票。这一次，不论好坏，他已经选择了这个具有马萨诸塞州个性的人管理的公司。

西伯里·斯坦顿是伯克希尔-哈撒韦的总裁，在过去的10年里，已经很不情愿地关闭了十几个工厂，一个接着一个。剩余的工厂则沿着新英格兰日渐没落的城镇的河边蔓延，就像一座座长期无人供奉的红砖寺院，空空如也。

这已经是第二个斯坦顿掌管公司了，他被一种宿命感笼罩。站在新贝德福德满是岩石的海岸边，就像克努特国王一样，命令具有毁坏能力的潮汐赶快撤退。和克努特不一样的是，他事实上想过潮汐会听命于他。美国哥特式的新英格兰版本在生活中上演，西伯里以他高大的身材冷冷地往下凝视着来访者。也就是说，如果他们能设法找到他，他会这么干。他隐蔽在一个偏僻的、远离织布机喧嚣、位于顶层阁楼的办公室里，到那儿需要走过一条又窄又长的楼梯，门口还有他秘书的秘书把守。

新贝德福德是这家公司的总部所在地，曾经像新英格兰王冠上的钻石那样闪闪发光。曾几何时，那些从它的港湾出发去捕杀抹香鲸的渔船使它成为北美洲最富裕的城市。到1854年，每年捕鲸的收入等于1 200万美元，这让新贝德福德成为在南北战争之前按照人均收入计算最富裕的城市。[11]斯坦顿的祖父，一个捕鲸船的船长，也是当时掌管这个世界上最恃强凌弱的生意之都的几个家族之一的头领。但是，到了19世纪中叶，抹香鲸越来越稀少，捕鲸船为了寻找弓头鲸不得不一直向北冒险进发，最终抵达北冰洋。1871年的秋天，新贝德福德的很多家庭并没能等回他们的儿子和丈夫。由于当年冬天来得出奇的早，22条船不幸陷在北冰洋的冰里，再也没有回来。[12] 于是，新贝德福德再也不复从前，曾经的支柱——捕鲸生意也没能复兴。随着鲸鱼的供应萎缩，对相关产品的需求也在减少。1859年，石油从宾夕法尼亚州的土地里汩汩涌出。之后，煤油代替日益稀少的鲸鱼油，越来越受到人们的欢迎。随着维多利亚式生活中经常使用的物品，如妇女穿的紧身衣、蓬蓬裙、精致的阳伞以及马鞭等，从家里的架子上逐渐消失，用于这些物品的有弹性、像梳子一样的鲸鱼须[13]便没有了市场。

1888年，家里做茶叶生意[14]的霍雷肖·哈撒韦和他的会计约瑟夫·诺尔斯组建了一家由多人参与的合伙公司，准备跟着他们眼中的下一个生意潮流干。他们建了两个纺织品厂，艾卡什奈制造公司和哈撒韦制造公司。[15] 其中一个合伙人就是臭名昭著的"华尔街女巫"——海蒂·格林，她是家族船运生意的女继承人，在新贝德福德长大。为了办理贷款和投资，她曾驾驶渡船从霍博肯租住的公寓一直到了纽约。她昂首阔步走在曼哈顿下城，裹着旧式的黑色羊驼长袍，披肩在脖子上绕了又绕，还戴着一顶老掉牙的帽子，整个看起来就像是只苍老的蝙蝠。她的打扮如此古怪，并且吝啬得出名，因此甚至有谣言说她用报纸当内衣穿。1916年逝世之前，她是世界上最富有的女人。[16]

有这样的投资者支持，工厂如雨后春笋般建了一个又一个，负责将那些从南方来的船只上卸到新贝德福德码头的一摞摞棉包进行梳理、卷轴拉丝、纺织、染色。国会议员威廉·麦金利，众议院筹款委员会的主席，不时会来到这个地区给新的工厂剪彩，他还赞助通过了一个可以在对外贸易中保护纺织工厂的关税条文，因为那时在其他地方，制造纺织品已经相对便宜了。[17] 因此，即使在一开始，北方的纺织厂也需要政治的帮助才得以生存。20世纪早期，一项新技术——空调——使工厂得到了革新。空调可以精确控制空气湿度以及其他微粒物质，这样再也没有证据说明，将棉花从劳动力便宜的南方运到寒冷的新英格兰海岸是一件很经济的事情了。诺尔斯的继任者，詹姆斯·斯坦顿眼看着一半竞争者的工厂转移到了南方。[18]留下来的工厂里的工人们不堪被反复地降低工资，进行了长达5个月的罢工，造成了严重的后果，给他们的老板狠狠一击。他的儿子回忆说，詹姆斯·斯坦顿"不太情愿再去花股东的钱购买新设备，因为生意非常糟糕，前景也不确定"。[19]于是，詹姆斯用分红的方式抽出了资本。

到他的儿子、哈佛毕业生——西伯里·斯坦顿1934年接管公司时，这个破旧的哈撒韦工厂每天还能嘎吱嘎吱地织出几匹布，西伯里开始被一种自认为是拯救纺织工厂的英雄的想法占据。他说："一家拥有最先进的机械、管理高明的纺织公司在新英格兰肯定会有一席之地。"他和他的兄弟奥蒂斯·斯坦顿构思了一个为期5年的现代化计划。[20]他们投资了1 000万美元用于安装空调、电梯和头顶上的传送带，改善了照明，还在公司脆弱的红砖大楼里配备了具有未来感的更衣室。工厂从生产棉布转为生产人造丝——穷人的丝绸，在战争期间还生产人造丝降落伞布，这些使他们的生意出现了短暂的兴隆。尽管如此，随着时间的流逝，廉价的国外劳动力始终能把价格压低到客户们愿意接受的水平。为了竞争，西伯里不得不在他的新工厂里挤压工人们的报酬。但是年复一年，浪潮拍打着他的海岸——更便宜的外国布料，更好的自由竞争，以及南方更廉价的劳动力成本——日益威胁着他的工厂。

1954年，卡萝尔飓风14英尺高的风暴巨浪涌入哈撒韦位于海湾街的总部。虽然公司独特的钟塔安然度过了这场风暴，可海水带来的垃圾、各种碎片淹没了大楼里的纺织机和纱布。在这种情况下，反应很明显，哈撒韦应该加入南迁的队伍，而不是重建工厂。可取而代之的是，西伯里将哈撒韦和另外一家工厂——伯克希尔精细纺织公司合并，试图筑起抵抗浪潮的堤岸。[21]

伯克希尔精细纺织公司的产品包罗万象，从最挺的斜纹布到最纯的薄纱、优质的窗帘凸花条纹布、精美的横螺纹衬衫衣料等。伯克希尔的主人马尔科姆·蔡斯坚定地拒绝为现代化投资一个子儿。他的侄子尼古拉斯·布莱迪就读哈佛商学院时，曾于1954年专门为此写了一篇论文，却得到了这么一个令人气馁的结论,失望之余,他卖掉了伯克希尔的股票。

蔡斯很自然地反对西伯里·斯坦顿对现代化的需求,但是新的伯克希尔–哈撒韦被斯坦顿的使命感掌控。他简化了公司的生产线,专注于生产人造丝,产量达到全美男装西装衬里的一半。[22] 因为斯坦顿掌管下的伯克希尔–哈撒韦一年要使用将近250亿码的织物,斯坦顿继续"无情的"现代化进程,又砸入了数百万美元。

这一次,他的兄弟奥蒂斯开始怀疑继续留在新贝德福德的可行性,可西伯里认为纺织厂南迁的时代已经过去了[23],拒绝放弃复兴工厂的梦想。[24]

1962年,当丹尼尔·科文就伯克希尔–哈撒韦的事与巴菲特接触时,巴菲特已经知道了,就像他知道美国的任何一个规模合适的生意一样。注入公司的资金意味着伯克希尔——根据会计师的核算——价值2 200万美元,或者是每股19.46美元。[25] 可是,在连续9年的亏损以后,任何人都能以仅仅7.5美元的价格买入股票。巴菲特开始买入了。[26]

西伯里也一直在买伯克希尔的股票,用其他还没有投入工厂的现金每两年进行一次要约收购。巴菲特认为西伯里会继续这种操作,这样他就可以合理安排自己交易的时间,只要股票变便宜了就买入,而价格一旦上升,就又把股票卖回公司。

他和科文着手买入股票。但如果有人知道巴菲特在买哪只股票,就很有可能会推动股价上涨。为了防止这种情况发生,巴菲特通过特雷迪–布朗公司的霍华德·布朗购买股票。这家公司是巴菲特最喜欢的经纪商,因为那儿的每个人,尤其是布朗,守口如瓶。这对于巴菲特坚持保密性而言是极其重要的。特雷迪–布朗公司给巴菲特合伙公司的账户编的代码是BWX。[27]

当巴菲特来到坐落于华尔街52号的这间小小办公室——巧合的是,这和本杰明·格雷厄姆曾经工作的地方同属一幢艺术装饰大楼——时感觉就像进入了一家地板上铺着黑白相间的瓷砖的老式理发店。靠左的一个小办公室里坐着公司秘书和办公室经理,右边是交易室,再过去是一个租用的小隔间,水冷却器和衣帽架几乎占了一半的空间——作用类似于某种壁橱——沃尔特·施洛斯就坐在那张磨损的办公桌前经营着合伙公司。通过一成不变地使用格雷厄姆的方法,自离开格雷厄姆-纽曼公司以来,他每年的投资回报超过20%。他用股票交易佣金代替现金支付应该给特雷迪-布朗公司的租金。不过他的交易很少,所以在房租上他占了大便宜。他将其他开销缩减到不能再缩了:订阅《价值线投资调查》,一些纸和笔,地铁代币,就再没有其他的了。

交易室的中心放了一张 20 英尺长的木头桌子,这还是这家公司在它通往垃圾场的路上捡回来的。桌子表面满是几代学生用铅笔刀刻出来的记号。如果想要在纸上写数字,必须在纸下面垫一张书写板;否则,"托德爱玛丽"这样的字眼就会被嵌入文字里。

在这张被孩子们弄得伤痕累累的桌子的一边,是霍华德·布朗的领地。他和他的合伙人面对着公司的交易员——和所有的交易员一样——他坐在那儿,忐忑不安、焦虑地等待着可以让他交易的电话铃声。紧挨着布朗的桌子旁边的一块空地被用来当作"来访者的桌子",最便宜的木制文件橱柜沿着墙壁摆放。

纽约没有哪个地方能像特雷迪-布朗"来访者的桌子"一样,让巴菲特觉得宾至如归了。这家公司还涉足套利交易、预测以及"数桩"(正在被收购或者分解的公司)——各种各样,只要他喜欢就行。它还交易如牙买加(皇后)水务公司的为期 15 年的股票期权——购买该公司股票的权利,一旦有预测纽约将接管这家水务公司,股价就会上涨;等预测暂时平静了,股价又会下跌。特雷迪-布朗每次在它们下跌时买入而在上涨时抛售,反复一次又一次。

这家公司还擅长搪塞那些没名气的、被低估的企业管理层,努力挤压出隐藏的价值,和桑伯恩地图公司案例中的做法如出一辙。"我们总是身处诉讼。"一个合伙人表示。[28] 它的一切都沾染着过去格雷厄姆-纽曼公司的气息,和美国运通公司这样的巨大交易没有一点儿相似之处,不过巴菲特喜欢这儿的气氛。汤姆·纳普研究股票，而如果不是在精心策划交易，他会整天密谋一些恶作剧。他征用了一个巨大的储存柜，里面装满了他和巴菲特因失误买下的面值为 4 美分的蓝鹰邮票和缅因州海岸线的地形图。这堆地形图还在不断地加厚，因为纳普把从股票上赚的钱全部倾注在买缅因州海岸线地形图上去了。[29] 那堆蓝色的"老鹰"在慢慢减少，被用于邮寄给巴菲特的一堆粉单上了，每周一次，每次 40 张邮票，周周如此。

其实，粉单上有关那些没在纽约证券交易所上市的股票报价，在打印时就已经过时了。巴菲特把这些粉单仅仅当作电话市集的起点，在数不清的经纪人电话里，也许会有一个要用到这个报单来达成交易。通过他的经纪人利用这个系统工作，他可是行家里手，缺少公开发布的价格帮助减少了竞争。而如果有人愿意给每一个市场参与者打电话，并且无情地压榨他们，那么和那些缺少精力或者懦弱的人相比，他就拥有很大的优势。

布朗会给巴菲特打电话，让他知道他们已经得到了 5 美元一股的某股票的卖盘报价。

"嗯，4.75 美元买入。"巴菲特会毫不犹豫地回答。如钓鱼甩竿一样，这样做是为了测出这个卖家到底有多饥饿。

询问了顾客是否愿意接受这个更低的价格后，布朗将会告知巴菲特这样的回复："对不起，低于 5 美元，对方不接受。"

"不予考虑。"巴菲特将会回答。

几天以后，布朗又会再次致电巴菲特："4.75 美元卖出价，已经搞定，那我们就以 4.75 美元买入。"

"对不起，"巴菲特这回将立刻回答，"4.5 美元买入。"

布朗又要回致卖方，而对方肯定会表示，"怎么回事？4.75 美元怎么了？"

"我们仅仅是传递信息，4.5 美元买入。"

电话一个回合接着一个回合，直到一周以后，布朗又来了，"搞定，

4.5美元买入"。

"对不起，"巴菲特将会回答，同时又压了0.125美元，"4.375美元买入。"

就这样，他以巴菲特特有的方式不断压价。他很少，几乎不会因为非常想得到一只股票而提高报价。[30]

巴菲特第一次下单购买伯克希尔-哈撒韦的股票是在1962年12月12日，2 000股，每股7.5美元，另付经纪人佣金20美元。[31]他告诉特雷迪-布朗要一直买。

科文从董事会成员斯坦利·鲁宾那儿获得关于伯克希尔的信息，他是公司顶级的销售人员，同时正好是另一位董事会成员奥蒂斯·斯坦顿的朋友。奥蒂斯·斯坦顿现在觉得他的兄弟遥不可及。躲在秘书们把守的象牙塔里，随着他崇高的愿景和现实之间的碰撞越来越剧烈，西伯里喝的酒也越来越多。[32]现在，奥蒂斯和西伯里极其不和[33]。他认为西伯里应该接受罢工，而不是满足工人对更高工资的需求。[34]他也不赞成他的兄弟就继承人做出的选择，西伯里的儿子杰克，是一个非常令人愉悦的年轻人，可是不适合这个工作——根据奥蒂斯的判断。而奥蒂斯对于西伯里的继任者有自己的想法——肯·蔡斯，现任公司的副总裁。

似乎收购的威胁即将到来，西伯里·斯坦顿立刻对巴菲特的购买做出反应，进行了几次要约收购。而这正是巴菲特所希望的，因为他的购买是建立在最终西伯里会收购股票的预期之上的。他要伯克希尔的股票不是为了保留，而是为了出售。虽然如此，但每一项交易里既会有买家，也会有卖家。到目前为止，西伯里·斯坦顿已经抵挡住便宜的外国布料的挤压和卡萝尔飓风的袭击。除了西伯里会变成巴菲特那样，还有一种可能就是巴菲特会变成西伯里那样。

最终，沃伦决定自己驱车前往新贝德福德去看一看。这是唯一一次，他不是顺便走访。一般由非常忠于西伯里的塔波尔小姐来决定，哪些来访者可以通过一道道玻璃门，沿着狭窄的楼梯，来到位于顶楼的西伯里的办公室。当她严肃地带领沃伦走进西伯里那经过豪华装修、有舞场那么大、镶嵌了木头的藏身之处时，沃伦看见西伯里那张桌子附近根本没有可以坐下来的地方。很显然，这个男人通常让人们站在他的面前，而他就坐在那张桌子后面，指挥他们干这干那。

两个男人在角落里一张令人不舒服的长方形会议桌旁坐下。巴菲特询问斯坦顿，下一次要约收购打算怎么做。斯坦顿透过架在鼻子上的金丝边眼镜看着他。

他相当热诚。接着他说："我们也许会在这些天进行一次要约收购，你打算以什么价格出售呢，巴菲特先生？"或者类似这样的话。那时股票价格为9美元或者10美元。

我说如果他们要约收购，我会以11.5美元出售。他又说："好，那你能保证如果我们收购，你会卖给我们吗？"

我回答："如果很快，而不是20年以后，我会的。"

我愣住了。我感觉到不可能再买到股票了，因为我太了解他将会干些什么了。于是我回家了，没过多久，我就收到了波士顿第一国民银行下属的老殖民信托公司的来信，信中的要约收购价格为11.375美元。这比之前达成一致的价钱要少12.5美分。

巴菲特火冒三丈。"这真的把我惹火了。要知道，这个家伙正在企图骗走1/8个点，而事实上那时他已经和我握手表示成交了。"

巴菲特习惯于按照自己的方式去做，而斯坦顿却企图欺骗他。巴菲特派科文去新贝德福德规劝斯坦顿不要背信弃义。可两个人争得不可开交，斯坦顿否认他和巴菲特达成过什么交易。他告诉科文那是他的公司，他高兴怎么做就怎么做。这真是个错误。因为这次欺骗，西伯里·斯坦顿将自作自受。巴菲特决定——不再出售股票——相反，现在他要买这家公司。

他发誓他将得到伯克希尔，他会把它整个买过来。他要拥有它的库存、纺织机、纺锤。这是一家垂败的、没有希望的企业，实在不值得这样做。可是它很便宜，并且他很想得到它。更重要的是，他不希望斯坦顿拥有它,而巴菲特和其他的股东更值得拥有它。在巴菲特的决定中,他忽略了在丹普斯特得到的教训——只保留了一个。而这一个恰恰是他应该忽略的。

巴菲特派出侦察员去寻找更多集中持有的股票。科文手中有足够的股票进入伯克希尔的董事会。但是,其他人也开始注意到了。巴菲特在哥伦比亚大学读书时的老朋友杰克·亚历山大和同班同学巴迪·福克斯成立了一家合伙投资公司。"某一天,我们发现沃伦正在买伯克希尔-哈撒韦,"他说,"于是我们也开始买。"在一次从他们位于康涅狄格州的办公室前往纽约的旅途中,他们告诉巴菲特,他们也在跟着他买伯克希尔,"他感到十分不安,他说,'看看,这回你们搭错地方了,但那是不正确的,砍仓吧'"。

福克斯和亚历山大吓了一跳。他们怎么就做错了?巴菲特让他们搞明白了,他正在寻求伯克希尔的控制权。但即使这样,对于这群格雷厄姆的门徒来说,搭顺风车也是一个受欢迎的消遣。实际上,巴菲特收购了他们的股票。他说,我比你们更需要它。他们同意以当时的市场价格将股票卖给他,因为很显然这对他关系重大。而且,看来他还有其他的秘密方式接近伯克希尔-哈撒韦。"这家公司对我们无关紧要,可很显然对巴菲特非常重要。"亚历山大说。

和福克斯以及亚历山大一样,还有一些人也成为巴菲特的观察者,像追踪大脚怪的足迹一样,跟踪着巴菲特的投资举动。这造成了对这只股票的竞争。巴菲特让这些格雷厄姆的追随者明白,他们最好不要染指伯克希尔。唯一的例外是亨利·勃兰特,作为对他服务的报答——他让勃兰特以低于 8 美元的价格买进这只股票。他开始看起来有点儿狂妄自大,这令一些人觉得很不愉快。可是,他一贯表现出的脚踏实地又让他们着迷,甚至他的吝啬也变成了光环的一部分。在很多年里,他可能都是那唯一的一个,虽然通常在纽约做生意,却不仅有免费寄宿的本事(在长岛,和弗雷德·库尔肯的母亲安妮·戈特沙尔特住在一起),而且得到了免费落脚的办公地点(在纽约,由特雷迪-布朗提供)。

但是，苏珊有时会陪同一起过来，在她的命令下，巴菲特会从他已故的大学朋友的母亲那儿的住处升级到在广场酒店开一间房。不仅是因为那儿很方便他做生意，而且在苏珊看来，那里离那些百货商店很近，如波道夫·古德曼、亨利·本德尔等。那时，一些谣言开始在巴菲特的朋友中传开了——这类谣言总是围着他不放，比如，他宁可让自己刚出生的女儿睡在梳妆台的抽屉里也不买张小床。说他在广场酒店找到了一间最便宜的房间，卧室很小而且没窗，和哥伦比亚大学那间旧的勤杂工房间一样，而且只要他单独一个人来纽约，他会谈到极低的价格入住。[35] 不管这些谣言的真实性，每次他登记入住酒店时，毫无疑问都会感到一阵遗憾，因为他再也不能不纳税就待在纽约了。

去波道夫购物是巴菲特已经改变的纽约常规之旅的又一个部分。白天苏珊主要是吃午饭和购物，晚上两人一起共进晚餐，接着去百老汇或者夜总会看表演。看到她能自得其乐，巴菲特很高兴，而且她已经开始习惯到高档一点儿的商店买东西。不过，虽然她现在有权放松钱包，可是他们之间还是会争论她应该花多少钱。而她调整消费的方式，有时仅仅是为了别人的利益。苏珊通常是受益者，她的衣橱里满是从波道夫买来的衣服。有一次，苏珊从纽约带了一件貂皮夹克回来。因为他们遇见了沃伦的一个朋友，他把他们带到了一个毛皮商那儿。"我觉得我应该买点儿什么，"她说，"他们对我实在是太好了。"于是，她为了感谢毛皮商的热情而买了那件夹克。

现在，所有使投资伯克希尔免成错误之选的努力都是徒劳的，除非巴菲特能够搞清楚怎样才能让它经营得好到足以让苏珊永远能穿貂皮夹克。他又去了一次新贝德福德，这次是去看看继承人杰克·斯坦顿。这个人将会从西伯里·斯坦顿手上接过伯克希尔-哈撒韦，巴菲特需要知道他是怎样的一个人。

但是这位斯坦顿先生声称自己很忙，派了肯·蔡斯陪同巴菲特在工厂里走了走（和马尔科姆·蔡斯没有什么联系。伯克希尔精细纺织公司和哈撒韦合并后，马尔科姆·蔡斯担任董事长）。

杰克·斯坦顿根本不知道他的叔叔建议让蔡斯代替他,来接过西伯里的棒。

肯·蔡斯是一位专业的化学工程师,47岁,安静、自制,而且真诚,但他并不知道自己是未来掌管这家公司的竞争者。巴菲特的问题一个接着一个,而蔡斯仔细解释,他总共花了两天的时间,告诉巴菲特有关纺织生意上的事。他的直率给巴菲特留下了深刻的印象。蔡斯很明确地表示,他认为斯坦顿家族将钱砸入这样一个日薄西山的行业实在很愚蠢[36]。当行程结束,巴菲特告诉蔡斯,他会和他"保持联系"。[37]

大约一个月以后,斯坦利·鲁宾按照巴菲特的要求,去劝说蔡斯不要接受另一家纺织工厂的工作。同时,巴菲特正积极争取更多的股票,包括蔡斯家族里不同成员所持有的股票。

巴菲特最后的目标是奥蒂斯·斯坦顿,后者很希望他的兄弟退休。奥蒂斯对西伯里的儿子杰克很没有信心,而且他也怀疑西伯里是否真的愿意交出掌管公司的权力。

奥蒂斯和他的妻子玛丽同意在新贝德福德的沃姆苏塔俱乐部和巴菲特见面。[38]他们在这座象征新贝德福德曾经的辉煌,具有优雅意大利风格的大楼里吃午饭,席间奥蒂斯确认了他愿意出售股票,条件是巴菲特要跟西伯里出一样的报价。巴菲特答应了。接着,玛丽询问出于家族感情,他们是否可以从即将出售的2 000股中留下几股,就几股而已。

巴菲特拒绝了。要么全部,要么就一股也不要。[39]

奥蒂斯·斯坦顿的2 000股将巴菲特在伯克希尔-哈撒韦的股权提高到了49%——这足以保证他能有效控制公司。带着掌握一切的骄傲,4月的一个下午,巴菲特在纽约和肯·蔡斯会面,他们散步走到第五大道的广场和中央公园南端,巴菲特请客吃冰棍。没吃两口他就切入正题:"肯,我想让你成为伯克希尔-哈撒韦的总裁,你怎么考虑?"既然他现在控制了这家公司,他说,就可以在下一次董事会上更换管理层。[40]尽管鲁宾劝过蔡斯不要接受另一份工作时给过他暗示,可他现在还是被巴菲特的选择吓住了,肯·蔡斯答应在董事会开会前保持沉默。

尚未意识到自己的命运已经被改变，杰克·斯坦顿和妻子从新贝德福德赶到广场饭店和巴菲特及苏珊会面，他们一起吃了早饭。凯蒂·斯坦顿为她的丈夫说好话，她是一个比丈夫更主动的女人。在谈到一个吸引巴菲特夫妇的话题时，她抛出了自己的想法，这才是关键：巴菲特当然不会推翻新英格兰这家世袭工厂留传下的家族管理传统，而让肯·蔡斯这样的工厂小人物来主持大局，要知道这个家族几代人一直在打理这门生意。她和杰克已经融入了沃姆苏塔俱乐部。更重要的是，和苏珊一样，凯蒂也是初级联盟的成员。[41]

她是一个非常好的人。不过，她认为杰克因为他的父亲就应该有权接管公司，这让我印象很深。她的请求中一部分内容是说肯·蔡斯真的和杰克、她、我、苏珊不是同一阶层的人。

可怜的凯蒂，她的听众恰恰是一个蔑视世袭的人，并且对奥马哈的权贵嗤之以鼻。

现在对杰克来说已经太迟了，同样对西伯里而言也太迟了，他曾经独裁统治着这家公司，而在董事会一个朋友也没有。甚至他自己的董事长马尔科姆·蔡斯也不喜欢他。因此，在巴菲特的支持者于1965年4月14日为提名巴菲特加入董事会而举行的特别会议上，他凭借多数董事会成员的支持很快被选为执行董事。[42]

几个星期后，巴菲特飞往新贝德福德，迎接他的是《新贝德福德标准日报》的头条新闻——"'外部利益'接管公司"。[43]这个编造的故事激怒了巴菲特。他从丹普斯特得到的教训就是，永远、永远不要让自己被贴上清盘人的标签——这会招致全城人的憎恨。巴菲特向媒体发誓，他会让公司的运营一切照旧。他否认收购会导致工厂关闭，并且在公开场合发表了承诺。

1965年5月10日，董事会会议在新贝德福德的总部召开。会上提出给即将离任的负责销售的副总裁一笔丰厚的退休金，批准了上一次会议通过的详细内容，并且同意给职工增加5%的工资。接着，整个会议变得怪异起来。

70 岁的西伯里，近乎全秃的头上遍布着老年斑，宣布他已经计划于 12 月退休，而让杰克来接替他的位置。不过，他又说，他不可能"在一个他无法拥有完全权威的机构里"[44]继续担任总裁。只有像他这样傲慢的性格，才会让他接下来——尽管反叛者已经接管了这艘船——又说了一通，表彰了一下自己的功绩。接着他提出了辞呈，董事会接受了。杰克·斯坦顿跟着又添加了一小段尾声。他说，如果他在 12 月接任总裁，他很确定，这将意味着"继续成功和有利润的运营"。董事会成员耐心地听着，然后同样接受了他的辞职。

到那时，杰克·斯坦顿才放下他手中的笔，停止记录会议内容，而那两段发言已经被记录在内了。然后，两位斯坦顿昂首阔步地走出了房间。这时，董事会所有的人似乎都屏住了呼吸，然后轻松地叹了口气。

接下来的会议进程很快，董事会选举巴菲特担任主席，确认肯·蔡斯将会主管——巴菲特一时愚蠢——费尽心思争取来的这家命中注定的公司。几天以后，巴菲特在接受一家报纸采访时，如此解释他对纺织生意的看法："我们没有什么喜欢不喜欢的，这是一个商业决定，我们尝试接触一门生意。对投资而言，价格是很大的因素，它会决定最后的想法。我们以一个好价钱买到了伯克希尔–哈撒韦。"[45]

后来他重新修正了这个观点。

就这样我买入了自己的"烟蒂"，而且努力抽着。你沿着街道走，也许也会碰到一个"烟蒂"，它湿漉漉的让人很恶心，你避开了。可这是不要钱的……也许只剩一口。伯克希尔–哈撒韦也没什么了，只剩下湿漉漉的"烟蒂"在嘴里。那就是 1965 年的伯克希尔–哈撒韦。我的很多钱被套在这个"烟蒂"里了。[46]

如果我从来都没听说过伯克希尔–哈撒韦，可能我的情况会更好。

28

干燥的火种

奥马哈 1965—1966 年

"父亲去世时，地球重力似乎彻底改变了，"多丽丝回忆道，"一切飘向了空中。父亲是这个家的核心，而现在这个核心消失了。"

最近几年，利拉遭受了多重打击。她的母亲斯特拉 1960 年在诺福克州立医院病逝，而妹妹伯妮丝紧接着于第二年死于骨癌。现在没有了霍华德，利拉需要找到一个新的目标，她开始变得依赖沃伦和苏珊一家。孙子们星期日会来她这边，她会给他们很多糖在做礼拜时吃，然后会带他们出去吃午饭，如果他们能够正确地计算账单数额，还可以得到钱。下午，利拉就带他们去伍尔沃斯百货商店买上一个玩具，然后祖孙几个整个下午就待在她的屋子里玩玩具。和霍华德付钱让孩子们去教堂一样，利拉也找到了解决寂寞问题的巴菲特式的方法——和孙子辈们交易，这样他们就会尽可能长时间地和她待在一起。

对多丽丝和沃伦而言，有霍华德在场才能够忍受和利拉在一起。而现在没有了他，两人都觉得去拜访他们的母亲是一件难以忍受的事情。被迫接近她会让沃伦颤抖。感恩节那天，他是端着盘子上楼一个人吃的。在偶尔愤怒时，利拉还是会继续爆发。数十年来，她怪异举止的发泄对象总是家庭成员。只有一次在停车场，她从车里跳出来，就一些鸡毛蒜皮的小事朝一个认识的人整整喊叫了一个小时，这让苏茜和豪伊十分震惊。然而，比弟弟更崇拜父亲的多丽丝才是她的主要受害者。多丽丝一直觉得自己和杜鲁门离婚拖累了整个家族。当时离婚还比较少见，相比沃伦和苏珊的成功，离婚女人的生活更让她觉得自己一无是处。霍华德去世前不久，曾经跟她说她必须再婚以使孩子们能再有一个父亲。于是她遵照执行，嫁给了乔治·里尔，第一个向她求婚的人[1]。他是一个可爱的人，不过多丽丝觉得自己是被迫再婚的，这预示着这个结合的前景并不乐观。

伯蒂受母亲行为困扰最轻，也最不依赖父亲，所以父亲的死对她的生活改变最小。然而，和沃伦一样，她和金钱的关系总使她焦虑并且产生控制欲。她记录下她花的每一美元，而当她感觉紧张的时候，会去支付账单放松一下。

巴菲特家的所有成员都和钱有"纠葛"，而且程度之深使他们中没有一个人能真正意识到，他们是一个多么不寻常的家庭。霍华德死后，沃伦和苏珊自然而然成为这个家的领导——部分是由于他们的钱，另外，这也由于他们的个性使然。利拉、多丽丝和伯蒂希望从沃伦和苏珊那儿寻求支持，其他家庭成员事实上也是。沃伦的叔叔弗雷德·巴菲特和妻子凯蒂现在拥有一个杂货商店。他们和沃伦及苏珊的关系尤其紧密，并且随着他们侄子地位的提高和财富的增加而越来越紧密。利拉一直嫉妒她的这个妯娌，对很多年前的一件小事至今仍耿耿于怀。那次在扶轮社的舞会上，恩斯特是和活泼的凯蒂，而不是和她跳舞。现在，她更加嫉妒凯蒂了，以至于苏珊——所有人都信任她——不得不在拜访问题上花些心思，好分开她俩。在霍华德病重期间，苏珊就已经是一个调解专家了，现在她还要设法把沃伦和利拉分开，把凯蒂和利拉分开。因此，毫不奇怪，沃伦从孩提时期就最喜欢的亲人——姑姑艾丽斯——也开始成为整个家族中除了沃伦以外最信任苏珊的人。

1965年底的一个周一，艾丽斯到处寻找苏珊，而不是利拉。电话打进来的时候，苏珊正和多丽丝在美容院。她从吹风机下起身来到前台接电话，艾丽斯说她十分担心利拉的姐姐伊迪丝，伊迪丝星期日给她打过电话说感到极度沮丧。同为教师的艾丽斯开车去接伊迪丝并且和她聊天，她们还一起吃了冰激凌。伊迪丝视沃伦和苏珊以及艾丽斯为偶像，事实上，所有的巴菲特们都是她的偶像。她吐露心声，说她不完美的生活使这个完美的家庭蒙羞。[2] 她冲动的婚姻并没有好结果，她一路追随到巴西的丈夫只不过是一个贪恋女色的贪污犯，最后他为了另外一个女人而离开了她。从巴西回来以后，伊迪丝发现自己在奥马哈很难适应带着两个女儿的单身母亲生活。

艾丽斯告诉苏珊，今天伊迪丝没有在技术高中露面，家庭经济学的课也没上。出于担心，艾丽斯已经去过伊迪丝的寓所，她按了门铃又敲门，就是没有人回答。艾丽斯对苏珊说，她害怕有什么事情发生。

于是，苏珊带着满头的发卷立即冲出门，开上她金色的凯迪拉克敞篷车，前往伊迪丝住的公寓。她又是敲门又是按门铃，就是没有人回答。苏珊设法进入房间寻找，可一个人影都没有，房间是干净的，也没有任何纸条或留言，而伊迪丝的车还在那儿。苏珊继续寻找，一直找到了地下室，在那儿她发现了伊迪丝。她割腕自杀，已经死了。[3]

苏珊叫来救护车，并将这个坏消息告诉了其他家庭成员。谁也不知道伊迪丝竟然这么抑郁，而且到目前为止，也没有人认为她是斯塔尔家族精神不稳定史的可能受害者。

伊迪丝的死让活着的人百感交集：他们内疚，因为没有意识到她会如此绝望；他们遗憾，因为她总觉得自己不如巴菲特家族的人。沃伦、多丽丝、伯蒂都被震惊了，他们为失去他们从小就非常喜欢的和蔼、可爱的姨妈而深深悲伤。

没有人提及已经62岁的利拉对她姐姐的死的感受。不过她——经常感觉被欺骗——会和其他那些自杀的幸存者或者经常生气、自暴自弃的人的感受有什么不同吗？至少，伊迪丝的死意味着利拉是她的直系家庭成员中剩下的唯一一个，伊迪丝也带走了修复她们之间紧张关系的机会。这又是一件斯塔尔家族令巴菲特家族尴尬的事情,这一次用自杀使之蒙羞。无论利拉的真实感受如何,不到一个月,她突然和大她 20 岁的罗伊·拉尔夫结婚了。罗伊人很好,在霍华德死后一直追求她,而她总是拒绝他的求婚。在她寡居的日子里,她总是喋喋不休地讲述过去和霍华德 38 年半的精彩生活,她的亲戚们都已经听得麻木了。因此,这次她把自己完全颠覆——甚至将自己的名字改为利拉·拉尔夫——吓坏了所有的人。其中,一些人认为她失去了理智。这是可以想象的,至少暂时是这样。霍华德去世两年以来,一直是这个家庭里一种看不见的存在,而现在出于礼貌,在家庭聚会上已经不再提及这个名字,他的孩子们也正在费力地适应有一个 80 多岁的继父。

现在苏珊不仅在家庭,而且在社会上承担了越来越多的责任。她开始要求沃伦停止他对事业的狂热。巴菲特合伙公司被美国运通公司填得就像一只感恩节的火鸡,1965 年底的资产达到了 3 700 万美元,在这一只股票上的利润就超过了 350 万美元,美国运通公司的股票价格先涨到 50 美元,然后又到了 60 美元,接着到了每股 70 美元。沃伦挣了超过 250 万美元,这使他和苏珊在合伙公司的股权达到了 680 万美元,而他才 35 岁。按照 1966 年的标准,巴菲特夫妇已经进入富人行列了。他们需要多少钱?他还将以这样的速度前进多远?苏珊认为,他们现在已经很富有了,应该考虑为奥马哈多做些事情了。

1966 年,苏珊因为找到了她一生的事业而整个人熠熠生辉。她开始接近黑人社区的领导人,在奥马哈到处走,斡旋于各种紧张的关系中,出谋划策、协调、引导、宣传。每年夏天,这个国家的主要城市,种族骚乱和未成年人案件让警察头痛不已。在前一年,马丁·路德·金发布号召:废除工作场所和公共设施的种族隔离还不够,居住地点的种族隔离也必须废除。这个想法吓坏了很多白人,尤其是发生骚乱的洛杉矶瓦茨地区随后演变成纵火、冷枪、打劫的交战地带,在这次事件中有 35 人遇难。同样的暴动还发生在克利夫兰、芝加哥、布鲁克林、佛罗里达州的杰克逊维尔和其他一些城市。[4] 在 1966 年 7 月为期 15 天的热浪中,骚乱在奥马哈爆发了。州长出动了国民警卫队，并谴责了这些在"不适合人类居住的环境"[5]里发生的骚乱。苏珊现在将废除奥马哈居住地的种族隔离作为事业的中心。她还努力把沃伦带进了她的社团和人权工作，他顺从了，不过对委员会而言，他的作用实在不大。在60年代，他一般是把脑袋缩起来不置评论。"（那时）我被卷进了一些这样的事情中去，这是很自然的。如果人们的整个生活只专注于一件事情，很快就会有点儿痴迷。苏珊总是会发现我这样——我和那些人坐在一起，而她可以从我脸上的表情看出，我已经完全不注意他们了。"

按照芒格的说法，委员会会议也让沃伦得了"偏头痛"。因此，他的办法就是让其他能够给他们出主意的人坐到委员会里去。然而，沃伦并非对社会和政治事件漠不关心。他早就开始关注潜在的核战争——在60年代早期，这是一个活生生的看起来即将发生的威胁，因为肯尼迪总统敦促美国所有家庭建造防空掩体，以保证在核打击下存活。在古巴导弹危机过后，美国算是躲过了一场核战争。巴菲特发现了哲学家罗素写于1962年的反核武器的论文《人类有前途吗》，这篇文章深深影响了他。[6] 他认同罗素的观点，钦佩他在哲学上的严肃，并且经常引用他的观点和格言。甚至，他在自己的桌子上放了一块牌子，上面引用了罗素和爱因斯坦联合发表的《反核宣言》中的一句话："记住你的人性，而忘记其他。"[7]

但是，在国会于1964年通过《北部湾决议案》后，反战运动日益占据了巴菲特的大脑。该议案授权约翰逊总统可以不需要正式宣战，而在东南亚使用军事力量，以所谓的并未证实的美国驱逐舰受袭为由攻打越南。年轻人以烧毁征兵卡、去监狱或者逃到加拿大的方式躲避征兵。全世界数十万人走上街头抗议战争升级：他们在纽约的第五大道、时代广场、纽约证券交易所前游行，还有东京、伦敦、罗马、费城、旧金山、洛杉矶等。

巴菲特不是那种参加游行的意识形态上的和平主义者，也不是像他父亲那样的极端孤立主义者，但他强烈地觉得这场战争是错误的，美国的卷入是建立在欺骗的基础上的——这对一个高度重视诚实的人而言，尤其令人烦恼。

他开始请一些演讲人来家里讲给他的朋友们听。一次，他带来了一个宾夕法尼亚州的反战演说家，[8]但他自己并不会参加反战游行。

沃伦强烈地认为，术业有专攻，他把自己的特殊技能定义为思考和赚钱。一旦被问到捐献，他的第一选择总是捐献思想，包括让别人出钱的思想。但是，他也会给政治家们和苏珊的事业捐款——不是很多，但也有一些。无论有多紧急或者多重要，他从不会自己把钱装满信封或者自愿为了那些事业花费时间，他认为不如花时间考虑新主意，或者赚更多的钱来写一张数额更大的支票更有效率。

20世纪60年代，很多人心中燃烧着摧毁国家机器的渴望——是它制造了战争，操纵着"军火工业"——避免"出卖"给"那个人"。因此，从某种程度上来说，社会意识和谋生的需求相冲突。然而，沃伦认为自己是在为合伙人工作，而不是为"那个人"。同时，他觉得自己生意上的聪明头脑和钱还能帮助人权和反战事业。因此，他可以带着双重目的专注于自己的业务，而不会因怎样花时间而在内心发生冲突。

他开始感受到的冲突是为合伙公司找到投资对象。在过去一年里，他把钱投入安全但越来越少见的"烟蒂"上，如他过去喜欢的费城里丁煤铁公司，以及联合煤业公司。他也设法在标准普尔的周报中找到一些被低估的股票：雇员再保险公司、伍尔沃斯公司、第一林肯财务公司。他和沃尔特·迪士尼见面，并且目睹了这位娱乐专家非凡的专注、对工作的热爱，以及如何将这一切转化为无价的娱乐活动的途径，之后巴菲特买了迪士尼的一些股票。但是"大生意"的概念他还没有完全吸收，巴菲特没有多买。当然，他还在将伯克希尔-哈撒韦的股票像拼图一样一片一片拼凑起来。不过，巴菲特已经在美国铝业公司、蒙哥马利-沃德公司、旅行者保险公司以及卡特彼勒拖拉机公司的股票上建立了700万美元的"空头"头寸——借来股票并且出售，以作为未来市场跳水的风险对冲。[9]一旦投资者改变心意，股票会纷纷跳水。他希望合伙人的投资组合能得到保护。

1966年1月，他的合伙人又追加了680万美元。巴菲特发现手上还有4 400万美元的现金，而"烟蒂"太少不够他买。因此，他平生第一次，做了一个特别的决定：把钱放置在一边，没有使用。[10]自从离开哥伦比亚大学的那天起，巴菲特的问题就是，要努力使手上有足够的钱来实施看似永不枯竭的投资妙法。

1966年2月9日，道琼斯指数在收盘前短暂地突破了神话般的1 000点，最终以低于1 000点几点收市。欢呼开始了。道琼斯指数1 000点！道琼斯指数1 000点！尽管那一年市场不会再次突破这个大关，可不管怎样，欢庆的气氛犹在。

一整年，巴菲特都在担心会令合伙人失望。他在写给他们的信中，以美国运通公司带来的巨大收益作为开头。"1965年，我们在和贫穷的斗争中取得了胜利。"他写道，暗指约翰逊总统通过一系列新的社会福利计划以创造"伟大社会"。然后，他发布真正的消息，这是很多类似警告中的第一个："我现在觉得我们已经接近规模的临界点，如果再增加规模，将会被证实是不利的。"同时，他宣布他将关上合伙关系的大门，上锁并且扔掉钥匙。

再没有新的合伙人加入了。他就此开了个玩笑。苏珊不会再生孩子了，他写道，因为孩子们不再被允许加入。这个玩笑并不是特别适合，因为他们的孩子没有一个是合伙人——将来也不会。为了确保孩子们能找到自己生活的路，巴菲特决心管理好他们对钱的预期。从很小开始，每个孩子就知道除了教育费用，不要指望从他那儿得到任何经济支持。他本来应该可以带孩子加入合伙公司，作为一个学习实践——教他们有关钱和投资方面的内容，以及他是如何管理时间的。他就是那样教合伙公司的合伙人的。巴菲特很少"教"他天天都看到的这些人。对他而言，教是一种表演，一种在观众面前的有意识的行为。他的孩子们没有上过这样的课。

取而代之，沃伦为他们买了陷入黑夜的伯克希尔-哈撒韦的股票。

作为他的父亲留给孙子们的信托的受托人,沃伦卖掉了霍华德买来用作全家避难所的农场,用这笔钱买了那些股票。鉴于他不赞成不劳而获的财富——那就是他如何看待遗产的——否则他也许会留下农场。其实,内布拉斯加州的一个小小的农场怎么也不会值很多钱,孩子们也不会因为他们祖父的这点儿遗产而变得十分富有。可是,把这些收入投进他那苦苦挣扎的纺织品生意,他就可以凭借又一个2 000股增持在伯克希尔-哈撒韦的股权。对观察家而言,他为什么如此关注这家公司还是一个谜,但是自从他很巴菲特式地开始伯克希尔控制之旅时,好像就被它迷住了。

巴菲特的孩子们从不期望变得富有,他们甚至不知道他们家已经很有钱了。[11] 他们的父母希望他们不要被宠坏,事实上也是。和其他孩子一样,他们需要打零工挣零用钱。说到钱,他们的家庭观点有奇怪的差异,也就是说,苏珊和沃伦会就她的零用钱争斗得好像他们已经分手了。然后她就拿上钱,给孩子们提供一个中上阶层的生活:去度个假,在乡村俱乐部里好好享受,穿好的衣服,并且看他们的妈妈开凯迪拉克,穿皮衣。但是,他们从来不认为这是理所当然的。他们的父亲总是对哪怕很少的钱也斤斤计较,常因拒绝小小的要求而令他们诧异不已。如果他带他们去看电影,他也许连爆米花都不会为他们买。如果其中一个孩子要求什么,他的回答会是"不行":如果我为你这样做了,就必须为所有人都这样做。

无论他和苏珊想给孩子们传递什么样的有关钱的信息,但总有一个经久不变的主题:钱是重要的。他们成长在一个经常将钱用作控制武器的家庭里,沃伦会在苏珊生日那天带她去百货商店,给她90分钟的时间去买她能抓到的任何东西。这个家庭很巴菲特式的一面是:经常做交易。虽然苏珊认为沃伦对赚钱的痴迷很不值得,但她还是很乐意从他那儿拿到更多的钱。现在,她正在和她的体重做斗争,这也成了一个有关钱的交易。沃伦的孩提时代一直痴迷于称重——他一天能称体重50次——这个嗜好还没有成为过去时。他着迷于家庭成员的体重,并想让他们都瘦下来。

这个家庭的饮食习惯，不管对他的事业，还是对他们的健康，都没有帮助。苏珊从两年前就开始饱受一种莫名的腹腔粘连的折磨，没有热情做饭。她和沃伦都愿意每天吃同样的食物：大多数是肉类和土豆。和沃伦不一样的是，苏珊会吃蔬菜，可她除了西瓜外，什么水果都不吃。她就吃一点点健康食品，而以巧克力、蛋白椰子饼、罐头装的糖霜乳酪、饼干、蛋卷、牛奶为生。沃伦早餐吃油炸玉米片，喝百事可乐，吃几把巧克力和爆米花，选择牛排、汉堡包以及三明治作为正餐的主要食品。

最后，苏珊要求和他做个交易，如果她能减到118磅就付钱给她。因为她比丈夫不在乎钱，动机对她而言就是个问题。一整个月她吃得很少，以零食充饥，可是随着最后称体重的日子接近，她会自己先称称。如果情况不好，她就必须加快减肥，她会和一个朋友说："凯尔西，我得打电话给你妈妈要她的利尿药了。"[12]

而沃伦把钱悬挂在孩子面前，却能自律地保持自己的体重。当他们还小的时候，他开出1万美元的未签名的支票给他们，并且说如果在某年某月某日他的体重不是173磅，他将会在这张支票上签名。苏茜和豪伊为了诱惑他吃冰激凌和巧克力蛋糕而抓狂，可放弃钱的痛苦对沃伦而言远比放弃吃喝要大得多。他一次又一次地开出支票，可从来不需要签上哪怕一次名字。[13]

沃伦允许加入的最后一个合伙人不是他的孩子，而是马歇尔·温伯格，沃尔特·施洛斯的一个经纪人朋友，他曾经参加过两次格雷厄姆的讲座。那是一个有教养的、爱好艺术和哲学的人，他们是在纽约新学院格雷厄姆的一次讲座上认识的。一起吃过几次午饭，聊了聊股票后，他们就成了朋友。温伯格很快就放弃了让巴菲特对音乐、艺术、哲学以及旅游产生兴趣的念头，而巴菲特有时会通过他做交易。温伯格开始对加入合伙公司产生了兴趣。于是，在一次例行的纽约之旅时，巴菲特同意和他就此事会面讨论。

沃伦和温伯格在大堂会面。接着，苏珊翩翩而来，沃伦整个人都亮了起来。苏珊侧身朝向沃伦并拥抱了他，接着手就放在他身后似乎他是个孩子，她用她那棕色的大眼睛凝视着温伯格。"你好吗？"她笑吟吟地问道。她想知道他的一切。这让温伯格觉得自己正在被一个家庭欢迎，而且他又交了一个新朋友苏珊。同时，他凭直觉知道刚刚遇见了巴菲特最有力量的资产。[14]

温伯格及时地挤进了这扇大门。整个1966年，城市骚乱继续，越南战争升级，而且反战抗议者在纽约、波士顿、费城、芝加哥、华盛顿以及旧金山集会游行。股票市场开始衰退，比年初下跌了10%。无论攀登有多么艰难，巴菲特从来没有停止过寻找可买的东西。尽管这个市场是开放的，可是遍地都是"烟蒂"的日子已经过去了。如何保持业绩，对此他十分担心。现在，他更经常考虑买进整个生意。事实上，他已经在这个完全崭新的旅程上开始起步，这花去了他大量的时间。

29

毛料是什么

奥马哈　1966—1967 年

虽然巴菲特掌管着 5 000 万美元规模的合伙公司，并且拥有一家从事纺织生意的公司，可是他看起来永远就像电影《神秘人》中的人物[1]。他唯一不同于那个留着连鬓胡子，顶着一头长发的男人的地方就是，他只会偶尔让一小撮细细的黑头发从平头上长出来，像小草一样伸到凸起的前额上。

世界上的其他人正在变得时髦。男人开始穿尼赫鲁式夹克，套头高领毛衣，打全部都是几何图形或者花图案的领带。而巴菲特永远不会变样，他依然打着小且有斑纹的领带，穿一件白色的衬衫，尽管衬衫的领子变得紧了点儿。他成天穿着的旧灰色西服外套肩部塌了，并且领口还有洞。他拒绝丢掉他喜欢的驼色V领毛衣，虽然肘部已经磨薄了。他的鞋底还磨了洞。在一次宴会上，当查克·彼得森想把他介绍给一个有潜力的投资者时，那个人的反应是："你简直是在开玩笑！"纯粹因为巴菲特的衣着，他甚至都不想和沃伦交谈。[2] 苏珊影响不了他，因为丈夫的品位早在 1949 年，他在杰西潘尼公司卖西服的时候就已经形成了，那时兰福德先生告诉他："没有人知道毛料是什么。"

现在，巴菲特到索尔·派的店里买西服，店铺就在基威特大厦的楼下大厅里，在那儿索尔总是试图提高他的品位。巴菲特却把索尔看成一个"狂野的化妆师"，对他的建议不理不睬。沃伦认为，一套合适的西服是"可以让内布拉斯加西部小镇上90岁的银行家穿着下葬的衣服"。[3] 但是，索尔为能给巴菲特提供关于股票的好建议而自豪。他曾经指引巴菲特绕开帽子制造商拜尔–罗尔尼克公司，警告说那些帽子就要过时了。他还劝巴菲特不要投资奥克斯福德服装公司，告诉他20世纪60年代西服不是一门成长型的生意。[4] 可是，巴菲特忽视了索尔的警告——不要买西服衬里制造商伯克希尔–哈撒韦。[5]

既然他对衣服一无所知，那为什么他职业生涯的下一个目标是买一家百货公司呢？这仍然有些神秘。那还要从1966年他为合伙公司找可买的股票时遇到了点儿麻烦说起。

他的一个新朋友戴维·桑迪·戈特斯曼带给了他最新的主意。戈特斯曼就和弗雷德·斯坦贝克、比尔·鲁安、丹尼尔·科文、汤姆·纳普、亨利·勃兰特、埃德·安德森、查理·芒格一样，按照自己的思路工作，并且把想法传递给他。有一次在纽约吃午饭的时候，鲁安把他俩聚到一起，与鲁安不同年毕业的哈佛校友戈特斯曼为一家小型的投资银行工作，有时会找到一两个剩余的"烟蒂"。[6] 巴菲特认为他是一个精明自律、冷静、固执己见，而且满不在乎的资本家。自然他们志趣相投。

"从那时起，"戈特斯曼说，"每次有了一个好主意，我就会给沃伦打电话。这就像一个审查。如果你能让沃伦对什么事情感兴趣，你就知道自己的想法是正确的。"作为一个典型的纽约人，戈特斯曼高度评价他和巴菲特的交往，以至于他愿意经常跑到奥马哈。"我们会谈论股票直到深夜，"他说，"然后在次日的早晨我再返回纽约工作。每个星期日的晚上大约10点，我们会就股票谈上一个半钟头左右。整个星期我都在期盼着那个会谈，并且一直在考虑我该和他谈哪只股票。但无论我和他谈哪只股票，他都和我知道的一样多，大多数时间是这样。我挂了电话以后，通常要到深夜或者更晚才去睡觉，我一两个小时都睡不着，因为我被充了电。"

1966年1月，戈特斯曼告诉巴菲特一个想法：霍克希尔德-科恩公司。这是一家令人尊敬的百货公司，它的总部设在有一个城市街区大小的大楼里，位于巴尔的摩市中心的一个十字路口。虽然它的位置是在三个竞争对手——赫兹勒公司、赫克特公司以及斯图尔特公司的斜对角上，但自从女士们开始戴上帽子和手套，乘电车前往市中心花一整天购物连同吃午饭时，这4家商店就蓬勃兴起了。备受关注的霍克希尔德-科恩公司卖服装、家居装饰品以及家用器皿。它的所有者，科恩家族开着旧汽车，过着简朴的生活——正是巴菲特喜欢的一类人。

这家公司的执行总裁马丁·科恩已经打电话告诉戈特斯曼，这个家族的好几个分支都在考虑出售公司，并且也许会接受一个折扣价。科恩家族的人"很为这家百货公司自豪，"戈特斯曼说，"不过，如果公司有好的女装部门，他们永远不会在那儿买一件衣服。对他们来说，那太贵了"。

查理·芒格在奥马哈的时候，他、巴菲特以及戈特斯曼通常会打高尔夫球，他们会坐在奥马哈乡村俱乐部的烧烤架旁边，喝上几罐冰茶，谈谈股票，开开玩笑。不过，虽然他们喜欢同一种类的股票，可他们三个从来没有在同一个交易上做过搭档。这一次，戈特斯曼打电话给巴菲特，告诉他有关折扣价的内容，以及科恩家族过度节俭的生活方式。巴菲特果然感兴趣。他除了小小的伍尔沃斯公司以外，没有其他的零售类股票。百货公司会随着时尚以及顾客的品位而起起落落，对于这些，他的了解无异于让他懂得如何去烤一个蛋奶酥。

他要芒格和他一起深入研究分析这次的业务。他们两个飞往巴尔的摩，立刻喜欢上了科恩家族的人。他们正直，值得信赖，城里到处都有他们的熟人。[7] 有过和丹普斯特的李·戴蒙，以及伯克希尔的西伯里·斯坦顿打交道的经历，巴菲特知道，如果他想买一家公司，必须找到一个指望得上的经理人帮他打理。他认为路易斯·科恩就是那个合适的人选。科恩有金融背景，理解数字和边际利润。经过这些年引入300个合伙人，以及与数不清的企业主管会面的经历，巴菲特对自己评估人的能力很有信心。两个人看着资产负债表，当场提出用1 200万美元购买。

芒格负责和路易斯·科恩的亲戚、外向活泼的首席执行官马丁谈判，他认为"这个不错的老家伙是这儿的头儿"。他对马丁·科恩说："我在这儿看见很多脚踝肿胀的老年妇女站在你的香水柜台后面，她们是在靠资金不足的养老金计划生活。你一生的工作是为了这些你也许要担心他们的养老金的人吗？你难道不担心自己的养老金吗？"[8] 科恩很快就认输了，速度快得让芒格都有点儿意外。[9]

1966年1月30日，巴菲特、芒格和戈特斯曼成立了一家控股公司，名字为"多元零售公司"，意思是要"争取多样化业务，尤其是在零售业"。[10] 巴菲特拥有这家公司80%的股份，芒格和戈特斯曼各占10%。接着，巴菲特和芒格前往马里兰国民银行为这次收购申请贷款。信贷人员瞪大了眼睛看着他们问："为这家又小又旧的霍克希尔德–科恩公司支付600万美元？"[11] 可即使听到这些话，很有个性的巴菲特和芒格还是毫不怀疑自己的判断，他们尖叫着冲出门外。

"我们认为，我们以三流的价格购买了二流的百货公司。"巴菲特这样描述这家又小又旧的霍克希尔德–科恩公司。

他还从没为买一家公司借过这么多钱。但是，他们计算出安全边际将会降低风险，而且当时的利率很低。百货公司的利润很薄，不过如果这些利润经年增长，而贷款利息不变，那么增加出来的利润就会跑到他们的口袋里（如果利润能够经年增长）。

"买霍克希尔德–科恩就像一个人买游艇的故事一样，"芒格说，"有两天高兴的日子，一个是买的那天，还有一个是卖的那一天。"[12]

路易斯·科恩和桑迪·戈特斯曼飞往拉古纳海滩，在那儿巴菲特一家租了一套房子。他们在附近的汽车旅馆躲了起来，巴菲特和他俩一起制定战略计划。他已经开始喜欢上路易斯·科恩了。"他是你所能想象的优秀的人，智商高，又正派得体。我们买霍克希尔德–科恩的时候，他加入了合伙公司。我喜欢这个家伙。"科恩夫妇是他和苏珊可以交往的又一对夫妇,也就是说他和科恩谈生意的时候,苏珊可以招待科恩的妻子。现在巴菲特夫妇的社交生活,包括相当数量住在奥马哈以外的人,他们通常在沃伦的商务旅行中出现,或者就像现在,朋友们到加利福尼亚来拜访巴菲特夫妇。

不过,当科恩给他看公司规划已久的开两家新商店的计划时,巴菲特不由得开始担心起他的下一次巴尔的摩之旅。计划中的商店一个在宾夕法尼亚州的约克,另一个在马里兰州。这个想法是针对大批人口从城市迁往郊区的现象,使人们能够在郊区的大型购物中心买东西。

他们筹划这两个商店已经好几年了。那些经营男士装饰品部的人已经规划好了这一块,确切知道将如何装饰它。那些经营昂贵女装部的女士也完全计划好了。

巴菲特不喜欢冲突,而且也害怕让人们失望,不过他和芒格都认为这两个选址毫无意义。他取消了在约克开商店的计划,可是遭到了员工和管理层的抵制。由于实在没有去争论的欲望,巴菲特让步了。不过,他绝不允许在马里兰州的哥伦比亚开店。"我灭掉了这个计划。每个人都失望了,他们就这样放弃了。"

接着,成堆的麻烦接踵而来:只要4家店的其中一家提出安装电梯,其他三家就会提出同样的要求;每次只要其中一家升级展示橱窗或者购买新的收银系统,其他三家就会如法炮制。巴菲特和芒格开始称之为"游行中踮着脚"。只要有个人干了什么事,每个人都不得不做同样的事。[13]

但是,这是巴菲特和芒格第一次发现他们可以合伙干的事情。通过新成立的多元零售公司,他们和戈特斯曼实际上创立了一个单独的拥有零售商的公司。霍克希尔德-科恩是这种可以在泡沫市场不断重复的模式的开端。巴菲特已经降低了投资的调整标准,因为他碰到越来越多的麻烦,发现他心目中的一项好投资和实际情况并不相符。

在这一单生意中,"我们充分受到了格雷厄姆精神的影响,"芒格说,"我们原以为只要你用自己的钱买到足够的资产,不管怎样,你总能让它有点儿产出。而在百货公司再也不能自动产生优势的时候,我们没有充分衡量当时巴尔的摩4个不同商店之间的紧张竞争局势"。

在霍克希尔德-科恩的前两年,巴菲特已经搞清楚,零售业必须具备的技能是销售规划,而不是财务。他和他的合伙人也充分学习了有关零售业的知识,知道这个行业很像酒店业:一场让人疲倦的马拉松,每一英里都有可能有新的、咄咄逼人的竞争者,往前一跃跑到你前面去。可是,当这三人有机会通过多元零售公司得到另一家零售企业——这一个非常不一样,而且由一个真正的商人掌管——他们还是冲了上去。这次是一个叫韦尔·费尔斯蒂纳的律师把机会推到他们面前的,费尔斯蒂纳曾经为霍克希尔德-科恩的交易工作过。他打电话过来说:"如果你们对零售业感兴趣,这儿有一家联合棉布商店。"这家店卖女士服装。这次,沃伦离他基本的"竞争优势圈"走得更远,尽管在下一个故事里,他会遇见他一生中遇见的最伟大的职业经理人之一和其他一些人物。

"又小又便宜",芒格如此形容联合零售商店,它是联合棉布商店的母公司。[14] 看到一组三流的商店以四流的价格出售,他和巴菲特立刻产生了兴趣。这家公司拥有80家商店,销售额为4 400万美元,每年可以挣几百万美元。63岁的所有人本杰明·罗斯纳主管折扣服装店,在芝加哥、布法罗、纽约以及第安纳州的加里等城市里,以Fashion Outlet、Gaytime和York这样的名字在生活艰苦的街区开店销售。有时,他会在同一个城市街区里,用不同的名称开几个很小的店铺,出售同样的货物。它们的规模大小不等,可以是纽约城里一套朴实的公寓,也可以是设备完善的郊区的房子。罗斯纳总是把日常管理开支缩减到最少,而且他只接受现金。管理这些批发商店需要特别的技巧。芝加哥密尔沃基大道商店的经理,一位大块头的、老练无情的女士,"如果看见她认为的在商店中行窃的小偷类型的人进来,她就会吹一声哨子,然后所有员工就会查看并且观察那个家伙。她太了解他们了,在你可以想象的条件最差的街区中任何你能找到的商店里,她这家店的'缩水率'是最低的"。①

本杰明·罗斯纳于 1904 年出生在一个奥匈帝国移民家庭,四年级就辍学了。1931 年,正处于大萧条期间的经济滑坡阶段,他在芝加哥北部以 3 200 美元的资本开了一家小小的商店,他有一个合伙人里奥·西蒙,还有一批每件卖 2.88 美元的衣服。[15] 30 多年以后的 20 世纪 60 年代中期,西蒙过世了,但罗斯纳继续把他的工资支付给西蒙的遗孀阿艾·西蒙(她是通信巨子摩西·安嫩伯格的女儿),以换取为他们的 80 个商店租金支票签名。

这样持续了大概 6 个月,接着她就开始抱怨、猜测,继而吹毛求疵。这些真让本杰明心烦。她实在是一个被宠坏了的女人。本杰明的原则是,就像他后来解释的,他可以欺负任何人,但他的合伙人除外。不过,现在在他的心里,她再也不是他的合伙人了。于是,他决定了结这一切。

既然有了这种想法,他就准备欺负她了。他认为,即使他只有一半的份额,他把生意卖给我也太便宜了,因为这是要给她看的。当我们和他会面的时候,他开始说话,我很快就搞清楚了整个事情。

巴菲特以前也和别人这样交谈过,一直谈到使对方认为如果没有公司,他们的生活能过得更好,巴菲特知道这时候不要去做任何干扰对方的事情。"他一直在说,他卖掉的是他花费了毕生心血打造的生意。他快要发疯了,因为他不能忍受这样做,但他也不能忍受她。他整个人一团混乱。于是,查理和我回到房间。大约过了半个小时以后,本杰明急得坐立不安。他说,'他们告诉我你是西部最快的枪手!拔枪啊!'我回答,'在我下午离开之前我会给你开出汇票'。

巴菲特需要一个经理人,不过罗斯纳告诉他,他只能留到那年的年底,到时会把生意交给新的所有人。然而,巴菲特看得出,就像这个生

---

① "缩水率":存货缩水的意思,就和它听起来的字面意思是一样的,存货有时会下落不明,通常是由于商店小偷行窃或员工行窃。——译者注

意离不开罗斯纳一样,罗斯纳没有生意也不行。

他太爱这一行了,不可能放弃。他在卫生间里放了一套商店记录的副本,这样坐在马桶上的时候也可以看看。他有一个竞争对手,皮特里商店的米尔顿·皮特里。有一次,本杰明去沃德福参加一个大型宴会,米尔顿也去了。他们碰面后立刻就开始谈论生意。本杰明问:"你进灯泡多少钱?你标价多少钱?"那是本杰明能谈论的全部。最后,他对米尔顿说:"厕纸你进货价多少?"米尔顿说了个数。本杰明比他的进货价要便宜不少,但是他知道你要买的不是便宜货而是合格的商品。米尔顿说:"是的,那是我能弄到的最好的。"于是,本杰明说了声"对不起"后,就起身离开了黑领结慈善晚会,驱车前往他在长岛的仓库,到了那儿就开始撕开装厕纸的纸箱,数里面的纸,因为他有疑问。他明白米尔顿不应该比他多付那么多钱,因此在厕纸这个商品上他一定是被蒙蔽了。

不出所料,厂商说每卷里面应该有500张,而事实上没有。他真的被骗了。

巴菲特知道,自己想和这种为了去数厕纸张数而离开黑领结宴会的人共事。这样的家伙也许会蒙蔽桌子对面的人,但永远不会欺负自己的合伙人。他和罗斯纳达成了600万美元的交易。为了确保他买下这个生意后,罗斯纳还能继续留下来工作,他奉承罗斯纳,弄清楚他得到的可以衡量生意表现的数字,不然的话就只剩下他一个人了。[16]

巴菲特和世界上的本杰明·罗斯纳们感受一致——他在他们的执着中看到了成功。巴菲特厌恶像霍克希尔德–科恩那样的问题公司,而是寻找更多的本杰明·罗斯纳,他们能建立他愿意购买的出色公司。

30
"喷气机"杰克

奥马哈 1967年

直到1967年，苏珊似乎还认为，如果沃伦放弃工作，他就会对她和家庭更加关心一些。在她看来，他俩已经达成了共识，只要他赚够800万美元或者1 000万美元，他就会减少工作，好好过日子。1966年他收取的佣金为150万美元，再加上资本收益，巴菲特家的净资产已经超过900万美元。[1] 她不懈地劝说他时间已经到了，但沃伦的步伐从未放缓，注意力不断地从一个项目转到另一个项目上：为合伙公司筹资，收购美洲国家火灾保险公司、桑伯恩地图公司、丹普斯特磨坊制造公司、伯克希尔–哈撒韦制造公司、霍克希尔德–科恩公司、美国运通公司，其间还有许多投资项目。当他坐飞机的时候，后背有时会变僵，偶尔苏珊还不得不照顾他几天，因为他由于疼痛而卧床不起。他的医生找不出任何具体的原因，只表示也许与工作或压力有关系。然而要他为了后背而停止工作，就如同要他为了健康而吃下一整盘西蓝花一样困难。

他总是坐在那儿全身心投入某件事情，看书、打电话，或者和迪克·霍兰德以及尼克·纽曼这样的朋友打桥牌或者扑克。尼克·纽曼是一个杰出的商人，拥有Hinky Dinky杂货连锁店，这家店就是以前沃伦还是个小男孩的时候,爷爷让他去买面包,而他很羞愧地偷偷离开的那家店。纽曼和他的妻子在社区属于活跃分子,和低调的霍兰德夫妇一样,他们是巴菲特朋友中的典型。沃伦和苏珊与奥马哈的社交圈保持了距离。他们共同的社交生活是一系列跟随沃伦的工作节奏重复出现的事件,通常发生在他们旅行去看沃伦的朋友的时候。不过,在城里苏珊随时待命,她在朋友、家庭、有需要的事情以及社区工作中来回奔波。巴菲特家没有上锁的后门上悬挂着一个招牌,上面写着:"医生在里面。"经常可以看见苏珊的一两个"病人"在这所房子里闲逛。她的顾客年龄不同,生活状态各异,其中有些人要求更多。他们有要求而她就会给予,如果他们要得多,她也就给得多。

当苏珊提出要求时,沃伦会满足她;当苏珊要求更多时,沃伦也会顺从。除了对如何支配自己的时间不屈服外,沃伦几乎在其他任何事情上都对苏珊让步。这一年他们重新改造了房子,这已经是这个街区最大的一所房子了。在苏珊的指挥下,旧车库变成了房子的一翼,这样附近的孩子们可以有个房间聚在一起。沃伦也兴奋不已,因为地下室里有了一个自己的壁球场——大小类似于打乒乓球的场地所需,他可以带朋友或者生意上的伙伴一起来玩。

巴菲特在很多方面都像一个小孩,苏珊希望他是一个更关心孩子的父亲。他是忠诚而专心的:会在学校活动时露面,带孩子们去度假。1967年,杰斐逊飞机乐队的《白兔》和甲壳虫乐队的《佩珀军士孤独心俱乐部乐队》专辑的推出,标志着摇滚、吸毒文化达到了顶点。此时苏茜上八年级,豪伊上六年级,而彼得才上三年级,巴菲特夫妇幸运地逃过了很多其他家长面临的烦恼。

苏茜已经从一个害羞的小孩成长为自立的少女,而且成为弟弟们无可争议的头儿。妈妈让整座房子充斥了民谣和黑人音乐,而她则唱歌、放唱片——苏茜已经变成一个摇滚女孩,还把飞鸟乐队和奇想乐队之类的组合介绍给弟弟们。她是个积极向上的孩子,在学校没被毒品污染。12岁的豪伊还太小,他化装成大猩猩躲在苏茜房间窗外的海棠树上,若隐若现，以此来吓姐姐和她的朋友们。不过，他的恶作剧变得更复杂，也更危险了。一次他把小狗放到房顶上，自己下楼，然后喊它看它是否下来。小狗果然下来了，摔断了一条腿，得到兽医那儿接受治疗。"我只是想看看它会不会跟过来。"豪伊还不肯认错。[2] 妈妈拿他实在没办法，只能时不时把他锁在他的房间里。为了反抗，他从五金商店买了一把锁，反而把她锁在门外。彼得用很多时间弹钢琴，自己一个人弹或者和他的朋友拉尔斯·埃里克森一起弹。他在才艺表演中屡屡得奖，看起来，他沉迷于音乐和他父亲沉迷于赚钱是一样的。

在这个家里，有一个人被60年代充满迷幻的黑暗一面引诱，就是苏珊的姐姐多蒂17岁的儿子比利·罗杰斯，他是一个崭露头角的爵士吉他手，而且吸毒。他的母亲做一些志愿者工作，还是个专业女裁缝，不过她也会睡到中午才起床。她似乎没有能力做决定，而且有时看起来冷淡、说话不清楚，和她进行一次连贯的谈话几乎不可能。多蒂喝酒喝得更多了，而且根本不在意她的孩子们。苏珊经常带比利去找卡尔文·凯斯，后者是当地的爵士乐吉他手——这样比利可以从他那里学到一些技巧，而且也能努力让他改邪归正。[3]

她面临的任务令人畏惧，因为在那个时代里，关于LSD[①]的毒品文化普遍存在。而由年轻人主导的反传统文化反抗一切形式的权威，包括过去几十年一直存在的任何东西。那年夏天，数十万嬉皮士在旧金山的海特—阿什伯里区漫无目的地乱转，有人说："这再也不是艾森豪威尔时代的美国了。"这似乎解释了一切。[4]

而沃伦仍然生活在艾森豪威尔时代的美国。他从没有经历披头士的狂热。他不唱摇滚，不张贴上面写着"战争对孩子和其他生物不健康"的海报。他的意识形态保持不变。他的思想沉溺于严谨的哲学追求，在本杰明·格雷厄姆的"烟蒂"哲学和菲利普·费希尔以及查理·芒格的"大生意"之间取舍不定。

[①] LSD，一种迷幻药的名称。——译者注

我正向查理·芒格的类型转变——有点儿反复。这有些像新教改革期间的情况。第一天我听从马丁·路德·金的,而第二天我又听教皇的。本杰明·格雷厄姆,理所当然是教皇。

当芒格把他的论文钉在"烟蒂"大教堂的门上时,市场本身已废弃了过去和现在的所有权威。随着20世纪60年代的推进,闲聊股票让鸡尾酒会活跃起来,家庭主妇会在美容院打电话给她们的经纪人。股票成交量上升了1/3。[5] 36岁的巴菲特在当今世界里就像一个头发花白的老人,现在的世界热切渴望着宝丽来、施乐、电子数据系统这样的公司——他根本不了解它们的技术。他告诉他的合伙人,他正在放慢速度。"我们可没有那么多好想法。"他写道。[6]

然而,巴菲特在寻找让资金保持运转的方式时并没有放低标准,他规定了两个新的限制条件,这让他的投资变得更加困难。这些个人的偏好现在变成了正式的标准:

1. 我们不会接手对我而言技术太难的生意,这是投资决策的关键。我对半导体和集成电路的了解就和对金龟子求偶习惯的了解一样少。

2. 即使预期盈利可观,而如果主要的人的问题不令人满意,那么我们将不会在投资运作中采取行动。

他所说的"主要的人的问题"是指裁员、工厂关闭,以及不会轻易罢工的工会。这也意味着他在每吸一个"烟蒂"之前,都会思考一次、两次,甚至三次。

他拥有的"烟蒂"问题够多了。伯克希尔-哈撒韦现在是"靠设备维持生命"的状态,已经病入膏肓。巴菲特近期聘用了皮特·马威克审计事务所的维恩·麦肯齐,派他到新贝德福德监督这家破烂不堪的纺织工厂。巴菲特一直为他在最近一次伯克希尔-哈撒韦董事会上犯的错误而懊悔。因为财务成功而激动不已(但是这个成功后来证实只是短暂的)——"我们卖了几个月的人造丝衬里,挣了很多钱"。[7]——巴菲特被说服答应了每股派 10 美分的分红。这家公司的律师们争辩说，伯克希尔现在做得这么好，如果不分红就有可能被指控不合理地保留收入。也许是正在做白日梦或者只是由于一时的软弱，巴菲特同意了这次分配。一股派发 10 美分红利听起来很不起眼，可巴菲特花了 24 小时才认识到他们提出来的是一个谬论。但那时已经太迟了，他这一不寻常的应允给合伙人和股东分了 101 733 美元，而他知道这笔钱总有一天会变成数百万美元。[8] 他永远也不会犯这样的错了。

8 个月后，巴菲特给伯克希尔的股东提供了一种交换方式。如果有人希望得到能产生收入的证券，他可以用股票来交换利率为 7.5% 的公司债。一共有 32 000 股股票交上来了。通过这种方式，巴菲特把股东中希望得到收入的人清洗出去，这样可以确保剩下的股东更可能关心公司的成长，而不是红利。"这种做法很聪明。"维恩·麦肯齐说。[9] 当然，发行在外的股票越少，巴菲特就越能加强对伯克希尔-哈撒韦的控制——即使他当初买这家公司的错误越来越清楚。肯·蔡斯不动声色地按照巴菲特的指示收缩业务。唯恐再次遇到像在丹普斯特出现的那种讨厌的结果，巴菲特听取了蔡斯的意见，好好安抚工会，忍受新贝德福德的人满意而由剩余的工厂继续运作导致的损失。

到 1967 年，蔡斯和麦肯齐已经设法将这家不幸的男士西服衬里制造商拖回了"盈亏平衡"。不过，"通货膨胀"这个词——第二次世界大战以后就没走远——又一次挂在了每个人的嘴边。工资和原材料的价格像河里的淤泥一样不断上升，劳动力更便宜的国外和南方的纺织厂正在将伯克希尔的销售抽干。

巴菲特把信息传递给了他的合伙人：

> 伯克希尔-哈撒韦在纺织业务上正面临真正的困难。目前我不能预知潜在的任何损失，同样我也看不到运用在纺织业务上的这部分资产有好回报的前景。因此，我们这部分证券投资组合将严重拖我们相对绩效的后腿……如果道琼斯指数继续上涨。[10]

他试图尽可能快地把钱从纺织业里拿出来。对厂里即使最普通的决策，他也开始直接参与。几乎每一天他都要跟蔡斯和麦肯齐通电话。[11] 因为来自进口产品的竞争，在1966年10月的最后一周，蔡斯不得不关闭了梭箱织机分部，而6个月之前，巴菲特刚让他永久关闭罗得岛州的菲利浦国王D分部。该分部制造精纺棉麻布，大约占伯克希尔总产量的1/10。失去这450个工作岗位标志着罗得岛州棉布产业的终结。[12] 巴菲特的底线是，"潮流趋势远比游泳的人更重要"。[13]

这还不够。巴菲特看到财务数据后认识到，衣物纺织分部和梭箱织机分部的损失巨大，唯一的拯救办法就是对设备进行现代化改造。不过在坏情况下往里砸钱是西伯里·斯坦顿犯下的错误。巴菲特拒绝投资，因为这样做只是杯水车薪。可是，关闭工厂将会导致数百人失业。他坐在桌子后面，旋转着椅子，将这个问题想了一遍又一遍。

具有讽刺意味的是，合伙公司现在就像在金钱的海洋里游泳一样。[14] 在华尔街上，穿细条纹衣服的经纪人对钱开始变得兴奋。一些第二次世界大战后出生的、脑子里没有危机感和大萧条教训的新人已经在这条街上出现。随着他们把股票推到前所未见的高价，巴菲特开始出售美国运通公司的头寸，现在这些头寸的价值比当初买时花的1 300万美元多出1 500万美元，占合伙公司收入的2/3。不过，他不想把这些钱投回伯克希尔-哈撒韦。

相反，他这一年最重要的任务是在伯克希尔"严重拖累"他的业绩表现之前找到新办法，紧急拉住这匹垮掉的驽马。他已经关注奥马哈一家公司很久了，这家名为"国民赔偿"的公司总部离他在基威特大厦的办公室仅有几个街区。巴菲特在20世纪50年代初就见过公司的创始人杰克·林沃尔特，当时是在经纪商克鲁特顿公司的会议室里。林沃尔特是城里最聪明、最勇于进取的人之一。那时，沃伦的姑姑艾丽斯曾试图将林沃尔特带进巴菲特的合伙公司。[15] 林沃尔特后来说，巴菲特要求最少的投资额是5万美元（尽管那时巴菲特从每个人那儿拿的钱远远少于这个数字）。"如果你认为我会让像你这样一个朋克小子掌管我的5万美元，那你就比我想象的还要疯狂。"林沃尔特大概是这样回复并且拒绝投资的。林沃尔特自视为一个投资专家,而且,沃伦喜欢保密这一点也把很多人拒之门外。[16]

虽然如此,巴菲特还是关注着国民赔偿公司。作为一个永不停歇的学习机器,他希望了解所有应该了解的有关保险业务的内容。他从图书馆借了很多书,开始了解林沃尔特的策略——为那些最难投保的客户承保。巴菲特看到的林沃尔特是混合型的保险业从业者——谨慎的风险承受者,小气、富有进取心的保险商,每天晚上会到办公室转悠,关上所有的灯。[17]他以高昂的价格为那些不寻常的人担保:马戏团的表演者、驯狮员以及滑稽明星身体的某些部分。[18]"没有糟糕的风险,"林沃尔特喜欢说,"只有糟糕的费率。"他的第一次好机会是有一个银行要求他保证一个走私犯——推测已经被谋杀了——不会再返回奥马哈,因为他的妻子想继承他账户里的钱而不想等到法律规定的7年后。林沃尔特认为涉嫌谋杀的凶手的律师对这个失踪的走私犯是否活着应该非常清楚,他已经帮助被指控的嫌犯免于刑事责任,不过这位妻子(和银行)怀疑嫌犯是否真的清白。然而,这个律师并不能透露他的客户是否已经向他承认了罪行。于是林沃尔特让这个律师也在这个担保上投了些钱,因为他认为除非这个走私犯叫得比牛蛙还要响,否则律师不会愿意冒这个险。果然如此,钱说明了一切,走私犯再也没有出现,而银行也一直没有索赔。杰克·林沃尔特富有进取精神,而且天生擅长设置赔率。

从那时开始,他把业务扩张到为出租汽车承保,接着他又为电台寻宝游戏承保,他用口红这样的东西掩藏线索,自己把宝埋起来,让线索变得模模糊糊以确保只有一个奖品被申领。他很快成为奥马哈行动最快、名声最响、最有精力的生意人。他的女儿用听起来很形象的绰号"喷气机"杰克称呼他。他自己经营国民赔偿公司,还在数百只股票上买了少量头寸,分类账页上的潦草书写几近难辨:50股国家酿酒公司,2 500股未成年人食品商业中心。他把数百张股票凭证放在健身包里。

20世纪60年代初,巴菲特给他在国民赔偿公司董事会的朋友查理·海德打过电话,问他林沃尔特是否有兴趣出售公司,海德的回答很有趣。

每年总有15分钟的时间，杰克想卖掉国民赔偿公司。有些事让他发疯。一些索赔或类似的事情会激怒他。于是查理·海德和我讨论了杰克每年15分钟这种现象。我还告诉他，一旦他知道杰克正处于这个时期，就要通知我。

1967年2月奥马哈阴沉的一天，海德和林沃尔特在一起吃午饭。林沃尔特说："我不喜欢这种天气。"整个交谈围绕着他想卖掉国民赔偿公司展开。林沃尔特已经觉得如果没有这个公司他能更好。15分钟的天窗打开了。"城里有个人也许想买，"海德说，"沃伦·巴菲特。"林沃尔特又听海德说了些巴菲特是如何感兴趣之类的话。然后海德打电话告诉巴菲特，杰克·林沃尔特也许会以几百万美元价格出售公司。"这几天你想和他见个面吗？"

"今天下午怎么样？"巴菲特立刻回答。林沃尔特第二天早上将要飞往佛罗里达州，可海德还是说服他先去一下基威特大厦。[19]

巴菲特请林沃尔特解释为什么他还没有将公司卖给任何人。林沃尔特说所有的出价都不如意。他开始摆出条件。他说他希望把公司留在奥马哈。因为感觉到15分钟打开的天窗就要消失了，巴菲特同意他不会搬走公司。

林沃尔特说他希望没有员工被解雇，巴菲特也答应了。林沃尔特又提出所有其他的报价都太低了。"你想要多少？"巴菲特问。"一股50美元。"林沃尔特回答。50美元已经超过了沃伦认为它的所值。不过他还是回答："我接受。"

于是我们在15分钟内达成了交易。接下来，虽然已经完成了交易，可杰克真的不想这么干。不过他是个诚实的人，不会背信食言。但是，在我们握手以后他对我说："我想你会想要审计过的财务报表。"如果我说是，他一定会说："那太糟糕了，我们无法达成交易了。"于是我回应道："我根本不想看到审计过的财务报表——它们最差劲了。"接着杰克又对我说："我认为你会希望我把保险代理公司也卖给你。"

于是我们又像这样进行了三四个回合，最后杰克屈服了，把生意卖给了我，我知道他其实真的不想这么做。

巴菲特希望他这么做，因为伯克希尔-哈撒韦现在是一家他已经部分清算了的差劲公司，而这是他用这些钱来置换一个大生意的机会。他知道林沃尔特身处佛罗里达州，可能会经过重新考虑而改变主意，所以他想在林沃尔特改变主意之前快速签下合同。两人都只想要一份不超过一页纸的合同。[20] 巴菲特迅速拟定了最后的文件，这笔钱也被存进了美国国民银行。[21]

当林沃尔特一周后从佛罗里达州回来时，巴菲特已经准备就绪，就等着最后的文件签署了。可是在最后的各项程序交接、签署合同的会议上，林沃尔特迟到了10分钟。巴菲特和海德后来解释说，这是因为林沃尔特开车在街区转悠想找一个停车收费器。[22] 林沃尔特总是说，那次就是迟到，没别的。但是，也许他已经意识到实际上没有了公司他也不会过得更好，因而磨磨蹭蹭，为自己产生没有国民赔偿公司而能过得更好的想法而难过。

巴菲特当然充分知道有了这家公司，合伙公司会更好，国民赔偿公司是给他的财富带来巨大推动力的机会。不久之后，他以一个无趣的名字《有关保险公司资本需求的思考》为题写了一篇文章。

"资本"这个词，也就是金钱，是巴菲特在收购国民赔偿公司时考虑的重要问题，因为资本是他的合伙公司的命脉。他从伯克希尔抽出资金，而这部分资金需要被重新投入使用。国民赔偿公司承受了很多风险，需要资本去支撑。"按照大多数标准，"他写道，"国民赔偿公司现在很难动它的资本。而伯克希尔-哈撒韦的富余资源能够让我们继续进取性地使用资本，从长期看，这样做会在国民赔偿公司产生最大的收益……如果承保业务令人失望，伯克希尔-哈撒韦还可以把另外的资本投入国民赔偿公司。"[23]

巴菲特已经想出一个完全崭新的生意类型。如果国民赔偿公司挣钱，他可以用这些收益购买其他公司或者股票，而不是放在国民赔偿公司的地下室里冬眠。不过如果狮子把驯狮人吃了，国民赔偿公司也许需要钱去支付给驯狮人的家属。这些钱可以从别的业务那里回到国民赔偿公司。

把保险业务纳入伯克希尔–哈撒韦这个一团糟的纺织工厂，可以使它的资本达到体内平衡。它可以按照巴菲特的指令对环境做出内生的反应，而不是像一条蜥蜴，天气冷时冬眠，而阳光灿烂时就跑出来找块岩石晒晒太阳。

关键是要正确地给风险定价。因此，他需要杰克·林沃尔特跟着，不要走远。巴菲特付给林沃尔特丰厚的报酬，而且和他结交为朋友。就像联合零售公司有本杰明·罗斯纳一样，他买了一个由能干的经理人运营的出色企业。

这两个人经常在加利福尼亚打网球。林沃尔特的着装品位和巴菲特相似，他会穿着他女儿为他织的旧毛线衫抛头露面。他那个生动的绰号"喷气机"杰克被拉长为巨大的字母覆盖在他肚子的部位。一次他和巴菲特在海盗旗饭店吃午饭，一个小孩走过来，问他："你能为我签名吗，'喷气机'杰克？"林沃尔特因此而沾沾自喜，这个孩子以为他是个名人——一个宇航员或者电影明星。也许除了小孩没人会那么想，因为他看起来根本不像那类人。但在他的心里，他仍然感觉就像是"喷气机"杰克。

理当如此，因为气质从人的内在散发出来，而不是从他的外表。林沃尔特也许已经卖掉了他的公司，不过他已经拿回了一些属于自己的东西——他用卖公司的一部分钱买了伯克希尔–哈撒韦的股票。[24]

31
绞刑架决定未来

奥马哈 1967—1968 年

1967年夏，自美国南北战争以来最严重的骚乱、抢劫、焚烧浪潮席卷美国。之后，马丁·路德·金说："我们将面临更多像这个夏天那样的骚乱事件，我们将身处右翼接管的法西斯式的危险之中！"[1] 由于运动没有取得很大进展，愤怒的金拒绝支持暴力抵抗。一些激进主义分子认为，学生非暴力协调委员会和金博士的南方基督教领袖会议应该针对那个夏天的冲突混乱和焚烧十字架的行为做出正面回应。

奥马哈的非暴力积极分子把巴菲特夫妇——他们两个现在在奥马哈都有影响力——纳入了他们的非正式网络。拉克·纽曼（沃伦在奥马哈最好的朋友尼克·纽曼之妻）和苏珊一起工作，她们向基督教青年会和其他组织施压，要求他们给穷苦地区的分支机构更公平的资金份额。通过由非洲裔美国人朋友罗德尼·韦德[2]管理的联合卫理公会社区中心，苏珊和拉克送黑人小孩参加夏令营，并且为当地高中的学生成立了一个跨种族的对话团体。[3] 韦德慢慢成为巴菲特家的常客。掌管巴菲特结算室的约翰·哈丁为公平居住请愿书收集了成千上万个签名。尼克·纽曼通过发动沃伦参加各种各样的当地人权组织，直接把他带入了斗争。沃伦的角色不是去出劳力，而是去发言。他、纽曼和哈丁曾经在林肯的立法机构门口为"自由售租房屋"做证。苏珊则多次购买房子，为那些想搬到白人社区的黑人挺身而出。[4]

近期，沃伦被介绍给了乔·罗森菲尔德，后者经营总部位于附近的得梅因的青年连锁百货商店。[5] 罗森菲尔德和当地以及全美国的政治都有联系，他和巴菲特的政治观点相同。他也是格林奈尔学院的董事，这所学院就像一个小小的激进的孤岛，坐落在艾奥瓦州格林奈尔的一片小村落中间。[6] 思想开放的学生们毕业以后倾向于参加社会服务，而学校也一直致力于提高非洲裔美国人的招生率。

格林奈尔学院于1846年成立，80多年后几乎破产。自从罗森菲尔德开始捐助以来的20多年里，他已经花了近1 000万美元。[7] 他机智敏锐，同时也被悲伤笼罩，因为在一次交通事故中他失去了唯一的儿子。苏珊很快和他建立了特别的关系。鉴于他们共同的兴趣，罗森菲尔德很自然地想把巴菲特夫妇带入他最重要的事业中。

1967年10月，这所学院以"身处变化世界中的文理学院"为主题举办了一个为期三天的集资大会。会上的发言者云集了20世纪60年代文化界耀眼的名人——包括凭借小说《隐形人》获得美国国家图书奖的作家拉尔夫·埃里森，质疑种族作为生物学概念的社会生物学家阿什利·蒙塔古，普及媒体驱动的"地球村"概念的传播理论家马歇尔·麦克卢汉，当代艺术家罗伯特·劳森伯格，以及退休的哥伦比亚广播公司前任总裁弗雷德·弗兰德利。然而众人期待的演讲者是马丁·路德·金——诺贝尔和平奖获得者可不是艾奥瓦州的常客。[8] 罗森菲尔德邀请了巴菲特夫妇参加大会。为了那个星期日早上的活动，他们和5 000人一起挤在达比体育馆里。

金和莫尔豪斯学院的院长一起前来，后者将为他做介绍。他们晚了好几个小时，国民警卫队员、警察以及私人安保人员从早上10点起就开始加强戒备。在等待的时间里，观众们饿着肚子，变得坐立不安。

最后，马丁·路德·金终于穿着他布道者的长袍走向讲台。他选择的主题是"在革命中保持清醒"。他声若洪钟,开始引用诗人詹姆斯·拉塞尔·洛韦尔的诗作《目前的危机》里的诗句,这也是人权运动的圣歌。

> 绞刑架上是永恒的真理,
> 王座上是永恒的谬误,
> 然而绞刑架决定了未来,
> 在芸芸众生背后,
> 上帝站在阴影里,
> 驻足观望。[9]

他谈到了受难的意义。受甘地鼓舞而转向非暴力抵抗的他引用了《山上宝训》里的内容:"为父受迫害的人有福了,因为天国是他们的;温柔的人有福了,因为他们将继承大地。"

苏珊被他充满力量的话语深深感动,她看到自己的丈夫也深受感动。[10] 巴菲特总是跟有气势、充满魅力的演讲者有共鸣。现在他看到马丁·路德·金就站在他面前:这个人充满道义勇气,曾经因为自己的信仰被殴打,被投入监狱,被戴上脚镣从事艰苦的劳动,被鞭抽棒打。尽管遭受反对和暴力,而取得的成功有限,但他仍然践行其主张将近10年。马丁·路德·金曾经这样描述非暴力的力量:"它是解除对手武装的方法。它揭穿了其道德伪装,削弱了其斗志,唤醒了其良知……甚至即使对手想杀死你,你也要坚定内心的信念。有些事物是如此珍贵,有些事物是如此值得珍视,有些事物是如此有价值,它们值得我们为之牺牲。如果一个人还没有发现他可以为之牺牲的事物,他就是苟且活着。当一个人发现了这一点,他就有了力量。"[11]

马丁·路德·金是个先知,他看到了荣耀,看到了现实中的邪恶,看到了人们因为面临恐惧而从睡梦中惊醒。他呼吁他的追随者们也置身这个现实中。他说,基督教一直坚称我们心中的十字架重于我们的王冠。他在很多次讲演中重复的一句话打动了巴菲特的心,刺穿了他的理性。[12]

"法律不会改变人的心灵,"他说,"但能阻止人的无情。"

他用洪亮的声音说出这句话，接着继续讲下去，以这句话作为演讲主题。

苏珊经常对丈夫说，生活里有很多比坐在房间里赚钱更有意义的事情。1967年10月，处于人权斗争痛苦中的巴菲特给合伙人写了一封特别的信，这封信表明他的想法发生了一些改变。这封信比他每年写给股东们的年度报告要早，里面只展示了他的策略而没有披露这一年即将收获的成果。"在市场行为过度反应的模式里，我的分析方法价值有限，"他接着写道，"和我更年轻和钱更少的时候相比，现在为了得到更加出色的投资业绩，我从个人的兴趣出发，使用的方法比以前少了一些强迫性……我和目前的现实不同步。但是有一点我清楚，我不会摈弃先前的方法，因为我理解它的逻辑（尽管我发现运用起来有困难），即使它也许意味着放弃大的、显然很轻易得到的利益，我也不愿使用我根本不了解、尚未有过成功经验因而也许会导致巨大且永久的财产损失的方法。"

他提出"少一些强迫性的方法"的另外一个原因是：个人目标。他说他的个人目标已经开始闯入："我愿意拥有一个能兼顾大量非经济活动的经济目标……我很有可能限制自己只接触相当简单、安全、有利润且令人愉悦的投资。"

接下来，巴菲特的举动让合伙人吃了一惊，他把之前设定的每年超过市场10个点的目标下调为5个点——或只挣9%，无论哪一个指标，都变少了。如果他们能在别的地方找到更好的投资，他们可以走，他不会责备他们。

他明白这是在冒险。一些热门的新共同基金比合伙公司做得好得多，一年之内资金可以翻番。每年的1月，合伙人可以加钱或者抽钱。许多船长正预测阳光会更加明媚。

然而在时间安排上，他宣布降低目标最终还是对他有利。1966年道琼斯指数的表现非比寻常的糟糕。[13] 一些合伙人被市场的动荡动摇，建议他卖掉股票。而沃伦不为所动，最后合伙公司以高出36个点的成绩击败道琼斯指数，这是合伙公司成立10年以来的最好纪录。"如果你不能加入它，就打败它。"他写道。[14]因此，他给合伙人一个拿钱到别的地方的机会，现在是一个不错的时机。

这个策略的另一个附带作用是测试他们对他的信任。他们是在不知道他最新一年真正业绩的情况下做决定的。如果他们继续留下来，那是因为他们对他的信任以及他们愿意接受他更适度的目标。每年超过市场5个点，如果在较长的时间内滚动投资，也会产生巨大的财富（假设道琼斯指数平均每年增长4%，合伙人投入到合伙公司的1 000美元经过20年，每年增长9%，将会变成5 604美元——比投资道琼斯指数赚2 191美元多出3 413美元）。即使本杰明·格雷厄姆以每年超出市场2.5%的业绩打败市场，巴菲特修正后9%的下限还是比拥有一般债券要多赢利2%甚至更多。这样年复一年，而且没有亏钱，最后的结果会让人吃惊。和他在一起，投资人只要承受少量的风险，就能得到惊人的回报。不过，通过调低目标，他已经在心理上比他的合伙人更为从容，结果也反映了这一点。

1968年1月，第一次，投资人没有急着往合伙公司里加钱，反而撤出了160万美元。但这只是一小部分，每30美元中只有不到1美元去了别的地方。几个星期以后，他公布了1967年的业绩，和道琼斯指数19%的涨幅相比，合伙公司的涨幅为36%。也就是说，在两年里，巴菲特合伙公司里的1美元增长超过60美分。

他祝愿离开的合伙人一帆风顺，但言语中也许有一些微妙的讽刺意味："这对他们来讲很好，因为他们中的大多数有能力和动力超过我们的目标，而且我也从努力争取好结果的状态中解放出来，因为在目前的条件下，我也许不能达到那样的业绩。"[15]

"金融天才是一个上涨的市场。"正如肯尼思·加尔布雷思后来说的那样。[16]

现在，巴菲特有更多的时间追求他所谈到的"个人兴趣"，而压力较过往更少——至少理论上是这样。金的那次演讲以后，罗森菲尔德轻易地聘请巴菲特成为格林奈尔学院的董事。鉴于巴菲特不喜欢委员会和会议，这足以说明他被这次大会感动得有多深，他和罗森菲尔德的关系有多么亲密。自然而然，他直接进入财务委员会，在那里他发现了一群具有同样思维的人。鲍勃·诺伊斯是主席，他经营一家名叫仙童半导体的公司，专门生产电子产品电路——巴菲特对此知之甚少，而且没什么兴趣。诺伊斯是格林奈尔学院的毕业生——他曾经因为偷了一头猪到夏威夷式的晚会上烧烤而被学校开除，这一行为在这个养殖生猪的州是严重的错误——似乎前途不可限量。[17] 然而"他是一个相当普通的人，看起来一点儿都不像个科学家"，巴菲特说。最重要的是，诺伊斯憎恨等级制度，而对弱者充满爱心，这和格林奈尔的精神是一致的。

巴菲特似乎也感觉到了为人权再多做一些事情的迫切性。他认为他可以利用自己的大脑和金融智慧更好地服务于这项事业。罗森菲尔德开始将巴菲特介绍给民主党人士，巴菲特开始和艾奥瓦州的民主党参议员哈罗德·休斯以及准备竞选参议员的吉恩·格伦打交道。

接着，1968年3月，美国最有争议的人物、亚拉巴马州前州长乔治·华莱士为竞选总统抵达奥马哈市礼堂。[18]

超过5 000人挤进了设计容纳1 400人的空间，人们争相一睹这个7年前竞选州长时在讲台上喊出"现在隔离，明天隔离，永远隔离"的人。[19] 他的支持者只花了不到8分钟就收集到足够的签名让他有资格在内布拉斯加州获得提名。空气中弥漫着臭气弹的气味。当华莱士开始讲话的时候，示威者们朝讲台上扔棍子、布告碎片、纸饮料杯以及石头。[20] 椅子到处飞舞，木棍打裂了，鲜血飞溅，警察用钉头锤驱赶人群。打斗沿着第16街蔓延，暴徒们把司机从汽车里拖出来殴打。人们开始扔燃烧瓶，火焰在周围肆虐，人行道上满是碎玻璃，抢劫者纷纷涌入商店。几个小时以后暴乱平息了，平静最终降临。接着，一个不当班的警察射杀了一间当铺里的一个16岁的黑人男孩，他误以为男孩是抢劫者。[21]

接下来的几天里，高中学生们走出教室，砸窗户、放火。[22] 几天以后，警察和装备自动武器的狙击手们出动并逮捕了几个人，其中包括"奥马哈黑豹"组织的成员。[23]

整个夏天，种族暴力持续发生，而苏珊一直没有停止活动。她信任她和社区不错的关系，而且没有考虑个人安危。沃伦并不总知道她做的事情的细节，不过确实感觉到有时她把别人的利益置于自己的利益之上太多了。他自己对暴力的恐惧和对暴民统治的害怕源于上一辈。

霍华德·巴菲特一次又一次对他的孩子们详述了他在16岁时亲眼见到的一幕——数千人集中到道格拉斯县法院大楼前，他们破门而入，企图对奥马哈市长处以私刑，并且殴打、阉割了一个被指控强奸的上了年纪的黑人。接着，他们把他的尸体拖到大街上，朝尸体射击，并且点火焚烧。法院大楼暴乱是奥马哈历史上最耻辱的事件。许多暴力行径霍华德都没看到，不过亲眼见到这些暴徒把一根街灯柱变成了一个临时绞刑架，奥马哈市长在关键时刻被营救之前，就被一个索套套住脖子悬挂在绞刑架上。[24] 后来他在医院待了很长时间才恢复过来。在霍华德的余生中，这段记忆一直萦绕在他的心里。[25] 他亲眼看到了正常人、普通人如何瞬间变成一个暴徒，把人性中隐藏最深的部分表现出来。

早在这年之前马丁·路德·金就提出警告，大众社会动荡不安可能会导致法西斯主义。这对沃伦·巴菲特而言并不需要任何解释。他对弱者的支持超出直觉，部分是依靠这种逻辑。很多人认为这种事情在美国是不可思议的，不过看起来不可能的事情一次又一次发生。法律不会改变人的心灵，马丁·路德·金说，但是可以阻止人的无情。不过，无情的人是谁？这个他并没有说。

几个星期后，马丁·路德·金飞往孟菲斯市发表演说。他回忆起在纽约刺伤他的一个妇女，以及总有谣言说有刺客在等着他。"我不知道将会发生什么事情，"他告诉听众，"前面还有困难的日子。但是这些现在对我来说都无关紧要，因为我已经想开了。"第二天，4月4日，当他站在洛林汽车旅馆的阳台上准备发表演说号召支持清洁工人的罢工时，被子弹射中颈部身亡。[26]

悲痛、愤怒以及沮丧从美国的黑人社区里涌出，把市中心变成了激战区。

同时，数万名学生在大学校园内举行反对越战的示威游行。越共已经发起了新年攻势，袭击了100个越南南部城市。美国人被一张南越警察局长近距离射击越共游击队员头部的照片吓坏了，这是共产主义者第一次从抽象的名词变成了具体的人。美国政府拒绝了大多数推迟征兵的要求，最终将中上阶层家庭的儿子们推到了参战的风险中。公众的情绪瞬时改变，开始反对这场战争。而到了马丁·路德·金被害的时候，这个国家感受到革命似乎随时都有可能爆发。

很多人以各种各样的方式表明，他们确实受够了，已经被压制够了。巴菲特的朋友尼克·纽曼突然宣布再也不会参加不接纳犹太人为会员的俱乐部的会议了。[27]沃伦深为感动，也采取了措施。自他与格雷厄姆和纽曼交往以来，他就脱离了20世纪50年代的种族隔离文化以及他家老一辈人的反犹太主义，而和广大范围内的犹太人建立了友谊和生意联系。甚至在有些想法上，他似乎对犹太人有一种个人的认同感。犹太人被孤立的社会地位和他自己不适应环境的感觉相符合。一段时间以前，他已经悄悄地退出了扶轮社，作为会员资格委员会的成员，他厌恶它的偏见。不过他从来没有告诉任何人理由。现在他的个人计划是帮助他的一个犹太人朋友赫尔曼·戈尔斯坦加入奥马哈俱乐部。

鉴于像奥马哈俱乐部等机构捍卫自己的排外政策的理由之一是"他们有自己的俱乐部，不承认我们"，巴菲特决定请尼克·纽曼提名让他加入全为犹太人的高地乡村俱乐部[28]。其中有些会员提出反对，使用与奥马哈俱乐部同样的逻辑：因为他们的俱乐部不接受我们，所以我们不得不成立自己的俱乐部，那么现在我们为什么要吸收那些异教徒呢？[29]但是有一些犹太法师出来干预，反诽谤联盟的一位发言人也代表巴菲特出面了。[30]巴菲特一被接纳，就以自己犹太人俱乐部会员的身份不动声色地攻击奥马哈俱乐部，赫尔曼·戈尔斯坦最终被投票同意加入。这样，会员身份上长期存在的宗教壁垒被打破了。

巴菲特设计了一个聪明的解决方案，可以让俱乐部做正确的事情而不会和任何人发生冲突。这避免了他所害怕的事情，不过也反映了他也许是正确的推断——游行和示威并不会改变富商们的想法。

他现在是奥马哈的著名人士，这也起到了作用。他再也不是一个暴发户，他有影响力。那个曾经为了从奥马哈俱乐部的黑名单上被画掉而到处做工作的人，现在可以单独影响奥马哈最优秀精英机构之一的俱乐部自成立以来最重要的组织改变。

不过巴菲特还想发挥更大的作用，而不仅仅是一个当地的名人。他明白，利用他的钱，他可以在国家层面上产生影响，因为1968年是个选举年。为了让当前的总统林登·约翰逊下台，而有利于一位反战的候选人，需要花很多钱。

越战是这场竞选的中心事件，而且，来自明尼苏达州的自由主义参议员吉恩·麦卡锡一开始是唯一愿意在初选中和约翰逊竞争的民主党人。

这场竞选从新罕布什尔州开始，在那里，一支麦卡锡的反战"儿童十字军"派出了将近1万名积极分子和大学生冒着大雪敲开了这个州的几乎每一扇门。他赢得了这个州42%的选票，这是一个表明反对现任总统的强烈信号。很多学生、蓝领工人和反战选民把麦卡锡看成是一个英雄。巴菲特成为他的内布拉斯加战役的财务主管，他和苏珊参加了一次竞选集会。她笑逐颜开，穿着一件吸引眼球的衣服，戴着印有麦卡锡名字的帽子。

接着约翰逊宣布退出竞选，而约翰·肯尼迪的弟弟罗伯特·肯尼迪加入角逐，他和麦卡锡经历了痛苦的却看不出谁明显领先的竞赛，直到肯尼迪赢得了加利福尼亚州初选的胜利，作为提名候选人他才拥有决定性的领先优势。不过就在胜利的当晚，他被刺客暗杀，24小时后终告不治。接下来，约翰逊的副总统休伯特·汉弗莱宣布参加竞选，他最终赢得了在芝加哥举行的民主党大会的胜利。那是一场乱哄哄的大会，配备棍子和钉头锤的警察和闹事的反战示威者发生了冲突。巴菲特接着支持汉弗莱和共和党的理查德·尼克松竞选，后者赢得了最后的大选。在这以后，麦卡锡好几次改变党派，并且以无党派的身份竞选了几次总统，这削弱了其作为一个严肃的政治家的可靠性。

巴菲特对亲密朋友的忠诚为人所知。然而，在别人的眼里，他对一些关系疏远的人，尤其是公众人物的热情是易变的，会根据他们的境况而此消彼长。在他不安全的感觉里，经常担心和别人的联系会如何影响他。最终他为和麦卡锡的联系而遗憾，并且淡化处理这种联系。但是他对政治的参与以及承诺提供资金的行为标志着他生活里的重要变化。第一次他留了一点儿空间给投资以外的事情，那就是已经扎根于他家庭的过去，并且还将延展到未来的未知的"非经济活动"。

32

简单、安全、有利润且令人愉悦

奥马哈 1968—1969年

1968年1月，巴菲特召集追随格雷厄姆的同伴们——这是他第一次将他们聚集在一起——在股票市场变疯狂的过程中间举行一个信徒式的会议。"在过去几年里，他们的态度发生了巨大的变化，我认为正在拉霍亚集合的这帮人就是留下来的守护者。"[1] 他写道。他邀请了格雷厄姆以前的学生比尔·鲁安、沃尔特·施洛斯、马歇尔·温伯格、杰克·亚历山大和汤姆·纳普。他还邀请了查理·芒格（他已经把芒格介绍给格雷厄姆）、芒格的合伙人罗伊·托尔斯以及杰克·亚历山大的合伙人巴迪·福克斯。已经离开芒格的合伙公司而成为特雷迪-布朗公司合伙人的埃德·安德森也在邀请之列，此外，还有桑迪·戈特斯曼，关于他，巴菲特告诉格雷厄姆，他是"我的一个好朋友，而且是你的仰慕者"。最后，巴菲特说："我想你也许记得亨利·勃兰特，他和我们合作得很紧密。"[2]

巴菲特在类似桑伯恩地图等交易中的合作者，同时也是他婚礼上的伴郎弗雷德·斯坦贝克因为太忙了没能参加。沃伦结束了哥伦比亚大学的学习几年后，和1949年"内布拉斯加小姐"范尼塔·梅·布朗在纽约重聚，一起吃饭。他们分别带上了苏珊和弗雷德，把这次晚餐变成了两对夫妻的约会。此前，弗雷德通过沃伦至少和范尼塔见过一次面。她那时叫范尼塔·梅·布朗·纳德兰德，因为她曾和纳德兰德家族的成员有过一次短暂的婚姻。这个家族拥有剧院，是美国娱乐界的一分子。晚餐过后，沃伦最内向的朋友弗雷德，就如另外一个朋友评价的那样，"任她摆布"，这似乎也证明了古老的格言"异性相吸"。起初，他俩的结合看起来就像是沃伦在哥伦比亚学习生涯的迷人后记——从那个时期带入巴菲特夫妇圈子里的一对佳偶。他确实有安排朋友生活的倾向，要求他们和他合伙，把他们安排在自己公司的董事会，通过各种各样的纽带把他们卷进自己的生活。两个朋友的结合感觉上像是对他的赞扬，不过后来证实这是弗雷德一生中做过的最糟糕的决定。

弗雷德和范尼塔一直住在北卡罗来纳州的萨利斯伯里，那是他长大的地方，而且他的家族在那里创立了"Snap Back with Stanback"头痛药公司。现在弗雷德自己也需要头痛药，因为他正努力从这桩婚姻中抽身出来。范尼塔已经在小小的萨利斯伯里扎根，而且留在那儿用尽她的创造力来让弗雷德苦恼，他们还在法庭上唇枪舌剑。因此，和其他的格雷厄姆追随者不一样，弗雷德对股票市场的兴趣暂时被转移了。同时，市场正变得越来越没有吸引力：上亿美元被人们用来搭所谓专家的便车而涌进市场，其实那些专家自己也没有几年的赚钱经验。超过50只新的投资基金进入市场，还有将近65只正准备进场。[3] 对广大范围内的个人而言，持有股票成为一种时尚，这在美国历史上是第一次。[4] 巴菲特形容这段时期和"不断扩散的连锁信①"甚至和"躁郁症"相似，大多数人"满怀希望、轻信和贪婪，找个理由就能相信"。[5]

在一个仍然通过纸质票据进行交易，需要运送股票凭证的业务里，交易量已经达到文书工作快把市场压垮的水平。大量的指令被重复或者从未执行，票据放错，要不就扔在垃圾堆里，文件室的股票凭证不见了，

---

① 连锁信，通常指在一封信里写有恶毒的诅咒，收信人必须转发给他人，否则就会如何如何。——编者注

推测是被偷了，还有谣言说黑手党已经潜入市场。各种各样的改革在1967年和1968年推进，自动化和电脑化交易系统正在竭力赶上。其中最重要的措施之一是关闭旧的"私下出售"市场。全美证券商协会宣布准备上马一个叫作"纳斯达克"的新系统，为小股票进行报价服务。[6] 大多数不在交易所上市的公司的价格不再出现在刚印出数据就不新鲜的粉单上，而是公布出来，并且根据变化随时进行电子更新。做市商必须站在他们张贴的报价旁，亲手更新。任何有知识、擅长杀价且意志坚定的交易者都不会喜欢这个新系统。在一个已经很困难的市场里面，这将让巴菲特的工作更加艰难。

沃伦给每一位将到拉霍亚的格雷厄姆追随者发出了指引。"除了1934年版的《证券分析》一书以外，请不要多带任何东西。"他写道。[7] 不管他们年龄如何，妻子一律留在家里。

在他的信里，巴菲特提醒他们到这儿来是听格雷厄姆这个伟人，而不是另外什么人的教诲的。这个团队中的几个人——芒格、安德森、鲁安——更健谈。当然，当说到投资的时候，没有人比巴菲特更健谈。37岁的他已经有资格称呼他以前的老师"本"（本杰明的昵称）。不过有时他仍然会忘记而称呼"格雷厄姆先生"。因此他必须在一定程度上提醒自己不要总想着去做课堂上最好的学生。

得到这样的指示后，这12个格雷厄姆的崇拜者在科罗拉多酒店聚齐，海湾对面就是圣迭戈。沃伦原本希望在便宜很多的地点如假日酒店会面。他确信，这个团队的人都明白选择这个度假胜地，来奢侈享受这里的粉红和白色相间的维多利亚甜食是格雷厄姆的主意。

当这12个人抵达圣迭戈时，巨大的风暴已经来临，雨水如注，大海翻腾，但是没有人介意，他们来这儿是谈股票的。巴菲特非常骄傲自己能给老师设计一个表示敬意的礼物，而且能有机会给他的新朋友们炫耀本杰明·格雷厄姆的智慧。格雷厄姆来迟了，可毕竟曾经是老师，他一到这儿，立刻给了他们一场测验。

在任何情况下，听格雷厄姆说话都是一件痛苦的事情。每一个句子都很复杂且用了典故。他给他们的测验也一样。"虽然有些复杂,但不是特别复杂——有些是有关法国故事的,或者类似的。不过你可能知道其中一些答案。"巴菲特说。

他们却不这么认为,只有罗伊·托尔斯做对了超过半数的题目。除了有两道题他确切知道不正确以外,其他每道题他都回答"正确",最后他得了11分,总分20分。最后他们才知道这个"小测验"原来是格雷厄姆教学技巧中的一个,是为了告诉人们,即使一个看起来容易的游戏也会被操纵。后来,巴菲特有句名言:知道一个聪明的家伙洗牌作弊并不是必要的保护措施。

在会议的其他时间里,格雷厄姆带着困惑忍受着讨论股票发起、制造业绩、伪造账目、机构投机和"连锁信并购综合征"[8]。不过他再也不参与了,相反,他想猜谜语,而且会饶有兴致地加入脑筋急转弯、词汇或者数字游戏。

然而,巴菲特和以往一样投入,尽管他在1967年10月给合伙人的信中写道,从现在起,他不再把自己局限在"简单、安全、有利润且令人愉悦"的活动里。他从圣迭戈返回奥马哈后,把精力都放在合伙公司的问题上。他需要让合伙人知道他们拥有的一些业务并不怎么样。他在接下来的两封信中给了一些微妙的暗示。1967年他详细地描述了纺织业的艰辛,而1968年他没有进一步提及这门业务,尽管伯克希尔工厂的前景和收入并没有改善。多元零售公司的收益由于霍克希尔德–科恩公司的拖累而减少。[9]然而,巴菲特还是没有采取符合逻辑的下一步,出售伯克希尔–哈撒韦或者霍克希尔德–科恩公司。

这里,他的商业直觉和他身上的一些其他特点有冲突:收账的迫切愿望、被人喜欢的需要、过分避免冲突。在1968年给合伙人的信中,他用错综复杂的解释说明了他的想法:"在生意中,当我和自己喜欢的人打交道时,我发现这对我是种激励(什么事情不这样呢?),而且能获得相宜的资本总体回报(比如10%—20%),为了多挣那么几个百分点而仓促行事是愚蠢的。而且对我而言,在一个合理的回报率下和高品位的人建立愉悦的私人关系,比在更高的回报率下面对可能的愤怒甚至还要糟糕的情况,要明智得多。"[10]

不断增多的巴菲特观察家在读到这些话时也许会很惊讶。他用"总"回报衡量,允许其中一些生意出现比平均水平差的情况。看到巴菲特——曾经像紧紧捏住牙膏管挤牙膏一样,从1美元里要挤出1个百分点的最后1/10这样一个人——对"那么几个百分点"轻蔑地表示不屑是令人震惊的。

可是他的业绩表现让抱怨的人闭上了嘴,因为即使调低了预期,他仍然继续超越了自我。合伙公司自成立12年以来,年平均回报超过31%,而道琼斯指数只有9%。巴菲特一直强调的安全边际总是以对他有利的方式和机会相切。[11] 安全边际对他的平均成功率的累积效应意味着,投资道琼斯指数的1 000美元现在只值2 857美元,而他已经达到这个数字的将近10倍——27 106美元。现在,巴菲特的合伙人相信他给的总是比他承诺的要多。1968年,巴菲特证明了这种业绩表现的可预测性和确定性,而在这乱哄哄的一年里,学生们差点儿接管并关闭了哥伦比亚大学,示威游行的嬉皮士变得更好战,而激进分子差点儿提名一头猪当总统。[12]

不过到了1968年的中期,巴菲特决定抛弃棘手的伯克希尔-哈撒韦——既不简单、安全、有利润,也不令人愉悦的公司——以及不幸的纺织工人。他提出把公司卖给芒格和戈特斯曼。他们来到奥马哈拜访并进行商讨。但是,经过三天的讨论,芒格和戈特斯曼谁都不想买这家巴菲特认为自己没有了它反而能生活得更好的公司。他无法摆脱伯克希尔-哈撒韦。

因为服装部和梭箱织机部不能自给自足,需要花不少钱才能继续经营下去,巴菲特被迫采取行动。对他来说,在没有任何回报希望的前提下配置资本是很大的罪过。他告诉肯·蔡斯该怎么办。蔡斯失望了,不过他还是听从指示,关闭了这两个部门。[13] 巴菲特仍然不参与整个过程。

因此,他现在拥有的是一个有两项业务的合伙公司,一项成功——国民赔偿公司，一项失败——伯克希尔-哈撒韦，加上多元零售公司80%的股份，当然，还有广大范围内的其他公司的股份。随着1968年一天天过去，市场中的边缘股票开始下跌，投资者们集中追逐最大、最安全的公司股票。事实上，巴菲特自己也开始购买最平淡无奇、最受欢迎但尚属合理定价的股票：1 800万美元的AT&T公司，960万美元的古德里奇公司，840万美元的AMK集团（后来的"联合商标"），870万美元的琼斯与拉夫林钢铁公司。但最重要的是，他一直在积累更多的伯克希尔-哈撒韦股票——尽管他自己有不购买业绩糟糕股票的原则，尽管这个纺织生意已经深陷泥沼。而在不久之前，他还试图把它卖给芒格和戈特斯曼，但是既然卖不掉，他似乎又想拥有他能弄到的所有股票。

他和芒格还发现了另一个他们认为有希望的公司，并且正在尽他们所能地买进。这就是蓝筹印花，一个经营印花的公司。他们两个将分别或者一起购买，过了一段时间以后，这家公司将戏剧性地重塑这两个男人的事业。

印花是一种营销赠品，零售商们会将之连同找零一起交给客户。顾客会把这些印花放入抽屉，贴到小册子里。兑换的时候，只要有足够数量的小册子就可以买回来一个烤炉、一根钓鱼竿，或者一副绳球套装。积攒印花带来的小小激动属于一个正在消失的世界：一个节约的世界，一个害怕债务的世界，人们把这些"免费的礼物"看成是对不怕麻烦地收集、保存印花并且从不浪费的奖赏。[14]

不过印花并不是真正免费的。[15]商店支付印花的钱因而会相应提高商品的价格。如果不算加州，印花业的全美领先企业是斯佩雷与哈钦森公司。在加州，一批连锁店成立了自己的印花公司——蓝筹印花公司，并以折扣价卖给自己印花，从而把斯佩雷与哈钦森公司的绿色印花排除在外。[16]蓝筹印花公司是典型的垄断经营。

如果你让所有主要的石油公司和食品杂货商都派发一种印花，这就像垄断。人们会不要找零但会拿上印花。殡仪业者也派发印花，妓女们也派发印花。我一直在想,最有趣的事情莫过于妓院老鸨对一个女孩说:"从现在起,你最好发双份印花,甜心。"印花到处存在。每个人都有,人们甚至仿制它们。

1963年,司法部就贸易限制和在加利福尼亚州垄断印花业务而对蓝筹印花公司提起诉讼。[17]斯佩雷与哈钦森公司也起诉它。当时股票不景气,已经成立自己的合伙公司——太平洋合伙公司的里克·格林注意到蓝筹印花公司并且告诉了芒格。巴菲特也注意到了。"蓝筹印花公司并没有完美的理念。"查理·芒格承认,不过他们都决定下一个适当的赌注,赌蓝筹印花公司能够走出目前的困境,但斯佩雷与哈钦森公司的法律诉讼是最大的威胁。

他们看中了这家公司,因为它有"浮存金"。印花是预先付过款的,而奖品在之后兑换。在这期间,蓝筹印花公司可以使用这笔钱,有时可用好几年。巴菲特第一次接触这个诱人的概念是通过买GEICO股票,这也是他要拥有国民赔偿公司的部分原因。保险商在被索赔之前能先拿到保费,这意味着他们可以拿这笔钱进行稳定且不断增长的浮存金投资。对于像巴菲特这种对自己的投资能力非常自信的人而言,这样的生意实在诱人。

很多行业都有浮存金。银行的存款也是浮存金。顾客们通常会认为银行把他们的现金放在一个安全的地方是帮了他们的忙,然而银行会把这些存款以他们所能收的最高利率放贷,赚取利润。浮存金就是这么回事。

巴菲特、芒格和格林知道如何发现投资机会。如果有人给他们印花,他们会把这个情况倒过来想:"嗯,也许拥有印花公司会更好。"然后他们会搞清楚为什么。他们再也不会花费时间存印花来换取木炭火盆或绳球套装,就和他们不会穿着睡衣去办公室一样。甚至巴菲特——儿童时期是个印花收集者,有时还会梦到数印花,在他的地下室里还有一堆令人伤感的蓝鹰邮票——也愿意拥有该公司的股票,而不是收集蓝筹印花。

1968年，蓝筹印花公司开始解决这场由竞争者提起的诉讼。[18] 它和司法部达成"和解"，拥有这家公司的食品杂货连锁店将向那些派发印花的零售商出售公司45%的股份。[19] 为了从食品杂货商那里转移更多的控制权——正是他们给了这家公司不够完美的概念——司法部要求这家公司为它 1/3 的印花业务另外再找一个买主。然而，看起来蓝筹印花公司已经在这场法律争端中挺了过来。[20]

芒格的合伙公司已经买了两万股蓝筹印花公司股票，格林买的数量也差不多。在这个过程中，芒格表现出的对这家公司专有权的态度和巴菲特对伯克希尔-哈撒韦的态度如出一辙。他警告其他人离它远点儿。"我们不希望任何人买蓝筹印花公司，"他告诉人们，"我们不希望别人买这只股票。"[21]

随着市场的上扬，巴菲特把合伙公司的临时现金头寸增加至数千万美元，尽管他还在大量购买股票。他的合伙公司从幸运超级市场和市场篮子公司接收了蓝筹印花公司的股票，另外还有亚历山大市场拥有的股份。然而，他还在接下来的几个月里继续买进，直到合伙公司拥有超过7万股。他也为国民赔偿公司和多元零售公司买了斯里夫提马特商场所持股票的 5%，它是蓝筹印花公司最大的股东之一。巴菲特算好了，他最终能让斯里夫提马特商场用蓝筹印花公司的股票换自己的股票。幸运的是，他们主要是基于斯佩雷与哈钦森公司的法律诉讼能和解而下的赌注——否则，时间上的安排和配合将是可怕的。

就在巴菲特、芒格和格林投身于蓝筹印花公司时，公司稳步增长的销售已经成了强弩之末。妇女们开始对坐在家里往小册子里贴印花失去了兴趣。快速发展的妇女解放运动意味着她们能利用时间干更好的事情，也意味着更多的钱以及如果她们想要一个电动搅拌器或一个瑞士火锅套装，就能买下它们，而不是攒印花来换。社会角色和惯例已经颠倒，传统文化被蔑视，以致年轻人断言："不要相信任何 30 岁以上的人。"38 岁的巴菲特并没有觉得自己老了——他从不觉得自己老——但是"从哲学上说，我是在一个老年人病房里"，他写信告诉合伙人。[22] 他已经和现代文化与金融活动不合拍了。

1968年在巴黎举行的越南和平谈判的前景启动了市场又一轮喧闹欢腾的反弹。尽管巴菲特为自己骄傲，因为他用很小的风险培养、照料自己的合伙公司，将之从7个投资人、10.5万美元的资金发展到超过300人、1.05亿美元的资金，但他已经成为市场里的长者，在那些年轻的江湖艺人面前似乎黯然失色了。他们能用耀眼的数字让几年的价值闪光，会在几乎一夜之间让新的投资者给他们5亿美元。

说到那些正在形成的新科技公司，他似乎显得特别过时，而且处之泰然。他出席格林奈尔学院的会议时，发现学校的理事朋友鲍勃·诺伊斯渴望离开仙童半导体公司。诺伊斯、戈登·摩尔（公司的研发总监）和公司研发部的副总监安迪·格鲁夫基于一个把电路科技延伸至"更高的集成水平"的朦胧计划，决定在加利福尼亚州的山景城成立一家新公司。[23] 罗森菲尔德和学校的捐赠基金都各自表示要投资10万美元，还有几十个人帮助为新公司筹集了250万美元——这家公司很快被命名为英特尔（Intel），是"集成电子"（Integrated Electronics）的缩写。

巴菲特一直以来对科技股存有偏见，因为他觉得这样的投资没有安全边际。几年以前的1957年，他叔叔弗雷德·巴菲特的妻子凯蒂某一天带着一个问题来到沃伦家——她和弗雷德应不应该投资她的兄弟比尔的新公司？比尔·诺里斯离开了雷明顿-蓝德公司（雷明顿-蓝德公司后来和斯伯利电子公司合并，成为斯伯利-蓝德公司，接着，于1986年和巴勒斯合并，成为尤利西斯公司）的UNIVAC计算机部门，准备创建一家名为"控制数据"的公司和IBM竞争。

沃伦吓了一跳。"比利认为雷明顿-蓝德公司落后于IBM。我认为他疯了。他离开雷明顿-蓝德公司时，有6个小孩，更不用说有钱了。我认为比利离开雷明顿-蓝德公司也不可能变得富有。我想他离开只是因为他感觉不得志。每件事情都必须去纽约得到批准而后再回来。凯蒂姊姊和弗雷德叔叔想在公司初期投资。比利没有钱。从某种意义上说，没有人真正有钱。"是的，除了巴菲特和苏珊。"如果我愿意，我应该可以为它提供一半的资金。但是我非常不看好它,我告诉他们,'这个项目对我而言没什么价值。谁还需要另外一家计算机公司呢'?"[24]

但是因为比利是凯蒂的兄弟,这一次,她和弗雷德不听沃伦的建议投资了400美元,以16美分一股的价格买了那些股票。[25]

这家控制数据公司给投资者的回报并没有改变巴菲特对技术的观点。同时期创建的其他许多科技公司已经失败了。然而出于对罗森菲尔德的尊敬或者出于别的什么原因,巴菲特为格林奈尔学院签署了一项技术投资。[26] "我们在赌骑师,而不是在赌马",他就是这么看待它的。[27] 不过,更为重要的是,罗森菲尔德为大学的投资提供担保,这提供了安全边际。尽管巴菲特钦佩诺伊斯,他也没有为合伙公司买进英特尔的股票,从而错过了他生命中最重要的投资机会之一。虽然他在困难的环境中已经降低了投资标准——还会再这么做——而他永远都不会做的妥协就是放弃他的安全边际。正是这个特别的品质——如果他不能约束风险,那就会放弃可能的财富——才让他成为沃伦·巴菲特。

但是,现在对他而言,整个市场开始看起来都像英特尔。他在1968年底的信中清醒地评估说,目前的投资想法正处于低谷。[28] "怀旧再也不是以前那个样子了。"他总结道。

正如他后来解释的:"这是一个有好几万亿美元的市场,然而我却找不到聪明地投资1.05亿美元的办法。我知道在一个我认为自己不能做得很好,或者我不得不去做好的环境里,我是不想去管理其他人的钱的。"

他的这个态度和1962年时显著不同,当时市场也同样在飞涨。两次他都为之叹息。但那时他竭尽全力筹集资金,掩盖了他不能让钱工作的无力。

合伙人被他严厉的措辞和他为他们挣钱的方式之间的反差搞得一头雾水。一些人开始用几乎超常的信心来信任他。巴菲特这种令人沮丧的预测越准,他本人就越具有传奇性。

33
解 体

奥马哈 1969年

在基威特大厦8楼外面的办公室里,格拉迪丝·凯泽坐在那儿守卫着沃伦·巴菲特的门口。格拉迪丝身材纤瘦、妆容完美,一支接一支的香烟散出的烟雾弥漫在她银色头发的周围。她轻松高效地处理着文书工作,接电话,处理账单以及其他没有意义的琐碎事。[1]她禁止任何人进来——有时包括巴菲特的家人。这让苏珊光火,不过有格拉迪丝守卫着这道门,她也毫无办法。

苏珊责怪格拉迪丝。当然,沃伦从来没有给过格拉迪丝一个真正的指令不让苏珊进来。不过,他办公室里的每一个人都知道如何去翻译他不直接说出来而用隐晦方式表达的真正意思。如果他们认为他会不同意,甚至没有人敢咳嗽。仅仅是为了在巴菲特合伙公司工作,人们必须得明白暗示以及手势的意思,它们就像规则一样。他眉心一跳伴随着"嗯……",意味着"想都不要去想";"真的吗?"表示"我不同意不过不想直接说";转过头去、眯起眼睛以及后退意味着"帮帮我,我不行"。格拉迪丝在遵从这些没有明确阐明的要求和指令时,有时就会伤害到其他人的感情。不过她的工作就是保护她的老板,那意味着去做一些他自己不能做的事情。她要足够强硬才能承担这个责任。

在她头上方微黑的墙上悬挂着一些镶了镜框的报纸剪报，提醒人们1929年的大崩盘。办公室里放着磨损的金属家具和一部旧自动收报机。越过格拉迪丝，沿着油毡铺的短短的走廊往里走，里面坐着的是其他知道如何解读巴菲特的暗示和手势的人。左边是比尔·斯科特的小办公室，在那儿他对经纪人叫喊着"快点儿，我很忙"，敦促他们执行巴菲特的交易。走廊的右边是一个装文件的工作室，里面还有一个格拉迪丝放满了百事可乐的小冰箱，兼职记账员多娜·沃尔特斯在工作室里精确地记载合伙公司的档案和准备纳税申报单。[2] 沃尔特斯旁边是约翰·哈丁，他负责合伙人以及合伙公司的事务。格拉迪丝的后面就是巴菲特的王国，有几把斜靠的扶手椅，一张桌子，还有一些报纸和杂志。房间里最显眼的就是他桌子对面墙上霍华德·巴菲特的那幅肖像。

沃伦每天早上来了后，先挂上帽子，然后消失在这个圣殿里阅读。过一会儿他会出现，对格拉迪丝说："帮我接查理。"然后他关上门，开始打电话。接下来的这一天就是在电话和阅读之间来回切换，深入研究要买的公司和股票。偶尔他会再次出现，告诉比尔·斯科特执行某项交易。

这些日子股票市场高涨，而比尔·斯科特相对没那么忙。巴菲特的口袋里满是国民赔偿公司产生的钱，他正在研究整体收购，因为他们的价格较少受制于投资者突发的念头。他已经发现了位于伊利诺伊州罗克福德的伊利诺伊国民银行和信托公司，这是他见过的最挣钱的银行之一，由71岁的吉恩·阿贝格掌管。巴菲特想让顽固的阿贝格成为交易的一部分。阿贝格和数厕纸的本杰明·罗斯纳相似。巴菲特告诉阿贝格有关他想在这项交易上做的改变，然后说："我已经把鞋全扔了，我不是只蜈蚣。如果你想朝前走，那就太好了。如果不，我们仍然是朋友。"

他已经把这家银行卖给了另外的某个人。不过买家开始吹毛求疵，他们想要审计而他从来没有审计过，所以他想解除之前的交易。他是相当有优势的，而且他做的每一件事都非常保守，令人难以置信。

他随身带着数千美元的现金，在周末为人们兑现支票。他随身携带一张还没有租出去的保险柜数目的明细表，会在鸡尾酒会上努力租给你一个。提醒你，这可是那时伊利诺伊州第二大城市里最大的银行。他决定每一笔薪水并且以现金形式支付给雇员，因此连信托部门的头儿也不知道他自己的秘书挣多少钱。我到了那儿，给出的价后来证实比另外那个家伙少了100万美元。拥有银行1/4股票的吉恩打电话给最大的股东，后者拥有超过一半的股票。他说："这个从奥马哈来的年轻人出了这个价，我已经厌倦了某某公司的那些家伙了。如果你想把银行卖给他们，那你就来管，因为我不愿意卖给他们。"

毫无疑问，阿贝格接受了他的报价。和阿贝格的交易确认了巴菲特的直觉：意志坚强、有职业道德的企业家通常对新所有者将如何对待他们和他们的公司更为在意，而不是抓住一场交易里最后的5美分硬币。

不久，巴菲特开始用其通俗的名字"罗克福德银行"称呼伊利诺伊国民银行。在美国财政部确认独占铸币制造权以前，这家银行是特许经营的。当巴菲特发现它能发行自己的货币时，他着迷了。10美元面额的纸币上印着阿贝格的肖像。现在资本净值超过2 600万美元的巴菲特能够买下他想买的任何东西，但是这点他却做不到。在这件事情上，吉恩·阿贝格做得比他好。他和美国财政部有发行自己的货币的特权，而巴菲特合伙公司或者伯克希尔–哈撒韦却不行。[3]巴菲特被合法发行印有自己肖像的钞票的想法迷住了，于是他开始在钱包里放上一张罗克福德纸币。

到目前为止，巴菲特还没有想过让自己的肖像印在纸币或者别的什么地方。在他管理合伙公司的时候，他或多或少总想避开公众的注意。确实，有关他家庭的故事和照片已经出现在当地报纸上，这对那些需要隐私的人来说已经有些过分了。[4]不过，除了写给股东们的信，整个60年代他的嘴巴是封住的——他不希望被别人搭便车。他不会谈论自己是如何投资的，也不会宣扬他的业绩，这和这个时代的其他资金管理人所表现出来的抢眼形成鲜明的对比，后者的自我推销能推进他们快速成名。

甚至当推销自己的机会来到门前的台阶上，他也不会利用。几年以前，证券承销商约翰·卢米斯来基威特大厦拜访巴菲特。他的妻子卡罗尔为《财富》杂志的投资专栏撰稿。她曾经采访过资金管理人比尔·鲁安，他告诉她美国最聪明的投资人住在奥马哈。过了一段时间，她的丈夫来到基威特大厦，自己上楼找到这个有227.5平方英尺的地方，看起来一点儿都不像是这座城里最富有的人之一的办公室。

巴菲特带他到街对面黑石酒店的饭馆。他点了草莓酒，然后告诉卢米斯他做了些什么。卢米斯说起他妻子是一个记者。巴菲特觉得很有趣，他说自己要不是已经成了一个资金管理人，他早就把新闻业当职业追求了。[5]

不久以后，沃伦和苏珊来到纽约，和卢米斯夫妇见了面。"他们带我们去了一个特别的小房间里吃午饭。"巴菲特说。这个来自奥马哈、社会关系良好、投资业绩优异的年轻的资金管理人和这个有抱负、为《财富》工作的记者发现他们有很多共同的品性：热衷于揭露有权有势的人的胡作非为、对细节的着迷、竞争的倾向。卡罗尔个子高挑，体态健美，表情严肃，有着一头棕色的短发。她是个一丝不苟的编辑，难以容忍劣质新闻的态度和巴菲特难以容忍损失金钱的态度一样。他们开始通信，她带他进入了一个一流的新闻工作者的世界。他开始就一些报道的想法给她以帮助。"除了查理，卡罗尔迅速成为我最好的朋友。"他说。[6]首先她没有公开任何有关巴菲特的事情。

然而，到20世纪60年代末，对合伙公司而言，还在上涨的市场令股票投资的可行性降低。在试图购买整个企业的时候，较高知名度带来的优势开始超过买股票的隐秘性带来的优势。也就是在60年代末，巴菲特长久以来对报纸和出版的兴趣与他重设的新投资目标以及想亲自过问的渴望，以某种方式结合起来，这将从根本上改变他的世界。

不久以后，巴菲特就沉迷于新闻业的黑白世界中。一页又一页，报纸覆盖了从报刊发行人那儿送过来的成堆的财务报告。当他睡觉的时候，更多的报纸——从一捆里抽出来折好——在他的梦里飞舞。在大多数焦躁的夜里，他梦到自己小时候当送报员时睡过了头。[7]

巴菲特的财富已经增长到足以买下一家报纸或者杂志，或者两者都买下。然而他的梦想不仅仅是一个投资者，而是一个出版商——具有影响力，并拥有为公众提供消息的手段。在1968年左右，他和一些朋友试图买下娱乐报纸《多样化》，不过最后没有成功。[8] 后来另外一个熟人关系却带来了意外的收获。经常和苏珊一起去俱乐部听爵士乐的一个朋友斯坦福德·利普西有一天出现在沃伦的办公室里，他说他想出售《奥马哈太阳报》。巴菲特立刻表示出兴趣，此前他曾试图买下它。

《奥马哈太阳报》是在周边发行的系列周报。斯坦福德和珍妮·布莱克·利普西从她的父亲那里继承了这份报纸。它在奥马哈的近郊发行7个版本，最基本的部分是警情、当地社会新闻、周边企业状况、高中体育，以及关于谁和谁确定恋爱关系之类的八卦新闻，这让它成为父母和孩子的必读报。虽然《奥马哈太阳报》在奥马哈的新闻业中处于劣势，但它的编辑鲍尔·威廉斯专门从事调查性新闻工作，通过刊登当地领先的报纸《奥马哈世界先驱报》覆盖不到的内容与之竞争，一般是揭露城中权贵的罪恶和不端行为。这些内容会冒犯《奥马哈世界先驱报》的主要广告商，通常这些人都避开《奥马哈太阳报》。

巴菲特在奥马哈的社会地位已大幅提升，但他对《奥马哈太阳报》披露丑闻这一面有特别的兴趣。自从为抓住银行抢劫者而收集车牌号码以来，他想过当警察。而且"他总是对报纸怀着巨大的热情"，利普西说，"我凭直觉感到沃伦理解新闻在社会中扮演的角色。因为一条新公路将穿过我的办公地，所以我必须借一大笔钱买一个新的出版社。我不喜欢《奥马哈太阳报》的商业前景，不过我知道沃伦有足够的钱保证报纸不会因经济状况遭受磨难。不到20分钟，这事就搞定了"。

"我计算我们要为此付125万美元，然后每年可以拿回10万美元。"巴菲特说。回报是8%，和债券的回报差不多——比他预期的从一项收购或者一只股票上挣的要少，而且少得多。此外，长期展望表明回报会下降,而不会增加。但是,合伙公司的钱处于闲置状态,而且他真的想成为一个出版商。"我的交易的一部分是这样,"利普西说,"即使合伙公司已关上了大门,他也要吸纳我进去。"巴菲特太想要《奥马哈太阳报》了,于是他同意了这个条件,而且他知道自己正在开始考虑关闭合伙公司。

1969年1月1日,伯克希尔-哈撒韦成为《奥马哈太阳报》的所有者。但是这份小小的当地报纸只是一个开始:巴菲特想成为全国范围内的出版商。乔·罗森菲尔德把他介绍给西弗吉尼亚州的州务卿杰伊·洛克菲勒,罗森菲尔德认为后者是一颗冉冉升起的政治新星。不久,巴菲特夫妇就在奥马哈招待洛克菲勒夫妇。洛克菲勒又把巴菲特介绍给了查尔斯·彼得斯,后者是一个理想主义者,他的新创杂志《华盛顿月刊》似乎是国家的正确的声音,就重要的思想发表观点。巴菲特和掌管《机构投资者》杂志的吉尔伯特·卡普兰交流以获得对杂志出版的理解。[9] 接着他又写信给洛克菲勒:"你已经找到我的弱点了。关于出版业,我没有经验——当我喜欢这个产品时……我要提及的是,我对出版业冒险之旅的热情和我就它们的财务可行性做出的评估刚好成反比。"[10]

巴菲特把投资《华盛顿月刊》的想法介绍给弗雷德·斯坦贝克和罗森菲尔德,同时警告他们这不可能是一个挣钱渠道。不过它也许会揭露丑闻,推进理念,唤醒思想——披露该披露的!于是他们投了一些钱。[11]

《华盛顿月刊》很快完成了最初的资本下注。巴菲特坚持不再多投入5万美元。接着他和彼得斯进行了50分钟的电话会谈。"哦,上帝,"彼得斯说,"作为一项投资,它失败的可能性太大了。他有作为一个强硬的商人的本能,另一方面又有慈善的好市民的天性,二者明显在交战。他担心他的商业声誉受损并且差点儿退出,我慢慢地努力把他拉回来。沃伦一直在找新的似乎合理的逃跑路线,而我总是努力封住出口。令人愉快的是,最后他还是留了下来。"[12] 巴菲特增加了条件,要求编辑们必须投入一些钱,同时彼得斯从外部再筹些钱,巴菲特说余下的80%由他来弥补。[13]

彼得斯是一个好记者，但不是一个好会计。他们筹来了资金。支票开出去了，接着好几个月没有人收到《华盛顿月刊》的信件。"他们就这样消失了，"巴菲特说，"弗雷德·斯坦贝克抱怨这样就会使国税表格晚到，而他不得不修改他的纳税申报。"[14] 虽然《华盛顿月刊》的内容确实有力度——和巴菲特希望的那样——但这还不够。从一开始他就知道杂志不会挣钱，不过他认为它应该对它拥有的钱负责。他对于把斯坦贝克和罗森菲尔德拖进了这样的猎熊活动中而感到难堪。投资者觉得自己被当成了银行柜台出纳。巴菲特希望成为新闻工作的合伙人，而不只是为理想主义提供资金的人。

也许后果复杂难料，但正如巴菲特在1967年10月写给合伙人的信中表示的那样，他正在追求个人关注的事业。同时，市场继续枯竭，机会全无。可是，用部分时间当媒体大亨并没有帮助他适应这个现实。无论其他什么占据了他的时间和精力，他仍对合伙公司全心全意，事实证明"少一点儿强制性的投资方法"并不属于他的本性。于是他开始寻找关掉合伙公司最好的办法。他说他收到了几个人要求购买管理公司的提议，这意味着他可以得到一大笔收益，不过他认为这并不合适。即使是在那个年代，一个资金管理人放弃这么一大笔钱也非同寻常。但是，迄今为止，巴菲特并没有显示出不想变得更富有的倾向。他总是和他的合伙人站在一边，就像为了他自己的利益一样，为他们的利益而努力。大约在1969年的阵亡将士纪念日前后，巴菲特写信告诉合伙人，仅仅降低目标并没有减轻他思想上的紧迫感：

"如果管理合伙公司，我会不由自主地去竞争。我知道我不想一辈子被要超越一个投资野兔的想法完全占据，能够慢下来的唯一途径就是停止。"[15] 然后他扔出了他的炸弹：他宣布自己将在年底发布正式退休通知，并在1970年初关闭合伙公司。"我不适应这个市场环境，我不想因为费力去玩儿一个我不理解的游戏而破坏相当好的纪录。"[16]

他将会做什么？

"对这个问题我没有答案,"他写道,"但我知道当我60岁的时候,我应该是在努力追求和自己20岁时不一样的个人目标。"[17]

合伙人失望了,一些人还害怕。他们中的许多人像孩子一样天真,比如他的姑姑艾丽斯。他们中有牧师、犹太教士、学校老师、祖母以及岳母。他的声明等于把这些股票推向了市场。他认为这个游戏很快就不值得再玩了。他已经教甚至是没有经验的人要警惕这个过热的市场。一些人除了他谁也不信。不过"他仅仅是不想在一个他觉得机会并不让他感到舒适的环境里操作",约翰·哈丁表示,"尤其是一件他觉得要花掉他所有时间的事情"。

苏珊很高兴沃伦将要关闭合伙公司,至少为了孩子们的利益考虑。他们非常在意父亲是如何看待他们的。苏茜总是能得到沃伦给孩子们的那么一点儿关注的绝大部分,而彼得觉得安静地待在后院就很好。但是随着一天天长大,14岁的豪伊变得更狂野不羁了。一直以来他总在寻求和他的父亲有一些情感上的联系,虽然这种联系一直没有降临。苏茜有时会发现一双沾了假血的时装模特的腿从她的衣橱里伸出来。当她约会回家后,豪伊会装扮成大猩猩爬到房顶上监视她。如果她穿着舞会上的裙子出现,他会用厨房水槽里的喷头把她淋湿。一旦他们的父母去纽约,豪伊就抓住机会进行无法无天的尝试。[18]沃伦仍然什么事都依赖苏珊,而且认为她能照顾好豪伊和其他孩子,满足他们的需要。但是到现在,苏珊自己已经不再努力控制孩子,而且早已经抛弃了那些有关婚姻的理想主义期望。就像一个朋友评价的那样,她的注意力正被不断增加的"流浪汉"们占据,他们出入这座房子,寻求她的帮助,占用她的时间。[19]

因为她几乎总是无条件地接受别人,这些"客户"中甚至有过去的重罪犯、骗子、瘾君子,还有一个据说是妓院的经营者。一次又一次,这些人从她这儿骗钱。她真的不介意。巴菲特想到自己被欺骗就会被激怒。不过最后他把这看成苏珊平时乐善好施的预算中的一部分,甚至把它看作她魅力的一部分。

她的女性朋友圈子继续扩张：贝拉·埃森伯格、尤妮斯·丹尼伯格、珍妮·布莱克·利普西、拉克·纽曼以及其他人。虽然沃伦认识她们中的大多数，不过这是苏珊的圈子，不是他的。其他的，如罗德尼和安吉·韦德来自积极分子社团，还有一帮以杜威公园网球场为中心的朋友。当然也少不了家庭成员：利拉，现在罗伊·拉尔夫已经过世，她又用回了巴菲特的姓；弗雷德和凯蒂·巴菲特以及他们的儿子弗里茨，后者娶了巴菲特和苏珊以前的临时保姆帕姆——当然，她现在也是苏珊的朋友。她的侄子汤姆·罗杰斯和比利·罗杰斯经常光顾，还有通过比利认识的当地音乐界的吉他手戴夫·斯特赖克。和他们一样，苏珊的一些朋友是年青一辈的：她和棒球手鲍勃·杰布森的两个女儿芮妮和安妮特，以及他的妻子沙琳很亲近。她提供奖学金的几个黑人学生受到她的庇护并且不时地过来：罗素·麦格雷戈、帕特·特纳，以及爵士艺人比利·泰勒的儿子德韦恩·泰勒等。

苏珊虽然慷慨大方，但她也开始需要被关注。根据她的朋友所言，她需要的其实不多，只要她丈夫一点点努力就够了。她不赞成挣钱是人生的目标。因为沃伦缺乏兴趣，所以她远离了旅行、博物馆、剧院、艺术以及其他大多数文化形式，这让她感到生活很贫乏。在公众场合，沃伦热情地赞扬她，可在家里或工作的时候，他会心无旁骛。她说，如果他能努力不时地和她一起去画廊，或者只是因为她想去，就带她去旅行，情况就会大不相同。不过，在她的强烈要求下，当他有时真的应邀露面时，那代表帮她的忙，而不是给她的礼物。

既然苏珊知道沃伦永远不会飞到意大利待上几个星期，她开始单独或者和她的女性朋友一起去旅行，有时去拜访家庭成员——比如伯蒂，她现在住在加利福尼亚州——有时去参加个人成长课程。

一次在芝加哥机场，她坐在凳子上，一个男人停在她面前。"你是苏珊·汤普森吗？"他问。她往上看，对于自己满嘴热狗的形象被人看见很是尴尬。这个男人是她高中时的恋人米尔顿·布朗，他们已经好几年没有见过面了。他坐了下来，两人重新熟稔起来。[20]

总是希望保持感情联系的苏珊后来说，她的丈夫不缺少感情，只是割断了自己的感情。而且看起来肯定的是，他最强烈的感情纽带连接的是他的朋友以及合伙人。对于他们，他有强烈的责任感，他和他们一起创造了一个实际上的家庭。其他的巴菲特们帮不上忙，但他因有那些人的陪伴而神采奕奕，相反他在参加自己的家庭活动时，会表现出尽职却心事重重。

因此，尽管他准备关闭在过去的13年里花掉了他大多数清醒时间的合伙公司，但还是完全保持着和合伙人的联系，而且似乎有点儿犹豫是否应让他和他们的联系就到此为止。他甚至还帮助他们把钱放在投资好手的手里，给他们再写一封信，一丝不苟地描述他们的选择。

在解释他对他们的付出时，他说："找其他咨询者比较棘手。当我关闭了我的合伙公司时，还有这些一直依靠我的合伙人，我也将分配很多钱。我觉得有责任至少为他们提供一些备选方案。"

退一步说，对于一个资金管理人而言这是很不寻常的行为。即使本杰明·格雷厄姆在接受询问时，也只对少数人这样说过，"哦，买AT&T公司"，只是随意地提到巴菲特而已。而巴菲特却精心指导他的合伙人迈向他们未来的投资生涯。他们中的一些已经去了芒格合伙公司，而他又送了一两个过去。不过芒格对市场有点儿不安。"谁还会去见人，如果你正在令他们失望？"他说，"尤其当你把他们吸收进这样的关系中来时。"他还是缺乏巴菲特的推销才能。

> 我给合伙人推荐了两个我认识的格外好且诚实的人：桑迪·戈特斯曼和比尔·鲁安。到那时，我已经在投资世界里待了很长一段时间，我认识他们也好些年了。因此，我不仅知道他们的业绩，而且知道他们是怎么实现这个业绩的，这相当重要。[21]

于是有钱一点儿的合伙人去了戈特斯曼的第一曼哈顿。不过桑迪不想要小鱼，因此巴菲特把剩下的给了鲁安，后者正离开基德尔·皮博迪公司和两个合伙人里克·切尼夫以及西德尼·司特尔斯一起成立自己的投资咨询公司——鲁安-切尼夫-司特尔斯，并且创建了专门接受较小账户的红杉基金。他们雇用了巴菲特合伙公司一旦解散就要失业的约翰·哈丁为新公司管理奥马哈的办事处。卡罗尔·卢米斯的丈夫，证券承销商约翰·卢米斯和巴菲特值得信赖的研究人员亨利·勃兰特一起去了鲁安-切尼夫-司特尔斯——当然是全职。这些联系也让哈丁、卢米斯以及勃兰特保留在巴菲特延伸了的"家庭"里。

巴菲特把鲁安带到奥马哈，并且向合伙人推销红杉基金。他用典型的数学术语肯定了鲁安。按惯例，即使他已经认识鲁安好多年了，仍然觉得有必要留一条小小的退路，害怕事情并不如人们所愿而招致责备。他写道："当判断人的时候，无论如何都不能排除犯错的可能性……（不过）无论从性格还是业绩表现上我都极为看好比尔。"[22]

然而当巴菲特为关闭合伙公司做安排时，市场火花将要冷却的第一个迹象出现了。到1969年7月美国军队从越南撤兵为止，道琼斯指数下跌了19%。虽然那个夏天成功登月给了这个国家一次振奋，但华尔街并没有感受到。备受青睐的股票如全国学生营销公司和米尼·佩尔的鸡肉系统公司开始崩溃，它们已经在这个市场积累了巨大的跟风盘，而这个市场里一半的资金管理人和经纪人在这个行业工作的年限不超过7年。[23]

蓝筹印花公司——巴菲特、芒格和格林曾苦心收购这家公司的股票——现在成为一个不同于总体趋势的引人注目的例外。他们三个就公司能否解决和斯佩里与哈钦森公司的反垄断诉讼一直在下赌注。当达成和解后，这只股票——巴菲特的合伙人不知道他们有这只股票——倾泻而出700万美元的利润，而他们不到一年以前的投资额仅为200万美元。[24]现在蓝筹印花公司决定再次公开发行，作为那个协定的一部分，巴菲特选择出售合伙公司持有的股份。[25]这似乎表示合伙人将在1969年拥有辉煌的最后一年。

这一年10月，巴菲特又召集了一次格雷厄姆追随者会议，与会者包括上一年在圣迭戈开会的人，但没有本杰明·格雷厄姆本人。这一次妻子们也被邀请了。虽然她们不参加男人们讨论股票的会议，但她们的存在让气氛更为欢乐，像度假一样。巴菲特把整个安排交给了马歇尔·温伯格，他住在纽约而且喜欢旅行。不过，温伯格也喜欢节俭，并且乘喷气机到处旅行的经验并不比巴菲特多。多方商量后他做了一个不幸的选择，定在殖民地俱乐部，位于度假胜地佛罗里达州的棕榈海滩。在那儿他们被当作乡下人一样招待，甚至连门童都不给他们好脸色看。

第一个晚上吃晚餐时，鲁安报告说，门童把他给的5美元小费还了回来，还语带讥讽地说："你比我更需要它。"比尔·斯科特给了他的门童一把1角的硬币，他通常把硬币放在口袋里以备为巴菲特打电话。门童出去后把这些零钱全扔在了走廊的地板上。

接下来的5天，这群人忍受着这里糟糕的食物、狭小的房间、强劲的大风以及倾盆大雨。男人们像在教室里一样就座，巴菲特大多数情况下总是坐在前面他一贯的位置上。他们对各种思想反复讨论，用的是从很多年的沟通以及共有的一套概念和价值观念中衍生出的编码简称。[26]"查理讲了一些令人震惊的故事，"巴菲特后来写道，"我做了同样令人沮丧的结论，（倒是沃尔特·施洛斯）说那两个选址错误并且工厂已经废弃的钢铁公司股票价格仍然在面值以下，所以也不是所有的投资都失败了。"[27]

巴菲特发起了荒岛挑战的讨论。"如果你被迫搁浅滞留在一个荒岛上10年，"他问，"你会投资什么股票？"这个游戏是要找到最强大的特许经营企业，这样的企业受竞争和时间的影响最小。这就是芒格的大生意想法。亨利·勃兰特记录着各种各样的答案，巴菲特给出了自己的选择：道琼斯、《华尔街日报》的所有者。他对报纸的兴趣与日俱增，而且变得更强烈。可奇怪的是，他实际上并没有这只股票。

聚会结束时的情形和刚开始时大致无二，酒店员工表现出更多的无礼，认为自己只是在招待一群市场下跌时三流的股票经纪人而已。[28]他们甚至把这个格雷厄姆团队从酒店中二楼的珠宝柜旁赶走。最后一天离开的时候，埃德·安德森到前台去问怎样去机场最方便。得到的回答是：我们的大多数客人坐豪华轿车去，可对你们来说，还是叫出租车吧。[29]

巴菲特继续描述殖民地俱乐部是"一个友好的家庭式的酒店——也就是说，如果你是肯尼迪家族的人员，他们会很友好"。[30] 这个酒店是"一流地点、末流服务"，安德森说。后来，劳德代尔堡一位持有殖民地俱乐部抵押品的商人就融资交易征求巴菲特的意见。巴菲特告诉这个人，即使不收取费用，他也很高兴提供建议，不过"如果你有机会取消他们的抵押品赎回权，就取消吧"。[31]

应巴菲特邀请来到殖民地俱乐部的还有霍克希尔德−科恩公司的路易斯·科恩。巴菲特已经喜欢上了科恩和他的妻子，他和苏珊曾与他们夫妻俩一起去科苏梅尔度过假。但是邀请他们参加殖民地俱乐部的聚会证实是一件尴尬的事情，因为这个会议刚计划完，巴菲特和芒格就开始意识到霍克希尔德−科恩公司的运作将不会顺利。

"零售业是非常棘手的生意，"查理·芒格说，"我们意识到自己错了。实际上每一个经营很长时间的大的连锁店最终都会陷入麻烦并且很难调整。一个20年里占优势地位的零售商不一定在下一个20年里同样有优势。"他们的经历让他们对零售业小心谨慎——随着时间的流逝，这种谨慎只会增长，不会减弱。

他们想要的是那些能挣钱的生意，那些有某种持续竞争优势以及能够尽可能战胜资本创造和毁灭这一自然周期的生意。佛罗里达州的这次会议后不久，芒格和巴菲特就大概以他们当时的购买价将霍克希尔德−科恩公司卖给了综合超级市场。[32] 巴菲特想在关闭合伙公司、分配资产之前快速行动，摆脱这家公司的负担。科恩夫妇和这家公司一起从巴菲特夫妇的生活中消失了。[33]

为了购买霍克希尔德−科恩公司，当时多元零售公司发行了无担保债（"公司债"）。巴菲特对此尤其关注，因为这是他第一次公开融资。他对承销商坚持债券要有一些不平常的特点。银行拒绝了，因为新颖的结构将会使债券销售更加困难。

我说："好，不过债券应该有这个特点。"那是我第一次发行债券，我在债券上加了些承销商无论如何也不会感兴趣的东西。不过这些年我对债券发行想了很多，而且我思考了债券持有人是如何被打动的。

从历史发展上看，债券持有人之所以比股票持有人赚钱少，是因为他们偏好更低的风险而放弃了股东持有人拥有的无限的潜在机会。不过，巴菲特知道在真实世界里，这未必正确。

"我加进去的东西中，有一条是，如果我们因为某种理由而不支付债券利息，债券持有人可以接管这家公司的表决控制权，因此他们不必非得通过破产或者类似这样的手段而让生意变得失控。"本杰明·格雷厄姆在《证券分析》中用和对其他主题一样的热情对此有过论述。他描述了法院是如何很少让债券持有人得到支持债券的资产的，除非这些资产已经几乎毫无价值。无担保债券的破产接收要经过一套程序，这个过程复杂得让人喘不过气，连细枝末节的问题都不放过，最后的结果就是延迟支付。因此，多元零售公司的公司债也规定，如果公司债发行在外，公司可以不分红，这意味着如果债券利息未结清，债券投资人不能得到利润。

第二个不平常的条款是公司债的利率是8%，但根据公司的收入状况，公司可以多支付1个百分点的利息。

巴菲特还加了第三个条款。因为他认为债券主要是出售给那些了解他或者了解他声誉的人，他希望如果他卖出了多元零售公司足够多的股票而导致他再也不是最大的股东，这些债券是可赎回的。[34]

"从没有人在契约上加这样的条款。我说，'你知道，他们有权利得到这些。他们也许不想赎回债券，不过如果他们想，就有这样的权利。从根本上说，是他们借钱给我'。"当银行家尼尔森·怀尔德抗议这样的条款史无前例并且没有必要时，巴菲特否决了他的意见。[35]

因为利率升高，而且银行不愿借款，公司债突然成为一种有价值的廉价融资方式。然而，因为巴菲特认为今天的1美元总有一天会变成50美元或者100美元，所以似乎他已经在霍克希尔德-科恩公司身上损失了很多钱，因为他丧失了更有效地使用这些钱的机会。他后来就此做了如下总结：

> 时间是好生意的朋友，是普通生意的敌人。你也许认为这个道理很明显，不过我却艰难地领会了这一点……结束了和霍克希尔德-科恩公司的联姻之后，我的记忆就和乡村音乐中的丈夫一样："我的妻子和我最好的朋友跑了，而我依然很想念她……"以合理的价格买一家好公司要远远胜比以一个好价格买一家合理的公司。查理早就理解了这一点，而我是一个迟钝的学习者。不过现在，我们买公司或者普通股票的时候，寻找的是有一流管理的一流生意。那也导向了另一个相关的经验：好骑师要骑好马，而不是骑驽马，才能发挥出色。[36]

1969年秋，巴菲特和芒格还在忙着霍克希尔德-科恩公司交易的事，《福布斯》发表了一篇关于巴菲特的题为"奥马哈如何击败华尔街"的文章。这篇文章以如此醒目的方式开头，以至于在后来的几十年里，其他报道巴菲特的作者无不效仿。[37]

"1957年投入巴菲特合伙公司的1万美元，"《福布斯》说，"现在价值26万美元。"拥有1亿美元资产的合伙公司年均复合增长率为31%。在这12年里"没有哪一年是亏损的……巴菲特凭借坚守基本的投资原则而获得了这样的业绩"。

在更多有关巴菲特的深入报道中，《福布斯》一位不署名的专栏作家这样写道："巴菲特不是一个简单的人，但他有简单的品位。"

在经营合伙公司时，这个拥有简单品位的不简单的巴菲特一直坚持股票交易的保密性，而且从来不在采访中透露消息。然而，现在保密性不再重要了，所以他才和这么一篇关于他自己的高调的文章合作。

文章没有写出，或者暗示出他的资产净值。记者不知道自从巴菲特在1966年向新的合伙人关闭合伙公司大门，他收取的费用经过再投资，在仅仅三年内已经将他的资产净值翻了4倍，达到2 650万美元。因为没有新合伙人的钱来稀释，他在合伙公司资产里的股份已经从19%升至

26%。这篇文章举了他的"杂乱无章的老旧的奥马哈房子"[38] 以及简陋的办公室里缺少计算机和大量员工的事实作为例证。确实,这个品位简单的男人仍然一天啜饮四五瓶百事可乐,在晚宴上会要求提供可乐而非酒,并且如果有比牛排或者汉堡包更复杂的食品供应时,他也只会吃小圆面包。家里无论是谁碰巧在洗衣服,都有可能一把把他抓过来,勒令他赶紧换衣服。他有时仍然会以比流浪汉好不了多少的形象出现在公众场合,而且很少注意到自己的着装。即使住在有两个房间的车库式公寓里他也会高兴,钱只是他的记分卡。苏珊却很在乎生活质量,认为如果没有派上某种用途,钱毫无意义。

尽管如此,巴菲特夫妇在一段时间里还是过着小康夫妇的生活——当然不是他们可以供得起的那种奢侈生活。苏珊甚至升级了沃伦的汽车,让他开和她一样的凯迪拉克,不过是那种没有任何额外性能的基本配置,而且是她给数英里之内的每一个交易商打电话争取的最便宜的价格。人们发现了他朴素的衣着和不断增长的财富之间的反差。他的和蔼、谦虚、才智和稳重让他们毫不紧张。他已经褪去了一些他以前的不知礼节和大部分的傲慢,以及较为明显的感觉不安全的迹象——虽然他对批评的容忍没有增加,但他在学习隐藏自己的不耐烦。对长期的朋友他表现出无比的忠诚,人们尤其会被他内心的诚实打动。

但是,长期和他在一起的人发现他那松了绑的能量旋风令人疲惫。"永不停歇",他们窃窃私语,而且当他的注意力走神时,他们有时会感觉到一种带内疚感的轻松。他吸收信息而且动辄拿给朋友们大量的剪报和阅读材料——他认为他们会感兴趣,后来才猛地醒悟过来他们已经远远落后于他的步伐了。他的谈话不像表面上看起来那么随意。他似乎总要有一个目的,而不管对于接受的人来说这个目的是多么费解。人们有时意识到他在设法测试他们。在表面的随意风格下面,巴菲特有让人为之震动的内在张力。

很难想象没有了合伙公司,他将如何处理所有的精力和激情。很多合伙人也发现很难想象如果没有他,他们将怎么办。他们中的很多人已经成为他的追随者而不愿让他离开。他们的不情愿对巴菲特其他家族生意的命运简直是一种讽刺。在巴菲特家的杂货店 100 周年庆典上，弗雷德·巴菲特表示不想干了，要放弃这家店，可他的儿子们谁都不愿意接手。尽管它每年有 50 万美元的营业额，但是当弗雷德努力寻找买家的时候，却发现无人问津。

巴菲特家不是社会名流，也从来没有举办过真正的大型宴会。但是因为商店和合伙公司都将关门，他们在 1969 年 9 月最后一个周末的一个晚上举办了庆祝狂欢会。将近 200 个不同年龄、不同种族的人涌进他们的房子。商人、社会妇女、苏珊的可怜的"客户"、少男少女、因为合伙公司而有钱的朋友、苏茜的女同学们、神父、犹太教士和牧师，以及当地的政客通过一簇簇亮灯，经过一排排放在橱窗里的足有 3 英尺高的百事可乐瓶子，来到狂欢现场。苏珊选择了一个纽约主题——Stage Door Deli 餐厅的食物和装饰——并且告诉人们要穿得"随意"。从裙裤到正式场合穿的短裙，客人们果然穿得各式各样。半截的啤酒桶里装满了菊花，颜色是她最喜欢的像阳光一样的黄色。一张桌子放在那里，犹如熟食店的手推车，上面摆满了熏牛肉三明治、奶酪，还挂着香肠和一只拔了毛的鸡，以契合当晚的主题。坐在日光浴室旁边的钢琴师鼓励客人们跟着唱。壁球场外的爆米花机散发出的香味欢迎客人们来到临时改成的地下室电影院。壁球场的天花板上跳动着巨大的气球。由费尔兹、梅蕙丝以及萝瑞尔和哈迪演的电影放了一整夜。在日光浴室里，当客人们用油彩在两个穿着比基尼的模特身上涂抹时，年迈的弗雷德·巴菲特竭力出来"保护"她们。

"我太高兴了，根本不愿意去想这一切将要结束。"苏珊后来这么说。[39]

第四部分 THE SNOWBALL
苏珊在歌唱

34
"糖果哈里"

奥马哈　1970—1972年春

在狂欢会之后两个月，正当巴菲特正式开始逐步解散合伙公司时，道琼斯指数暴跌至800点以下。一个月后，1970年1月，他的朋友卡罗尔·卢米斯在《财富》杂志发表了一篇关于对冲基金的文章，文中着重强调了巴菲特在合伙公司经营过程中的惊人表现，以及他对股票前景的谨慎看法。[1] 在这篇文章刊载之前不久，市场正要开始像雪崩一样暴跌时，巴菲特给合伙人们写了一封信，告诉他们持有哪些股票。

- 伯克希尔-哈撒韦，在他看来，每股大约值45美元。[2] 其中，大约16美元来自纺织厂，他说这个行业不太令人满意，而且在将来也没有什么前景。但是，尽管这只股票占到了总股价的1/3，他也没有将它变现来缓解资金压力。"我喜欢经营纺织厂的人们，"他写道，"他们在市场环境如此恶劣的情况下，仍然努力工作来改善企业的经营。尽管回报率不高，但是只要经营利润率能够保持现有水平，我们还是希望把纺织企业继续维持下去。"伯克希尔-哈撒韦还拥有利润丰厚的保险公司——国民赔偿公司。

- 多元零售公司，他评估每股价值 11.5—12 美元。多元零售公司仅仅包括破旧不堪的联合零售商店，以及来自霍克希尔德-科恩公司的现金和纸币，他计划用来"重新投资在其他经营方式上"。不过他没有详细说明可能会是哪些，只是含蓄地要求那些将要退出的合伙人相信他的判断，就像他们刚加入公司时那样信任他。
- 蓝筹印花公司，首次在他的信中被提到。巴菲特告诉他的合伙人他可能将把他们的这项投资变现，因为公司计划在年底抛售股票。
- 伊利诺伊国民银行及罗克福德信托公司也归伯克希尔-哈撒韦所有。
- 《奥马哈太阳报》，他称之为"在财务上不具重要性"。[3]

即将解散的合伙人吃惊地发现，通过持有伯克希尔-哈撒韦的股票，他们拥有了一家优惠券公司、一家银行和一家无关紧要的报纸。[4] 现在，他们要做出决定是继续持有这些股票还是清仓，因为它们都可以换成现金。

"他将切开这个馅饼，你将可以首先做出选择。"约翰·哈丁说。对巴菲特而言，这是绝妙的一招。他当然希望他们选择现金，然后把伯克希尔-哈撒韦和多元零售公司的股票留给自己。不过，他对他们仍然很诚实。在 1969 年 10 月 9 日的一封信中，他做了一个市场预测，而在这之前他是绝不会这样做的。鉴于市场处于如此高涨的时期，"……在我的职业生涯中，这是第一次"，他写道，"我现在相信在专业的股票投资和被动的债券投资之间，对于普通的投资者而言，可供选择的余地太少了。"[5] 尽管确实允许他们选择，但这就像最好的资金经理人从债券的收益中挤出几个百分点来一样困难。尽管如此，即将解散的合伙人不应该对手上现金能有多大用抱有太高的期望。

两个月后的 12 月 5 日，他就这两只股票的前景做了预测，同时也告诉这些合伙人他自己打算做什么。"我个人的看法是，多元零售公司和伯克希尔公司股票内在价值在未来的几年会有巨大的增长……如果每年不能按照大约 10% 的速度增长，我会感觉很失望。"这是一份重要的声明。他告诉了他们伯克希尔和多元零售公司的业绩不仅要超过债券，甚至要远远超过合伙人从最好的资金经理人那里所期望的收益，这是他在 10 月的信中提到的。

我认为两种证券都应该长期持有，我很高兴能够把我资产净值的相当一部分投资在它们上，我将长期把我的资金投入多元零售公司和伯克希尔公司，这种可能性非常大。[6]

与此同时，巴菲特也专门给合伙人写了一篇关于如何投资债券的文章，再一次展现了他同典型的资金经理人的不同之处。尽管如此，"当我收手时，就会使 4 个人恐慌，她们都是寡妇。她们只信任我，不相信其他任何人。她们受过男人的欺骗，如果她们的钱损失掉，就会觉得再也挣不回来。她们会在半夜给我打电话说'你要继续帮我们赚钱'之类的话。"[7]

但是如果他不能遵守他的高标准，他就会拒绝担当他所认为的受托人的角色。"基本上，如果我是担保人，就不能那样做，因为我知道这对我曾经是多么艰难。"他说，同时回想起 11 岁时，当城市服务优先股让他姐姐失望时他的感受。

这个圣诞节，他继续在拉古纳海滩的住所处理解散合伙公司的事宜。他已经按照通常的高效率买好了圣诞礼物。对于多数事情，他都有一套规律：他到生产球星卡和纪念品的公司，这是奥马哈最好的服装店，给他们一张不同尺寸衣服的清单，这些衣服是为他生命中的所有女士准备的。

我会再去一趟，他们取出这些裙子，我要做出各种各样的决定，给我的姐妹们购买礼物，还有苏珊、格拉迪丝等。我很喜欢这件事。伯蒂有点儿保守，因此我给她选择的衣服胸口往上提一点儿，而她除了我送的衣服外，不接受其他任何人的。

你知道，衣服比珠宝更能保值。

12月26日，在互赠圣诞礼物之后，他又给合伙人写了一封长信，尽力详细地回答了他们的众多问题。[8] 有些合伙人对他提出诘难，他们正在犹豫是否继续持有伯克希尔的股票。如果伯克希尔－哈撒韦纺织厂是这样一家毫无价值的公司，为什么不抛掉它呢？

他写道："我不希望为了每年额外增加几个百分点的回报而导致严重的生活紊乱。"这是为了回应他在1969年1月的信中对他们所说的话。但是，由于他的事业的全部意义是在每个年度竭力多增加几个额外百分点的收益，这种理论解释在他早期的职业生涯中是不可思议的。

"《奥马哈太阳报》是什么？"他们问道。每股值1美元，他这样回答，在一定程度上忽略了其他的经济效果。然后，他又做了个人解读。"在传媒领域，我们没有特别的扩张计划。"他写道。[9]

为什么不将伯克希尔－哈撒韦和多元零售公司的股票上市以便自由交易呢？伯克希尔被牢牢地掌控着，以至于需要"预约"才能交易——这使得其他人很难了解它股票的实际价值。多元零售的股票根本就不上市交易。

紧接着是一份长长的、复杂的解释，在这里，巴菲特认为自由交易和流动的公共市场对这些股票来说可能更无效、更不公平，"富有经验的老练的合伙人可能比初出茅庐的合伙人更有优势"。当然，这样一来，他那些天真的即将解除合伙关系的人，也更容易摆脱患躁郁症的"市场先生"的魔掌，这位先生有时可能会严重低估股票的价值。这也降低了大批经纪人说服他们卖出股票而去买IBM或者AT&T的可能性。但是，这也意味着巴菲特限制了合伙人的选择——使他们买卖股票都变得更困难——并且，如果他们真的想卖，也只能卖给他。

作为合伙公司的无限责任合伙人，他总是完全掌控着这两家公司。放弃掌控而由看不见的市场控制，这对他来说比登天还难。再者，一旦他把这些股票转给那些即将解除关系的合伙人，有史以来第一次，他自己的利益和他们的利益就可能冲突。这使得解释变得更为复杂，之所以不将股票上市，而像舞伴背对背互换位置地跳舞，是基于这样一个事实，巴菲特是所有合伙人中最为老练的。他比其他合伙人更具有重要的优势。但是不论他的意图多么真诚，这个决定都加深了他和他们之间潜在的利益冲突。巴菲特的信真挚感人，听起来就像是一个人在竭力说服自己正在做一件认为正确的事情。但是利益冲突肯定会引起愤怒和敌意。任何把股票卖给他后来又后悔的人，事后都明白了一个道理：他比我有优势。

然而，受父亲霍华德的影响，沃伦要用万分的谨慎和正直来行使他们的选择权。他回答下一个问题的方式明确告诉了那些即将解散的合伙人可以期望什么。

"我应该持有我的股票吗？"他们问道。

巴菲特像以前给公众建议一样，给出了明确而直接的答案。

"我所能说的就是我打算这么做，"他说，"并且我计划购买更多。"[10]

即将解散的合伙人也要处理第三只股票。在12月26日的同一封信中，巴菲特告诉他们蓝筹印花公司的交易额急剧下跌。[11]这只股票在短期内从25美元暴跌至13美元，这是因为西夫韦公司抛弃了蓝筹印花公司的优惠券，它的客户基础正在消失，对于司法部强制要求出售的1/3的业务，没有一个买家看好。在洛杉矶的地方法院，还有两起针对它的诉讼已经立案，一个是由道格拉斯石油公司起诉的，另一个是由许多加油站联合起诉的，它们称蓝筹印花公司违反了《反垄断法》——声称它属于垄断企业——请求3倍赔偿并支付律师费。[12]

然而，甚至当蓝筹印花公司的问题在复杂化、其股价在下跌时，巴菲特仍然在购买其股票而不是出售。他是在为多元零售公司和国民赔偿公司购买，同时也是为伯克希尔旗下的两家小保险公司——内布拉斯加州意外伤亡保险公司和国民火灾海难公司买下的，同时也是为自己和苏珊买下的。

现在这些合伙人知道了巴菲特不打算出售，相反却计划购买更多的股票。他们将得到他们所想要的东西——股票或者现金。如果他们拿了钱，巴菲特就会得到股票。如果他们继续持有股票，在一定意义上，他们仍然是他的合伙人。

当巴菲特对人们是否接受和喜欢他而寝食不安时，他仍然把忠诚看得最重。他在周围所有人中遍寻忠诚。合伙人关系的解除就是忠诚测验的一部分，这在他以后的行动中可以清楚地看到。

当合伙关系解除时，巴菲特有了更多的钱可以购买更多的股票，甚至当他们继续持有他的股份时——他自己仍然拥有伯克希尔-哈撒韦18%的股份，多元零售公司20%的股份，蓝筹印花公司2%的股份[13]——截至1969年底，他和苏珊大概已经拿到了1 600万美元现金。在第二年里，伯克希尔和多元零售公司的股票开始迅速换手，就像一个巨人正在洗牌一样。正如巴菲特预测的——如果他的合伙人知道后，就规模而言也可能会使他们感觉震惊，因为他利用从合伙人那里得到的现金为自己购买了更多的伯克希尔和多元零售公司的股票。他用伯克希尔的现金来购买其公司的股票，对于多元零售公司，他提出从一些打算交换多元零售公司票据的人手中购买该公司的股票，股息为9%。[14]同他交易的人形形色色，从他先前的连襟杜鲁门·伍德，一直到他的第一个投资人霍默·道奇及其儿子诺顿。[15]对于那些拒绝这些出价的人，他们不得不心甘情愿继续持有，并且让巴菲特将收益再投资，同时却不用花费一分钱——这就表明了信任对他来说是多么重要。[16]

之后，他对那些继续持有股票的人产生了一种无比忠诚的感情——这种忠诚之深沉和强烈，甚至连现代那些标准的首席执行官也感觉是完全不可思议的。正如他后来所声称的，伯克希尔仍然"像一家合伙公司一样，你基本上和私营企业的股东们血肉相连，他们支持你，并且愿意来奥马哈"。在他看来，要做合伙公司就必须有一系列共同的价值观和兴趣，而不是短期的经济利益。他常说，他总是把合伙人看作家人一样。他的合伙人是一群信任他，而他又愿意为其付出的人。作为回报，他也期望着他们对他忠诚。

然而，人们做出决定的理由各不相同。有人需要钱，有人则是在听了比尔·鲁安的演说后就想投资红杉基金。许多人的经纪人都督促他们卖掉纺织厂的股票，因为它既费钱又没什么收益。有些人听从了，有些人则没有。有些专业的投资者还有其他的选择，他们认为卖掉这些业绩平平的股票，他们就会富裕起来。当沃伦亲自前往西海岸并呈上多元零售公司的票据时，埃斯蒂·格雷厄姆的姐姐贝蒂把她的股票卖了，埃斯蒂没有。本杰明·格雷厄姆的表妹罗达·撒纳特以及她的丈夫伯尼也决定不卖。他们说："沃伦要买肯定对他有利，那就对我们也是有利的，我们干吗卖呢？"[17] 当沃伦把票据给他的姐姐多丽丝时，她也拒绝了，"如果他要买，我干吗要卖呢"？她也这样想。

有几个合伙人亲自向巴菲特提出了更为尖锐的问题，质疑他对股票走势的判断。他回答说，经过谨慎的思考，他认为股票市场将会好转，不过这需要很长时间。像杰克·亚历山大和马歇尔·温伯格之类的人，都认为自己是优秀的投资人，他们分析了那些话之后，就把他们的股票卖给了他。

芒格后来称巴菲特是一个"贪得无厌的收购者"，像约翰·洛克菲勒一样，在缔造其商业帝国之初，大刀阔斧地扫清了一切挡路的人和事。[18] 一些人常常是事后诸葛亮，感觉受到了歧视、诱惑甚至误导。有些人自言自语地说："事实上，那就是沃伦的风格，我应该早就知道的。"

截至1970年底的时候，许多原来的合伙人都套了现，而沃伦却继续购买更多的股票。他和苏珊在伯克希尔的股份从原来的18%猛增到将近36%，他们在多元零售公司的股份几乎翻了一番，达到了39%。实际上，巴菲特现在已经控制了这两家公司。[19] 他也购买了大量蓝筹印花公司的股票，使其股份从2%增加到13%。

苏珊对此十分清楚，沃伦打算通过迂回手段控制多元零售公司和伯克希尔–哈撒韦，这就意味着她丈夫第二次"退休"也会步第一次的后尘，原因之一就在于蓝筹印花公司也和伯克希尔–哈撒韦一样面临同样的麻烦。[20] 其业务不是仅仅在萎缩，而是濒临死亡，因此他和芒格不得不购买新的业务以促进其资金增值。

1971年底，尼克松总统废除了金本位制，导致油价暴涨，全美近半数的石油公司突然停止发放优惠券。由于通货膨胀，日用品的价格飞涨，通过热情服务和发放赠品的方式诱使顾客的传统零售方式被颠覆了。人们都想买最便宜的东西,零售商们扎堆打折促销。[21] 家庭主妇们精打细算购物,收集大量优惠券来兑换电煎锅的一切机会全都蒸发了。

之后的一天,巴菲特接到蓝筹印花公司总裁比尔·拉姆齐的电话,告诉他一家洛杉矶的公司,喜诗糖果公司正在寻找买主。巴菲特已经对喜诗公司做过一些研究,他也追踪过芬妮·法默公司[22]的业绩,调查过新英格兰糖果糕点公司。不过,糖果公司都很昂贵,到目前为止,他还没有涉足过。"给查理打电话。"他说。[23] 芒格负责蓝筹印花公司以及他们在西海岸的业务。

喜诗糖果公司成立于1921年,由一位加拿大糖果商创建。其产品采用上等黄油、奶酪、巧克力、水果和坚果为原料,经过精工细作而成,创造了上乘的"喜诗品质"。第二次世界大战期间,喜诗糖果公司没有采用偷工减料的方式应对原料不足问题,而是在商店摆放独具特色的白纸黑字的广告:"糖果售罄,请购买战争债券欢庆圣诞。"[24] 这家公司成了加利福尼亚州的慈善机构。

"喜诗糖果公司在加州获得了无与伦比的声誉,"芒格告诉他,"我们能够以合理的价格得到它,如果谁要同这个品牌竞争,肯定要耗费巨资。"埃德·安德森认为这太贵了,但是芒格却极为热心。他和巴菲特考察了这家工厂,芒格说:"一个多么奇妙的企业啊,而且它的常务副总裁查克·哈金斯非常聪明,我们可以留用。"[25]

喜诗糖果公司已经公开了初步的交易方案,他们要价3 000万美元,而其资产仅价值500万美元。[26] 关键在于喜诗糖果公司的品牌、声誉和商标——最为重要的是客户的忠诚。例如,苏珊·巴菲特就极为青睐加州的喜诗糖果公司。

他们认为喜诗糖果公司就像一只债券,值得额外支付2 500万美元。如果公司把其收益作为"利息"支付,那么这个利息平均达到9%。不仅如此——拥有一家公司要比拥有公债风险更大,并且"利率"还没有保证。但是这个收益还在不断增加,每年平均12%。因此喜诗糖果公像一只债券，其支付的利息仍在不断增加。[27]再者：

我们认为它已经揭示了价格的力量。喜诗糖果公司的糖果价格，与同一时期拉塞尔·斯托弗公司的大概一致，我最为关注的问题是，如果你每一磅提高15美分，除了400万美元外，还能多收益250万美元。因此，你所买的对象，如果只是稍微加点儿价，当时就可能给你带来650万美元或者700万美元的收益。

为了收购这家公司，他们首先要同两个人谈判：第一个是查尔斯·西伊——或者叫"糖果哈里"，巴菲特、芒格和里克·格林这样称呼他，他代表刚刚故去的兄长拉里·西伊经营这家公司。兄弟二人共同拥有该公司，不过一直由拉里经营。

"糖果哈里"确实不想经营喜诗糖果公司，他只对酒和女孩感兴趣，他只想去追女孩。但是，在最后一刻，他有点儿变卦了。里克和查理去见他，查理还发表了一通空前绝后的伟大演说，谈及葡萄和女孩，以及"糖果哈里"应该如何高效地利用时间去追女孩。

另外一个人就是"数字哈里"，公司首席财务官和董事哈里·摩尔。蓝筹印花公司通过其律师，分析了这笔交易的经济收益，以便说服"数字哈里"，同时，他们也继续劝说"糖果哈里"，称这一交易可以使他获得解脱，因为作为兄长的继承人，他将不得不面临许多潜在的利益冲突。[28]

蓝筹印花公司的出价为2 500万美元，它的税前收益为400万美元，从巴菲特和芒格第一天买进它开始，这项投资就为他们带来了9%的回报——这还不考虑未来的增长因素。尽管他们认为喜诗糖果公司可能会坚持提高售价二三百万美元，不过这仍然值得，他们的资金回报率仍然可能达到14%：虽然还没有到手，但是这一投资收益率已经相当令人满意了。关键是这一收益是否会继续增长。巴菲特和芒格现在可以松口气了，到目前为止，这项收购工作还没有遇到任何麻烦，他们习惯于出低价，对他们来说,如果按照要价交易是无法接受的。

"你们这些家伙都疯了吧,"芒格的下属艾拉·马歇尔说,"有些东西也是很值钱的,如人员素质、公司品质等,你们低估了品质。"

"我和沃伦听取了这些批评,"芒格说,"我们改变了想法,最后他们得到的收益正是我们愿意支付的。"[29]

当这项交易签约时,巴菲特发现特雷迪-布朗公司早就购买了喜诗公司1 000股股票,巴菲特命令公司回购其股票。特雷迪-布朗公司的合伙人知道喜诗公司的价值,认为这个价格太低了,他们拒绝接受,并且就这一问题同巴菲特进行了简短的交涉。他们看不出来为什么要把喜诗公司的股票卖给巴菲特,但是他坚称他比特雷迪-布朗公司更需要这些股票。最后他如愿以偿,他们把股票转让给了他。[30]

从这项交易签署生效的那一刻起,巴菲特、芒格和格林组成的三驾马车开进了董事会,巴菲特以前所未有的热情投入糖果业,甚至对丹普斯特和伯克希尔-哈撒韦也没有这样过,他在这些公司都是任命代理人经营。他赠送整盒的喜诗糖果给他那些信奉素食主义的亲朋好友。他花费几天的时间,给公司的常务副总裁查克·哈金斯写了一封长信,信中写到他已经同全国各地购物中心的老板谈过了,要在各地设立新的喜诗商店,这些地方包括科罗拉多州的斯普林斯、费耶特维尔和加尔维斯敦等。他也告诉哈金斯艾奥瓦州除外,因为购物中心的经理们已经告诉过他"艾奥瓦人都不喜欢糖果"。[31]他给哈金斯授权,允许他停止每月向"糖果哈里"所谓的众多女友赠送糖果。他开始跟踪糖和可可的期货,当时达到了每磅58美分,已经接近前一年洛克伍德可可豆创造的价格。[32]

巴菲特建议尝试销售预先包装好的糖果,他想知道业绩、预算等大量的财务信息。他写信给哈金斯谈及拉斯维加斯的一个商店:"当我们选对一个地方时,分析能从这个社区赚到多少美元,真是太有意思了。你的工作十分优秀,使我们的公司更为优异。"巴菲特建议哈金斯要"斟酌一下"广告词,绞尽脑汁构思一条,力争能同可口可乐公司"世界上最好的饮料",或者康胜啤酒公司[33]的"源自落基山脉的纯正山泉"相媲美,就好像哈金斯早上嚼着玉米片就能构思出一条广告语,并且还能像可口可乐公司的广告一样响亮。[34] 一个多年的下属这样描述巴菲特那类似戴尔·卡内基的管理方式:"当他想给你增加工作时,他总是先夸奖你。"[35]

当横杆每次稍微升高一两英寸,跳高运动员仍然成功跨越时,他就会充满信心,相信自己能够跨越更高的高度,这一效应就像一条细小的水流:它轻柔而又持续不断地给人施加压力,让人感觉十分美妙,最后却会使人疯狂。因此,当巴菲特的注意力减弱时,这是必然的,为他工作的人似乎可以舒口气了。哈金斯受到最初狂热激情的迷惑,一口气替巴菲特同几家糖业贸易杂志签了约。最后,巴菲特的注意力转移到一些新的兴趣上去,他也就终止了这项工作。"查理也许有一天会成为一名糖果生产商,"他写道,"但是我仍然只会读这些财务报表。"[36] 他已经发现,自己只是喜欢拥有一家糖果公司,而不是经营打理。

在家中也差不多,巴菲特会同人开诚布公,坦诚相待,"请来我家做客吧,我真的很想见你"。然后,他又埋头看报去了。当他们真的来了,他也顾不上接待,显然他们的出现满足了他的愿望。但是有时他也会滔滔不绝、长篇大论,弄得客人精疲力竭地离去。苏珊已经见识了他那变幻莫测的热情。

沃伦仍然迷恋他的妻子,不断在公开场合称赞她,把她抱在腿上。但是在家中,他总是躲在屋内搞自己的工作,需要被人照顾。苏珊在她的朋友面前称他为一块"冰山"。然而,他们的关系依然如初,没有什么改变——只是她的感觉除外。他很满意,他分析这是因为她喜欢给予,通过接受她的关爱,他也使她感到满足。考虑到他们的过去和她平常待人接物的方式,以及对他的关心,他没有理由有其他的想法。不过苏珊自己的愿望却改变了。她就像一台具有情感的自动售货机,现在不仅仅要照顾沃伦一个人,还要照顾更多的人。最近,她还照顾过艾丽斯·巴菲特,因为她正在痛苦地与癌症抗争。不过这一次,苏珊也渴望着被别人照顾。

因此,当苏珊的丈夫在奥马哈以外开拓新的业务或者躲在办公室中沉思时，苏珊待在家中的时间越来越少了，她出去吃午饭、晚饭，或者晚上和朋友去爵士乐俱乐部，到处旅游。她现在结交了一大批比她年轻的新朋友。他们十分钦佩她，慷慨而又亲切地公开赞美她，对她充满热情，甚至是坦率的爱慕。但是他们不太像她收养的孩子，更像真正的朋友，就像她所有的朋友一样，都很需要她的关爱。

在家中，苏珊已经开始注意她的儿子彼得了，虽然他沉默寡言、行为怪异，她仍然把他当作朋友、心腹和精神支柱，因为他已经长大，马上就要上中学了。

苏茜现在住在林肯市，上了内布拉斯加大学。豪伊现在刚上高中，苏珊正在致力于把他送进大学。她带他参加辩论会，帮他积蓄能量，在高中履历中增光添彩。沃伦像平常一样，非常高兴委托她担负所有的责任。

无论何时，任何事情只要能够用到他的专业知识和技能，苏珊都能成功地说服沃伦负起责任，投身进去——而不仅仅是开支票。她的朋友罗德尼·韦德和其他黑人社区的领导想开办一家少数族裔所有的银行，以增强该社区的荣誉，促进北部地区的经济发展。为了促进"黑人资本主义"，他们找到了巴菲特和他的朋友尼克·纽曼，他曾经拉着沃伦一起参与到了当地的民权运动中。[37]

韦德在奥马哈是一个很受尊重的人，而且巴菲特也喜欢银行，他刚刚加入奥马哈国民银行的董事会，这是该市最大的一家银行，是他长期以来的抱负。[38] 对于任何行业，只要盈利比开支多，他都有天然的、理性的偏爱。因此，他愿意倾听韦德的话，不过他更想知道少数族裔开银行是否切实可行。由于他们希望这家社区银行能够吸引各种各样的客户，因此他雇到彼得和他的一个朋友坐到另一家少数族裔所有的银行外面，计算有多少人进去，并且按种族进行分类。[39] 彼得的统计让沃伦很乐观，因此，他加入了内布拉斯加州社区银行的董事会并成为一名顾问，同时也邀请了鲁安-切尼夫的约翰·哈丁加入董事会。[40] 巴菲特告诉这些创办人，如果他们能以股票的形式从黑人社区筹集到25万美元，董事会的顾问们将筹集同样数额的资金。[41] 银行在一辆拖车上设立了办公室。"沃伦，你真是聪明啊，"乔·罗森菲尔德说，"当我们邀请人们拿钱来投资时，你在半夜可以开车离开，把整个银行都搬走。"

多数经理和董事会成员——包括巴菲特的棒球球友鲍勃·杰布森都是黑人，大部分都是生手，为了规避风险，巴菲特采用他的教学方式，竭力去培训这些创办人，使他们掌握严格的借贷标准。他强调银行不是慈善团体或者社会服务机构。他每月都参加银行的董事会议，常常是一直持续到晚上。不过，对于他所拥有的公司，他从来不干涉日常的管理工作。[42] 相反，哈丁每天都待在银行里，以确保账目收支平衡。"社区管理层的出发点往往是好的，"哈丁说，"但是没有财务技能。"当人们向巴菲特申请更多的钱来弥补不良贷款时，他严词拒绝了。韦德感觉巴菲特"不理解贫穷的周期规律"，并且"从不明白他作为一个富人在我们这个贫困社区中的角色"。[43] 但是，巴菲特理解这些账目，他知道银行通过放松借贷标准和发放无法回收的贷款，对任何人都是有百害而无一利的，这只能给他们惨痛的财务教训。因此，这家银行勉强维持了几年，而没有一点儿发展。

他寻找机会采用其他的方式来提供帮助。当时，苏珊的一个朋友哈利·史密斯开始把一些黑人小孩的名单转给她，这些孩子都因缺钱而上不起大学，苏珊开始成千美元地捐助。"我要先问问沃伦。"她反复地说。"苏珊，你也有钱，为什么不自己决定呢？"史密斯吃惊地问道。"不，不行，"苏珊总是这样回答，"必须通过沃伦。"史密斯发现这有点儿不可思议，像苏珊这样富有的人在涉及钱时，还要她的丈夫来做决定。[44]

因此，尽管是苏珊负责家庭的基金，但是他们仍然一起管理基金和捐助活动。如果没有沃伦的阻止，她可能会捐赠巨额的资金。这些基金会提供小额助学金，不过它没有专业的管理机构。要做好称职的管理工作，需要超前思维：如果将来某一天这些基金全都用尽了会发生什么？不过沃伦感觉，将来的这一天遥遥无期。苏珊此时此刻怀着满腔的激情帮助别人，不过仍然需要有人为将来未雨绸缪。

一年前，沃伦像许多步入40岁的人一样，身体健康方面敲响了警钟。有一次，他正在加州的撒纳特家吃饭，突然，他的一个手指开始肿胀。原来，当天早上他因小小的感染而服用了双份的盘尼西林，希望能够应付过去。作为外科医生的伯尼·撒纳特怀疑是过敏反应，立即给他服用了抗组胺剂，同时劝说他立即去医院。[45]

巴菲特不想去医院。1971年，他饱受了疾病的折磨，前一段刚刚受到沙门氏菌的困扰。[46]此外，据苏珊说他是一个糟糕的病人，对医生和医院有股莫名的恐惧感。[47]因此，他只是让苏珊开车回到他们夏天度假租住的家中。但是，他的手指继续肿胀，同时头昏脑涨，病情恶化。她慌忙找到一个医生，请他立即给沃伦医治。不过医生坚持要把他送到急诊室。此时，沃伦已经快失去意识了，急诊室的医生们立即行动，竭尽全力挽救他的生命。

三天后，他还在医院接受治疗。医生告诉他，他很幸运。他对盘尼西林过敏十分严重，如果再次服用，可能会危及生命。由于他还在恢复中，罗伊和玛莎·托尔斯想让他振作起来，因此给他带了一本《花花公子》杂志。但是，他还是太虚弱，没法自己拿着看，只能让苏珊来帮他翻页。不过苏珊翻得很快，总是遭到沃伦的抱怨。

在经历了这次生死劫后，他回到奥马哈的家中，仍然像以前一样痴迷于他的事业。退休，在巴菲特看来，就是意味着不再充当受托人。只要还有一口气在，他就会一直投资下去。他永远也无法放弃竞争——到现在已经到了难以割舍的地步，以至于有一次，6岁的乔纳森·勃兰特——他朋友亨利和洛克萨妮·勃兰特的儿子——同他对弈，当沃伦似乎要输时，他怎么也无法忍受了。当比赛接近尾声时，他开始猛烈反攻，直至战胜小乔纳森。[48]

看到丈夫一定要打败小乔纳森·勃兰特，苏珊对沃伦的固执也无可奈何。"无论沃伦想要什么，他都能得到。"她这样描述自己的丈夫。多年前沃伦的小妹伯蒂早就注意到了这一点，他的愿望总能实现。[49]一次，苏珊和一个朋友前往得梅因去拜访一个作家——大屠杀幸存者埃利·威塞尔。她要在当地的一个犹太人集会上演讲。苏珊在某个朋友家的甜点会上遇到了米尔顿·布朗——他现在就住在那里——他们一谈就是好几个小时。[50] 有一阵子，她对他们的关系突然中断感觉很遗憾。她现在公开征询密友的建议，如果重新开始新的生活是否还来得及。尽管她很少谈论自己的问题，或者表现出自恋倾向，她仍然承认自己的婚姻陷入了危机。虽然她十分不快，但是仍然没有采取行动直接抱怨她的苦楚，或者离家出走。相反，她只是和米尔顿旧情复燃。她似乎日益被加州吸引，她已经爱上这个地方。沃伦一家租住的别墅在拉古纳海滩的翡翠湾，比海平面高 50 英尺，坐落在一群豪华别墅区中。[51]

沃伦尤其不喜欢购买房产。他认为把钱花在这上面等于浪费，不能有所增值。苏珊不断地向他唠叨钱的问题。"如果我们富有了，"她说，"你就要到那所房子去，找到主人问她愿意卖多少钱。无论她要价多少都要买下来。不过我知道我们现在还不富有。"在他们没完没了的拉锯战中，苏珊最后通常都能够从他那里要到钱。巴菲特最后派遣罗伊·托尔斯的妻子玛莎——一个精明的谈判高手去找房屋的主人洽谈。在同房主讨价还价后，她把价格砍到了 15 万美元。[52] 罗伊·托尔斯给沃伦打电话，告诉他："真是个坏消息，你把它买到了。"

35
《奥马哈太阳报》

奥马哈 1971—1973 年

苏珊开始装饰翡翠湾的别墅，她选用的是休闲藤制家具。她专门为沃伦安装了一条独立的电话线，因为他一到加州，大部分时间要么是看电视里的商业新闻，要么就是打电话。

虽然身在加州，但是在"个人兴趣"和乔·罗森菲尔德的驱使下，他的心思只放在华盛顿和政治选举上。巴菲特曾经宴请过乔治·麦戈文，后者当时是1972年民主党总统竞选人。沃伦也资助过阿拉德·洛文斯坦，后者是前国会议员，以自由主义的"花衣魔笛手"[①]而著称，洛文斯坦和麦戈文一样，很有号召力，能够激励年轻人以极大的热情投身到民权运

[①] 花衣魔笛手，一句常用的政治宣传语，通常用来指代那些善开空头支票的领导者。它用幽默而有力的方法暗示如果你盲目地跟随、支持这样的政治人物，就会和传说中的老鼠一样，结果是自寻死路。据传，在德国普鲁士的哈梅林曾发生鼠疫，民众死伤极多，居民们束手无策。后来，来了一位法力高强的魔笛手，身穿红黄相间的及地长袍，自称能铲除老鼠。镇子里的当权者们答应给他金银财宝作为答谢，魔笛手便吹起神奇的笛子，结果全村的老鼠都在笛声的指引下跑到了河里，全部被铲除。但是那些见利忘义的当权者却没有兑现承诺，拒绝付给他酬劳。为了报复，花衣魔笛手又吹起神奇的笛子，全村的小孩都跟着他走了，从此无影无踪。——译者注

动中。他也支持过约翰·托尼——一个"肯尼迪式的人",重量级拳击手吉恩·托尼的儿子,成功当选为加州的参议员;[1] 电影《候选人》的创作灵感就是来自托尼的政治生涯,这部电影描述了一个具有超凡魅力的政治家,"年轻、英俊、自由、完美",却无法取胜,因为他可能会触犯幕后集团的利益。"候选人"正是巴菲特一贯喜爱的政治家,这些人具有好莱坞明星式的不可言喻的魅力,他们一出现就会激发投票人的热情。不过这次,他希望他所支持的候选人能够获胜。

他想出了一个办法,认为这可能对政治家很有帮助,这就是他所谓的"不适指数"——通货膨胀率和失业率——他曾经把这个秘诀传授给了艾奥瓦州的哈罗德·休斯,他俩是通过罗森菲尔德的介绍而认识的。[2]

休斯曾经是个卡车司机,也是个酒鬼。他身材高大,声音洪亮,是几十年来最为重要的雄辩家之一。他长得有点儿像约翰尼·卡什,嗓音也很像。他从一个不知名的卡车司机一跃而成为艾奥瓦州的州长,是民主党的大佬之一。乔是他的好朋友,他在参议院中具有举足轻重的影响。因此,我们应该适当给他一些资助,赞助他的总统竞选活动。这是他的一场大战,他坚决反对越南战争,口若悬河,滔滔不绝。

休斯是一个基督教救世主,改过自新的酒鬼,没有上完大学,有时被称为"艾奥瓦州的平民主义者",会为了帮助因喝酒而导致危机的人而缺席一次例会。他还成功地阻止了好几位同事的自杀企图。不过,他还是深感内疚,因为有一次他失败了。他具有磁铁般的个人魅力,被认为是一匹黑马和一颗冉冉升起的明星。这种候选人能吸引年轻人、蓝领工人,以及那些本来要投票给麦卡锡的反党分子。换句话说,在众多毫无特色的候选人中,他肩负着平民主义者复兴的伟大希望。当时,其他的民主党候选人都无法获取广泛的支持。这帮人的领袖麦戈文,在全国民意测验中只获得了5%的支持率。[3]

1971年春,休斯召集了"他最为亲密的六个顾问和助手",包括巴菲特和乔·罗森菲尔德在内,一起仔细商讨他是否应该谋求提名。[4]

1971年5月底,我们在华盛顿的一家酒店开的这次会议。尽管这些会议大都是预先确定好要做什么了,而且他们早已经开始大张旗鼓地准备了,但你还是要全力组织,引领民众。

大概在此次会议之前一个月,休斯出现在了《与媒体见面》[①]节目中。在节目就要结束时,拉里·史匹瓦克问道:"议员先生,有些人说你对第六感和玄学很感兴趣,你能详细解释一下吗?"当休斯正要回答这个问题时,节目突然中断了。5

因此,当华盛顿会议即将召开时我说:"议员先生,我一周前看过那个节目,如果别人再那样问你这个问题,我建议在你回答之前,首先向提问者明确指出第六感和玄学完全不同。不要让他们将这两个混淆在一起,以免他们在你的回答中找到破绽,抓住把柄。那样的话,从现在起的这六个月里,他们就可以宣称你是在谈论玄学,而你实际上却是在讲第六感。"

水闸打开了,休斯说:"10年前,当我醒来发现自己躺在一家豪华酒店的浴池里时,我不知道自己在哪里。我不知道我的家人在哪里,也不知道自己是怎么到这里来的,而且我发现自己对任何人都没有用。然后在这个星球上,在那一时刻,我觉醒了,那就是促使我努力为穷人工作的原因。"然后,他又说道:"那个经历来自我的一次幻觉。"

他继续说:"我相信预感,我的女儿在那些小猫还没有出生之前就知道它们的模样,她还给我描述过,它们出生后确实是那样的。有些人曾经看到过远处正在发生的火灾。"

我说:"议员先生,现在假如我是拉里·史匹瓦克,我要问你的下一个问题是,如果你的女儿告诉你她感觉到苏联正准备向美国发射洲际弹道导

[①] 《与媒体见面》,美国国家广播公司制作的新闻访谈节目。该节目是全世界播映史上最长久的节目,从1947年11月6日首映持续播出至今。这档节目也是美国收视率最高的晨间访谈节目。该节目专注于专访国家领袖或是谈论政治、经济、外交和其他公共政策。——译者注

弹，你会对苏联采取先发制人的策略吗？"

他说："我会认真考虑这个问题。"

我说："议员先生，现在假如我是拉里·史匹瓦克，而你就坐在那张桌子旁，并且你面前有一杯水，我问道：'如果有人说他站在几英尺外，仅仅凭借意念的力量就能移动这杯水，你相信吗？'"他回答说："是的，我相信。"

屋中到处都是这样的人——有些人把整个职业生涯都献给了这个家伙，比如他的幕僚总长——他们看见自己在白宫里。他们开始拒绝接受他们听到的话，他们正在挥手，却说这没有什么含义。当我继续说时，他们已经迫不及待了。他们打断我说，"不是他说的那样"，"不要担心，有人会来处理的"，并且说亚伯拉罕·林肯也相信这些。很明显，他们已经知道了这些，整个努力付诸东流了。我从来没有见过这样的事情，这真是太盅惑人了，因为这些家伙已经做了多年的准备工作，而且他们都梦想为一位美国总统服务。

最后，乔说："议员先生，告诉沃伦如果他再像这样提问，你就打算让他消失。"

因此，我说："议员先生，看看，在美国政治中有各种各样的骗子。你知道，他们假装信仰上帝，声称每周日都去教堂。你知道，其实他们一个字也不相信。但是，这确实能起作用。另外，你知道自己非常真诚地相信一些东西，并且也有自己的原因。但是我敢预言，你可能会失去大概10%的标准民主党人的选票，或者更多的选票，这是你真诚的信仰造成的，而其他人能够得到这些选票，正是因为他们没有信仰。这就是现实。同时，所有这些家伙都会说，'不要理他，他知道什么'？"但是休斯说他要出去一会儿，当他回来时，他会做出安排来结束他的竞选活动。[6]

在那之后10天这件事就发生了，当时休斯接受《得梅因纪事报》的采访，声称最近刚刚通过灵媒和他已故的哥哥交谈了一个小时。[7]至此，参议员哈罗德·休斯竞选总统的抱负消失了。[8]

哈罗德·休斯事件最后证明是巴菲特多年来希望拥立支持者愿望的最高峰，也是最低谷——部分是由于理查德·尼克松的顺利连任终结了这一愿望。但是，通过这件事，巴菲特开始认真关注媒体在政治方面的巨大影响力，他想要这种影响力。儿时投递报纸，同《财富》杂志记者卡罗尔·卢米斯多年的友谊，购买《奥马哈太阳报》，寻求购买其他报纸，以及他投资《华盛顿月刊》——巴菲特对出版的兴趣不断增加和膨胀。在20世纪60年代，从肯尼迪总统遇刺身亡到因越战而激发的民权运动，巴菲特通过电视目睹了这一系列重大事件，同时也认识到了电视的强大影响力。现在，由于电视的收益逐渐明朗，他也想去分享一块蛋糕。

因此，比尔·鲁安在纽约宴请了一位老朋友汤姆·墨菲，后者掌管着大都会传媒公司，这家公司自己拥有广播电台。

墨菲是布鲁克林地区一位法官的儿子，早年在纽约混乱不堪的政治氛围中长大，后来进入哈佛商学院学习，1949年毕业。墨菲下颌宽厚，秃顶，脾气随和，他的职业生涯从经营奥尔巴尼一家破产的电视台开始。为了节约成本，他只把大楼朝向大路的一面刷上了涂料。然后他开始购买广播电台、有线电视公司和出版社，缔造了一个媒体帝国。在他搬到纽约之前，他招募了另一个哈佛商学院的同学丹·伯克——强生公司首席执行官吉姆·伯克的兄弟。

晚饭后，墨菲同鲁安开始着手制定将巴菲特引进董事会的战略。鲁安说要想打入巴菲特的内心深处，最好的办法就是去奥马哈拜访他。墨菲立即起程前往奥马哈。巴菲特请他吃上等的牛排，然后开车带他回家去见苏珊。到现在，她肯定已经明白接下来是怎么回事了：她的丈夫又有了新的让他痴迷的目标。巴菲特喜欢向别人展现他的标志性东西：办公室，苏珊，有时则是铁路模型。之后，巴菲特和墨菲在地下室的球场打了几场壁球，墨菲穿着他的大皮鞋跑来跑去。墨菲还没有提问，巴菲特就知道他要问什么。"汤姆，你知道，"他说，"我不能成为你们公司的董事，因为那样的话，我必须先在里面有一个重要的职位，而你们的股票太贵。"[9] 即使整个市场都在急剧下跌，但投资者仍然热衷于电视股票。有线电视是新兴产业，地方专营权又增强了这些新兴的可视的上市公司的诱惑力，激发了投资者对媒体的兴趣。"你看，"他说，"你从我这里什么也得不到，你的董事会不需要我。"[10]

但是，此后当墨菲要进行交易时，他都会先给巴菲特打电话。刚刚40岁出头的巴菲特有些受宠若惊，在墨菲身上也花费了无数时间。甚至在巴菲特快50岁时，他还认为，"这个家伙是老了"，但是"他洞悉世事百态"。"我对墨菲也肃然起敬，"巴菲特说，"我认为他是最优秀的商人之一。"一天晚上，墨菲在家中给巴菲特打电话，首次向他提供商机——沃思堡电视台正在出售，[11]不过巴菲特拒绝了。也不知道因为什么，他想不起来了。后来，他称这是他职业生涯中最大的失误之一。[12]

其实，巴菲特真正想要的是成为一个出版商。事实上，他认为自己获悉了一个热点内幕新闻，但是，当他把这个线索告诉《华盛顿月刊》的编辑时，他们嗤之以鼻，置之不理。后来，《华盛顿月刊》的出版商查尔斯·彼得斯说："我可以十分肯定地说，这些编辑十分反感投资人给他们打电话，告诉他们怎么做新闻。"他们告诉彼得斯，"对《华盛顿月刊》来说，这不是真正的新闻"，彼得斯没有强求他们。后来，巴菲特转向《奥马哈太阳报》，可能它不如全国性报纸有影响，不过总比没有报纸报道好吧。当事情水落石出后，彼得斯气急败坏地说："我应该把手下这些家伙都枪毙了。"

巴菲特所谓的内幕新闻涉及一家儿童城，这曾经是奥马哈一家很有名望的慈善机构，现在却变得十分贪婪。儿童城由一个名叫爱德华·弗拉纳根的传教士于1917年创建，它为无家可归的年轻人提供栖息之地，帮助拯救孤儿，避免青少年虚度人生、流浪、犯罪或者吸毒。巴菲特说："爱德华·弗拉纳根的事迹在该城广为传颂，他一次如果挣到5美元，就会立即花在孤儿身上。然后，当他挣到90美元时，收养的孩子已经达到125个。"[13]儿童城在成立初期常常面临经济困境，不过它还是生存了下来。到1934年，它已经在距奥马哈城10英里的地方拥有了一块160英亩的校园，包括学校、宿舍、教堂、餐厅和体育设施。在霍华德·巴菲特的帮助下，儿童城于1934年开办了自己的邮局以便筹集资金。[14] 到1936年时，这里已经成了一个行政村庄。后来到1938年，儿童城因在斯宾塞·特雷西和米奇·鲁尼主演的奥斯卡获奖影片中露面而声名大噪。

当一个专业的募款人员特德·米勒看到这部电影后，立即有了一个想法，要把儿童城的募捐活动变成一个轰动全美的运动。儿童城，现在自称为"小鬼之城"，在每年的圣诞节时，都会发出数百万封信，信中写道，"当您在欢庆圣诞时，还有许多无家可归被遗弃的孩子无法享受这种欢乐……"，同时附上电影中的一幕著名场景，一个街头顽童怀抱着一个小孩，嘴里说着一句经典台词："他一点儿也不重，爸爸……他是我弟弟。"

人们少则寄来1美元，但集腋成裘，这数百万封信合起来收回的捐款还是非常可观的。[15] 儿童城利用这笔钱，大肆扩张，校园扩大到了1 300英亩，建造了体育场、纪念品商店、农场（可以雇用孩子们工作），还建有职业培训设施。弗拉纳根神父于1948年去世，在他的继承人尼古拉斯·威格纳主教的经营下，资金不断增加。它现在实际上成了一个圣地，吸引着全国的游客前来参观。

我曾经听说在圣诞节来临前好几周，美国国民银行就要增派人手来处理捐给儿童城的汇款。当然，我也目睹它正在一步步坠入贪婪的深渊。

在弗拉纳根创建儿童城的初期，他查询过法庭的记录，接收了一些冥顽不化的少年犯，甚至还有几个杀人犯。但是到了1971年，儿童城开始筛选进入这里的人，将精神失常、智力迟钝和有严重违法犯罪行为的人排除在外。它基本上只接受那些"无家可归"的男孩，并且不能有其他严重的问题。[16] 儿童城可以容纳1 000人，却雇用了600多人来照顾665名男孩。[17] 然而，这样一个庞大的机构，却只是收容男孩，并且与世隔绝，营造了一种类似监管甚至监狱的环境，这种方式似乎已经过时了。[18] 孩子们依据钟声行动：第一声钟声响起时，他们要在巨大的餐厅祈祷；第二声时坐下；第三声时开始吃饭；到第四声响起时，无论吃完与否，都要放下刀叉；第五声时站起来祈祷；听到第六声时就要立即冲出餐厅。他们的邮件要接受审查，一个月只允许接待访客一次，并且还要由工作人员选择，不能自己挑选。他们从事着琐碎的工作，基本上没有什么创造性，也不能和女孩接触。儿童城只重视培养低等的职业技能，如采摘豆子和搭建鸟巢。

1971年7月的一个傍晚，在巴菲特家中，沃伦同《奥马哈太阳报》的编辑保罗·威廉姆斯一起分析儿童城的问题，并且决定深入调查它是如何筹集资金以及如何花费的。《奥马哈太阳报》已经就该事件进行了一系列报道，并且收到了儿童城的辩解——"我们不讨论经济问题"。[19]现在威廉姆斯派三个报社记者，韦斯·艾弗森、道格·史密斯和米克·鲁德开始了秘密调查工作"项目B"，计划组织一次详细的调查。[20]他们发现儿童城收到的公开宣传材料声称儿童城没有从教会、联邦或者州政府获取任何资金支持，记者米克·鲁德顺藤摸瓜，在林肯市内布拉斯加州议会大厦记录中发现这是假的。[21]这使得他们开始怀疑儿童城的其他问题。

通过其他的基本报道，他们得到了该机构的房产税记录、教育情况记录以及公司的条例。他们发现儿童城同州福利部门的关系长期以来都很紧张。儿童城当时的负责人威格纳主教拒绝参加由外部机构组织的评审工作，只听取自己员工的建议。[22]威廉姆斯通过国会的资源获取了关于儿童城邮局的报告，他发现每年通过该邮局发出的募捐信大概有340万封到500万封之间。这是一个惊人的数目，其他机构的募捐人告诉他们，基于这样一个数目，儿童城一年至少可以筹集1 000万美元。巴菲特利用自己的财务知识，分析出它的运营成本连其中的一半也不到。[23]儿童城筹集资金的速度比花钱的速度快。它在1948年经历了一次巨大的扩张，假如从那以后起，每年积攒500万美元，巴菲特估计这么多年来它至少积累了1亿美元的剩余资金。但是，到目前为止还没有证据可以证明这一点。

巴菲特已经加入了当地的城市联盟。通过这一关系，他结识了当地的一名外科医生克劳德·奥甘，后者是儿童城唯一一位黑人董事。巴菲特认为这个医生是一个正派的人。

我们在街道对面的黑石酒店吃早饭。我不停地讲啊讲，想从他那里获取一些信息。他无法告诉我详细情况，但是，他也说我没有错。他甚至做得更好，尽管我无法从他那里获取任何数字，但是他让我明白这里一定有故事。

奥甘医生开始悄悄地指引调查团队，帮助他们继续跟踪事态的发展，同时又没有泄露机密情报。[24] 记者们开始找城里的人谈话，但是毫无进展，儿童城的大部分员工都不敢说真话。巴菲特穿着破旧的网球鞋，被虫子蛀坏的毛衣，裤子上还沾着粉笔屑，指挥着几个记者，在奥马哈城四处游荡。[25] "这真是太不可思议了，"他说，"无论与《天使神差》中的女记者相对应的男主人公是干什么的，那就是我。"到现在沃伦已经接纳了苏珊的朋友斯坦·利普西，他当时是《奥马哈太阳报》的出版商，也是巴菲特的一个新朋友，他们开始一起慢跑，在他的地下室打壁球。

然后，沃伦突发奇想。他知道国会刚刚通过一项法律，其中有一款是要求非营利组织向美国国税局提交纳税申报单。

我正在费城的家里为巴菲特基金会填写"990报表"，突然脑中一闪，如果我要递交纳税申报单，他们也许也要报税。[26]

记者们顺藤摸瓜，找到了费城国税局的990报表，焦急地等待了20多天，直到工作人员从成堆的文件中翻出这些档案。[27]

两天后，包裹抵达奥马哈。保罗·威廉姆斯已经雇用了一位新的总编助理兰迪·布朗，专门帮助处理儿童城事件，整个团队成了四人组合。"我第一天工作，就看见桌上的990报表。"布朗说。[28] 巴菲特当时刚刚购买了喜诗公司，正忙着给全北美的朋友邮寄整箱的糖果。然而，儿童城萦绕在他的心头，他也亲自来帮助布朗分析这些文件。确定无疑，儿童城净值2.09亿美元，而且每年还在以1 800万美元的速度递增，这相当于它每年开支的4倍。巴菲特兴奋不已。在他的一生中,他一直在等着修女犯罪,并通过分析指纹来揭露这一罪行,现在他却利用纳税申报单突然抓住了一个双手沾满罪恶的主教。

他们把办公桌、文件柜搬到威廉姆斯的地下娱乐室中,并且扯了三条电话线。最后,"我们追踪到一切,事情水落石出了",利普西说,"不过,我们没法查清他们在瑞士的两个银行账号"。《奥马哈太阳报》的记者们对自己的发现十分震惊,儿童城收到的捐款规模是圣母大学的3倍。保守估计,每个男孩可以分到20万美元。米克·鲁德戏称它是"小鬼之城,高额收益",[29] 这个赚钱机器每年能够带来2 500万美元的收益,可以用投资的收益轻松囊括所有的开支,根本不需要再筹集一分钱。[30] 报道整合在一起后,报道小组在黑石酒店召开了一次会议,就在巴菲特办公室对面的街上。巧合的是,儿童城的董事会也同时在该酒店的一间会议室举行。记者们蹑手蹑脚地走进去,希望不会被看见。[31] 这一阴谋已经十分明显,现在他们开始思考下面这些问题:儿童城打算怎么处理所有这些资金?为什么它要继续筹钱呢?调查的最后一个环节就是找出这些问题的答案。

作为儿童城的管理人员,74岁的尼古拉斯·威格纳主教现在负责筹款工作。主教此时已经获悉《奥马哈太阳报》正在调查他们,儿童城已经开始匆忙着手进行改革。但是这些记者很自信地确认这位主教还不知道他们已经得到了儿童城的纳税申报单。他们害怕在这一报道上败给《奥马哈世界先驱报》,因为一旦它意识到这是一个多么重大的新闻,就可能利用其更为丰富的资源突然出击。他们更为担心的是,儿童城可能突然会同《奥马哈世界先驱报》合作,给它提供独家新闻,预先发动攻势,发布对儿童城有利的报道。[32]

记者们密谋如何采访威格纳和他的上级,希恩大主教。米克·鲁德,三十来岁,留着齐肩卷发,八字胡,一副吊儿郎当样,前去采访威格纳。一看到威格纳,鲁德禁不住深感同情。威格纳满脸皱纹,秃顶,穿着主教的长袍,伸着脖子,就像一只老迈的海龟。这位主教看起来十分憔悴,毕竟已经历经大大小小 15 次手术的折磨。随着采访的进行，他喋喋不休地讲着，同时否认接受了政府的资金。当被问起筹集的资金问题时，他说："我们一直都负债累累。"鲁德明白没有一句是真话，就结束了采访，带着录音带直接回到威廉姆斯的地下室。威廉姆斯把录音带整理出来后，立即把它放到保险柜中。

当鲁德在采访威格纳时，威廉姆斯正在盯着大主教，他们想在采访威格纳的同时对他进行采访，但无法安排在同一天。希恩——在这一点上可能被暗示过——证实了威格纳的陈述，但拒绝进一步发表意见。当这些资料到手之后，报道小组的记者们带着摄像师来到儿童城的筹款办公室。它位于奥马哈一家带有"富国银行"标识的大楼里，而不在儿童城里。他们不请自入，抓拍了几张成排女士工作的照片，她们正在打印筹款信和给捐赠人的感谢信。他们也设法采访了几个资金筹集人，不过他们都说："不要在你们的文章里提到筹集资金的事宜，以免公众轻易形成错误的观念，导致他们认为我们很富有，我们想让人们认为是男孩们邮寄的这些信。"[33]

同时，其他记者突然出现在董事大会上。这些董事大都没有颠覆这一神圣机构的动机。他们包括：掌管儿童城投资收益的银行家，一个建筑师的儿子（这位建筑师建造了儿童城校园，同时其公司正在为儿童城建造其他建筑），为所有男孩提供服装的经销商，以及处理儿童城法律事务的律师。他们中的多数人除了同儿童城的经济利益相关联外，所有人都感觉很荣幸能够成为内布拉斯加最受人尊敬的机构的董事，同时还能够为它贡献微薄之力。威格纳认为他们是一群讨厌的人，并且告诉鲁德说，"他们从来没有做过太多的好事"，"他们一点儿也不了解社会福利事业……他们也根本不懂教育"。[34] 据威廉姆斯讲，不论他们实际上知道多少，董事会对记者们的提问反应不一，从"吃惊到无知或者完全不懂"都有。[35] 儿童城的另外一个管理人员事后才明白过来，说："董事会没有完全尽到为威格纳主教服务的职责……他们应该早就向他建议，减缓筹集资金的速度。"[36]

这真是太具有讽刺意义了。正是儿童城贫困的背景导致威格纳开始筹集资金，正如兰迪·布朗所说，就好像"狼在门口一样"。[37] 也正是这一原因麻痹了董事会成员，使他们在监管威格纳的行为时没有质疑这是否合理。但是在同样环境中出来的人，沃伦·巴菲特要替他们打破它。在巴菲特看来，这样的犯罪不仅仅在于贪婪地筹集资金，更是由于把这些资金随意堆在那里而没有合理地使用。儿童城甚至连预算都没有。[38] 巴菲特认为这种罪孽是对信用责任的抛弃，没有合理地代表他人行使管理这些资金的权力。

记者们整个周末都在兴奋地写这篇新闻报道。巴菲特和利普西一点一点地读着。"我们只是一家毫不起眼的小报"，巴菲特说，但是却要按照著名的全国性报纸的新闻报道标准去写。最后，他们聚集在保罗·威廉姆斯家的客厅里，把所有的资料铺在地上，绞尽脑汁构思标题。最后他们把大标题定为："儿童城：美国最富有之城？"一篇长达 8 页的专题报道出现在了报纸上，同时还有一些相关的花絮新闻，报道以《圣经·路加福音》（16：2）中"把你所经管的交代明白"开篇。

在报道登载前一天，星期三的下午，威廉姆斯把稿件送到了美联社、合众国际社、《奥马哈世界先驱报》和电视台。第二天，1972 年 3 月 30 日，巴菲特将来回忆起来时仍会认为这是他一生中重要的一天。该报道不仅实现了他的愿望——像教会一样去经营商业活动，而且它还以《圣经》中最受人喜爱的思想——管理工作来开篇，通过这面镜子他看到了职责、道德或者义务，以及重要职位的责任。到那一周结束的时候，新闻通讯社已经将儿童城的报道传遍了全国，成了全国性的丑闻。[39] 星期六，儿童城的董事们召开紧急会议，决定停止所有的筹资活动，包括春季已经印好并已装进信封的所有信件。[40] 借助先进的传播方式，调查报道产生了深远的影响，立即推动了全美非政府组织监管方式的改革。这一报道被《时代周刊》《新闻周刊》《编辑和出版人》和《洛杉矶时报》等其他媒体转载。[41] 在儿童城丑闻曝光之后，有人立即对 26 家类似的机构做了一个非正式调查，结果发现超过 1/3 的机构称它们的筹款活动受到了影响。[42]

　　与此同时，威格纳的接任者弗朗西斯·施密特主教已经开始负起责任来。他迅速给儿童城的支持者们致信，说："《奥马哈太阳报》只是'一份购物指南，里面刊登的都是黄色新闻、偏见、嫉妒'，据我所知，这篇报道充满了狭隘和偏执。"他还指出他们的动机是反天主教的偏见。事实上，这些记者早就竭尽全力避免出现这种偏见。另外，施密特还说这篇报道充斥着"卑鄙可耻的含沙射影"，之所以这样，是因为"这是一份由庸俗编辑组成的廉价报纸，而它的老板却是一个富得流油的家伙"。[43] 威格纳仍然顽固不化。"儿童城，"他说，"仍然会存在，而那堆黄色垃圾——所谓的《奥马哈太阳报》——却会被忘掉。"[44] 对写信询问儿童城丑闻的人，威格纳都发送了一封相同的信，告诉他们《奥马哈太阳报》的报道在传播"耸人听闻的地方八卦"，并且说儿童城目前不再接受捐款，因为"我们的资产和设施已经增值了好几倍……因此可以满足我们的开支"。[45] 这些信件打印在普通纸上，在最下面都写着"您的捐款符合减税的要求"，并且"我们从不雇用募捐人或者筹资机构——我们不支付佣金"。

　　在《奥马哈太阳报》的报道刊登几个月后，奥马哈新闻俱乐部举行年度演出活动，一组歌手为奥马哈的名人们（有几个来自其他城市）表演节目。他们用歌声来讽刺威格纳主教和儿童城：

　　　大约在50年前，
　　　我们建造了一座儿童城。
　　　我们呼吁人们都来捐款，
　　　钱财滚滚而来。
　　　我们请求人们救济，
　　　汇款纷至沓来。
　　　我们这些无家可归的孤儿

全都获得了慷慨的资助。
沃伦·巴菲特刚一出现,
我们的资金就被曝光,
所有的财源全都中断。

(合唱)

谁在从中作梗,
搅乱了威格纳主教的募捐箱?
现在我们成了过街老鼠,
好像我们会传播天花一样。
你可知道,这是个阴谋诡计,
沃伦·巴菲特,
你为什么要搅乱威格纳主教的募捐箱?

从好莱坞来了一些家伙,
拍了一部电影;
米奇·鲁尼向人们展示,
他们应该把钱花到哪里。
斯宾塞·特雷西用她万分的虔诚
扮演自己的角色;
我们卖掉无数的爆米花,
只是为了购买AT&T。
我们把锡杯传到各地,
让人们安乐富足地生活;
沃伦·巴菲特突然出现,
查清了我们的资产负债表。

我们建造了豪华的别墅,

用来给这些孩子上课。
星期五不是去钓鱼,
而是在温室中吃野鸡。
我们总是向别人诉苦哭穷,
但是我们从来没有欠过债。
最后算出来了,
每个人都能分到 20 万美元。
巴菲特吹响了笛声,
全凭满怀恶意和嫉妒的一时之兴;
他肯定在心中盘算,
我们正变得像他一样富有! [46]

巴菲特从来没有感觉看纳税申报单如此有意思,他想做个备忘录,把事件的进展记录下来,只是为了证明《奥马哈太阳报》不会像主教预计的那样被遗忘。代表新闻界最高荣誉的普利策奖,"开始使我激动不已",他说。[47] 他让保罗·威廉姆斯开始填写申请表。威廉姆斯为巴菲特准备了一份详细的大纲,把他描述成一个有自己的战略思想、有着长期报纸管理经验的人。"在一个国家,经济因素不可避免地导致每个城市只能拥有一家日报",巴菲特写道,《奥马哈太阳报》提交的申请中应该强调"对另一家印刷媒体的需要"。另外一家报纸,甚至只是郊区的周报,也会增加"处于困扰中的巨人歌利亚的价值",但是主流报纸都害怕这么做,因为这样"可能看起来很傻"。[48]

米克·鲁德写了一篇关于儿童城的追踪报道,这招致威格纳主教在采访中指责这些报道含有种族歧视,同时这篇报道也揭露了湖边儿童城的孤儿们种植大麻的丑闻。保罗·威廉姆斯把这篇稿子给毙了,他说《奥马哈太阳报》还要走阳关道,在某种程度上要避免以后的报道受到影响,同时也是为了避免让人们感觉他们有反天主教的倾向。此时,普利策奖即将揭晓。"太糟糕了。"鲁德在日记中自言自语道。[49]

《奥马哈太阳报》的记者们知道普利策奖的竞争太激烈了。他们要和《华盛顿邮报》的调查性新闻记者卡尔·伯恩斯坦和鲍勃·伍德沃德竞争，后者追踪一起发生在民主党全国委员会总部的普通盗窃案，当时正值 1972 年尼克松与麦戈文争夺总统候选人资格，最后却发现这是一起巨大的政治间谍案和故意破坏行动。不过《奥马哈太阳报》在 1972 年也很有实力竞争这一新闻界最高奖项。

1973 年 3 月，美国职业新闻工作者协会和全国新闻协会，授予《奥马哈太阳报》公共服务方面的最高奖励，《华盛顿邮报》获调查报告奖。在颁奖典礼之前的一次鸡尾酒会上，当斯坦和珍妮·利普西在人群中挤来挤去，希望能够一睹卡尔·伯恩斯坦和鲍勃·伍德沃德的风采时，珍妮用胳膊肘碰了一下她的丈夫说："我敢和你打赌，我要赌 100 美元，你一定会获普利策奖。"几周后消息传来，《奥马哈太阳报》获得了普利策地方调查报道奖。整个报社沸腾了，人们欢欣鼓舞。[50] 这一次，它同获得公共服务奖的《华盛顿邮报》平起平坐了。苏珊·巴菲特举行了一次庆祝晚会，她制作了一个写有"太阳报普利策奖"字样的巨大点心，放在家中。在晚会上他们也庆祝一些其他的胜利。儿童城开始在一些项目上进行投资，并且迅速组建了一个中心，对儿童的听力和言语缺陷进行研究和治疗。还算幸运，它还是起到了一些作用。儿童城从现在开始有了预算，并且向公众公开其财务状况。

那一年他们没有像往年一样邮寄圣诞节筹款信，只是寄了一张圣诞贺卡表示感谢，同时也附上了希恩大主教的一封信，信中"十分遗憾地"宣布，威格纳主教由于"健康原因"不得不退休。尽管他确实十分憔悴和虚弱，《奥马哈太阳报》那些尖刻的记者却认为："这是因为他所读到的报道"而导致的。[51]

1974 年的复活节，杰克·林沃特尔转给沃伦一封信的副本，这是威格纳神父（已经不是主教了）写的信。信中不再说那些无家可归被遗弃的孤儿没有快乐的圣诞节了，相反，信中详细地介绍了儿童城刚刚参与的一些投资巨大的新项目，以及打算雇用专家"以帮助我们计划未来"。[52]

在这封信之后，儿童城仍然收到了 360 万美元的捐款，但因为受到丑闻的影响，同上一年的最高值相比少了很多。

因此，这一事件的结局和其他的一样：一种复杂的胜利，为了应对公开的尴尬，一方面加以掩盖，一方面加以改革，却没有完全改变体制。虽然儿童城最后又获得了董事会和管理层的信任，但这不是一天就实现的，董事会的利益冲突并没有消失，至少没有立即消失。

甚至《奥马哈太阳报》的荣誉也是昙花一现。它的经营状况并不景气，这个爱揭丑的编辑保罗·威廉姆斯在荣获普利策奖后不久就退休了。那些调查新闻记者也一个个另谋高就，跳槽到了其他报社和通讯社。除非巴菲特甘愿它继续赔钱，《奥马哈太阳报》的经济状况无法让它像过去一样支撑未来的发展。《华盛顿月刊》已经证明了这一点——即使大报也是如此——巴菲特也不会这样做的。在一定意义上，《奥马哈太阳报》是他的"烟蒂"之一，他已经吸进了最后一大口。

在另一种意义上，和其他事情相比，他从《奥马哈太阳报》中获得的短暂声誉只是他的副产品。最近，因为其他原因，巴菲特已经在投资者的头脑中引发了一场震荡。一个叫乔治·古德曼的作家以亚当·史密斯为笔名出版了一本题为《超级金钱》的书，猛烈抨击了20世纪60年代股票市场的泡沫。这本书十分畅销，卖出了100多万册。[53] 这一泡沫突然把基金经理们送到最高点，然后几乎在一夜之间，泡沫破灭将他们抛进低谷，就好像他们的发动机突然没油了。他们被描述成了"长角魔兽"，引诱普通投资者的可恶家伙。但是当讲到本杰明·格雷厄姆和巴菲特时，古德曼知道他遇到了两个非常与众不同的人物，他花费了整整一章来写这两个人，把他们写得光彩夺目。

古德曼十分敬重精通拉丁语和法语的格雷厄姆，曾经受到他的热情款待。但是当格雷厄姆出现在《超级金钱》一书中时，形象却不佳，说起话来有些矫揉造作，话语中透露着一种自我讽刺的感觉。而巴菲特却是另一副模样：全美国一流的投资专家，极其喜爱百事可乐，独自一人经营着自己的事业，远离华尔街的那些撒旦。巴菲特同格雷厄姆一起出现在书中,就像一块两英寸厚的丁字牛排同一块鹅肝酱放在同一个盘子里。人人都想要牛排。

这本书的所有评论者都提到了巴菲特。华尔街资深作家约翰·布鲁克斯称他为"巴比伦的清教徒",身边却围满了"贪婪、蓄短连鬓胡子的证券投资巫师"。[54]一夜之间,巴菲特成了明星。

甚至在奥马哈,《超级金钱》也引发了小小的轰动。在这本畅销书中,巴菲特被加冕为"投资之王"。他现在是人们常挂在嘴边的"那个沃伦·巴菲特"。

36
两只落汤鸡

奥马哈，华盛顿哥伦比亚特区　1971年

长期以来，巴菲特一直渴望在出版领域占据一席之地。自从报纸出现以来，大多数都是由一些家族控制，直到最近才有要出售的企业，并且看起来还很便宜。他和查理·芒格也开始了一个接一个的收购活动。他们尝试着从斯克里普斯·霍华德那里购买《辛辛那提问讯报》，不过没有成功。[1] 他们还打算为蓝筹印花公司买进斯克里普斯家族的另一家企业——新墨西哥论坛公司，该公司旗下拥有《阿尔伯克基论坛报》[2]——最后也以失败告终。

1971年，《华盛顿月刊》的出版商查理·彼得斯接到了巴菲特打来的电话，请求他牵线，帮巴菲特和芒格结识《华盛顿邮报》的出版商凯瑟琳·格雷厄姆。巴菲特说他和芒格已经购买了《纽约客》的股票，并且想把这家杂志整个买进。他们已经同《纽约客》的董事长——该杂志的一个大股东——彼得·弗里茨曼谈过了，他也想出售自己的股份。不过他们需要一个合伙人一起购买该杂志，他们认为《华盛顿邮报》可能是最佳的选择。

接到这个电话，彼得斯并不感到吃惊。他转念一想，认为巴菲特肯定对《华盛顿邮报》的股票感兴趣，因为格雷厄姆家族正在让公司上市。他之所以继续持有《华盛顿月刊》，也许正是因为最近有些报纸正在公开发行股票。如果能够以《华盛顿月刊》为突破口打进《华盛顿邮报》，那么所有在它上面花费的投资也算物有所值了。

在1971年《华盛顿邮报》即将公开发行股票时，[3] 彼得斯安排了一次会面，探讨双方合作购买《纽约客》的事宜。巴菲特从来没有购买过公开发行的股票，因为他感觉这些股票都是被大肆鼓吹和宣传出来的；它们的价格被高估了，同那些不受人喜爱的"烟蒂"或者价值洼地正好相反，如他和芒格购买的美国运通公司或喜诗糖果公司的股票。因此，巴菲特并不打算购买《华盛顿邮报》的股票。但是他和芒格仍然飞到了华盛顿，在《华盛顿邮报》的总部同凯瑟琳·格雷厄姆会面。那是一座8层高的白色哥特式大楼，建造于20世纪50年代，正面高悬"华盛顿邮报"几个大字。

尽管凯瑟琳·格雷厄姆是《华盛顿邮报》的出版商，但是接管该报时已经不年轻了。8年前她开始接管该报，当时她46岁，一个寡妇，带着4个孩子，从来没有经营过报纸。现在她已经全力以赴，在投资者和新闻界的不断质疑之下，仍然能够勇敢地迎接挑战，管理一家上市公司。

查理和我同她进行了一次短暂的接触，只有20分钟。我不知道她是个什么样的人。我不知道她会害怕自己的公司。那天正下着大雨，因此我们进去时就像两只落汤鸡，你能想象出来我们当时的寒酸样子。

在她的办公室落座后，她对我们十分热情，建议我们去见见董事长弗里茨·毕比，他是纽约真正起推动作用的人，我们听从了她的建议。但是，我们没有取得任何进展。

当时，格雷厄姆对购买《纽约客》不感兴趣，巴菲特的这次造访无功而返。这次会面，也没有留下任何她和巴菲特将来会成为好朋友的迹象。不管怎么说，他在她心中没有留下什么印象。对巴菲特来说，尽管她仍然是个漂亮的女士，但是他还没有发现她有什么特别吸引人的地方，这可能是因为巴菲特喜欢像戴茜·梅尔那样温柔贤惠而又体贴关爱的女人。再者，他们的背景也有天壤之别。

凯瑟琳·格雷厄姆出生于一个富有的家庭，之后不久就迎来了咆哮的 20 世纪 20 年代。父亲吉恩·梅耶是犹太人，一个投资家和《华盛顿邮报》的出版商。母亲艾格尼丝是上流社会出名的交际家，只关心自己的事情。家里人在背后都叫她"大艾格"，因为她个子高挑，随着年龄的增加，她的腰身也不断变粗。艾格尼丝之所以嫁给这个犹太人，至少在一定程度上是看中了他的钱财。不过和她的丈夫及 5 个孩子完全不同，她极其喜爱中国艺术、音乐、文学和其他艺术。他们在基梭山拥有一座粉中带灰色的别墅，俯瞰着威彻斯特县的拜瑞湖。另外，他们在纽约第五大道还有一套公寓，在华盛顿特区另有一座巨大的维多利亚风格的房子。他们轮流在这三个住所居住。

凯瑟琳最初几年是由母亲照顾的，她们住在基梭山的别墅里。这里被人们称为"农场"，因为它包括一个巨大的果园兼花园和牛奶场，还有一个古老的农舍，这个农舍是农场工人们的单身宿舍。餐桌上的每样蔬菜、每个水果都来自周围的菜地和果园。凯瑟琳吃的肉来自农场自己养的猪和鸡，喝的牛奶来自农场的泽西种乳牛。每天每个房间的桌子上都摆满了鲜花，甚至在华盛顿的家中也有从基梭山的花园快递过去的鲜花。威彻斯特县别墅的墙上挂满了中国的名画，里面还有当时地位和身份的象征：一个室内游泳池，一条保龄球道，一个网球场以及一架巨大的管风琴。

凯瑟琳可以从一群骏马中选择自己的坐骑，这群马英俊高大，足以和灰姑娘的马队相媲美。她常常到处度假，有一次甚至跑到德国去拜访阿尔伯特·爱因斯坦。有时艾格尼丝会带着孩子们去野营，教他们独立生活的能力。他们大概要带 5 个农场的雇工、11 匹鞍马和 17 匹驮马随行。

但是孩子们要见他们的母亲还必须预约。他们要狼吞虎咽地吃饭，因为当仆人在长长的餐桌上上菜时，要先给艾格尼丝盛。当仆人开始给其他人盛菜时，她已经开始吃了。而且她一吃完，就要求把其他人的盘子也迅速撤走。她自己也承认,她不爱自己的孩子。她让奶妈、家庭教师和骑师来照顾他们,她把他们打发到夏令营、寄宿学校和舞蹈班。他们唯一的玩伴是自己,以及仆人的孩子们。艾格尼丝常常醉酒,同许多名人调情和交往(不过只是柏拉图式的精神恋爱)。她瞧不起其他任何妇女,包括自己的女儿。她竟然拿凯瑟琳同美国的甜心宝贝秀兰·邓波儿相比,后者是一位集唱歌、跳舞和甜蜜微笑于一身的美国童星,长着满头金色鬈发。[4]"如果我说我喜欢《三个火枪手》,"格雷厄姆回忆道,"她会说我不可能真正读懂它,除非我能够像她一样读了法文原版。"[5]凯瑟琳接受的训练就像是杂交的兰花一样,美丽而又娇生惯养,其潜力常常受到严厉的指责,或者被忽视。然而,当她到华盛顿特区的马德拉学校上学时,却突然学会了招人喜爱的技能,并且被选为班长——在那时这是很令人吃惊的事,因为她具有一半犹太血统。

在信奉新教的基梭山家中,他们过着与世隔绝的生活。因为艾格尼丝坚决主张要把孩子们培养成新教徒——尽管这违反了当时的宗教习俗——他们甚至忽视了他们的父亲是犹太人这一事实,格雷厄姆不明白他们为什么要与世隔绝。后来她在瓦萨尔学院上学时,有一次感到非常震惊,不知所措。当时一位朋友向她道歉,因为有人在她面前发表了一通贬低犹太人的言论。她事后才醒悟过来,她在血统上的冲突"要么使你具有超强的生存能力,要么使你乱成一团"。[6]

凯瑟琳从母亲那里学会了对小事不拘一格、慷慨大方、害怕受欺骗、不愿轻易放弃以及对他人持怀疑态度,认为别人都想利用她。据她自己描述,她也形成了喜爱指挥人的倾向。[7]然而,在别人看来,她天真质朴、坦率正直、慷慨大方、心胸开阔,不过她似乎从未承认这些优点。

尽管她的父亲公务繁忙、对人冷淡,对她却很支持,因而她似乎感觉和他更亲近些。为了吉恩·梅耶,她把热情投在了经济学上。最后这些知识也用上了,从来没有任何浪费。她父亲在经济学方面很有天赋,再加上他付出了大量的时间、金钱和精力,从而拯救了奄奄一息的《华盛顿邮报》,使它能够继续生存发展下去。当时,凯瑟琳正在日渐长大成人,而这家报纸在首都华盛顿地区的五家报纸中仍然排在最后,远远落后于主流报纸《华盛顿明星晚报》。[8]但是到1942年,当梅耶开始考虑退休时,凯瑟琳当医生的哥哥比尔没有兴趣经营一家不赢利的报纸,因此责任落在了凯瑟琳和她的新婚丈夫菲利普·格雷厄姆身上。凯瑟琳迷上了菲利普,她认为自己没有什么能力,就理所当然地接受了父亲的决定,把《华盛顿邮报》近2/3有表决权的股份转给了菲利普,授予他绝对的控股权。梅耶之所以这么做,是因为他认为男人不应该为自己的妻子工作。剩下的股份由凯瑟琳持有。[9]

尽管梅耶热切希望把这份报纸继续创办下去,但是当菲利普·格雷厄姆接手后,事态立即失去了控制。编辑部和发行部的几位员工一天的大部分时间不是在赌赛马,就是在喝酒。当梅耶不在城里时,办公室勤杂工每天所做的第一件事就是给每个人送半品脱的白酒和一份《每日赛讯》。[10]

菲利普·格雷厄姆着手对此进行整顿,并且开始加大政治报道的版面,培养报纸的特性,同时用强硬自由的声音加强社论版的力度。他收购了《新闻周刊》和几家电视台,这都表明他是一个出色的出版商。但是随着时间的推移,酗酒狂欢、脾气暴躁、情绪不稳以及冷酷的幽默感,使他变得越来越古怪,尤其是对他妻子常常毫不留情地讽刺抨击。当凯瑟琳体重增加时,他称她为"肥猪",并且给她买了一个瓷猪。她很少为自己考虑,以至于她还认为这个玩笑很有趣,把这个瓷猪放在了显眼的地方。

"我很害羞,"她说,"我害怕被别人抛弃,因为我会惹他们厌烦。当我们一起出去时,我从不说话,我都让他说……他真的很聪明、很风趣,是个不可思议的多面手。"[11]

她的丈夫利用了她的恐惧感。当他们和朋友一起外出时,只要她一开口讲话,他就盯着她。她感觉到他似乎在告诉她,她讲话太多,正在使人生厌。她也认为自己不善于交际,永远也不能达到别人的期望,更不可能像秀兰·邓波儿一样迷人。毫无疑问,随着时间的推移,她不再公开讲话，总是让菲利普替她出面。[12] 她变得非常没有安全感，甚至在聚会前会恶心呕吐。据有人称，菲利普私下里对她的态度更恶劣。[13] 她的 4 个孩子全都见证过父亲对他们母亲的伤害。他喝得酩酊大醉，回来就发酒疯，吓得她浑身发抖，不知所措。

她从来没有和菲利普对着干过，甚至当他和一群女人鬼混时也没有，这其中可能还包括杰克·肯尼迪的情妇。[14] 相反，她维护他，帮他辩护，称他具有个性魅力，聪明能干，又有智慧，容易遭到别人的嫉妒。他的行为越是残暴，她越是想取悦他。[15] "我认为菲利普差不多把我给改造了，"她说，"我的兴趣提高了，也更加自信。"[16] 他认为她嫁给他十分幸运，而她也这么想。他最终弃她而去，投入《新闻周刊》编辑罗宾·韦伯的怀中。当她的一个朋友知道此事后，对她说："太好了！"她当时就目瞪口呆。她从来没有想过离开了菲利普自己的生活会更美好。但是，他随后就开始想方设法将报纸从她手中夺走，毕竟他控制了 2/3 的股份。凯瑟琳十分害怕会丢掉家族的报业。

1963 年，当她正在同菲利普争夺报纸的控制权时，他在一次公开活动中突然病倒，被诊断为躁郁症，送到了一家精神病医院治疗。六周后，他借口周末回家休养逃离医院。他回到坐落于弗吉尼亚州格伦韦尔比的家中。周六，他和凯瑟琳一起吃了午饭，然后他在楼下一间浴室中开枪自杀，时年 48 岁。当时她正在楼上的卧室睡午觉。

他一自杀，报纸就归凯瑟琳所有，威胁消失了。虽然她十分害怕掌管这份报纸，但是当有人建议她卖掉报纸时，她却下定决心自己来管理。她要接手管理工作，直到她的孩子长大成人来接替她。"我对管理一无所知，"她说，"我甚至对复杂的编辑问题一点儿都不懂，不知道秘书是干什么的，不知道哪些事情重要、哪些不重要。更糟糕的是，我根本分不清事情的轻重缓急。"

尽管格雷厄姆有时已经能够表现出坚定的信心，但是在工作中，她仍然需要依赖别人，因为她不断地重新思考和质疑自己的决定。[17] "我不断地从那些经营报纸的报业人身上学习管理，"她写道，"当然，他们都是男人。"但是她从来没有信任过他们或者其他人。当然,她身边的人没有一个用值得信赖的方式对待过她。她会试探性地把信任放在某个人身上,然后转念一想,又收了回来。时而热情,时而冷淡,对手下人不满意,导致她在公司获得了一个可怕的声誉,她却又总是在寻求建议。

"有时一天要做出好几个决策,而她根本不确定怎么进行——常常是很难做出决定——她会打电话给董事们、朋友们,她认为他们可能会有相关的经历,能够给她一些建议。这一方面是为了得到建议,来帮她处理问题,同时也是为了看看哪个朋友的建议更合理,以后好再次向他求助。"[18]

最开始,她常常依赖弗里茨·毕比律师——《华盛顿邮报》的董事长。他在凯瑟琳刚刚接管这份新工作之初,就给了她很大的支持。[19] 当时,《华盛顿邮报》依然是华盛顿地区三家仅存报纸中发行量最小的一家,年收入仅 8 500 万美元,利润仅 400 万美元。

她渐渐地适应了自己的角色。她和主编本·布拉德利都很有远见,把竞争对手《纽约时报》作为自己的标准,想办成一家全国性的报纸。布拉德利出生于波士顿的盎格鲁-撒克逊基督教新教家庭,毕业于哈佛大学,第一任妻子是美国一位参议员的千金。他曾经在情报机构工作过,然后转行当记者。风趣、聪明,有时还有点儿出人意料的尖刻,同他的个人背景很不相符。在格雷厄姆的鼎力相助下,他发挥了最佳的能力——鼓励记者在宽松的环境中自由发挥,同时参与激烈的竞争。不久之后,《华盛顿邮报》就以严谨的新闻风格而著称。她在接管报纸三年后,就力荐布拉德利为总编辑。

1970 年,凯瑟琳的母亲艾格尼丝在病床上去世,她终于从母亲的专横之中解脱出来。当时正是劳动节的那个周末,凯瑟琳前往基梭山的别墅休假。仆人告诉她艾格尼丝一直没有按铃让人送晚饭过去,凯瑟琳立即上楼到母亲的卧室看看是怎么回事,结果发现她躺在床上,"全身僵硬冰冷",格雷厄姆在自传中这样写道。她没有哭,尽管有时一些庸俗不堪的小说和电影都能引得她泪流满面,并且有时在生气或者受伤时她也会流泪——她在自传中这样解释——然而当任何人死时,她从来不会哭泣。[20]尽管艾格尼丝·梅耶的去世减轻了格雷厄姆的重负,但并没有消除她的不安全感。

1971年3月,反对越南战争的运动正如火如荼地进行着,《纽约时报》突然刊载了一份五角大楼的秘密档案——这是份绝密档案,是前国防部长罗伯特·麦克纳马拉撰写的越南政策报告。它揭示了政府从一开始就在欺骗公众,并将残忍地把国家引入无底深渊。[21]该文件分47卷,共7 000余页,它最终得出的结论是政府在欺诈和愚弄美国公众。6月13日星期日,《纽约时报》开始刊登该文件。

6月15日,大约是巴菲特和芒格在华盛顿格雷厄姆的办公室和她会面之后的两个星期,联邦地区法院下达了一道禁令,禁止进一步刊登该文件。这是有史以来美国法官第一次禁止报纸刊载报道,引发了公众对宪法问题的巨大争议。

《华盛顿邮报》认为这一消息很有价值,决定插手五角大楼文件。通过消息灵通人士的不懈努力和接触,一位编辑追踪到了这些文件的来源——丹尼尔·埃尔斯伯格,一位越战问题专家。于是,这位编辑立即带着一个空箱子飞到波士顿,把这份五角大楼文件带回了华盛顿。

此时,格雷厄姆已经掌握了一些做出版商的基本原则,尽管她仍然对别人的意见言听计从,有点儿局促不安。再者,"我们正要公开上市,但是我们的股票还没有开始出售",她回忆道,"对一家公司来说,这是一个非常敏感的时期,如果我们被告上法庭或者被禁止发行,就会受到毁灭性的打击……商人们都说要么别登,要么再等一天;律师们说不要登;另一部电话的话筒里编辑们却对你说,你不得不登"。

"如果我们不刊登,那我就辞职,"本·布拉德利说,"很多人都会辞职。"

"每个人都知道我们得到了那些文件,"格雷厄姆后来写道,"在《纽约时报》被迫停止刊载后,继续保持这种冲劲十分重要,因为问题是政府是否有权事先限制媒体的新闻报道。而且我也感觉到正如本所说的,如果我们屈服，就会打击编辑们的意气与斗志，新闻的道德底线就会沦丧，我们的一举一动都会产生重要影响。"

6月的一天，格雷厄姆正在乔治敦公寓的阳台上欣赏美丽的午后风景，突然有个电话打了进来。她走进书房，在一个小沙发上坐下，然后拿起电话。电话是《华盛顿邮报》的董事长弗里茨·毕比打来的。他告诉她说："恐怕你要做决定了。"格雷厄姆问毕比他会怎么做，他回答说他不会刊登。

"为什么我们不能等一天呢？"格雷厄姆问道，"这个问题《纽约时报》都讨论了三个月。"接着布拉德利和其他的编辑也打来了电话。他们说：据谣传，很多人都知道我们得到了文件，社内社外的记者们都在盯着我们，我们必须行动，并且必须今晚就行动。

当时，《华盛顿邮报》的总裁保罗·伊格内修斯也在书房中，就站在格雷厄姆的身边。她说："我只有1分钟的时间来决定。"

因此她要琢磨弗里茨·毕比的话。他刚才不紧不慢地说他想他不会，同时又表示如果她决定做出不同的选择，他也会支持她的。

"我说：'好吧好吧，就这么定了，刊登。'然后，我挂断了电话。"[22]

在那一刻，这个在做出每个决定都要向别人寻求建议的女人意识到，只有她才能做出选择。当被迫深入下去形成自己的意见时，她发现自己确实知道该怎么做。

在那个下午即将结束时，政府向法院起诉《华盛顿邮报》。第二天，6月21日，杰哈德·格泽尔大法官裁决支持报纸，拒绝签发禁令禁止它继续刊登五角大楼文件。不到两周时间，最高法院支持他的裁决，并且称政府不应该以"沉重负担"为由要求司法裁决，以国家安全为由禁止报纸出版。

随着在五角大楼文件事件的胜利，《华盛顿邮报》开始蜕变，从一家只刊登地方新闻的地方报纸，一跃成为一家重要的全国性大报。

"她的作用，"记者鲍勃·伍德沃德写道，"就是不断提高跳高的横杆，轻柔而又残酷。"[23]

37
新闻记者

华盛顿哥伦比亚特区　1973年

　　大概两年后,《华盛顿邮报》正在深入挖掘报道"水门事件"。而在奥马哈,《奥马哈太阳报》的记者们却正惬意地沐浴在曝光儿童城丑闻的荣耀中。对"水门事件"的报道始于1972年6月,当时发生了一起普通的非法闯入案,伍德沃德和伯恩斯坦通过其中一个窃贼携带的支票,竟然追踪到了尼克松竞选连任委员会的成员。通过联邦调查局一位代号"深喉"的秘密线人透露的消息,他们对这起丑闻连续报道了好几个月。在当时除鲍勃·伍德沃德外没有人知道他是谁,直到33年后,他的名字才被公之于众。他不断地给这两位记者传送关于总统竞选连任委员会的情报,以及中央情报局和联邦调查局的多位高官给这些窃贼提供资金支持和帮助的情报。但是,其他报纸基本上都忽略了这一丑闻,公众也没有太在意。当年秋天,尼克松以极大的优势竞选成功,连任总统。同时,他坚决否认和非法闯入案有牵连。在五角大楼文件事件上,尼克松领导下的白宫政府已经同《华盛顿邮报》结下了深仇大恨,此时更是对该报大加批驳和威胁,称"水门事件"只是一件"三流的盗窃案",根本不值一提。尼克松竞选连任委员会的主席约翰·米切尔同时也是尼克松政府的司法部长，他警告伍德沃德和伯恩斯坦，如果《华盛顿邮报》继续报道该事件，凯瑟琳会"自讨苦吃，是没有好果子吃的"。一位同当局有关联的华尔街朋友也向她建议，"不要一意孤行"。

1973年初，理查德·尼克松的朋友，一位共和党的募捐者反对向《华盛报邮报》在佛罗里达州的两家电视台继续签发执照，这很有可能是出于政治原因，这一挑战威胁到了公司一半的盈利，是个致命的打击。[1] 公司的股票从每股36美元暴跌至16美元。

虽然荣获过普利策奖，虽然"水门事件"中的窃贼已经被判有罪并被送进了监狱，虽然有很多证据显示尼克松政府的多位高官与非法闯入案有染，格雷厄姆仍然在不断地反复掂量，是否报纸正在被利用或者误导。[2] 现在，她的大部分时间和精力都花费在应付这些使人焦头烂额的麻烦上。她的董事长弗里茨·毕比身陷癌症的困扰，身体正在迅速垮掉，[3] 而她现在急需权威人士的支持和帮助。她迅速向董事会的另一位成员安德烈·梅耶求助，他是拉扎德兄弟投资银行的高级合伙人。

梅耶是一个睚眦必报、讳莫如深、欺上瞒下而又残酷成性的人，常常"猛烈抨击诽谤他人"。他以"华尔街银行界的毕加索"和"无比贪财"而著称，被称为20世纪最伟大的投资银行家。据他的同事称，他是"一个天才的赚钱专家"。[4] 他也是一个有着广泛社会关系的人，曾经警告过格雷厄姆，在"水门事件"上不要一意孤行。他"有能力在危急时刻结交很多人，这样就能激发他们的忠诚，并且在将来给他提供绝好的机会"，拉扎德的一位前主管这样描述他。[5] 他很快就结识了格雷厄姆，并且开始和她一起出入饭店、聚会以及剧院。

1973年5月1日，毕比去世了。一周后，他的律师乔治·吉莱斯皮（同时也是格雷厄姆的私人律师和顾问）开始处理他的遗产。吉莱斯皮获悉奥马哈城的一位大投资家曾经购买过《华盛顿邮报》的股票，因此，在缅因州的避暑别墅里，他给巴菲特打了个电话，告诉他毕比名下的5万股股票正要出售。巴菲特立即抓住这个机会，全部吃进。

如果价格合适，巴菲特几乎会为伯克希尔–哈撒韦买进所有的报纸。

当联合出版社的银行家、《波士顿环球报》的出版商，正在想方设法出售公司股份时，巴菲特打破了他多年来从不购买公开发行股票的惯例，以低价吃进联合出版社4%的股份，这使伯克希尔一举成为它最大的股东。他又一口气购买了电话亭报纸公司、斯克里普斯·霍华德以及哈特汉克斯通信公司的股票，这是它位于圣安东尼奥的一家分公司。《奥马哈太阳报》荣获普利策奖，打通了他向新闻界进军的通路，他可以以出版商的身份与同行攀谈了。他同《韦尔明顿新闻周刊》的所有人聊天，商谈购买该报的事宜。报纸类股票实在是太便宜了，这是因为投资人没有看到它们的价值，然而报纸的主人们并不是愚昧无知的。巴菲特和芒格不得不同他们竞争，他们整体买进的努力最终成了泡影。

不过，到1973年晚春时节，巴菲特所持有的《华盛顿邮报》的股票已经超过了5%。[6]因此，他给格雷厄姆写了一封信。她总是害怕失去公司，即使毕比和吉莱斯皮将《华盛顿邮报》的股票分成两种，在市场上公开交易的股票永远都不能威胁到她的控制权，恶意的收购根本不可能发生。[7]巴菲特在信中告诉她，他拥有《华盛顿邮报》的23万股股票。他的信没有墨守成规写成标准的文件格式，而是以私人信函的口气，自我吹捧他们在新闻出版上的共同兴趣，并且特别强调了《奥马哈太阳报》获普利策奖这件事。这封信这样开头：

> 这一购买活动对我来说代表着极大的责任和义务——真诚地表达了我们的极大热爱，不仅仅是对《华盛顿邮报》公司，更是对您这位首席执行官。这里特别向您书面保证，我承认《华盛顿邮报》是由格雷厄姆控制并管理的。这对我来说也是再合适不过了。[8]

然而，格雷厄姆仍然十分恐慌，她四处寻求建议。

"有时，"她手下的一位记者吉姆·霍格兰写道，"她会被江湖骗子的伎俩欺骗，尤其是如果他们十分擅长愚弄和奉承时。"[9]她很容易附和别人，并且"很容易被别人的大话打动"，另一个记者这样说。[10]再者，她出于本能也在追寻妇女的平等——她曾经资助过格洛里亚·斯泰纳姆的《女士杂志》；她曾经大声斥责过男人，因为每当她寻求专业人员的帮助时，好像所有的社会成员都是男人一样；她也曾经对拒绝批准女孩送报的《华盛顿邮报》执行官大发雷霆。然而，在她的内心深处，她仍然认为男人精通所有的商业活动。因此，当安德烈·梅耶"生气了"，并且告诉她巴菲特对她不怀好意时，她没有忽视他的见解。[11]格雷厄姆的另外一个朋友鲍勃·阿布德，是芝加哥大学董事会成员，他也警告她小心点儿。她同样很重视他的建议。

安德烈·梅耶真的认为他控制了一切，对于像凯瑟琳这样的女人，他感觉很容易——他甚至会让她感觉到连上厕所这样的事也要事先征得他的同意，他就是这种风格。安德烈多次作为她的新老板来找我，因为我购买了这只股票。这些家伙全都不愿意我进入核心层里，因为这会削弱他们的权力。

她对任何人操纵她的想法都十分敏感，无论是政治原因还是报纸方面的，这是可以理解的。世界上每个人都想利用她，对此，她已经习以为常了。唯一能够制服凯瑟琳的办法就是利用她的恐惧。如果你想彻底改变她，就必须利用她的不安全感。尽管她知道你在利用她，但还是无法抗拒。

"她常常犹豫不决，"《华盛顿邮报》的董事会成员阿贾伊·米勒说，"她对人常常反复无常，她会受到威胁和伤害，她在生意上会被某些人压得喘不过气来。"她遇到一些人后，短时间内就会被他们搞得有点儿神魂颠倒，认为他们知道所有的答案。她认为男人知道所有关于商业的事情，而妇女对此一无所知。追根究底，这才是问题的真正所在。她的母亲、她的丈夫都这么告诉她，一次又一次地反复这么对她说。[12]

格雷厄姆竭尽所能去了解巴菲特。她几乎想不起来他们在两年前还有过短暂的接触。[13]她和同事们买来几本《超级金钱》，狼吞虎咽地读了关于他的那一章，边读边想，这个来自内布拉斯加的家伙会给他们带来什么呢？那些对巴菲特充满敌意的人，找出了《福布斯》9月1日的那一期，上面有一篇未署名的文章，是关于巴菲特购买圣何塞自来水厂股票的报道。这篇文章打破了《超级金钱》一书描述的神秘男人身上的光环，在上面投下了一丝阴影。

《福布斯》杂志刊登的这篇文章的格调完全变了，与两年前刊登的那些赞誉文章迥然不同。文中写到一位圣何塞自来水厂的股东想转让自己的股票，他去找公司的一位董事，这位董事又把他介绍给了巴菲特。这篇文章暗示巴菲特肯定知道该市正在谋划一次交易来接管自来水厂，而且比他出的价格还要高——仅仅是因为一位董事把一个卖主介绍给了他。他既然有这种关系，那么他肯定知道内情——对吧？文章结尾写道："……美国证券交易所，以及美国证券交易委员会旧金山办公室正在对此事进行调查和询问。"[14]

但是，一位董事把一位股票卖主推荐给买主，这并没有什么违法的。[15]而且，的确还没有达成什么交易。然而，对于那些十分关注他的人来说，他们会发现，这是自从《超级金钱》以来，他的名字再次出现在公众眼中，十分显著。[16]巴菲特感觉就像猫抓柱子一样。尽管这些报道都没有事实证据，但是如果把它们放在一起组成一系列连续报道，就会毁掉他刚刚积累的一世英名。他不是那种暴跳如雷、大喊大叫的人，相反，他十分谨慎和精明。他很聪明，尽管十分生气，也没有轻率地指责杂志，谴责这位匿名记者。他想要获得补偿和清白，因此，他利用这个机会，给该杂志的出版商马尔科姆·福布斯写了一封信，希望引起他的注意。这封信的措辞恰当，探讨了新闻中的一些失误，并且对该杂志多年来在调查报道方面取得的成就大加赞扬——不过很不幸，关于圣何塞自来水厂的报道例外——同时，他也提到了《奥马哈太阳报》荣获普利策奖一事。[17]同一天，他也给编辑们写了一封措辞严厉的信，没有阿谀奉承，只是陈述事实，表明自己的无辜。

在确信无误之后，《福布斯》杂志发表了更正声明。不过，巴菲特知道几乎没有人会去读这份更正声明，它肯定无法消除当初报道产生的影响。因此，他派代理人——忠实的比尔·鲁安去见那些编辑。不是去抱怨，而是去向他们引荐作为专家的巴菲特，并转告他们巴菲特可以为杂志写一篇关于投资的文章。[18] 然而，这一提议立即被拒绝了。

巴菲特现在有了新的理由——对新闻报道中的偏见义愤填膺——这是根据他的正义感和对新闻的一般兴趣而产生的。记者可以通过推断或者疏忽，没有精确核实，就发布虚假的报道，这快要把他逼疯了。他知道甚至善意的新闻出版机构，也会为了维护编辑部的士气和新闻独立而陷入极度愤怒之中，替自己记者的那些可疑行为辩护。这一姿态，他后来明白了，在《华盛顿邮报》被称为"防御性蹲伏姿态"。[19]

最终，他只好转而求助于一个非营利组织——全国新闻协会，该组织主要仲裁新闻报道中的违法行为。该协会认为，媒体已经被垄断企业支配，操控在少数人手中，缺乏竞争意味着新闻自由权利赋予出版商的是"不负责任的权力"。该协会提出要对那些受害者进行补偿，因为他们遭到了"诽谤、歪曲、污蔑以及不公正的嘲讽，或者是记者们偏听偏信忽视了他们的合理意见"。很不幸，这些垄断报纸和操控媒体的少数人没有兴趣刊登新闻协会的裁决，因为这份裁决暴露了他们记者的偏见、粗心大意和不称职。最终，新闻协会还是彻底失败、偃旗息鼓了，因为没人理会它的裁决。一次又一次，那些理应刊载这些裁决的自由而独立的媒体对此置之不理。[20]

全国新闻协会发起的是一次很有意义的改革运动，也许是有点儿超前了，就像其他许多巴菲特投入精力的事业一样。但是到1973年时，苏珊·巴菲特已经见证了他一次又一次全身心投入的新的改革行动或者想法有时会完全改变他身后的世界。尽管有的人会随着时间的推移而转移兴趣，但是她嫁给的这个腼腆、没有安全感的男人却抓住了一个又一个困扰他的想法。他的爱好十分广泛，从孩提时代收集汽车牌照，一直到现在对新闻媒体的欺诈行为进行改革，然而其中有三个角色一直没有改变过：第一，他是不屈不挠的收藏家，不断扩张他的财富、人脉和影响；第二，他是布道者，在讲坛上传播理念；第三，他是警察，惩治那些坏家伙。

最完美的事业就是能够使他同时集三者于一身：传道、扮演警察，同时又能像收银员一样收钱。而这个完美的事业就是报纸。这就是为什么他会把《奥马哈太阳报》看作一把银勺,而且还想拥有更多的报纸。

但是,他和芒格收购主流都市报的希望全都破灭了。现在,凯瑟琳·格雷厄姆正好是个突破口。她一谈到公司的事就不知所措,摇摆不定,被周围那些人操控着,不断受到打击,正在到处寻找可以拯救她的心腹。尽管她惊惶不安,柔弱无比,但是因为她掌控着《华盛顿邮报》,已经成为西半球最有权力的人之一,而巴菲特总是对这些人有一种强烈的兴趣。

格雷厄姆有点儿怕他,便问乔治·吉莱斯皮他是否十分狡猾。她不能再失误了。几年来,尼克松当局一直在全力打压《华盛顿邮报》。参议院"水门事件"委员会正在举行听证会。伍德沃德和伯恩斯坦已经被列入尼克松的"敌人名单"。最新发现的几盘录音带显示尼克松总统也被牵涉进来了,他之前曾经拒绝交代一些情报,并宣称自己有豁免权,而这些情报正好可以澄清该事件的来龙去脉。格雷厄姆每天都在处理"水门事件"。在一定意义上,她已经把《华盛顿邮报》的命运押在了这一赌注上。

她极其看重吉莱斯皮的意见。他已经为格雷厄姆家族服务多年,是一位值得信赖的老律师。他在卡拉瓦什·斯韦因·摩尔事务所工作长达28年之久,曾经起草过吉恩·梅耶的遗嘱,见证过那位日益衰弱的老人的签名。"他打算接管《华盛顿邮报》。"对于巴菲特她这样说。"凯瑟琳,他不可能接管《华盛顿邮报》的,"吉莱斯皮说,"想都别想,根本不可能。无论他持有多少B股都没用。他没有权力,如果他持有了绝大多数B股,他唯一能做的就是把自己送进董事会。"

吉莱斯皮已经给圣何塞自来水厂的董事长打过电话,确认过巴菲特没有获得任何内部消息。他明确表明不同意安德烈·梅耶的观点。考虑到梅耶的地位以及他和凯瑟琳之间的关系,这样说是冒一定风险的。他告诉她,和巴菲特谈一谈,结识他对她很有好处。[21]

于是格雷厄姆给巴菲特回了封信。她在口述这封信时,浑身都在颤抖。信中提议他们在加州见一面，因为当年夏天晚些时候她要到那里出差。他热切地表示同意。最后，她出现在了《洛杉矶时报》的办公室里，这是《华盛顿邮报》在西海岸新闻业务上的合伙人。她看起来和两年前没有什么两样：衣着得体完美，毫无瑕疵，短发亮丽而富有光泽，双唇微翘，露着甜蜜的微笑。当格雷厄姆看见巴菲特时，她说，他的"奇特外表令她十分吃惊"。

"在我妈妈的一生中，她最为幸福和苦恼的，"她的儿子唐说，"就是她对品位的高标准。她习惯了上流社会的生活，认为衣着和吃饭都有恰当的方式，所有人都会对此十分注意的。然而到了沃伦这里，她所有的标准都乱了套，而他还一点儿也不在乎。"[22] 他穿得很不得体，衣服好像是从别人那里借来的；长长的头发，好像很久没有理过；走路也不稳当。"他和我见过的任何华尔街的人或者商业大亨都不一样，"她后来写道，"相反，他的举止好像是来自西部地区的农村一样，但是他那不同寻常的古怪特性吸引着我——聪明而又幽默。我从一开始就喜欢上了他。"[23]

不过在那时，这当然没有显露出来。相反，她惊恐不已，对他和她自己都没有什么信心。

当我第一次见凯瑟琳时，她小心翼翼，还有点儿恐慌。她被我吓坏了，但也对我充满好奇。关于凯瑟琳，有一点很值得称道，她不是那种面无表情、一本正经的人。

巴菲特明白，尽管格雷厄姆到现在已经有了近十年的经验，但是她对商业和金融仍然一窍不通；同时他也知道，她一直认为那些董事和经理在经营管理上都高她一筹。他告诉格雷厄姆，他认为华尔街没有看到《华盛顿邮报》的真正价值。她的戒备心理慢慢松弛下来，她用贵妇人惯有的语气邀请他几周后到华盛顿拜访她。

沃伦和苏珊于11月4日晚上抵达华盛顿，比约定的见面时间提前了一天。他们乘出租车抵达麦迪逊酒店，酒店正对着《华盛顿邮报》的总部。当办理入住手续时，他们却发现印刷工人工会正在组织罢工活动。

由于有传言说这些印刷工人携带着武器,因此,联邦警察正在驱赶这些罢工的印刷工人。骚乱、刺眼的强光和摄像机不断出现,一直持续到拂晓。再加上政治上的打压,此时的《华盛顿邮报》已经到了最危急的时刻,面临着倒闭的危险,而这正是工会所希望的。副总统斯皮罗·阿格纽已经受到了刑事调查,20多天前,他突然对逃税的指控供认不讳,然后就辞职了。"水门事件"丑闻已经成了爆炸性的危机。在阿格纽辞职后两周,美国总检察长艾利奥特·理查森和副总检察长威廉·拉克尔肖斯同时辞职,以抗议尼克松总统,因为他下令解雇特别调查人阿奇博尔德·考克斯——他受命深入调查这一丑闻,现在却要被撤职了。不管怎么说尼克松还是下达了命令,这后来以"周六夜间屠杀"而闻名于世。[24]总统干扰政府司法部门的独立,这是"水门事件"的转折点,在接下来的两周内引发了大批公众对他的反对。国会弹劾总统的压力迅速增加。

在巴菲特抵达后的第一个早上,格雷厄姆同多数经理一起工作到早上6点,连夜赶印第二天的报纸。他们刚拖着疲惫不堪的身体出来,就遇到了巴菲特。在这种场合迎接自己的新股东,她非常尴尬、紧张,不知道接下来的会见会怎么样。不过她已经安排好了午宴,本·布拉德利、梅格·格林菲尔德、霍华德·西蒙斯以及她本人都将出席。

格雷厄姆把梅格·格林菲尔德看作最亲密的朋友,并称她是"一个孤独的堡垒……没有人真正了解梅格"。她是《华盛顿邮报》社论版的编辑,身体矮胖,有着一头短短的黑发,以及一张平淡而又严肃的脸。她十分幽默、诚实、坚强、彬彬有礼、端庄谦逊。[25]

霍华德·西蒙斯是《华盛顿邮报》的主编,他以机智地挖苦取笑格雷厄姆而著称。"霍华德·西蒙斯常常说你不要等死了再写讣告。他是个很棒的家伙,但是有点儿坏。他常常欺负凯瑟琳。"[26]

"我们一起吃午饭,谈生意,聊媒体的特性。我能看出来,即使她拥有了所有的A股,她仍然会害怕我。我是指,他们的一生都在围绕着股票思考问题,不断进行防御。因此我谈了关于无形资产的摊销如何对媒体造成更大的困难,因为他们为了信誉而付出了很多,如果他们太看重价值评估,就会产生问题。"(如果一家公司的账面价值是100万美元,一个买家支付了300万美元,其余的200万美元就是无形资产的价值。)巴菲特竭力使格雷厄姆安心,他称如果要接管媒体公司是非常困难的,因为财务状况会给意欲购买的人带来很大的负担。"接着凯瑟琳开始炫耀了,她说,'是的,无形资产的摊销给我们也带来了问题',或者一些类似这样的话。霍华德盯着她的眼睛看着,并且问,'凯瑟琳,什么是无形资产的摊销'?"

那一刻,真是太好了,机会难得。她惊呆了,一动不动。霍华德非常高兴把她问倒了。然后我插话了,给霍华德解释什么是无形资产的摊销。我刚说完,凯瑟琳就说:"对极了!"

巴菲特很喜欢深谋远虑的西蒙斯,他做事简洁明了,常常婉转而又巧妙地击破格雷厄姆的防御工事。格雷厄姆的脸上开始露出一丝丝的微笑。"从那一刻起,我们成了好朋友,我是兰斯洛特[①],那是我一生中最为重要的时刻之一,帮她反败为胜。"27

午饭后,巴菲特同格雷厄姆谈了大概一个小时,然后他再次向她做出书面保证。"我说,'凯瑟琳,乔治·吉莱斯皮设计的A股给了你绝对的控制权。但是',我接着说,'我也知道在这个世界上,控制权对你太重要了,不论你已经得到了什么,你还是会担心的。它是你整个的生命'。然后,我又接着说,'我要告诉你,即使这些牙齿对你来说看起来像是小红帽中的狼牙,它们真的只是婴儿的乳牙,并且我们还要把它们拔出来。在今天下午交易之前,我们书面确定一些事情,如果没有你的同意,我不会再多买进一股'。我知道这是唯一可以使她安心的办法。"当天下午,巴菲特用10 627 605美元购买了该公司12%的股份,同时和格雷厄姆签署了一份协议,保证没有经过她的同意不再购买《华盛顿邮

---

① 兰斯洛特,亚瑟王圆桌骑士中的第一勇士,他与王后格温娜维尔的恋情导致了他与亚瑟王之间的战争。——译者注

报》的股票。

当天晚上,巴菲特夫妇参加了格雷厄姆的著名晚宴。这一次,有40位客人为沃伦和苏珊接风洗尘。尽管格雷厄姆常常没有安全感,但她仍被认为是华盛顿最伟大的女主人,毕竟她知道如何帮助别人放松和享受。那天晚上,尽管她十分劳累,甚至还想取消这一晚宴,"她为我举办了一场小的宴会,那是她的酬谢方式。而且,她举办晚宴时,可以请到任何她想请的人。任何人,包括美国总统"。

"她到世界各地旅行,因此她会到处找机会宴请别人,"唐·格雷厄姆说,"如果她去了马来西亚,正好总理也在那里,她就会宴请他。大使会查一查他们上次做了什么,发现总是在格雷厄姆夫人家中吃饭,那么这一次他们也会这么做。有人要出书了,有人要过生日了,她都会设宴款待,因为她喜欢宴请别人。"格雷厄姆用宴请作为结交新朋友的方式,同时也给人们彼此认识的机会。"她会容忍各个政府的人员",唐说,[28]尤其是理查德·尼克松政府的。除国务卿亨利·基辛格外,格雷厄姆还交到了几个朋友,基辛格不得不为同她交往而辩解。

当我和苏珊在麦迪逊酒店时,5点左右,突然有人悄悄地通过门缝塞进来一些东西,是关于这次宴会的,我在数周前就被邀请了。最下面写着"请着正装"。不用说,我是没有的。因此这个来自内布拉斯加的可怜家伙,只能穿着商务装出席宴会了。他要参加一个为他接风的正式宴会,现在他却是唯一没有穿礼服、打黑领结的家伙。于是我慌忙给她的秘书打电话。

她的秘书是个非常善良的女孩。她说:"好吧,让我们想想办法吧。"我立即走上街去找找看哪家商店仍然营业,好租借一件礼服。但是很不幸,没有一家开门。

格雷厄姆的助理莉斯·希尔顿给当地另外一家商店打电话,终于找到了一身合适的礼服。[29]

巴菲特夫妇从麦迪逊酒店出发,出租车从大使馆路一栋栋的官邸中穿梭而过,然后驶向Q大街,从历史上著名的橡树山公墓穿过,菲利普·格雷厄姆就安息在这里。在拐角处,他们穿过一排建造于19世纪的别墅群,每座都有修剪整齐的花园。那是11月初,树叶闪耀着黄褐色和金色的光辉。出租车开进乔治敦就像穿过边境进入了一个殖民时代的城镇。汽车驶入公墓的一角,开始穿行于敦巴顿橡树园树木茂密的小山上,这是一片10英亩的联邦财产,曾经举办过成立联合国的筹备大会。[30]

出租车在拐角处向左一转,从两根石柱中间穿过,眼前立刻呈现出一片惊人的景象。出租车开始沿着一片铺满白色鹅卵石的小道颠簸前行,巴菲特夫妇抬眼看去,只见远处一座宏伟的乳白色别墅——三层高,乔治王朝时代的风格,绿色的双坡屋顶——坐落在一片广阔的草地之中,一直延伸到乔治敦的敦巴顿岩石的顶上。因此这座别墅可以俯瞰整个公墓。在右面,穿过山下一片浓密的树林,不远的地方就是巴菲特位于春谷的老房子。再远一点儿就是邓雷镇,当年巴菲特在威彻斯特县上学时曾经在那里送过报,从西尔斯商店偷过高尔夫球。

格雷厄姆在正门迎接巴菲特夫妇,并把他们带到其他的客人当中,他们正在客厅喝鸡尾酒。乳白色的墙上挂满了亚洲的艺术品,这都是她母亲的收藏品,蓝色天鹅绒的窗帘,还有雷诺阿的油画和阿尔布雷特·丢勒的版画。格雷厄姆开始向其他客人介绍巴菲特。"她把我光辉的一面告诉了他们,"巴菲特说,"她想尽一切办法使我感觉舒服,然而我却感觉非常不舒服。"

他从来没有参加过这样正式而豪华的晚宴。当鸡尾酒会结束后,他们穿过大堂来到一个巨大的餐厅,这是格雷厄姆举行那些著名宴会的地方。青铜烛台上闪耀着锥形的烛光,与镶板的墙相映生辉,这使得巴菲特感觉更不自在。这种布置比客厅的甚至更加吓人。圆圆的核桃木餐桌上摆放着水晶烛台和纹章瓷,闪闪发光,不过格雷厄姆所邀请的客人使得这些壮丽的景色全都黯然失色。任何时候,这里都能挤满一群达官显贵,包括美国总统、外国领导人、外交官、政府高官、两党的国会议员、大律师,以及她的那些多年好友——埃德·威廉姆斯、斯科蒂·赖斯顿、波莉·威斯纳,[31]还有许多像巴菲特夫妇这样的人,因为各种各样的原因,只要适合这一场合或者她很感兴趣,就会被邀请来。

巴菲特发现紧挨着自己的是埃德蒙·马斯基的妻子简,一个再合适不过的晚宴搭档,因为巴菲特曾经在奥马哈招待过她的丈夫。在他的另一边是芭芭拉·布什①,其丈夫是美国驻联合国大使,很快将转任美国驻北京联络处主任,这是一个重要的职位,在新中国和美国重建外交关系中具有举足轻重的作用。格雷厄姆按了一下铃,示意厨房的仆人上菜,仆人们开始在古老的乔治时代的桌子旁不断穿梭。沃伦尽量让自己不对这些繁缛礼节感觉目瞪口呆。"苏珊坐在另一处,紧挨着某个参议员,他不断挑逗她,把手放在她的腿上。而我,却像是要死了一样,因为我不知道对这些人说点儿什么。芭芭拉·布什真是再好不过了,她能看出来我非常不自在。"

仆人开始按照美国版的俄罗斯方式上菜。第一道菜后是一道鱼,然后是主菜,全都盛在盘子里,客人自己取。一道道的菜进行着,倒酒的声音夹杂在这些华盛顿人的交谈声中。仆人们不断送上或拿走一些不常见的高档银质器具,如鱼刀等。仆人端上来的菜,他一点儿都没动,倒的酒也一口没喝,他发现这顿饭更为复杂和令人生厌。格雷厄姆的其他客人都非常放松和舒服。到了上甜点时,巴菲特已经完全崩溃了。接着又是咖啡,他仍然没有喝。到了晚会的最后一刻,他的不自在已经成了恐惧,因为格雷厄姆站起来,向她的主宾发表了一番祝酒词。她肯定是事先写好的,祝酒词风趣诙谐,优美精练,专门针对主宾而定。她在说话时口齿清晰,非常富有个人魅力,只不过有点儿缺乏自信。而主宾也应该站起来回应这一祝酒词。

"我根本没有勇气站起来发表祝酒词,而我又必须这样做,我完全把它搞砸了。我感觉太不舒服了。我甚至想呕吐,真的是这样。我无法

---

① 芭芭拉·布什,未来的小布什总统的妈妈,老布什总统的夫人。——译者注

站在那里，面对着一半的客人讲话。我不擅长这种事。"他一心想着逃离。后来，他和苏珊终于可以说再见了。他们感觉在他们走后很久，乔治敦的人仍会继续嘲笑他这个来自内布拉斯加的乡巴佬。

当我们要离开时，那位参议员仍然在恭维苏珊，他十分专心和认真地向她介绍如何去参议院，怎么到他的办公室找他。他边走边说，太过于专心了，以至于打开一个卫生间的门并走了进去。这就是我在华盛顿的登场亮相。

尽管格雷厄姆夫人身边的上流社会使巴菲特十分不自在并备受打击，但是他从来没有掩饰过自己的热情和兴趣。因此，很快苏珊·巴菲特就发现，她的丈夫对这个世界有着更多的需要。

38

意大利美国西部片

奥马哈 1973—1974 年

到 1973 年巴菲特同凯瑟琳·格雷厄姆一起吃饭时，他已经不再只是一个购买报纸股票的投资者，在一定程度上他已经成了一个商业大亨。伯克希尔-哈撒韦和多元零售公司都归他所有，查理·芒格则是蓝筹印花公司的沙皇。

这三家公司之间盘根错节的所有关系巩固了巴菲特和芒格的商业关系，与一位伟大的投资者缔造的商业帝国的雏形十分相似。这位投资者就是巴菲特特别崇拜的戈登·华莱士。[1] 他的公司——美国制造公司就像一个俄罗斯套娃，一层一层地打开，会发现里面是一家又一家公司：梅根泰勒·莱诺铸排机公司、吊车公司、电子自动照明公司。这些公司的股票都公开交易，因为尽管华莱士控制着这些公司，但是他又没有完全拥有其中的任何一家。从巴菲特刚开始踏入投资行业之初，他就十分崇拜华莱士的这种模式。他思考如何从华莱士购买的股票中获取最大收益。他不断向朋友谈起华莱士。"唯一的办法就是站在大树底下乘凉。"他这样说。[2]

华莱士有一家封闭型的小投资公司，叫"世纪投资人公司"，它需要向美国证券交易委员会提交交易报告。当能以很低的折扣购买一家公司的股票时，他就会进行一连串收购，一家接一家，最后收购了大公司梅根泰勒·莱诺铸排机公司，而该公司2/3的股份又由美国制造公司持有。那个时候，你不用向美国证券交易委员会提交报告，也不用公布你购买的股票，因此没有人会知道。于是他就一直不断地买下去，直到获得控股权。他购买了电子自动照明公司的控股权，一部分就是通过梅根泰勒·莱诺铸排机公司运作的。对于吊车公司的管道供应分公司，他也是这么做的，还有一家是韦伯斯特烟草公司，从价格上看它们都很便宜。一切东西都打折出售，并且你可以不断地购买它们，每次你的购买都能让你赚更多的钱。通常我会购买它们中的一些。和华莱士一样，我也持有梅根泰勒·莱诺铸排机公司的股票，我也有电子自动照明公司，我还有美国制造。[3] 那么价值从哪里产生呢？总是有人问这个问题。但是你只要感觉到你和那个聪明的家伙在一起，那么你就知道你的收购最终都会产生价值。

早些时候，他还到华莱士在波士顿的怀特-韦尔德公司的办公室去见他。[4]

我有点儿担心，因此我说："华莱士先生，我希望能够请教您一些问题。"他说："问吧！"我立刻开始思考问题。他对我很好。我追随他已经有10到15年。他有点儿像格雷厄姆，非常像。除了我之外，没有人注意到他。他是我喜欢的那种类型，同时也是我那一段时间的模仿对象。用这种方法赚钱很容易理解，同时也是很保险的。尽管这不一定能使你赚到大钱，但是你知道自己一定会赚钱。[5]

让沃伦感兴趣的是华莱士的购买模式：一家公司可以用合法的方式去购买另一家公司的低价股票。

你知道，你不用考虑每一件事，牛顿曾经说过："如果说我看得比别人更远，那是因为我站在了巨人的肩上。"站在别人的肩上无可厚非。[6]

最后，华莱士把他的帝国合并成一家大公司——埃尔特拉公司——由梅根泰勒·莱诺铸排机公司和电子自动照明公司合并而成。现在它的股票是比尔·鲁安最喜爱的，因为这家公司的收益每年以15%的速度递增。[7]

巴菲特和芒格的公司开始有点儿像合并前的埃尔特拉公司了——伯克希尔-哈撒韦是多元零售公司最大的股东，同时也持有蓝筹印花公司的股票。这几家公司又都持有一些未上市公司的股份。例如，蓝筹印花公司拥有喜诗糖果公司，它的利润十分可观，甚至可以弥补日益萎缩的印花业务的损失。芒格现在打算为蓝筹印花公司购买一家濒临停业的投资公司——原始资本基金（Source Capital）——近20%的股份。"我们以其资产价值的折扣价买入。"芒格说，"有两个卖主真是浑蛋，我们最初还定了一个'拒绝浑蛋原则'，我们最基本的原则就是——不同浑蛋交易。因此，当沃伦听说原始资本基金后说：'现在我明白了这两个浑蛋是个例外。'"[8]

20%的股份举足轻重，但是不足以掌握原始资本基金的控股权。芒格带着一个新的优秀管理团队——包括吉姆·杰布森和乔治·米凯利斯——进驻原始资本基金的董事会，他们开始清算其资本组合。

然而，原始资本基金只是一家无关紧要的公司。巴菲特和芒格一直都在继续寻找新的目标，尤其是像喜诗糖果这样的公司，能给蓝筹印花公司带来更大的利润。他们在西海岸发现了一家濒临倒闭的经营储蓄和贷款业务的公司——韦斯科金融公司。当时一位股票经纪人给巴菲特打电话，告诉他韦斯科金融公司的股票正在低价出售，在同芒格简短协商之后，他们抓住了机会——为蓝筹印花公司买进这些股票。[9]之后不久，韦斯科金融公司宣布打算同圣巴巴拉金融公司合并。圣巴巴拉公司的股票十分抢手，它的管理方式咄咄逼人，是华尔街喜欢的类型。分析师认为圣巴巴拉给韦斯科金融公司开出的价格太高了。[10]然而，巴菲特和芒格的观点正好相反。他们认为圣巴巴拉的股票价格似乎被高估了，而韦斯科金融公司的股票则似乎被低估了。[11]巴菲特极其生气，他读过这些条款后，几乎不敢相信。"难道他们脑子进水了？"他问道。[12]

韦斯科金融公司是由卡斯珀家族创建的，位于帕萨迪纳，那里是芒格的家乡。它拥有互助储蓄银行，从事储蓄和借贷业务。第二次世界大战后，在美军从亚洲战场撤回并开始大兴土木的建设热潮中，该公司生意兴隆。尽管如此，韦斯科金融公司从来没有抓住机会谋求增长。不过它的利润十分可观，因为其运营成本很低。[13]

贝蒂·卡斯珀·彼得斯——创立该公司的家族的董事会成员中唯一一位既对董事管理工作感兴趣又有执行能力的人——感觉韦斯科金融公司的高管们从来没有重视过她，他们常常反对她的建议，总是认为他们自己能让公司获得发展。但事实上，他们利用她家的产业作为入场券，去赞助玫瑰碗剧场和玫瑰游行活动。[14]彼得斯衣着优雅，颧骨高突，曾经是一位艺术史专业的学生，有正在上学的孩子，没有商业背景，大部分时间都在纳帕打理自家的葡萄园。现在，她每周三都要开车来到帕萨迪纳参加董事会议。她发现，经营储蓄和借贷业务一点儿也不像玩儿魔术。她找到所有能够得到的相关资料，坐下来认真研究，并且想把它们弄清楚。

她越研究越沮丧，最后决定合并。她知道圣巴巴拉的出价并不合理，但是公司的所有管理人员个个都是四十来岁，年富力强，而且咄咄逼人。尽管他们常常在乡村俱乐部聚会以迎合她的口味，但他们都精力充沛，手中掌控着分公司，做着她认为他们应该做的事情。

当合并宣布时，蓝筹印花公司已经拥有了韦斯科金融公司8%的股份。芒格认为如果继续购买韦斯科金融公司的股票，就可以掌握足够的股份，以阻止圣巴巴拉的合并企图。不过后来他发现，这需要50%的股份，风险太高了。芒格对于这项工作的激情比巴菲特更高，因为蓝筹印花公司是他合股经营的公司最为重要的投资。他督促着收购继续进行，但是巴菲特认为50%这个门槛太高了，想退缩。[15]

此后不久，芒格去拜访韦斯科金融公司的首席执行官路易斯·文森蒂，想说服他放弃同圣巴巴拉的合并。[16]然而文森蒂却像清理头皮屑一样把他打发走了——这不是一件容易的事情。

然而，芒格和巴菲特不想发起一场竞争性的恶意收购。再者，芒格也想象不出这样做有什么必要。他给文森蒂写信，提出了他们的解决方案。[17]他以为他精妙的推理可以使文森蒂回心转意。他认为韦斯科金融公司以这样的低价出售是错误的，文森蒂应该能够看到这一点。因此，芒格告诉文森蒂说他喜欢韦斯科金融公司的管理方式，并且文森蒂正是巴菲特和芒格中意的总裁人选。他这样对文森蒂说："你已经和别的女孩约会了，因此我们不能再和你谈了，但是如果你是自由的，你就是我们喜爱的那种人。"[18]

芒格具有古老的、本杰明·富兰克林式的道德意识以及贵族般的高贵风范，他认为从事商业的绅士们都应该按照道义行事，这对文森蒂来说肯定是古怪至极。不过文森蒂透露说贝蒂·彼得斯是对并购起决定作用的人。

蓝筹印花公司的首席执行官芒格派唐·科普尔前去拜会彼得斯。她把他看成了一个无足轻重的小人物，把他打发走了，使他空手而归，一无所获。[19]现在需要大人物出面了。在科普尔被打发走后不到10分钟，巴菲特给彼得斯打了个电话。彼得斯刚刚读完了乔治·古德曼《超级金钱》一书中关于巴菲特的章节，这是她丈夫送给她的圣诞礼物。"你就是《超级金钱》里的那个沃伦·巴菲特吗？"她问道。巴菲特承认那就是他，据乔治·古德曼描述，他代表了冷静和条理性思考的胜利，他容不得胡说、愚蠢和荒唐的作为。彼得斯同意24小时后在旧金山机场与巴菲特见面，她会带着三个孩子一起在环球航空公司的一个贵宾休息室里等他。

会见时，巴菲特手中端着百事可乐，充分发挥了他的聪明才智。记录显示他提问时尽量采用温和、平淡的语气。他们谈了三个小时，大部分在谈论奥马哈，因为彼得斯的母亲曾经在那里长大。他们也谈论了政治。彼得斯一直都是坚定的民主党人，对巴菲特的看法非常欣赏。最后，他说："即使保守地估计，贝蒂，我认为我能让韦斯科金融公司的前景比合并的前景更好。既然你都打算放弃公司了，为什么不让我们试一试呢？"

彼得斯被巴菲特说服了，认为他可能有能力比圣巴巴拉那些办事不牢的年轻人做得更好。实际上，她现在的担心是如果她把赌注都押在他的身上，万一他发生了意外怎么办。他告诉她，他还有一位和自己能力相当的合伙人，如果真的发生了他被卡车撞伤之类的事故，他的合伙人可以掌管伯克希尔–哈撒韦，同时负责打理他们家族的股票事宜。

当彼得斯再次前往帕萨迪纳时，她同巴菲特和芒格在古老而又富丽堂皇的亨廷顿饭店一起吃早饭，以便认识一下巴菲特那位神秘的合伙人。巴菲特和芒格两人都要求和韦斯科金融公司的董事们见见面。彼得斯接着做了一个勇敢的举动——她宁可在董事会上让人们觉得她反复无常，也不希望公司犯严重的错误——她参加了下一次董事会，并且要求董事们改弦易辙，停止合并，同巴菲特和芒格接触。然而，董事们却对此大加反对，并且想要召开一次特别董事会议对此项提议投票表决，要"尽一切努力促成同圣巴巴拉公司的合并"。[20]

他们却犯了一个致命的错误，他们忘了谁是公司真正的主人。彼得斯带着巴菲特和芒格去见她的兄弟们，争取他们的支持。等到一周后董事们再次开会，并重申他们的立场时，彼得斯做出了一个决定，秘密地把她的全家都召集过来，一起投票反对与圣巴巴拉的合并交易。

"接下来我的工作是，"彼得斯说，"回到帕萨迪纳那间召开董事会议的秘密而封闭的会议室，告诉这些保守沉闷的绅士，包括管理人员，我们决定放弃同圣巴巴拉的合并交易。"当她回到这座西班牙风格的大楼时，她看了看大楼会议室外面的窗户以及下面的喷泉。"如果窗户开着，"她说，"他们可能会把我扔出去。我知道每个人都会在心里说，'天哪，这就是让一个女人进董事会的后果吗'？"[21]

华尔街也这样认为。当消息传到华尔街时，韦斯科金融公司的股票从最高时的 18 美元猛跌到了 11 美元，一位分析师认为韦斯科金融公司的管理层"顽固不化，没有进取精神"。另一个人声称，圣巴巴拉给韦斯科金融公司开价太高了，一家"沉睡多年、管理保守的公司"怎么可能值这么多？还有一个人干脆称它为"垃圾"。[22]

考虑到彼得斯的勇气，巴菲特和芒格感觉欠她很大的人情。[23] 他们也决定购买韦斯科金融公司，并且认为很有可能继续雇用文森蒂进行管理。然而，很明显，到那时文森蒂不会像小羊羔跟在母羊身后那样跟在他们的身后欢呼雀跃。因此，他们降低了收购的条件，告诉他们的代理人，仅此一次，在价格上可以慷慨一些。蓝筹印花公司以每股 17 美元收购了韦斯科金融公司的股票——这个价格是与圣巴巴拉合并失败之前的平均价格。

"我承认这么做十分古怪，让人费解，"芒格说，"我们故意把价格定得稍微高些，因为我们认为是我们把合并搞砸了。如果在这种背景下，我们以低价购买其股票，未免有趁火打劫之嫌。当然，没有人理解我们的用意。他们认为我们这样做肯定是有什么不光彩的企图。如果我们把合并搞砸了然后以低价购买股票，恐怕会给文森蒂留下很不好的印象。看起来好像只有上帝知道怎么回事，我们想让路易成为我们长期的合作伙伴，为此，我们竭力表现得好些。"[24]

截至 1973 年 3 月，蓝筹印花公司已经持有了韦斯科金融公司 25%的股份。并且，巴菲特从来没有停止购买蓝筹印花的股票，他继续持有更多的股票。一年前，他已经用多元零售公司所拥有的斯瑞福特马特电脑公司的股票来交换更多的蓝筹印花公司的股票。巴菲特现在实际上已经成为蓝筹印花公司最大的股东，他持有的股票包括公开持有的 13%的股份，以及他通过伯克希尔和多元零售公司持有的 35%的股份。蓝筹印花公司开始正式购买韦斯科金融公司的股票，这次是以 15 美元一股现金购入的，直到持有的股票超过半数。[25] 数周之内，芒格就为文森蒂描绘出了公司的发展蓝图，[26] 毫不奇怪，这很像巴菲特对伯克希尔-哈撒韦和多元零售公司所做的那样。韦斯科金融公司——现在由芒格担任董事长——就像一个新的俄罗斯套娃一样，同其他的组合起来 [27]——不过这次是放在了蓝筹印花公司里面。

紧接着，在蓝筹印花公司购买了韦斯科金融公司大多数的股票之后不久，整个股票市场开始崩溃。[28] 巴菲特购买的《华盛顿邮报》的股票，价值缩水1/4。[29] 要在平时，他肯定会再多买进一些。但是，他已经向格雷厄姆保证过不再购买了。不过，他把它推荐给了他的朋友们。[30]

因此，巴菲特没有再多买进《华盛顿邮报》的股票——他总是相信专注——寻找新的机会，以更快的速度填满他的篮子，然后寻找更多其他的股票：他购买了美国普利斯托公司（压力锅和爆米花锅的制造商）的股票；[31] 他还购买了大量沃纳多房产信托公司的股票，并且一举把自己送进了董事会。[32]

巴菲特在伯克希尔－哈撒韦有一群坚定不移的股东，他们理解他的投资方式，并且从来不质疑他的判断。因此，他可以大胆地忽视市场的存在，也不用担心他的投资组合在市场萧条中不可避免地遭遇股票价值的大量缩水。而其他人就没有这么幸运了。比尔·鲁安的红杉基金经历了可怕的一年，他的主要经济资助人——鲍勃·马洛特明显很不高兴。马洛特在哈佛大学时就认识鲁安，并且当鲁安在纽约基德尔·皮博迪工作时，曾经和他合租过一套公寓。但是马洛特信任巴菲特的投资方法，他请求巴菲特帮助他处理FMC公司的养老基金，那是他要购买的公司。因此巴菲特去了圣迭戈，在那里待了几天，采访那些投资经理，并把他的理念解释给那些FMC的投资人听。在这一过程中，他把他们转变为了格雷厄姆的追随者，并最终取得了令人欣喜的效果。开始时，他拒绝亲自管理这一投资组合——不过最后他还是同意管理其中的一部分。[33] 然而，他在接受这一请求的同时，也提出了一个条件：FMC的优先权排在最后——在伯克希尔－哈撒韦和多元零售公司，以及苏珊·巴菲特的后面。精明的马洛特迫切地想抓住这个机会，他觉得自己在这一点上不能再犯错误了：只要巴菲特愿意做，即使只有一丝希望，他也要尽力去争取。[34]

除了要对FMC、沃纳多、蓝筹印花公司和韦斯科金融公司尽职尽责外，巴菲特现在更多的时间是到处奔波。他忙着讨好凯瑟琳·格雷厄姆，并且已经给她留下了非常好的印象，她也开始给他打电话征求建议了。

苏珊开始在奥马哈到处奔走,忙着履行她在城市联盟的董事职责,她不断地授予奖学金,着手她最新的改革运动,成立了未来中央委员会,将她的母校——中心高中制定的用公共汽车(或校车)接送儿童上学的制度废除了(指美国学校为平衡黑人和白人学童的比例,用车接送外区儿童上学)。[35]

在1973年这一年,甚至连小狗汉密尔顿都觉察到了这个往昔疯狂、吵闹的家,现在变得寂静和空荡了。[36]豪伊在距奥马哈275英里的奥古斯塔纳学院学习。苏茜不喜欢林肯分校,已经转到了加州大学欧文分校,现在主修刑事司法学。[37]彼得从来不需要他人的关注,他现在正在读高二。苏珊考虑要搬到加州去,因此已经带彼得去奥兰治县的中学考察过了。他们现在还在奥马哈,不过彼得大部分的时间都是在地下室中度过的——苏珊培养了他对摄影的兴趣,在地下室给他建了一个暗房。[38]

许多晚上常常都是苏珊一个人待在房间里,聆听音乐,消磨时光,把思绪放飞到其他地方。[39]她喜欢威斯·蒙哥马利的爵士吉他乐以及黑人的灵骚乐——如诱惑乐队,她认为他们的歌声表达了男人们所渴望的世界。[40]她也读书,比如《我知道为何笼鸟歌唱》,那是玛雅·安格洛的自传体小说,描述了她与种族歧视、性骚扰斗争的故事,以及她早年在监狱中的反抗活动。"她老是觉得自己被迫禁锢在一个地方。"彼得说。这不足为奇,因为她小时候体弱多病,常常闭门不出,同时她也常常看到姐姐因犯错误而被锁进小屋里。苏珊渴望浪漫,但是现在她也知道永远不可能再和米尔顿结为夫妻了。然而,她也无法下定决心永远不再同米尔顿联系。

现在,在杜威公园的网球场上,她经常花很长的时间同那些比她年轻的人一起打球。其中一个就是教练约翰·麦凯布,他性格温和,像她一样忧郁,多少还有点儿脆弱,这一点和她大多数孤独的朋友一样,但是她似乎尤其喜欢他。[41]既然苏珊找到了外出的理由,大部分时间都不在家里,家中的喧闹声也开始减弱了。她的那些追随者随着她到处游荡,家中也很少再出现整天狂欢的场面。彼得从来都不在意父母的生活方式,现在也只是注意到家中逐渐变得安静了。放学回家后，他抱着汉密尔顿玩一会儿，自己弄点儿晚饭吃，然后就到楼下的暗房去了。[42]

沃伦对于婚姻的认识从来没有改变过，尽管婚姻本身正在发生无情的变化。当他在家时，苏珊仍然像以前那样为他操劳。他看到她那么快乐，那么忙碌，他从心里觉得快乐，只要她继续照顾他就行，而他也认为这会让她感觉充实。据他所知，这样的平衡心态仍然在发挥作用。

1973年底，"退休"的沃伦正在全速进行投资，而市场正处于急速下跌之中。在大都会传媒公司和《华盛顿邮报》的影响下，同时由于他同凯瑟琳·格雷厄姆的友谊日益加深，他对媒体的兴趣在过去的几年中不断增强，现在他已经对媒体有了全方位的深入了解和认识。一天晚上，在拉古纳海滩，巴菲特、卡罗尔·卢米斯以及巴菲特的朋友迪克·霍兰德共进晚餐，迪克从事广告业，席间他们不断问他各种关于广告的问题。"无论他做什么，"迪克回忆道，"我总能感觉到他肯定是又在酝酿什么了。"他们四个人在谈论生意，而苏珊和玛丽·霍兰德却在里屋自娱自乐。在得到充分的解答之后，巴菲特给他的经纪人打电话，一下买进300万美元的广告业股票，其中有国际公众公司、智威汤逊公司以及奥美广告公司，作为控制媒体的另一种方式。由于这些股票的价值都被低估了，因此他只需要支付不到其收益的3倍就行了。

然而，当巴菲特在继续买进时，他所持有的大多数股票都在持续缩水。到1974年初，他花费5 000万美元买进的股票，价值已经减少了1/4。伯克希尔的股价也开始下滑，跌至每股64美元。先前一些继续持有股票的合伙人开始担心他们是否犯了错误。

巴菲特的看法却正好相反，他想买进更多伯克希尔和蓝筹印花公司的股票。但是，"我已经弹尽粮绝了，我从合伙人那里筹集到的1 600万美元全都用来购买伯克希尔和蓝筹印花公司的股票。因此，突然之间，我发现自己一贫如洗。我每年从伯克希尔-哈撒韦支取5万美元的薪水，同时也从FMC公司获得一些顾问费。[43]但是，我的个人净资产又一次要从零开始积累了"。

他现在的确非常富有，却是"现金穷人"。然而，他所控制的公司，尤其是伯克希尔-哈撒韦，却有大量的现金可以购买股票。为了将伯克希尔的一些资金转移到多元零售公司，巴菲特创建了一家再保险公司——一家为其他保险公司提供担保的公司[44]——归多元零售公司所有。这就是内布拉斯加再保险公司，该公司同意接受国民赔偿公司的部分业务，收取保费，支付赔偿。因为国民赔偿公司的利润十分可观，积累了大量的浮存金——在理赔之前的保费（现金）——因此把部分业务转给多元零售公司就像把一根管道接入现金流一样。随着时间的推进，它会给多元零售公司带来数百万美元的资金。[45]

巴菲特开始为多元零售公司购买股票。他主要模仿华莱士的模式，他购买了蓝筹印花公司和伯克希尔-哈撒韦的股票。很快，多元零售公司就拥有了伯克希尔10%的股份。这几乎就像是伯克希尔在回购自己的股票——但这么说又不完全正确，多元零售公司和伯克希尔的主人不是同一个人。巴菲特仍然不允许他的朋友们购买伯克希尔，而他、芒格和戈特斯曼却都是多元零售公司的合伙人。[46]

当时，尽管这三个人在业务上互相支持，有时还交换股票，但是他们的兴趣并非全都一致。后来芒格在审查时被问道他是不是巴菲特的"另一个自我"，芒格说"不是"。他承认两人的行为模式和说话方式有些相似，但是"我从来不会去做次要合伙人"，他说，"我喜欢有自己的活动范围"。[47]芒格说，曾经有一次，他发现了一批蓝筹印花公司的股票，他和戈特斯曼想以多元零售公司的名义买进。巴菲特却想为伯克希尔-哈撒韦买进这批股票。不过，在弄清楚谁更需要它之后，芒格和戈特斯曼的联合力量在一定程度上压倒了巴菲特，多元零售公司得到了这批股票。[48]

然而，巴菲特拥有多元零售公司43%的股份，因此伯克希尔的购买活动几乎可以为他的股份增加5个百分点。通过多元零售公司购买的好处也很明显，因为这不会提高伯克希尔的股票价格，几乎不会有人注意到这一点。[49]

但是究竟为什么他想要买进这只股票呢?

"伯克希尔的股票价值不超过 40 美元。你不可能把纺织厂和保险业务卖出更高的价格。一半的钱都被投进了不赚钱的业务中:40 美元中的 20 美元都不赚钱。我不知道该怎么做,真的不知道。我的意思是,我已经相当富有了。但是实际上,我在赌自己能够做些什么。我在赌自己。尽管这听起来傲慢自大,但是任何人只要认为它值 40 美元以上就是在给我钱,因为这家公司根本不值那么多。"

除了投资外,他不知道自己将要做什么。从新贝德福德归来的维恩·麦肯齐成了伯克希尔的财务主管,他认为对巴菲特来说,"这看起来像一场很有意思的游戏,他所想做的就是巩固自己的控制权"。正因如此,并且他采用的方式让人感觉他总是在投资——作为一个收藏家、一个秘密购买人,为了避免消息被泄露给其他四处寻觅购买信息的人。但是,作为伯克希尔-哈撒韦和多元零售公司的董事长,他大部分的股票也是一次又一次从他先前的那些合伙人手里购买的。尽管完全合法,这却不完全是光明正大的行为。但是在他看来,他们愿意出售,这也能结束他对他们的特别责任。

巴菲特也一直在购买蓝筹印花公司的股票,尽管到目前为止,它仍然主要是芒格的属地。不过,它拥有的所有行业中利润最大的部分是喜诗公司。现在,巴菲特开始盯上了蓝筹印花公司的股票,就像一只大白鲨在追赶一只肥胖的海豹一样。由于巴菲特有更多的资金支持,因此他可以不断地买进蓝筹印花公司的股票,很快他的股份就超过了其合伙人——芒格和里克·格林的联合股份,里克是芒格在太平洋海岸交易所的同事,现在自己也经营一家投资合伙公司。

巴菲特想尽一切办法,到处买进蓝筹印花公司的股票。他从蓝筹印花公司的管理人员以及其他董事手中购买,其中一个是韦恩·格里芬,他要价 10.25 美元一股,而巴菲特的出价为 10 美元。他们在电话中陷入了僵局,巴菲特回忆说,格里芬建议他们掷硬币做决定。格里芬的提议让巴菲特十分吃惊,因为在没有亲眼所见的情况下他居然敢这么做。仅仅从这一事件，巴菲特就认识到，格里芬不仅信任他，而且也已经把自己"巴菲特化"了。格里芬赌正面。很明显，如果他以这种方式打赌，就表明他愿意接受10美元的价钱，而他也确实答应了。

不过，巴菲特把所有的股票都积累了起来，这同他购买的那些低价的"烟蒂"型股票不一样。两个大问号摆在了蓝筹印花公司、多元零售公司和伯克希尔面前。由于巴菲特巩固了对三家公司的控制权，现在所有那些从保险业务中涌入伯克希尔和多元零售公司的资金，应该能够得到充分利用。对蓝筹印花公司法律问题的猜测也应该可以真相大白了。

截至1973年底，蓝筹印花公司已经解决了11起诉讼，只剩下最后一起了。[50]司法部的裁决要求它放弃1/3的业务。那不是一件很容易的事情，因为"总统对食物价格的冻结对我们来说又是一个致命的打击"，唐·科普尔写道，"食品商们大声抗议，纷纷号称损失巨大，都要破产了"。[51]通货膨胀失去控制，尼克松总统采取价格管制的政策想抑制通货膨胀，他通过冻结消费品的价格来控制其他商品价格的增加。经济活动进入了一个新的时代。

印花业务消亡了，但是巴菲特这位永不满足的受让人还有股票在手。在一系列的回旋交易后，蓝筹印花公司已经同华莱士创建的公司一样，拥有了一系列的俄罗斯套娃。"它们的原理相同。"巴菲特说，他指的是所有这些他通过间接购买股份而到手的钱袋。现在他持有伯克希尔40%以上的股份，蓝筹印花公司25%以上的股份。尽管这些股票的交易价格都很低，但是他仍然能资助更多的交易，购买更多的股票，因为所有这些套娃都有自己的充电电池——浮存金，在支付理赔之前，这些现金可以用来投资。这种创新极大地促进了交易活动。

在这些多灾多难的日子里，这些公司的业务经营也得到了改善。除喜诗公司外，伯克希尔不仅拥有庞大的发电机——国民赔偿公司，而且还拥有一串小保险公司。巴菲特希望它们最终都能够转变为小发电站，他正在努力对它们进行强制性的改革，使它们走上正轨。同时，不堪重负的霍克希尔德-科恩公司已经消失了，巴菲特不断地削减纺织厂的投资。

但是，从总体来看，伯克希尔、多元零售公司和蓝筹印花公司真正的价值在于两点：第一，自我平衡的经营模式——将浮存金转移到控股公司，以便它根据环境的变化做出相应的内部反应和调整；第二，组合的力量，因为浮存金和投资会随着时间的推移而不断翻番。

巴菲特模式的经验和优点是前无古人、后无来者的创举，怎么夸赞它都不为过。"那是教科书上所说的资本分配的黄金时代。"他说。

时机的选择十分重要。来自保险公司的资金不断注入伯克希尔和多元零售公司，同时，市场正在崩溃，这种环境正是巴菲特最喜欢的。对于在1974年底之前他缔造的庞大的企业帝国，尽管他还没有明确做出决定下一步怎么办，但是有两点他是肯定的：其一就是这种模式的威力，其二就是他娴熟的操控技巧。最为重要的是，他对自己充满信心。

"我一直如此，"他说，"一直。"

39

大力士

奥马哈，洛杉矶　1973—1976年

经受了1929年的股市崩盘而东山再起的人凤毛麟角，而霍华德·巴菲特就跻身其中。现在，他的儿子正在从20世纪第二次经济大崩溃中冉冉升起。[1]不过，世界已经改变了。现在不仅是演员，甚至连商界的人士也能成为明星。在美国媒体飞速发展的同时，巴菲特已经关闭了他的合伙公司，此时有线电视开始繁荣，报业公司即将上市，广告业仍然处在黄金时期，它们把庞大的观众群作为产品在销售。每个星期二的晚上，几乎举国上下都会坐在电视机前，观看《幸福时光》节目。

出于对媒体的天然兴趣，巴菲特也进入了媒体行业，成为一名投资人。借助1969年《福布斯》的报道以及后来《超级金钱》一书的热销，他得以声名远扬，开始了一种全新的、"后合伙人时代"的生活。在谨慎地利用媒体提升了自己的形象后，他也开始享受这一成果了。现在，他不仅是一位媒体投资人，更是媒体关注的对象。他一点儿也不比凯瑟琳·格雷厄姆逊色，而且她现在也十分关注他，并且认真看待他，还要把他引入美国最为重要的一份报纸的经营轨道中。

格雷厄姆像对待其他那些权威人士一样，经常向巴菲特求助，而巴菲特几乎不需要激励。

有一次，她要到纽约证券分析师协会发表演讲，我赶到了她在纽约的寓所，帮她撰写讲稿，那是一个周日的早上。她十分紧张，几近崩溃。所有那些男人都要出席，而且她必须站在前面讲话，这使她很恐惧。在公共场合演讲对她来说一直都不是一件轻松的事情。最有意思的是，她是个极为幽默、聪明机智的人，但是一站到人群面前却会战栗不已，不知所措。尤其是，如果她知道他们要问她数字问题的时候。

正如罗伯特·雷德福所说的，格雷厄姆"出身名门，口风很紧"，不给他人一丝窥探其个人隐私的机会。他是在第一次见过她之后在一次采访中这样说的，他因拍摄关于"水门事件"的电影《惊天大阴谋》而前去拜访她。因此，雷德福自言自语道："为什么她还要不断演讲和接受奖赏呢？"[2]

格雷厄姆在联合国广场酒店的高层有一套豪华公寓，俯瞰着纽约的东河，墙上挂满了艾格尼丝·梅耶收藏的亚洲艺术品，在这里，巴菲特和格雷厄姆开始工作。

她不断猜想他们会提出的问题，诸如新闻纸多少钱一吨，她认为这简直就是个测验。然后我说，这没什么关系。别人多少钱买，你也多少钱买，那又怎样呢？但这确实是个大问题，她被说服了。我尽力避免让她死记那些事实。只要有个主题就行了。

格雷厄姆想说做好新闻的同时也要取得可观的利润。巴菲特听到这一想法"扑哧"笑了，重新为她定位：

你知道，好的新闻并不一定产生可观的利润，她脑子里全都是这些没用的东西，我要竭尽全力去说服她，使她相信自己比所有那些坐在那里的愚蠢男人聪明，正是这一点从一开始把我们拉到了一起。

巴菲特成了凯瑟琳·格雷厄姆的私人戴尔·卡内基训练师，他的建议使她反败为胜，扭转局势。他和其他所有人一样，都会同情那些在人群面前不知所措、战栗不已的人。再者，由于苏珊多年来的精心指导，他已经学会了更微妙的为人处世的方式。他知道如何预见他们的反应，并且以非胁迫性的方式表达出来。他以前的信总是语言拘谨，现在用词恰当熟练，巧妙而富有感染力。他已经学会了倾听，学会了对别人表现出兴趣，还能同其他人谈论股票之外的事情。这都帮他赢得了格雷厄姆的青睐。

在一切准备就绪并且进行彩排之后，格雷厄姆说她当天晚上要去詹尼·阿涅利家参加晚会。"你会发现这很有趣，"她说，"为什么不和我一起去呢？"巴菲特一直强调说他在这些盛大的场合感觉十分不舒服，并且称他对这些活动一点儿也提不起兴趣。不过，这次他没有拒绝格雷厄姆，而是同意和她一起去。那天晚上，他离开房间，开车接上格雷厄姆，然后一同前往晚会。

我们真是很不合适的一对儿——她55岁，而我则40岁出头，我们一进入这座公寓——这不仅仅是一座公寓，更像一座三层豪宅，十分巨大——每个人都向凯瑟琳鞠躬致敬，跟她套近乎，简直就是电影《甜蜜生活》中舞会场景的再现。我是跑龙套的角色，像棵盆栽植物一样杵在那里。如果你以慢镜头的方式放映，就能看得清清楚楚。詹尼·阿涅利，菲亚特的总裁，以及他的妻子马雷拉都没有来。这几乎像一场化装舞会，事实上它不是。

在见识了一个全新的格雷厄姆之后，巴菲特回到了奥马哈。他继续从个人的角度不断地加深对她的认识，他总是看到她自相矛盾的一面——"恐惧而又任性，高贵而又民主，常常被她最为关心的人伤害"。他感觉很奇怪，在她的丈夫自杀10年之后，她还在不断谈起他。

当你第一次见她时，她常常会不由自主地谈起菲利普的事，就像查理一样，很快就会就一个话题说一通。而且她说起他时，所用的词语你几乎都不敢相信,要知道他的行为十分恶劣。不过,在我更深入地了解她之后,她告诉了我关于他以及他们之间的所有事情。她已经发现,她不可能与他在同一层面上对话。她感觉自己是个骗子,甚至是在假装同他住在同一屋檐下。他们常常和肯尼迪夫妇聚会,而她常常感觉自己不应该出现在那里。那时,他所说的任何话都很有趣,所做的任何事都很正确。当他要从她面前夺走孩子们时,她甚至都没法阻止他——我是说,整个事情她都没法阻止。

格雷厄姆从小受到母亲残暴、冷淡的对待,长大后又遭受躁郁症丈夫多年的折磨,这对她造成了很大的后遗症,而巴菲特的成长背景与她类似,这种同病相怜好像暗示了他们未来会有不同寻常的关系。他知道如何对待她才能使她感觉不到威胁。1974年春,她开始向他寻求建议,并且逐渐冷淡了原来的那些人。反过来,他也抓住这个机会,一举成为《华盛顿邮报》首席执行官的业务指导,好像他一生都在等待着主演《卖花女》,去调教自己的那个伊莉莎·多莉特。他比亨利·希金斯更有耐心,他慢慢地训练她,督促她和她的儿子唐读一些有益而有趣的文章。

随着巴菲特的影响逐渐增强,格雷厄姆注意到"沃伦说"这个词使董事会的一些成员感觉不舒服。[3] 不过,巴菲特一直希望能够受邀加入董事会。当汤姆·墨菲提议请巴菲特加入大都会传媒公司的董事会时,他断然拒绝了,他正在等《华盛顿邮报》的邀请。[4] 墨菲忠实地向格雷厄姆传达了这一信息,她"感觉自己太笨了",竟然都没有想到这一点。[5]

苏珊认为她的丈夫不能再承担更多的商业责任了,他应该把他们的股票卖出去一部分,把钱用在更崇高的事业上。当他俩在华盛顿坐出租车时,她谈到了慈善家斯图尔德·莫特,他掌管着斯图尔德·莫特慈善信托基金会,为和平、裁军、人口和计划生育事业做出了巨大的贡献。巴菲特夫妇现在比莫特富有得多,他起家时只有2 500万美元。"你为什么不退休呢?"苏珊说,"斯图尔德·莫特现在就从事着这些事业,每天都不用去工作。"但沃伦是不可能退休的。他坚信自己的眼光——现在的

5 000万美元将来有一天能够升值到5亿美元。尽管如此,他并没有完全从家庭生活中脱离出来,也没有对妻子的话置之不理。通过与苏珊的交流,他感觉到了她希望从生活中获取更多的东西。随着彼得升入高中,沃伦对她说:"苏珊,想象一下你是一个工作了23年之后又丢掉饭碗的人,现在你打算做什么呢?"

她的回答是唱歌。她的侄子比利·罗杰斯已经给她准备了一些吉他录音带,可以把她的歌声录下来,然后欣赏。罗杰斯曾经在奥马哈的蛤蟆先生乐队、面条厂乐队和其他的俱乐部演奏爵士吉他。在他的引荐下,苏珊很快就常常出现在当地的音乐会上。不过,当她第一次登台表演时,"我恐惧极了,真的恐惧",她说,"我真是糟透了"。她前一次公开登台演出是在10年前,那是中心高中的一场慈善义演。因此,她开始练习,并且学习当代的爱情歌曲和民谣。苏珊作为歌手首次登台出场是在那年的7月,当时是在翡翠湾的私人聚会上,观众都是一些老朋友。"他们似乎非常喜欢。"她说。[6] 当她丈夫的朋友对她的才能大加赞扬时,她看到他十分兴奋。

虽然巴菲特夫妇那年夏天是在翡翠湾度过的,但是沃伦仍然邀请格雷厄姆来他家做客,当时她正好到洛杉矶参加分析师大会。巴菲特预感到她可能会谈到让他加入《华盛顿邮报》董事会的事宜,便提前几天回到了基威特大厦的办公室,既高兴又兴奋,就像圣诞前夜的小孩子一样。[7]

巴菲特在翡翠湾的别墅与一条陡峭的车道相连,离海滩不远,有点儿让人感觉不像是自己的家,而像是出租的房屋,缺少家庭的温馨。沃伦不知道这里会给格雷厄姆留下什么样的印象,毕竟她有好几座装修精致、无可挑剔的豪华别墅,并且在格伦韦尔比有个农场,在马撒葡萄园还有座海景豪宅。

不管怎样,很显然他向他的妻子反复强调,他们要尽最大的努力使格雷厄姆满意。在格雷厄姆抵达后的第一个早上,苏珊破天荒地起了个大早,像模像样地做起了家务:她为三人做了一顿丰盛的早餐,巴菲特夫妇二人都假装这是他们的惯常生活。接下来，她的丈夫就整天围着格雷厄姆转，同她谈论报纸、新闻、政治，提及每一个能使她邀请他进入董事会的机会。

有时，他会放下报纸，穿上一件为格雷厄姆这次拜访而特别购买的游泳衣，以及一把崭新的遮阳伞，同她一起离开屋子，沿着一条陡峭的小路，走到大概100码远的海边，和家人一起享受海滨之乐。对于大海，他之前一直是这样认为的："我认为住在海边确实是一个诱人的享受，晚上听着海浪的声音很有趣，诸如此类的事情吧。但是要真的在海里游泳玩乐，我感觉，还是等到年老以后再说吧。"但是现在，在岸边的沙滩坐了一会儿后，看着清澈的海水，他也勇敢地迈入了太平洋中。据说，当苏珊和巴菲特的孩子们看到这奇怪的一幕时，"全都笑得人仰马翻"。

苏珊对这位不同寻常的客人有什么想法，我们还不知道。但是沃伦对此的解释却有迹可循。"一切都是为了凯瑟琳，"他说，"都是为了她。"

在星期日的早晨，他们放弃了这种客套虚礼，苏珊在半睡半醒中给格雷厄姆做了熏肉和鸡蛋，而自己却什么也没有吃，沃伦坐在旁边，用勺子从一个瓶里挖出阿华田巧克力粉。[8] 早饭后，他和格雷厄姆又开始促膝谈心。有时候，格雷厄姆会告诉他，她想让他进入董事会，不过要等待恰当的时机。她知道，有些董事会成员，如安德烈·梅耶可能不欢迎巴菲特加入董事会。接着他问："什么时候才是恰当的时机呢？"迫使她下定决心。因此，他们很快达成决议，同意巴菲特加入《华盛顿邮报》的董事会，他喜出望外。

那天下午，巴菲特离开翡翠湾，亲自开车送格雷厄姆去洛杉矶机场。"在去机场的路上，突然间，她看着我，那眼神就像一个3岁的小孩子一样。她的声音也变了，她说，基本上就像在祈求一样，'要对我好一点儿，不要伤害我'。我后来才明白，菲利普以及报社的有些人，为了实现自己的目的或者仅仅是出于乐趣，会不断打击她，只是为了看着她崩溃。就菲利普而言，这是残酷的习惯，而其他人则是为了操控她。这样做非常容易，因为她还是很容易上当的。"

1974年9月11日，巴菲特正式加入了《华盛顿邮报》的董事会，摇身一变，从一个奥马哈的明星投资经理人，成为世界上最重要的一家媒体公司的正式顾问。尽管刚刚加入该公司董事会，他仍然能够看见格雷厄姆习惯性地向其他的董事寻求帮助。巴菲特认为不应该这样做，作为一名首席执行官，她不能把自己放在这样的位置上。但是，他还不是非常了解她，因此，他也不好说什么。相反，他却告诫自己，《华盛顿邮报》的董事会里到处都是达官显贵和知名人士，因而他要小心翼翼地同这些人周旋。他们有权有势，还善于玩弄手段，常常习惯于控制格雷厄姆。他在董事会上一直沉默不语，不过，他却在幕后悄悄地发挥作用。

此时，巴菲特关注的远远不止凯瑟琳·格雷厄姆和《华盛顿邮报》。1974年的市场仍然在失败的阵痛中煎熬，投资者期盼的复苏仍旧没有出现。养老基金的经理人们已经把股票的投资削减了80%。伯克希尔的投资组合好像是被修剪过的树篱一样，在第二次大萧条中几乎被斩去1/3。在20世纪已经过去的时间里，这种情况仅仅出现过几次。

在巴菲特解散合伙公司之后，芒格仍然对他的合伙人关系保持开放。同股票市场相比，他的表现在两个方面都更不稳定。在过去的几年中，尽管回报很一般，他还勉强过得去。但是到1974年，芒格发现自己陷入了困境之中，他的合伙人损失了将近一半的资金。[9]就像半个世纪前的本杰明·格雷厄姆一样，他感觉有责任把这些损失的钱再赚回来。

"如果你是一台装配完美的机器，就会像沃伦和我一样具有信托基因，"他说，"并且如果你已经告诉了人们，'我认为我能给你创造非凡的业绩'，那么你就会很后悔没能实现他们的期望。"

至于他自己，"当然资金的价值也缩水了，我也不喜欢这样，但是想一想我们只能有这么多的时间——最后无论我赚了多少钱或者赔了多少钱，又有什么意义呢？唯一让我感觉不安的是，我知道这对合伙人们确实打击很大。这要把我给愁死了——毕竟我的工作就是替人们理财啊"。[10]

芒格仍然大概有28名有限责任合伙人，包括一些家族信托。为了赚回损失的一半资金，他必须让剩余的股份增加一倍多。能否实现这一目标,蓝筹印花公司的股票将起到至关重要的作用。

比尔·鲁安的红杉基金也陷入了困境,它由巴菲特原来合伙人的5 000万美元起家,大量地将资金投资到一些低价股上,如汤姆·墨菲的大都会传媒公司,这些股票同几年前那些迷人的电视和电子类股票不一样,当时资金经理们挤破头去买。他们同时迅速行动,直奔主题,投入了"漂亮50股"的怀抱,它们是由世界上少数最知名大公司的股票组合而成的。[11]

"在这一行,"鲁安说,"有创新者、模仿者,还有成群的盲从者。"现在模仿者和盲从者成了主流,鲁安和他的合伙人里克·切尼夫在1970年购买的股票价值已经拦腰减半了。更为糟糕的是,他们刚刚在纽约证券交易所买到了一个席位,而股价马上就要从悬崖上掉下去了。[12] 很明显,红杉基金的上市时间太不合适了——鲁安决定的上市时间正好是巴菲特认为缺乏机会而打算偃旗息鼓的时候。红杉基金的业绩每年都跑在了大盘后面——累积起来,数量还是很惊人的。[13] 红杉基金在1973年的表现更差:它的损失高达25%,而市场平均行情是15%的损失。到了1974年,它的业绩更加糟糕。鲁安最大的投资人——鲍勃·马洛特怒火冲天。他常常因一些微不足道的亏损就打电话抱怨,在鲁安和切尼夫的公司里,人们都戏称他为一只"破坏球"。现在,他痛骂鲁安,指责他在股票市场的业绩太差,并且反复不断地斥责他,导致鲁安害怕他会把资金从公司抽走。[14] 不过,巴菲特对此十分镇静,因为他知道市场对股票价格的反应在任何时候都不能代表它的内在价值。他了解鲁安及其合伙人购买的股票,因此对他们的决定很有信心。

正是因为那些工作人员的高傲自大,1969年巴菲特与格雷厄姆的追随者在殖民地俱乐部的聚会,确切地说,即便不是一种推进剂,至少也为充满挑战的市场创造了相互支持的氛围。从那以后,巴菲特把它命名为"格雷厄姆集团"。埃德·安德森已经在威廉斯堡举行了第三次年会,查理·芒格在加州的卡梅尔举行了第四次年会。1971年,巴菲特把这个会议固定为两年一次。出于忠诚,他让鲁安邀请了马洛特——这种机会一般不会随便给人——和他的妻子艾比成为1973年太阳谷年会的新成员，这次是由里克·格林主办的。

马洛特可能被这个活动打动了，决定继续支持鲁安的工作，尽管他依然不断地抱怨，使得鲁安仍然害怕他突然撤资。然而，到1974年底时，市场行情下跌了25%以上，不过，红杉基金至少要比市场的损失少一些。

尽管如此，红杉基金的累计行情依然很糟糕，以至于曾经在那里工作过的亨利·勃兰特和卡罗尔的丈夫约翰·卢米斯，现在也都害怕行情继续恶化，害怕自己被从一艘即将沉没的船上抛下去。[15]

在当年11月，《福布斯》杂志刊登了一篇对巴菲特的采访，开篇就提出了一个尖锐的问题：你怎么看待当前的市场行情？"像一个性欲旺盛的男人闯进了女儿国，"巴菲特这样回答，"现在正是投资的绝佳时机。"[16] 他接着说："这是有史以来第一次你能够以本杰明·格雷厄姆所青睐的'烟蒂'型股票的价格购买菲利普·费希尔的股票。"他认为这是他所要表达的最为重要的意见，但是《福布斯》没有刊登出来，因为普通的读者不会理解为什么要引用费希尔和格雷厄姆。[17] 当《福布斯》的记者问他对特定股票的看法时，他没有提及他正在买或者已经买了哪些，相反，他开始玩儿起小把戏，想测一测这个记者是否研究过《福布斯》杂志以前刊登的关于他的文章，看看对方对他了解多少。"一家自来水公司。"他说，并补充说蓝筹印花公司持有圣何塞自来水公司5%的股份。这位记者上当了，他没有参考以前的相关报道，还以为自己得到了内幕消息，直接就用在了这篇文章中。

不过，尽管到1974年为止，他一直对市场很热心，但是在投资时还是很谨慎，一点点地买进，大部分的资金都花在了斯图德贝克·沃辛顿公司、汉迪－哈曼集团、哈特·汉克斯报业集团以及多媒体公司等，并且巩固了他在信义房产公司的地位。他把其他的一些股份也增加了10%或者20%。他还从里克·格林手中购买了蓝筹印花公司的10万股股票。"他以5美元的价格卖给了我，因为他手头拮据，"巴菲特说，"那真是一个残酷无情的时期。"

巴菲特对"女儿国"的见解有双重含义：尽管这确实是最佳的投资时机，但是对巴菲特来说，在很大程度上，只能"看"而不能"摸"。国民赔偿公司的一个航空经纪人几近疯狂地赔钱贱卖航空保险保单。公司撤销了该代理机构的特权，并且竭力阻止其疯狂举动，但是几个月过去了，还是没法关闭该机构。[18]

财务记录混乱不堪，损失也不清楚。国民赔偿公司不知道全部的账单会达到多少，不过按最坏估计可能会高达数千万美元。然而他们仍然希望不会损失那么多，因为国民赔偿公司并不值数千万美元。想到这些，巴菲特浑身直冒汗。[19]

1975年初，他的麻烦接踵而至。查克·里克肖塞尔，芒格律师事务所的合伙人——现在该事务所已经重新改名为"芒格-托尔斯-里克肖塞尔律师事务所"——给巴菲特和芒格打电话，告诉他们美国证券交易委员会正在考虑起诉他们，控告他们违反了《证券法》。一个看似正在酝酿之中的问题，现在突然爆发为全面的危机。

里克肖塞尔在收购喜诗公司时就开始为巴菲特和芒格打理法律事务。不久之前，他还在为维持现状或维护旧制度而努力战斗，就在那时候一位在美国证券交易委员会工作的律师给他打电话，说他遇到麻烦了。里克肖塞尔本以为这件事只是例行公事，因此把这个人推荐给了维恩·麦肯齐，伯克希尔的财务主管。

正在内布拉斯加工作的维恩·麦肯齐听到电话响了，接起电话，却发现电话那头是让业内人士闻风丧胆的"强悍警察"——美国证券交易委员会执法处的头头斯坦利·斯波金。斯波金的眼袋下垂，好像整个晚上都在台灯下伏案工作，秘密起草针对大公司的诉讼，许多大公司都对美国证券交易委员会的裁决——而不是上法庭感觉不寒而栗。[20] 在电话中，他质问了麦肯齐许多问题，涉及韦斯科金融公司、蓝筹印花公司以及伯克希尔等公司。虽然他的语气很不友好，但是这一次，麦肯齐还认为这仅仅是他一贯的做法。另外，麦肯齐还得到这样一种印象——斯波金认为任何富人都肯定干过坏事。[21]

当里克肖塞尔听说给麦肯齐打电话的不是一个普通的律师,而是斯波金本人,并且被他长时间拷问后,里克肖塞尔的心脏几乎快要受不了了。斯波金的成功率很高,因而这个下颏宽厚的人自然就成了美国商界最为显赫的人物之一。从某种意义上说,他甚至比他的老板——美国证券交易委员会主席的权力更大。

是什么引起了美国证券交易委员会的注意呢?似乎是因为巴菲特和芒格这两年来一直在酝酿的一个举动——他们精心策划想理顺他们所拥有的几家公司纠缠不清的关系。第一步是要把不太重要的多元零售公司合并到伯克希尔–哈撒韦。到 1973 年,多元零售公司只不过成了一个购买伯克希尔和蓝筹印花公司股票的中介。不过,他们需要美国证券交易委员会的同意,而美国证券交易委员会推迟了多元零售公司的并购申请。芒格曾经告诉巴菲特这没有什么大不了的,他指示里克肖塞尔去"邀请美国证券交易委员会中任何有疑问的人"直接把电话打给芒格本人,"如果这能够促进他完成工作,澄清我们的申请文件"。[22]

相反,在接下来的 18 个月中,美国证券交易委员会的工作人员似乎一直在调查蓝筹印花公司和其他一些投资活动。最后,他们得出结论,巴菲特和芒格故意破坏了韦斯科金融公司与圣巴巴拉的合并交易,他们采用的方式是通过为其中的 1/4 股份支付较高的价格,从而达到控制其他股份的目的。至少,圣巴巴拉方面肯定是这么认为的,因为很明显是它把蓝筹印花公司告到美国证券交易委员会的。[23]

他们第一次意识到蓝筹印花公司陷入了麻烦之中。[24] 巴菲特刚刚享受了加入《华盛顿邮报》董事会的荣耀,他和芒格就需要立即去寻求法律支持,因为危险在迅速增大。里克肖塞尔已经知道同巴菲特工作是怎么回事了,现在又一次向同事解释说"太阳很美好,很温暖,但是你却不想离它太近"。[25] 在接下来的几年里,他都是在验证他所谓的"热力学法则"。

在 1975 年 2 月,美国证券交易委员会签发了传票,开始对蓝筹印花公司购买韦斯科金融公司的活动进行全面调查，并撰写了调查报告《关于蓝筹印花公司和伯克希尔-哈撒韦的说明，沃伦·巴菲特，HO-784》，该委员会的工作人员认为，巴菲特和芒格有商业欺诈行为："蓝筹印花公司和伯克希尔，以及巴菲特，独自或者伙同其他人一起……有可能直接或者间接地涉及商业欺诈行为、计划或者预谋，或是提供的陈述材料有不实或者遗漏……"

该委员会的律师盯着一点不放，他们认为蓝筹印花公司从一开始就计划接管韦斯科金融公司，却没有透露这一事实。蓝筹印花公司在圣巴巴拉公司并购失败之后购买韦斯科金融公司的股票，肯定是"股权收购"，但是这次收购从来没有在美国证券交易委员会登记过。[26] 后面一点更严重，因为这暗示美国证券交易委员会可能会大张旗鼓地公开以"民事欺诈"为由提起诉讼，不仅仅针对蓝筹印花公司，更是针对巴菲特和芒格本人。

在针对一个目标采取行动时，斯波金总是有两种选择：提起公诉或者和解。和解是给对方一个道歉的机会，而不用正式承认有罪。调查对象可以不接受也不拒绝关于欺诈的控告，但是他们可以同意接受惩罚。在接受和解时，美国证券交易委员会也有两种选择，它可以指明具体牵涉到的个人，也可以只是和公司本身达成协议，而不用指明任何个人。在和解中指出某个人的名字虽然并不意味着其职业生涯的终结，但是以后恐怕也不会再有所突破了。巴菲特通过《超级金钱》和《福布斯》以及进入《华盛顿邮报》董事会获得了极高的地位和荣誉，现在又要开始小心谨慎地战斗，以拯救自己的声誉。

然而，调查继续扩大。接到传票后，巴菲特必须开放他的档案文件。很显然，这包括他收藏的大量详尽的文件，它们同他收藏的其他东西一样庞大而又完整。由于违反了他的个人隐私，来自芒格-托尔斯-里克肖塞尔律师事务所的律师们对此进行了筛选，归类为交易单据、近期购买股票的信息、给银行的备忘录、给喜诗公司的信、给维恩·麦肯齐的便条等，然后把它们运送到了华盛顿特区的检察官们那里。巴菲特感觉自己受到了迫害，他和芒格好像在做噩梦一样，正在被一个巨大的、行动笨拙的巨人穷追不舍。为了生存，他们必须比它跑得更快些。

信件在芒格–托尔斯–里克肖塞尔律师事务所和美国证券交易委员会之间飞来飞去，就像踢毽子一样。巴菲特表面上依然保持镇静，但是背上的病痛开始折磨他。而芒格却没有隐藏他的焦躁和不安。

到1975年3月，调查工作进展到了新的阶段，相关证人需要到美国证券交易委员会接受询问。贝蒂·彼得斯被传唤。"你的律师来了吗？"他们问道。"没有，我还需要律师吗？"她反问道。"哦，每个人来时都会带着律师的。"他们告诉她。"难道你们不想知道发生了什么事吗？"她问道。在没有律师陪同的情况下，他们询问了彼得斯。

接着是芒格。连续两天询问——也没有律师作陪，对于查理·芒格，难道还需要什么额外的法律顾问吗？他竭尽全力为蓝筹印花公司辩护，反驳他们关于破坏圣巴巴拉并购活动的控告，并解释蓝筹印花公司为什么要支付溢价来购买韦斯科金融公司的股票。是的，他承认蓝筹印花公司曾经考虑过取得控股权，但是那些计划都仅仅是"模糊的，不确定的"，直到圣巴巴拉的并购活动以失败告终才浮现出来。这一辩论明确了他和巴菲特的作用——他们说服了文森蒂，并且他们承认诱导了贝蒂·彼得斯和卡斯珀家族进行投票。芒格满怀遗憾地打断了美国证券交易委员会律师拉里·塞德曼的讲话。"我们希望能够对路易斯·文森蒂和贝蒂·彼得斯保持公平。"他说。[27] 但是美国证券交易委员会的律师从来都没有见过桀骜不驯的路易斯·文森蒂，他们不可能理解这一点。"那你们蓝筹印花公司的股东该怎么办呢？"塞德曼接着问道。塞德曼不明白为什么蓝筹印花公司要对韦斯科金融公司的股东这么慷慨——那时韦斯科金融公司的股票大部分都在套利者的手中。

这些购买韦斯科金融公司股票的人知道，一旦交易结束，它的价格就会涨到圣巴巴拉公司所出的价格之上。他们为了减少风险，而采取两面下注的方式，减持了圣巴巴拉公司的股票，这同格雷厄姆和纽曼的做法一样，他们曾经购买了洛克伍德的股票来交换可可豆的仓库收据。但是，当韦斯科金融公司的交易失败后，和可可豆一样，价格迅速暴跌。[28]为什么要提高股价，帮助这些套利者解套呢？

芒格找到了他终极武器——本杰明·富兰克林。"对于那些要求我们矫枉过正的股东们，我们并没有义务必须做到公平。我们十分赞同本杰明·富兰克林的观点——'诚实乃上上策'。如果我们尽力压价，就会有损公司的声誉。"[29]

塞德曼似乎对这番辩论疑惑不解，甚至芒格也承认他们所做的事中有一些细节看起来是不太好。他请求塞德曼要从大的方面来看。"看看我们的整个记录，你就会发现，我们从来不做任何违法的事，总是尽力保持公平，并且严格遵循公平交易的原则；我只希望你能得出结论，认为我们这种谋求平衡的做法不应该遭到任何控告……即使真有任何不当之处，也不是故意的。"

当巴菲特被询问时，他们问为什么他和芒格不等到韦斯科金融公司的股价跌到谷底再买，那样他们就可以用更便宜的价格买进。"我觉得蓝筹印花公司在大家心目中的商业信誉从来没有像现在这么高过。"巴菲特说："我觉得有人可能会感觉十分愤慨。"但是他为什么要关心呢？巴菲特说："因为韦斯科金融公司的管理层对我们的印象是相当重要的。也许，你可以说，我们已经掌握了公司的控股权，别人的感受并不重要，但实际上影响很大。路易斯·文森蒂并不一定非得为我们工作……你明白，如果他觉得我们是一群寡廉鲜耻的卑鄙小人，那么这种良性的互动关系就不复存在了。"

现在，巴菲特像芒格一样单独现身，着实使执法处的律师们大吃一惊——这倒是对他很有帮助，他往返华盛顿几次，耐心地解释蓝筹印花公司是如何运转的，详细阐释他的投资哲学，甚至谈起他在华盛顿的童年时代。塞德曼不知不觉被巴菲特的魅力所吸引，但是他的上司——美国证券交易委员会负责这一调查工作的高级律师，即著名的"老虎"——对巴菲特的态度依然冷淡，他的态度是"不能让他们通过"。他认为这些辩解都毫无说服力。[30]这位高级调查员的看法是，任何打擦边球的行为都不能逃过他的火眼金睛。"[31]

美国证券交易委员会的工作人员继续深入调查。他们似乎对巴菲特的企业帝国错综复杂、盘根错节的关系产生了疑惑。他们甚至开始调查他是否在圣何塞自来水公司的并购案中获得了内幕消息。[32] 美国证券交易委员会的工作人员开始调查原始资本基金,这是一只封闭型投资基金,芒格把他当作一只烟蒂型股票,以20%的利率买进,并使其摆脱困境。鲁安的红杉基金在1975年反弹很大。芒格正要把他合伙人的投资赚回来,在1975年其收益达到了73%,他自己却没有收取任何佣金,这逐渐平息了合伙人的不满。要弄清楚他们这个复杂的王国是如何运作的,需要先明白随着市场逐渐复苏,他们在股市低迷时以低价购买的股票正在不断升值。调查的范围越来越广,就像一只多毛毒蜘蛛一样,触角越伸越多。

里克肖塞尔正在研究一张图表,试图借此理清巴菲特和芒格之间所有复杂的经济利益关系。巴菲特位于最中心,持有蓝筹印花公司、多元零售公司和伯克希尔,除此以外,还有像俄罗斯套娃一样互相关联的众多公司。面对这一复杂情形,里克肖塞尔惊讶不已。[33]

每个人都知道巴菲特像条大白鲨一样,几乎没有人能阻止他不断购买股票的企图。如果他得到了10美元,正好能够买到蓝筹印花公司、伯克希尔或者多元零售公司1股,他就会毫不犹豫地掏出来,买到这1股,然后把它扔到最近的抽屉里。在他和芒格第一批买进韦斯科金融公司25%的股份后,里克肖塞尔向巴菲特提出建议,只通过正规的股权收购购买股票,以免给人留下不当收购的把柄。[34]

巴菲特交叉持有各种股票的复杂模式,似乎让人感觉他在竭力隐藏什么一样。里克肖塞尔看着这张复杂的图表,心中充满了焦躁。"这应该有一份起诉书啊。"[35] 他没有想到美国证券交易委员会已经获得足够的证据可以判明他们有罪,并且很容易提起诉讼。

在更大的意义上,芒格是一个辅助人物,同巴菲特相比,他的金融股权实在微不足道。他曾经被看作不足挂齿的小帮手。但是因为蓝筹印花公司是他的领地，他在对韦斯科金融公司的传奇收购中是主要负责人，因此，他也不可避免地成了美国证券交易委员会的重点调查对象。[36] 他向塞德曼承认："我们的商业活动确实十分复杂，不过我认为，让我们感觉遗憾的是，我们已经清楚这可能不是很聪明。但是，我们竭尽所能想掌握好这些悬在空中的球，接着再恰当地捡起一些其他的球，并且从容地操纵它们。"

尽管从他们二人的声明以及事实来看，圣何塞自来水厂或者原始资本基金的交易并没有什么过错，然而美国证券交易委员会仍然继续追查。这个像老虎一样的公诉人现在向斯波金提议，美国证券交易委员会对巴菲特和芒格两人提起诉讼。他没有被巴菲特和芒格的证词所动摇，一直坚信他们通过为韦斯科金融公司支付溢价而故意破坏圣巴巴拉公司的并购活动。对于"因为支付高价而使自身受到了伤害"的解释，他无动于衷，他认为这两人在解释这一事件上有点儿刻意大事化小，转移注意力。[37]

里克肖塞尔直接给斯波金写信，请求他不要起诉巴菲特和芒格，称他们是"极其珍视自己荣誉和名声的人"，因为"许多人，很有可能大多数人都是这样认为的——任何人只要被该委员会起诉，就肯定是邪恶无比、罪大恶极的"。虽然巴菲特和芒格同意和解，而不用承认或者否认控告，然而即使仅仅对他们进行备案也会引起"可怕的、不可挽回的损害"，因为"该委员会在不知不觉中无情地破坏被告人的名声"。"在发挥巨人的威力时应该十分谨慎，"他劝告说，"在商业活动中，因疏忽所致的失察不应该负有法律责任，否则的话，就会阻止那些十分珍视自己名声的人继续参与商业活动。"[38] 为了挽救巴菲特和芒格的个人声誉，巴菲特请求只对蓝筹印花公司发出一项双方都同意的裁判书，披露它微小的技术违规行为，里面不出现任何个人的姓名。

我们只能去猜测巴菲特头脑中的恐惧。在办公室里，他尽量表现出沉着冷静，以免影响到办公室的工作人员，因为任何一个人都有可能被美国证券交易委员会询问。

为了把客户描绘成出身模范家庭的正直公民，里克肖塞尔像个装卸工人一样辛苦地工作着。他把芒格和巴菲特的简历送到美国证券交易委员会，他着重强调：两人为慈善事业做出了巨大的贡献；他们为许多董事会成员付出了艰苦的心血；巴菲特的父亲霍华德·巴菲特曾经担任国会议员；巴菲特从14岁就开始填写纳税申报单，多年来已经为政府缴纳了数以千万美元的税款。很明显，巴菲特一直都很用心做记录，好像他的一生都离不开这些。

芒格放弃了。"如果一个警察在路上追了你500英里，"他对巴菲特说，"你就要收到罚单了。"

接着里克肖塞尔再次向斯波金提出建议，他措辞婉转地写道："巴菲特先生和芒格先生之间复杂的经济利益关系……很明显会给人这样一种印象，人们会认为他们很难遵守各种不同的法律规定。"他特别指明这两人竭尽全力遵守法律规定，不仅仅是从字面上，更是从精神上，"他们现在希望能够尽快精简他们所持有的股票"。[39]

在会谈中，美国证券交易委员会的律师们已经知道了"精简"将意味着什么。"在将来的某个时候，很有可能我们会把蓝筹印花公司同伯克希尔合并，"巴菲特这样回答他们的提问，"不过蓝筹印花公司有很多法律纠纷，只有等那些纠纷解决了才行，否则很难达成我们认为十分合理的公平交换比例。如果我有优先权，将来有一天它们就会合并。因此，我希望我们现在的业务还能保留下来，但是不要这么复杂了。我真的很不喜欢这种错综复杂的局面。但是别人可能以为我很喜欢这种错综复杂的局面。我手下并没有太多的工作人员。我们当时操作的时候看似很容易，而现在却并非如此。"[40]

一位美国证券交易委员会的调查人员问芒格，巴菲特的"精简计划"是否是临时想出来应付他们的。"哦，他有吗？"芒格说，"在这次调查之前很早，他就开始着手筹划一个详细的精简计划了。"[41]

在考虑这一提议时，斯波金说，这次要更多地依赖里克肖塞尔。他是"我一生所见到的屈指可数的律师之一——无论他告诉你什么，你都可以相信"。斯波金不仅仅把里克肖塞尔看作一个才华横溢的卓越律师，

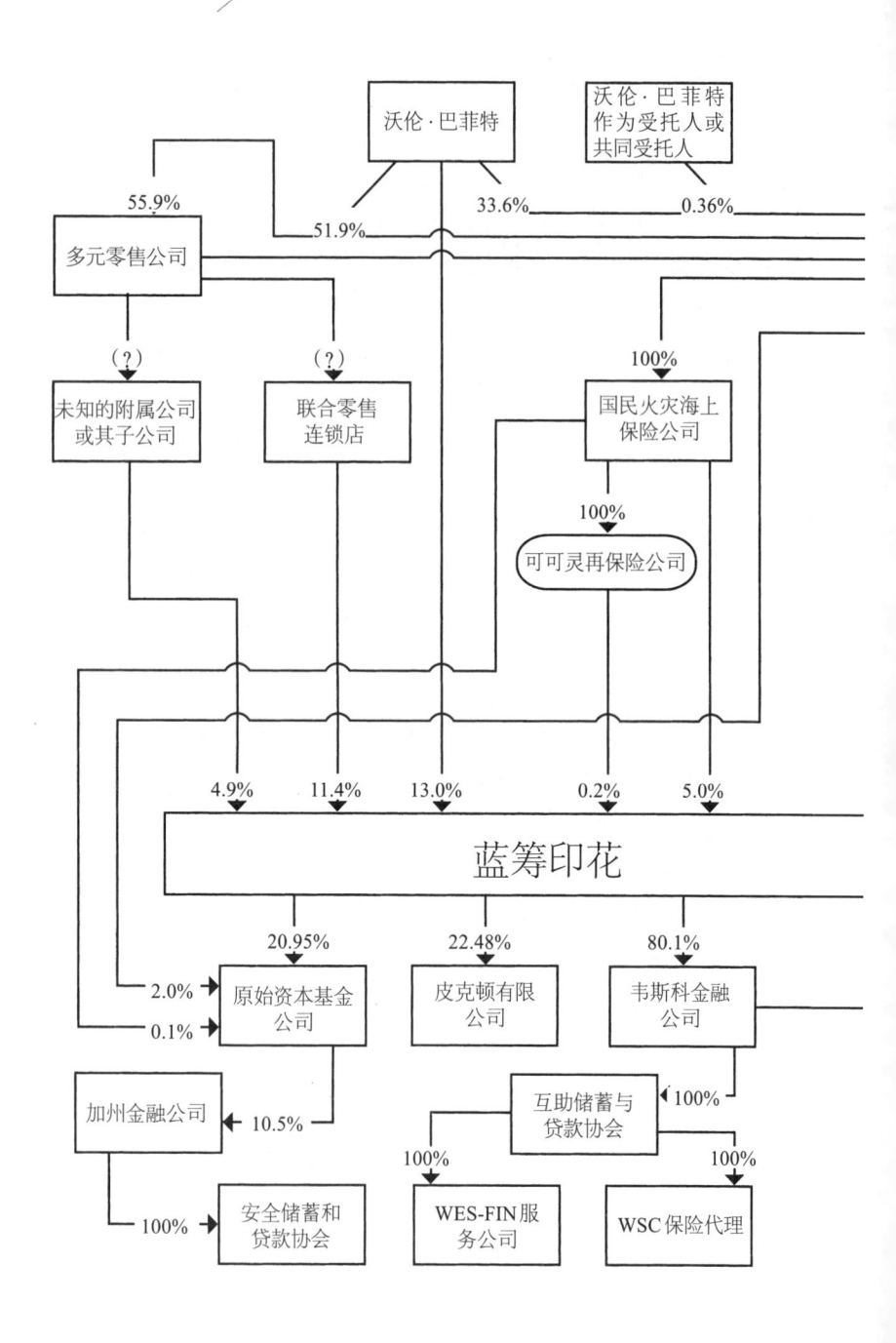

滚雪球（上）THE SNOWBALL

```
                          沃伦·巴菲特              沃伦·巴菲特
                                                作为受托人或
                                                共同受托人

        55.9%              33.6%          0.36%
                    51.9%
   多元零售公司

        (?)        (?)              100%
   未知的附属公司  联合零售        国民火灾海上
   或其子公司    连锁店          保险公司

                                    100%
                                 可可灵再保险公司

        4.9%   11.4%  13.0%   0.2%    5.0%
                        蓝筹印花

              20.95%   22.48%    80.1%
   2.0%   原始资本基金   皮克顿有限   韦斯科金融
   0.1%    公司         公司       公司

   加州金融公司  10.5%         互助储蓄与     100%
                              贷款协会
          100%               100%          100%
      安全储蓄和          WES-FIN服      WSC保险代理
      贷款协会           务公司
```

39 大力士

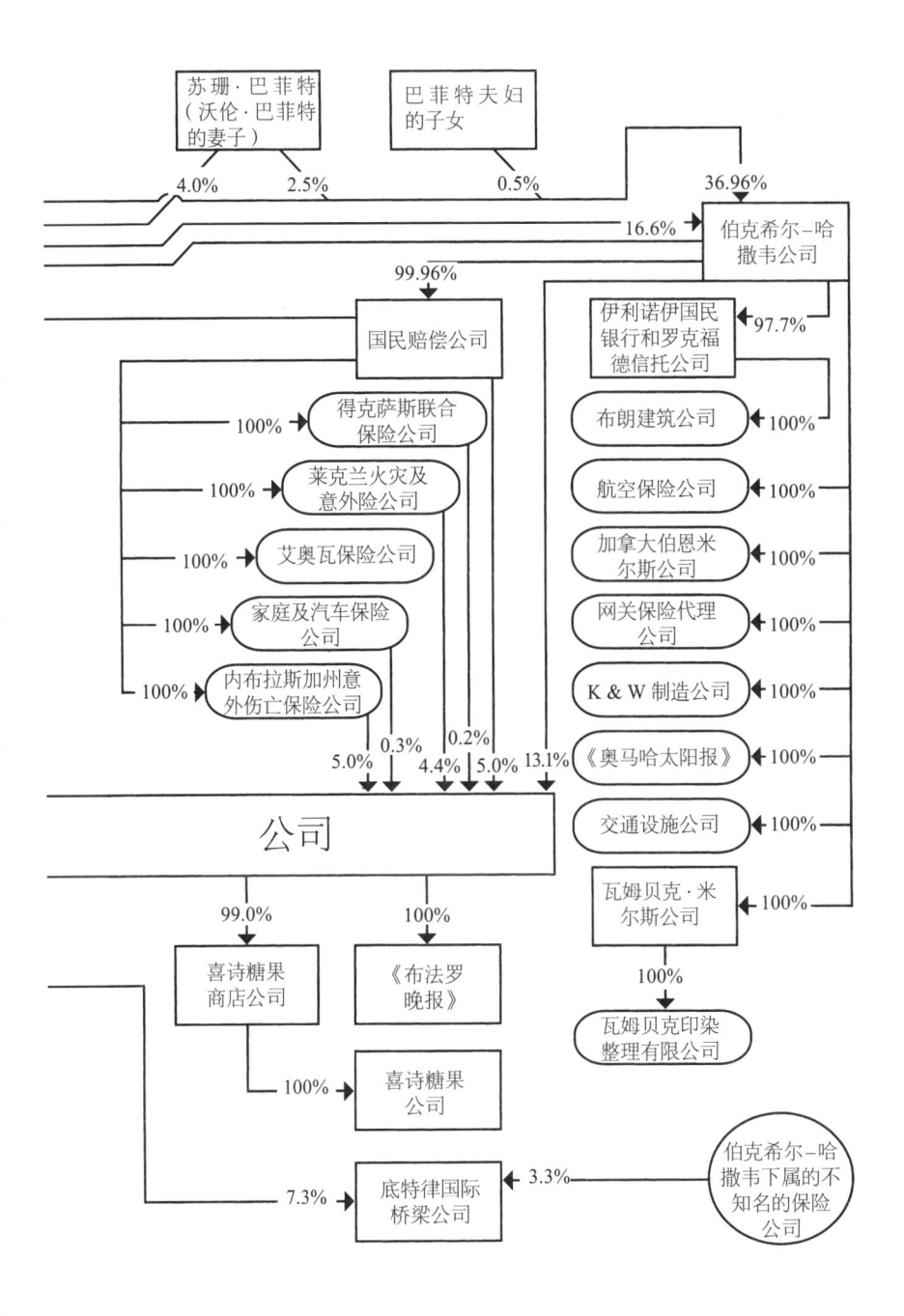

```
                    苏珊·巴菲特
                    （沃伦·巴菲特      巴菲特夫妇
                     的妻子）          的子女

            4.0%    2.5%              0.5%              36.96%
                                                                    伯克希尔–哈
                                          16.6%                      撒韦公司
                              99.96%
                                                              97.7%
                           国民赔偿公司          伊利诺伊国民
                                              银行和罗克福
                                              德信托公司
                    得克萨斯联合
            100%    保险公司            布朗建筑公司      100%

            100%    莱克兰火灾及        航空保险公司      100%
                    意外险公司

            100%    艾奥瓦保险公司      加拿大伯恩米    100%
                                        尔斯公司

            100%    家庭及汽车保险      网关保险代理    100%
                    公司                公司

            100%    内布拉斯加州意      K & W 制造公司  100%
                    外伤亡保险公司
                      0.3%  0.2%
                    5.0%  4.4% 5.0% 13.1%
                                        《奥马哈太阳报》 100%

                        公司              交通设施公司    100%

                                          瓦姆贝克·米    100%
                                          尔斯公司
              99.0%           100%
                                          100%
            喜诗糖果        《布法罗
            商店公司        晚报》        瓦姆贝克印染
                                          整理有限公司
                    100%   喜诗糖果
                           公司
                                                  伯克希尔–哈
                           底特律国际   3.3%       撒韦下属的不
              7.3%         桥梁公司              知名的保险
                                                    公司
```

467

也认为他是一个诚实、坦率、正直、毫不虚伪的人。里克肖塞尔告诉斯波金，巴菲特将是"华尔街有史以来最伟大的人"，并且"他也是你见到的最为正派和可敬的人"。如果这些话出自其他任何人之口，斯波金都可能会认为这是花言巧语、浮夸之词，但是因为它出自里克肖塞尔之口，他认为这些评论既真诚，同时可能又很恰当。[42] 斯波金感觉他有责任赦免犯人。他认为作为公诉人必须将因过失而犯错误的本质上诚实的人和骗子区别开来。对于骗子，他要毫不留情，严厉打击。在巴菲特和芒格一案上，他认为他们当然只是因过失而犯了错误，他们根本不是骗子。[43]

因此，这个巨人只是轻轻地拍打了一下蓝筹印花公司的脑袋。[44]

公司接受了美国证券交易委员会的裁决，既没有承认，也没有拒绝，它只是没有通知投资人公司正在同圣巴巴拉公司争夺韦斯科金融公司，并且蓝筹印花公司人为地提高了韦斯科金融公司股票价格长达三周之久。[45] 蓝筹印花公司保证永远不会再出现类似这样的情况。[46] 该裁决没有提及任何个人。公众对该事件的关注度极低，并且很快就淡忘了。巴菲特和芒格的个人记录和声誉没有受到任何玷污。

两周后，美国证券交易委员会盛情邀请巴菲特参加一个专家研讨会，专门研究上市公司的信息披露情况。他们想用这一姿态来表明对巴菲特的赦免，最为重要的是，这是一个全新的开始。[47]

40
如何避免经营一家公共图书馆

华盛顿哥伦比亚特区　1975—1976 年

　　1975 年初的一天，苏珊·巴菲特的朋友尤妮斯·丹尼伯格来家中拜访，她刚在客厅沾满狗毛的沙发上坐定，苏珊就转过脸去，背对着她，然后苏珊打开了录音机，开始唱起歌来。丹尼伯格听后大加赞赏。她们谈起了苏珊希望登台演唱的梦想，但是她实在太胆怯了，一直都不敢去尝试。丹尼伯格回到家后，第二天就给她打电话，说，"我做你的经纪人"。她找到了鲍勃·埃德森——米兰德学院音乐专业的副教授——请他为苏珊组建了一支伴奏乐队，并特邀苏珊在"蒸汽动力"夜总会登台演出，这是位于奥马哈城郊区的一个叫欧文顿的小镇，正是在这里，她和多蒂曾经在她父亲的教堂中组建了一个唱诗班。苏珊的心中忐忑不安，不过家里其他人都对此满怀热情，只有汤普森博士充满了疑虑，他说："我不知道你为什么想在夜总会里唱歌。"

　　苏珊第一次公开登台演出的那个晚上，面前的观众全都是她的朋友，大概有 35 人。她太紧张了，因此她要求沃伦不要去看。她穿着缀满了金属片的长裙，同人们交谈和打招呼，快要登台时她呆呆地站在那里，直到丹尼伯格一把将她推上舞台。从艾瑞莎·富兰克林的《打电话给我》，到辛纳特拉的《你使我感觉如此年轻》，到血汗泪合唱团的《你使我如此快乐》，再到她最为喜欢的歌手之一——罗伯塔·弗兰克的《我第一次看见你的脸》，她选择的音乐都是充满深情、激情和浪漫的。苏珊发现观众的反响十分强烈，他们对她报以热烈的掌声。[1] 这和她在私人场合为朋友唱歌时得到的反响相似，人们都对她的歌声大加赞赏。这是她的特别天赋，现在经过提炼得以发挥。从这一刻起，她想成为歌厅的一名驻唱歌手。

然而，几周后的一天，苏珊正在为下一次前往加州卡梅尔的演出进行彩排，突然她的姻娌伯蒂打来电话，请她去帮帮她的小女儿莎莉，莎莉正在遭受脑瘤的折磨，不久于人世。与此同时，伯蒂同查理·斯诺福的婚姻正在破裂。

莎莉死后，伯蒂发现这一悲剧融化了她冰冻的情感。"莎莉真是个好孩子，而且有非凡的感受力，作为一个7岁的孩子，她有超出年龄的深刻洞察力和极为丰富的感情。"伯蒂说，"有一次，她对我说，妈妈，你和爸爸都会孤独的。我想，当你最亲近的人死时，他们会给你遗嘱的。莎莉死时，她给我的遗嘱是我不应该再拒绝自己的感情了。她的话就像一根铜线直通我的心脏，从那时起，我再也不能掩饰自己的感情了。"

伯蒂同苏珊的关系一直很特别，莎莉死后，她也打开了心扉，突然之间，她们的关系更加亲密了。"苏珊是我一直喜爱的人，她对我非常重要，"伯蒂说，"她是我的家人中唯一一个可以让我敞开心扉倾诉感情的人。"

然而，她的弟弟对于侄女的死却有截然不同的反应。他给一些曾经到拉古纳拜访过巴菲特夫妇的朋友打电话，告诉他们关于莎莉的事。"我们非常震惊，因为一两周前，我们还在一起，"玛丽·霍兰德说，"我问他发生什么了，他说，'我说不下去了'。然后就挂断了电话。"

当时，沃伦用繁忙的工作来驱赶心中的悲痛。美国证券交易委员会对他的调查刚刚结束。他被凯瑟琳·格雷厄姆强烈地吸引着，甚至到了痴迷的地步。当沃伦迷上什么，尤其是一个陌生人时，他的心中会一直惦记着他或者她。这一次是一个全新的人，他付出了全心全意的、有些阿谀奉承甚至压倒一切的关注。然而,在谈及生意时,他在一瞬间就恢复了原状,把强烈的感情埋在了心底。正如芒格所说的,巴菲特"永远不会让他所痴迷的小人物干扰了大事业"。[2] 不过,凯瑟琳·格雷厄姆并不是个小人物。早先的某个时候,他决定要看看,当她偶然遇见芒格——他所认识的最聪明的家伙时——会与他擦出什么火花来。"凯瑟琳很友好,如果我给她一些事情去做时,她会尽职尽责。如果我告诉她去读一些十分复杂的财务报表,或者无论什么东西,她都会尽力按照我的指示去做。我告诉她,'你必须见见查理'。我不断地对她说。最后,她来到了洛杉矶,去见查理。"

她来到查理那间破旧不堪的办公室里,刚一坐下就立即取出一个黄色的便笺簿,以便他在讲话时,好做记录。查理满心欢喜——他在想他所说的一切都很重要吗,要不这个世界上最有权力的女人怎么还要把他所讲的话记下来呢。

查理无法抗拒这种鼓励,于是不自觉地炫耀了起来。他之前和格雷厄姆联系过,给她写过信:"你把我带回到了30多年前,使我像汤姆·索亚对贝基·撒切尔一样,并且我猜想对于我俩来说,沃伦真是个大傻子。"[3]

然而,不论凯瑟琳会使沃伦多么眼花缭乱,晕头转向,他都在用一种严肃的方式把她送进商业学校。"凯瑟琳不断地让我私下里给她解释这些财务报表。我会带着这些年度报告到华盛顿。然后她会说,'哦,沃伦,上课'。就这样,又开始讲课了。"他认为她的儿子唐"极其聪明",具有"几乎像照相机一样的记忆力,这一点比我遇到的任何人都要强"。为了使这个家庭感觉放心,沃伦签署了一份代理投票协议,请唐代表他行使投票权。现在,当他来华盛顿参加长达数月的董事会议时,他就住在凯瑟琳的家里。她不赞同他的穿着方式。"不过我告诉她,'我要同唐的衣着一样',"巴菲特说,"在这一点上他和我结成了统一战线。"

巴菲特对凯瑟琳的感觉是:"她非常非常聪明,在许多方面都很明智,只要你不去碰那些伤疤就行了。不过她很善解人意。"随着他们的关系更加密切,他感觉可以对她在董事会的发言方式进行指点了。他知道这并没有她想象的那么艰难。一天,他把她叫到一边说:"你不能向董事会任何成员乞求帮助,这与你的职位不符。"听了他的话后,她就不再向任何人请求帮助了。

格雷厄姆和巴菲特之间的关系,无论从生意角度还是私人角度都已经达到了十分亲密的程度,因此沃伦邀请凯瑟琳和唐参加本杰明·格雷厄姆集团于1975年在希尔顿海德岛举行的年会。在会议上,唐表现得十分谦逊,立即给其他人留下了很好的印象,同时也使他从中获益匪浅。许多人一眼就看到,凯瑟琳放下了自己的冷漠和高贵,表现出脆弱和谦恭,这使得沃伦无法不去喜欢她。因此尽管她好像女王一样威严庄重,但是她很快就和大部分人打成了一片,融入了这个团体。她真诚地想和每个人建立良好的关系——尽管在她内心深处一直认为男人远远比女人优秀,并且在这次会议上她依然这么认为。格雷厄姆就像男人堆里的一个标志,她衣着华丽,发型高贵,手中拿着鸡尾酒,款款地在他们中间坐下;有人发表政见,她会回应说"亨利是这样认为的"——她指的是基辛格博士。这不可能不给人留下深刻的印象。

苏珊·巴菲特在希尔顿海德岛的年会上首次为这一集团献歌。比尔·鲁安带来了一张表,上面显示着黄金价格已经连续5年超过了伯克希尔-哈撒韦的股价。他开玩笑地问其他人,是否应该购买金属了。但最终事实证明,他实际上已经买到了"金币",并且用它赚了个盆满钵满。[4]

亨利·勃兰特把巴菲特拉到隔壁的一个房间,要他保证伯克希尔-哈撒韦的股票不会跌到40美元以下。到1975年10月,股票价格已经从两年前的93美元被拦腰折断了。"瞧,我爱你,"巴菲特回忆当时的情形,"但是我不能向你保证。""我要崩溃了,"勃兰特说,"我把每一分钱都投到了这只股票上。"

世界继续崩溃,即使其他地方的股票市场已经开始复苏,伯克希尔还没有。勃兰特惊慌失措,立即给巴菲特打电话,而巴菲特只愿意出40

美元一股。接着勃兰特又给沃尔特·施洛斯打电话说:"沃伦只愿意出 40 美元,而我想要 50 美元,我该怎么办呢?"

施洛斯是"烟蒂"型股票的坚定支持者。在格雷厄姆集团的年会上,其他人都对他的"马鞭型"投资组合大加嘲讽和非难,这种组合囊括了破产的钢铁公司和窘迫的汽车零配件制造商。"那又怎样?"施洛斯说,"我不喜欢压力,并且晚上睡得很好。"他填好简单的清单,把格雷厄姆的投资哲学运用在了这张最简单的表格中,然后在每天下午 5 点钟,他准时离开特威迪·布朗公司的办公室,然而他的成就却十分了得。

现在,施洛斯听勃兰特这么说感觉十分惊愕,他竟然要把伯克希尔的股票卖掉脱身,这完全同"烟蒂哲学"相左。施洛斯对他劝说了两个小时:"你把钱给了世界上最聪明的家伙,让他来给你管理,事实上,沃伦根本没有向你收任何手续费,你现在却要卖掉,真是个大错误啊。""我想我信任他。"施洛斯说。但是,在那时,美国的经济仍然麻烦不断,纽约几乎要破产了;整个国家都沉浸在极度的悲观之中,这种局势影响了每个人的判断。"在星期一,他给经纪人打电话,"施洛斯说,"开始出售——他妻子的股份,而不是他自己的——直到卖出他们一半的股份。"[5]

之后不久,福特总统拒绝对纽约的经济实施政府救援。《纽约每日新闻报》的一篇文章记录了这一时代的情绪,它用巨幅标题"福特说:去死吧!"表达了失望之情。[6]

在 1970 年以大概 40 美元一股买进伯克希尔股票的那些合伙人,似乎在 5 年后并没有富裕起来。"对任何持有我们股票的人,"芒格说,"看起来好像很长时间都没有收到什么利好消息了。总的来说,这不是我们的合伙人以前经历过的。纸上的记录看起来真是糟糕,然而在未来,也许你称为'内部记分卡'的东西,也就是真正的业务势头,却一直在增加。"

巴菲特基于这些股票交易的资本净值也同他当初结束合伙公司时差不多。然而,尽管财富明显地减少了——这几乎会让其他任何人恐惧不已——然而他的心中仍然保持着镇静,没有一丝的不安和忧虑。1974 年美国证券交易委员会开始调查之前，伯克希尔拥有蓝筹印花公司26%的股份。尽管在1975年的欧姆尼航空事件中，巴菲特放慢了对伯克希尔的收购活动，但是通过多元零售公司，他还是在不断购买伯克希尔的股票。到1976年时，他通过多元零售公司同时在购买伯克希尔和蓝筹印花公司的股票。归根结底，伯克希尔在蓝筹印花公司拥有的股份超过了41%——而通过伯克希尔-哈撒韦，他和苏珊直接拥有的份额也高达37%。

由于伯克希尔的股票在1976年很便宜，他想到了用另一种方式来利用这一时机，他说服他的母亲——"因为她对金钱根本不关心"——把她所拥有的伯克希尔的5 272股卖给多丽丝和伯蒂。用5 440美元现金，外加一张10万美元的支票，他们每个人得到了伯克希尔2 636股——相当于每股只付了2美元现金。[7]尽管巴菲特几乎把债务看成罪孽深重，但是他认为伯克希尔40美元一股的价格真是太便宜了，因此他希望让他的姐妹们借钱，临时以95%的价格购买该股票。他很明显地认为股票的价格将会增长，并且按这个条件购买会让他的姐妹们变得富有，[8]同时也可以避免缴纳大量的遗产税。

这是我母亲一直想做的，直到那时才是最好的时机。那恐怕也是空前绝后的最伟大的一着了，再也不会发生了，那真是一个千载难逢的好机会。

到处都在贱卖价值不菲的东西。大概与此同时，汤姆·墨菲来找沃伦，带来了一个好消息，有家电视台要出售。巴菲特认识到这是一宗极好的交易，但是他却不能买，因为这同《华盛顿邮报》公司冲突，因为该公司已经拥有了几家电视台。而由于他是《华盛顿邮报》的董事，如果他买进这家电视台的话，就会使《华盛顿邮报》违反美国联邦通信委员会的规定。[9]"怎么样我才能参与进去，同时我又不用拥有它呢？"他问自己。他实际上必须考虑这个问题，然后找到解决的方法。突然他想起来他并没有拥有格林奈尔学院。他们看的第一家电视台已经卖出去了，但是在巴菲特的推荐下，格林奈尔学院购买了俄亥俄州代顿的一家电视台，价格为1 300万美元，先付200万美元，其余的部分，桑迪·戈特斯曼采用负债融资的方式支付。把电视台卖给格林奈尔学院的经纪人称，这是他在过去20年中所经历的最佳交易。[10]

股票价格这么便宜，像纽约这样的城市几近破产，这是有充分的理由的。通货膨胀肆虐，人工成本失去控制，劳动关系不稳定，全都抑制了经济的发展。报业是受到影响最为严重的行业。在希尔顿海德岛年会之后不久，1975年10月1日凌晨4点，《华盛顿邮报》的工会合同到期，《华盛顿邮报》的一些印刷工人砸毁灭火器，倒出油墨，弄掉齿轮，扯下电线，使机器无法印制报纸。他们扯下成卷的新闻纸，到处放火，并且打伤了一个印刷车间领班的头部，鲜血汩汩地直往外冒。[11]格雷厄姆在一个小时内就来到了一座大楼下，她看到，在电视台摄像机的灯光下，消防车、警察以及好几百名纠察员正在忙着救火。

《华盛顿邮报》同几个工会的关系"像个醉汉一样完全失控了"，唐·格雷厄姆回忆说。[12]这些激进的工人认为他们"无法熟练"地操纵这些机器，"然而他们却有能力找到替罪羊来解决所有的问题，这就是更为明确地反对新的管理方式"。凯瑟琳后来写道。[13]在进行了多年的破坏活动和消极怠工之后，9个工会的合同马上就要到期了，在紧张和沮丧的氛围中，资方的谈判人员同工人之间的僵持继续扩大。

除印刷工人外，多数的工会工人都在坚持工作，尤其是新闻记者报业工会。《华盛顿邮报》的直升机越过罢工者的纠察线，把一些主要的工作人员转运到借来的印刷厂，在被迫停刊一天后，就重新印刷出版了。但是，随着罢工的持续，格雷厄姆十分害怕报纸就此停刊，那些没有参加罢工的管理人员和工人的力量很薄弱，以至于报纸的版面只有原来的1/4，而印量只有一半，广告客户不断流失，全都跑到了《华盛顿邮报》的主要竞争对手——《华盛顿明星晚报》那里。几天之内，《华盛顿明星晚报》就"登满了大量的广告，报纸重得都快拿不动了"。[14]

他们打电话叫我回去，因为他们很害怕凯瑟琳会崩溃。我们一起穿

475

过示威者的纠察线,凯瑟琳这么做很勇敢,但是当她看到《华盛顿明星晚报》时,我看见她眼中满含泪水。《华盛顿明星晚报》正在竭尽全力把《华盛顿邮报》挤出市场,他们模仿《华盛顿邮报》的版式,雇用《华盛顿邮报》的人员。她会在半夜醒来,给我打电话。

当她感觉受到威胁时,这个被编辑霍华德·西蒙称为"坏凯瑟琳"的女人,就会陷入癫狂状态。

凯瑟琳真的并不坏,她只是没有安全感。如果她感觉很不安全,她就会发出相当刺耳的声音。有时候,有些事情会让她放声痛哭,接着她会像动物一样做出疯狂的反应。她似乎感觉没有人和她一心,她被逼到了角落里,她不知道接下来该怎么做。到了这时候他们就会打电话叫我来。菲利普不和她一心,她的母亲也不和她一心,公司的管理人员有时也不和她一心。并且,在她内心深处总有一种感觉,认为她的周围是一个不友好的环境,任何小事都可能激发混乱。

但是,她一直都知道我和她是一心的,当然这并不意味着我在任何事情上都认同她,或者她想让我吃什么我就吃什么。但是我是支持她的,并且永远会支持她。

这位"坏凯瑟琳"在有些地方同利拉·巴菲特很像。能够成为凯瑟琳唯一信任的人,并且能够不让"坏凯瑟琳"现身,沃伦的自豪之情油然而生。

现在巴菲特已经具有明确洞察人们动机的能力,因此他知道是什么原因驱使人们围在格雷厄姆的身边,除此以外,他能帮她培养洞察力。这是苏珊教会他的,现在他也可以把这些洞察力传授给其他人。他对人们的反应洞察得很敏锐,可以帮助那些感觉受到威胁的人,让他们分清哪些人真的具有威胁性,而哪些人的行为只是出于恐惧。

"她认为沃伦是在水上行走——而他也确实是这样,"董事会的成员阿贾伊·米勒说,"沃伦很坦率,并且她很信任他。"对于合适的人,巴菲特会逐渐向其灌输一种能力，就是从各方面客观公正地看待问题的能力，这也是苏珊教给他的。这种令人不可思议的自信和安全的天赋可以内化到人的心灵深处，因而在学会之后人们不用依赖他仍然可以使用这种能力。但是凯瑟琳太没有安全感了。"我认为他不可能真的让她做到那一步，"米勒说，"但如果有人能做到，那就只有他了。"她需要他亲自到场。

在接下来的6个月里，《华盛顿邮报》继续出版，而毫无结果的谈判仍然在进行着，威胁、暴力、一系列的心理战、不断的斗争，他们要博取已经分裂的报业协会的同情而使其不参加罢工。人们采用各种各样的手段来保证报纸的印刷出版。唐·格雷厄姆现在成了一个给机器装纸的工人，他把巨大而又沉重的纸卷一卷一卷推到印刷机上。

有些人包括一些她最为尊敬的人，都对她说："你必须放弃，否则你会输得一干二净。"他们很害怕，他们不希望没有报纸可出版，不愿意看到《华盛顿明星晚报》把《华盛顿邮报》给挤垮了。

因此，我就是与他们对抗的力量。我对她说："我会告诉你怎么做，我会努力使事态不发生转折。"这个转折指的是某个人夺取了控制权，并且在你回去之后，他仍然能够控制局面。这包括5个变量：当你回去后员工的态度、你给这群人所留下的印象、那些转向其他报纸的广告、其效果的好坏、你要评估人们改变阅读习惯的可能性。他们并没有把我们的专栏作家或者漫画家挖走，因此，问题就是，在什么地方出了问题，导致他们改变习惯而去购买其他的报纸？

那恐怕是对她最为重要的了。她相信我，并且她一直相信我。我把她的全部利益都放在了心中，并且她相信我非常精通报业。

但是，"尽管沃伦在鼓励她，但是是她自己的毅力和志气——而不是他的———直在支撑着她"。乔治·吉莱斯皮强调道。[15]

她的毅力和志气要足够强大以支撑整家公司。除了印刷工人外，《华盛顿邮报》其他的雇员几乎都在坚持工作，他们要冒着被袭击的威胁，不断穿过罢工工人的纠察线前来工作。他们的汽车轮胎常常被扎破，他们的家人常常在家中接到恐吓电话。一位罢工的工人举着一张标语，上面写着"菲利普射死了邪恶的格雷厄姆"。为了鼓舞士气，格雷厄姆、巴菲特和梅格·格林菲尔德在邮件收发室包装报纸。巴菲特很喜欢这份工作，他再一次重温了分发报纸的乐趣。

罢工持续两个月后，《华盛顿邮报》向印刷工人做出了最后的让步，但是遭到了他们的拒绝。[16] 罢工继续进行，双方没有达成任何解决方案。格雷厄姆开始雇用新工人来替代他们，以瓦解罢工。印刷工人们继续在工厂门口示威，他们认为还有谈判的机会。但是在接下来的几个月里，报纸逐渐赢得了其余工会、读者和广告商的支持，不过示威活动一直持续到了春天，而广告收入也一直没有恢复到原来的水平。

正当格雷厄姆在慢慢拯救她的公司时，[17] 巴菲特和芒格也最终同美国证券交易委员会达成了和解。此刻，巴菲特邀请芒格到畜牧场附近的约翰尼餐馆吃牛排，同时商讨他们的"精简"计划。他已经决定停止为FMC公司管理资金。接着，蓝筹印花公司要把它在原始资本基金的股权卖掉，[18] 并且伯克希尔和多元零售公司要重启合并计划，之前的计划在1975年初由于美国证券交易委员会的调查而中断。在贝蒂·彼得斯的请求下，蓝筹印花公司只购买了韦斯科金融公司80%的股份，现在仍将作为上市公司而存在，芒格仍然是它的董事长。芒格和巴菲特推迟了把蓝筹印花公司并入伯克希尔–哈撒韦的时间，决定等到他们能很容易对这些公司的相对价值达成一致时再合并。

伴随着伯克希尔和曾经占用了他长时间注意力的、正在从动乱中复兴的《华盛顿邮报》的发展，巴菲特的日常业务开始正规化。《华盛顿邮报》的董事会不用再处理一些紧急业务了，而格雷厄姆也开始思考如何扩张她的报业帝国了。

那正是报纸迅速发展的高潮时期。"凯瑟琳真的想买进一些报纸，但是首先，她不想让其他人抢在她前面。"巴菲特说。"告诉我怎么做。"她请求道。巴菲特已经改变了她向董事会其他成员请求帮助的习惯，但是她仍然请求他的帮助。"我只会让她自己去做那些该死的决定。"他说。

他帮她认识到，对自己想要的东西付钱太多总是错误的，焦躁是最大的敌人。在很长一段时间里，《华盛顿邮报》几乎没有任何大的商业运作，增长的速度也很慢。巴菲特使格雷厄姆明白在股价较低时回购公司股票，从而减少其公开发行量的价值，这种做法能增加每一份蛋糕的分量。同时《华盛顿邮报》也避免了一些代价高昂的错误，这样一来，它也就成为赢利最多的公司之一。[19]

巴菲特过去常常扮演接受的角色，而在格雷厄姆身上，他第一次体会到了给予的滋味，并且也发现了自己在这方面的才能，他很喜欢这样做。"她会和我谈一些关于商业策略的话题，然后她会同家里的其他人谈这个问题，而他们只知道怎么样去吓唬她。她知道他们会这样做，她一点儿也不喜欢，但是她没法克服这一点。"

最后，我告诉她我的职责是让她从一面正常的镜子中看到自己，而不是通过一面哈哈镜去看。我真的想让她对自己所做的事情感觉更好，我很喜欢看到她的进步。并且我也取得了一定的成功，虽然我直到那时才碰到了她。

然而，芒格在给格雷厄姆的信中谈到了巴菲特的一些事，他说："我看得很清楚，他的一些做法实际上已经发生了显著的改变。"[20] 巴菲特同格雷厄姆待在一起的时间越来越多，她已经把尽力打造他当作她的工作。

"凯瑟琳尽力让我得到提升。不过她也是渐渐才明白这一点的，而不是一下子就注意到了。这很有意思，她十分努力地想改造我，但是没有任何成效。她可真比我老练多了，真是这样的。"巴菲特知道格雷厄姆认为在餐厅吃饭很不文明，并且令人讨厌。"在整个华盛顿，你的厨师都是值得骄傲的。在晚会上，你对某人的最高赞誉就是说'我要把你的厨师聘请过去'或者'你肯定是从法国聘请的厨师吧'。凯瑟琳对此十分在意，像华盛顿的每个人一样。因此，她的晚宴都显得十分高贵，不过她对我则例外。"

格雷厄姆的厨师发现要严格根据沃伦的习惯去做饭还真是个挑战。

"花椰菜、芦笋和抱子甘蓝,这些东西在我看来都像是把一大堆食物堆在盘子里一样。花椰菜让我感觉恶心。我勉强吃了点儿胡萝卜。我不喜欢红薯。我甚至都不想动大黄,它使我恶心。我头脑中的蔬菜应该是青豆、玉米和豌豆。我喜欢意大利面条和烤奶酪三明治。我可以吃肉馅糕,不过我从来不吃饭店里做的。"

他认为的盛宴应该是半加仑的巧克力冰激凌。他会一次只吃一种东西,而不喜欢面前堆一大堆食物。如果一块花椰菜碰到了他的牛排,他就会恐惧万分,不再吃了。"我喜欢反复吃同样的食物。我可以每天都吃火腿汉堡,连续当早饭吃 50 天。在她位于格伦韦尔比农场的别墅里吃饭时,凯瑟琳会让厨师做龙虾。我不会吃,老出错,总也夹不到,倒霉得很,怎么也吃不到嘴里。她会告诉我把它翻过来夹。"在遇到 9 道菜的正餐时——每一道菜都搭配有相应的酒,并且放在固定的餐桌上,而桌旁则坐满了达官显贵和名流人士,以及新闻界的明星记者——"这常常让他十分尴尬。"格拉迪丝·凯泽说。他从来都没有适应这种奢华的生活。

然而,巴菲特仍然经常出现在格雷厄姆的这些著名宴会上,他称它为"凯瑟琳的盛宴"。他喜欢自己乡巴佬的身份,并且很高兴自己被龙虾搞得狼狈不堪。他的天真表现为一种纯真和无辜的神态。不过他在社交方面的纯真无邪也是真的——主要是因为他对周围的世界完全不了解。在"欣赏"格雷厄姆时,他就像一束激光一样盯着她看,而不会看她用哪把叉子。他没有兴趣增加这方面的知识。格雷厄姆想逐渐改变他像大象一样单调的饮食习惯,然而她却很吃惊地发现,巴菲特仍然只吃汉堡和冰激凌。[21]

她和厨师说话时总是用法语,总是那样,全都是法语。因此,我能听到法语单词中的 hamburger(汉堡),并且戏弄她说:"不,不,是 hambur-zhay。"然后我会说:"给我来个 hambur-zhay。"接着一个特制的汉堡就会从厨房里端出来。凯瑟琳家的厨师十分想把汉堡和薯条做得很好,因为我只吃这些东西,不过同麦当劳或者温迪快餐厅的相比还是差远了。

薯条总是有点儿焦，不过他还是尽力让我满意了。

但是，在她的那些盛大的晚会上，她就不对我这么特殊照顾了。

不过，在凯瑟琳的宴会上，巴菲特的角色并不是吃饭，当然，他是来讲话的。作为一个明星投资人，他就像一只秃鹰来到了城里，而这里任何鸟儿都没有。甚至乔治敦最为守旧和思想偏狭的"穴居人"——他们具有贵族血统，很少同与自己出身不同的人交往，其中许多又是格雷厄姆的朋友，如专栏作家乔和斯图尔特·艾尔索普，以及埃莉诺·罗斯福的表兄弟姐妹们——都很喜欢这个魅力四射的巴菲特。参加宴会的客人们会问他各种各样关于投资的问题，而他也不知不觉地进入了这个他最为惬意的角色——教师。

现在，他在华盛顿待的时间更长了，因此他也在格雷厄姆家的客房里留下一套备用的衣服，就像他以前曾经在长岛的安妮·戈特沙尔特家一样。通常他穿着一件破旧不堪的蓝色麂皮夹克，一条灰色的法兰绒长裤，它就像被揉得乱七八糟的床罩一样。[22] 格雷厄姆尽力去提升他的着装品位。"她看到沃伦的穿着吓了一跳，"据她的儿子唐说，"虽然我的母亲对我的穿衣方式也很讨厌。有一次她说起她手下的员工，'为什么我周围这些经理全都是整个美国衣着最差劲的呢'？她对人们衣着的批评不是仅仅针对沃伦的，而是普遍的。"[23] 她带着他去见哈尔斯顿，这是她所钟爱的时装设计师，同时也让他培养了自己的衣着风格。巴菲特对哈尔斯顿的反应是："你知道，他来自得梅因。"

到1976年6月，巴菲特也有机会邀请格雷厄姆参加他的活动：苏茜的婚礼。婚礼的每一方面都和凯瑟琳的宴会背道而驰——在加州纽波特海滩举行，这是一个介于正式和非正式之间的地方，一群像巴菲特一样的嘉宾来庆祝一个人人都知道从一开始就是个错误的婚姻。

大学最后一年的春季学期，苏茜从加州大学欧文分校退学了，当时她的室友获悉，21世纪公司——一家房地产公司在高薪招聘秘书人员，但是不要求必须具备打字技术。[24] 尽管她的父母很明智地没有干涉，但是他们知道苏茜和丹尼斯·韦斯特高的婚姻不会有好结果。他是一位英俊潇洒、金发蓝眼的冲浪运动员。在某种程度上，苏茜自己也知道这一点，但是她陷入了幻想之中而不能自拔。[25] 尽管父母对他们的婚姻心存疑虑，但他们仍然认为她的婚礼十分重要。沃伦已经要求邀请凯瑟琳参加；苏珊专门在圣约翰·路德教堂为她预留了一个特别座位，就在他们的后面。在迪克和玛丽·霍兰德的陪同下，她在那个座位上只坐了几分钟。接着，毫不奇怪，凯瑟琳对他们说："我感觉不舒服，不知道为什么，但是如果让我坐后面就会好点儿。"她自己跑到教堂后面去坐着，一直到整个婚礼结束。[26]

巴菲特的婚礼已经过去很多年了，但是那时，他太紧张了，不得不摘掉眼镜，不想再看周围的景象了。在教堂后面等着走过通道时，他对焦虑不安的女儿说："别看我，但是我的拉链开了。"摄影师正站在圣坛的前面，等着抓拍照片。苏茜强忍着笑，尽量不去看她父亲的裤子拉链，以免摄影师拍到这个镜头，最后她也忘记了紧张。[27]

接下来的程序没有再出现什么意外，然后纽波特海滩的万豪酒店就陷入了一片疯狂之中。巴菲特允许这个痴迷音乐的女儿请任何她喜爱的乐队。苏茜选择了她最喜欢的"水银信使"乐队，这是一个迷幻摇滚乐队，创建于20世纪60年代旧金山的费尔摩演奏厅。其成员看起来同其他任何普通乐队的成员没有什么不同，乐队由20人组成，全都是一些留着非洲发型的白人男孩，头发又短又卷，他们在舞台上跳来跳去，拨弄着乐器。巴菲特看到这些时，内心十分恐惧。在"水银信使"乐队的鼓声、电吉他声的伴奏下，苏茜穿着婚纱，欣喜若狂地跳着摇滚舞，而她的父亲还不得不保持着镇静，尽管在内心深处，他觉得很不是滋味。"我对音乐还没有疯狂到这种地步，"他轻描淡写地说，"他们的声音太大了。"他喜欢的是他妻子所钟爱的多丽丝·戴类型的音乐，或者弗罗伦斯·汉德森以及小萨姆·戴维斯之类的音乐。在演出了90分钟后，这些乐手结束了演奏，并且收拾好了乐器，这时出现了更令他目瞪口呆的一幕。乐队的经理给巴菲特出示了一张高达 4 000 美元的账单,而且要现金,这可把巴菲特吓了一跳。28 苏珊曾经告诉过女儿:"你知道,苏茜,你不能在婚礼的当晚把乐队带回家来。""真扫兴!"苏茜说,"但是我的一些朋友都这么做了。"

现在苏茜要长期在旧金山定居,并开始到 21 世纪公司工作了。豪伊已经从奥古斯塔纳学院退学,因为他无法同室友和睦相处。他换了几所学校,但是没有人支持他,他也就无法毕业。"我和妈妈太亲密了,"他说,"我生活中的每一件事都是以我的家人和家庭为中心的。在大学里,我得不到这种关注。"29 他俩都没有父亲的志向,不过却都是第一次有了钱。霍华德留给其孙辈的资产全都投在了伯克希尔-哈撒韦的股票上,大概是 600 多股。沃伦没有告诉他们该如何做。他自己从来就没有卖过一股,他们为什么要卖出去呢?然而,苏茜还是把自己大部分的股票卖了出去,买了一辆保时捷和一套公寓。豪伊也把自己的股票卖掉了一部分,创建了巴菲特挖掘公司,在他的童年时代,他就十分喜爱铁皮玩具,现在,他要自己挖地基,建造房屋了。

彼得刚刚从高中毕业,他被斯坦福大学录取了,秋天就要去加州上学了。1976 年夏,奥马哈的家显得越来越空空荡荡了。大部分时候,彼得放学后,就直接去阿比汉堡餐厅,自己买点儿晚饭吃,然后回到家里,一头扎进暗房中摆弄他的照片去了,甚至小狗也常常从家中溜出去,彼得的朋友开始不断打电话说"汉密尔顿在我家里"。30

苏珊这些天也很少待在家里,她承认自己对婚姻有些担心。她似乎感觉到凯瑟琳好像是个第三者,要把她的丈夫抢走;31 不过凯瑟琳的身边有那么多的男人,如果她知道苏珊这样想,肯定会吃惊不已。然而,也许是因为十分忧伤,所以苏珊"像个少女一样到处跑来跑去",正如有人所说的,她处在中年的浪漫高峰期。她对沃伦很生气,也不再关心他了,只顾和她的网球教练约翰·麦凯布在奥马哈城到处游逛。她有时也会给米尔顿打电话,当他同意和她见面时,人们也能在公共场合见到他们一起出入。她似乎生活在一个不同的世界里,没有计划,也没有方向,不知道路在何方。她也没法放弃沃伦,她称他是一个"不同寻常的人"。[32]很明显,她很尊敬他;不论她怎么嘲笑和唠叨他的顽固和对金钱的痴迷,他还是给了她所想要的一切:安全、稳定和力量。"他很诚实,并且有很好的价值体系,这对她来说很重要。"多丽丝说。"如果我辜负了需要我的人,"苏珊说,"那将是我能想象的最大的失败。"[33]苏珊不是一个思想家,她相信自己的能力,相信用她的情感作为向导,她可以应付与不同人之间的复杂关系。但是,有些人最终是不得不被辜负的。

尽管苏珊常常因各种未知的追求而离家出走,她的三个孩子仍然在朝着各自的方向前进——彼得开着他那辆黄色的凯旋牌小敞篷车,前往帕洛阿尔托度假去了;豪伊驾着一辆推土机,穿着脏兮兮的衣服在挖土;苏茜正在和她英俊的冲浪运动员丈夫享受着新婚之乐——沃伦也在进行着自己的旅行。这个饮食简单的人认为自己的生活就像《反斗小宝贝》中描述的一样,把时间消磨在了使馆街的晚会上。凯瑟琳·格雷厄姆正在用尽可能快的速度吃力地把他拖出大象的饮食习惯。

她不能像改变我所知道和看见的东西一样改变我的行为,无论她到哪里,都会受到女王般的接待。我见到了世界上许多我之前没有看到的有意思的事情,也听到了关于许多事情的解释。跟着她我见识了很多东西。凯瑟琳对政治舞台上的每个人都非常了解,她会把她的见解告诉我。

她认为我教会了她所有的商业秘诀,而她却没有为我做任何事情,这种想法一直困扰着她。因此,她不断思考在哪些方面能够帮助我,要么请我去参加那些高档的宴会,要么是其他事情。所有这些活动,你都可以说是非常迷人或者异乎寻常的。我发现它们也很有意思,我不会对此吹毛求疵。可能有很多人比我更渴望和她一起出席这些活动,不过,你知道,这些活动也让我过得很快乐。

毫无疑问,的确有很多人渴望去参加这些活动。然而,巴菲特去了,一次又一次地,不论这些活动最终让他看起来多么可笑或者尴尬。

一天晚上，格雷厄姆带他到伊朗大使馆参加正式的国宴。她穿着一件金色的礼服，来搭配使馆的风格。伊朗国王礼萨·巴列维，美国重要的战略同盟，也是一位迷人的主人。他的使馆在华盛顿使馆街的社交活动圈里独领风骚，里面的一切都闪耀着19世纪末期富丽堂皇的帝王风范。

在鸡尾酒会后，巴菲特坐在了他的座位上，发现一边是法拉赫·巴列维皇后的侍女，另一边是伊利诺伊州参议员查尔斯·珀西的妻子。他转过头看了看洛伦·珀西，发现她正在和她旁边的客人保罗·纽曼促膝交谈。巴菲特明白可能要等很长时间她才会转过头来同他交谈，于是他转向右边，对皇后的侍女说了几句。她礼貌地笑了笑，他又说了点儿别的，她又笑了笑，然后就没话了。坐在她另一边的特德·肯尼迪靠了过来，用法语说了几句好话。她面露喜色，于是他们开始兴高采烈地用法语交流起来了，巴菲特被晾在了一边。他再次转向洛伦·珀西，却发现她仍然在全神贯注地同保罗·纽曼交谈。他郁闷地意识到，有保罗·纽曼坐在她身边，这可能是个非常漫长的夜晚。

凯瑟琳在另一桌，紧挨着国王而坐。在这些人中，她是最为重要的客人，而沃伦则是一个无足轻重的客人。凯瑟琳是女王，而他则是来自内布拉斯加州的乡巴佬投资者，在凯瑟琳的带领下才得以参加这个国宴。忘掉《超级金钱》吧，这是老掉牙的事了。过了一会儿，特德·肯尼迪注意到了他的窘迫，问道："难道你不会讲法语吗？"巴菲特感觉自己像是个小丑，他只穿着一件防雪服，却降落到了波拉波拉岛。这顿饭一直持续到第二天凌晨1点，然后乐队开始演奏，人们开始跳舞，其中一位男士邀请皇后在舞池跳了支华尔兹，而巴菲特则抓住格雷厄姆的手逃走了。

然而，如果她再次邀请他，他还会去，因为他肯定没有抱怨过。这样的开眼机会太好了。

现在他也十分清楚，除了《超级金钱》和《福布斯》的文章让他小有名气外，许多著名的人物从来都没有听说过他。在1976年的5月，巴菲特正在华盛顿看望凯瑟琳·格雷厄姆，突然她说："我让你见个人，这个人就是杰克·拜恩。"然而，当格雷厄姆给他打电话安排会见时，拜恩很不情愿地说:"谁是巴菲特?"

"哦,他是我的一个朋友,"格雷厄姆说,"他刚刚买进了《华盛顿邮报》的部分股份。"拜恩对此既不知道,也不关心,因此他拒绝见面。之后不久,巴菲特的老朋友洛里默·戴维森——1970年刚刚从GEICO退休——听说此事后,他立即给拜恩打电话。"天哪,你可真是个大傻瓜啊,竟然错过了同沃伦·巴菲特的会见?"他问道。[34]

拜恩在1976年被聘任到GEICO公司时,它已经濒临破产的边缘,他想尽力把它拯救过来。作为一家曾经只针对政府雇员的保险公司,GEICO开始到处开拓市场,客户对象扩展到了普通人。"搜寻百万投保人"是他们的口号。"增长,增长,增长,重点是全面增长。"一位多年的高级经理说。[35] 被"增长、增长、增长"激发,GEICO的股票价格曾高达61美元——这对巴菲特来说太高了,不过他一直关注着这只股票。实际上,过去20年来,他一直在追踪着它,从来没有停止过。在1975年,"我又看了看GEICO的股价,仅凭感觉简单计算了一下它的赔款准备金,我大吃一惊。"作为一家汽车保险公司,其业务在不断"增长、增长、增长",而其客户的事故数量也在不断"增长、增长、增长"。如果一家公司低估了这些索赔的支出,它就会同样过分高估其利润。"在经过多次分析之后,我已经很清楚,该公司的储备太低,而且形势还在进一步恶化。一次我到《华盛顿邮报》参加董事会时,顺路去见诺姆·吉登(首席执行官)。我已经认识他有20多年了,而且一直挺喜欢他。他很友好,但是他根本没有兴趣聆听我的见解,他断然拒绝了。他有点儿匆忙地把我赶出了办公室,并且没有对这一问题做出回应。"[36]

巴菲特并没有拥有GEICO的股票,然而他却尽力去帮助它的管理层,这说明了他仍然对这家公司十分依恋,这是因为洛里默·戴维森刚刚从这里退休,这只股票也曾经是他第一个真正的大创意,并且这项投资也为他的朋友和家人挣到了许多钱。

1976年初,GEICO宣布1975年是它有史以来最糟糕的一年,支付保费使它的损失高达1.9亿美元。[37]该公司停止支付红利,这一举措向股东们表明其钱柜里已经空了。吉登开始疯狂地寻找资金支持,GEICO急需2 500万美元的资金支持。[38]当年的4月,在华盛顿的希尔顿酒店,400名怒气冲冲的股东在股东大会上大发雷霆,提出质问和指责。之后不久,一支保险事务专员队伍来到了GEICO的办公室。董事会意识到,他们必须解雇管理人员。[39]董事会本身也是一塌糊涂,十分混乱,在这场大灾难中,几位董事会成员已经失去了他们的个人财产。由于没有一个有能力的首席执行官来管理公司,萨姆·巴特勒,一位来自柯史莫律师事务所沉着稳当的律师,临时担任了董事会的主席。实际上,也就是临时的首席执行官。

巴特勒知道拜恩已经一时冲动从旅行者保险公司辞职了,因为他没有被选为该公司的首席执行官。拜恩曾经做过精算师,在29岁就创建了一家保险公司,并成了百万富翁,两年前,旅行者保险公司在家庭和汽车保险之间摇摆不定的转型期间,他发挥了巨大的作用。巴特勒在哈特福德给拜恩打电话,他知道这个人有点儿自负,因此他解释说,如果他接管了GEICO,就会避免一场全国性的危机,否则整个美国经济都可能陷入危险之中。失业在家的拜恩很快就接受了首席执行官职位的面试。[40]他在5月初来到了华盛顿,在董事会面前反复面试了几次,不断翻着白色的记录表,并且用记号笔一边画着,一边不停地讲着。"我一进来,就随口说了起来,完全没有准备,说了一些有几点需要注意的,什么是我们应该做的,不断地讲。"[41]他说。绝望的董事会很快就达成一致,认为这个面色红润、脸蛋圆圆的家伙就是最佳人选。

拜恩接任首席执行官后所做的第一件事,就是直奔唐人街哥伦比亚地区保险监理官马克斯·瓦拉赫那间积满了灰尘的办公室。瓦拉赫是一个守旧的德裔美国人,说话带着浓重的口音。"他极其顽固,对公众服务有着十分浓厚的兴趣。"拜恩回忆道。他十分讨厌GEICO的前管理层,并且拒绝同他们打交道。拜恩感觉瓦拉赫不会对他也那么讨厌。事实上,他们的关系的确还算不错,两个人开始每天都进行交谈,有时会长达数小时。[42] 瓦拉赫坚持公司在 6 月下旬之前必须按照规定筹钱,同时要让其他的保险公司为它的一些保单做担保。也就是说,为GEICO进行"再保险"。[43]这一想法是为了增加GEICO的财力支持,确保能够支付索赔金额,降低风险,保持收支更加平衡。因此,拜恩必须说服其他的保险公司经营者,让他们掏钱挽救GEICO。

拜恩以前的经历已经表明他不可能成功。不过一开始他还是信心百倍。

"我的法宝是告诉他们,保险公司不但要自己照顾自己,更要互相帮助,"拜恩说,"我们不想让监管人员牵涉进来。"如果GEICO破产了,监管人员就会把GEICO无法支付的索赔账单转给它的竞争对手。因此,他们最终还是不得不出钱救助。"但是,经营州立农业保险公司的参议员埃德·鲁斯特,"拜恩说,"是一个爱尔兰老浑蛋,他得出结论——他也可能相当聪明——'如果GEICO破产了,我就拿出 1 亿美元来支付其所有没有理赔的索赔要求,因为从长远来看,消灭了GEICO,会为我们省钱。'"因此,州立农业保险公司收回了再保险协议。

"最后,"拜恩说,"几个真正的好朋友也背信弃义了,旅行者保险公司的人说,'我们不会提供帮助的'。他们背后没有任何原则性的想法,他们只是有点儿懦弱和胆怯。"

在他加入GEICO三周后,"我被搞得焦头烂额,我开始思考自己是不是犯了一生中最大的错误。我的妻子多萝西仍然在哈特福德,她不停地哭。我们刚刚搬了第 19 次家"。而市场也显示GEICO恐怕难以幸存;之前不久其股票价格还是 61 美元一股,现在已经暴跌至 2 美元一股了。有些人——比如说持有 2.5 万股——已经目睹了他们几乎 97%的财富都蒸发了——从原来的 150 多万美元缩水为 5 万美元——从足够快乐富足地过一生到只够买一辆像样的跑车。

公司投资人和股东对这场灾难的反应几乎能决定他们的命运,而这不仅仅只是个别人的事情。

许多长期的股东已经十分恐慌,都在吵着卖掉股票,这也是股价会跌到 2 美元的原因之一。任何接手他们股票的人,都是在拿GEICO的命运作赌注。

本杰明·格雷厄姆现在已经82岁了,他什么也不管,继续持有该股票。他的表妹罗达及其丈夫伯尼·撒纳特,同芝加哥大学商学院的院长谈及此事,院长告诉他们卖掉股票,因为股票已经这么便宜,几乎不可能再涨回来了。他们的决定却正相反,一只股票如果跌到太低,就太便宜了,说什么也不能卖。如果他们卖出去能有什么收获呢?只要还在手中,他们就几乎没有什么损失。因此他们没有卖出股票。[44] 同样,洛里默·戴维森也没有卖出一股。[45]

GEICO创始人的儿子小里奥·古德温把自己的股份卖掉了,最后成了一无所有的穷光蛋。不久之后,他的儿子——里奥·古德温三世,死于用药过量,可能是自杀吧。[46]

巴菲特并没有持有GEICO的股票,而它的股票现在市价为2美元一股,他又嗅到了类似美国运通公司那样的好机会。不过,这次公司没有获得足够的免赔资金来把它从深沟里拉上来。GEICO需要一辆拖车。巴菲特感觉到只有一位才华横溢、精力充沛的经理是不足以扭转乾坤的。他想见一见拜恩,对他先评估一下,然后再做出决定是否需要投资该股票。他让凯瑟琳·格雷厄姆给拜恩打电话;虽然拜恩上一次拒绝了她的好意,她还是不计前嫌地安排了这次会见。

在参加了《华盛顿邮报》董事会的一次晚宴后,巴菲特在格雷厄姆位于乔治敦的别墅里等待拜恩的到来。"这是很冒险的,"他告诉唐·格雷厄姆,"它可能会彻底破产。但是,在保险业,你很难保持优势,而它却有一个优势。如果有合适的人来经营它,我想它能够扭转乾坤。"[47]

43岁的拜恩进来了,他面色红润、兴奋异常,像一串正在燃放的鞭炮。两个人在格雷厄姆高大的图书馆的壁炉旁坐定。连续几个小时,巴菲特一直在不停地向拜恩提问。在巴菲特接触过的所有爱尔兰裔美国人中,拜恩是最能说会道的人,并且"讲话很有分寸",巴菲特评价道。"我很兴奋,一直不停地讲,"拜恩说,"沃伦问了我很多问题,他问我要如何避免破产,之后有什么计划等。"

对巴菲特来说,"关键是要做出判断,弄清楚拜恩是真的很镇定、临危不惧并且很专业,还是他根本就不知道怎么办"。[48] 他最后认定拜恩"十分理解保险业,并且具有分析能力,他是个领导者,也是个推销商。GEICO需要一位分析型的领导者,从而可以弄清楚如何解决它的问题,同时它也需要一个推销商,从而向所有相关的资助者推销其产品"。[49]

第二天早上,巴菲特见到了乔治·吉莱斯皮,曾经帮他买进《华盛顿邮报》股份的那位律师,他们都是皮克顿私家侦探公司的董事,而当天该公司正好召开董事会议。[50] "乔治,"他说,"我觉得自己今天有点儿反常啊,今天我买进了一些股票,明天它可能就真的一文不值了。"他刚刚给办公室的比尔·斯科特打过电话,命令他为伯克希尔买进50万美元GEICO公司的股票,同时指示他只要市场上有该公司的股票出售就立即再买进。斯科特为他买进了大量的股票,总共价值400万美元。[51]

巴菲特为了以合适的价格购买GEICO的股票已经等待多年。现在拖车终于来了,而GEICO仍然没有得到再保险,它需要资金,同时也需要那位监理官马克斯·瓦拉赫大发慈悲。[52] 但是现在,一个新的救"市"主降临了——巴菲特以投资人的身份出现了。巴菲特成了GEICO的后台,他给了拜恩一张很厉害的牌,让他陪监理官继续玩。[53] 此外,拜恩说,"美国汽车协会(USAA)的总裁麦克德莫特将军给其他保险公司写了一封信"。美国汽车协会只向军队官员销售保险,并从事相应的经营活动。在保险业界,人人都在谈论着这个协会,罗伯特·麦克德莫特将军也十分受人尊敬。他的信中可能写道:"在军队里我们从来不抛弃任何人,现在这里有一只落伍的老鹰①。"[54]

巴菲特去见瓦拉赫,竭尽全力说服这位顽固的老公务员,希望他能够放宽6月份的最后期限。但是寻找再保险交易就像要劝说20多个胆战心惊的小孩拉着手,一起跳进湖中一样难。[55] 为了胜利完成这一工作,

---

① 此处"老鹰"指的是陆军上校军官肩章上的银鹰标志,显然是指GEICO公司。——译者注

拜恩这次有三个理由：GEICO原先那些无能的管理人员都已经被扫地出门，遗留下来的满目疮痍的房子现在欢迎新主人来重建；经验丰富的杰克·拜恩，旅行者保险公司的救世主，已经空降到这里来挽救损失；从未失算的沃伦·巴菲特对杰克·拜恩充满了信心，他已经在该公司的股票上投入了高达400万美元的巨款。

然而，当拜恩开始在华尔街寻求银行资助时，"人们都推辞说正在吃午饭，"他说，"我像皮球一样被踢得跑来跑去"。接着，萨姆·巴特勒把他带到了所罗门兄弟公司。作为一家历史悠久、值得尊敬的专业的投资银行，所罗门兄弟公司从来没有从事过股权收购，不过它一直渴望进入赚钱的保险承销业务。约翰·古特弗罗因德，所罗门兄弟公司一位很有影响力的经理，派一位初级调查分析员迈克尔·福瑞盖里和他的同事乔·巴罗尼一起到华盛顿去调查GEICO公司。"我让他们等了一个半小时，因此他们很不高兴，"拜恩说，"但是我一直谈到第二天清晨，他们却始终阴沉着脸，没有一丝反应，不过在去机场的路上，公司的司机听到了他们的谈话，他告诉我他们在回去的路上确实满心欢喜。"[56]

"保险业承担不起这些家伙的失败，"福瑞盖里告诉古特弗罗因德，"这会给整个行业带来可怕的耻辱，这些浑蛋绝不会袖手旁观的。"[57]拜恩和巴特勒来到了所罗门公司的办公室，这是筹钱的最后一丝希望了，然而，古特弗罗因德却挖苦道："我不知道谁会购买你们那些垃圾再保险合同。"

"你根本不知道你在说什么。"拜恩针锋相对地回击。[58]

在荷尔蒙的强烈作用下，拜恩激情洋溢，滔滔不绝地罗列着所罗门公司应该出钱的理由，还说到了"上帝和国家的利益"，最后也提到了巴菲特的投资。在拜恩天花乱坠地描述GEICO的光辉前景时，古特弗罗因德摆弄着一根长长的、价值不菲的雪茄。最后，拜恩说得口干舌燥、垂头丧气，于是只好住口。接着轮到巴特勒上阵了。拜恩认为，从古特弗罗因德的举动就能看出来，他们已经失败。然而古特弗罗因德却指着拜恩对巴特勒说："我会承保的，我感觉这个家伙你们找对了，不过你要让他立即闭嘴。"[59]

所罗门公司同意承担7 600万美元的可兑换股票保险，但是没有其他投资银行愿意提供支持并分担风险。GEICO不得不接受美国证券交易委员会的裁决——该裁决指出它没有向股东披露损失，而只在公开发行股票的招股说明书中表示这些信息可能会破坏交易。[60] 为了筹集资金，所罗门必须使投资人相信GEICO能存活下去，然而只有筹集到资金才能使它存活下去。这一交易散发着绝望的气息，投资人们也闻到了。报纸上充斥着有关GEICO的负面报道，拜恩说，如果他徒步穿过了波托马克河，报纸头条可能就会夸张地写道："拜恩不会游泳。"[61]

巴菲特胜券在握，对这些事全都泰然处之。当股票看起来似乎没有人要时，他只身来到纽约，会见古特弗罗因德，并且说他随时准备以比市价高的价格整个买进这些股票。备选买家的出现增强了所罗门兄弟公司的力量，但是古特弗罗因德也得到了一种印象，他认为无论交易是否成功，巴菲特最终都会买进所有的股票。[62] 对于巴菲特来说，这是一个最终没有风险的交易。很自然，他所坚持的备选价格很低。所罗门兄弟公司含混地告诉拜恩，考虑到巴菲特的最高限额，可兑换股票将以每股不高于9.20美元的价格成交，而不是拜恩所想要的10.50美元。

巴菲特想持有尽可能多的股票。他给所罗门兄弟公司下令，一旦市场上的股票开始交易，就尽可能为他购买所有的股票。巴菲特愿意购买股票的消息增强了所罗门兄弟公司促成这一交易的能力，否则所罗门兄弟公司就不得不把这些股票硬塞进投资者的喉咙里。

确实，一旦这位奥马哈的"先知"做出了必胜的预测时，股票就会十分抢手。[63] 但是，巴菲特只做成了1/4的交易。在几周内，总计27家再保险公司自告奋勇地承担了监管机构要求的再保险保单，普通股的股价增长了3倍，现在市价大概8美元一股。GEICO的救世主——约翰·古特弗罗因德——成了现代华尔街中巴菲特真心钦佩的屈指可数的几人之一。

但是GEICO仍然没有摆脱困境，拜恩要在纽约增加35%的保险费率——并且需要迅速得到批准。[64]拜恩在口袋里装上一份公司的营业执照,然后来到了新泽西州特伦顿破败不堪的旧议会大楼,恳求保险委员会主席詹姆斯·希让批准这一请求,这是一位英俊的前海军士兵,以严厉著称,拜恩告诉希让GEICO必须提高保费。

"他旁边坐着一个脾气乖戾、满脸皱纹的保险精算师,曾经在某家保险公司工作过,好像在等着挑刺儿。"拜恩说。希让说他的数据显示,没有正当理由提高GEICO的保险费率。"我竭尽全力,说尽好话,但是希让先生就是无动于衷。"拜恩从口袋中掏出营业执照扔在了希让的桌子上,并且嚷着"我别无选择,还你营业执照"之类的话,并破口大骂。[65]然后,他迅速驱车赶往办公室,一路上轮胎不时发出尖叫声。到了办公室,他立即给3万名被投保人发电报,通知他们去另寻新的承保人,并且在一个下午解雇了新泽西州2 000名雇员,希让根本来不及到法院起诉,让法院颁布禁令来阻止他。[66]

"这一举动向所有的人表明,我是严肃认真的,"拜恩回忆说,"并且我要为公司的生存而战斗,不管要付出什么代价,包括撤销一个州的业务。"拜恩在新泽西的破釜沉舟之举正好取得了这一效果,自此每个人都知道他是严肃认真的。

好像他的前半生都在为了那个职位接受培训,好像他天生就是为那个特殊时期而生的。如果你在整个国家里搜寻,恐怕也找不到比他更合适的战地指挥官了。他要集合一群人,赶走好几千人,并且还要对留下来的那些人洗脑。这是一件十分费力的工作,没有人能比杰克更胜任。他很坚强,是个训练有素的思想家,对于价格和浮存金有深刻的认识,他恪守理性的商业准则和行动。每个人都很清楚GEICO的情况,他会专注于一个目标,付出巨大的努力。他总是对有意义的事情感兴趣,而不是故步自封。

每天早上拜恩穿过GEICO的大门时,都要把帽子扔向大厅高50英尺的屋顶,并向秘书们大声问好。[67]"如果我不从墓地吹着口哨走过,谁会这样做呢？"他问道，"如果我不去跳舞，谁会去跳舞呢？"他有办法让人们每天早上一来到办公室就感觉很快乐，而不是愁眉苦脸，尽管他们的公司已经岌岌可危，他们随时都可能失业。他砍掉了公司40%的客户，卖掉了利润丰厚的人寿保险的一半业务，仅仅保留了7个州和华盛顿特区的业务，并将其他州的业务全部取消。拜恩的身体里似乎流动着火箭燃料，他永远都不知疲倦。他给管理人员打电话要求他们到杜勒斯附近的喜来登和威斯汀酒店开会，他可以一口气问他们15个小时的问题，有时会议会持续好几天。[68]他会用"你滚吧"打断正在讲台上发言的人力资源经理，然后立即从在场的人中指定一个新的经理。他的观点是："你来这里不是要经营一家公共图书馆，你是要拯救一家公司。"[69]

"杰克对我一点儿也不怜悯，"托尼·奈斯利说，他从18岁起就一直在GEICO工作，"他喜欢提拔那些年轻、有闯劲的人，但是他教会了我许多东西，我会一直都感激他。他教我用整体的眼光去认识商业活动，而不是把它们割裂开来，从单一的承销或者投资看问题。同时，我也认识到了保持收支平衡的重要性。"

拜恩告诉他的员工，如果他们不能达到某个销售指标，他们就要抬着轿子，把重240磅的他抬到公司，并且要抬一年。[70]他们制定了销售指标。拜恩戴着一顶巨大的厨师帽和一株巨型三叶草。"我为他们烹制爱尔兰食物，"他说，"爱尔兰式土豆炖萝卜泥，里面有萝卜、土豆和酸牛奶。尝起来很糟糕。我会拿来大锅，把萝卜捣碎，然后说，'哦，这肯定是棒极了'！"

巴菲特带着拜恩和他的妻子多萝西加入了自己的朋友圈子。现在，他要忙着应付GEICO，参加《华盛顿邮报》和皮克顿公司的董事会——还要到西海岸处理蓝筹印花公司和韦斯科金融公司的事宜，去纽约出差，参加万星威的董事会，这是他1974年才加入的；同时还要参加凯瑟琳的聚会，他大部分的时间都在东奔西走。巴菲特认为他的办公室需要人来帮忙。在苏珊的推荐下，沃伦让她的一位网球球友安排到了公司做实习生。他就是丹·格罗斯曼，一位聪明的耶鲁大学毕业生，具有斯坦福商学院学位，他甚至提出不要薪水。但是巴菲特没有那样对他，而是对他大加栽培。有些人认为，因为他的两个儿子都不愿意从事商业活动，他在考察格罗斯曼，看他是否能够代替他的儿子，他很有可能让这个人接替他。

巴菲特将办公室改造了一下，把格罗斯曼安排在了他的隔壁。格拉迪丝经常看到巴菲特和他待几个小时，给他解释汇率的浮动，评判保险公司的财务模式，制定监管条例，讲述他的故事，或者翻阅过期的《穆迪手册》。他还会带着他打几个小时的网球和手球，并且把他加到了格雷厄姆集团中，在那里格罗斯曼很快就同许多人打成了一片。[71]沃伦又找到了一个喜爱的目标。

41
然后呢

奥马哈　1977 年

　　苏珊的朋友们会说,她自己选择了分居生活,她用这种方式来回应沃伦的执迷。正如一个朋友所说,"沃伦的真正结婚对象是伯克希尔–哈撒韦"。这个事实是无法回避的。然而,不论出现了多少问题,他们的婚姻一直没有破裂。也就是说,至少,在巴菲特所执迷的又一个目标——凯瑟琳·格雷厄姆出现之前一直是这样的。她的出现导致他们的关系降到了冰点,并且把苏珊推到了后台。正是此时,她才最终采取了行动。

　　现在,沃伦更多的时候是到纽约和华盛顿同格雷厄姆一起参加那些盛大的晚会,或者是她家里的聚会。尽管他有时感到尴尬,遭人讥笑,但是他仍然去见那些达官显贵,以及凯瑟琳的著名朋友和熟人,这使他大开眼界。"我见过杜鲁门·卡波特,"他说的是《蒂芙尼的早餐》和《冷血》的作者,他曾经以格雷厄姆的名义在纽约的广场饭店举办过黑白舞会;这一舞会后来被称为著名的"世纪派对",卡波特深受国际上许多富家千金及社交名媛的青睐。

他来到她家，全身蜷缩在沙发上，用一种难以置信的腔调说话，但是他知道他们所有人的秘密。他真的很了解他们，因为他们都喜欢和他谈话，他十分精明，他真正喜欢的人就是凯瑟琳。和其他人不一样，我想他只是感觉她不像个骗子。

巴菲特甚至被前驻英大使沃尔特·安嫩伯格召见过，他拥有不少效益丰厚的公司，如三角出版社、《费城问讯者报》以及巴菲特小时候最喜欢的报纸《每日赛讯》。

"沃尔特在1977年的《华尔街日报》上读到过关于我的文章，然后他给我写了封信，信中叫我'亲爱的巴菲特先生'，并且他邀请我到桑尼兰地区。"这是他在加州的庄园。从汤姆·墨菲和凯瑟琳·格雷厄姆口中巴菲特已经听说过这位大使，因此，他知道这个人十分敏感，很容易生气，不过这也激发了他的兴趣。安嫩伯格的父亲摩西·安嫩伯格有许多故事。除了把出版的兴趣遗传给儿子外，他也留给他臭名和耻辱——他曾经进过监狱，因为他经营的一家赛马电报公司涉嫌非法避税，该公司主要通过电报向全国各地的记者通报赛马结果。该公司可能和犯罪集团有牵连，因而他还背着串通匪徒的罪名。据报道，为了拯救儿子，使他免受起诉，摩西·安嫩伯格避重就轻地认了罪，他戴着卷边男毡帽和镣铐，自己一个人进了监狱。沃尔特称自己的父亲后来因脑瘤在圣玛丽医院去世，去世时形容枯槁，备受折磨，还留下了几句遗嘱："我所遭受的一切都是为了让你成为一个真正的男子汉。"[1] 无论这是真的还是编造的，沃尔特后来的行为表明他好像相信这是真的。

现在，沃尔特肩负着重振家族威望以及养活他母亲和姐妹的重担。他通过艰苦的努力学会了经营出版业，并且证明了自己是一个天才的企业家。他创办了《17岁》杂志，后来又创办了《电视指南》杂志，这是个十分聪明的创意，它满足了公众急于查看电视节目表、了解电视节目和明星的欲望。在他见到巴菲特时，他已经不仅仅在商业上取得了巨大的成功，而且由于理查德·尼克松任命他为驻英大使，他的社会地位和威望得到了极大的提高。然而,即使他后来恢复了自己的姓氏,他心中的伤痕一直都没有消失过。

巴菲特满怀好奇地来到桑尼兰地区去拜见安嫩伯格,两个人之前已经有过联系;沃尔特是埃·西蒙的哥哥,埃·西蒙是本·罗斯纳前合伙人里奥·西蒙的妻子,西蒙已经去世,她"被人宠坏了,完全被宠坏了"——罗斯纳欺骗的就是埃·西蒙,那时他已经把联合零售公司以低价卖给了巴菲特,因为她不再是他的合伙人了。巴菲特曾经见过她,并且在纽约她那所挂满了艺术品的公寓里受到了她的款待。女仆轻手轻脚地来来往往,托着银盘,盘上盛着黄瓜三明治;埃·西蒙向巴菲特谈起他的"爸爸"——摩西·安嫩伯格:有一次,他让手下那些打手,也就是那些臭名昭著的"男孩"对着里奥开了几枪,为了改变他对自己的态度。她告诉巴菲特,在芝加哥密歇根大道的一个角落里的一面墙上仍能看到子弹打的坑。埃·西蒙接着请求让她的儿子加入巴菲特的合伙公司。沃伦"想到了那些子弹",他认为如果他一年内没有什么好的收益的话,恐怕也会遭遇这种"待遇"。

她的哥哥沃尔特多年来一直致力于重塑家族的声誉,以消除人们脑海中密歇根大道子弹横飞的印象。桑尼兰地区是一片广阔富饶的绿洲,位于加州兰乔米拉奇的沙漠之中。在他的花园中,立着玛雅人太阳神的塑像和罗丹的青铜雕塑《夏娃》——她用手遮着娇羞的脸,矗立在水池中。在桑尼兰地区,安嫩伯格招待过查尔斯王子,举办过弗兰克·辛纳特拉的第四次婚礼,也曾经是理查德·尼克松的避风港,给了他和平和安宁,让他平静地写完了最后一篇国情咨文。

他彬彬有礼,十分庄重。我们走出去,来到后面的湖边,沃尔特坐下来。他衣着光鲜,好像所穿的衣服全都是那天早上刚买的一样。他那时大概70岁,而我大概是47岁。他说起话来语气和蔼,就像同一个他要帮助的年轻人谈话一样,"巴菲特先生,你首先要理解,没有人喜欢被批评"。那是他同人相处的基本原则。

对巴菲特来说，这再容易不过了。"我说，'是的，大使先生，我知道了，你不用担心这一点'。"

接着他开始谈论所谓的"珍品"。

"在世界上有三件东西，"他说，"可以称得上珍品，他们是《每日赛讯》《电视指南》和《华尔街日报》，而我已经拥有了其中的两件。"

他所谓的"珍品"就是，即使是在大萧条期间，《每日赛讯》在古巴也可以卖 2.5 美元。

《每日赛讯》之所以可以这样，是因为人们没有办法从其他地方获得更好或者更完整的赛马信息。

它每天的发行量高达 15 万份，而它已经创刊大约 50 年了。它不只是价值 2 美元的商品，更是必需品。如果你十分关注赛马或者你是赛马的裁判员，那么你就需要《每日赛讯》。他想卖多少钱都可以，人们都会买的。从本质上来看，这就像把毒品卖给吸毒成瘾的人一样。

因此，每年沃尔特就会对着镜子说："镜子，镜子，墙上的镜子，今年秋天《每日赛讯》要涨多少钱？"

而镜子总会说："沃尔特，涨两毛五吧！"

那时候你用两毛五就可以买到整份的《纽约时报》或者《华盛顿邮报》。并且，巴菲特认为，《纽约时报》和《华盛顿邮报》都是很棒的公司，那就是说《每日赛讯》更是一家不可思议的公司。

安嫩伯格很喜欢拥有这两家"珍品"公司，不过他很想把三家全部都据为己有。到桑尼兰地区的旅行是一段里尔舞[①]的开始，他和巴菲特不时一起跳一跳：他们谈论着是否可能以及如何共同买进《华尔街日报》。

但是他让我去那里的真正目的是，他想通过我给凯瑟琳传递一个信息。

[①] 里尔舞，一种源于英国的双人舞。——译者注

安嫩伯格家族和格雷厄姆家族曾经是朋友。[2]1969年，在任命安嫩伯格为驻英大使的听证会期间，《华盛顿邮报》专门揭发丑闻的专栏作家德鲁·皮尔逊撰写了一篇文章，说安嫩伯格的财富是"通过不正当手段获得的"，并且反复引用未经证实的谣言，称他的父亲每年给黑帮老大阿尔·卡彭支付100万美元的保护费。[3]安嫩伯格看到这篇报道后暴跳如雷，到法院控告格雷厄姆把自己的报纸当作政治武器，恶意攻击尼克松总统。尼克松总统顶着风险提名安嫩伯格为大使，就是为了重新树立安嫩伯格家族的威望。"尼克松总统在某些事情上犯了错误，"安嫩伯格后来说，"但是他给了我，以及这个家族有史以来最高的荣誉。"[4]

在听证会的那天早上，他读到了皮尔逊的另一篇专栏文章，文中充分而详尽地批判了《费城问讯者报》。他紧紧按着胸口，脸色发青。他的妻子还以为他得了心脏病。[5]

听证会上，沃尔特必须针对皮尔逊文章所提出的问题为自己辩护，听证会持续了一整天，把他搞得十分紧张，筋疲力尽。而当天晚上格雷厄姆正好在乔治敦的别墅举行晚会，共有50名客人，在几周前他们都已经接受了邀请，而他也是其中之一，他勉强来参加晚会。刚一走进格雷厄姆那金碧辉煌的客厅，安嫩伯格——他对礼仪十分在意，并且在那个晚上情绪也很容易失控——就被激怒了，因为格雷厄姆没有让他坐在她身边，而在他身边安排了她的两个朋友——伊万杰琳·布鲁斯，即将离任的英国大使戴维·布鲁斯的妻子，以及洛伦·库珀，一位著名参议员的妻子。

安嫩伯格对任何事情都很敏感，他感觉受到了忽视，这在许多方面都有点儿像他的朋友尼克松。他和尼克松都很不幸，也都没有魅力，而且还不会控制情绪。[6]安嫩伯格夫人和伊万杰琳·布鲁斯就大使官邸装修问题的宿怨仍在发酵，并且迅速升级，给宴会蒙上了一层阴影。[7]除此之外，库珀夫人指桑骂槐地说安嫩伯格还没有富到可以担当大使。[8]安嫩伯格感觉这一切都是故意的，因此立即中断同凯瑟琳·格雷厄姆的谈话，怒气冲冲冲地提前离开了宴会。

凯瑟琳被搞得心烦意乱,她十分想和沃尔特搞好关系。凯瑟琳不想和任何人发生冲突,那是她的风格。她喜欢高高在上的感觉,但是她不喜欢炫耀。她喜欢大人物,尤其喜欢那些重要人物。因此同他发生矛盾使她感觉很不舒服。但是,她想让沃尔特明白,她不会授意本·布拉德利在报上刊登那种文章的。

因此当我去看他时,他正在考虑写一本关于菲利普·格雷厄姆的书,还要写菲利普的牙齿为何长得很可笑。

沃尔特认为如果一个人牙齿之间的缝隙过大,那就表明他的精神不稳定。即使沃尔特这样认为,你最好不要同他争论。我知道这一点,因此,沃尔特很喜欢我,但是他喜欢我还有个原因,就是我从来没有反驳他。如果沃尔特在我面前指鹿为马,我也会一言不发地听着。

"因此,我就成了他和凯瑟琳的中间人。"安嫩伯格希望巴菲特所传递的信息是,如果他出版了关于菲利普·格雷厄姆牙齿的书,那就有好戏看了。

同时,他对我真是再好不过了。他把我安排到最好的客房里,并且带我到他的办公室参观,里面有一个玻璃柜,放着他的收藏品——一些波斯金币、一把折叠刀和一些其他的东西。这是他祖父从波斯来到这个国度时口袋中所仅有的物品。他说:"你在这里看到的一切都是由这些东西创造的。"几年前,沃尔特重新恢复了家族的实力。他的作为足以让他的父亲感到自豪,而这也是他生活的首要目标。

巴菲特理解安嫩伯格的心情,然而他似乎从来没有注意到他们之间的某点相似之处,也许是因为他们在其他方面差异很大。安嫩伯格一本正经,毫无幽默感,视财如命,循规蹈矩,同格雷厄姆家族又有矛盾,这都和巴菲特显得格格不入,并且他们的政治观点也正相反。然而,在他们不同的肤色下面,这两个精明的商人却有个共同之处,就是极力证明自己——不仅仅在商业上,同时也在社交上——这都是为了表示对各自父亲的尊敬，他们认为父辈们都没有受到公正的对待。

他们开始通信。安嫩伯格认为自己就像一个长辈一样，在慈善事业上对巴菲特进行教导。他认为富人在临死之前要把所有的财富都捐赠出去，以免他们指定的托管人没有遵照他们的遗愿——安嫩伯格已经仔细研究了许多失败的基金会和那些背信弃义的基金托管人。[9]他想提醒巴菲特注意一些意想不到的潜在危险。他天性多疑，总是在考验别人——在这一点上，他和巴菲特很像。他给巴菲特举了一些例子，证明在捐助人死后，基金会全都变了味。同时，他在信中也谈了一些关于股票的看法。巴菲特——一个初露头角的慈善家，以及因揭露一个大慈善团体管理人员的丑闻而获普利策奖的出版家——津津有味地读着这些东西。安嫩伯格告诉巴菲特，他很害怕死后会由一个专横的管理人员来掌管他的资产，那样的话这个人就可以为所欲为，从事他命名为"大肆掠夺基金会"的活动。

他给巴菲特写信，感谢他送给他一篇关于麦克乔治·邦迪的文章，这个人掌管着福特基金会，他采用的方式正是安嫩伯格所深恶痛绝的。[10]"亨利·福特二世曾经说过麦克乔治·邦迪是'全国最为浑蛋的一个人'，他拿着福特基金会的钱，过着阿拉伯王子的奢侈生活。"[11]

安嫩伯格花费了大量的时间考虑谋划，就是为了避免自己死后被欺骗。他告诉巴菲特多纳基金会的故事，该基金会的执行董事改变了基金会的名字，将其变成了"独立基金会"，完全抹掉了最初捐助人的名字。[12]"我建议您一定要确保在您去世后没有人能擅自更改基金会的名字，"他写道，"我们要记住多纳先生。"[13]

巴菲特和苏珊也创建了一个基金会，对此他的看法完全不同。"它不应该叫巴菲特基金会，"他后来说，"把它命名为'巴菲特基金会'很傻，但是现在再改名也很傻，因为它已经很有知名度了。"[14]

他和安嫩伯格都对媒体和出版十分痴迷。《电视指南》是安嫩伯格最重要的财产。它同《每日赛讯》一样都是"珍品"，但是它的受众更广泛。巴菲特一听说安嫩伯格可能打算出售《电视指南》，就和汤姆·墨菲立即飞到了洛杉矶,去看看这位傲慢的大使是否会把它卖给他们,两人对半平分。

但是安嫩伯格想让他们用股票支付,而不是现金。"我们从来不卖股票的,"墨菲说,"沃伦从来不卖他的股票;只要有可能我也避免这样做,因为卖掉股票你是不会变富的。"用股票来交换《电视指南》,它将来可能会比伯克希尔-哈撒韦所支付的股票赚到的钱更多。同你所购买的任何公司相比,用股票支付显得你对自己的业务有点儿轻视——除非你用来支付的股票定价过高。[15]一般来说,他们经营公司以及应对股东的方式决定了这是不可能发生的,因此他们没有买到《电视指南》。

不过,巴菲特继续替安嫩伯格和格雷厄姆传递消息,同时格雷厄姆也带着巴菲特上礼仪学校,让他为这些上流社会的活动做准备。她不断因为生活中的琐碎小事给他打电话。他到马撒葡萄园那座铺满鹅卵石、能俯瞰兰伯特湾的别墅去看望她,他们一起出差去参加商务会议,有时还去度假,到尼亚加拉大瀑布旅游。他带她去看他的标志企业之一——伯克希尔纺织厂。人们常常在慈善活动上看到已经59岁仍然风情万种的凯瑟琳把她家的钥匙扔给46岁的沃伦,而且在公共场合也更加频繁地看到他们俩一起的身影。因此到1977年初,他们的事已经出现在《名人逸事》专栏,格雷厄姆说这是"多管闲事"。[16]

朋友们认为他们俩之间没有什么见不得人的事,正如其中一个人所说,"很清白"。并且,格雷厄姆很坦率地和她的朋友们讨论这个问题。[17]很明显作为一名女性,她似乎很不安全,但是她却尽力朝相反的方向努力,正如她在自传里讲述的一样。[18]她的母亲曾经以到处卖弄风情而著名,但是她只同有权势的聪明人保持精神上的密切关系。巴菲特自己也喜欢和女人们发展浪漫的友谊,无论同凯瑟琳的关系在开始时是否真有什么浪漫的因素,然而,在他们的内心深处,彼此之间一直都是友谊。

但是这些报道却打乱了苏珊和沃伦之间微妙的平衡。无论她的生活怎么变化,她仍然十分关心她的丈夫。再者,苏珊喜欢过被别人所需要甚至是依赖的生活。现在她感觉不再受到重视了。然而,她永远也不可能像遭人唾弃的戴茜·梅尔一样出现在公众面前。她到华盛顿旅行时还会住在凯瑟琳的家中，并且仍然面带微笑，尽管她的丈夫依然频繁地和凯瑟琳公开出现。苏珊的一些朋友认为，她实际上对此漠不关心。其他人感觉她需要依赖别人，或者沃伦同凯瑟琳的关系给她提供了借口，使她可以独自地过着平静的生活。不过，她还是明确地同几个朋友说过她很生气，并且感觉很难堪。她处理这一问题的方式是给格雷厄姆写了一封信，许可了她同沃伦之间的关系——就好像凯瑟琳正在等着这样的许可一样。[19] 凯瑟琳把信拿给人们看，就好像这封信可以帮她开脱。[20]

苏珊现在完全致力于她的歌唱生涯。1976年，她同奥马哈一家法国咖啡屋的老板接洽，这是一家由仓库改装的正式餐厅，位于古色古香的铺满鹅卵石的老市场区，她请求在他们的大厅里唱歌。他们十分惊讶，不过还是高兴地同意了。苏珊曾在这里举办过一场赈济非洲灾民的义演——她赤着脚，穿着带褶皱的印花棉布上衣，系着花色丝巾。[21] 广告证实了谣言——"苏珊·巴菲特将要成为一个歌女了"。"这真的让人很震惊，不过我总是希望能够彻底地过自己的生活。"她第一次登台演出之前对一个记者说。[22]

她"缺乏自信"，一位评论家说，但是她有"安·玛格丽特的朝气"、"独特的爵士风范"，以及想在法国咖啡屋的舞台上赢得观众赞誉的愿望。观众包括各色人等，有"来捧场的朋友"，也有只是出于好奇来看富婆的看客。[23] 几周之后，比尔·鲁安就对她说，"我是百老汇的比尔，我已经给你安排好在纽约的试音了。"她在黄砖路、跷跷板、流浪者和大舞厅等场所首次举行了三周的短期公开巡演。之后她说："他们请我再回去演唱，但是我想往后推迟一下，也许明年可以吧。首先我想找一个音乐总监制作一整套完整的节目。现在我明白这是多么的艰难，但是我已经欲罢不能。当我回来时，我想连续不停地工作6个月。"[24] 最后她同威廉·莫里斯经纪公司签了约。

那年夏天，巴菲特夫妇来到纽约。沃伦有时在凯瑟琳的公寓里打桥牌，晚上苏珊登台时，他会在观众中兴高采烈地欣赏她的歌声。她的音乐生涯把他俩又联系在了一起——他为她的成功激动不已。他们考虑在第五大道旁边买一套地标性的建筑，作为他们在纽约的长期根据地，但最后还是没有决定下来。[25]

苏珊确实想往后推迟，到1976年秋天时，她还没有打算回到纽约。她在拉古纳待的时间仍然比沃伦多。再者，她在奥马哈的追随者也分散了她的注意力。那里有利拉，她长时间围在苏珊身边讲述她在38年半时间中同霍华德发生的那些故事；有豪伊，他正在奥马哈城外开着挖土机；还有她的姐姐多蒂，她似乎一生都是在梦游中度过，对什么事都不紧不慢，漠不关心——有一天，她打来电话说家里着火了，苏珊刚一挂断电话，就在想多蒂是否给消防部门打了电话，苏珊立即打了过去，多蒂说没有，她只是想着给苏珊打电话。[26] 这些都是来自家庭的责任，还有更多来自其他的牵挂——苏珊关注的流浪儿、孤独寂寞的人和当地的好友故交。

她没有在纽约签约登台演唱，相反，她却决定1977年的春天在奥马哈的法国咖啡屋再进行一轮演出。为此，《奥马哈世界先驱报》决定把这位百万富翁的妻子登载到一期杂志的封面上，她人到中年却决定登台演出，成为一名歌手，这很令人费解。记者阿尔·巴德·佩格尔按照常规的做法进行报道，他先采访了苏珊的朋友，就她的生活问了一些简单的问题。他想知道是什么促使苏珊唱歌的。当然，像奥马哈的许多人一样，他也听过关于苏珊的一些流言蜚语。[27] 苏珊的朋友们都很有"警惕性"和"保护性"。

尤妮斯·丹尼伯格"愤慨"地声称，"苏珊是如今已不多见的大好人之一，今天有许多家伙都认为这种人根本就没有了。因此他们对她做出一些卑鄙的举动，因为这使他们感到不安了"。[28] 崇拜者们团结起来共同保护他们的"圣母"。佩格尔承认，面对着这样一群坚定的保卫者，他产生了一种潜意识的冲动，想在苏珊最洁白的晚礼服上抹一把污泥。[29]

巴菲特家的休息室，苏珊和佩格尔一起坐在壁炉旁的长沙发上，苏珊开始接受他的采访。屋里放着一张乒乓球桌，墙上贴着几张海报，上面写着"真爱相伴"和"尽享快乐时光"之类的话。她突然给他一种十分脆弱的感觉。

"做演员和做母亲完全不同,"她在采访中告诉他,"我不习惯做一个只会关心人、给人做饭的苏珊·巴菲特。也许我只是往前走了一步,可能已经有人正在考虑着这么做了,我想尝试一些事情,但是我却很害怕去做。"她停了一下又接着说,"我的故事就这些。"[30]

记者提示说他想要了解更多的故事。她那些坚定的保卫者更加激发了他的好奇心。苏珊敞开心扉,一直谈了5个小时,不过没有谈到她自己的私人生活。然而,在采访结束时,她说她对自己所做的也感到十分吃惊。她一向口风很紧,有人曾在宴会上试图打探她的消息,总是很难有收获,但这次,她在佩格尔面前却完全打开了封闭的心。在采访中,她设法说服他,把他变成一个朋友。

当这篇报道发表后,杂志的封面写道:"是什么使苏珊·巴菲特歌唱?"还配了一张她的照片,上面写着:"谁知道呢?"她勉强露着微笑,眼睛向上看着,并没有看镜头。在内页的照片上,苏珊的脸远离镜头,眼睛盯着小狗汉密尔顿,而它正微笑着盯着她放在琴键上的手。这幅照片更像心灵深处一个未知的梦,而不是她的典型形象——露齿微笑的脸。

报道发表的那天早上,苏珊抱着一大箱喜诗公司的糖果出现在了佩格尔家的门口。她兴奋得像个孩子一样,对他所描绘的形象十分满意。她把他也列在了客人名单中,邀请他出席在法国咖啡屋的首场演出,并给他发了份邀请。[31] 那天晚上,他和其他客人一起目睹了年轻、漂亮、容光焕发、婀娜多姿的苏珊,她戴着一头深褐色的假发,浑身缀满的金属片闪烁着迷人的光彩,一双水汪汪的大眼睛摄人心魄,乌黑的眼睫毛更是引人注目。她脸上的表情表明她已经明白那个关心照顾他人的苏珊·巴菲特还不错。现在她已经知道如何优雅地登台演出,并且在歌唱间隙观众尖叫大喊时,仍然保持着妩媚的微笑。[32] 她的客人们看到了一个妻子和母亲从生活的困扰中解脱出来,走上舞台,实现了自己梦寐以求的生活。观众发现她的说话声音略显单薄，不过很流畅。她唱起歌来富有磁性，甜蜜优美，又略带一丝伤感。她的主打歌曲——"爸爸系列"如《我的心属于爸爸》、卡巴莱经典音乐《你的余生在做什么？》，以及她最喜欢的桑德汉姆的《让小丑进来》[33]——全都感动了观众，湿润了他们的眼睛。当苏珊唱歌时，她感伤的一面闪现出来，她脆弱的感情暴露在了观众面前。沃伦双臂环抱地站在后面，注视着台上的妻子，如痴如醉。看到她的歌声吸引了观众，他也是满心欢喜，他幽默地说道："我能让她这样做可真是了不起啊。"

然而，到了1977年的夏天，苏珊还没有去纽约追寻自己的机会。沃伦认为这是因为他天真率直的妻子不愿意被职业歌手的演出时间束缚。巴菲特夫妇的一些朋友也在想，苏珊婉转的歌声以及台上引人注目的表演是否能够同那些已经成名的职业歌手一争高下。不过让妻子成为一名歌手，并且灌制自己的唱片也是沃伦的梦想。她的雄心总是被冠以其他人的意愿，而不是她自己的。同时，喜欢关心照顾他人的苏珊·巴菲特也是一个独立的人、有着自己私密生活的人。

问题就在这里。作为一个富翁的妻子，这个身份可以帮她追寻严肃的歌唱事业，同时也开启了一扇大门，方便他人窥视她的私人生活，而她希望这扇门是关着的。沃伦可以住在凯瑟琳·格雷厄姆的家中，并且同她一起自由地出入公共场合，大众小报可以对此熟视无睹。但是，作为一名已婚妇女，苏珊却没有这样的自由。虽然妇女解放运动已经改变了许多事情，但是还没有到这一地步。随着她的隐私不断曝光，如何处理她日益加深的感情裂缝快要把她给压垮了。

他们在《奥马哈太阳报》的朋友斯坦·利普西的婚姻也出现了一些问题。他和苏珊常常早上一起坐在公园的长椅上，互诉衷肠。他俩都对东正教的思想和发挥人类潜能的运动很感兴趣，这是起源于加州大苏尔埃塞伦研究所的运动方式。[34] 不管怎样，他们还是说服了沃伦，以及斯坦的妻子珍妮和苏珊的妹妹多蒂，邀请他们一起参加林肯酒店的周末讨论会，初衷是为了探讨自己的内心世界。研讨会一开始就让人们互相公平地敞开心扉，这是苏珊的拿手好戏。沃伦对于这样倾诉感情的兴趣一点儿也不像他的妻子。

500多人从千里之外赶到这里，他们开始做这些疯狂的事情。首先，我们要先找一个伙伴。然后其中一个人开始说话，另一人不管听到了什么，都要不停地说："然后呢？"

因此，我找到了一个来自俄克拉何马的漂亮女士。她先说话，然后，她停下来，我接着说："然后呢？"10分钟后，她就控制不住自己，开始哽咽了。仅仅通过说"然后呢？"就把她给击垮了，就好像我在故意伤害她一样。我简直感觉到自己是在酷刑室或者其他类似的地方拷打她一样。

在完全曲解了这一活动的用意之后，巴菲特离开了泪流满面的伙伴，他迫切希望找另一个人再继续下去。指挥者告诉参与的人再找一个伙伴。"现在，当我听到指挥者说'我想让你们选择一个异性伙伴'时，"利普西说，"我希望寻找一个有魅力的人。"巴菲特站在那里，四处张望着，好像不知道该做什么一样。"紧接着我就看到，"利普西说，"他找了个非常胖的女士。"

她穿着一件华丽而宽松的长衣，大概有400磅重。我的任务是趴在地上，然后指挥者说这位女士要给我一件礼物，就是"她的重量"，这就是说她要"噗"的一下压在我的身上。这个庞然大物准确地朝我扑来，我大喊一声"啊"，结果这个礼物就重重地压在了我的身上。

同时，在另一个房间，他们让人们学狗叫。我能听见多蒂的声音——她平时很保守，连跟别人打招呼都难——她正在拼命地乱叫。

紧接着是要被蒙上眼睛，让别人牵着走过林肯市的大街，去体验盲人的生活，苏珊和斯坦放弃了，他们跑到电影院去看《安妮·霍尔》了——那是"一部让人紧张的浪漫片"——并且"整个周末的剩余时间我们都在狼吞虎咽油炸食物和冰激凌圣代"，利普西说。

1977年夏，沃伦又一次在凯瑟琳·格雷厄姆位于纽约的公寓里没日没夜地打桥牌，而苏珊也是整天整夜地不在家里。

8月，豪伊同玛西娅·苏·邓肯结婚了，尽管她的父亲警告她跟这样一个家伙结婚不会幸福的，因为他靠为别人挖地下室谋生，开着一辆小货车，车斗里装着几只大卷毛狗，到处瞎跑。凯瑟琳·格雷厄姆为这对新婚夫妇送了一份礼物，之后她就给巴菲特打电话，说她感觉很难受，因为豪伊短短的感谢信中竟然拼错了三个单词。

劳动节的周末，苏珊在奥马哈进行了最后的表演，地点在奥芬大剧院，这次是为歌手和作曲家保罗·威廉姆斯做开场演唱。她身穿一件粉色薄绸长袍，面带微笑。她以流畅的女低音唱着略微带些浪漫的爵士歌谣，就像热情奔放的爱人一样，"使人想入非非，浮想联翩"。一曲《让我们感觉在相爱，好吗？》触动了听众的神经。[35] 但是，在一个像奥马哈这样流言蜚语满天飞的小城，恐怕也没有必要再去澄清什么了。

那年秋天，苏珊明显开始意识到她的生活是多么糟糕了。她会在凌晨4点出门，一路驱车来到瓦胡——她欢度新婚之夜的地方——将保时捷上的收音机开到最大声，听着音乐，一直到拂晓才一个人孤独地回到家中。[36]

在状态最佳的时候，苏珊关心着他人。现在，在恐慌之中，她又找到了他们，把自己的苦恼说给他们听。在公园里、在散步时、在长途驾驶时，朋友们聆听着她诉说自己的苦闷。她积攒了一点儿钱，并且让朋友们掌管着，就好像在计划着逃跑一样。她来到伯克希尔-哈撒韦的办公地点，找到网球球友丹·格罗斯曼的办公室，哽咽着向他寻求建议，而她的丈夫就在隔壁的办公室里工作。

在一定程度上，苏珊似乎认识到她正在拖累无数的人，因为她告诉了他们她的许多婚姻问题以及她生活幻想的破灭，而她的丈夫对此却还一无所知。她对每一个人说："你不能告诉沃伦。如果你爱他，你就不会那样伤害他。如果他发现了的话，他会自杀的。"[37]

苏珊很有影响力，很受人爱戴，并且沃伦对他妻子的挚爱也很明显，除此以外，苏珊使每个人都认为没有了她沃伦会变得无依无靠，因此人们都接受了这个保密的责任。有些人是出于自发，有些人是出于忠诚，还有些很不自在，感觉她的逻辑多少有些不合理。但是他们感觉到有责任替她保守秘密，以免脆弱的沃伦受到伤害。

当年的秋天，格雷厄姆集团在亚利桑那州加德纳网球牧场举行了一次年会，不过没有出现什么问题。这一集团——现在通常也被称为"巴菲特集团"——多数人很早就接受了这一想法，即沃伦和苏珊是一对充满柔情的夫妻，不过却过着分离的生活。那年的日程同以前一样，苏珊和其他人的妻子也都参加了。比尔·鲁安陈述了沃伦刊登在《财富》上的一篇文章《通货膨胀如何诈骗股权投资商》。[38] 巴菲特解释解决通货膨胀的最好办法就是提高一些股票的价格，尤其是那些成本增加的公司的股票——但是它们的价值也正在被严重的通货膨胀所侵害，他称通货膨胀就像一条"巨大的公司绦虫"。[39] 在休息时，马歇尔·温伯格给沃伦和苏珊讲了一下他侄女的事，她现在正在美洲印第安人的保留地生活和工作。"哦！"苏珊立即说，"我也想去那里，过着简单的生活，帮助保留地那些可怜的人，那真是棒极了。"沃伦看着她，不动声色地说："苏珊，我也给你买一块地吧。"[40]

47岁时，沃伦已经实现了他的一切梦想，他的身家高达7 200万美元，而他所经营的公司市价已经达到了1.35亿美元。[41] 他的报纸已经两次荣获新闻界的最高奖。他是奥马哈最为重要的人物之一，在全国范围内他的知名度也在不断上升。他是最大的地方银行的董事会成员，同时也是《华盛顿邮报》和其他许多公司的董事；他是三家公司的首席执行官，并且成功地买进和卖出了许多公司的股票，而多数人可能一生也说不出这些公司的名字来。他最初的合伙人大多成了超级富翁。

他的生活依然和以前一样，挣钱是他最为激动和兴奋的事，他唯一想做的就是继续挣钱。他知道苏珊认为他痴迷钱财，而且她一直就这么认为，但是他们仍然能够互相尊重彼此的差异，继续生活在一起，共同度过了25个春秋，或者说他似乎是这样认为的。

在巴菲特集团的年会后不久，深秋的一天，苏珊去旧金山看望一位高中时的朋友，她在那里待了四五周。一个又一个亲朋故交似乎把她吸引到了加州。她的侄子比利·罗杰斯已经搬到了西海岸，并加入了一个乐队。苏珊告诉他说愿意尽全力去帮助他戒掉海洛因瘾，但是把他一个人留在加州她很不放心。伯蒂·巴菲特，现在已经嫁给了希尔顿·巴雷克，也住在旧金山和卡梅尔。珍妮和斯坦·利普西也在考虑着搬到旧金山去。苏珊寡居的朋友拉克·纽曼现在也住在那里。苏茜和她的丈夫就住在近旁。彼得，她十分操心的小儿子，现在已经是斯坦福大学的二年级学生。并且她和沃伦已经在加州有了自己的根据地——他们在翡翠湾的度假别墅，正好在旧金山的南部。内布拉斯加对她的吸引力越来越小了。奥马哈的家空荡荡的，让人感觉十分怪异：彼得一上大学，小狗汉密尔顿也离开了家，跟彼得的一个朋友走了。[42]

在旧金山住了一段时间之后，苏珊发现这是一个漂亮、能够激发想象、生气勃勃的城市。站在小山坡上，从每一个角度都可以俯瞰到海湾、大海、大桥和日落，一排排维多利亚时代风格的建筑呈波浪形散布在海滩上。各色人等熙来攘往，邻里社区，以及建筑、文化、艺术、音乐等汇集成了一个奇异的万花筒。在旧金山，你永远也不会感到厌烦。这里气候温和，清新的空气沁人心脾。在20世纪70年代各种运动风起云涌和此起彼伏的社会潮流之中，旧金山也冲在风口浪尖，到处弥漫着一股享乐主义和宽容的精神，没有人会对他人品头论足。

苏珊看了一些公寓，然后她回到奥马哈，来到法国咖啡屋，这是她曾经登台歌唱的地方。她找到了阿斯特丽德·门克斯，她是那里周一晚上的领班，也是调酒师，有时还客串一下主厨。苏珊和阿斯特丽德关系很亲密；她在法国咖啡屋为她服务，那年早些时候，新任英国驻美大使彼得·杰伊到奥马哈访问时，到巴菲特家赴宴，就是她置办的晚宴。阿斯特丽德做的是高糖类的食物：炸鸡、土豆泥、肉汁、煮玉米和热的奶油巧克力圣代，她也不知道这些东西是否合大使的口味，但这些都是巴菲特的最爱。

现在，苏珊请阿斯特丽德顺便去看看沃伦，并且给他做做饭。接着,她和沃伦谈了谈,她说她想在贵族山的格拉姆西塔租一座时尚的小屋子,这样她就可以在旧金山有个落脚点了。

沃伦基本上没有怎么听进去,他只听他想听的东西,不过他同意了苏珊的想法,因为她解释说她并不是要离开他。他们不是"分居",他们的婚姻仍然存在。即使她有了自己的小天地,也不会真有什么改变,在旧金山这个地方,她可以找到自我。她只是想让自己体验一下一个充满艺术、音乐和剧院的城市的生活,她一再向他这样保证。他们的生活早就已经走上了不同的轨道,并且他俩一年到头都在四处旅行,他几乎都没有注意到他们的生活有什么不同。随着孩子们一个个长大,她也该考虑自己的需要了。她一遍遍地告诉他:"我们都有自己的需要。"现在她用的是很肯定的语气。

"苏珊并没有完全离开,事情就是这样的,她只是想改变一下。"巴菲特说。

在苏珊所有的旅行中,她都不断地说着要买这个地方或者那个地方,但是沃伦从来没有想过她会离开他,因为他从来都不会想到她会离开他。"想改变一下"和"并没有完全离开",这就是巴菲特式的含糊其词,他们两个人都在避免捅破那层窗户纸,避免让对方失望。

接着她就离开了。

苏珊先和朋友贝拉·艾森伯格到欧洲待了几周,然后,她回到翡翠湾同家人一起度过了圣诞节,随后她又去了欧洲,在巴黎她遇到了汤姆·纽曼,就是她朋友拉克的儿子。汤姆很快就要到旧金山的新家同他妈妈会合,因此他们很快就成为朋友。[43] 对苏珊来说,她想在旧金山拥有一片属于自己的小天地,这并不意味着这里只是一个临时的落脚点——她时不时过来躲避一周的地方。沃伦要自己照顾自己,他感到手足无措,不知道该怎么办,苏茜会回奥马哈住几周帮着他收拾一下。自从婚礼之后,她就不断地哭着给妈妈打电话诉说婚姻的苦恼。苏珊一方面慢慢地帮着她走出婚姻的误区,同时她也在摆脱束缚自己婚姻的那些陈规陋俗。苏茜竭力向她的父亲解释,如果他和她的母亲没有过多地分离，他的生活就不会这样了。但是沃伦以前从来没有想过他和苏珊几乎一直是在过分居的生活。在他的头脑里，苏珊是为了他而生活的。当他们在一起时，她当然会表现成这样。因此，他很难理解苏珊想要过自己的生活，并且不再来照顾他了。

苏珊和沃伦在电话里可以一直说几个小时。现在沃伦明白，只要她愿意回来，他可以为她做任何事情，答应她的任何条件、任何要求——甚至可以搬到加州去，或者学习跳舞。但是很显然，已经太晚了。他无法给予她所想要的东西，无论是什么都不行了。她解释说自己需要自由，她需要过独立的生活，满足自己的需要，找到自我，她不可能一边照顾他的生活又一边做这些事情。因此，他漫无目的地在房子里转来转去，吃饭穿衣都成了问题。他整天头昏脑涨来到办公室。在员工面前，他还要控制自己——不过别人还是能看出来他晚上根本没有睡好。他每天都哭泣着给苏珊打电话。"他们好像无法在一起生活，但是离开了对方，他们还是无法生活。"他们的一个朋友说道。

看到丈夫这么无助，甚至被击垮，苏珊有点儿动摇。她对一个朋友说："我可能必须回去了。"但是，她没有这样做。他们都有自己的需要。她的一个需要就是让她的网球教练搬到旧金山来。她在离自己公寓不远的地方给他安置了一套单独的小公寓。他认为这只是暂时的，等苏珊离婚后，他们就会结婚。[44]

苏珊却摇摆不定，她没有离婚的打算。"沃伦和我都不想失去任何东西。"一个朋友问她的打算时，她这样回答。她说的不是钱的问题，她自己也有伯克希尔大量的股份。苏珊是那种不希望生活中减少什么，而是希望能不断增加的人，并且她也从来没有想过要表现得与众不同。

同时，她一遍又一遍地给法国咖啡屋的阿斯特丽德·门克斯打电话："你还没有去看望他吗？你还没有去看望他吗？"[45]

苏珊对她十分了解。阿斯特丽德·贝亚特·门克斯出生于1946年的联邦德国，当时她的父母刚刚"从加入苏联的拉脱维亚到了那里"。5岁时，门克斯和5个兄弟姐妹乘坐一艘破旧不堪的经过改装的军舰，随着父母一起移民到了美国。当他们乘坐的军舰驶入港口时,她看到雾蒙蒙的岸边闪现着一个庞然大物——自由女神像,这就是她对美国的第一印象。

门克斯一家被安置到了内布拉斯加州的弗德尔,他们住在一个农场,烧着大炉膛的炉子,屋里既没有电,也没有自来水。当阿斯特丽德6岁时,全家人搬到了奥马哈。之后不久,她的母亲被诊断为乳腺癌,阿斯特丽德和两个弟弟被送到了奥马哈以马内利慈善妇女会,这是马丁·路德教的女信徒开办的一个多功能机构,包括养老院、孤儿院、医院、教会和活动室。她的父亲只会说一点儿英语,他在这里做维护员,而孩子们都住在孤儿院里。阿斯特丽德的母亲死于1954年,当时阿斯特丽德13岁,她连续在三个寄养家庭生活过。"在寄养的家庭里过得很不愉快,"她说,"在孤儿院我感觉更安全些。"

中学毕业后,门克斯上了内布拉斯加大学,一直到把钱花完为止。她在奥马哈互惠银行工作了一段后,又到一家女士服装店做采购员和经理,不过她自己穿的却都是从旧货店淘的衣服。最后,她成了一家餐厅冷餐部的厨师长,每天要切50磅的西葫芦,准备凉菜。她住在离工作地点不远的老市场区的一个小公寓里,十分方便,因为她那辆雪佛兰织女星汽车的底盘已经锈得不成样子,透过窟窿都能看见地面。[46]

她经常穷困潦倒,不过她却认识破败不堪的简易房社区的每个人,并且帮着组织该地区那些自闭的艺术家、漂泊在外的单身汉以及同性恋,为他们做饭或者举办节日盛宴。阿斯特丽德身材小巧,皮肤白皙,一头金发,楚楚动人,是个典型的北欧美女。她棱角分明,让人一眼就能看出祖籍来。当时,她看起来比31岁的实际年龄还要年轻。阿斯特丽德总是对生活的艰难满不在乎,不过,苏珊结识她的时候,正是她情绪低落、一无所有、一事无成的时候。但是,在照顾他人方面,她比苏珊可要强得多。[47]

面对苏珊提出让她去看望沃伦的要求,阿斯特丽德不知道苏珊究竟是什么意思,因此她感到困惑和害怕。不过,她最终还是去了。[48] 到那里后,她做了一顿家常饭。她发现这个家到处都是书、报纸和年报。离开女人的照顾,沃伦几乎不能生活下去,他急需别人的关爱;空闲时间,他不知道如何打发，只好带着多蒂去看电影，或者同已经离异的朋友鲁丝·马奇莫尔一起消磨时光。很明显，他仍然十分孤独、可怜，在感情上好像退化成了一个11岁的小男孩。他需要别人来给他做饭、帮他穿衣。阿斯特丽德是最没有事业心的女人，但是——正如苏珊知道会发生什么一样——当面对问题时，她知道做什么。

沃伦最后解释为什么苏珊要这样离开：

这是可以避免的，这本来就不应该发生，这是我犯过的最大的过错。从根本上来说，无论我做了什么，只要是和苏珊的离开有关的，都是我一生中犯的最大过错。

其中部分原因就是缺乏理解，我确定，95%都是我的过错——这一点是毫无疑问的，甚至可以说99%都是我的过错。我对她太不关心了，而她总是对我十分关心，几乎是关心我所有的方面。你知道，我的工作变得越来越有意思。当苏珊离开时，她对我的需要比我应该给予的要少。我的配偶成了第二位的。她和我生活了这么多年，在照顾孩子上她的功劳占90%。不过，却很奇怪，虽然我的付出很少，但是我对孩子们的影响却很大，这和付出的时间不成比例。然后，她失业了，实际上是因为孩子们长大成人，她也就没事干了。

在一定意义上，也到了她做自己喜欢做的事情的时候了。她一直都在从事大量的志愿工作，但是最后，却没有真正起到什么作用。她不想学城里许多女人一样，成为一个大人物的太太。她不希望因为自己是一个著名人士的妻子，就自然成了一个著名的女士。她喜欢和人们接触，而每个人也都喜欢同她来往。

她爱我，并且依然爱我，我们的关系却很不可思议。但是……这不应该发生，这完全是我的错。

无论伤害多么深，随着时间一天天过去，沃伦发现自己仍然活着。因此，他最终又回到了自己最适合的角色：教师和布道者。只要他的聪明才智和声誉仍然存在，人们依然会听他讲话。

1978年冬，巴菲特重新开始集中精力，构思写作他的年度报告。上一封信中，他简要陈述了商业活动是如何运作的，这一次他要讲一讲如何评估管理绩效，解释一下为何短期收益是投资决策的最差标准，同时对他朋友汤姆·墨菲管理的技巧进行赞扬。他当时的毛病就是把文章写得深不可测，因此，他找到了卡罗尔·卢米斯来陪他写作，借口就是要让她做这封信的编辑。因此，她陪着他到纽约旅行，并且一起讨论如何把他想要传达的思想表现出来，献给那些一直追随和相信他的人：伯克希尔–哈撒韦的股东。[49]

42

最高荣誉

奥马哈，布法罗　1977—1983 年

1978 年初，在苏珊的鼓励下，阿斯特丽德·门克斯不时来法纳姆大街做饭、收拾屋子。苏珊给阿斯特丽德打电话为她鼓气，她说："非常感谢你照顾他。"然而，渐渐地，随着沃伦开始接受苏珊不会再回到他身边这一事实，他和阿斯特丽德的关系也开始变得有些特别了。

开始，他和阿斯特丽德在她旧简易房社区的那个小地方幽会，到 5 月，她搬到了他家里，并且放弃了她业余时间扮演奥马哈"波希米亚人"女主人公的公寓。那年夏天彼得从斯坦福大学回到家时，她在法纳姆的院子里种西红柿，并且到处搜寻 30 美分一加仑的百事可乐。"在过了那么多年之后，我从来没有想过这件事，"阿斯特丽德说，"但是它自然而然就发生了。"[1]

阿斯特丽德体面地从闹市区"消失了"，一个熟人这样说。[2] 知道他们的关系后，巴菲特的朋友都大吃一惊。她比他小 16 岁，是一个蓝领妇女。然而，她却知道巴菲特所不知道的一切东西——高级烹饪术、美酒、吃贝类食物的刀叉以及厨师的刀具。和苏珊的消费习惯以及对时髦东西的偏爱完全不同，阿斯特丽德经常出没于旧货店淘一些便宜的旧东西。

她很自豪能够以最少的钱买到一个二手的衣柜；她十分节俭，以至于使巴菲特看起来像一个败家子。和苏珊相比，她的家庭至上思想更重，她的兴趣——烹饪、园艺、淘便宜货——同苏珊不断膨胀和发展的品位相比，真是太微乎其微了。尽管阿斯特丽德很谦逊，但是她口才不好，也不是很聪明，这点同苏珊的风趣幽默和对他人的热切关心不同；阿斯特丽德十分务实的态度也同凯瑟琳·格雷厄姆无与伦比的贵族的高尚优雅相去甚远。

阿斯特丽德的出现在巴菲特的亲朋好友中引起了不小的骚动，这种不同寻常的三角关系违背了利拉的宗教信条和她的公共道德意识——当然她和儿子接触很少，对他几乎没有什么影响。彼得却认为他父亲只是要找一个伴侣，对此他已经学会了从容应对，因而他很少考虑这件事。豪伊则对此困惑不已，不知所措。对苏茜来说，这意味着要面对传统的继母问题：一个她和父亲之间的障碍，以及是否能够接受除了她母亲之外还有人能够对他更好的问题。对于格拉迪丝·凯泽来说——沃伦的首席保护者，帮他守卫办公室的大门，帮他接电话，以及处理他和苏珊的钱财——阿斯特丽德的到来意味着又增加了压力，这是她不愿看到的。[3]

苏珊自己也很震惊，她从来没有想到事情会变成这样，她只是向她的丈夫强调他们都有自己的需要。在她的头脑里，沃伦对她的依赖是绝对的；他怎么还能和别人发生关系呢？但是这可能也是预料之中的事。沃伦一生都在寻找完美的戴茜·梅尔，并且无论他需要什么，阿斯特丽德都可以做到：购买百事可乐、清洗衣服、收拾屋子、帮他按摩头部、做饭、接电话、陪伴他做所有的事情。而阿斯特丽德从来都不告诉他去做什么，并且除了要和他在一起外，也不要他的任何回报。之前的戴茜·梅尔和苏珊之所以要逃离奥马哈，部分原因就是为了躲避生活中无穷的琐碎之事。随着苏珊不断调整自己，她开始接受这种关系，这也使她的新生活更为容易了。然而，苏珊天生就有一种占有欲。无论她怎么分散自己的注意力，她真的不希望失去沃伦对她的关注。因此，要根据苏珊的期望，而不是沃伦的期望来界定他们之间的角色。

巴菲特的生活在一定程度上又开始恢复了原样。但是他十分吃惊地发现了一个真理，这就是苏珊一直所坚持的：坐在屋子里挣钱不是生活的全部意义。他开始发现自己已经错过了哪些东西。尽管他对孩子们十分和蔼可亲，但是他真的不了解他们。有一个笑话讲得十分真切——"你是谁啊？""是你的儿子。"[4] 这就意味着在接下来的几十年中，他要尽力去修复他们之间的关系。但是很多伤害已经是无法弥补了。在 47 岁时，他才刚刚开始反思自己的损失。[5]

沃伦十分看重诚实，对于与阿斯特丽德同居一事他完全公开，一点儿也不遮遮掩掩。每个人都知道这件事（汤普森博士除外）。并且，苏珊和阿斯特丽德对此事也不做任何表态，只是说她们互相喜欢对方。沃伦对此事只公开评价过一次："如果你对我们三个人都很了解，你就会看到这对我们都很好。"确实如此，至少没有什么比这更好的办法了。在这个意义上，这种情况同沃伦的偶像本杰明·格雷厄姆的生活有异曲同工之处。

在 20 世纪 60 年代中期，本杰明·格雷厄姆曾向妻子埃斯蒂提出了一个奇怪的协议，称他要同已故儿子牛顿的女朋友玛丽·路易丝一起生活半年，亲朋好友一般都叫她"马卢"，另外半年和埃斯蒂生活在一起。在本杰明看来，婚姻实际上是一个要不断被打破的概念，但埃斯蒂却不这样认为。自从她拒绝之后，格雷厄姆夫妇就开始分居，但是却从来没有离婚。本杰明和玛丽住在拉霍亚，有时会到法国普罗旺斯地区的艾克斯度假。埃斯蒂住在比弗利山庄，本杰明感觉这种生活对她而言不错，而玛丽对没有婚姻的同居生活也很满意。[6]

本杰明·格雷厄姆仅仅在名义上成功地维持了两种关系，然而，巴菲特却不想效仿他。巴菲特不想要两个妻子；对他来说，要解释这种关系还真是不容易。很久以后他这样分析："苏珊把我组成了一个整体，而阿斯特丽德则使我保存了这个整体。她们都需要给予，而我是一个伟大的接受者，因此，对她们都不错。"[7] 但是，问题没有结束，因为像这样的解释，以及称这种安排对他们都很合适的说法，忽略了三角恋中最根本的问题：如果用天平来称量她们两人的重量时，肯定不会平衡。

这个三角关系的不平衡被扩大了，因为实际上这要涉及两个三角关系——不过只有一个人明白这一点。沃伦，出于无知，认为苏珊受到了亏待。因此他竭尽全力去弥补她——在私下里安抚，在公开场合尽心尽责地关爱，然而这却把阿斯特丽德推到了尴尬之中，使她陷入了受人斥责的地步。同样出于无知，阿斯特丽德——十分钦佩，甚至是崇拜苏珊——也接受了沃伦不会和她结婚的现实，把奥马哈之外所有的社会和商业活动全都让给了苏珊，十分不高兴地接受了巴菲特的女管家和情人的角色，这样他和苏珊的婚姻就好像没有什么裂痕。巴菲特这样解释："阿斯特丽德知道她在哪些方面很适合我，她知道我很需要她，因此，这样也还不错。"阿斯特丽德的角色尽管不是十分明确，不过这种生活也确实给了她所一直缺乏的安全感。

对苏珊来说，这样做既维持了自己作为沃伦·巴菲特夫人的荣耀，同时又可以完全跳出这个角色，去寻求自己所追寻的生活，生活似乎只是表面上发生了改变。然而，在沃伦看来，他好像是从这两个世界中都得到了最好的部分，尽管这种新的关系并没有弥补他的损失。有些人会得到这种印象，苏珊之所以要搬出去，是因为他同凯瑟琳·格雷厄姆的关系暧昧或者——有些人搞错了对象和时间——他同阿斯特丽德的关系，对此，他不能为自己辩护。

他拼命想使剩下的部分保持完整无缺，并且竭力要在苏珊的余生去弥补他曾经给她造成的失望。但是，这当然不能改变"他是谁"这一事实，并且很明显，这也不是说他就不会再和凯瑟琳见面。巴菲特邀请格雷厄姆来奥马哈参观战略空军司令部，可能也是为了借机把阿斯特丽德介绍给她。格雷厄姆带着她最好的朋友梅格·格林菲尔德一块儿来了，她是《华盛顿邮报》社论版编辑。格雷厄姆在人际交往方面极少见的一个弱点——当四周挤满了男人时，她通常没法和其他女人处得很好。[8] 对此，格雷厄姆并不否认。但她对梅格是个例外。同引人注目的女人见面时，巴菲特说："凯瑟琳的第一想法是如何把她从屋子里轰出去。"

巴菲特带他们和斯坦·利普西到奥马哈俱乐部吃饭。凯瑟琳兴高采烈地同沃伦交谈着，梅格和斯坦偶尔插上一两句话，而阿斯特丽德被晾在了一边，独自吃饭，因为她不是那种喜欢主动出击的人，除了点菜之外，她整顿饭都没有再说一句话。巴菲特总是被格雷厄姆迷住，因此也没有帮她解围。旁边还有几十个人，围着一张大桌子，在乱哄哄地庆祝生日。最后，那些人站起来，围成一圈，开始大声欢呼，并伸出双手当作翅膀，随着音乐的节奏摇摇摆摆，像小鸡一样跳舞。作为一直都是一个讲究礼仪的女士，格雷厄姆坐在那里，眼睛发直，脸上露出难得一见的表情。[9]

从那以后，巴菲特几乎总是在奥马哈以外见格雷厄姆。当她给沃伦家打电话时，如果是阿斯特丽德接了电话，凯瑟琳就会一言不发[10]，好像阿斯特丽德不存在一样，只有一次例外，那是为了问如何用她的摄像机。[11]

苏珊和阿斯特丽德地位完全不同；她们彼此都感觉十分满意，阿斯特丽德甚至还去过旧金山看望苏珊。苏珊在贵族山的简陋小公寓现在看起来像一个小姑娘的闺房一样，里面堆满了布娃娃和枕头，贴满了海豹的照片，甚至还有一部米老鼠造型的电话。她把厨房的壁柜当作衣柜来存放衣服。[12]

现在苏珊十分感激阿斯特丽德，因为后者让苏珊的生活更为轻松，只要阿斯特丽德接受苏珊为她界定的"有限的公开露面角色"就行。搬到旧金山对苏珊而言曾经是一件十分困难的事情，因为她必须把许多朋友和她所关心的事业抛诸脑后。她的离去引起了剧烈的骚动。未来中央委员会、计划生育协会、城市联盟以及其他的民权机构都要重新改编，并且都感觉他们的核心缺了一大块。她的朋友和追随者也要在心态上做出不同的调整，他们有些感觉被遗弃了，有些只是很怀念她，有些还不断到旧金山去看望她，在某种程度上把那里当作了第二个家。有几个人甚至跟着她到了旧金山，并在那里定居下来。[13]

苏珊对巴菲特父母的许多朋友解释说她之所以要搬到旧金山去，是因为那里为她提供了更为多姿多彩的生活，在那里她可以徜徉于美术馆里,徘徊在爵士乐俱乐部内,沉浸在交响乐中。但是到 20 世纪 70 年代末期,旧金山不再是美国的巴黎了。大量退伍的老兵涌入旧金山湾区的海滨,许多人在身体、精神和心理上都有问题。人行道成了藏污纳垢的地方,在海特,在吸食迷幻药和大麻以及裸泳的嬉皮士们之后,酒鬼、吸毒犯们接踵而至。那些人之所以被吸引到旧金山,是因为这里盛行享乐主义,性自由和性解放观念日益在街上无家可归的人中间蔓延。在过去的 10 年里,同性恋从最初的地下状态开始逐渐走向公开化,并且 1976 年达到了高潮。这一年为了庆祝获得自由,他们在金门公园举行了"同志光荣游行"。但是一个佛罗里达州的歌手安尼塔·布莱恩特开始了一场全国性的打压同性恋的运动,1978 年 11 月,旧金山的市长乔治·莫斯科尼和市督察员哈维·米尔克被一名被市政府辞退的同性恋公务员刺杀,刺杀行为标志着该项运动的高潮。[14] 陪审团接受了刺客的精神失常辩护,并且裁定为"过失杀人罪",之后旧金山爆发了有史以来最严重的骚动。

在苏珊新结交的第一批朋友中,就有一对同性恋,其中一个人以前是个麻醉医师,后来由于一次医疗事故而离开了奥马哈。她还结交了其他的新朋友——音乐家、画家,以及在商店、教堂、美容店、剧院及大苏尔的伊沙兰学院认识的各种各样的人。很快她的身边就又聚集了一大群人,有许多都是同性恋。苏珊的叛逆性格在旧金山振奋人心的氛围中活跃起来,并且她的新生活也把她解放了出来。原来乐善好施的女主人现在投身到了各种各样的聚会中,感觉就像是在爵士音乐会的后台一样;她打开了自己的大门,被邀请参加各种嘉年华活动。但是,同以往一样,她也找到了一个事业——她又一次违反了惯例——当她在施舍处工作时,她成了许多同性恋朋友默认的母亲,因为好多人从来都没有享受过母爱。

沃伦只能通过金钱来控制她的生活。她还持有许多伯克希尔的股票,但是按照他们的约定,她一股都不能卖掉。她喜欢上了马克·夏卡尔的一幅画,想买回来挂到自己的小公寓里,但是她告诉一个朋友说她不能这样做。"这会毁了一切的。"她说。沃伦十分清楚地告诉她:"我不想让你卖掉伯克希尔的股份。"他仍然负担着她所有的开支。格拉迪丝监控着她的花销,并且替她支付所有的账单。

同样,苏珊也是通过沃伦才借给了朋友查尔斯·华盛顿24 900美元。他是奥马哈的一位活动家,是她的一位忠实的捍卫者,也曾经是苏珊的坚定支持者之一,记者阿尔·佩格尔在撰写《是什么使苏珊·巴菲特歌唱?》一文时采访过他。巴菲特认为借钱是最为糟糕的想法,如果他不是十分渴望取悦他的妻子,他可能不会同意。果然,在几个月后,华盛顿没有按时支付几笔还款。很少有什么事情会让巴菲特暴跳如雷,但是如果他感觉有人在骗他的钱,他的双眼会闪现出痛苦和愤怒,并且会立即报复的。转瞬之间,最多也就几秒后,他的情绪平静下来,同时他也开始考虑有条不紊地做出反应。这一次,他立即到法院起诉华盛顿,并且赢得了24 450美元的判决。

"华盛顿事件"象征了沃伦和苏珊的新关系:如果苏珊保留着她所有的股票,他对支票簿的控制就会松一些。除了替她支付账单外,沃伦还给她额外的零用钱:这是她捐赠的预算。当孩子们需要时,她会给他们补贴一些,而沃伦是不会这么做的。为了给自己和玛西娅建造一座树屋居住,豪伊已经把他持有的伯克希尔的股份卖掉了一些。他们一边在努力维持自己的婚姻,一边在为生计奋斗。"这真是太可怕了,沃伦不出钱帮他们买房,"苏珊抱怨道,"他是打算让屋顶塌下来,他想让他们失去房子。"但是这是游戏的一部分。沃伦知道苏珊会为他们想办法的,因为当苏茜的婚姻出现问题时,她也照顾过她,她总是会照顾一切的。

除了钱以外,赚钱是沃伦的工作。当家里的财富正在减少时,所有这些变化和错综复杂的事情,以及成堆的账单全都同时挤在一起出现了。当苏珊要搬到旧金山时,沃伦又被拖到了纽约州布法罗的法庭,来应对两家报纸之间耗资巨大的斗争。通常遇到这种情况,他都会卷起衣袖,大干一场,并且很喜欢这样的斗争。但是现在,由于他面临着个人的危机,这就变成了一个昂贵而且非常有趣的小插曲,帮他排除了其他的烦扰,并缓解了痛苦。《布法罗晚报》事件将是一场旷日持久的战斗,它曾经威胁到蓝筹印花公司的价值,是他职业生涯中最不愉快的经历。这和他许多年前所应付的比阿特利斯的冲突十分相似,他曾经发誓永远不要再重复这样的事情。

1977年的春天,在经过多年的搜寻之后,他和芒格最终买下了这份日报。3 550万美元的开价是他们有史以来最大的并购交易。[15] 布法罗这座钢铁城市陈旧阴冷,满是铁锈,而且不是他们所梦想的只有一家报纸的城市,不过,在这里能够拥有一份报纸仍然不失为一个不错的选择。布法罗的工人清晨很早就到工厂上班,要到晚上下班后才有时间看报。《布法罗晚报》实际上已经占有了整个市场,把它的竞争对手《信使快报》远远地甩在了后面,该报的经营十分惨淡。巴菲特在新闻报纸行业已经形成了一套十分有说服力的竞争理论。

凯瑟琳总是说竞争使它们办得更好之类的话。我说:"看,经济形势不可避免地导致每个城市只能有一家报纸。我把这称为'胖者生存法则',并且你会获胜。没有第二的位置,也没有仁慈的救援团。最后,不会有任何竞争,因为它不是这么运作的。"

《信使快报》的员工和发行人也清楚在新闻报业没有仁慈的竞争者。1920年,全美国有700座城市拥有两家报纸;到1977年,剩下不到50座了。在平时,《布法罗晚报》的销量是《信使快报》的两倍,《信使快报》只能通过周末版勉强生存下去,这构成了它收入的60%。

《布法罗晚报》最初是打算卖给《华盛顿邮报》的,但是被拒绝了。凯瑟琳·格雷厄姆不愿意再接受一家工会力量强大的报纸。巴菲特倒不害怕这一点。"在我们买进之前,我们同那些工会领导者坐下来谈了谈:'听着,我们可能犯各种各样的错误,但是在这个有两份报纸的城市,只有一件事情能够毁掉报纸,那就是无期限的罢工。你们完全有能力对我们这样做,但是如果你们做了,要知道,我们会两败俱伤的。这是一个不值得去尝试的冒险,并且我们希望你们能够理解,我们也在进行冒险。尽管你们握着牌,但是如果你们打出来了,我们都会失败的。'"那些工会的人似乎理解了他所说的话。

巴菲特和芒格的企业帝国现在的价值已经超过了 5 亿美元，[16] 他们控制着伯克希尔一半以上的股份，以及蓝筹印花公司 65% 的股份。这两个公司还拥有国民赔偿公司、罗克福德银行、喜诗糖果、韦斯科金融公司、《华盛顿邮报》10% 的股份、皮克顿侦探公司 25% 的股份、GEICO 15% 的股份以及许多其他公司的股票——最后，还包括他们长时间搜寻后获得的都市报。[17]

《布法罗晚报》的执行主编默里·莱特迅速同巴菲特讨论了创办周末版的计划，该报先前的主人，傲慢的贵妇人凯特·罗宾逊·巴特勒一点儿也不喜欢这个计划。已故的巴特勒夫人是一个娇小可爱但十分专横的人，她顶着一头蓬松的白发，常常对雇员发火。她握着拳头敲打着从法国进口的皮革面的桌子，因为她看不出来为什么需要增加版面。[18] 她住在布法罗一座主要的标志性建筑里，这是一座富丽堂皇的大厦，每天她开着那辆黑色的劳斯莱斯豪华汽车，穿过几个街区来上班。据说，她对新闻从来都不感兴趣，她更喜欢到欧洲去旅行，寻找能够配得上她女儿的王公贵族们。[19]

《布法罗晚报》的发行人亨利·恩本同巴特勒夫人的关系很好，他主要的工作是让她镇定下来，因为在许多时候她会对报纸的社论持反对意见。巴特勒夫人关注的焦点不是赢利，而恩本也是如此。"你找不到比亨利·恩本更好的人了，但是他的头脑里从来没有想过和新闻纸的生产商谈判。我一到那里，新闻纸的生产商就问道，巴菲特先生喜欢钓鱼吗？我告诉他们，哦，查理喜欢钓鱼，不过是我来买新闻纸。"仅仅因为穿过加拿大的一座桥，《布法罗晚报》要比其他报纸多付 10% 的费用，在佛罗里达州、加利福尼亚州和达拉斯市也是如此。巴菲特想把每吨运输费用降低 30 美元。"我们每年要买 4 万多吨，因此每吨降低 30 美元，总计就是 120 万美元，而整个公司还挣不到这么多钱呢。"他把新闻纸的生产商巴菲特化了。"我告诉了所有 7 个商家，我们以不合适的价格和你们签订了不同期限的合同。你们必须对我们和其他美国的客户一样，收取最低的运输费用,你们要给我们同样的报价。我们会遵守那些合同的,但是如果你们不和他们谈判的话,你们就再也别想和我们签新闻纸合同了。"最后,他赢了。

但是仅仅通过降低运输费用并不能扭转《布法罗晚报》的亏损局面。布法罗的两份报纸是一种奇怪的平衡态势。一份控制着工作日市场,另一份却控制着周末市场。[20]巴菲特和芒格同意了默里·莱特的计划,《布法罗晚报》别无选择,只能把工作日的优势扩大到周末。[21]"如果我们要进行有效竞争的话,我们就必须按以前的办法来,"芒格说,"拼个你死我活。"

在《布法罗晚报》即将出版周日版的两周之前,《信使快报》发起了一场出其不意的攻击,控告《布法罗晚报》违反了《反托拉斯法》。他们声称《布法罗晚报》计划免费发放5周的周日版,然后以折扣价出售,这就相当于非法垄断,目的是为了让他们破产停刊。[22]《信使快报》的律师弗雷德里克·福斯向巴菲特发起了巧妙的进攻,给他设置了种种圈套,想让人们把他看成一个毫无仁慈之心的垄断者,说他要把当地所有的竞争对手都赶出城去。

福斯提出了大量的问题,表明巴菲特和芒格都很清楚,激烈的竞争会削弱《信使快报》的实力。《信使快报》发起了一场全面的公关战,在头版连续报道,详细而充分地刊登内幕消息,连续几周每天追踪报道,把自己描述成为捍卫自己的生存权而与残暴的歌利亚英勇斗争的小邻居大卫。这种报道在布法罗很受欢迎,因为这个城市曾经拥有令人引以为豪的就业率,而现在到处都是失业的工人,工作机会就像铁锈一样不断剥落。

巴菲特刚刚从韦斯科金融公司事件的困扰中解脱出来,现在又被卷进了另一场痛苦的法律纠纷之中,这次还需要他亲自到布法罗去,到现场接受冷酷、充满敌意的询问。

《布法罗晚报》开始吸干蓝筹印花公司的保险柜了。巴菲特的律师查克·里克肖塞尔现在已经离开了芒格–托尔斯律师事务所,成了太平洋海岸交易所的总裁。他的继任者罗恩·奥尔森来到了布法罗，为巴菲特作为公司清算人垄断者的控诉做辩护，同时芒格也从洛杉矶召集了一群人来协助处理该案。奥尔森提交了一份正式的陈述，声称他的代理人从小就十分钟爱报业，并且强调了他在《奥马哈太阳报》荣获普利策奖中所做的贡献。同时，《信使快报》刊登了一系列的人物报道，竭尽全力去讨好那些可能会参与审判的每一位法官。[23] 审判结果表明他们还是失败了，虽然如此，纽约南部地区联邦法庭的查尔斯·布里安特法官的判决还是对《信使快报》有利。巴菲特总是十分自豪，因为他仅仅凭借资产负债表就能迅速评估一个公司。巴菲特第一次在布法罗的法庭出庭时，《信使快报》的律师福斯把他描述成了一个对《布法罗晚报》知之甚少的人，认为他没有到工厂实地考察过，也没有找专业的分析师研究该报，就贸然买下。福斯指控巴菲特事先考虑过《布法罗晚报》出版周日版是否能将《信使快报》挤垮的问题，但是巴菲特否认了这一点。福斯走向法官席，手中挥舞着一份《华尔街日报》，上面有一篇关于巴菲特的文章——这是第一次，他尝到因出名而带来的恶果，他的声誉成了反对他的武器。[24] 巴菲特曾经告诉记者，如果可以从财务管理中解脱出来他会十分高兴，但是，实际上，随着他的新形象的增大，他的自我意识比以前更危险了。这篇报道中引用了他的朋友桑迪·戈特斯曼的一句话："沃伦喜欢拥有一家具有垄断地位或者在市场占据主导的报纸，就像拥有一座不受约束的桥梁收费站一样，你可以随心所欲地抬高收费，想抬多高就定多高。"[25]

"你这样说过吗？"福斯在法庭上问他。

"没有，"巴菲特回答道，"我记不清是否讲过像桥梁收费站之类的比喻，只是说这是笔好生意。也许在内布拉斯加州的弗里蒙特比桥梁收费站还要好。我认识许多诚实的人，但是当他们开始引用别人的话时，他们就不一定了……"

福斯继续追问："你相信还是不相信呢？"

我不想和你争辩……我倒是想拥有一家……我只是说过在通货膨胀十分严重的情况下,如果没有什么约束,能有一座桥梁收费站也是很不错的。

"为什么?"福斯问道。

巴菲特看看法官,他在尽力给他讲经济学。"因为你已经投入了资金,你用过去已经不太值钱的钱来建桥,而且再加上通货膨胀,你也不用担心要更换桥梁——你只用建造一次。"

"你说'没有什么约束',意思是你可以随心所欲地提高收费,对吗?"

"没错。"[26]

巴菲特现在要用自己编织的网来左右陪审团的意见。一座收费桥梁,横跨密西西比河的道格拉斯大街的桥梁,实际上这是他少年时的一个着迷的问题。[27] 在巴菲特小的时候,奥马哈花了十多年的时间同一位收费者斗争,要把唯一通往艾奥瓦的大路解放出来。他和芒格后来试图购买底特律国际桥梁公司,该公司拥有连接底特律与温莎横跨安大略湖的一座大桥,最终他们只买到了该公司24%的股份。[28]

"这是一座天使之桥,有1 000平方英尺,并且能挣到很多的钱……当我们无法得到它时我十分失望。不过查理不断告诉我,我们没有得到它是多么的幸运,因为,他说,想象一下,一个家伙站在收费大桥上不断涨价,还有什么比这更糟糕的?"

确实如此。

"法官不喜欢我,由于种种原因,他就是不喜欢我。他也不喜欢我们的律师。许多人都喜欢罗恩·奥尔森,但是法官却不喜欢他。"

1977年11月,法官布里安特公布了初步的裁决,裁定《布法罗晚报》完全有权出版周日版,这样做符合公众的利益。但是很明显,布里安特受到了福斯关于收费大桥证词的影响,在裁决时,他也考虑到了这个比喻,惋惜地说:"布法罗城的读者和广告商们可能会得出这样的结论:他们知道如何应付唯一的一家报纸,作为他们通往外部世界不受约束的收费大桥。"[29] 他认为《布法罗晚报》的计划具有掠夺性，并严格限制了它周日版的促销、营销和发行活动。法官禁止《布法罗晚报》发放免费报纸，打折销售，对广告商也做出了严格的限制。他的裁定中有一条十分棘手，要求每个订户每周要填一张表格来订阅《布法罗晚报》的周日版。《信使快报》刊登了大篇预先准备好的报道，吹嘘自己的胜利，炫耀着自己战胜了一个外来的恶霸，这个恶霸想把当地的小本经营者赶尽杀绝。《布法罗晚报》对此没有做任何回应。

现在我们到了生死攸关的地步了，我们碰上了一个不喜欢我们的法官，只能在困境中携手应战。

《信使快报》的雇员开始监督执行命令，并且发现《布法罗晚报》在发行周日版时有些订户没有填表。布里安特法官判定《布法罗晚报》蔑视法庭。

广告商都跑去支持《信使快报》，5周后，《布法罗晚报》周日版的广告只有《信使快报》的1/4。[30] 突然间，《布法罗晚报》从微薄赢利到亏损140万美元。[31] 获悉此事后巴菲特不由自主地打了个冷战，他从商以来还从来没有以这种速度损失过这么多钱。

1977年圣诞节前一周的某一天，天空阴沉着，好像要下雨一样，布里安特法官宣布开庭，拉开了审判的序幕，以决定最终的判决条款。当年的深秋，巴菲特在彻夜难眠和泪流满面中思考着苏珊离去的变故，虽然她并没有完全离开他。为了分散注意力，从个人痛苦中解脱出来，他像一个金甲虫一样围绕着卡罗尔·卢米斯、阿斯特丽德和凯瑟琳·格雷厄姆，在纽约、奥马哈和华盛顿之间飞来飞去，当然，他并不希望这样来散心。当法庭休庭时，他像往常一样飞回翡翠湾度假，不过今年是在和苏珊达成新协议后全家第一次一起过节，在这期间，苏珊再一次向他保证他们的生活和以前没什么两样。巴菲特家的新年聚会一结束，沃伦和苏珊又各奔东西了。布里安特法官也重新召集诉讼当事人开庭审判，奥尔森和芒格不断给巴菲特打电话，给他通报审判工作的最新进展，因为他回到奥马哈工作去了。

1978年7月,他正和卡罗尔、乔治·吉莱斯皮在一起。"我们正在纽约凯瑟琳的家中同查理打桥牌,正在那时布里安特法官的审判结果传来了。我把它给了查理,让他读一读,他说,'嘿,文笔不错啊'。我快要疯了,我才不管它文笔是好是坏,我要接受并忍受所有这些限制,根本没有心情去欣赏什么文笔。"

布里安特法官的最终判决就文笔而言是一篇毫无陈腐之气的杰作,副标题是这样的——"巴菲特先生来到了布法罗",布里安特对《布法罗晚报》规定了严格的限制条款,芒格和奥尔森计划上诉。而巴菲特却不想再同法官斗争下去。芒格总是开巴菲特的玩笑,称他的管理方式是从一个公司取出所有的现金,然后提高价格。如果失败了,巴菲特的箭筒里就没有一支箭了。这种方式无法解决《布法罗晚报》的问题。巴菲特被击垮了,他根本不想再和法官对峙了,他宁愿让3 550万美元打水漂。他上次面临的最大的法律纠纷刚刚才算结束:美国证券交易委员会经过漫长的考虑,终于同意了伯克希尔和多元零售公司的合并交易。巴菲特迫切希望和律师了结一切,不再宣誓做证、接受传讯以及跟法官斗法。"我不想上诉,我只是感觉到这会是一场旷日持久的战斗,并且还会激怒法官,一旦激怒了他,他就会强制我们执行禁令,我们的损失就会更大,而《信使快报》就会立即发起猛烈的攻击,那样只会不断地扩大它的影响。我声称,我们不去上诉,因为过个一年半载我们无论如何都会失败停刊。而罗恩和查理告诉我,我错了,而我也确实错了。"

最后,他决定同他们一起上诉。"我们必须上诉,不能屈服于这些条件,这会让我们失去竞争优势。因此,从根本上来说,我别无选择。我们没有虚张声势,不管怎么说,那不是我的风格。在一个人的一生中,你可以通过虚张声势获得声誉,相反你不虚张声势也能获得声誉。因此,我想让别人明白我不会等着被宰割。"

《布法罗晚报》是巴菲特单独做出的最大的投资,他留出了充足的回旋余地。它占用了蓝筹印花公司近1/3的资金,在布里安特法官的限制下，它一直在亏损，并且很容易受到罢工的打击，这会进一步削弱它的实力，因为当时的股票市场行情正在下跌，巴菲特急需大量的现金来购买他所一直钟爱的价值低位股。并且《布法罗晚报》潜在的失败不仅仅威胁到了他和芒格3 500多万美元的投资；他是个连花费31 500美元买一套房子居住都舍不得的人，因为他认为这些钱最终会变成100万，因此，他们在报纸行业投资的损失会使局势比表面上看起来更加严峻。因此，巴菲特不仅做出了上诉的决定，同时他也打算让斯坦·利普西助他一臂之力，当时利普西正在考虑着搬到旧金山去，而巴菲特却想让他来解救这份报纸。"你去布法罗怎么样？"巴菲特问道。"我的心一沉，"利普西说，"但是在任何事情上我都不想让沃伦失望。"

利普西最后去了布法罗，临时先帮帮忙，他是在布法罗多年不遇的暴风雪之后去那里的，路边堆的积雪都快要和屋顶一样高了。他在巴菲特推荐的一家酒店住下，在巴菲特最喜欢的牛排店吃饭——他一直十分疑惑巴菲特怎么能忍受得了这里呢。第二天早上，当他一到《布法罗晚报》的办公室，就立即明白巴菲特为什么要派他来了。他们的新闻做得很好，但是管理很混乱。他在一张秘书的办公桌旁坐下，开始在人工打字机上工作。一位经理来到了他的身边，问道："您想要什么酒？"利普西问他是什么意思。那个人说："哦，作为一个经理，您有资格得到两箱酒。"[32]

利普西开始每个月在布法罗工作一周。有一次在奥马哈时，他同沃伦和阿斯特丽德一起去感受了一下沃伦现在的生活氛围。沃伦对这一新关系感到十分轻松，他让阿斯特丽德带他们所有人去看男扮女装的表演。[33]

到1979年时，利普西已经把报纸的管理工作扭转过来，他们同《信使快报》法律诉讼的战斗也快要接近胜利了。1979年4月，在布里安特初审裁决近一年半后，联邦第二巡回上诉法庭一致同意推翻他的裁决，称他的观点"受到了法律和事实错误的影响"。"没有明确的证据表明巴菲特先生购买《布法罗晚报》就是为了挤垮《信使快报》……《布法罗晚报》并没有采取不正当的竞争手段来挤占《信使快报》独占的周日报业市场，而是给市场带来了更多的竞争。所有的证据只能表明巴菲特先生只是想尽可能地办好《布法罗晚报》，而并没有想过他的竞争会给《信使快报》带来什么严重的后果……法官们必须警惕原告利用《反托拉斯法》来保护自己，免受竞争的影响。"[34]

虽然《布法罗晚报》获得了胜利，布里安特法官的禁令被撤销，但是这有些太晚了。《信使快报》立即对此提出上诉，寻求维持原判。《布法罗晚报》的律师疲倦地举起他们的利剑，继续这场荒谬的战斗。同时，尽管利普西加强了对报纸的管理，这场官司已经给他们造成了巨大的损害，不仅仅是诉讼费的开支，还包括因为法官的禁令而导致《布法罗晚报》损失的大量广告费。据保守估计，两年里它损失了好几百万——1979年的税前损失高达500万美元，这是巴菲特和芒格所经历过的任何经营活动中损失的几倍。他们要付出艰苦的努力才能把这些钱赚回来。

"搬到布法罗去怎么样？"巴菲特问利普西。"我不想那么做。"利普西回答道。巴菲特什么也不说了，利普西继续在两头奔波。

到1979年底，股票市场沉浸在一片黑暗之中，巴菲特说，股票订单"就像挤眼药水"。[35]道琼斯指数萎靡不振已经近10年了，它好像一辆破车，冒着黑烟，喘着粗气，吃力地颠簸前行，最近刚刚跌回到了800多点。杰拉尔德·福特入主华盛顿，接着又是吉米·卡特，他穿着罗杰斯先生牌的毛衣，通过了节约能源的议案，最后却事与愿违，并且他对伊朗的外交似乎也无能为力，导致美国的彻底失败，伊朗国王也被阿亚图拉·霍梅尼赶下台，王后再也不能在伊朗使馆的舞厅跳华尔兹了。三哩岛核电站反应堆核心部分熔毁导致放射性物质泄漏；通货膨胀率达到两位数；加油站前排起长队。《商业周刊》宣称这是"股市之死"，好像没有人再会购买股票了。极度悲观的情绪笼罩着整个国家。

投资者们蜂拥着积蓄黄金、钻石、铂金、艺术品、房产、稀有金币、矿业股票、饲养场的家畜和石油；"现金是垃圾"是当时的流行口号。高中女生戴着由南非克鲁格金币制成的项链。在格林奈尔学院，一个自以为是的新受托人史蒂夫·乔布斯——备受尊敬的鲍勃·诺伊斯的门徒——竭力劝说投资委员会卖掉所有的股票，买进黄金。[36] 二十五六岁的乔布斯是位精明的工程师，很显然也是一位聪明的家伙，但是投资委员会犹豫不决，最后，格林奈尔没有购买黄金。

巴菲特的观点正好相反，他在《福布斯》发表文章：这是投资者购买股票的最佳时机。"未来的事永远没有人知道，"他写道，"但是当大家都看好股市的时候你再入市，就不得不出高价了。那些着眼于长远的投资者一直要学着如何与不确定性周旋。"[37] 他也是一位着眼于长远价值的投资者——不过，他没有现金。从 10 年前以来，巴菲特不断地获得大批现金——先是从分配合伙公司的资产中获得了 1 600 万美元，接着从一家私人投资的数据文件公司的股票买卖中获利数百万美元，但是这些全都投入到了伯克希尔–哈撒韦的股票上。巴菲特想要资金来投资，他的年薪只有 5 万美元，现在也只是增加到了区区 10 万美元，他又一次开始从银行借钱投资。

最后，斯坦·利普西终于答应搬家了，这是沃伦一直希望的。1980 年的一天，利普西从没有上锁的后门进入了沃伦的办公室，他告诉沃伦他的妻子珍妮想和他离婚，并且斯坦认为她的律师要来闹事。巴菲特用汤姆·墨菲曾经传授给他的经验来提醒利普西。"你明天就可以让他们滚蛋，斯坦。"他说。他邀请对方的律师来到他的办公室，帮着调停朋友们间的离婚案——这是他第二次这么做了。不久之前，巴菲特还成功地促成埃德·安德森和他妻子雪莉·史密斯·安德森的和解，她也是沃伦和苏珊的老朋友。在帮助朋友缓解矛盾、渡过难关方面，他很有经验。他开始告诉利普西他的生活需要改变。斯坦认为，是该改变的时候了。随着谈话的深入，巴菲特引导着利普西自己提出搬到布法罗去。"这是典型的沃伦方式，他十分想让我自己提出来。"但是最后，就像人们投资合伙公司一样，这也成了利普西自己的想法。

利普西搬到了布法罗，在那里定居下来。每周五的晚上，他就给巴菲特打电话，告诉他最新的"可怕的数字"，但是每一次，无论消息多么令人失望，巴菲特都很乐观，还感谢利普西给他打电话。"这有点儿令人鼓舞。"利普西说。[38] 到 1980 年时，损失已经增加到了 1 000 万美元。芒格在蓝筹印花公司的年度报告中警告了这种危险状况，同时也生气地抱怨了工会要求"大幅度提高福利待遇的要求"。芒格在 1978 年的报告中已经提到，这是他第二次提及："如果《布法罗晚报》再发生罢工导致停刊，那就很有可能会被迫停业并进行破产清算。"[39]

芒格所写的这些话，以及他通过主导《布法罗晚报》的法律诉讼来掌控蓝筹印花公司的努力，都无法挽救他恶劣的健康状况。多年来，他一直坚强地忍受着日益恶化的白内障的折磨，最后他的视力受到严重损伤，不得不进行手术。他的左眼在接受白内障手术时，引发了一种极其罕见的并发症——上眼皮内缩。一种生长在眼球外面的特殊的初生体组织（可能是角膜细胞）进入了他的眼球中，并且开始像癌细胞一样生长。对视神经产生的压力和破坏引发了严重的疼痛，他几近失明。[40] 当他无法忍受眼睛缓慢而猛烈发作的痛苦时，芒格安排医生给自己做了眼球切除手术，然后安了一只玻璃义眼。但是后来，"我就像一只受伤多日的动物一样。"[41] 即使在护士的辅助下，他都无法站着洗澡，因为剧烈的疼痛会导致他眩晕。他告诉巴菲特他不想活了。他十分害怕再经受一次这样的折磨，同时也可能面临失明的威胁，他决定不再对右眼的白内障做切除手术了，只采取保守治疗，不再切除晶状体了。因此，他只好戴着一副老式、像水母一样厚的白内障眼镜，把它挂在他的"好"眼上。

在芒格忍受痛苦之时，《布法罗晚报》的汽车工人工会打算试试深浅——管理方在胁迫之下管理该报已经三年了，也许他们是受到了鼓励——他们要求在不工作时也要拿加班费。《布法罗晚报》曾经在一份临时的协议中同意支付这份钱；现在工会想让它成为一个永久的合同。芒格和巴菲特断然拒绝了。接着在 1980 年 12 月，卡车司机们认为巴菲特不敢在与《信使快报》斗争的紧要关头铤而走险。谈判持续了一夜，最后还是失败了，早上 6 点钟，司机们开始罢工。在其他工会的帮助下，利普西、亨利·恩本和默里·莱特穿过罢工者的纠察线，勉强印出了报纸。然而，在最后一刻，印刷工人们停止了工作，拿走了印版，工作只好停顿下来。

巴菲特急得像热锅上的蚂蚁一样。他有着十多年的报业发行经历，他知道即使没有印刷工人参与罢工，仅仅汽车工人工会——总共才只有38名成员——也有能力让报纸停刊。其他的工会和志愿者可以操纵印刷机，但是如果没有了司机来运送报纸，那报社很快就会垮台。考虑到安全问题，巴菲特不能使用非工会的人员来替代他们。"我不打算在寒冷的12月派我们的人摸黑到一些乡村地区送报，有些家伙可能会在那里用铁棒袭击他们。我坐在奥马哈的办公室里，想派一群人去把这些家伙给痛打一顿，当然这并不是个好办法。"他说。

《布法罗晚报》差点儿关门大吉。

巴菲特告诉这些工会，报纸"已经只剩有限的'几滴血'了，如果它失血过多的话，就没法再生存了……只有看到切实可行的前景，我们才会起死回生。"[42] 这一转折点很快就会来临。[43]

这一次，工会都害怕了。在48小时之内，《布法罗晚报》又出现在了大街小巷。到那时为止，《布法罗晚报》的周日版尽管已经取得了一些进展，但是仍然同《信使快报》存在差距，不过它正在慢慢地朝着主导地位前进，同时还保持着自己工作日版的优势。[44] 到1981年底的时候，利普西和巴菲特已经把当年的损失减少到了150万美元，是《信使快报》的一半。[45] 在一场"胖者生存"的战斗中，它几乎已经获胜了——尽管付出了巨大的代价。《信使快报》一直都没有放弃法律诉讼，它仍然想维护布里安特法官的裁决，但是它的主人，看到了另一位法官——市场的裁决，市场正在授予《布法罗晚报》最高的荣誉。《信使快报》现在意欲售给传媒大亨鲁伯特·默多克，但是工会不同意他减薪的要求。紧接着，在1982年9月，《信使快报》只得停刊。

《布法罗晚报》立即更名为《布法罗新闻报》，并且开始发行《晨报》。胜利在望了，巴菲特和芒格在希尔顿举行了一次报社中层领导的会议。会上有人提出分享胜利的果实，但是巴菲特却说"三层——编辑和记者们工作的地方——的员工都无法为公司增加利润做出什么贡献"。资金承担了风险,因而才能收获回报。他和芒格在一系列的决定中投下了3 500万美元的赌注,那时他们可能输得一干二净,因此所有的利润都应该归他们所有。他认为,员工付出的时间和辛劳已经得到了恰当的回报——不多也不少,正合适。员工在经历了风风雨雨后,却受到了他无情的对待,这出乎人们意料。

当巴菲特和芒格离开办公室时,他们要从出版人亨利·恩本的身边经过,而亨利"还以为他起码会受到小小的嘉奖",罗恩·奥尔森说。但是芒格常常在别人还在说话时就自顾自地钻进汽车里,好像根本就没有听见他们说话一样,并且常常一讲完就径直从门口出去,根本不等别人反应过来。这一次,亨利张着嘴刚要说话,芒格就走了,把他晾在了那里。没有人说感谢的话。奥尔森只好跟着他们,在屋子里到处跟人握手,竭力去打圆场。[46]

一年后,随着广告的增多以及发行量的激增,《布法罗新闻报》的税前利润高达1 900万美元,超过了前几年所有的损失。其中有一半归巴菲特所有。随着报社日趋走上正轨,他的注意力也逐渐减弱了。不过他在每年的年报中仍然会大加称赞《布法罗新闻报》,他的兴趣已经转移到另一个新目标上去了。